D1727420

EL DUEÑO

Luis Majul

EL DUEÑO

La historia secreta de Néstor Kirchner,
el hombre que maneja
los negocios públicos y privados
de la Argentina

Espejo de la Argentina ⊛ Planeta

Majul, Luis
El Dueño. - 10ª ed. - Buenos Aires: Planeta, 2009.
520 p.; 23x15cm.

ISBN 978-950-49-2157-8

1. Investigación periodística. I. Título
CDD 070.4

Derechos exclusivos de edición en castellano
reservados para todo el mundo
© 2009, Grupo Editorial Planeta S.A.I.C.
Publicado bajo el sello Planeta®
Independencia 1668, C 1100 ABQ, Buenos Aires, Argentina
www.editorialplaneta.com.ar

Diseño de cubierta: *Departamento de Arte de Editorial Planeta*
Diseño de interiores: *Alejandro Ulloa*
10ª edición: diciembre de 2009
10.000 ejemplares
Impreso en Artesud,
Concepción Arenal 4562, Capital Federal,
en el mes de diciembre de 2009.

IMPRESO EN LA ARGENTINA / PRINTED IN ARGENTINA
Queda hecho el depósito que previene la ley 11.723
ISBN: 978-950-49-2157-8

Para María China Conte-Grand,
Octavio Majul y Victoria Majul,
por orden de aparición.
Cada uno de ellos sabe por qué.

COLABORACIÓN PERIODÍSTICA
Cristian Solís, Marcelo López Masía y Fernando Lema

AGRADECIMIENTOS
*A mis papás, Tita y Julio,
porque me siguen enseñando que vale la pena resistir.
A Jorge Fernández Díaz,
por cada palabra justa en el momento clave.
A los compañeros de la radio, la tele,
hipercrítico.com y la productora,
quienes soportaron los momentos de tensión
y lo disimularon con la pregunta:
–¿Cuándo vas a terminar ese bendito libro?*

SUMARIO

ADVERTENCIA:
Las fuentes testimoniales y documentales se encuentran al final del texto para hacer más fluida la lectura de la investigación.

PRÓLOGO

Nunca, en toda la historia de la Argentina, un Presidente tuvo más poder político y económico que Néstor Carlos Kirchner. Ni siquiera Juan Perón. Ni, mucho menos, Carlos Menem.

Kirchner no se resigna a ser parte del poder transitorio. Al contrario: pretende ser parte del poder permanente que trasciende los turnos de los jefes de Estado.

Su poder real es inmenso.

Desde 2003 hasta ahora tomó por su cuenta la suma del patrimonio del Estado, distribuyó entre sus amigos el gran negocio de la obra pública, se aseguró de que un empresario aliado comprara parte de la petrolera que al mismo tiempo es la compañía más grande de la Argentina, manejó la caja del transporte público, se metió en los bancos públicos y privados, intercedió para que otro amigo suyo multiplicara sus negocios en el juego e irrumpió en los medios de comunicación para golpear a Clarín y manejar parte de la información de todos los argentinos.

Además, por medio de funcionarios incondicionales, tomó el control del Correo, de Aguas Argentinas y de Aerolíneas Argentinas, así como el dinero de las jubilaciones privadas, entre otras fuentes de poder político y económico.

Pero eso no fue todo.

También tomó el control de los jueces federales a través del Consejo de la Magistratura, transformó al Parlamento en una escribanía de sus caprichos, invadió el Instituto de Estadística y Censos (INDEC) para manipular los índices de inflación y pobreza, y penetró la Administración Federal de Ingresos Públicos (AFIP) para evitar que siguieran investigando a sus amigos de negocios.

Kirchner soñó un proyecto de poder capaz de perdurar durante décadas. Con amigos y enemigos bien diferenciados. Con un discurso de centroizquierda y una política real de centroderecha.

Los que aceptaron formar parte del proyecto se han enriquecido desmesuradamente, al mismo ritmo que el ex presidente. Los que se resistieron han sido perseguidos y castigados, pertenecieran al mundo de la política, al gremial, al empresario o a los medios de comunicación.

El Dueño cuenta la historia secreta de cómo un sueño político se transformó en el plan de negocios más impresionante que se haya llevado a cabo en la Argentina desde la restauración democrática, en 1983.

Es, también, la investigación de la brutal estrategia de Kirchner para acumular poder y evitar el ocaso o la prisión.

El Dueño no solo denuncia los negociados de los empresarios más poderosos del sector privado, sino también su connivencia impúdica con lo más encumbrado del poder político.

El Dueño prueba que las consecuencias de la corrupción son siempre las mismas: más pobreza, más desocupación, más inseguridad, menos educación y más subdesarrollo.

Primera Parte

EL VERDADERO KIRCHNER

1. "La venganza del boludo"
2. Metamorfosis

1
"LA VENGANZA DEL BOLUDO"

Lupo simuló:

–Si es así como vos decís, vamos a la Justicia. Yo te acompaño. Que los hagan mierda a todos.

Chiquito no lo tomó en serio:

–No me jodas. Si en esta provincia, la justicia no existe...

Uno era el gobernador de Santa Cruz, Néstor Carlos "Lupo" Kirchner. El otro, su vicegobernador, Eduardo Ariel "Chiquito" Arnold.

A Kirchner le dicen "Lupo" por su parecido con Lupín, aquel personaje de historieta, simpático piloto de aeroplanos, creado por Guillermo Guerrero en la década de los cincuenta.

Arnold mide más de un metro noventa. Lo llaman "Chiquito" porque tiene las espaldas de otro Arnold, el actor cuyo apellido es Schwarzenegger.

El encuentro se produjo un sábado a la mañana del mes de setiembre de 1995, una semana antes de la elección que los consagraría gobernador y vicegobernador por segunda vez. Fue reconstruido por el propio Arnold, con lujo de detalles, frente a un grabador, para esta investigación.

Chiquito tenía las evidencias de algo que parecía irregular.

Por eso Kirchner no lo había recibido en la Casa de Gobierno provincial, sino donde se hablaban las cosas que nadie debía escuchar: en la residencia oficial del gobernador, en Alcorta y Rivadavia, Río Gallegos.

Arnold conocía las circunstancias del hecho por tres razones. Una: se las había contado uno de los partícipes. Dos: el involucrado en cuestión era un amigo suyo con el que compartía el departamento del piso 14 de Cerrito al 1400, en Buenos Aires. Y tres: ese amigo, el Flaco Tony, se lo había confesado, desesperado, en circunstancias extremas; es decir, cuando Arnold entró en el departamento y lo sorprendió en el balcón mirando hacia el vacío.

—Estoy quebrado y voy a ir preso —fue lo primero que le dijo su amigo.

El Flaco Tony se llama Juan Antonio Torresín y es empresario de la industria naval. En ese tiempo trabajaba a destajo junto con su socio, Manuel Pantiga, para terminar el Dique Seco de Puerto Deseado, un lugar para reparar enormes barcos pesqueros fuera del agua. Tony y Manolo eran casi como hermanos. Entonces manejaban Yacaroe, el único boliche bailable que todavía funciona en la ciudad.

Aquel día, el Flaco Tony le habló a Chiquito con la sinceridad del atormentado.

Le reveló que dos años antes había ido junto con Manolo a pedirle al propio Kirchner un crédito por tres millones de dólares para terminar la construcción del Dique Seco, y que éste se los había negado. Según Arnold, el gobernador, de todos modos, los mandó de inmediato al Banco de Santa Cruz, para hablar con un hombre de su confianza, Lázaro Báez, pero este también les dijo que no había dinero. Finalmente caminaron tres cuadras hasta el Hotel Costa Río, donde tenían reservada una habitación. Allí Torresín y Pantiga se estaban dejando ganar por el desánimo, cuando alguien los llamó. Lo conocían poco y nada. Atendió el primero:

—¿Qué están haciendo?

—Acá, en la habitación, tomando mate...

—Voy para allá. Tengo que decirles algo.

Entonces el hombre, sostuvo Torresín, fue hasta el hotel y habló sin rodeos:

—¿Ustedes fueron al banco a buscar plata?

—Sí.

—No había, ¿no?

—No.

—¿Y cuánto necesitan?

—Tres palos.

—¿Y todavía los quieren? Porque, si todavía los quieren, yo se los consigo...

Tony le explicó a Chiquito que el hombre les habría pedido un porcentaje del veinte por ciento por la gestión y que ellos, los empresarios, habrían aceptado.

El hombre que fue a visitarlos al hotel no es de las figuras más rutilantes del kirchnerismo, pero en Río Gallegos lo tienen bien registrado. Se llama Vicente Mayeste y le dicen "Pelado". Con Documento Nacional de Identidad 7.819.361, figura como socio en SIMASA (Ingeniería Sima S.A.), empresa de servicios y transporte de cargas líquidas, incluido petróleo.

El día que Daniel "Mono" Varizat, ex secretario de Gobierno de Santa Cruz, embistió contra una manifestación de docentes lo hizo con una camioneta Grand Cherokee, patente DTX 280, propiedad de la empresa SIMASA. El otro socio en SIMASA es su hermano Miguel, vicepresidente ejecutivo de la Cámara de Comercio, Industrias y Afines de la ciudad. Miguel también corre en Turismo Carretera y se presentó como candidato a intendente en 2007, por uno de los sublemas del Frente para la Victoria (FV).

El Pelado Mayeste no tenía un puesto formal en el Banco de Santa Cruz pero, según Arnold, movía influencias.

Lázaro Báez, el otro participante en el escándalo de Dique Seco, era solo un adscripto a la gerencia general del Banco de Santa Cruz, y no reportaba a su presidente, Eduardo Labolida. Ex cadete y ex cajero desde 1991, cuando asumió como gobernador, Lázaro tuvo en el banco una carrera rápida.

Báez "era" Kirchner.

Hasta ese momento manejaba un Ford Falcon modelo 72, estaba casado y su humilde casa se encontraba en el barrio social llamado "499 viviendas" (véase Séptima Parte: Lázaro, Capítulo 1: Lázaro es Kirchner).

Con el paso del tiempo se transformaría en multimillonario, empresario de la obra pública, petrolero y, según una denuncia judicial, socio o presunto testaferro de Kirchner. En otro capítulo se verá cómo ambos arreglaron sus respectivas declaraciones juradas para evitar ser investigados por los funcionarios de la AFIP (véase Tercera Parte: El Presidente más rico de la Argentina, Capítulo 1: El arreglo).

Ahora volvamos al living del departamento de Cerrito al 1400.

En plena confesión, Torresín le contó a Arnold que su desesperación se debía a dos causas diferentes.

Una era el miedo a ir preso.

El empresario naval habría cometido la "imprudencia" de pagar la gestión de Mayeste con cheques de su cuenta personal. Entonces los agentes de la Dirección General Impositiva (DGI) le estaban pidiendo explicaciones, alertados por el monto de sus gastos particulares.

La otra causa de su zozobra era que le habían "cortado el chorro". Es decir que, de un día para el otro, y cuando llevaba el sesenta por ciento de la obra realizada, las cuotas del crédito dejaron de fluir.

¿Qué pasó después de la cumbre entre el gobernador y su compañero de fórmula?

Nada.

A sus íntimos, Arnold les jura que no tiene idea de cómo terminó la cosa. Él hace tiempo que no habla más ni con Tony ni con Néstor.

Lo que sí se sabe es que el Dique Seco de Puerto Deseado fue inaugurado el 16 de noviembre 1997 y que Torresín continúa trabajando ahí. También, que se peleó con su socio, Manuel Pantiga, y se juntó con el hermano de este, Raúl Pantiga, y que la pelea habría tenido que ver con aquel escandaloso hecho.

Arnold, además, piensa que su diálogo con Kirchner quizás haya servido para completar la parte del crédito que faltaba.

El caso de Dique Seco demuestra que los negocios del kirchnerismo empezaron mucho antes de lo que la mayoría supone y que no se trataría de un hecho aislado, sino de un plan político y económico con el objetivo de llegar a la Presidencia y manejar el país durante dos décadas.

Arnold sostiene que ese día, en la residencia del gobernador, Néstor hizo un paso de comedia que habría consistido en llamar por teléfono a Lázaro, preguntarle a los gritos si lo que le estaba diciendo Chiquito era verdad, cortar y, al final, gritar de nuevo:

–¡Andá a la Justicia! ¡A mí no me importa nada! ¡Que hagan mierda a Lázaro! ¡Que hagan mierda a todos, si es así como vos decís...!

Arnold no fue a la Justicia, porque sabía que en Santa Cruz ningún funcionario va preso.

Además, Kirchner terminaba de ampliar, de tres a cinco miembros, el Tribunal Superior de Justicia. Y tres de los cinco nuevos jueces habían sido designados por él. Fue el mismo tribunal obediente que despidió al incorruptible procurador Eduardo Sosa. El mismo máximo tribunal que ayudó al gobernador a conseguir la reelección indefinida.

Sosa todavía pelea por su reincorporación. Lo echaron porque tuvo la osadía de investigar al estudio del abogado salteño José Manuel Saravia. El estudio había cobrado más de doce millones de pesos de la Corte Suprema por asesorar a la administración santacruceña en el tema de los fondos derivados del pago de las regalías petroleras. Sosa quería saber por qué un particular había cobrado tanto por realizar un trabajo que le correspondía hacer gratis a la Fiscalía del Estado.

Chiquito no fue a Tribunales, tampoco renunció, y continuó junto a Néstor hasta el final del segundo mandato de este como gobernador, en 1999.

Hace tiempo que ambos son adversarios políticos.

Pero ahora Arnold dice a quien quiera escucharlo que, a partir de esa escena, Kirchner le retiró la confianza.

También afirma que la trama de Dique Seco significó la primera gran sorpresa que se llevó con Néstor.

La segunda gran sorpresa la experimentó años después, el 25 de mayo de 2003, día de la asunción de Kirchner, cuando lo vio juguetear con el bastón presidencial.

En aquel momento Arnold cayó en la cuenta de que el chico acomplejado que conoció cuando eran casi niños se había transformado en una poderosa máquina de acumular poder. Que aquel flaco tímido, de anteojos enormes, ojo desviado y problemas de dicción había pasado a ser el Presidente más rico y más ambicioso de la historia del país. Alguien con pretensiones de formar parte del poder permanente. Es decir: el único Dueño de la Argentina.

Días después, en rueda de amigos, Arnold se prometió que en algún momento escribiría un libro. El título tentativo no es un secreto, porque se lo comentó por lo menos a diez personas distintas, las mismas a las que confesó lo que había pasado con el Flaco Torresín. Igual, duda de que alguna editorial se anime a publicarlo con ese nombre: *"La venganza del boludo"*.

Contaría la historia de ese pequeño atormentado que, al convertirse en hombre, usó su resentimiento original para colocarse por encima de todos.

En efecto, Néstor fue un niño con problemas de salud y un adolescente que vivió traumatizado por las burlas de sus compañeros del colegio secundario.

Nació el 25 de febrero de 1950 en Río Gallegos, con una fisura y perforación en el paladar causa de un trastorno del habla que con el tiempo se haría cada vez más evidente.

Antes de los 7 años contrajo tos convulsa. También conocida como pertusis, es una infección del sistema respiratorio provocada por una bacteria llamada *Bordetella pertusis*. Los accesos de tos convulsa suelen durar más de un minuto, y cuando no se los controla pueden ocasionar otras afecciones. El niño Néstor la habría contraído por contagio. La consecuencia habría sido el estrabismo.

El estrabismo es la desviación de los ojos. Ahora lo sufre el cuatro por ciento de los niños y, si no se lo corrige a tiempo, la desviación se hace crónica.

Sus papás, el argentino Néstor Carlos Kirchner y la chilena María Juana Ostoic, intentaron corregir el estrabismo de su hijo, sin éxito, con el uso de unos enormes anteojos.

A los 12 años Néstor ingresó en el colegio secundario. Lo hizo en la Escuela Nacional Mixta con Bachillerato Anexo, República de Guatemala. Ex compañeros consultados para esta investigación afirmaron que por aquella época su vida de estudiante era casi un calvario.

Luis María Aguilar Torres lo guarda en su memoria. Es uno de los pocos profesores que todavía están vivos y aceptaron compartir sus recuerdos. Nacido en 1930, radical, defensor de presos políticos y docente de educación media y universitaria, testimonió:

—Cuando pasaba el frente, le hacían de todo, desde correrle el banco para que se cayera hasta atacarlo a tizazos. Pobre, lo tenían para el cachetazo...

Y una ex compañera añadió:

—Era el "Pan Triste" de la clase. En los recreos tiraba trompadas al aire, pero no le acertaba a ninguno. Yo le tenía cierta conmiseración. Era el más alto, el más tímido y el blanco de las peores burlas.

La mujer pidió mantener su nombre en reserva. También su ocupación, y la fecha exacta en la que compartieron esos recreos: sigue viviendo en Río Gallegos y teme las represalias. No fue la única de sus ex compañeros que lo recordó para esta investigación, pero sí una de las más preparadas e inteligentes. Ella elaboró una hipótesis, compartida por profesionales de la psiquiatría y amantes del teatro, al comparar a Néstor Kirchner con Ricardo III, el protagonista de una de las obras más conocidas de Shakespeare.

Ricardo III de Inglaterra nació el 2 de octubre de 1452 y fue rey hasta el día de su muerte, el 22 de agosto de 1485.

Tomás Moro, en su trabajo sobre la historia de Inglaterra, lo hizo aparecer deforme, rengo y jorobado. Más tarde Shakespeare se basó en esa leyenda para escribir su obra.

En *Ricardo III*, los problemas físicos de su protagonista constituyen uno de los dos grandes ejes de la historia. El otro es la búsqueda desmesurada de poder por cualquier medio: la traición, la mentira y hasta el asesinato.

—Kirchner bien puede ser considerado el Ricardo III argentino del siglo XXI. Aunque yo no desestimaría que, detrás de esa carrera hacia el poder absoluto, se esconda la necesidad de ser aceptado —interpretó uno de los psiquiatras más respetados y premiados de la Argentina.

La necesidad de ser aceptado bien pudo haber sido una de las obsesiones del Kirchner niño y adolescente.

Cuando Néstor ingresó en primer año, su hermana Alicia Margarita cursaba quinto en el mismo colegio, y estaba un grado adelantada.

El segundo año del secundario, Néstor intentó cursarlo como pupilo en la Escuela Técnica Salesiana de Río Grande, Tierra del Fuego, pero terminó volviendo tres meses después. En una de las pocas biografías que sobre él se han escrito hasta ahora, el periodista Walter Curia confirmó que, de catorce compañeros, terminó undécimo en el orden de mérito.

En tercer año, *Lupo* se llevó seis materias a diciembre.

En cuarto, lo mandaron seis veces a diciembre y dos más a marzo.

A los 16 años tuvo lo que podría considerarse uno de los más fuertes golpes de autoestima: su solicitud de ingreso en el magisterio fue rechazada.

En una época en la que estaba prohibido escribir con la mano izquierda, su problema de dicción fue determinante. Se lo comunicó la directora del Colegio, Anita Flores de López. Además, lo obligaron a tramitar su inscripción a quinto año de bachiller.

—Yo sé que Néstor y sus padres suplicaron, pero que las autoridades de la escuela fueron inflexibles —recordó un ex compañero que en la actualidad es su adversario político.

Kirchner perdió el año y terminó recibiéndose sólo en diciembre de 1968. Faltaban dos meses para que cumpliera 19 años.

El día en que fue rechazado como candidato a maestro, Néstor fue consolado por el docente que más lo quería.

Se llama Emilio García Pacheco. Tiene 85 años. Profesor de Historia, Geografía y Gimnasia en la época de Lupín, García Pacheco es además periodista, psicólogo social y director de la Casa de España en Río Gallegos. García siente como un pecado haber sido funcionario de la dictadura en la provincia de Chubut, pero reivindica su condición de periodista oficialista y kirchnerista. A partir de 2007 trabaja en un programa del canal del ex chofer e incondicional de Néstor, Rudy Ulloa Igor. La veterana dirigente radical y ex intendenta de Río Gallegos durante la dictadura, Ángela Sureda, considera a García Pacheco el responsable de lograr que Kirchner recuperara la confianza en sí mismo. Sureda, apodada "La Dama", llama a García Pacheco "El Padre del Monstruo".

El profesor recuerda que aquel día su alumno estaba "deprimido". Entonces lo llevó a su propia casa, le sirvió algo de tomar y sentenció:

—Néstor, entre los infradotados y los superdotados hay una línea muy finita. La mayoría, como vos y yo, estamos en el medio. Lo que diferencia a los tipos comunes de los que no lo son es la voluntad.

Cuarenta y dos años después, el ex canciller de Kirchner, Rafael Bielsa, opinó:

—Néstor llegó a Presidente porque tiene la voluntad de Alejandro

Magno. Si hasta se le nota en la forma de caminar... ¿No te fijaste cómo avanza, como si estuviera rompiendo el viento...?

A los 19 años Kirchner entró a estudiar derecho en la Universidad de La Plata. Algunos creen que ese fue el primer cambio profundo en su personalidad retraída.

Un dirigente de Santa Cruz que ocupó altos cargos ejecutivos en Río Gallegos y actualmente representa a la provincia en el Congreso nacional, lo planteó así:

—Por un lado seguía siendo suplente en todos los equipos de básquet de la universidad. Y, por el otro, sedujo a una de las chicas más lindas de la facultad, se casó con ella y se la trajo a vivir a Río Gallegos.

Enseguida, *Lupo* empezó a militar en la Federación Universitaria de la Revolución Nacional (FURN). Para entonces, la FURN peleaba contra la dictadura del general Juan Carlos Onganía y se consideraba el semillero estudiantil de la Gloriosa Juventud Peronista (JP). Entre sus compañeros estaban el actual embajador en España, Carlos Bettini, y Rafael Flores.

Flores es una de las personas que más y mejor conoce a Néstor Carlos Kirchner.

No solo fueron al mismo colegio y compartieron la militancia y la vida en la universidad; también estuvieron presos juntos, se enfrentaron como abogados, fueron aliados y adversarios políticos. Hasta que, un día de 1994, "El Rafa" se marchó, decepcionado.

En la entrevista que mantuvimos para este trabajo, Flores fue lapidario. Aseguró que durante la militancia, en La Plata, Néstor no había sido un héroe:

—Más bien fue uno del montón.

Confirmó que Kirchner formó parte de la columna que, el 17 de noviembre de 1972, acompañó el primer regreso del general Juan Domingo Perón. Que también estuvo presente el 20 de junio de 1973 en la trágica matanza de Ezeiza. Y que además asistió a la Playa de Mayo el día en que el presidente Perón les gritó a los Montoneros: "Imberbes, esos estúpidos que gritan".

Flores aceptó que Kirchner y él mismo sufrieron por la desaparición y los asesinatos de muchos compañeros a los que conocían bien, pero negó que Néstor haya formado alguna vez parte de la organización Montoneros, ni de su comando político ni de su brazo armado. E informó:

—Cuando Montoneros pasó a la clandestinidad, Néstor ya se había ido de la FURN. Sin embargo, contaba historias de enfrentamientos como si él hubiera sido el protagonista —recordó.

Flores explicó que, igual que muchos, Néstor, su esposa Cristina y él mismo volvieron a la Patagonia después del golpe de 1976 para evitar la persecución de la dictadura y dedicarse a la profesión.

Acto seguido, comentó con lujo de detalles la circunstancia de la detención de ambos. Una situación que todavía Kirchner presenta como algo más heroico y dramático de lo que en realidad fue.

Los citaron por carta el 27 de febrero de 1977.

Néstor y Rafa creyeron que se trataba de un trámite vinculado con la prórroga del Servicio Militar Obligatorio con la que ambos habían sido beneficiados.

La detención no fue violenta.

Les permitieron dejar los autos estacionados frente al Casino de Oficiales de la unidad militar.

El interrogatorio fue cordial. Tuvo lugar en el propio casino, y los hicieron sentar en sillones de cuero.

El "interrogador" fue el coronel Alberto Calloni, amigo de los padres de Flores y también de los de Kirchner.

Les preguntaron cosas "inofensivas", si se las compara con los típicos interrogatorios de la época.

Los acompañaron a sus domicilios particulares para que avisaran que iban a estar "un par de días detenidos". En efecto: estuvieron detenidos dos días, y después los liberaron.

Un amigo de Néstor que en 1973 militaba con él en la unidad básica Mártires de Trelew explicó que no comparte la visión maniquea de Flores. Recordó que, Kirchner y Cristina, en la casa de los padres de ella, en La Plata, refugiaron a una pareja de compañeros que meses después desapareció. Ese amigo aceptó que, como otros, Néstor todavía siente culpa por seguir vivo.

El amigo prefiere dejar su nombre en reserva. Ahora trabaja para Carlos Reutemann, pero no quiere sufrir la venganza de Néstor. Es la misma persona que muchos años después, en 1987, durante una campaña electoral, comprobó no solo que a Kirchner lo atormentaban los fantasmas de la persecución de la dictadura, sino que también sufría de sonambulismo.

Eran las cuatro de la mañana. Compartían la habitación de un hotel en Caleta Olivia con el *Lupo* y Juan Carlos Villafañe, ex intendente de Río Gallegos. De repente, Néstor, sin despertarse del todo, se levantó de la cama apenas vestido con la camisa con la que había estado todo el día, los calzoncillos y unas medias tres cuartos, caminó unos pasos y empezó a gritar como alma en pena:

—¡A mí no me van a llevar! ¡A mí no me van a llevar, milicos hijos de puta!

En 1974 Kirchner participó como extra en *La Patagonia rebelde*, la emblemática película realizada por Héctor Olivera y escrita por Osvaldo Bayer. Hizo de huelguista e intentó convencer a Bayer de que no había sido su abuelo el que apoyó la matanza de los obreros, sino el hermano de su abuelo. Bayer no le creyó, y años después fue reprendido por Cristina, a la salida de un canal de televisión:

—Osvaldo, ¿por qué sigue repitiendo que el abuelo de Néstor era un usurero?

Y Bayer le contestó:

—Porque lo era. Y, además, no pagaba sus deudas. ¡Si hasta le quedó debiendo diez mil pesos a mi abuelo!

Rafael Flores no solo tiene reparos por lo que considera una operación de marketing de Kirchner para aparecer como víctima de la dictadura. También le cuestiona la actuación de sus primeros años como abogado.

—Mientras muchos nos dedicábamos a defender gratis a los presos políticos, Néstor se dedicaba a representar a represores y a perseguir a deudores hipotecarios —informó, con papeles de viejas demandas en la mano, mientras tomamos un café en un bar de la avenida Santa Fe, en la ciudad de Buenos Aires.

Flores era fiscal del Estado provincial en 1981, cuando pidió veinte años de prisión para el segundo jefe de la Policía Federal, González Roucco, vinculado con la represión de la dictadura militar. González Roucco abusó y violó a numerosas víctimas, entre ellas, a la sobrina de otro jefe policial. Por eso lo apodaron "El Sátiro del Pasamontañas". Al final, lo condenaron a dieciocho años de cárcel.

Néstor, Cristina y su otro socio, Domingo Ortiz de Zárate, no solo aceptaron la defensa. También argumentaron que no podía considerarse violación forzar a una mujer a practicar sexo oral.

Pero lo que más indignó a Flores no fue ese litigio.

Lo que más lo "sacó" fue la demanda que los Kirchner iniciaron contra una mujer humilde para quedarse con su única propiedad.

Rafa sostiene que este episodio revela cuál es la verdadera relación del matrimonio Kirchner con el dinero.

La mujer se llama Ana Victoria y es la madre de Henry "Pilo" Olaf Aaset. Pilo tiene diez años menos que Néstor, pero fue uno de sus operadores políticos más consecuentes desde fines de la década de los noventa hasta hace muy poco. Su absoluta fidelidad hacia Kirchner hizo que negara el caso de la demanda de su mamá una y otra vez. Pero ahora que abandonó a su jefe lo reconoce sin problemas.

—Y qué se le va a hacer... La vieja firmaba cualquier cosa, y al final la engatusaban –le comentó a un amigo en el café de un hotel de Puerto Madero.

Cuando presentaron la demanda, los Kirchner eran apoderados de una consultora y financiera llamada Finsud. Su especialidad eran "las cobranzas extrajudiciales". Era la época de la circular 1050 de José Alfredo Martínez de Hoz. Las tasas de interés para los créditos hipotecarios llegaron a 150 por ciento y se hicieron impagables. En ese contexto de desesperación, Néstor y Cristina se habrían quedado con los pagarés de la señora de Aaset, en vez de romperlos después del cobro.

Fue durante 1982. La señora Aaset se lo contó a Flores, y el abogado inició una demanda penal contra los Kirchner. Los argumentos que utilizó para atacarlos fueron demoledores.

Rafa comparó a Kirchner con Shylock, el usurero judío protagonista central de otra obra de Shakespeare, *El mercader de Venecia*.

Escrita entre 1594 y 1597, cuenta la historia de Bassanio, un noble pero humilde veneciano que, para cortejar a Porcia, una rica heredera, pide prestados tres mil ducados a su amigo, un comerciante llamado Antonio. Pero Antonio tiene casi toda su fortuna invertida en los barcos que posee en el extranjero. Entonces decide pedirle prestada la suma a Shylock. El prestamista accede, con una sola condición: si Antonio no se la devuelve con los intereses y en el tiempo pactado, le tendrá que dar una libra de su propia carne, la más próxima a su corazón.

Flores ganó el juicio, pero el juez lo reprendió por comparar a los Kirchner con uno de los personajes más avaros y miserables de la historia de la humanidad.

Ese día, al encontrarse a la salida con Cristina, Flores le pidió disculpas por los fundamentos de su acusación, pero después le preguntó:

–Decime, ¿para qué hacen esto? ¿Cuál es la necesidad?

Estaban en la calle, en la esquina del juzgado, en la avenida Roca y Chacabuco.

Jura Flores que ella le habría contestado:

–Queremos hacer política. Para hacer política en serio se necesita "platita".

La platita en efectivo sería una de las obsesiones más notables de Kirchner.

Decenas de testimonios recogidos para este libro confirman la sospecha.

Un ex ministro del entonces presidente Kirchner, un ex aliado que trabajó con él desde 1990 hasta 2005 y también el ex subsecretario de Transporte Ricardo Cirielli coincidieron en asegurar que vieron a Ricardo Jaime esperando en la antesala del despacho con un bolso ajado, marrón, como el de los viejos carteros.

Jaime, ex secretario de Transporte, el hombre más acusado de toda la administración, tiene una causa abierta por enriquecimiento ilícito (véase Quinta Parte: Jaime y Uberti, Capítulo 1: Jaime es Kirchner). Los testigos aseguran que el funcionario podía esperar horas enteras para ingresar en último lugar o ser el primero en entrar.

—A mí nadie me lo contó. Yo lo vi con mis propios ojos, mientras esperaba que el Presidente me convocara —declaró el ex aliado.

Cirielli, por su parte, amplió:

—Mientras estuve en la secretaría, vi a Jaime con el bolso en la mano un montón de veces. Y algunas de ellas iba directo desde la oficina de la secretaría hasta el despacho del Presidente.

Y el ex ministro enfatizó, con lenguaje de expediente:

—Todos mis colegas de entonces pueden dar fe de que, de lunes a viernes, de 20 a 23, pudieron ver a Jaime con un portafolio igual a los que usan los médicos de campaña, esperando en la antesala para que el Presidente lo hiciera pasar.

Aunque Néstor y Cristina perdieron el juicio por la casa de Aaset, su persistencia y su ambición les permitió comprar a precio de bicoca decenas de propiedades que estaban por rematarse.

Entre 1977 y 1982 adquirieron veintiún inmuebles. Según una vieja declaración jurada, el más chico tenía 65 metros cuadrados y valía 4.600 pesos. Y el más grande medía 324 metros cuadrados y costaba 32.257 pesos. Supuestamente se trataba de la valuación fiscal de la época, aunque hay pruebas concluyentes de que Néstor y Cristina no son muy prolijos para confeccionar sus declaraciones patrimoniales (véase Tercera Parte: El Presidente más rico, Capítulo 1: El arreglo).

En la misma época en que Flores los comparó con el protagonista de *El mercader de Venecia*, la ideología de los Kirchner estaba cerca de la derecha peronista.

El 12 de diciembre de 1981 Néstor inauguró el Ateneo Juan Domingo Perón, una agrupación que reivindicaba a Isabel de Perón, y auspiciaba el diálogo con los militares.

El gesto más notable del Ateneo fue un acto de desagravio al sindicalista Rodolfo "Fito" Ponce. El candidato presidencial Raúl Alfonsín lo había mencionado como uno de los líderes del pacto entre sindicalistas y militares que alentaban una ley de amnistía para asesinos y torturadores.

El 30 de octubre de 1983, el día en que ganó Alfonsín y perdió Ítalo Luder, Cristina Fernández y Rafael Flores volvieron a encontrarse. Ambos

28

eran apoderados del Partido Justicialista y debían asistir al cierre de los comicios. Flores rompió el hielo con el primer análisis de la derrota:

—La elección la perdieron Herminio Iglesias y Lorenzo Miguel.

Pero ella completó, en tono recriminatorio:

—Y también los montoneros que apoyaron a Luder.

En 1983 Kirchner fue nombrado por el gobernador electo, Arturo Puricelli, presidente de la Caja de Previsión Social de la provincia.

—Era un cargo aparentemente menor, pero Néstor se empezó a comer a los chicos crudos.

La metáfora fue utilizada por un ex intendente de Río Gallegos que no pertenece al peronismo y que lo conoce bien. El dirigente recuerda que Kirchner, desde la caja, empezó a otorgar subsidios a ritmo febril y abrió sucursales en toda la provincia. Cuando Puricelli le recriminó su hiperactividad, ya era demasiado tarde. Néstor había aprovechado para establecer su base territorial de acción política. Al final, en julio de 1984, dio un portazo y así se hizo más conocido y acrecentó su imagen de hombre duro y eficiente.

El 6 de setiembre de 1987 ganó la intendencia de Río Gallegos por solo 110 votos. La ayuda de su ex cadete y ex chofer Rudy Ulloa Igor fue decisiva. Él, hijo de chilenos, aglutinó a todos los inmigrantes del barrio El Carmen en condiciones de votar, y con esa jugada Kirchner obtuvo la diferencia necesaria. En los capítulos siguientes se contará lo bien que Néstor le pagó semejante ayuda.

Ni bien asumió en la ciudad, empezó a apoyarse en Julio De Vido y en Carlos "El Chino" o "Noño" Zannini. Y también dejó bien en claro que no se trataba de un administrador débil: bajó veinticinco por ciento todos los salarios de los empleados municipales, les hizo cumplir horario y los sacó a barrer la vereda de la intendencia.

A la huelga que los trabajadores del Sindicato de Obreros y Empleados Municipales (SOEM) impulsaron en 1988, respondió con represión. La encabezó, dentro del propio corralón municipal, el cuestionado jefe de policía Wilfredo Roque, quien años después, ya con Kirchner gobernador, recuperaría el cargo. Cuando los empleados pidieron una tregua, Zannini les contestó:

—Primero tienen que levantar el paro.

Gobernaba la provincia el peronista Ricardo del Val, el mismo al que, tiempo después, Kirchner y sus aliados desplazarían mediante un juicio político.

Fuentes a prueba de desmentidas sostienen que Néstor le dio el empujoncito necesario. Y, así como reprimió la huelga del SOEM, alentó bajo cuerda los paros protagonizados por los trabajadores de la Asociación del Personal de la Administración Pública (APAP).

La intendencia fue el trampolín que utilizó Kirchner para ganar la gobernación.

—Era una maquinita de laburar y de mostrar —recordó uno de sus funcionarios de entonces.

Para fortalecer su imagen, incluyó un "micro" en el 9, el único canal de televisión por aire de la provincia que pertenece al Estado. Todos los días aparecía información sobre sus actividades. Y el intendente era siempre el protagonista excluyente.

—Entre 1987 y 1991, el *Lupo* se hizo diez veces más conocido que el gobernador —agregó la fuente.

Ni más ni menos de lo que sucede actualmente en Canal 7.

En 1991 Kirchner ganó la gobernación con el 56,2 por ciento de los votos. Pero no fueron todos propios. Los sumó gracias a la Ley de Lemas, que le permitía a cada partido agregar los votos de todos sus candidatos. El sublema de Kirchner y Arnold logró el 30,4 por ciento. Y el del gobernador Arturo Puricelli, el 25,8.

—A partir de ese momento se empezaron a hacer evidentes sus dos obsesiones: el dinero y la información —contó un ex colaborador que lo conoce muchísimo y que trabajó con él todos los días, incluidos los fines de semana, entre agosto de 1992 y octubre de 2002.

A cambio del anonimato, este colaborador presenta una radiografía completa del Néstor de entonces; son datos muy valiosos, porque anticipan el Kirchner actual:

* Se levantaba a la mañana, muy temprano, antes de las 7, solo para leer los diarios.
* Cuando viajaba de Río Gallegos a Buenos Aires, pedía diarios y revistas nacionales, los leía de punta a punta y no se los prestaba a nadie. ("No quería que nadie tuviera más información que él", comentó la fuente.)
* No sabía hacerse ni el nudo de la corbata. No es una manera de decir sino la pura verdad: se lo hacía su asistente personal, Valerio Martínez.
* Le encantaba el juego, en especial la ruleta. Era capaz de gastar muchísima plata. La de él y la de los demás (véase Primera Parte: El verdadero Kirchner, Capítulo 2: Metamorfosis).
* Con el dinero del Frente para la Victoria hacía lo mismo. Mediante su recaudador (Raúl) Copetti, les solicitaba a los

militantes una parte de su sueldo para solventar la estructura partidaria.

* Néstor, para no gastar, se hacía cortar el cabello en la peluquería del Congreso. Allí el servicio no se paga.

* Hablaba de política a tiempo completo. Solo, en ocasiones, gastaba unos minutos en Racing Club, pero nada más.

* Se sentía incómodo en los lugares donde él no era el centro de atención.

El colaborador reconoció que Kirchner, a veces, reaccionaba con violencia.

Todavía era gobernador cuando las autoridades de aeroparque les negaron a los pasajeros del avión de la provincia de Santa Cruz el acceso directo al sector VIP (*Very Important Person*). Tuvieron que descender en la zona de cargas. Kirchner debió llevar su propio portatrajes, sus valijas y sus papeles hasta la salida principal. Allí lo esperaba otro subordinado, que hoy trabaja en la Secretaría de Inteligencia del Estado (SIDE). Néstor estaba enojado. Esperaba que su asistente fuera a ayudarlo. Cuando Néstor llegó hasta él, le dio una fuerte trompada en el estómago, que lo dejó sin aire.

−Cuando sea Presidente, esto no me va a pasar más −despotricó Kirchner.

No fue ni la primera ni la única vez que agredió a uno de sus colaboradores.

Durante su primer viaje presidencial a España, en julio de 2003, varios testigos vieron cómo le dio una fuerte patada en el traste a Rubén Zacarías, responsable de Protocolo y Ceremonial.

Todo comenzó en la residencia del embajador, que en ese momento habitaba el escritor Abel Posse. La noche anterior Kirchner le había pedido a Zacarías que citara a las ocho y media de la mañana a Rafael Bielsa. Quería que el canciller le anticipara los temas del encuentro con el rey Juan Carlos y la reina Sofía en el Palacio de la Moncloa. Quizá porque era su primer viaje, o porque había entendido mal, Zacarías citó a toda la delegación argentina a la misma hora, en lugar de a las diez de la mañana, como estaba previsto.

Zacarías, alias "El Petiso", es un correntino que aterrizó en Río Gallegos en 1982. Empezó a trabajar en la Casa de Gobierno de Santa Cruz cuando asumió Puricelli. Ahora es el jefe de Ceremonial de la presidenta Cristina Fernández. Tiene dos hermanos:. Miguel, quien trabaja con Ramón Granero en la Secretaría de Programación para la Prevención de la Drogadicción y la Lucha contra el Narcotráfico, y Luis, quien todavía atiende a Kirchner.

Cuando el Presidente vio el cuadro de situación a través del cortinado blanco con detalles dorados de la puerta de la embajada, se puso fuera de sí y empezó a los gritos:

—¿Pero qué mierda es esto? ¿Qué hace toda esta gente acá? ¿Quién los llamó? ¡Que venga Rubén!

Zacarías intentó explicarle, pero el jefe de Estado no lo dejó.

De inmediato se puso a correrlo alrededor del piano de cola que había en el salón principal, ante la mirada sorprendida de Bielsa y la incredulidad de Posse.

El canciller estaba muy cerca del lugar de los hechos, pero el embajador permanecía escondido, detrás de otras cortinas, por temor a que la furia de Kirchner también lo afectara a él.

Cada tanto, Néstor lo alcanzaba y le propinaba una fuerte patada en la parte del cuerpo sobre la que la gente se sienta.

Alguien que vio la escena, la contó así:

—Parecían Batman y Robin. El Presidente con su traje azul, tramado, con el saco cruzado abierto, preocupado por aplicarle la patada, y Rubén escapando, mientras trataba de hablar. Cada tanto quedaban frente a frente, con las rodillas flexionadas. Entonces todo volvía a empezar.

Después del escandalete, Posse le regaló a Bielsa un libro de su autoría que acababa de ser publicado. En la dedicatoria hizo referencia al suceso y firmó Abel "Kick" Posse. En inglés, *kick* significa patada.

Muchos de los que trabajan hace años muy cerca del ex jefe de Estado tienen la falsa idea de que no se debe reaccionar cuando un hombre con semejante poder agrede o maltrata a sus subordinados.

Bielsa es una excepción.

El ex ministro tuvo con Kirchner una relación intensa, rica y conflictiva; siempre le dijo lo que pensaba, aunque lo pusiera a tiro del pedido de renuncia.

De hecho, le escribió 170 cartas manuscritas. Todas tienen el sello de mesa de entrada, prueba de que alguien las recibió.

—Para que quedara constancia, para que el día de mañana nadie pudiera decir que yo no avisé… —le comentó Rafael a un amigo de la vida.

Una de las más críticas está fechada en diciembre de 2007. Cristina acababa de ganar las elecciones presidenciales con el 47 por ciento de los votos. La carta empieza así:

Néstor:
Los de esta elección son votos urgentes. Cuando la gente pone los
votos de manera urgente, los retira igual: más urgente todavía.

En una ocasión, de buenas a primeras, Kirchner llamó a Bielsa por teléfono y, sin siquiera saludarlo, lo espetó a los gritos:

—¡Estoy harto! ¡Har-to! ¡Harto de que vos y [Roberto] Lavagna aparezcan como los racionales de este gobierno y yo sea presentado como el loquito!

Sucedió las 13.15 del mediodía del sábado 26 de noviembre de 2005. Bielsa había aterrizado en Buenos Aires después de permanecer veinte días en China. Caminaba con su esposa, Andrea, y sus hijos, Lautaro e Hilario, por la calle Billinghurst, rumbo a la cantina Don Carlos. Pretendían almorzar en paz.

A Bielsa, el llamado prepotente del jefe de Estado le cambió el humor. No había dormido bien. No le gustaba la situación y tampoco la entendía.

—Perdón, Néstor. ¿De qué estás hablando?

—¿Leíste *La Nación*?

—No. Acabo de llegar de China.

—Bueno. Leéla. Fijate.

—Pero ahora estoy con Andrea y mis hijos, a punto de ir a comer...

—No. Leé *La Nación*, ¿quién le habrá dado la información al periodista?

Estaba claro que el Presidente desconfiaba de su canciller. Y Bielsa explotó:

—¡¿Cómo podés dudar de mí?! ¡Sos un ingrato!

Kirchner se dio cuenta de que la situación se estaba saliendo de cauce. Intentó bajar un cambio:

—Escuchame, Rafita...

Pero Bielsa cortó el llamado.

Un minuto después Kirchner volvió a llamar, más tranquilo.

—Mirá, Rafita. No te preocupes. Quedate con tu familia. Yo sé que la familia es muy importante. Después, cuando llegues a tu casa, leé *La Nación* y me contás de dónde pudo haber salido la información, ¿eh?

La nota la había escrito Martín Rodríguez Yebra y hablaba de la ira del Presidente por las declaraciones de Roberto Lavagna. El ministro de Economía había denunciado la cartelización de la obra pública, y Kirchner sólo esperaba el momento oportuno para echarlo.

Más tarde, Néstor y Rafa aclararon el asunto, pero el canciller volvió a preguntarle:

—¿Cómo podés dudar de mí?

Kirchner no solo suele dudar de su canciller. También desconfía hasta de su propia sombra. Además, no está acostumbrado a que lo contradigan, le discutan, lo cuestionen o le pidan cuentas.

Sus seguidores lo supieron desde que asumió como gobernador y logró, no solo un segundo mandato, sino además la posibilidad de ser reelecto de por vida.

Lo confirmaron al comprobar cómo manipuló, sin control y con absoluta discrecionalidad, los famosos fondos de Santa Cruz por los pagos de las regalías petroleras. Fondos cuyos montos, movimientos, entradas y salidas del país todavía son un misterio. Y volvieron a ratificarlo cuando se dieron cuenta de que Kirchner no compartía información con nadie.

Arnold intentó advertirle a Duhalde, sobre cómo era de verdad Kirchner, el 14 de diciembre de 2002, horas antes de que el entonces Presidente anunciara que su candidato era el gobernador de Santa Cruz.

—Cuidado: es inestable y desconfiado. El único país del mundo que conoce, además de la Argentina, es Chile. En cuanto te des vuelta te va a cagar, como hizo con muchos de nosotros.

Habían viajado juntos a Río Turbio cuando Arnold todavía era interventor de Yacimientos Carboníferos Fiscales (YCF). Horas después, Kirchner se llevó a Duhalde a pescar.

—El Gallego De la Sota no levanta en las encuestas. No tengo a otro. Además, dice que tiene plata para bancar la campaña —le respondió el Presidente a su aliado para argumentar que no tenía otra alternativa.

Arnold entonces pensó:

—¡Es increíble! ¡Este tipo va a llegar a Presidente!

El ex vicegobernador se la veía venir.

Bielsa, por su parte, fue uno de los que más tardó en darse cuenta de cómo era el verdadero Kirchner.

El canciller, al principio, se sintió parte de un proyecto distinto, fundacional e histórico. E interpretó que Néstor era el líder indiscutido de aquel sueño de transformación.

En aquel tiempo, cada gesto del Presidente lo sorprendía y lo maravillaba.

Durante un viaje que hicieron juntos a Alemania, mantuvieron una conversación que nunca olvidará. Fue el 14 de abril de 2005. Se disponían a visitar la casa del presidente Horst Köhler.

Se trata de un lugar histórico en las afueras de Berlín, que se había salvado de los bombardeos de la Segunda Guerra Mundial porque era una zona de muchas escuelas.

Kirchner y Bielsa iban solos, en el asiento trasero de un Volkswagen negro. Toda la comitiva viajaba a veinte kilómetros por hora. Había tiempo para conversar sobre política. Bielsa diagnosticó:

—Tu gobierno es una mesa de tres patas muy firmes: salud económica, derechos humanos e inexistencia de corrupción.

Y Kirchner dijo:

—Entonces estamos bien, ¿no?

—Estamos muy bien. Pero, si una de esas tres patas se cae, la mesa se viene abajo.

El Presidente, entonces, afirmó:

—Para mí hay dos clases de corrupción: la de los ministerios y la emblemática. La de los ministerios es asunto de los ministros; pero la emblemática es asunto mío. Así que, si alguna de las figuras emblemáticas de este gobierno llega a robar y se comprueba, yo mismo lo meto dentro de un patrullero de culata y lo llevo a una comisaría.

Días después, Bielsa contó la charla, emocionado, a un viejo amigo que había militado junto a él en la organización Montoneros.

—Fue muy fuerte para mí. Sentí que estaba hablando con [José] de San Martín. Que la vida me estaba dando una oportunidad única. Que me otorgaba, otra vez, la posibilidad de conciliar los sueños con la práctica política.

Algo parecido sintió un poco antes, cuando volvió de la cumbre de la Organización Mundial de la Salud (OMS) en Cancún. El Presidente lo había recibido en su despacho de la Casa Rosada. De repente, los interrumpió un llamado urgente. Era Lavagna. Kirchner lo hizo pasar y el ministro habló, apurado, y de pie:

—Primero, la buena: el Fondo Monetario [FMI] va a apoyar nuestra propuesta de pago de la deuda. ¿Qué le parece?

—Fantástico —respondió el jefe de Estado.

—Ahora, la otra: dicen que, si les pagamos a los primeros acreedores de la lista, nos van a tratar todavía mejor...

—¿Cuánta plata es?

—Cinco mil millones de dólares.

—¿Y quiénes son los acreedores?

—Son acreedores privilegiados. La mayoría hace negocios con el propio Fondo.

Roberto estaba feliz. Pero Néstor había empezado a entender. Le estaban proponiendo un pequeño negocio legal para favorecer a unos cuantos banqueros poderosos.

Entonces dijo:

—Decile a la gente del fondo, de parte mía, que se vayan a la concha de su madre. Y, si no se lo decís vos, se lo digo yo.

Al canciller, ese tipo de situaciones lo hacían sentir orgulloso de formar parte del gobierno. Pero, a medida que pasaba el tiempo y lo trataba más, empezó a notar reacciones extrañas, propias de una personalidad compleja y llena de resentimiento.

Una de esas actitudes las vivió en Nueva York.

Era setiembre de 2005, durante la reunión anual de la Asamblea General de la Organización de las Naciones Unidas (ONU). De repente, el Presidente citó a la comitiva en la puerta del hotel donde se alojaban, el Four Seasons. Cuando la mayoría llegó, Kirchner anunció que saldrían a caminar por las calles de la ciudad.

Caminaron dos horas, sin detenerse ni una vez. El diputado nacional José María Díaz Bancalari casi se descompone. Bielsa estaba sofocado. Cuando llegaron de vuelta al hotel, la encargada de seguridad designada para la delegación argentina le dijo al canciller:

—Qué raro, no se paró a ver ni una vidriera. Ni un traje. Ni un artículo electrónico. Ni los anuncios de las obras de teatro. Nada. ¿No le gusta nada?

La mujer rubia, un tanto excedida de peso y transpirada quería entender por qué. Bielsa también. Se acercó y le comentó:

—Néstor: sos el tipo menos frívolo que conozco.

—Gracias.

—De nada. Pero no es un elogio. Porque, para ser un poco frívolo, también hay que tener un poco de imaginación. Te tiene que gustar algo: un libro, una película, una canción...

Quizás hayan sido diálogos como el anterior los que provocaron que, cada vez que le nombraban a Bielsa, se preguntara:

—¿Y ese quién se cree que es? ¿Supone que, porque anda todo el día con un libro debajo del brazo, es el hombre más culto del mundo?

En otra oportunidad, Bielsa comprobó que Kirchner utilizaba la información y las debilidades de los demás para colocarse en situación de superioridad con respecto a ellos.

Fue cuando alguien le comentó al mandatario que Eduardo van der Kooy, secretario de redacción de *Clarín*, tenía una bacteria que le generaba malestar estomacal y le producía una reacción en la cara.

—Cuando me encuentre con él, le voy a decir que lo veo mal —anunció.

Bielsa, que lo conoce y le tiene afecto, pidió:

—No vale la pena.

—Sí que vale la pena. Una vez que lo agarro en una, no se la voy a dejar pasar, ¿no?

Nunca lo dirá en público, pero Bielsa piensa que Kirchner tiene la patología de un psicópata político: alguien que puede hacer mucho daño. A un adversario o a parte de la sociedad. Sin darse cuenta. O sin importarle. Que para el caso es lo mismo. También piensa que, al contrario de lo que supone la mayoría de los analistas políticos, el ex mandatario no es un arrebatado, sino alguien muy frío y calculador. Un cirujano capaz de usar el bisturí con maestría, sin esfuerzo, y de cortar bien profundo, de un solo movimiento.

Bielsa supo sin lugar a duda que no podría integrar durante mucho tiempo este gobierno cuando el Presidente le pidió que no se metiera con Venezuela, que le dejara a él los asuntos del comandante Hugo Chávez.

Al principio supuso que era una decisión política.

Por eso, cuando recibió la llamada urgente del entonces embajador argentino en Caracas Eduardo Alberto Sadous, se preocupó, y mucho.

—Rafael, hay algo muy raro con el asunto de los fideicomisos: faltan algo así como noventa millones de dólares.

Fue el 26 de enero de 2005. El canciller obró con rapidez y corrección. Lo primero que hizo fue mandarle una de sus cartas al Presidente, a fin de dejar constancia de la situación. Después fue a verlo y le dijo, sin vueltas:

—Néstor, el embajador de Venezuela me dice que falta plata de un fideicomiso. Habla de "irregularidades".

Kirchner le pidió entonces que lo pusiera al tanto a Julio De Vido. El ministro de Planificación le explicó:

—Es probable que se trate de un error. Es el primer fideicomiso, y quizás haya sido por inexperiencia.

La trama completa del escándalo de los fideicomisos se puede leer en el Capítulo 3 de la quinta parte, titulado "Con quién hay que arreglar". De hecho, es el caso de corrupción que más probabilidades tiene de avanzar en la megacausa que Elisa Carrió presentó contra Kirchner, varios de sus ministros y la mayoría de los empresarios investigados en este libro.

Bielsa tardó un tiempo en comprender que una de las tres patas de la mesa que garantizarían el éxito del gobierno se estaba rompiendo en pedazos. Ya no podría hablar, con tanta soltura, de "inexistencia de corrupción".

Cuando se enteró por los diarios de que Sadous había sido desplazado, se preocupó todavía más. Estaba claro que los que estaban haciendo negocios necesitaban las manos libres.

Si la experiencia de Bielsa puede ser definida con la palabra desilusión, ¿qué término sería el adecuado para nombrar lo que vivió Sergio Acevedo?

Se lo dijo él mismo a sus nuevos aliados políticos, los seguidores de Fernando "Pino" Solanas:

—Fraude. Me defraudaron políticamente. Y nunca pensé que llegarían a tanto.

Sergio Edgardo Acevedo, 53 años, Documento Nacional de Identidad 12.189.931, divorciado, tres hijos, fue el primer intendente de Pico Truncado, una ciudad de quince mil habitantes, en 1983. Fue además diputado provincial entre 1987 y 1991; otra vez intendente entre 1991 y 1995; diputado nacional entre 1995 y 1999 y entre 2001 y 2003; vicegobernador de Santa Cruz 1999-2001 y jefe de la SIDE desde mayo de 2003 hasta que, en diciembre del mismo año, asumió como gobernador de Santa Cruz.

Acevedo conoce a Kirchner desde hace mucho. Por eso hizo algo que muy pocos conocen y que jamás reveló: amagó renunciar a la gobernación antes de asumir.

Había ganado con el 70,85 por ciento de los votos el 14 de setiembre de 2003 y días antes del 10 de diciembre le hizo saber al Presidente:

—Para gobernar condicionado, prefiero no hacerme cargo.

Los pocos adversarios que se enteraron argumentaron que lo hizo porque es ciclotímico y débil. Pero los amigos explicaron que se trató del último intentó de gobernar con autonomía del Presidente.

El actual presidente de la Comisión Nacional de Defensa de la Competencia (CNDC), Ricardo Napolitani, y kirchneristas que gozaban de la amistad de Acevedo como Pilo Aaset, gastaron horas y horas para convencerlo de que asumiera. Al final, Cristina tomó el teléfono y le habló:

—Sergio, yo te considero un amigo. No podés hacer esa locura. Va a estar todo bien. Y yo voy a ser la garantía de que nadie te moleste.

Acevedo aceptó, pero sucedió todo lo contrario.

Empezaron por incorporarle hombres de Kirchner en todas las áreas sensibles. No podía tomar una decisión importante sin antes consultar con Buenos Aires. Lo presionaron para que autorizara la firma de certificados de obra pública para el grupo de empresas amigas de Néstor.

Lo que sigue es parte del diálogo mano a mano que mantuvimos para esta investigación.

—¿Cómo lo presionaban?

—Me querían obligar a pagar, desde la provincia, obras nacionales. Trabajos que le correspondía pagar a la Nación.

—No entiendo.

—Les tenía que dar a las constructoras el famoso adelanto financiero antes de que comenzaran a trabajar.

—¿Entonces...?

—Era todo una barbaridad. Las empresas no corrían riesgo. Precios que debían ser de uno lo cotizaban a diez. La mayoría no terminaba las obras en el plazo estipulado... ¡Y encima pretendían que las provincias les dieran adelanto!

—¿Y por qué les dio las obras?

—Es que las obras ya estaban adjudicadas. Y había una "patria contratista" local: una normativa por la cual, si sos una empresa local, tenés más puntos en la licitación y terminás ganando siempre.

—¿Cuáles eran las empresas que ganaban siempre?

—Esuco, Austral, Gotti y Palma.

—¿Eso es legal?

—Lo tienen todas las provincias. En Chubut no gana un empresario que no sea de Chubut. En Santa Cruz tampoco. En Córdoba y Santa Fe pasa lo mismo.

Esuco (Empresa Sudamericana de Construcciones Sociedad Anónima) es de Carlos Guillermo Wagner, alias "El Alemán". Presidente de la Cámara Argentina de la Construcción, es el único empresario no "pingüino" que pudo hacer negocios en la provincia de Kirchner. Austral Construcciones es de Lázaro Báez. Gotti y Palma también se las adjudican al propio Báez.

Acevedo sostiene que se manejó con relativa autonomía hasta diciembre de 2004, cuando viajó hasta El Calafate para hablar en persona con Néstor Kirchner y le planteó:

—Hay que desplazar a Santiago.

El Presidente, sorprendido, solo atinó a balbucear:

—¿Te parece el momento oportuno?

El gobernador no dudó:

—Sí. El próximo lunes le pido la renuncia.

Y el lunes se la pidió.

Carlos Santiago Kirchner, arquitecto, nacido en 1954, es primo hermano de Néstor. Vocal del Instituto de Desarrollo Urbano y Vivienda (IDUV) desde 1991, fue ascendido a presidente del organismo en mayo de 2003. El IDUV maneja los contratos del Plan Federal de Viviendas y concentra el noventa por ciento de la obra pública en la provincia.

Acevedo asegura que, a partir de ese momento, todo cambió para peor.

—Me bloqueaban en Diputados. Kirchner me mandaba emisarios con mensajes que advertían que me estaba equivocando. Cada día era una nueva negociación. Gobernar Santa Cruz se me había convertido en un calvario.

Después de su despedida, Carlos Santiago Kirchner reapareció en julio de 2005, otra vez de la mano de su primo. El Presidente lo nombró subsecretario de Coordinación de la Obra Pública Federal. Desde allí se empezó a ocupar de la obra pública para intendencias de todo el país. Dueño de Pinkar, una pinturería en Río Gallegos, Carlos Santiago tiene como principales clientes a las mismas empresas que muchas veces favoreció con su firma. La revista *Noticias* reveló que también su declaración jurada viene con sorpresas. Siete de las diez propiedades que declaró hasta 2006 fueron compradas en el transcurso de un solo año, de 2002 a 2003. Por entonces su patrimonio oficial alcanzaba los diecisiete millones de pesos. El aplicado periodista Damián Glanz publicó en *Perfil* que, ni bien aterrizó en Buenos Aires, se fue a vivir a un piso de Avenida del Libertador y Coronel Díaz, equipado con un sistema de aislamiento acústico. Las atribuciones del cargo del primo de Néstor lo convirtieron en la llave maestra para el negocio de cualquier obra pública. Por ejemplo, en noviembre de 2006, encabezó un proyecto para asfaltar cincuenta cuadras en General Roca, Río Negro. Participaron dos empresas, además de Juan Felipe Gancedo. Las dos primeras cotizaron 7,4 millones de pesos y 7,8 millones de pesos por todo el trabajo. Gancedo lo valuó en 11,5 millones. El intendente Carlos Soria–ex jefe de la SIDE de Duhalde hasta 2002– firmó una preadjudicación a favor de la que había ofrecido el precio más económico, pero el "Gran Primo" la rechazó. El 11 de diciembre de 2006 Carlos Santiago se tomó un avión a General Roca y le otorgó el negocio a Gancedo. Los concejales de la oposición pusieron el grito en el cielo. Soria tuvo que dar marcha atrás. Horas después, el pariente directo de Kirchner debió ser operado por una seria afección en el corazón.

Al final, Acevedo renunció, el 15 de marzo de 2006.

Y en julio de 2008 habló claro por primera vez, en un café de Coronel Díaz y Paraguay, en la ciudad de Buenos Aires.

Dijo:

–Ellos le dicen "argentinización", pero lo que hay es un capitalismo de amigos. Ellos justifican la construcción de un poder económico propio para no depender de otros empresarios nacionales o extranjeros. Ellos dicen que, sin plata, no se puede hacer política. Yo digo que eso suena a excusa para justificar actos de corrupción. Ellos dicen que no hay *lobby* y yo les digo que es verdad. ¿Cómo va a haber *lobby* si todos los negocios los manejan ellos? La obra pública, el juego, el transporte, y también la banca. No hay *lobby* porque el dueño es uno solo.

Para la misma época, cuando Néstor era El Dueño de la provincia de Santa Cruz y la República Argentina, en el café más concurrido de Río Gallegos, y ante amigos comunes, Chiquito Arnold declaró:

–"La venganza del boludo" está siendo consumada.

2
METAMORFOSIS

Néstor Kirchner fumaba Jockey Club, tomaba whisky Criadores, apostaba en la ruleta al número 29 y comía cualquier cosa, hasta que se asustó y su vida se transformó para siempre.

La metamorfosis incluyó cambios en sus maneras de acumular y de ejercer el poder.

El gran susto de Néstor ocurrió durante 1996, cuando comenzaba el primer año de su segundo gobierno en Santa Cruz.

Kirchner fue operado, con urgencia, de hemorroides. Y a las pocas horas pretendió ir a trabajar como si nada hubiese sucedido.

Las hemorroides son una afección consistente en la dilatación de las venas que se encuentran en la ampolla del recto y que llegan hasta el ano. Cuando las venas hemorroidales se dilatan, se pierde la capacidad de hacer retornar sangre por ellas. Las hemorroides pueden ser internas o externas según se produzcan dentro o fuera del ano. Los factores que propician su aparición son varios. Los más habituales: actividades que obligan a pasar varias horas de pie o sentado, y consumo de comidas picantes y bebidas alcohólicas.

A Kirchner no solo lo asustó la dolorosa intervención quirúrgica. El entonces gobernador ya sabía que padecía de una enfermedad llamada colon irritable. Y su temor era más justificado aún porque su padre había muerto a los 64 años como consecuencia de un cáncer de colon.

Al colon irritable también se lo llama intestino irritable y afecta al dieciséis por ciento de la población mundial adulta. Sus síntomas son fuertes dolores, gases e hinchazón del abdomen. También, diarrea y constipación intermitentes. Afecta a las llamadas personalidades de tipo A: individuos hiperactivos, competitivos, exitosos, exigentes y ansiosos. Muchos expertos vinculan el colon irritable con los estados de ánimo. Sostienen que el aparato digestivo se conecta con el plano emocional profundo, por lo que, cuando la garganta o el estómago se cierran, terminan afectando a todo el sistema. El jefe de Gastroenterología del Hospital Durand, Eduardo Segal, afirmó:

—El aparato digestivo es el primer receptor de todas las emociones.

41

Los brotes de esta afección se producen por el consumo excesivo de comidas y bebidas o evidentes situaciones de estrés.

Kirchner venía de discutir muy fuerte con Eduardo "Chiquito" Arnold cuando tuvo que ser operado de urgencia.

El vicegobernador le había exigido el cumplimiento perentorio de un acuerdo previo. Pretendía que contrataran a un grupo de los adherentes a su corriente interna, Movimiento de Renovación Peronista, como asesores, en alguna parte del congreso provincial. Se habían levantado la voz, mal.

Al día siguiente de la discusión, Néstor hizo entrar al vice al comedor de la residencia del gobernador. Antes de que se sentara, le informó:

–Lo tuyo ya está arreglado.

Estaba pálido y ojeroso. Apenas se lo escuchaba. Arnold se inquietó:

–¿Qué te pasa?

–Me acaban de operar de hemorroides.

–¿Cuándo?

–Hace un par de horas.

–¿Y qué hacés acá? ¡Vos no podés estar laburando!

–No sé, muy bien no me siento... ¿Podés llamar a Luis?

Luis Buonomo es su médico personal. Cirujano, director del hospital regional de Río Gallegos entre 1992 y 1994, campechano y discreto, muchos consideran que no tiene el suficiente entrenamiento como para cuidar la salud de un Presidente. Tampoco la autoridad necesaria para tomar una decisión y lograr ser obedecido. Militó en política, pero nunca fue candidato. Junto con Alicia Kirchner, fue uno de los pilares de Néstor para desarrollar el sistema de salud de la provincia. En 2004 sintetizaba la relación con Kirchner como paciente con estas palabras: "El Presidente no es un sumiso; siempre quiere estar al tanto de todo. Si está convencido, cumple rigurosamente". De hecho, cuando Arnold lo llamó, se alarmó más que cualquiera al saber que Kirchner no estaba cumpliendo reposo absoluto en la cama de su casa.

Antes de ir a descansar, *Lupo* le pidió a Chiquito que no le comentara a su mujer que se había operado. Una semana después, Arnold se encontró con Cristina, Carlos Zannini y Daniel "Mono" Varizat, el ministro de Gobierno que durante la huelga docente atropelló y lastimó a varias personas y en pocos meses salió en libertad. Ella lo increpó:

–¿Por qué no me avisaste lo de la operación?

–Porque el gobernador me pidió que no te diga nada.

–¡Pero el gobernador es mi marido, y yo soy su esposa!

Hubo unos segundos de silencio antes de que Chiquito retrucara:

—Vos serás la esposa, pero el culo es de él.

Este diálogo ha sido rememorado una y otra vez por todos los que estaban allí presentes, menos Cristina. Zannini y Varizat se taparon la boca para no estallar en una estruendosa carcajada.

Más allá de la anécdota, a partir de entonces Kirchner cambió abruptamente su manera de comer y ciertos aspectos de su estilo de vida. Desde que lo intervinieron quirúrgicamente se alimenta sobre la base de pollo hervido, pescado y puré de calabaza. Toma poco café negro; prefiere mucha leche y apenas unas gotas de café, sin azúcar ni edulcorante. Además, camina o corre en una cinta por lo menos una hora por día.

Sus amigos de la época prehemorroidal juran que antes era otro tipo, que amaba las largas sobremesas, el whisky y el casino. Ellos aceptaron recordar varias situaciones que lo prueban.

Uno de sus acompañantes habituales comentó que algunos viernes se iba en auto de Río Gallegos a Caleta Olivia solo para jugar a la ruleta.

El vehículo lo manejaba casi siempre Ricardo Jaime, y nunca faltaba su asistente personal, Valerio Martínez. Pernoctaban en el Hotel Robert, un establecimiento de tres estrellas con cochera, confitería y salas de negocios. La especialidad del restaurante son los mariscos, el pescado casero y el cordero patagónico. Parece que el casino estaba demasiado cerca del Robert, y entonces se daban una vueltita.

En la época en que conducía el auto hacia Caleta Olivia, trabajaba en el área de Educación. Por esos días, don Vittorio Gotti, jefe del "Clan Gotti", familia a la que Lázaro Báez le habría quitado la empresa, se encargó de decir a todo el mundo que Jaime le había pedido diez mil dólares para irse de vacaciones. Situaciones como esta fueron las que después habría esgrimido Néstor para mandar a Jaime otra vez a Córdoba, su provincia natal.

—Jaime está tocando barrotes. Se hizo conocido por pedirle coima a una empresa y Kirchner lo echó —afirmó Arnold.

Como es sabido, en 2003 le levantó el castigo y lo hizo secretario de Transporte, cartera que le permitió cambiar su manera de vestir y de viajar.

Valerio Martínez era el asistente personal de Néstor. Fuentes muy seguras dicen que fue apartado de sus funciones porque habría intentado cobrar las audiencias que algunos empresarios le solicitaban al gobernador.

—Es cierto que Néstor apostaba. Siempre le jugaba al 29. Y parece que siempre ganaba. O por lo menos eso era lo que nos decía a nosotros —aseguró, con una sonrisa irónica, un alto funcionario provincial de aquella época.

—Es verdad, Néstor siempre le jugaba al 29, pero no ganaba nunca. Además, cuando se enloquecía, desparramaba las fichas por toda la mesa

43

sin ninguna lógica. Sin la mínima martingala –aseguró un empleado que trabajó con él durante más de diez años.

El empleado lo recuerda bien porque siempre le pedía plata. Y no solo a él, sino a todos los presentes en el casino en que se encontrara.

–Teníamos que hacer una vaquita de veinte o cincuenta pesos por cabeza. Después nos echaba y nos decía que quería estar tranquilo para jugar solo. Al rato, se acercaba e informaba: "Muchachos, no tuvimos suerte. Ahora me voy a jugar la mía".

Los más memoriosos sostienen que durante la convención que aprobó la necesidad de Reforma de la Constitución, en 1994, Néstor se trasladaba desde Santa Fe hasta Paraná para jugar a la ruleta en el Casino del Hotel Mayorazgo. Y un empleado indiscreto aportó datos valiosos que demuestran que el ex gobernador utilizó el avión oficial de la provincia para viajar a Mar del Plata durante la Semana Santa de 1998. La fuente precisó que, al aterrizar en el aeropuerto de Camet, se le pinchó una goma, y que ese fin de semana vieron a Kirchner probando suerte en el casino de la ciudad.

En los casinos, los restaurantes y algunos cafés de la Patagonia, y también de la ciudad de Buenos Aires, cada tanto se lo podía ver a Kirchner con un Jockey Club rubio en una mano y un vaso en la otra. En 1991, durante los festejos de la victoria electoral que lo hizo gobernador por primera vez, Kirchner y media docena de dirigentes terminaron en no muy buenas condiciones.

Sucedió dentro de la austera casa que Kirchner poseía en el barrio APAP (Asociación del Personal de la Administración Pública), exactamente en la calle Monte Aymond 96. Esa madrugada daban rienda suelta a su alegría el anfitrión, su mejor amigo, Oscar "Cacho" Vázquez, y Carlos Pérez Rasetti, entre otros.

La fiesta terminó a las cinco de la mañana.

Se tomaron dos botellas y media de whisky argentino solo entre cinco personas. Entre los bebedores estaba Néstor Kirchner.

Criadores supo acompañar a Néstor en los peores momentos.

Se tomó un par de medidas con un poco de hielo en un snack bar enfrente del edificio de SOMISA, donde el entonces interventor de empresas públicas, Luis Prol, estaba por firmarle un adelanto de quince millones de dólares en concepto de regalías. Los necesitaba urgente para pagar los sueldos y los aguinaldos adeudados, y casi no los obtiene por culpa de su comprovinciano el diputado nacional Rafael Flores.

Fue a mediados de 1992. El "Colorado" Prol había sido defendido por Flores en la época de la militancia. El diputado, que había ido a acompañar a Kirchner, no tuvo mejor idea, en medio de la negociación, que enrostrarle a Prol su pertenencia al gobierno de Carlos Menem.

Néstor, al terminar la reunión, casi lo trompea.

Quizás el whisky que se tomó enfrente del lugar de reunión, mientras esperaba la respuesta de Prol, haya servido para evitar la agresión.

Durante su primer mandato como gobernador, Kirchner se estresó mucho, pero logró echar los cimientos para la construcción de un poder hegemónico.

La eliminación de las minorías en el Partido Justicialista, la destrucción de los organismos de control del Estado y la intromisión en el Tribunal Superior de Justicia fueron algunas de sus decisiones más importantes.

Pero durante su segundo mandato, después de la operación y los cambios de hábitos, culminó su obra maestra. Cuando la terminó, en 1999, ya casi nadie podía soñar con manejar ni el más humilde negocio en Santa Cruz sin la bendición del gobernador, que todo lo controlaba.

Kirchner no se privó de nada.

Impulsó una reforma política que terminó con la oposición.

Sedujo a los adversarios de su propio partido. Y conquistó a intendentes de la oposición a cambio de partidas de dinero oficial para sus municipios.

Asfixió a cientos de proveedores del Estado hasta ponerlos de rodillas.

Usó la obra pública para meterse dentro de la lógica de las empresas constructoras y beneficiar a unas pocas. El caso más conocido es el de Austral Construcciones, de su socio Lázaro Báez (véase Séptima Parte: Lázaro).

Dispuso la privatización del Banco de Santa Cruz y se la adjudicó al mismo grupo que en 2008 compró una buena parte de YPF (Yacimientos Petrolíferos Fiscales), la empresa más grande y poderosa de la República Argentina (véase Cuarta Parte: Los Eskenazi).

La venta de la mitad más uno del banco de la provincia fue precedida de un verdadero escándalo. La oposición siempre la consideró como una magistral jugada a dos puntas de Kirchner. Por un lado se sacó de encima la mochila de cerca de 170 millones de dólares que tenía la entidad, producto de los créditos incobrables (préstamos de dinero que se realizaron sin control alguno y con discrecionalidad, a partir del inicio del gobierno K). Y, por otro, le sirvió para mostrarse como un administrador eficiente, ya que a partir de la privatización el banco empezó a funcionar bien.

Al igual que con los famosos fondos de Santa Cruz, Kirchner jamás rindió cuentas sobre el manejo del dinero del banco oficial.

En setiembre de 1995, cuando su gobierno presentó el proyecto de venta por primera vez, fuentes oficiosas estimaban que la deuda irrecuperable era de aproximadamente 145 millones de dólares.

Un mes después la Legislatura de Santa Cruz aprobó la privatización por mayoría simple. La oposición votó en contra por partida doble: no estaba de acuerdo con privatizar el banco, y sostenía que, para hacerlo, se necesitaba de una mayoría calificada. De cualquier manera, no le alcanzó.

En diciembre del mismo año, tres diputados provinciales del Frepaso, Javier Bielle, Argentino Álvarez y Pérez Rasetti, entraron a la sucursal del banco en Río Gallegos y se quedaron una semana entera. Pretendían saber cuál era el verdadero monto de la deuda y la identidad de los principales deudores.

Kirchner les mandó a decir que iba a mandarles pan dulce y sidra para las fiestas, que estaban por llegar.

Entre la aprobación de la ley y la entrega efectiva del banco a la familia Eskenazi se produjo un verdadero desbarajuste. Esto fue lo que pasó:

* Se rompió la cadena de pagos y la mayoría de los proveedores cobraba con tres meses de demora.
* Fueron imputados y procesados el presidente del banco, Eduardo Labolida, y el hombre de Kirchner en el banco, Lázaro Báez. Los cargos: contratar a un estudio de abogados privados para que se hiciera cargo de la cartera de incobrables. (En *El amo del feudo*, el libro escrito por el periodista Daniel Gatti, se cuenta cómo Báez, con la ayuda de su amigo, el gobernador, logró recusar al juez y resultó sobreseído).
* Se iniciaron decenas de demandas por los irregulares otorgamientos de créditos. Uno de los más grandes fue concedido a la firma Gobbi, representante de Mercedes Benz en Río Gallegos. El banco se había tomado la atribución de prestarle diez millones de dólares ¡sin garantía!
* Otro polémico beneficiario fue Daniel Mauricio Mariani. No solo andaba por la calle con la frente bien alta, a pesar de ser un deudor incobrable del Banco de Santa Cruz: años más tarde logró ocupar un lugar en el Tribunal Superior de la provincia, el equivalente a la Corte Suprema de Justicia de la Nación. Lo hizo el 18 de junio de 2003, para reemplazar nada menos que a Carlos Zannini. Los ene-

migos de Mariani sostienen que además contaba malos chistes. Tenía un negocio de neumáticos llamado Todo Goma y afirmaba que abriría una sucursal en Chile con el nombre de Harto Caucho.

El 16 de julio de 1998 se hizo efectiva la privatización del banco. Pero, horas antes del traspaso de acciones, sucedió lo que después se llamó "La Otra Noche de los Lápices".

–Esa noche, si debías doscientos, pagabas sesenta y no tenías más deuda. Simplemente desaparecía –se le escuchó decir, en una reunión de su línea interna, al vicegobernador Arnold.

A Chiquito le consta que algunos habrían hecho muy buenos negocios.

Al otro día le pidió una reunión urgente al gobernador y le contó lo sucedido.

Kirchner le respondió casi lo mismo que le había dicho aquel sábado de setiembre de 1995, cuando Arnold le planteó que alguien le había pedido una coima a su amigo Tony Torresín para destrabarle un crédito de tres millones de dólares destinados a construir el Dique Seco.

–Si lo que me contás es así, andá a la Justicia y chau –cortó por lo sano *Lupo*.

En ese momento el presidente del Tribunal Superior de Justicia era Jorge Ballardini. Proveniente del Movimiento de Integración y Desarrollo (MID), había sido captado por Kirchner en 1991. Fue asesor general de la gobernación, fiscal de Estado y apoderado del Partido Justicialista. Ballardini fue uno de los hombres que decidió echar al combativo procurador Eduardo Sosa. Y, como si eso fuera poco, más tarde ayudó, mediante una caprichosa interpretación, a que Kirchner pudiera ser reelecto gobernador de por vida. Fue cuando le permitió convocar a la Asamblea Constituyente por medio de una consulta popular.

El actual juez de la Corte Suprema de Justicia Eugenio Zaffaroni comparó ese llamado con una actitud tramposa propia del nazismo.

Arnold lo sospechaba: ahora tampoco Kirchner impulsaría una seria investigación.

Dos de sus ex aliados y amigos sostienen que, en ese momento, Néstor se sentía más que impune.

–Tenía la sensación de que era inmortal.

En 2004, cuando ya había asumido como Presidente, Kirchner sintió que, de verdad, se moría.

Fue en la cama del hospital público José Formenti de El Calafate. El diagnóstico: gastroduodenitis erosiva aguda con hemorragia. La causa: un fortísimo analgésico y antiinflamatorio llamado ketorolac. Se lo había suministrado el número dos del PAMI, José Bochi Granero, a pedido del propio paciente, quien se quejaba por el dolor de un tratamiento de conducto que le estaba haciendo su dentista, Luis León. Granero es odontólogo, pero no era el de Kirchner.

Este tomó el medicamento, sin consultar con su médico personal, el jueves 8 de abril. Empezó a sentirse mal casi de inmediato. De todos modos se subió al avión presidencial y se fue a Río Gallegos. Habló con Buonomo, quien le suplicó que no viajara a El Calafate. Néstor lo ignoró. Por la noche empezó a vomitar y a defecar sangre. Primero en su propia casa. Después en el hospital, adonde fue llevado de urgencia.

El viernes a la mañana nadie sabía dónde estaba parado. Los primeros análisis indicaban que tenía profundas heridas en el aparato digestivo. La primera dama había ordenado que nadie viajara a la provincia de Santa Cruz. Casi nadie en el gobierno sabía cuál era el estado de situación. Solo Buonomo; Cristina; su secretario, Rafael; y los secretarios de Néstor, Daniel Muñoz y Daniel Álvarez.

No solo Cristina pensó lo peor.

También lo supuso, por un momento, una de las asistentes médicas que lo acompañó durante los seis días que permaneció internado. Lo quiere y se confiesa una kirchnerista de la primera hora. Prefirió mantener su nombre en reserva porque no desea que la gente después empiece a preguntarle. Es muy creyente y pertenece a la iglesia evangélica.

Ella reveló que Kirchner estuvo peor de lo que se informó, y que tuvo que ser sometido a una transfusión de sangre. Agregó que ella misma transportó seis sachets de sangre proveniente de donantes del hospital de Río Gallegos, una cantidad equivalente a la mitad de los glóbulos rojos de todo su cuerpo.

También contó que antes de la transfusión, el Presidente se mostró aterrado y le pidió que rezaran juntos.

Ella le explicó que los protestantes no rezan. De cualquier manera, le tomó la mano y oró:

—Señor, te pido que bendigas al hermano Néstor. Él ahora necesita de tu ayuda.

La asistente recordó que el paciente tenía la mano muy fría y estaba muy pálido, casi cadavérico, debido a la cantidad de sangre que había perdido. Además, precisó que Cristina parecía más controlada y que no dejó entrar a su suegra, Juana, para que no se pegara el susto de su vida.

Más allá del ocultamiento de la información, más allá de la irresponsabilidad de un jefe de Estado que se automedica sin la expresa autorización de su médico personal, hacía una semana que Kirchner venía soportando el estrés de su primera derrota política: la multitudinaria marcha de Juan Carlos Blumberg en demanda de mejores leyes y más seguridad.

Blumberg es el padre de Alex, el chico que el 23 de marzo de 2004 murió asesinado de un balazo en la sien, después de haber sido secuestrado "al voleo". Tenía apenas 23 años, y de inmediato todo el país se conmovió con la lucha de su padre, ese hombre de pelo muy blanco.

El Presidente ya lo había recibido, pero la verdad es que no acertaba a identificar cómo podía zafar de semejante embrollo político.

Era la primera vez, en muchísimos años, que Kirchner perdía la iniciativa y no sabía para dónde agarrar.

—En efecto, perdió el invicto —aceptó un ex ministro con relativa influencia sobre él.

La fuente coincide en que, a partir de ese momento, acentuó sus peores características políticas y psicológicas.

Se encerró en sí mismo y comenzó a tomar decisiones sin ni siquiera consultar a hombres como el entonces jefe de Gabinete, Alberto Fernández, el ministro Julio De Vido y el secretario Carlos Zannini.

Se volvió más desconfiado y empezó a pedirle a la SIDE toneladas de información sobre sus adversarios políticos, pero también sobre sus hombres más leales.

Dejó de recibir a medios y periodistas que no apoyaran abiertamente a su gobierno.

Puso en la vereda de sus enemigos a cualquier político de Santa Cruz que no cumpliera sus órdenes para la provincia al pie de la letra.

Se aferró a los viejos ritos que lo habían hecho cada vez más poderoso en la tierra donde nació. Y supuso que con dosis mayores de la misma lógica podría para administrar el país.

Ese momento constituye un punto de no retorno:

—Lo prefería más gordo, con el vaso de whisky en la mano, el faso entre los dedos y las fichas de casino. Era igual de loco, pero por lo menos nos escuchaba, y tenía un fino olfato político y mucha sintonía con la gente —se lamentó alguien que lo conoció en 1973, y lo acompañó y sufrió durante los últimos veinte años.

Él, igual que Sergio Acevedo, Rafael Bielsa, Luis Juez, Alberto Fernández, Aníbal Ibarra y Felipe Solá, añora al presidente Kirchner anterior a la Semana Santa de 2004.

El que reconstruyó la autoridad presidencial.

El que ayudó a formar la mejor Corte Suprema de toda la historia del país.

El que prometió destruir al PJ corrupto y clientelista empezando por los más emblemáticos intendentes del conurbano bonaerense.

El que derogó las leyes de Obediencia Debida y de Punto Final y aceleró los juicios contra torturadores, asesinos y usurpadores de bebés.

—Lo encandilaron las luces de Buenos Aires y los viajes por el mundo. Pensó que podía repetir con la Argentina el gran éxito que logró con Santa Cruz. Pero, cuando se quiso acordar, ya no podía volver a Río Gallegos, la ciudad en la que nació.

El análisis, crudo, brutal, corresponde a un "pingüino" de la primera hora. Un cuadro que hasta hace poco decoró la oficina de la calle Olga Cossettini 1553, en Puerto Madero, desde donde se suponía que Néstor activaría la política mientras Cristina gobernaba.

Él, como Néstor, nació en Santa Cruz y fue uno de los primeros en recibir los fuertes cachetazos políticos propinados por los docentes santacruceños, cuya lucha devino bandera nacional.

—A partir de ese momento, *Lupo* perdió la brújula. Cortó raíces. Le dio la espalda a su gente y a su historia.

Todas las encuestas de imagen lo ratifican. Todas las decisiones que tomó desde el conflicto docente en adelante también. La estrella de Kirchner empezó a apagarse.

Y todo empezó a irse barranca abajo (véase Epílogo).

CRISTÓBAL

1
LA LLAMADA

—Julio: llamá ahora mismo a la gente de Pérez Companc. Deciles que, si no le adjudican el negocio al señor López, no pisan más esta provincia.

La amenaza de Néstor Kirchner no dejó margen de duda. Fue lanzada desde su oficina de gobernador de Santa Cruz en diciembre de 1998. Su entonces ministro de Economía, el arquitecto Julio De Vido, escuchó con atención y tomó nota. Enseguida se dirigió a su despacho y, por teléfono y casi con las mismas palabras, le transmitió la advertencia al entonces número uno de la Pérez Companc (PC), el ingeniero Oscar Vicente.

—Oscar, esto no es joda. Néstor está como loco. Me dijo que "si no le adjudican" al señor Cristóbal López lo que le corresponde, Pérez Companc no va a poder operar más en Santa Cruz...

Desde su oficina con vista al puerto ubicada en el piso 23 del edificio de Pérez Companc en Maipú 1, Vicente entendió que se trataba de "una apretada política". No tenía ni la mínima idea de quién era Cristóbal López, pero de inmediato comprendió que, si no satisfacía la exigencia de Kirchner, los intereses de la petrolera en la Patagonia se verían muy afectados. No era un López cualquiera.

Era Cristóbal Manuel López, 53 años, casado, dos hijos, Documento Nacional de Identidad 12.041.648, nacido en la ciudad de Buenos Aires pero con residencia en Rada Tilly, Comodoro Rivadavia, Chubut; empresario del petróleo, la basura, los colectivos, los olivares, los casinos y los tragamonedas, con una facturación que supera los tres mil millones de pesos, más de once mil empleados, ex corredor de Turismo Carretera y criador de caballos pura sangre, además de dueño de miles de hectáreas de campos, un avión y dos barcos.

El empresario considerado "el Yabrán de Kirchner" por los sindicalistas del Casino de Puerto Madero, a quien Luis Juez acusó de soborno y Elisa Carrió denunció como miembro de una asociación ilícita encabezada por el mismísimo Néstor Kirchner, no olvidará más aquella llamada.

Porque fue el gesto que provocó su obediencia incondicional hacia quien cuatro años después se transformaría en presidente de la Argentina.

Vicente cortó con De Vido y terminó de acomodarse en la silla de su escritorio. De inmediato le pidió a su asistente que averiguara el teléfono de las oficinas de Comodoro Rivadavia de "ese tal Cristóbal López", de la empresa de servicios petroleros Almería Austral. Al día siguiente lo encontró.

Hombre rudo y acostumbrado a mandar, Vicente se mostró extrañamente amable.

—Señor López, ¿le incomodaría viajar a Buenos Aires para conversar sobre su problema?

López no podía creerlo. El capo máximo de la industria petrolera argentina le estaba pidiendo casi por favor un encuentro cara a cara. La mano derecha y socio de López, Fabián de Sousa, un joven que todavía no había cumplido los 30 años, sonreía como si hubieran ganado el campeonato mundial de fútbol. El pedido directo a Kirchner empezaba a rendir sus frutos.

—¡Vamos, todavía! —gritó, cuando Vicente y su jefe acordaron la cita.

Al otro día, a las diez de la mañana, Vicente, López y De Sousa se encontraron en la oficina del primero. Fueron cuatro apasionantes horas de conversación ininterrumpida.

Vicente escogió con cuidado el tono campechano con el que ha sabido seducir a más de un jefe de Estado y a varios ministros de Economía y secretarios de Energía. Les contó su humilde infancia y su brillante carrera hasta llegar a ser el número uno de la petrolera Pérez Companc, y de la vez que le explotó un tubo de dos mil libras de presión que le fracturó la base del cráneo y lo dejó en coma por tres días.

López, en cambio, eligió el camino corto. Le tiró "su problema" sobre la mesa. Lo llenó de papeles. Le repitió lo mismo que le había dicho a Kirchner, por teléfono, durante casi una hora, el día anterior: que Pérez Companc le iba a dar por perdida a Almería la licitación para perforar sus pozos en Río Gallegos y a adjudicársela a Pride, aunque no se lo merecía.

—Tenemos información de adentro. Yo no sé si estaremos arruinando el negocio de alguien importante. Solo sé que lo justo es que nos la adjudiquen a nosotros, porque cotizamos 35 por ciento menos que los americanos.

La verdad era que López estaba desesperado.

El precio del crudo había bajado abruptamente y la industria petrolera soportaba una de las peores crisis de la historia. Sus trabajadores habían estrenado una nueva forma de protesta denominada "piquete".

Almería Austral estaba a punto de quebrar.

Sus ocho equipos de perforación estaban parados desde hacía casi un año. Yacimientos Petrolíferos Fiscales (YPF) les había interrumpido los contratos para perforar en el golfo San Jorge, ubicado en el sur de Chubut y el norte de Santa Cruz, y la compañía no lograba conseguir otros trabajos.

No solo tenía paradas todas sus máquinas. Además, cuatrocientos cincuenta y seis empleados estaban por ser despedidos. Un treinta por ciento eran ingenieros, y la mayoría había empezado en Almería desde su fundación, en 1991. La petrolera debía pagar todos los meses novecientos mil dólares a sus asalariados. Y López se había visto obligado a hacer lo que se había jurado no hacer jamás: poner plata fresca de sus empresas rentables para sostener a las unidades de negocios que se venían cayendo.

–Fue el peor Cristóbal que conocí. No dormía. Se la pasaba haciendo cuentas hasta las doce de la noche, y se levantaba a las cuatro de la mañana asustado, porque tenía miedo de que los petroleros le hicieran un escrache en su casa –contó un empleado de aquella época.

Fue entonces cuando el empresario tomó la decisión: presentarse a una licitación convocada por Pérez Companc para perforar en el yacimiento La Esperanza, camino a El Calafate, uno de los lugares más fríos del continente.

El pliego parecía confeccionado para hacer ganar a Pride. Exigían equipos "winterizados". Es decir, preparados para trabajar con temperaturas de hasta treinta grados bajo cero. Entonces López hizo traer lonas, caños y calderas especiales desde Canadá para cubrir los equipos y hacerlos más eficientes.

–Nos gastamos medio millón de dólares en "winterizar" los equipos, porque, si no ganábamos ese contrato, teníamos que cerrar la empresa –le contó López a un amigo, años después.

Entonces sucedió algo que el empresario no esperaba. Uno de los analistas del pliego le anticipó, en secreto, que Pérez Companc estaba decidido a entregarle el negocio a Pride, a pesar de que Almería había presentado una mejor oferta. Cristóbal casi enloqueció y jugó su última carta: el mismo día, después del mediodía, llamó a su amigo Pablo Grasso y le explicó la situación. Le imploró:

—Pablito, necesito hablar ahora mismo con el gobernador. Es el único que puede salvarme del desastre.

Grasso es uno de los desconocidos incondicionales de Kirchner. Transportista y comprador de los camiones Scania que la concesionaria de López le vendía a buen precio, Grasso solía compartir con Néstor los asados militantes que se hacían los fines de semana en un taller mecánico de Río Gallegos.

—Cristóbal, vos sabés que el *Lupo* duerme la siesta. Yo voy a hablar con él, pero no te aseguro nada...

Eran las cinco y media de la tarde de un lunes cuando Grasso llamó a Cristóbal y le dijo:

—Te está escuchando el gobernador.

A López le temblaban las piernas.

El empresario tiene un preciso recuerdo de aquella conversación. Todavía siente el tenso silencio de Kirchner. Y aún ahora piensa que, por momentos, el gobernador no estaba escuchándolo. Néstor solo lo interrumpió al cabo de una media hora, para preguntarle:

—Señor López, necesito que me asegure que lo que usted me está diciendo es la pura verdad.

Días después, cuando Oscar Vicente les confirmó que habían resultado adjudicatarios y que sus equipos de perforación podían volver a operar, lo primero que pensó Fabián de Sousa fue que Almería se había salvado. Pero Cristóbal López lo tomó como algo personal. Reunió a sus hombres de confianza y sentenció:

—Tengo una deuda eterna con el gobernador de Santa Cruz. A este tipo le voy a estar agradecido de por vida.

Para López lo que hizo Kirchner fue un verdadero acto de justicia. Una evidente defensa de los intereses de una empresa nacional que estaba siendo perjudicada por otra norteamericana.

López nunca se detuvo a pensar en las implicancias de la presión que ejerció Kirchner para favorecerlo. Aunque el resultado haya sido justo. ¿Puede el gobernador de una provincia petrolera usar su influencia para presionar a una compañía en favor de otra, en el medio de una licitación? ¿No es por lo menos antiético que un funcionario con poder sobre los negocios de una petrolera en su provincia la amenace con impedirle seguir trabajando? ¿Cómo no sospechar que el *lobby* de Kirchner para beneficiar a Cristóbal podría ser, en el futuro, pagado con otros favores?

Al empresario del petróleo y el juego estas disquisiciones formales no le preocupan.

Lo único que le interesa es desmentir que él, Cristóbal Manuel López, sea socio o testaferro de Kirchner, y aduce que empezó a amasar su inmensa fortuna mucho antes de que el político lograra su primer cargo electivo, como intendente de Río Gallegos, en 1987, y que su padre, un español nacido en Almería, ya les había dejado un millón de dólares a él y a su hermana María José, al morir, en 1976, en un absurdo accidente de tránsito. Lo único que le interesa aclarar es que, cuando Kirchner profirió esa amenaza contra Pérez Companc, él ya tenía algunas de sus más importantes empresas, a saber:

CLEAR SRL: Fundada en 1980, en la actualidad factura 164 millones de pesos y emplea a 1.080 personas. Las siglas significan Cristóbal López Empresa Argentina de Recolección.

La Proveedora de la Construcción: Fundada en 1988, da trabajo a 120 personas.

Feadar: Nombre de fantasía de la concesionaria de camiones Scania; inscripta en 1990, tiene 55 empleados y factura cien millones de pesos.

Casino Club: Nació en 1991, con la apertura de su primer casino, el de Comodoro Rivadavia. Ahora factura quinientos millones de pesos y tiene 2.300 empleados. Antes de conocer a Kirchner, López ya explotaba casinos en Comodoro, La Pampa, Misiones, Tierra del Fuego y Mendoza. Cristóbal tiene solo el treinta por ciento de Casino Club. Otros dos socios ostentan treinta por ciento cada uno y otro, Héctor Cruz, maneja el diez por ciento restante.

Tsuyoi SA: Fundada en 1994, tiene setenta empleados y 150 millones de pesos de facturación. Se trata de la concesionaria Toyota de Comodoro Rivadavia.

Indalo Aceites: Registrada en 1997, con trescientos empleados y 42 millones de pesos de facturación. Administra olivares en la provincia de Catamarca.

Indalo SA: Empresa de colectivos de la provincia de Neuquén nacida en 1998, con 350 empleados en la actualidad y 54 millones de facturación.

Cristóbal López empezó a trabajar como repartidor de pollos del criadero de su padre en 1971. Tenía nada más que 15 años. Un domingo a la tarde, después de comer, su papá invitó a jugar al truco al gerente del Banco Nación, sucursal Comodoro Rivadavia. Cristóbal lo eligió como pareja de juego. Al rato, como iban ganando, el adolescente le preguntó:

–¿Me podría dar un crédito para comprarme una camioneta?

El gerente no dijo que no:

—Si te lo firma tu madre, lo tenés adjudicado.

López presionó con fuerza a sus padres para conseguirlo. Esa misma semana empezó a repartir pollos frescos con su flamante vehículo. Su padre le había otorgado el mejor recorrido de toda la Patagonia.

—Con dos o tres negocios levantaba la misma plata que mis compañeros después de visitar como diez.

Antes de cumplir los 17, lo golpeó su primera frustración. Su padre le exigió que dejara el reparto para aprender a administrar la empresa. Los negocios crecían sin prisa y sin pausa por la contratación de sus camiones para transportar combustible. Cristóbal le preguntó si era un ascenso. López padre le respondió que sí. Él le consultó entonces cuánto le pensaba pagar. Su padre, un andaluz de Almería de cuero duro, le respondió:

—El mínimo.

El adolescente intentó resistir: el mínimo, comparado con sus ingresos de repartidor, era lo mismo que nada. Hasta planeó abandonar el hogar paterno con el dinero que tenía ahorrado. López padre resistió dos días con sus noches el amotinamiento de su mejor empleado. A Cristobalito se le vino el mundo abajo. Tardó unos cuantos años en comprender la decisión:

—Me preparó para heredar la empresa, y al poco tiempo se mató en un accidente.

En el transcurso de la primera charla, López pidió al periodista evitar el golpe bajo de recordar ese momento. Pero, ni bien terminó de decirlo, se explayó en los detalles del hecho.

Fue un domingo de 1976, a las seis de la mañana. Él se enteró una hora después y estuvo un año entero sin hablar con nadie que no fuera su hermana menor, María José.

Su mamá, su papá y el contador de la empresa salieron de madrugada rumbo a Loma de la Lata, Neuquén. Se trataba de la primera licitación de Gas del Estado en la que iban a participar. Ya se la habían adjudicado, pero requerían su presencia en el lugar. Habían decidido que manejara Cristóbal, a bordo de la camioneta Ford F100 que siempre usaban para los viajes largos, pero, durante el almuerzo del sábado, la mamá se quejó:

—¿Acaso soy la esclava de la casa? ¿Por qué no puedo ir con tu padre, y de paso paseamos un poco?

López padre no llevó la F100, sino el Peugeot 504, serie 2000, gomas G8, verde manzana y metalizado, modelo 1976.

—Era el mejor auto de Comodoro. Y lo teníamos nosotros.

Salieron de madrugada. Venían tomando mate, y sin cinturón de seguridad. Al padre de Cristóbal se le cayó algo. Se agachó para buscarlo y, cuando se incorporó, tenía un camión encima. Pegó el volantazo y el auto empezó a hacer trompos. El papá y la mamá salieron despedidos. El vehículo los aplastó, matándolos de manera instantánea.

—Al que le tocaba hacer ese viaje era a mí —confesó Cristóbal, todavía lleno de culpa.

Me lo dijo mientras manejaba su camioneta Toyota último modelo desde More, el megagym que le instaló en el centro de Comodoro a su mujer, Muriel Sosa, hasta su casa de más de mil metros cuadrados ubicada a catorce kilómetros de allí, en Rada Tilly.

En 1977 su empresa de transporte empezó a comprar más camiones y obtener más contratos.

En 1980 fundó CLEAR, Cristóbal López Empresa Argentina de Recolección.

En 1988 creó la Proveeduría de la Construcción

En 1989 obtuvo la concesión de los camiones Scania.

En 1991 se quedó, casi de prepo, como se verá más adelante, con la recolección de residuos de toda la ciudad de Comodoro Rivadavia.

También en 1991, y en la misma ciudad, ganó la licitación de su primer casino, y fundó Casino Club.

En el cuadro de integración que la consultora de prensa de López envió para aclarar cuánto dinero gana y a cuánta gente le da trabajo, hay varias perlitas que merecen ser destacadas. Los datos pertenecen a 2009.

El grupo declara una facturación de 3.028 millones de pesos y un total de 11.620 empleados.

López separa a Casino Club de HAPSA (Hipódromo Argentino de Palermo), los casinos flotantes y Tecno-Acción, la red de apuestas online.

Casino Club, solo, presenta una facturación de quinientos millones de pesos y da trabajo a 2.300 personas.

Pero HAPSA factura mil millones de pesos y tiene 1.800 empleados.

Y los casinos flotantes facturan seiscientos millones de pesos y dan trabajo a 2.300 personas.

De Casino Club López es socio mayoritario, con el treinta por ciento de las acciones, pero de HAPSA y los casinos flotantes tiene la mitad, que a la vez debe repartir con sus socios de Casino Club.

OIL M&S recauda 320 millones de pesos y da trabajo a 1.400 personas.

Cuando López sostiene que él empezó a hacer negocios antes de conocer a Kirchner, no falta a la verdad. Pero cuando afirma que "tiene lo mismo que tenía antes", lo que hace es manipular los datos.

Porque antes de la llamada de Néstor no tenía ni HAPSA ni los casinos flotantes ni Oil M&S ni Tecno-Acción. Solo esas cinco empresas facturan casi dos mil millones de pesos.

Sin incluir Palermo ni los barcos, Casino Club posee quince casinos y catorce salas de *slot* distribuidas en siete provincias. Y, desde su fundación, opera 4.208 máquinas tragamonedas. Es decir: casi mil menos que las 5.100 "exigidas" para instalar en Palermo por el escandaloso decreto presidencial. Dentro de poco, cuando Casino Club inaugure su sede en Rosario, reportará dos mil maquinitas más.

Uno de los datos más llamativos sobre Casino Club también involucra a Kirchner. De los veintisiete emprendimientos de la sociedad anónima, veinticuatro fueron obtenidos por licitación. Los tres restantes pertenecen a la provincia de Santa Cruz. Cristóbal se los quedó por adjudicación directa de... Kirchner.

Uno fue el casino de Río Gallegos, inaugurado el 1º de febrero de 2003 por el intendente de la ciudad, el radical Héctor Roquel, y el gobernador Néstor Kirchner. Hacía dos semanas que el entonces presidente Duhalde había dado el apoyo público para la candidatura de Kirchner como presidente de la Nación.

El segundo fue el casino de Caleta Olivia. Y fue inaugurado el 19 de diciembre de 2003 por el intendente del Frente para la Victoria Fernando Cotillo. Sergio Acevedo era el gobernador y Kirchner, el Presidente.

El tercero se inauguró en El Calafate el 18 de noviembre de 2005. El intendente era Néstor Méndez, denunciado por repartir tierras a Kirchner, sus parientes y decenas de funcionarios del Frente para la Victoria. El gobernador de la provincia todavía era Acevedo. Y Kirchner, además de Presidente, era el vecino más ilustre de la ciudad.

De todos modos, Cristóbal nunca podrá negar que la aparición de Néstor en su vida fue providencial. Y no solo porque la perforadora Almería Austral pudo seguir operando. También porque su recuperación le permitió comprar más equipos y aumentar considerablemente su participación en el mercado de la perforación de pozos petroleros hasta alcanzar el 22,5 por ciento del total.

Tres años después de la amenaza de Kirchner a Oscar Vicente, en junio de 2001, Almería fue adquirida nada más ni nada menos que por su competidora Pride, a un precio que el mismo López consideró excesivo, mucho más allá de su verdadero valor.

—No querían solo mis catorce equipos de perforación. Querían sacarme del mercado. Y eso les costó caro. Muy caro. No se lo voy a decir a usted, pero la AFIP sabe. Me pagaron por Almería más de cinco veces el valor real. Se podría decir que esa venta fue la primera coronación de mi carrera empresaria. Y también se podría entender por qué me enojo cuando unos cuantos nietos de puta dicen que yo soy el testaferro o el socio de Kirchner. ¡Si, cuando yo vendí Almería, Kirchner no había asumido la Presidencia! –explicó en una de las dos entrevistas cara a cara concedidas al autor de este libro.

Cuando Kirchner empezó a pasarle las facturas de sus servicios de lobbista, Cristóbal López ya era rico, pero también vulnerable.

Veamos.

Un año después de que Pérez Companc bajara a Pride y le adjudicara las perforaciones a Almería, López visitó a Kirchner junto con otros colegas de la entonces flamante Cámara de Empresas de Servicios. Primero los recibió De Vido y, después, el gobernador. La reunión nada tuvo de particular. Lo curioso sucedió horas después, cuando López recibió un llamado de un subordinado de De Vido. El mensaje fue en los siguientes términos:

–Necesitamos que tome a un obrero que se quedó sin trabajo. Es de una barriada pobre que manejamos nosotros. Tiene una familia grande, con muchos chicos. Esta semana se lo mando para allá.

López contrató al desocupado sin condiciones. Y sus gerentes consideran esa llamada como "el primer pase de factura" después del recordado gesto de Kirchner frente a Pérez Companc.

Cuando habla entre amigos, Cristóbal asegura que en su empresa de servicios petroleros Oil M&S llegó a contabilizar 350 desocupados que le fueron enviados por Kirchner para que les diera trabajo.

Pero su socio, Fabián de Sousa, tiene el dato preciso de todos los pedidos de los funcionarios del kirchnerismo. De Sousa afirma, con la planilla de Recursos Humanos en la mano, que desde que Cristóbal conoció a Kirchner y hasta julio de 2009, las empresas del grupo contrataron por sugerencia del ex presidente a 791 personas.

–Algunos de los hombres no estaban capacitados para ejercer ningún trabajo. Y muchos llegaron a nuestras compañías con serios problemas de salud, en especial alcoholismo. Pero nosotros los tomamos igual, porque a Néstor no se le puede decir que no –confesó De Sousa.

En el primer reportaje realizado en la mismísima cocina de su casa en Rada Tilly, López se negó a responder cuánto dinero había puesto para las campañas electorales municipales, provinciales y nacionales.

Sin embargo, y de inmediato, mostró en la pantalla de su iPhone un mensaje de texto. Esa exhibición y su razonamiento posterior muestran con crudeza el verdadero vínculo que Kirchner mantiene con los empresarios considerados amigos.

–Fíjese, me está llamando Héctor Méndez, de la Secretaría (General) de la Presidencia. Quieren que nos hagamos cargo del alquiler de unos colectivos para un acto en Chos Malal (Neuquén). Ojo: eso también es plata. ¡Son como doce lucas!

–¿Y usted qué va a hacer?

–Se las voy a dar. ¡Qué voy a hacer! Así es Néstor. Él me ve a mí como colectivero y petrolero. En los dos primeros años de su gobierno me llamaba hasta tres veces por semana cuando tenía quilombos petroleros o energéticos. Me presentaba el problema y me pedía una solución. Entonces nos sentábamos con Fabián (de Sousa), lo analizábamos y en pocos días le comentábamos nuestra posición. ¿La verdad? Algunas veces, nuestras ideas fueron tomadas y presentadas por él. Pero no muchas. Porque con él no dialogás. Él te habla sin esperar que le respondas. O te escucha, y después va y hace lo que quiere.

El empresario cree que Kirchner lo veía como colectivero porque López tiene una empresa de colectivos en Neuquén. Lo que ignora es que, aunque se trata de doce mil pesos, la entrega de los vehículos para ser usados en actos partidarios también puede ser mal entendida.

La obediencia de López a Kirchner no significa que se esté en presencia de un hombre de negocios sumiso.

En Comodoro Rivadavia todavía se recuerda aquella escena épica, sucedida el 31 de mayo 1991. Fue en la puerta de la municipalidad y en horas de la mañana. Cristóbal hizo estacionar cincuenta de sus camiones Scania para demostrarle al intendente que su compañía tenía derecho a quedarse con el negocio de la recolección de basura.

CLEAR, de López, había ganado la licitación frente a su competidora, Malvinas Argentinas, una empresa que operaba el negocio desde hacía catorce años. Sin embargo el intendente, Mario Morejón, insistía en prorrogarle el contrato a Malvinas una y otra vez, con el argumento de que CLEAR no tenía la capacidad técnica ni económica para hacerse cargo del servicio.

Fue una lucha feroz que duró dieciocho meses. Una guerra infernal. Un tiempo en el que Cristóbal tenía una casa en el barrio industrial, en el medio de la nada, y cada tanto se despertaba con el temor de que sus enemigos le tiraran una bomba.

Envió solicitadas a los diarios locales cada dos semanas. Fue a la televisión y polemizó con los secretarios de Gobierno y de Hacienda de la intendencia de Comodoro. Hasta que se dio cuenta de que, si no ponía en la calle los cincuenta camiones con compactadoras de basura nuevas, los ochenta y cinco carritos para los barrenderos, los uniformes, los vehículos levantadores de volquetes y los doscientos veinte contenedores, jamás iba a obtener ese contrato.

Tres días después de semejante demostración de fuerza, el intendente no tuvo más remedio que entregarle la concesión.

López sabe que semejante escándalo valió la pena: se trata de un negocio que todavía conserva.

Cristóbal recuerda aquellos días como sus tiempos de mayor audacia. Tiene razón. Porque seis meses después de haber estacionado los Scania ante la Municipalidad de Comodoro se metería en el negocio más redituable de toda su vida: el de los casinos y el juego.

Entre los hombres que conocen la verdadera historia de cómo hizo para entrar, cada tanto se repite, como si fuera un rito de iniciación, una pregunta. Es la pregunta "mágica" que su socio Ricardo Benedicto le hizo a López para convencerlo de que tenía que incorporarse en el negocio. La versión breve de la pregunta reza:

—¿La vas a dejar pasar?

Pero la frase completa es:

—Cristóbal, estamos frente a una oportunidad única. Decime, ¿la vas a dejar pasar?

Todo comenzó en el verano de 1991, en un viejo hotel, llamado Comercio, sobre la avenida principal de Puerto Madryn. La mujer de López se había ido de vacaciones allí junto con su hermano Jorge y la esposa de este, Adriana. Cristóbal llegó un sábado a la noche, durmió en el hotel y se levantó a desayunar. Mientras tomaba café con leche y comía su primera medialuna escuchó información de primera. La gente más poderosa de la ciudad comentaba cómo un empresario local, asociado con otro porteño, terminaba de ganar la licitación del casino de Puerto Madryn y cómo seguramente se quedaría con la siguiente licitación, la del casino de Comodoro.

"¡Qué hijos de puta!", pensó Cristóbal. "¡Estos son pesados de verdad! ¡Se van a quedar con todo!"

Sintió bronca y envidia a la vez. ¿Cómo un tipo de Madryn y otro de Buenos Aires se iban a quedar con lo que podía convertirse en uno de los mejores negocios en Comodoro?

Era el verano de 1990. Todavía no había casinos privados en la Argentina. El presidente Carlos Menem había pergeñado una jugada de negocios magistral. Le había quitado la potestad del negocio del juego a Lotería Nacional y se la había entregado a cada provincia. Entonces cada provincia empezó a organizar su propia lotería. Es decir: a licitar casinos.

Tan contrariado quedó López, que se empeñó en comprar el pliego de licitación para levantar el casino de Comodoro. Fue a la agencia de Lotería donde debían de tener y lo pidió:

—Quiero un pliego.

El encargado había sido entrenado para evitar "competidores" inesperados.

—¿Y usted quién es?

—A usted qué le importa: yo quiero un pliego para participar de la licitación que se va a llamar en quince días. Si no me lo consigue, lo denuncio.

Al otro día López concurrió con su abogado, Daniel Osmar "Cacho" Herrera. Veinticuatro horas después, Encarnación le dio el pliego en un sobre.

Cuando el empresario lo leyó, comprendió que la licitación quedaría desierta. El primer inconveniente era que el intendente pretendía que el nuevo casino se levantara en la curva donde estaba el cementerio de los primeros colonos. Era la zona donde había más viento.

López no se presentó y esperó, paciente, otro llamado.

En el ínterin, Ricardo Benedicto, un hombre del que Cristóbal se había hecho muy amigo después de viajar juntos para ver al seleccionado nacional en el Mundial de Fútbol de Italia de 1990, solo escuchaba las ideas y vueltas de López alrededor del casino y permanecía en silencio. Ambos se desesperaban por imaginar cómo sería el negocio del otro lado de la ruleta.

Benedicto era gerente general de la constructora Burgwardt y los socios de Cristóbal López le tenían cierta desconfianza. Benedicto tenía los horarios de trabajo que le imponía su oficina en Buenos Aires: arrancaba a las siete de la mañana y terminaba a las cinco de la tarde.

Como las empresas de López trabajaban hasta las diez de la noche, Benedicto siempre se hacía tiempo para pasar por la oficina de Cristóbal.

—Este nos viene a espiar para cagarnos los negocios —le decía su socio a Cristóbal, porque a veces Burgwardt y las empresas de López competían en algunas licitaciones para transportar combustibles.

Un buen día, mientras Cristóbal desayunaba en el Hotel Comodoro, Benedicto pasó con su camioneta F100 frente al ventanal y le hizo una seña para que saliera con disimulo, como si tuviera que hablarle de algo importante que nadie más debía escuchar.

López dejó de comer y se metió en la camioneta junto a Benedicto, para protegerse del viento y enterarse del porqué de tanto misterio.

—Parece que sale una nueva licitación.

—Si. Me llegó el dato.

—¿Y qué pensás hacer?

—Nada. Sabés que estoy hasta las manos.

En efecto, López estaba hasta las manos. El intendente de Comodoro le había demorado los pagos correspondientes al servicio de recolección de basura en represalia por haberle cortado su acuerdo con Malvinas Argentinas. Por otra parte, no le daban las horas del día para asumir otra responsabilidad.

Entonces Benedicto fue a fondo y en menos de media hora desplegó sus mejores argumentos para pelear por el negocio y explotar el casino.

—Yo me ocupo de todo: compro el pliego, armo la sociedad, busco el lugar, lo alquilo, lo refacciono y contrato a la gente. Vos poné la guita inicial y dame una participación en la compañía.

Cristóbal volvió a dudar:

—Tengo demasiado quilombo.

Y Benedicto le dio el empujón final:

—Decime, Cristóbal. Estás frente a una oportunidad única, ¿la vas a dejar pasar?

"¿La vas a dejar pasar?" fue la pregunta "asesina". La que le hizo pensar a Cristóbal una y otra vez que jamás se perdonaría haberse perdido el negocio de su vida.

El empresario dijo que sí, y al mismo tiempo tuvo que aclararle a su esposa que por ahora no comprarían la casa de sus sueños, aquella que el gerente general de Pride acababa de poner en venta.

Cristóbal dio el sí, pero antes le hizo jurar a Benedicto que se ocuparía de todo, desde el principio hasta el final.

López y Benedicto le ganaron la licitación a la empresa Punto y Banca por un margen mínimo en el precio.

Ahora, cuando cuenta los billetes que le corresponden por su participación en Casino Club, pero también cuando analiza el impacto de semejante negocio en su imagen pública y la de su familia, Cristóbal recuerda aquella frase de Benedicto y sonríe con tristeza.

Él, como todos los hombres de negocios cercanos al poder, quisiera solo gozar de los beneficios que implica ser considerado el caballo del comisario. Pero no está dispuesto a pagar precio alguno por eso.

—Decime, ¿por qué puta razón tengo que pagar yo sólo el costo de ser considerado "el Yabrán de Kirchner", su palo blanco, el dueño del juego en la Argentina, si apenas tengo el treinta por ciento de Casino Club? ¡Lo único que falta es que digan que soy puto y falopero! Pero, a pesar de todas las operaciones que me hacen, ¡todavía puedo decir con la frente bien alta que en mis casinos no hay putas ni faloperos ni prestamistas!

En el capítulo siguiente el lector encontrará los hechos que dan consistencia a esas y otras sospechas.

2
EL ENOJO

Días antes de terminar su mandato como Presidente, Néstor Kirchner hizo una gestión en persona para multiplicar y consolidar el negocio del juego de su amigo, el empresario Cristóbal Manuel López.

El dato es muy relevante: se trató de la única vez que el hombre más importante de la Argentina operó sin intermediarios y metió su propia mano en el barro del casino y los tragamonedas.

Fue durante un encuentro secreto que mantuvo en la Casa Rosada con Aníbal Ibarra. Se encontraron el 19 de noviembre de 2007, a las seis en punto de la tarde.

Ibarra no habría revelado nunca el contenido ni las circunstancias de esa conversación con "el número uno" si la bronca no lo hubiera traicionado.

Pero la bronca lo traicionó en el medio de una reunión política mantenida en su propia casa de Villa Ortúzar, en la calle Campillo, en octubre de 2008. Estaba presente la plana mayor de su agrupación política, Diálogo por Buenos Aires: Miguel Bonasso, Carlos Heller, Jorge Gigly, Emiliano Luaces y Eduardo Epszteyn, entre otros. Hacía ocho meses que había estallado el conflicto con el campo. Discutían la conformación de las listas para las elecciones legislativas de 2009.

Ibarra había dicho públicamente que no compartía la estrategia de confrontación del gobierno. Y Kirchner, entonces ex presidente pero en pleno ejercicio de su poder, ordenó a sus aliados porteños que sumaran a todo el arco progresista, menos al ex jefe de Gobierno de la ciudad.

—El límite es Ibarra —había hecho saber el ex mandatario.

Dialogaban en el living. El intercambio era duro y frontal. Trataban de comprender por qué Kirchner había salido tan fuerte a excluir a Ibarra de cualquier negociación. Heller lo justificó. Incluso intervino para plantearle al dueño de casa que con sus declaraciones estaba siendo funcional a los intereses del campo, la derecha y Mauricio Macri. Entonces Aníbal gritó:

—Basta, muchachos, dejémonos de joder. Kirchner no se enojó conmigo por el tema del campo. ¿Ustedes quieren saber la verdad de por qué Kirchner se enojó conmigo?

Todos se callaron. Claro que querían saberlo. Y Aníbal no los defraudó:

—¡Kirchner se enojó conmigo porque le dije que no cuando me planteó el tema del juego!

La discusión ideológica terminó abruptamente. Y entonces Aníbal Ibarra se dispuso a contar, por primera y única vez, cómo fue que el propio Kirchner, antes del final de su gestión, quiso convencerlo de que apoyara un proyecto de ley muy sospechoso. Un convenio que les daba a los empresarios Federico de Achával y Cristóbal López la posibilidad de hacer más y mejores negocios con las tragamonedas del Hipódromo Argentino de Palermo Sociedad Anónima (HAPSA). Y no solo eso. Ibarra también les reveló que el pedido del jefe de Estado tenía la intención de otorgar "seguridad jurídica" a los dueños del juego por si en el futuro se vieran obligados a vender.

Cuando entró al despacho de Kirchner, en noviembre de 2007, Aníbal intuía por qué el Presidente lo había convocado. De alguna manera se lo había anticipado el ultrakirchnerista Diego Kravetz semanas atrás, en su propio despacho. El jefe de la bancada de legisladores porteños K, de buenas a primera, le había preguntado:

—Aníbal, ¿qué tenés contra el convenio del juego?

Ibarra acababa de ser electo legislador y debía asumir el 10 de diciembre de 2007. Pero Kravetz estaba apurado, porque antes de esa fecha se había comprometido con Kirchner a votar una nueva ley que contemplaba:

* Una prórroga para la concesión de HAPSA que llegaba hasta 2032, aunque ésta vencía en 2017.
* La incorporación de más de dos mil tragamonedas.
* Un acuerdo para que la ciudad se quedara con el cincuenta por ciento de la recaudación de todo el juego en el distrito (hasta ese momento, solo le correspondía el 25 por ciento).

El proyecto iba a presentarlo el entonces jefe de Gobierno de la ciudad, Jorge Telerman. El "Pelado" había reemplazado a Ibarra el 13 de marzo de 2006, después del juicio político que lo consideró responsable por la tragedia de Cromañón, el incendio de la discoteca de Once en el que murieron 194 jóvenes que habían ido a escuchar un recital del grupo Callejeros el 30 de diciembre de 2004. Pero Telerman se negaba a enviarlo a la Legislatura si antes no contaba con el acuerdo de su antecesor.

El jefe de Gobierno suplente ya había perdido las elecciones en junio de 2007, y no deseaba que lo vincularan con hecho alguno de corrupción:

—Si Aníbal dice que no, quedamos pegados a Cristóbal López —le mandó decir Telerman a Carlos Zannini, una vez que el secretario Legal y Técnico de la Presidencia lo hizo llamar para preguntarle cuándo iba a presentar el proyecto.

Ibarra siempre tuvo una posición pragmática frente al negocio del juego. Mientras fue alcalde, nunca se planteó prohibirlo. Y, a pesar de que la Constitución de la ciudad autónoma reivindica la potestad del juego en su territorio, Aníbal eligió no pelear contra la Lotería Nacional ni contra Kirchner.

En octubre de 2003, primer año de la gestión presidencial de Kirchner, Ibarra mandó a la Legislatura su proyecto de convenio, el cual implicaba:

* No abrir más salas, ni permitir la instalación de más máquinas tragamonedas de las que ya existían.
* Seguir discutiendo con Lotería Nacional para dirimir a quién le corresponde la explotación de HAPSA y el casino flotante de Puerto Madero.
* Pelear por un porcentaje mayor de recaudación para la ciudad.
* Limitar el acuerdo a cuatro años, hasta octubre de 2007, y dejar sentado que, si ninguna de las partes presentaba un amparo, el contrato continuaría vigente.

La iniciativa se aprobó por mayoría, aunque legisladores que respondían a Elisa Carrió siempre plantearon la sospecha de un acuerdo espurio entre el ibarrismo y el kirchnerismo.

Pero aquello era historia pasada.

Ahora Ibarra estaba sentado frente a Kravetz y lo escuchaba con preocupación. En esa tarde de primavera de 2007, Kravetz hablaba en nombre de Kirchner. Pero Aníbal entendía que aquello era pedirle demasiado. Significaba más timba, por más tiempo, y no en el marco de un convenio precario, como el vigente hasta entonces, sino con la bendición del gobierno nacional, la ciudad y los legisladores porteños.

—Cristóbal y Achával tenían un auto último modelo, carísimo, y podían usarlo hasta 2017, aunque estaba flojo de papeles, pero ahora querían otro mejor, con más potencia y el título de propiedad oficial, para poder venderlo más caro si las circunstancias se lo permitían. Más tragamonedas, más años de concesión. Un verdadero escándalo —explicaría Aníbal mucho después, en aquella reunión, en su casa, ante la mirada de asombro de sus invitados.

Ibarra le había anticipado a Kravetz:

—Ni loco salgo a defender eso.

Kravetz les planteó a sus jefes políticos el cuadro de situación. Aníbal no saldría a aplaudir la movida, pero tampoco le bajaría el pulgar. Para el jefe del bloque de legisladores K, lo mejor que podría pasar era que el antiguo aliado se mantuviera en silencio.

Todo se precipitó horas después, cuando el propio Ibarra, sin una pregunta previa, le dijo a Mauro Viale, durante una emisión de su programa en el Canal 26:

—Mauro: esté atento. El próximo escándalo que se viene en la ciudad es por el tema del juego.

Telerman leyó las declaraciones periodísticas y sintió una mezcla de pánico y alivio. Pánico, porque suponía que en cualquier momento lo acusarían de cómplice de la mafia del juego. Y alivio, porque encontró la excusa justa para informar a un alto funcionario del gobierno nacional:

—Ahora no me alcanza con el silencio de Aníbal. Ahora, para que yo envíe el convenio, Ibarra tiene que llamar a una conferencia de prensa y decirles a los medios que él también está de acuerdo.

Ese era el complejo escenario el día en que Aníbal entró en Casa Rosada por la explanada de la calle Rivadavia, para encontrarse a solas con el presidente de la Nación.

No se veían las caras desde 2005, cuando las llamas de Cromañón empezaron a quemar el futuro de Ibarra. En realidad, Néstor lo había evitado con éxito una y otra vez para no contaminarse con la caída en desgracia de un hombre que había sido su aliado pero que ni siquiera integraba el Frente para la Victoria.

Los primeros quince minutos, Kirchner los dedicó a la seducción política:

—La próxima fórmula para la Ciudad tiene que ser Ibarra y [Daniel] Filmus —lo entusiasmó.

Pero después se sinceró:

—¿Qué problema tenés con el juego?

Ibarra se lo explicó en detalle, pero el Presidente se empeñó en justificar su deseo punto por punto.

Fueron ideas parecidas a las contenidas en el decreto oficial que debería incorporarse en los anales de la historia de los negocios kirchneristas. El texto, que el propio Presidente firmó el 5 de diciembre de 2007, cinco días antes del final de su mandato. El polémico decreto 1851 por el que le extendió la concesión a HAPSA y "lo obligó" a colocar 2.100 máquinas más, aparte de las 3.100 tragamonedas que funcionaban hasta entonces.

Aquel documento es el corazón del polémico vínculo entre Kirchner y Cristóbal López. Además de la rúbrica del Presidente, lleva la firma de dos incondicionales: el jefe de Gabinete, Alberto Fernández, y la ministra de Desarrollo Social, Alicia Kirchner.

En el encuentro secreto con Ibarra, Kirchner utilizó los mismos argumentos, incluso las mismas palabras, que Cristóbal López usó ante este periodista para defender el convenio:

—No son más máquinas [tragamonedas]. Es más inversión.

El tono de la charla entre Kirchner e Ibarra era muy suave, pero el contenido no.

El ex intendente creyó entonces necesario poner un límite. Y lo expresó también en un tono muy bajo:

—Néstor, ¿querés que te diga verdad? A mí no me parece bien. Y yo quiero seguir haciendo política.

El negocio del juego en la ciudad más rica de la Argentina es un bocado irresistible. La mayoría de los grandes jugadores de la política quisieron probarlo.

En 1994 el presidente Carlos Menem soñó con un casino porteño en Retiro. El proyecto se iba a hacer en la zona de depósitos. Contemplaba un hotel cinco estrellas, el reciclado de toda la estación y una enorme sala de juegos. La inversión se calculó en trescientos millones de dólares. Había un hombre dispuesto a realizarla: el empresario de juego de Las Vegas y dueño de Mirage, Steve Wynn. La iniciativa se frenó cuando el pintoresco embajador de los Estados Unidos en la Argentina, James Cheek, explicó en su dificultoso pero simpático español:

—Un casino es un lugar propicio para lavar dólares.

En 1996, año en que la ciudad de Buenos Aires se declaró autónoma, la Constitución determinó su potestad para manejar la explotación y la administración de todos los juegos de azar en su territorio.

El 8 de octubre 1999, dos meses antes del final de su última presidencia, Menem inauguró el primer casino porteño. Fue en un barco, en Puerto Madero, porque las aguas son consideradas territorio nacional y la ley impedía su instalación en el territorio porteño. El negocio se hizo mediante una licitación. Su beneficiario: el controversial empresario español Manuel Lao Hernández.

Nacido en 1944 en Almería, el mismo pueblo de los papás de Cristóbal López, Lao es el dueño de Cirsa, uno de los tres grupos más poderosos del mundo en el negocio del juego. Está considerado el primer contribuyente neto de España. Lao debió resignar la mitad de su negocio en la Argentina ocho años después, bajo extrañas circunstancias que incluye-

71

ron una grave denuncia por lavado de dinero. Los detalles los narraremos más adelante. La otra mitad, Lao tuvo que vendérsela a Cristóbal López. Kirchner gobernaba la Argentina en el apogeo de su poder.

En 2000 se sancionó la ley 538 y, con ella, la regulación de todos los juegos de apuestas que se organizan en la ciudad.

El 30 de octubre de 2003, Kirchner e Ibarra acordaron:

* Que Lotería continuaría siendo el ente encargado de manejar la explotación, la comercialización y la fiscalización de todos los juegos de azar en la ciudad.
* Que Lotería se comprometería a dar, enseguida, toda la información que pidiera el Instituto de Juegos de Apuestas de la Ciudad de Buenos Aires. En especial, el dinero que entraba de las tragamonedas de HAPSA y de los casinos flotantes.
* Que Lotería instalaría enseguida una terminal para controlar *online* todo el movimiento de esas maquinitas. Es decir: el dinero que se mueve, se entrega y se recauda en cada una de ellas.
* Que Lotería podría autorizar nuevas salas de juego solo con la previa conformidad del Instituto de Juegos porteño.
* Que a partir de 2004, Lotería transferiría al Ministerio de Desarrollo Social de la Nación el cincuenta por ciento de lo producido por la explotación del juego en la ciudad, y el otro cincuenta por ciento, al Instituto de Juego porteño.

Todos saben en la ciudad que ese convenio jamás se cumplió. Que ni Ibarra ni Telerman ni su sucesor, Mauricio Macri, contaron nunca con información fehaciente sobre cuánto es, en verdad, lo que factura cada una de las tragamonedas distribuidas en Palermo y los barcos flotantes de Cirsa y Casino Club.

—El único que lo sabe es Cristóbal. Porque las maquinitas de HAPSA están conectadas, pero no a Lotería Nacional. Están conectadas entre sí, igual que las cajas de los hipermercados —reveló un ex alto directivo de Casino Club que conoce como pocos el negocio de las tragamonedas.

—¿Entonces no hay control? —se le preguntó.

—Hay control interno, para que los empleados no afanen. Repito: lo mismo hacen los dueños de los hipermercados.

—¿Y qué hace Lotería para controlarlos?

—Nada. Les pide una declaración jurada. Una declaración jurada que nunca se les cuestiona —informó el experto.

Las declaraciones juradas son el instrumento ideal con el que cuentan Los Nuevos Dueños de la Argentina de Kirchner para burlar el control efectivo del Estado. Es increíble: los negocios con mayor tasa de rentabilidad son los que menos controles tienen. Y no pasa solo con el juego.

Dos ejemplos:

1) En Santa Cruz las petroleras presentan declaraciones juradas, pero en Chubut están obligadas a instalar caudalímetros. Se trata de aparatos que miden con precisión cuántos metros cúbicos de petróleo se llevan las empresas de "las entrañas de la tierra". En esa medida se basan para cobrar las regalías y los impuestos.

En Chubut, los caudalímetros determinaron que la extracción viene creciendo de modo sostenido. Pasó de casi seis millones y medio de metros cúbicos en 2000 a ocho millones y medio en 2003, y trepó hasta nueve millones y medio de metros cúbicos en 2007.

En cambio, en Santa Cruz, las petroleras, según su declaración jurada, vienen extrayendo cada vez menos. Casi diez millones en 2000, poco más de nueve millones en 2003 y apenas siete millones y medio de metros cúbicos en 2007.

Donato Lavallén y Roberto Telechea, sindicalistas petroleros que no responden al kirchnerismo, explicaron:

—Los pozos de las cuencas de las dos provincias están en pleno trabajo. Lo que pasa es que en Santa Cruz las empresas declaran lo que se les antoja.

2) Con el transporte público de pasajeros sucede lo mismo.

Los colectivos que operan en el área metropolitana reciben subsidios millonarios de la Secretaría de Transporte que hasta hace poco conducía Ricardo Jaime. Lo hacen en base a la cantidad de kilómetros recorridos y de combustible utilizado. Un ejecutivo de un grupo económico diversificado aseguró:

—Todas las empresas mienten.

—¿Y cómo hacen para mentir?

—Tienen unidades paradas durante meses. Pero las empresas, en la declaración jurada, informan que anduvieron miles de kilómetros y gastaron miles de litros de gasoil. Y reciben el subsidio de acuerdo con lo que ponen en el papel.

En el negocio de las tragamonedas de Palermo y los barcos de la ciudad, la ley obliga a Lotería Nacional a brindar información inmediata, *online*, fehaciente y auditable. En la Justicia y la Legislatura hay decenas de expedientes que demuestran que no lo hace. ¿Por qué no denunciaron el convenio Ibarra, Telerman o Macri?

—Porque, si denuncian el convenio, es probable que un juez decida interrumpir el flujo de dinero constante que hoy recibe la Ciudad, aunque sea menos del que le corresponde –respondió el experto que trabajó en Casino Club, con el mismo pragmatismo que utilizaron los jefes de Gobierno de la ciudad.

Consultado sobre estas sospechas, Cristóbal López afirmó que las tragamonedas de Palermo, marca IGT, están conectadas a la casa matriz, en los Estados Unidos. Y agregó que IGT guarda los archivos por si se los pide la Justicia de su país o cualquier organismo público del mundo. Sobre el control que deberían recibir las máquinas de los casinos flotantes, se excusó:

–Estamos trabajando en un cableado especial para que todo el sistema sea resistente al agua.

La supuesta complicidad entre Lotería Nacional y el mayor accionista del juego en la ciudad es una sospecha que tiene fundamentos.

El presidente del directorio de Lotería Nacional se llama Roberto Armando López. Aterrizó allí el 29 de setiembre de 2004. Igual que Jaime, De Vido y Zannini, tiene línea directa con Néstor Kirchner.

Casado, 54 años, Documento Nacional de Identidad 11.213.973, contador público, recibido en la Universidad Nacional de La Plata, López siempre ocupó cargos públicos vinculados con actividades que manejan mucho dinero. Entre 1989 y 1993 fue presidente de la Comisión de Presupuesto y Hacienda de la Cámara de Diputados de Santa Cruz. Entre 1994 y 1996 fue interventor del directorio del Banco de Santa Cruz. Y de 1996 a 1998 fungió como presidente del directorio del mismo banco, hasta su privatización. En su currículum no incluye la brutal pérdida que sufrió el banco oficial por créditos que jamás se devolvieron: alcanzó los 170 millones de dólares. Se trata de uno de los más graves escándalos sucedidos durante el segundo período de Kirchner como gobernador de Santa Cruz (véase Séptima Parte: Lázaro. Capítulo 1: Lázaro es Kirchner).

La Lotería Nacional que maneja López no suministra información oficial ni estadística desde 2005.

Pero una fuente que pidió la reserva de su nombre y su apellido sostiene que Achával y López no son controlados como corresponde.

–No puede ser que las tragamonedas de Palermo facturen menos que las de Gregorio de Laferrere –dedujo.

Es una fuente interesada, pero también calificada. Se trata de un ingeniero civil cuya familia pretendió instalar un casino en San Rafael, Mendoza, en abierta competencia con Cristóbal López.

López había inaugurado su casino en marzo de 2000. Pero, en julio de 2006, su competidor quiso hacer lo mismo, y el empresario patagónico se interpuso en su camino.

La pelea entre ambos fue feroz. Hubo presión a jueces y a los más altos funcionarios del Gobierno de la provincia, incluido el entonces gobernador, Julio Cleto Cobos.

El adversario de López llegó hasta el despacho de Cobos para pedirle el apoyo de la provincia, pero el voto de Cleto no fue positivo:

—Tus papeles están bien. Tenés toda la razón del mundo. Pero yo en esta no puedo jugar. Si te respaldo, pierdo la vicepresidencia —jura la calificada fuente que le dijo Cobos.

Eran tiempos en los que el mendocino negociaba para lograr el segundo lugar en la fórmula presidencial que finalmente integró con Cristina Fernández de Kirchner.

En aquella reunión con el gobernador no solo estuvo presente nuestro informante. También escuchó la excusa de Cobos, estupefacto, uno de sus socios, heredero de la tradicional bodega Bianchi.

Al final, el competidor de López presentó un recurso de amparo, y su casino, el Tower Inn Casino Resort, fue habilitado para funcionar. Pero, todavía con la sangre en el ojo, comenzó a investigar a Cristóbal.

Eligió un momento propicio: antes del 23 de noviembre de 2007, la fecha en que caía el convenio entre la Nación y la Ciudad. El momento en que el distrito porteño podía reclamar el manejo de todo el juego.

El ingeniero civil dejó de lado sus actividades en la agroindustria y emprendió un curioso itinerario que incluyó la visita a funcionarios, legisladores y periodistas de los más variados tipos, a saber:

* El ministro de Hacienda de Macri, Néstor Grindetti.
* Guillermo Cherashny. Es un periodista que fue candidato a diputado nacional bajo la consigna del consumo libre de marihuana, que se hizo varias cirugías estéticas en el rostro y los pectorales y que en su momento reconoció haber cobrado dinero de la SIDE .
* El ex ministro de Justicia Ricardo Gil Lavedra.
* El diputado nacional por el ARI Adrián Pérez.
* El ex intendente de San Rafael y actual senador nacional por Mendoza Ernesto Sanz.

A Grindetti lo fue a ver cuando Macri ya le había ganado la segunda vuelta a Daniel Filmus pero todavía no había asumido. Le explicó que, si se animaba a pelear por la potestad del juego y a controlar el movimiento de cada *slot*, la Ciudad podía recaudar, durante el primer año de gestión, mil millones de dólares. Hasta ese momento, los ingresos por juegos de azar no superaban los 120 millones.

—Con esa plata podrían financiar a la nueva policía —sugirió la fuente con una calculadora en la mano.

El experto a la fuerza asegura que la primera reunión fue muy alentadora.

—Grindetti saltaba en una pata. Había encontrado una caja nueva que no tenía en su presupuesto —explicó.

Durante el segundo encuentro, el funcionario designado se habría echado para atrás:

—Tiene razón. Pero es un asunto político. Me excede.

La fuente dice que Cherashny publicó solo parte de lo que le transmitió el ingeniero civil.

Gil Lavedra le mandó una nota a Macri antes de su asunción. El abogado radical le advirtió que, si no denunciaba el convenio antes del 23 de noviembre, las cosas seguirían funcionando tal como estaban durante cuatro años más. Y agregó que, en ese caso, lo consideraría ingenuo o cómplice.

Adrián Pérez encargó a sus colegas Fernando Sánchez y Fernanda Reyes un informe que fue publicado tiempo después.

El radical Sanz presentó un pedido de informes en el Senado. Al mismo tiempo solicitó información a Lotería Nacional. Después usó esos datos para comparar la facturación de las máquinas tragamonedas en las distintas salas de juego del país. Son los mismos que la fuente utilizó para demostrar que Cristóbal López no estaría diciendo la verdad. Lo explicó así:

—Palermo es la sala de juego más exclusiva de la Argentina. Concurren los jugadores de mayor poder adquisitivo, además de turistas y gente acostumbrada a apostar fuerte en el hipódromo, que queda al lado. Las máquinas son las más modernas. La apuesta mínima es de cinco centavos. En cambio, en cualquier bingo del Gran Buenos Aires la mayoría de los jugadores son pobres o muy pobres. Las máquinas no son de última generación y la apuesta mínima es de un centavo. ¿No es muy sugestivo entonces que la ganancia de una tragamonedas en Palermo sea de seiscientos pesos por día, cuando en Laferrere o cualquier otra sala del conurbano es de setecientos y hasta ochocientos pesos por día?

El día en que Macri asumió como jefe de Gobierno de la ciudad, 9 de diciembre de 2007, no podía ignorar que la bomba de tiempo del negocio del juego podía estallarle en la cara en cualquier momento.

Entonces encargó a varios de sus hombres que revisaran los antecedentes. Necesitaba saber cuál era la trama política, administrativa y económica de semejante cuestión.

Así supo que una resolución del presidente Eduardo Duhalde, firmada durante 2002, había permitido la instalación de las tragamonedas en Palermo.

Que en 2003 el presidente Kirchner había rubricado lo que se podía considerar como el primer favor a su amigo López. Se trataba de la prohibición de instalar máquinas tragamonedas en cinco bingos porteños. Es decir: dejaba a HAPSA sin competidor alguno a varios kilómetros a la redonda.

Macri también supo que el 28 marzo de 2007 Cristóbal se había asociado a Federico de Achával, presidente de HAPSA, como proveedor de las máquinas tragamonedas.

Y lo más importante: se enteró de que casi todos los intentos por frenar la avanzada de López y controlar sus números habían resultado infructuosos.

Macri tomó nota del escandaloso decreto que Kirchner firmó antes de entregarle la banda presidencial a su esposa y de las idas y venidas que había tenido el asunto en los tribunales competentes.

De manera que, con todos los elementos en la mano, la primera conclusión del ingeniero fue rentística:

—Si pedimos el cien por ciento del juego para la ciudad, entramos en un laberinto jurídico y no cobramos un mango.

Su segundo razonamiento también fue rentístico:

—Me dicen mis asesores que, si le pedimos el cincuenta por ciento de todo lo recaudado para la Ciudad, podemos aumentar nuestros ingresos de 150 a trescientos millones de pesos —le explicó a un periodista que cuatro meses antes le había advertido que, si arreglaba con Lotería Nacional, lo iban a considerar, aunque no fuera cierto, "socio de Kirchner y de López".

Macri juró ese día, en su despacho, que a López no lo había visto en su vida y que enviaría el nuevo convenio para su aprobación.

—Necesito hacer más obras —se justificó.

El proyecto de Macri llegó a la mesa de entradas de la Legislatura el viernes 12 de diciembre de 2008. Además de la rúbrica del intendente se podía leer la firma de Grindetti y del jefe de Gabinete porteño, Horario Rodríguez Larreta. Contemplaba:

* La prórroga de la ley de juego por cinco años y su renovación automática por otros cinco.
* El aumento de los ingresos de la ciudad del veinticinco al cincuenta por ciento.

Pero, además, contenía un anexo con la aprobación de aquel decreto de Kirchner con la garantía para hacer negocios hasta 2032 y la "obligación" de instalar más tragamonedas, hasta 5.100 unidades.

Diarios como *Perfil* y *Crítica de la Argentina* habían empezado a sugerir un pacto secreto y espurio entre Kirchner y Macri, cuando el jefe de Gobierno porteño reunió a su mesa chica para analizar la situación.

Estuvieron presentes, en distintos momentos, Rodríguez Larreta; la entonces vicejefa de Gobierno, Gabriela Michetti; Grindetti; el asesor José Torello; el amigo sin cargo Nicolás Caputo; el diputado nacional Federico Pinedo; el secretario general Marcos Peña; y el jefe del bloque de legisladores, Diego Santilli.

Torello, compañero de Mauricio en el Cardenal Newman, es amigo de Federico de Achával y asesor del jefe de Gobierno en materia de juegos de azar. Trabajó en el Instituto de Juegos de Apuestas de la Ciudad de Buenos Aires durante el gobierno de Ibarra. Llevó la voz cantante. Fue el único de los presentes que defendió con energía el proyecto enviado a la legislatura.

—Es plata que necesitamos.

Grindetti adujo lo mismo.

Caputo se preocupó por el costo político. Nicky es un empresario de la construcción, pero está aprendiendo de política a la fuerza. Fue el hombre que llevó la valija con el dinero para los secuestradores de Macri y tuvo que renunciar a un cargo público, ad honorem, para que nadie pensara que estaba haciendo negocios con su amistad. Caputo conoce a Cristóbal López muy bien. Incluso le vendió un enorme departamento en Puerto Madero, en el edificio El Mirador, sobre la calle Juana Manso. Su voto no fue positivo.

Santilli explicó que el escándalo público complicaría su aprobación en la Legislatura.

Michetti y Pinedo fueron los que terminaron de convencer a Mauricio para que diera marcha atrás.

Michetti no tenía duda alguna de que no debía enviarse. Igual le consultó a su referente moral, el arzobispo de Buenos Aires, cardenal Jorge Bergoglio. Le sugirió, a su compañero de fórmula, con su mejor tono:

—Si lo mandás, es una mancha que va a quedar para siempre en tu biografía política.

Macri, al final, no presentó el polémico proyecto.

El Gobierno de la Ciudad todavía no se había terminado de recuperar de la onda expansiva de la bomba, cuando Mauricio le comentó a un amigo:

—Ahora resulta que soy superhonesto porque no arreglé con Kirchner y Cristóbal. ¿Sabés la cantidad de calles que podríamos asfaltar y de veredas que podríamos arreglar con casi doscientos millones de pesos?

Casi al mismo tiempo, el propio Cristóbal López llamó al que considera "su hombre" en el Gobierno de la Ciudad para recriminarle:

—¿Por qué me armaron semejante quilombo?

El que recibió la llamada tragó saliva.

Todavía tenía fresca en la memoria lo que le había pasado al dueño de Cirsa, Manuel Lao, por haberse negado a negociar el aterrizaje de López en su negocio del casino flotante de Puerto Madero.

La intensa y controversial relación entre Lao y López merecería un capítulo aparte.

Todos los que conocen a Lao consideran que, como Guillermo Coppola, fuma debajo del agua.

Lao jamás lo dirá en público, pero está convencido de que López o sus amigos en el gobierno de Kirchner fueron los que mandaron a los agentes de la Aduana a su avión para que lo detuvieran *in fraganti* con quinientos mil euros en efectivo.

Fue durante la tarde del jueves 14 de diciembre de 2006. Le encontraron el dinero entre cajas de los mejores jamones de España y uno de los mejores champagnes del mundo. Lao permaneció unas horas detenido por agentes de la Aduana, que entonces comandaba otro kirchnerista de paladar negro: Ricardo Echegaray.

Ahora número uno de la Administración Federal de Ingresos Públicos (AFIP), 43 años, casado, Echegaray conoció a Kirchner en 1987, cuando este era intendente de Río Gallegos y Ricardo ocupaba la Dirección de Aduanas de la ciudad. Es íntimo de Rudy Ulloa. Fue quien habilitó la primera máquina rotativa que adquirió para sus medios oficialistas el ex chofer de Kirchner. Lo hicieron renunciar a su cargo en la Aduana después de su pelea con el ex titular de la AFIP Alberto Abad, pero casi enseguida reemplazó al propio Abad y colocó en la Aduana a una persona de su absoluta confianza, Silvina Tirabassi.

Cuando llegó a la AFIP, Kirchner ya había logrado apartar de sus cargos a varios de los técnicos más prestigiosos, como Horacio Castagnola, director de la Dirección General Impositiva, Jaime Mecikovsky y Norman Williams. Todos ellos estaban investigando a empresas vinculadas con Néstor o cercanas a él, como Austral, de Lázaro Báez. El motivo: el uso de facturas apócrifas que podrían encubrir el pago de coimas (véase Séptima Parte: Lázaro. Capítulo 2: El dueño de Santa Cruz).

La de Lao fue una captura muy rara. Porque, luego de responder una breve requisitoria ante el juez en lo Penal Económico Jorge Brugo, el empresario del juego acusó una molestia estomacal, se subió a su avión particular… ¡y se fue volando de vuelta para España!

Cinco meses y medio después, exactamente el 30 de mayo de 2007, López y Lao firmaron un acuerdo de socios.

La cumbre que selló el pacto tuvo lugar en uno de los mejores restaurantes de pescados de Buenos Aires: Oviedo. Estaban absolutamente solos. Dicen que fue la negociación más dura que el español protagonizó en toda su vida.

López prometió pagarle a Lao cien millones de dólares por el cincuenta por ciento del barco. En el mismo acto, Lao se comprometió a pagarle veinte millones de dólares a Cristóbal a cambio de la mitad del negocio del Casino de Rosario.

—Yo fui en solitario a un país complicado. Ahora me conviene ir acompañado con un socio local —reconoció Lao ante una publicación española, *Cotizalia*. El periodista le había preguntado cuál era el sentido de dividir un negocio tan jugoso por la mitad.

Así como el español está convencido de que fue su colega argentino el que activó su excéntrica detención, Cristóbal está convencido de que fue Lao quien les pagó a periodistas inescrupulosos para "ensuciarlo".

—Lo sé porque me lo dijo un hombre que conoce muchísimo a Manuel —contó López, en voz baja, en otro almuerzo.

Cristóbal, además, negó su participación directa o indirecta en la denuncia por lavado de dinero con una curiosa y divertida reflexión:

—Yo también fui víctima [de la requisa]. En ese vuelo Lao me traía un jamón de Jabugo para comer durante las fiestas.

El empresario patagónico también aseguró que Lao hizo muy bien en incorporarlo como socio:

—Ahora el barco es varias veces más rentable que antes. Porque pusimos orden y despedimos a los prestamistas y a todos los que afanaban.

A cualquiera que quiera escucharlo, López le dirá que Casino Club es la empresa de juego más eficiente de la Argentina. Y que, cuando ponga un pie en la provincia de Buenos Aires, el gobierno va a recaudar mucho más de lo que recauda ahora.

Lo ha intentado decenas de veces.

La primera quedó en evidencia en 2006, cuando Kirchner, en un aparente intento de abrirle la puerta, le pidió a Felipe Solá:

—No te metás con el juego.

La historia completa del pedido se puede leer en el capítulo siguiente.

Solá les concedió una prórroga de quince años a todas las empresas de bingos y tragamonedas de la provincia. A cambio les pidió el pago anticipado de tres años de canon.

De esta manera no solo impidió el desembarco de López. También garantizó la hegemonía de los dos mayores enemigos de negocios de este: Boldt y Codere.

Boldt es un consorcio multinacional del juego. Incluye al grupo de inversiones Mirage, el mismo que le ofreció a Menem la instalación de un casino en Retiro y que manejó una imprenta de seguridad para fabricar billetes de lotería en la Argentina. A partir de la década de los noventa, Mirage, mediante Boldt, se incorporó al negocio de los casinos. Su presidente, Antonio Tabanelli, lo hizo. Y de forma estruendosa. Fue cuando el gobernador Eduardo Duhalde le entregó Trilenium, el casino de Tigre, sin licitación y por medio de una ley que fue aprobada en veinticuatro horas.

No es la única denuncia que compromete a Boldt y a Trilenium. En 2002, el Sindicato de Trabajadores de Juegos de Azar acusó a Gustavo Costa, responsable de la Lotería de la Provincia de Buenos Aires, de no implementar el control *online* obligatorio en las tragamonedas del casino y del resto de los bingos del territorio.

Boldt maneja también el Casino de Victoria, en Entre Ríos, y tiene dos casinos habilitados en la provincia de Santa Fe. Uno en Melincué y otro en Santa Fe capital.

Codere (Compañía de Recreativos) es una de las multinacionales del juego más poderosas del mundo, junto con Cirsa. Su capacidad de *lobby* es de alto impacto.

Cuando a López lo acusan de ser "El Rey del Juego", él responde:

—¿Sabés cómo se llama el verdadero "Rey del Juego" en la Argentina? Se llama José Antonio Martínez Sampedro.

Sampedro fundó Codere en 1980, junto con sus socios, los sobrinos del generalísimo Francisco Franco Joaquín y Jesús Franco. Compartieron las acciones hasta que, en 2006, Sampedro les compró el 21 por ciento y se quedó con un total del 71 por ciento, al módico precio de 391 millones de dólares.

Codere es la mayor operadora de salas de juego de la provincia de Buenos Aires. Maneja catorce bingos y 4.500 tragamonedas. Todos fueron otorgados entre 1991 y 1999, durante los dos mandatos del gobernador Eduardo Duhalde.

Antes de dejar la provincia, Duhalde prorrogó las licencias hasta 2009.

Codere parece tan poderoso como Casino Club. En 1998 adquirió una participación del veinticinco por ciento de otro gigante, el Grupo Royal.

Y hace muy poco se quedó con casi todo: el 94 por ciento. Ahora concentra 6.200 asientos en las salas de bingo y cinco mil tragamonedas en toda la República Argentina.

El domingo 1 de junio de 2008, en *La Nación*, Damián Nabot reveló que representantes de Codere le ofrecieron al gobernador Daniel Scioli adelantar cinco años de canon por tres mil millones de dólares. Fue en Miami Beach, en el centro de convenciones donde se realizaba la asamblea anual del Banco Interamericano de Desarrollo (BID). El periodista escribió que el gobernador rechazó la oferta. Scioli no informó qué le pidieron a cambio de semejante anticipo.

El segundo intento de López por aterrizar en la provincia habría sido mediante los intendentes de San Isidro, Gustavo Posse, y de Vicente López, Enrique "El Japonés" García.

Es curioso. Ninguno de los dos fijó posición pública sobre el tema del juego. Pero los enemigos de López aseguran que Cristóbal quiere hacer con el Hipódromo de San Isidro lo mismo que hizo con el de Palermo: llenarlo de maquinitas tragamonedas. Y el hombre que maneja ese predio, Bruno Quintana, ya se mostró muy dispuesto a negociar. Un solo obstáculo se lo impide: en los hipódromos de la provincia, como el de San Isidro y el de La Plata, están prohibidos los *slots*.

Lo de Posse y El Japonés fue en 2008. Casi al mismo tiempo en que Scioli tiró el primer globo de ensayo.

El gobernador reconoció que decenas de intendentes le estaban pidiendo una ley para abrir salas de juego en sus distritos. Y prometió que lo iba a estudiar en serio. ¿Estaba otra vez Néstor Kirchner detrás de esa posibilidad?

La fortísima reacción del presidente de la Pastoral Social y obispo de San Isidro, monseñor Jorge Casaretto, y la denuncia de la diputada Elisa Carrió contra Cristóbal López, a quien acusó de intento de soborno a Luis Juez, impidieron que el proyecto se convirtiera en realidad.

La sombra de López se entrevió cuando el hermano del gobernador, José Scioli, salió a responderle a Casaretto:

—Si el problema es el juego, habría que cerrar todos los bingos y los tragamonedas. ¿Por qué unos pueden y otros no?

Es la misma pregunta que se hace el propio Cristóbal López:

—¿Por qué Codere sí y Casino Club no? ¿Por qué Casaretto no quiere que entre Cristóbal y no dice nada contra los que ya están?

Cristóbal pelea siempre.

Pelea con Scioli para agrandar sus negocios en la provincia de Buenos Aires.

Y pelea con Mario Das Neves para incrementar sus ganancias en Chubut, la provincia donde vive.

En noviembre de 2007 el hombre de negocios llamó al gobernador de manera insistente, para tener un encuentro personal.

Hasta que un día, con la agenda en la mano, el mandatario le preguntó:

—¿Es urgente?

—Muy —respondió López.

Ambos estaban en Buenos Aires. Entonces Das Neves sugirió:

—Mañana a las siete de la tarde me vuelvo para Chubut. Venite para el aeropuerto y hablamos quince minutos.

Al otro día Cristóbal se bajó de un Audi, lo saludó y fue al grano:

—Necesito extender la concesión de los casinos.

—Pero si la tuya vence recién en 2015.

—Mario: tu gobierno tiene eso de prorrogar "otras" concesiones. ¿Por qué me vas a discriminar a mí?

López se refería a la polémica renegociación de los contratos petroleros que Das Neves había firmado en abril de 2007 a favor de Pan American Energy.

El gobernador había extendido el contrato con la empresa de Carlos y Alejandro Bulgheroni hasta 2027. A cambio, la petrolera se había comprometido a invertir 778 millones de dólares hasta 2018, y un total de dos mil millones de dólares hasta el final del contrato. También había aceptado incrementar el pago de regalías tres puntos: de 12 por ciento a 15 por ciento.

Das Neves acusó recibo de la chicana, y reaccionó mal.

—El petróleo es una cosa. Y los casinos son otra. El empresario petrolero necesita tiempo. No vas a comparar la inversión que hay que hacer para explorar con la que se necesita para mantener las tragamonedas.

—Yo te digo, nada más. Porque le pregunté a Néstor y me dijo que hablara directamente con vos.

—Decile a Néstor que no te voy a dar ninguna prórroga. Porque para tu negocio basta con levantar cuatro paredes y poner las maquinitas. Lo demás es pasar con la bolsa y llevártela toda.

Al gobernador no le gustó la arremetida de López.

Pero fuentes cercanas explican que no fue por eso que, un viernes de mayo de 2008, Das Neves envió a directivos de Rentas al casino que Cristóbal maneja en Trelew.

Cuando le avisaron al empresario, se volvió loco.

Y empezó a llamar al gobernador cada cinco minutos. Al día siguiente, como Das Neves no lo atendía, tomó su avión privado y aterrizó en Comodoro Rivadavia.

Llegó el sábado a las cuatro de la tarde. Le comunicaron que el mandatario descansaba en la residencia y que no pensaba atenderlo.

Se quedó en un bar ubicado en la esquina de la residencia hasta las 21.30. Los custodios del mandatario podían verlo desde la casa de descanso. Sin embargo, el gobernador no lo recibió.

El lunes Das Neves revisó los números mientras le acercaban papelitos con los nuevos llamados de Cristóbal López. Y ese día, en el medio del conflicto con el campo, cuando el término "retenciones" se hizo familiar para todos los argentinos, el gobernador de Chubut anunció que aumentaría los ingresos brutos al negocio del juego de 4,5 por ciento a diez por ciento.

—Si usted quiere, llámele retenciones al juego —le contestó a un periodista que le preguntó por el motivo de la decisión.

Dos meses después, López entró a la Casa de Gobierno de Chubut dispuesto a casi todo.

Empezó a hablarle a Das Neves de su madre y de su padre, de lo que le había costado llegar adonde estaba, y le dijo en la cara que consideraba el aumento del impuesto una jugada traicionera y baja. Una maniobra que tenía como fin pegarle a Néstor por medio de su persona.

—El incremento no es una locura. Corresponde. Y representa veinte millones de pesos más para la provincia. Por lo demás, pensá lo que quieras.

López aprovechó para insistir con la prórroga de la concesión.

—Mirá, Cristóbal. No te la voy a prorrogar. Y, si tuviera que tomar la decisión hoy, ordenaría que el juego quedara en manos del Estado. Pondría un gerenciador y ganaría fortunas.

Cristóbal nunca olvidará esa charla con el gobernador. Y Das Neves nunca se sacará de la cabeza que López es Kirchner.

—A mí no me consta que López sea Kirchner —afirmó sin embargo el ex jefe de Gabinete Alberto Fernández, cuando alguien que lo conoce bien le vino a plantear esa hipótesis. Para sostenerlo, Fernández le contó la siguiente historia. Obvió el nombre de algunos protagonistas para no comprometerlos.

Sucedió en 2006.

Un empresario fue a su despacho y se quejó:

—Acabo de ganar una licitación para instalar un hotel-casino. Pero el gobernador me dijo que lo había llamado [Julio] De Vido y que le había pedido que mandara todo para atrás. Y que tenía que entregárselo a Cristóbal López.

Alberto Fernández habría acotado:

—No entiendo. Si la licitación la ganaste vos...

—Alberto: me lo acaba de decir el gobernador. Si me hubieran avisado que las cosas eran así...

—Vos no tenés que arreglar nada con nadie. Si ganaste la licitación, te la tienen que dar.

El jefe de Gabinete le dijo al empresario que no se moviera de allí. Y enseguida pidió a su secretaria una llamada con el gobernador.

El mandatario atendió al jefe de Gabinete enseguida y le habría confirmado la llamada del ministro de Planificación. Entonces Alberto, sin cortar la comunicación, se paró, caminó unos pasos hasta la puerta que separaba su oficina del despacho presidencial, golpeó la puerta y le contó todo al Presidente.

—Tengo en el teléfono al gobernador. Quiero saber si vos sabés algo.

—Yo con esto no tengo nada que ver —le habría respondido Kirchner.

—¿No sabías nada de nada?

—Nada de nada. No tengo nada que ver.

—¿Se lo podrías transmitir al gobernador?

Fernández le contó a ese alguien que lo conoce bien que entonces el jefe de Estado habló con el gobernador para garantizarle que él no había dado orden alguna.

Es posible que Kirchner no haya movido un dedo para defender los intereses de Cristóbal López ante la pregunta de Alberto Fernández, pero la reunión secreta entre él y Aníbal Ibarra existió. Y el contenido de la charla fue chequeado, como corresponde a una información sensible.

Ibarra jamás lo había hecho público porque nunca lo consideró necesario. Pero esa noche, en su casa, al confesarlo ante sus compañeros de Diálogo por Buenos Aires, sentenció:

—Me siento aliviado. Hice lo que correspondía. Y, si me llama un juez, voy a repetirlo palabra por palabra.

3
LA PROPUESTA

Un mes antes de que se hiciera público, el senador nacional Luis Juez dio su versión completa de cómo Cristóbal López habría intentado sobornarlo para instalar un casino en la ciudad de Córdoba. Además acusó a Carlos Zannini, secretario Legal y Técnico de Néstor Kirchner y Cristina Fernández de Kirchner, de haber influido para que aceptara la oferta.

Las graves imputaciones de Juez están grabadas y guardadas en un lugar seguro, por si resulta necesario presentarlas ante la Justicia. Tienen un valor extra: kirchnerista fugaz pero intenso, es uno de los pocos que estuvo ahí cuando el hoy ex presidente y sus hombres soñaban con un horizonte de casi veinte años en el poder.

Juez también denunció al ex secretario de Transporte Ricardo Jaime y a otros hombres muy cercanos a Kirchner por diferentes delitos que van desde pedidos de coimas hasta el blanqueo del dinero negro de las campañas políticas.

El ex intendente de Córdoba aceptó hablar en público sobre estos hechos el lunes 14 de julio de 2008, en una conocida parrilla de Alicia Moreau de Justo 580, en Puerto Madero. La entrevista comenzó a la una menos cuarto del mediodía y terminó a las tres y media de la tarde. Juez es abogado, y cuando se pusieron sobre la mesa las pautas del reportaje, no dudó:

—Prendé el grabador, nomás. Yo no tengo *off the record*.

Diez meses después, Cristóbal López, mano a mano, negó la acusación de soborno. También lo hizo frente a un grabador. El empresario, además, dobló la apuesta: afirmó que el que pidió el encuentro fue Juez, y lo acusó de proponerle diferentes negocios en los que, según él, no estaba interesado.

La reconstrucción minuciosa de los testimonios de Juez y de López, los lugares y circunstancias de los encuentros y las sabrosas anécdotas con las que ambos enriquecen el relato resulta imprescindible para determinar quién miente y quién dice la verdad.

Según Juez, fue Zannini, en setiembre de 2004, el primero que le hizo, de manera indirecta, la propuesta indecente.

Carlos Alberto "Chino" Zannini, Documento Nacional de Identidad

86

11.418.915, 54 años, nacido en Villa Nueva, cerca de Villa María, Córdoba, abogado, casado en segundas nupcias, cuatro hijos, con oficina un piso abajo del despacho presidencial y con vista al Patio de las Palmeras, es, desde hace veinticinco años, uno de los hombres de mayor confianza de Kirchner. Sus amigos íntimos, en Santa Cruz, lo apodan también "Ñoño", por su parecido con uno de los personajes de "El Chavo del Ocho", representado por el actor mexicano Édgard Vivar.

Ex militante universitario del Partido Revolucionario de los Trabajadores (PRT), de orientación maoísta, Zannini tuvo una madre que limpiaba ropa de otros para pagarles los estudios a él y a su hermano. Entre 1976 y 1980, durante la dictadura militar, estuvo preso sin juicio previo en una cárcel de Córdoba. Allí conoció a Gerardo Ferreyra, uno de los dueños de Electroingeniería, otro de los grupos empresarios analizados en este libro y a los que se considera, también, miembro del club de Los Nuevos Dueños de la Argentina K (véase Octava Parte: Electroingeniería).

En el momento en que Zannini le hizo la primera insinuación, Juez era intendente de Córdoba y sentía que tenía una deuda de honor con el gobierno nacional. El poderoso funcionario se las ingeniaba para que Juez pudiera hacer uso de los fondos otorgados por el Banco Interamericano de Desarrollo (BID) y el Banco Mundial (BM). El entonces gobernador José Manuel de la Sota, enemigo acérrimo de Juez, se negaba a avalar los pagos de la ciudad con las garantías de la provincia, y Zannini, un verdadero experto en expedientes públicos, hacía malabares jurídicos para colocar como garante a la Nación. Es decir: le daba aire para seguir gobernando.

Hasta entonces, las solicitudes de El Chino a Juez no pasaban de la típica gauchada. Un día el secretario le pidió que contratara a un amigo suyo, uno de los integrantes de Los Olimareños, para que pudiera ganarse unos pesos.

—Le dije a Zannini que en la ciudad no teníamos plata para contratar ni a un mimo. Pero él insistió. Cuando lo llamamos, descubrimos que el músico tocaba la guitarra con la izquierda pero cobraba con la derecha. Nos quiso facturar un dineral. Todo murió antes de empezar.

El otro pedido fue distinto. Y podría ser considerado un grave delito.

Juez llegó al despacho de Zannini acompañado por Rubén Borello, su secretario de Obras Públicas. El trato que tenían era muy amistoso y casi de pares: el intendente era el kirchnerista transversal que ganaría la provincia y le tributaría sus votos a Kirchner. Y el secretario Legal y Técnico "era" Kirchner. Juez consideraba a Zannini un tipo franco, talentoso, y "de código". El haber sido detenido por la dictadura lo hacía respetable. Y su audacia política también:

—Cuando el gobierno adelantó gran parte del pago de la deuda al Fondo Monetario, me acordé de Zannini. Él me lo había planteado como idea en 2004. Y en ese momento sonaba tan descabellado como que hoy Belgrano o Talleres de Córdoba pretendieran comprar a [Diego] Buonanotte, a [Martín] Palermo o a [Juan Román] Riquelme.

Aquella tarde de miércoles, después de las 17.30, Zannini, no parecía un estadista. Porque, de repente, le preguntó:

—¿Cómo te vas a financiar?

Ni Juez ni Borello habían entendido la pregunta. Entonces el funcionario insistió:

—¿Cómo te vas a financiar para la próxima campaña?

Se refería a las elecciones legislativas de octubre de 2005.

—Como hice hasta ahora: con un escarbadientes —respondió Juez.

—Sí. Pero una cosa es la ciudad y otra, la provincia. Podrás ganar el año que viene, pero, si querés gobernar una provincia como Córdoba, necesitás dinero de verdad.

—¿Te parece?

—Estoy seguro. Nosotros tenemos un tipo que nos ayuda, que está con el proyecto desde hace muchos años. Lo hace de onda. No nos pide nada a cambio.

Juez dice que en esa reunión Zannini no le dijo de quién se trataba. En cambio, enseguida le preguntó:

—¿Y ustedes cómo están con el juego en la ciudad?

—No estamos. Y, además, no se puede.

Juez le explicó que existía una ordenanza del entonces intendente Ramón Mestre que prohibía la instalación de salas de juego, tragamonedas o casinos.

—Eso no es problema. Eso se puede arreglar. Lo importante es que Córdoba es un nicho virgen para el juego, digno de ser explorado. Estudialo un poco y lo vemos después —lo despidió el secretario de Estado.

Juez lo estudió. Hizo todas las consultas técnicas pertinentes. Y además lo consultó con su conciencia.

El segundo encuentro con Zannini pareció calcado. El mismo despacho. La misma hora, pero semanas después. El creador del Partido Nuevo fue directo:

—Maestro: esto no va a andar.

Zannini insistió:

—¿Por qué no? Hay juego en todo el país. Y yo tengo encuestas que dicen que la gente en la ciudad quiere tener una sala con máquinas tragamonedas.

El intendente empezó a hacer chistes con la intención de cambiar el tema de conversación. Entonces Zannini le dijo:

—Vos andá a ver a este tipo. Se llama Cristóbal López. Él te está esperando.

Ese mismo día, cerca de las diez de la noche, López recibió a Juez en sus oficinas del octavo piso de Diagonal Norte 971, entre Carlos Pellegrini y Suipacha, en Buenos Aires. Están a nombre de Oil M&S. Tiene cuatro líneas telefónicas. Dos a nombre de Oil y dos a nombre de CLEAR. Un piso más arriba se encuentra Invernes SA, una empresa a la que en un momento se la vinculó a Lázaro Báez, y a la que alguien quiso presentar como "Inversiones Néstor".

No parecía una hora apropiada para hacer negocios lícitos.

Ya se habían ido todos los empleados. No quedaba ni siquiera un asistente.

El propio Cristóbal López esperó a Juez en la puerta del ascensor del octavo piso. Tenía una camisa blanca arremangada. Los muebles de la oficina eran austeros y de estilo minimalista. En las paredes había enormes fotos de pozos petroleros y miniaturas de los balancines con los que se extrae el crudo. El intendente fue acompañado con su secretario Borello.

—Quería tener un testigo porque la situación me resultaba por demás incómoda —aclaró Juez durante la prolongada entrevista grabada.

El senador nacional electo afirmó que la primera conversación fue "exploratoria". De sondeo.

—Vos andás bien, ¿eh? No todo el mundo llega hasta acá. Pero vos tenés la suerte de tener una relación con los dueños del picaporte de la puerta —sostuvo Juez que le dijo el empresario.

De inmediato López empezó a preguntarle por el negocio del juego.

—Tardó un minuto en comprobar que no soy un experto. Cuando le dije que yo no quería ni podía hacer nada, porque la potestad la tenía De la Sota, él me contestó: "Por eso despreocupate… eso no es un obstáculo" —afirmó Juez.

Tres semanas más tarde, Juez volvió a Buenos Aires para hablar con Zannini. El motivo: necesitaba una nueva firma para destrabar los créditos de la obra pública en la ciudad. Antes de terminar, Ñoño volvió a la carga:

—Che, Cristóbal quedó muy bien impresionado con vos.

Juez apenas esbozó una sonrisa. Lo único que quería era que Zannini lo ayudara a firmar el pacto fiscal que la provincia de Córdoba había acordado con todos los municipios, excepto la capital.

El hombre de Kirchner entonces mostró las cartas.

—Yo creo que al final va a aflojar. Pero eso depende de vos. Tengo buenas noticias: De la Sota quiere verte.

¿Buenas noticias? Juez y De la Sota estaban peleados a muerte.

Sin embargo, el intendente, necesitado de su firma para recibir los fondos de la ciudad, tragó saliva y lo fue a ver durante la Semana Santa de 2005.

Al ex gobernador se lo puede considerar uno de los políticos más astutos de la generación posterior a la dictadura.

Para definirlo, el propio Juez dice:

—De la Sota juega a la mancha con los aviones.

En aquel encuentro, El Gallego le propuso olvidar viejos rencores y acordar la construcción de un enorme centro de convenciones en la ciudad. Juez confiesa que se entusiasmó con la idea, hasta que De la Sota le explicó que el proyecto venía con un "pequeño souvenir": la instalación de una sala de juegos con máquinas tragamonedas.

Y eso no fue todo. También le informó que ya estaban preseleccionadas las empresas que realizarían la obra: la constructora Regam, del ingeniero Martín Amengual y los dueños de la cadena Amerian, con hoteles en Córdoba, Mar del Plata y Buenos Aires.

—Gracias por el café. Es imposible —se despidió Juez.

De inmediato el intendente les pidió a unos periodistas que lo entrevistaran. Quería enviar un solo mensaje a De la Sota y a Kirchner. Declaró:

—Si De la Sota quiere, que instale una tómbola en el patio de su casa, llame a su mujer, se ponga un piyama, le preste un batón y empiece a jugar. Porque. mientras yo sea intendente. a Córdoba el juego no va a entrar.

A los pocos días Juez volvió a Buenos Aires. Pero Zannini ya no hablaba como un amigo. Sonaba más imperativo:

—¿Para qué hacés semejante quilombo? Si nadie te pide que muevas un dedo… si ni siquiera tenés que decir que estás a favor del juego. Quedate quieto. Dejá que pongan el centro de convenciones. ¡Hacete el pelotudo y listo!

El intendente intentó resistir con un chiste:

—Maestro. Lo que me pedís es lo mismo que no armar una barrera con un tiro libre directo en la puerta del área.

Contrariado, Zannini volvió a usar su vieja fórmula: le pidió que lo fuera a ver a López ese mismo día, después de las diez de la noche.

Juez jura que en este segundo encuentro López no anduvo con rodeos; sacó una hoja de papel en blanco y le preguntó:

—¿Cuántos años tenés?

—Cuarenta y dos...

—...y un futuro brillante. Podés llegar a convertirte en uno de los gobernadores más jóvenes de Córdoba.

—Gracias. Si hago una buena gestión, tengo alguna chance de llegar.... Cristóbal lo interrumpió:

—No es cierto. En este país eso que decís vos no existe. Uno no llega de esa forma. Vos necesitás financiarte. ¿Vos con quién te financiás?

—Con nadie.

—Vamos... No te estoy hablando de corrupción. Solo quiero saber quién te banca. ¿Ganaste la intendencia sin financiamiento? Ponele que haya sido así. Pero eso es irrepetible. Es como meter un gol de media cancha. ¿Cuántos goles así podés meter en tu vida?

Juez dice que recién empezaba a comprender el tono de la conversación cuando López deslizó el papel hacia él y le dijo textualmente:

—Poné el banco. Poné el número de cuenta. Yo me encargo de tu carrera durante los próximos diez años. Yo te financio las próximas candidaturas.

Juez sostiene que López avanzó más todavía. Que le informó que la movida para aprobar la instalación del casino la iban a hacer con el asesoramiento de Horacio Miró.

Miró había sido investigado por el propio Juez cuando era el fiscal anticorrupción de la provincia de Córdoba. Contador, condujo la Agencia Córdoba de Inversión y Financiamiento, un organismo público destinado a la modernización del Estado. Monje negro de De la Sota, el entonces gobernador lo defendió ante Juez, que era su subordinado.

—Miró es más importante que los delegados del BID y del BM juntos. ¿Por qué no te dejás de joder y parás de investigarlo?

El intendente se fue de la reunión con López un tanto inquieto. Veinte días después volvió a reunirse con Zannini.

—Lo lamento, Chino. El tema del juego no va a andar. Yo no sirvo para estas cosas.

El hombre del Presidente pareció perder la paciencia.

—Sos un boludo. Hay tipos que matan por una oportunidad como esta.

—Yo no.

—¿No sos el intendente? ¿No querés hacer desagües y cloacas para la gente? —insistió el secretario Legal y Técnico de la Presidencia.

—Con ese criterio hagamos obras más grandes con plata de la droga y listo —ironizó.

En la misma entrevista para esta investigación en la que reconstruyó la oferta de López, Juez recordó otras propuestas de negocios.

En una habría participado el ex secretario de Transporte Ricardo Jaime. Según el político, Jaime le pidió que licitara el recorrido "más jugoso" para los colectivos de la ciudad, conocido como "el corredor rojo".

–Cirigliano quiere quedarse con el corredor rojo. Nosotros estamos dispuestos a subsidiarlo a él –afirmó Juez que le comentó Jaime.

Claudio Cirigliano, el número uno del grupo, dueño del Grupo Plaza y concesionario del Ferrocarril Sarmiento por medio de Trenes de Buenos Aires (TBA), negó ante el autor de esta investigación su supuesto interés en manejar los colectivos de aquella zona de la ciudad (véase Sexta Parte: Los Cirigliano. Capítulo 3: "No soy un empresario K").

Juez también reconstruyó un diálogo mantenido con el secretario de Obras Públicas, José López.

José Francisco López, ingeniero civil nacido en Tucumán, 49 años, Documento Nacional de Identidad 13.607.584. Ex militante del Peronismo Revolucionario, es otro de los que responde directamente al ex presidente desde 1988. Desde entonces hasta 1990 López fue director general y secretario de Obras Públicas y Urbanismo de la Municipalidad de Río Gallegos. También fue presidente del Instituto de Desarrollo Urbano y Vivienda de la provincia Santa Cruz (IDUV) entre 1991 y 2003, durante los tres períodos de Kirchner como gobernador.

Juez conoció a José López en toda su dimensión cuando lo fue a ver con el entonces comandante en jefe del Ejército, general Roberto Bendini. La intendencia de Córdoba había terminado de acordar la compra de 93 hectáreas de tierras propiedad del Ejército para construir 2.500 casas correspondientes al Plan Federal de Viviendas 1.

–López quería que las hiciera Electroingeniería –aseguró Juez.

El ex fiscal anticorrupción considera que el ex presidente "maneja distintas cajas" y, cuando se le pregunta qué evidencias tiene, afirma que su proyecto político y de negocios se inició mucho antes de que asumiera como jefe de Estado.

Recuerda que, en plena campaña presidencial, Néstor envió a Córdoba a Raúl Horacio Copetti, para seducirlo.

–A Kirchner no lo conocía nadie. Era una mancha en este papel. Entonces vino Copetti para pedirme que fuera candidato a gobernador por el Frente para la Victoria.

Copetti, Documento Nacional de Identidad 10.903.042, nacido en Córdoba, casado y separado de Silvia Esteban, papá de Pablo y Yanina, fue apoderado y recaudador del Frente para la Victoria desde sus inicios.

Ex director de Recursos Humanos de la provincia de Santa Cruz, ex director del Banco de Santa Cruz hasta julio de 2009, es dueño del Hotel Imago Spa, en El Calafate. La sociedad está a nombre de Yapa, que son las primeras sílabas de los nombres de sus hijos.

Juez le agradeció a Copetti la invitación, pero le explicó que quería ser intendente y pretendía, en esa oportunidad, presentarse sin aliados. Por eso después fue con su Partido Nuevo.

–Pero el guaso, para convencerme, me dijo: "¿Te creés que yo vengo a verte por un carguito? Yo estoy trabajando para el futuro Presidente. Yo, junto con Lázaro Báez y Máximo [Kirchner], que es un genio, administramos la fortuna de Néstor. Tenemos un proyecto político de verdad. Y por muchos años".

De aquella época Juez también recuerda cuando otro incondicional del ex presidente, el senador nacional por Santa Cruz Nicolás Fernández, quiso donar cien mil pesos para su campaña a pesar de que estaban en plena veda electoral.

–Gracias pero no –afirma Juez que le dijo–. Ya no la necesitamos. Y, además, no tenemos manera de justificarla.

El ex intendente informó que después Fernández pretendió hacer valer ese gesto y le pidió negocios de obra pública para sus empresas.

Antes de terminar el diálogo, Juez quiso dejar sentado que el verdadero motivo de la ruptura con el entonces Presidente fue su negativa a participar del negocio del juego.

–Después de la última reunión con Zannini todos me dieron la espalda. Me hicieron la cruz. Dejé de ser "confiable".

Algo parecido me dijo Felipe Solá cuando le pregunté cuál fue la razón por la que se alejó del kirchnerismo.

–Kirchner me había advertido: no te metás con el juego. Y yo no le hice caso. Por eso le bajó el pulgar a mi intento de reelección. Después se cansó de hacerme operaciones y entonces no se detuvo jamás.

El encuentro con Solá tuvo lugar en su despacho del edificio histórico de la Cámara de Diputados, la semana siguiente en la que fundamentó su voto contra la Resolución 125, en junio de 2008.

El ahora diputado nacional por Unión Pro aceptó revivir el crucial diálogo que mantuvo con Kirchner, arriba del *Tango 01*, mientras volaban desde Buenos Aires hacia Caracas en misión oficial.

Fue el 5 de junio de 2006. Integraban la comitiva, además de Solá, Zannini; el entonces ministro del Interior, Florencio Randazzo; el presidente provisional del Senado, José Pampuro; el presidente de la Cámara de Diputados, Alberto Balestrini; el jefe del Bloque Peronista Federal, José

María Díaz Bancalari; el entonces intendente de Mar del Plata, Daniel Katz, y el de Ituzaingó, Alberto Descalzo.

El clima no era el mejor. Solá pretendía un apoyo explícito de Kirchner para intentar su re-reelección. Intentaba forzar una interpretación de la Constitución para que no se considerara como un mandato su paso por la vicegobernación cuando el gobernador era Carlos Ruckauf. Así podría ser otra vez candidato a gobernador de la provincia de Buenos Aires.

Solá estaba sentado en el primer asiento de la zona común del avión cuando Kirchner salió del compartimiento privado reservado al Presidente y se sentó a su lado. El gobernador de la provincia aprovechó para anticiparle su intención de regular el negocio de los bingos. Le dijo:

—Voy a presentar a la Legislatura un proyecto para que quienes exploten los bingos y tragamonedas me paguen tres años por adelantado. Ellos quieren la prórroga del negocio y yo necesito *cash*.

Y Kirchner, según Solá, lo interrumpió:

—Yo que vos no me metería con el juego….

—Voy a subirles el canon. Me van a pagar *cash*, y por adelantado. Además, les voy a instalar un control *online*…

—Yo no me metería.

—¿Por qué?

—Porque te están mirando mucho desde afuera. Van a decir cualquier cosa de vos. Van a meterse con tu familia.

Asegura Solá que las palabras del Presidente lo inquietaron. ¿Acaso estaba amenazándolo? ¿Le estaba sugiriendo que se apartara del negocio? El gobernador le pidió que fuera más preciso. Y Kirchner habría intentado aclarar.

—Te vas a meter en un quilombo.

—No veo cuál puede ser el quilombo.

—Mirá lo que me pasó a mí con los fondos de Santa Cruz. Lo hice por el bien de la provincia y todavía tengo que andar dando explicaciones.

—¿Y qué me sugerís?

—Que no te metas con el juego. Es un negocio muy raro. Y hay gente muy pesada.

—Yo pienso al revés. Creo que hay que meterse con el juego. Vos, por ejemplo, tendrías que meterte más con el juego.

Kirchner lo miró en silencio, un tanto contrariado.

—Sí, Néstor. Yo creo que Lotería (Nacional) les tendría que subir el canon a los que explotan el juego en la ciudad de Buenos Aires.

En ese momento, Lotería de la Provincia de Buenos Aires se quedaba con el 31 por ciento de lo recaudado por el negocio del juego. En cambio

Lotería Nacional percibía el veinte por ciento de lo recaudado en la Capital Federal. Solá cree que su decisión dio resultado.

—Con Ruckauf, Lotería recaudaba veinticuatro millones de pesos por año. Y durante mi gestión llegamos a trescientos millones —se reivindicó.

Felipe asegura que, después de aquel viaje, Néstor no le atendió más el teléfono, y hasta el jefe de Gabinete, Alberto Fernández, empezó a ningunearlo.

Según el actual diputado nacional de Unión Pro, en aquella conversación no se mencionó a Cristóbal López. Sin embargo, cualquier lector atento podría interpretar que Kirchner podía estar haciendo *lobby* para evitar la prórroga de las empresas dueñas de los bingos como Boldt y Codere y facilitar el ingreso de Casino Club, uno de cuyos socios es su amigo López.

En la parte final de la primera entrevista concedida por Cristóbal López, el empresario calificó a Solá de "crápula".

Lo hizo mientras se defendía de las acusaciones por la prórroga que Kirchner les concedió, mediante un polémico decreto, a quienes manejan el negocio de las tragamonedas en el Hipódromo de Palermo, entre los que se encuentra él mismo.

—Para mí está bien prorrogado. En la Argentina se prorrogaron los contratos petroleros y nadie dijo nada. Solá les prorrogó [el negocio] a los bingos de la provincia y nadie dijo nada.

—Nadie no. Solá dice que, antes de decidirlo, Kirchner le advirtió: "No te metas con el juego".

—¿Y qué significa eso?

—Explíquemelo usted.

—Decile a Solá que es un crápula. Justo él. ¡Le renovó a todos los bingos de la provincia de Buenos Aires hasta el dos mil veintitantos!

—Pero dice que le pagaron el canon por adelantado.

—¿Quién vio la plata adelantada? ¿Vos la viste? Si adelantar el canon unos años es motivo suficiente para que me prorroguen la concesión, voy a salir a hacer eso en todo el país. Solá es un crápula. No tiene vergüenza. Blanqueó las máquinas tragamonedas de la provincia de Buenos Aires, que hasta entonces funcionaban de manera ilegal.

—¿Y por qué cree que todos lo miran a usted?

—El que está operando todo el tema del juego en la provincia es un competidor y se llama Codere. Hay otros pelotudos que escupen para arriba y se comieron que voy a entrar en la provincia de Buenos Aires.

—¿Y no es así?

—Yo voy a entrar en la provincia de Buenos Aires si licitan. Casino Club no tiene nada que no haya ganado por licitación pública.

Está claro que, cuando López escucha el apellido Solá, estalla. Sin embargo su bronca pareció no tener límites cuando se le preguntó por las denuncias que Juez ratificó ante el juez Julián Ercolini.

López dio una versión de su encuentro con Juez muy diferente de la que suministró el ex intendente. Fue en la parte final de la segunda de las entrevistas que mantuvimos.

Cristóbal asegura que era Juez el que lo buscaba a él, y no al revés. Y que lo sabía porque distintos fabricantes de colectivos, entre ellos los dueños de Metalpar, se lo habían anticipado. Metalpar le había vendido la mayoría de las unidades de la empresa de transporte público que López administra en la capital de Neuquén. Y el dato que tenía el empresario era que Juez lo andaba buscando porque necesitaba que "alguien serio" aceptara manejar el negocio de los colectivos en la ciudad de Córdoba.

—El tipo de Metalpar llamó a un ex socio mío y le dijo: "Me parece que hay un negocio para hacer, gestionar los colectivos en Córdoba" —contó López.

El empresario del juego, el petróleo y los colectivos afirma que lo desechó porque no estaba dentro de sus intereses.

¿Cómo se gestó la reunión entonces?

López dice que fue porque leyó en *Clarín* que Juez iba a reunirse con Zannini. Y porque le pareció una vía más seria de conexión que las otras que le habían propuesto. Fue entonces cuando llamó a Zannini y le comentó:

—Sé que te vas a reunir con Juez. Tiene un problema con los colectivos en Córdoba y me anda buscando porque me quiere ofrecer el gerenciamiento. Hace como dos meses que me estoy haciendo el boludo. Pero, si querés, decile que me llame. Me quedo en Buenos Aires hasta mañana.

López recuerda que Juez lo llamó enseguida y que aceptó venir a su oficina, lo que, según entiende, demostraría que el interés era del visitante y no del anfitrión.

Cristóbal sostiene que empezaron a hablar de colectivos pero que, cuando él le transmitió que no estaba interesado, Juez empezó a proponerle distintos negocios.

—A mí me van a dar plata, ¿no te interesa hacer cloacas? —jura Cristóbal que Juez le preguntaba.

—No.

—¿Y viviendas?

—Tampoco. Esto no es lo mío. Si tuviera que desarrollarlo en Comodoro, todavía. Pero, ¿en Córdoba? La verdad que no.

Lo que sí reconoce el hombre de negocios es que fue él quien, antes de terminar el encuentro, le preguntó:

—Intendente, ¿por qué se opone al proyecto de De la Sota?

Cristóbal se negó a revelar cuáles fueron las razones que según él esgrimió Juez.

López acepta, también, que él intentó hacerlo cambiar de opinión.

—Hay casinos en todo el país. Y a usted lo tienen rodeado. Hay en Rosario, en Santa Fe, en San Luis, en Tucumán y en Catamarca. Incluso el interior de Córdoba está lleno de casinos. El proyecto de De la Sota viene con un hotel cinco estrellas, un restaurante y un centro de convenciones. Si usted se opone, está dañando a la ciudad, porque la iniciativa va a generar desarrollos turísticos y puestos de trabajo.

El empresario asegura que Juez no le dijo que no.

—Me dijo que lo iba a estudiar.

Cristóbal López negó rotundamente cualquier oferta de dinero.

—De plata cero. Jamás hablé. Y, además, me pregunto: ¿Por qué tendría que ofrecerle plata a él? Juez no era el dueño de la pelota. Solo se oponía a través de los medios.

—¿Está seguro de que nunca le insinuó nada? —volví a preguntarle.

—No. Absolutamente nada, porque después vino otra vez. Y vino a decirme que no. Que había hablado con los compañeros. Con la Iglesia...

—Pero, si vino a decirle que no, es porque tenía la llave para hacer el negocio.

—Bueno... Ni siquiera sé por qué me dijo "lo voy a pensar". Yo lo único que hice fue preguntarle al tipo por qué se negaba, ya que había leído sus declaraciones en *Ámbito Financiero*. Pero lo único que hace falta para instalar un casino en la ciudad de Córdoba es una licitación, porque los intendentes no tienen el manejo del juego. Una licitación como la que se hizo en Santa Fe y en Rosario.

—Raro, ¿no?

—No sé. Además, hay otra cosa que quiero aclarar una vez más. Él no me dio un no definitivo. Me dijo: "Lo voy a pensar". Es más, cuando estaba saliendo, agregó: "Cuando sea gobernador hablamos".

—¿Cuántas personas había en la reunión?

—Él y yo.

—Él afirma que fue con su secretario de Obras Públicas, Rubén Borello.

—Bueno. Las dos veces me llamó él, pero la segunda vez volvió con un tipo. Pero el tipo se quedó afuera.

Rubén Borello, Documento Nacional de Identidad 16.743.111, ex secretario de Obras Públicas de Juez, presidente del Partido Nuevo, miembro del directorio del Ente Regulador de los Servicios Públicos (ERSeP) de la provincia de Córdoba. Borello fue entrevistado en Córdoba dos semanas después del largo reportaje realizado a Juez.

Su versión sobre los encuentros con Zannini y López es parecida a la de Juez, pero no exactamente igual. La riqueza de su testimonio consiste en los precisos detalles que aporta.

Borello explicó que en esa época Juez era la estrella política de la transversalidad.

—Alberto [Fernández] y el Chino [Zannini] se peleaban para recibirlo.

Recordó que, cada vez que Juez iba a la Casa Rosada a ver al jefe de Gabinete, Kirchner entraba por la puerta del costado y se ponía a hacer chistes con el intendente.

—Ellos querían derrotar a De la Sota y Luis era el instrumento que habían elegido para eso.

Borello destacó que por esos días el gobernador puso la firma para impedir que la ciudad de Córdoba accediera a un crédito blando de diez millones de euros destinado a construir un hospital en la zona sur, la más humilde y castigada del municipio.

—El gobierno nacional se indignó con la actitud del Gallego. Y a partir de ese momento Zannini se las arregló para encontrar la forma legal de destrabar los créditos del Banco Mundial y el BID.

En una de las tantas reuniones que mantuvieron con Zannini, Borello le escuchó decir:

—Hay un amigo del Frente para la Victoria que necesita un favor de nuestra parte. Es un hombre que está con el proyecto. Les pido que lo vean y lo escuchen. De la Sota ya sabe de qué se trata y está de acuerdo.

Después de la primera reunión con López, Borello le pintó a Juez un detallado cuadro de situación. Lo hizo con un mapa de la provincia en la mano. Este fue el diálogo completo.

—Luis, Cristóbal López está tratando de entrar con sus salas de juego en la capital.

—¿Y puede?

—No. Está prohibido por ordenanza. Además, el dueño de la mayoría de los casinos en la provincia es el grupo Roggio.

—¿Y?

—Nuestros amigos me contaron que Roggio se aseguró de que nadie entre a la capital con salas de juego que compitan contra las suyas. Lo logró a cambio de grandes inversiones alrededor de sus centros de apuestas. Construyó hoteles en Río Cuarto, Río Ceballos, Villa María, Alta Gracia, Mina Clavero, Villa Carlos Paz, Cosquín, Deán Funes, Miramar, San Francisco, Morteros, Cruz Alta, Laboulaye y Embalse.

Borello recuerda que, durante el segundo encuentro en las oficinas del empresario, López les invitó café y enseguida fue directo al asunto.

—Nos dijo que la ordenanza municipal que prohibía los *slots* en Córdoba debía ser modificada y que para eso necesitaba de los ediles del Partido Nuevo. Nos dijo que De la Sota estaba de acuerdo, ya que la iniciativa estaba atada a la creación de un centro de convenciones para dos mil personas. Nos dijo que su negocio no eran las tragamonedas, como se especificaba en la norma de la ciudad, sino los bingos y las ruletas electrónicas.

—¿Y qué le respondió Juez?

—Que no estaba de acuerdo en fomentar la ludopatía entre los cordobeses. Que estaba cansado de ver cómo la gente más humilde pierde lo poco que tiene en los bingos y casinos del interior de la provincia.

—¿Nada más?

—Luis dijo también: "Hagamos el centro de convenciones, cuenta con todo mi apoyo para hacerlo".

¿Fue el sí a la creación del centro de convenciones lo que hizo que Zannini y López interpretaran que Juez podía, al final, ser persuadido?

Borello también afirma, igual que Juez, que Cristóbal les preguntó cómo se financiaban.

—Le dijimos que en 2003 hicimos un asado para un grupo de amigos, cobramos cuarenta pesos por cabeza y con la plata que nos sobró compramos nuestro local. Le explicamos que en la elección siguiente le pedimos cuarenta mil pesos a cuarenta compañeros. Le aclaramos que siempre preferimos no recibir un gran aporte que después nos condicione las decisiones futuras.

—¿Y qué dijo exactamente López? ¿Cuáles fueron, una por una, las palabras que utilizó?

—Cristóbal se rio de la anécdota. Dijo, textual: "Eso pasa una vez en la vida. Para hacer política se necesita mucho dinero". Y ahí nomás explicó que estaba en condiciones de financiar la carrera de Juez durante los próximos diez años.

—¿Y cuál fue la respuesta?

—Luis repitió por lo menos dos veces: "No está en nuestra idiosincrasia, maestro".

Borello, igual que su comprovinciano, está seguro de que el rechazo de aquella oferta les cerró para siempre las puertas de la Casa Rosada.

—Eso, y la decisión de Luis de no aceptar 2.500 viviendas sociales para Córdoba —se acordó antes del final.

—¿Y por qué no las aceptaron?

—Porque venían de la mano de las empresas ganadoras: Roggio y Electroingeniería. Se suponía que debían ser adjudicados y nosotros les dijimos que no, que en nuestras licitaciones se presentaban hasta quince oferentes distintos. Que nosotros no teníamos caballos del comisario.

Caballo del comisario. Testaferro. Palo blanco. Socio encubierto. Amigo de negocios. Hombre del número uno. Son términos que se asocian al kirchnerismo explícito. En el reportaje del capítulo que viene se encuentran las claves del intento de Cristóbal López por no quedar asociado a ninguna de esas categorías.

4
CRISTÓBAL LÓPEZ:
"FALTA QUE ME DIGAN
TROLO Y DROGADICTO"

El empresario más misterioso y polémico de la Argentina, Cristóbal Manuel López, habló durante cerca de seis horas de su relación con Kirchner, sus negocios y su vida, sin condiciones ni límites de ningún tipo.

López recibió al autor de este libro en Comodoro Rivadavia, el viernes 15 de mayo de 2009, después de la siete de la tarde, en el espectacular gimnasio que maneja su esposa, Muriel Sosa. Se trata de More Wellness, un centro integral para el cuidado del cuerpo, de 2.300 metros cuadrados, en cuatro plantas, que incluye un restó y un local de ropa deportiva.

Más de un metro ochenta y cinco de estatura, más de noventa kilos de peso, Cristóbal vestía un equipo de entrenamiento Nike, la marca deportiva de la que tiene la franquicia junto a su hijo mayor, Nazareno, 24 años, empresario de indumentaria y piloto de TC Mouras.

Gritón y vehemente, el anfitrión hizo todo lo posible para dar una apariencia de hombre sencillo y descontracturado.

Intentó ser amable y procedió a la presentación de Muriel. Educadora, maestra jardinera, prima hermana del ex gobernador Sergio Acevedo, coqueta, se tapaba la cara porque un molesto herpes la tenía a mal traer.

Cristóbal se subió a la camioneta para hacer el recorrido de algunas de las empresas que tiene en Comodoro, con el grabador prendido.

López negó ser el testaferro, socio o palo blanco de Kirchner. Reveló los detalles de cómo conoció al ex presidente, explicó cómo se hizo contratista del Estado y dijo que le hubiera gustado conocer a Yabrán, a quien no consideró responsable de la muerte de José Luis Cabezas.

También negó cualquier vínculo con el sindicalista petrolero Diego Ibáñez o con el ex cuñado de Kirchner, Armando Mercado.

Dijo:

—Lo único que falta es que digan que soy trolo y drogadicto.

La reconstrucción de la entrevista es textual, excepto por el orden de las respuestas que se alteró para facilitar su lectura.

¿Palo blanco de Kirchner? ¿Testaferro, yo? ¿Y desde cuándo sería testaferro? ¿A partir de qué año? Ni siquiera pingüino soy. Yo existía mucho antes de que Kirchner fuera intendente de Río Gallegos. Además, ¿qué significa testaferro? Un testaferro es un empleado. Si sos testaferro, no existís. Si me tratás de socio, al menos valorizás lo que hago. Si ponés "testaferro" me estás diciendo que soy un perejil. Que lo que tengo me lo dio otro. Que nunca laburé. Que nunca hice nada.

¿Socio de Kirchner? Tampoco. ¡Si lo que yo tenía antes de Kirchner es casi lo mismo que tengo hoy! Al final, para que entiendas, me vas a obligar a decirte en cuánto vendí Almería. Pero entendé que ese fue uno de mis grandes saltos. Porque la vendí muy bien. ¿Cuánto es muy bien? Como cinco veces su valor real.

De mí se dice cualquier cosa. Creo que lo único que falta que se diga es que soy trolo y drogadicto. También se dice que estoy separado de mi mujer y que salgo con Verónica Varano. Le pregunté cara a cara a Daniel Hadad por qué habían publicado eso. Casi le paso el teléfono para que le explique a mi mujer que era una barbaridad.

Yo a Kirchner lo conocí recién en 1998. Y ni siquiera en persona. Me lo presentó Pablo Grasso, un transportista amigo mío, al que le vendo camiones Scania hace una pila de años. Me lo puso en el teléfono. Yo le expliqué un grave problema que tenía. Él lo escuchó. Le pareció que no era justo lo que me estaban haciendo. Al otro día, el mensaje que mandó fue:

—Si es cierto que ganó, adjudiquen al que ganó. Y si no le adjudican, que no pisen más la provincia de Santa Cruz.

Lo que hizo Kirchner fue decirle a Pérez Companc "miren eso". Vicente lo miró y al final nos dieron la adjudicación. Pudimos trabajar para Pérez Companc. No entramos por la puerta, sino por la ventana. Duramos un año. Apenas encontraron una excusa para parar los contratos de nuestros equipos, la usaron.

¿Si estoy agradecido? Pero no tengas ninguna duda. Si hay algo que no me gusta son las personas sin memoria. ¿Cómo me voy a olvidar, por ejemplo, de aquel gerente del banco de la provincia [de Chubut] que me dio el primer crédito para comprar dos camiones? ¿Cómo me voy a olvidar de los amigos con los que nos cambiábamos los cheques para cubrir las primeras cuentas? Y si tengo que nombrar a los tipos que me dieron una mano, tengo que decir "Néstor Kirchner". Porque, si él no llama a Oscar Vicente, no me adjudican la licitación.

¿Sabés cuál es mi problema? Que mis viejos no viven. Porque, si ellos vivieran, yo podría decir, como dicen los Eskenazi, que este grupo empre-

sario nació hace sesenta años. ¡Vamos! Mi empresa tiene más años que Petersen, Thiele & Cruz. Pero, como yo tengo 52 años y mis viejos no viven, muchos se preguntan: "¿Y este de dónde salió?"

Enrique Eskenazi compró Petersen en 1980 o 1981, después de ser director de Bunge y Born. Por eso me da risa cuando dicen "una empresa de cien años". Petersen tendrá cien años, pero los Eskenazi tuvieron la primera empresa en 1981.

Mi viejo llegó a la Argentina en 1949, desde Almería, España. Enseguida empezó a laburar. Tenía que juntar plata para mandarle el pasaje a mi vieja, que se había quedado en España.

A los pocos meses estaban instalados en San Rafael, Mendoza. En 1952 ya trabajaban por su cuenta en Comodoro. Primero montaron un almacén. Después la forrajería y el criadero. Pero no eran chiquitos. Era la forrajería más grande de la Patagonia. Más tarde mi viejo empezó a transportar combustible con los camiones.

Cuando mis padres murieron en un accidente de tránsito en 1976, nos dejaron como herencia a mi hermana, María José, y a mí, un millón de dólares. ¿Sabés lo que significaba un millón de dólares en aquella época?

Me acuerdo de la cifra porque hubo que pagar el sellado.

Ella se quedó con el negocio de la forrajería y yo con los camiones.

Mi primer gran contrato fue con Gas del Estado, en 1981. En esa época tenía dos camiones, los primeros, que compré con un crédito en el Banco del Chubut. Nunca me voy a olvidar del gerente que me lo otorgó. Fui a pedir la plata con un miedo bárbaro. Todavía era un chico. Le pregunté directamente:

—Tengo que comprar dos camiones, ¿me puede dar un crédito?

—Me parece que no —me respondió él.

—Los necesito.

—Me parece que, en vez de dos, te voy a dar para comprar tres, porque, si se te rompe uno, no vas a poder cumplir con el contrato.

Tenía razón. Yo llevaba el gas hasta Puerto Deseado y, si se me rompía un vehículo, me sacaban el contrato.

Cada camión costaba un año de trabajo. En un par de años los camiones se hicieron cinco, y enseguida empecé a hacer contratos con YPF. Ahí sí me recibí de contratista.

Ahora hay gente que escribe que entré a YPF de la mano de [el ex secretario general del Sindicato de Petroleros Únicos del Estado, SUPE, Diego] Ibáñez. Te lo juro por la salud de mis hijos: jamás lo vi. Como tampoco conocí ni conozco a [el cuñado de Néstor Kirchner, Armando]

Bombón Mercado. Sé quién es. Lo he visto en fotos. Pero jamás le di la mano en toda mi vida.

Y al [custodio de Alfredo Yabrán] "Coco" Mouriño la única vez que lo vi fue por televisión. Tampoco conozco a [Alfredo] Yabrán. Lamentablemente no. Me hubiera gustado conocerlo. Porque para mí fue un empresario al que el periodismo convirtió en un mafioso y un asesino. Yo estoy convencido de que el tipo no tuvo nada que ver con ese crimen. Estoy convencido de eso. Porque un tipo que llegó a tener todo lo que tuvo debió de ser, por lo menos, inteligente. Y un tipo inteligente no manda a matar a nadie.

Hablar habla cualquiera. ¿Sabés la cantidad de pavadas que dicen sobre mí?

En Comodoro un día se empezó a decir que yo había quedado rengo porque Coco Mouriño me había pegado dos balazos en las piernas. Que lo había hecho porque yo le debía plata a Diego Ibáñez.

Y la versión fue tan fuerte que casi se la hacen creer a mi propio sobrino.

La historia fue así.

En enero de 1999 fuimos a pasar un fin de semana a un campo cerca de Chile. A unos sobrinos míos se les ocurrió que teníamos que hacer rafting. Yo no sé nadar, pero me convencieron y empezamos a hacerlo con un instructor norteamericano. El tipo calculó mal, nos caímos del bote y los que veníamos en la proa volamos como hojitas de árbol. Los cuatro de atrás se salvaron. Los cuatro de adelante nos fuimos a la mierda. Éramos mi cuñado, dos chilenos y yo. Como no sé nadar, iba con la pierna trabada en el bote. Cuando el agua nos empujó, el cuerpo salió y la pierna quedó. El dolor fue insoportable. Tuve una fuerte distensión de ligamentos. Fui a ver a cuatro kinesiólogos. Y le hice caso al que trabaja en el Club Gimnasia y Esgrima. Más bien, negocié: yeso no, pero inmovilizador y cama sí.

Un día entra a mi casa mi sobrino, el hijo más chico de mi hermana. Como me vio con el inmovilizador, haciendo los ejercicios de recuperación, me preguntó:

—Tío, ¿a vos te pegaron dos tiros en las piernas y por eso no podés caminar?

No paré hasta averiguar quién había sido el nieto de puta que andaba diciendo eso. Y lo averigüé. Resulta que mi sobrino era compañero del hijo de un empresario que se llama Julio Barone. El tipo tenía algo personal contra mí. Claro: le había ganado un contrato para transportar cañerías a Cañadón Seco.

Mi sobrino había estado en la casa de Barone y su compañero le había dicho lo de los tiros. ¿Qué hice después? Lo que tenía que hacer. Fui a la casa de Barone y pregunté. El tipo no dijo nada. Claro. Primero hablan, después arrugan. Nunca me encontré con ninguno que después de decir cualquier pavada quiera boxear. Pero el mito se agiganta. Si para comprar lo que supuestamente he comprado yo, solo en Comodoro, se necesitarían diez Cristóbal López. Ahora dicen que voy a comprar Telefé. Hagamos una cosa. Si te enterás de que voy a comprar un medio de comunicación, hacé que me pongan un chaleco de fuerza, porque significa que me volví loco.

Pero yo no empecé ayer.

En 1989 tenía 32 años. Y me convertí en el concesionario de Scania más joven del mundo. Y desde 1997 somos el número uno de la Argentina. En venta y en calidad. Estamos en Chubut, en Neuquén, en Río Negro, en Santa Cruz y en Tierra del Fuego. El año pasado [2008], con crisis y todo, vendimos doscientos sesenta camiones.

¿Cuánto tiempo más me vas a preguntar sobre el tipo de relación que tengo con Kirchner?

Siento que, cuando hablo con él, no miente. Y, por mi parte, jamás le mentí. Es cierto. Tengo una relación personal. ¿Qué significa "relación personal"? Por ejemplo, cuando se enteró del accidente de mi hijo. Fue terrible, sucedió el 3 de febrero pasado, se pegó un palo con una moto. Ya está mucho mejor, pero nos asustamos mucho. Y, desde ese momento, lo primero que hace cada vez que me ve es preguntarme por él. Antes que nada, me pregunta: "¿Cómo anda tu hijo más chico?".

Pero no me animaría a decir que soy amigo. Amigo no soy. Tengo la sensación de que un tipo que está en el lugar en que se encuentra él, no tiene amigos. No puede tenerlos. Porque, si no, no podría gobernar.

Yo no voy a hacer negocios con él, como van otros ni tengo aspiraciones ni pretendo ningún cargo político. Cuando me llama para charlar, voy como amigo. Y, si me preguntás si me siento identificado con su proyecto, te digo que sí. Que yo siento por este gobierno lo que no sentí jamás por ningún otro gobierno.

No soy radical ni peronista. Tengo más amigos radicales que peronistas. En 1983 voté a Raúl Alfonsín. También voté a [Eduardo César] Angeloz. En 1995 voté a [Carlos] Menem; es que habíamos comprado el modelo. Después voté a [Fernando] De la Rúa. Y en 2003 voté a Kirchner.

Me dicen "El Rey del Juego", pero yo a los casinos ni siquiera entro.

También dicen que un tipo normal maneja las cosas de acuerdo con la plata que le dejan, ¿no? Entonces yo no debo de ser un tipo normal.

¿Vos querés saber cómo hice la plata?

Mi esquema es así: yo armo una empresa y busco un socio que se rompa el culo. Tengo como quince socios, pero no han puesto casi nunca una moneda. Salvo Juan Castellanos en Casino Club, el resto jamás puso plata. Lo que sí pusieron y ponen es trabajo.

Fabián de Sousa tiene el treinta por ciento de Oil M&S y jamás puso una moneda, pero se labura todo.

¿Por qué los asocio? Porque es la única manera de que se sientan bien y no me dibujen los balances. El primer socio que tuve fue a los 22 años. Se llama "Titín" Destéfani, y entonces tenía solamente 19.

Cuando yo lo conocí a Kirchner ya tenía la mayoría de mis empresas. Y ni siquiera era Almería Austral la que más facturaba. CLEAR era la número uno. Después, siempre hablando de facturación, estaban Casino Club y, más atrás Feadar, Tsuyoi, La Proveedora de la Construcción y Olivares del Sol. Y ya teníamos los casinos en Comodoro, La Pampa, La Rioja, Misiones, Tierra del Fuego y Mendoza.

No. A ver si me hago entender: no es que CLEAR facturara más que todos los casinos. Es que de CLEAR yo soy el dueño. Y de Casino Club tengo solamente el treinta por ciento. Somos tres socios con el treinta por ciento cada uno: Cristóbal López, Ricardo Benedicto y Juan Castellanos. Hay uno que tiene el diez; se llama Héctor Cruz.

Vos decís que, si el corazón de mis negocios es CLEAR y el petróleo, no podés entender por qué también tengo casinos. Yo digo que es el revés. ¿Por qué no puedo tener casinos?

Nosotros manejamos los casinos como manejamos una empresa de transporte o de servicios. Hacemos lo mismo, con la misma contabilidad, la misma lógica. Y somos muy eficientes. Porque el que maneja los casinos no es un improvisado: es un ingeniero. Un ingeniero que se llama Ricardo Benedicto y era gerente general para toda la Patagonia de Burgwardt, una empresa constructora de caminos y obras públicas, trabajos de urbanización, explotación minera y servicios de superficie para el sector petrolero.

¿Benedicto jugador? ¡Eso es otro invento! Además, no tiene ninguna lógica. Lo peor que podés hacer para manejar un casino es poner un gran jugador. Ricardo, más que gran jugador, era un gran perdedor, igual que yo. Porque, cada vez que íbamos al casino, perdíamos. No una fortuna, pero perdíamos.

¡Por favor! Héctor Cruz no era un represor. Era un sargento del Ejército que, junto con otros veinticinco militares, empezaron a trabajar, como una changa, en el casino. Después dejó el Ejército y se dedicó al casino a full.

106

Lo de las mujeres es verdad; lo de que no quería que entrara a trabajar ni una mujer es cierto. En Neuquén no tenía ni una sola empleada de limpieza. Pero después lo convencí. Me costó, pero lo convencí.

Igual, el que sabe cómo manejar al personal de un casino es él. Y hay que manejarlo como un ejército. O lo administrás así o te roban hasta lo que no tenés.

Pero, disculpame, ¿vos tenés idea de cómo funciona un casino?

¿Fuiste alguna vez a Sacoa? Bueno. Nosotros lo que tenemos es un Sacoa para mayores. ¿Está bien o está mal? Yo creo que está bien.

¿Quién dice que en Casino Club le prestamos plata a la gente para que siga jugando? Lo que dice el diputado [de la Coalición Cívica de La Pampa, Juan Carlos Scovenna] es mentira. ¡Si cuando entramos al barco [de Puerto Madero] lo primero que hicimos fue echar al prestamista! ¡Por favor! Es ilegal prestar o dejar que alguien les preste plata a los jugadores. Si viene Lotería Nacional y comprueba que presto plata, me quita la concesión.

Te digo más: se nos cayó veinte por ciento la recaudación por no prestar plata. Y ese porcentaje se fue al juego clandestino. Porque el jugador de plata grande que pierde cincuenta mil dólares te pide otros cincuenta mil. Y, si vos no se los prestás, se va a otro casino, que no es el nuestro, donde hay prestamistas que se los facilitan.

Para que quede claro: te juro que no tenemos ni prestamistas ni putas ni falopa. Y para ser más claro todavía: tener casinos no es una cosa mala.

¿Así que monseñor [Jorge] Casaretto dice que los tragamonedas tragan vida?

Entonces lo que tendríamos que hacer es prohibirlos en todas partes. ¿O no será que el problema de Casaretto es que Cristóbal López tiene máquinas tragamonedas en San Isidro?

Quizá Casaretto habla porque se lo mandan a decir Boldt y Codere.

Te explico: Tigre y San Fernando son parte de su diócesis y allí funcionan las máquinas tragamonedas. ¿Por qué monseñor no se opuso a las que están instaladas allí? Es decir: si lo que creemos de verdad es que las tragamonedas son malas tenemos que prohibirlas en todos lados.

La pregunta honesta es si tenemos que prohibir el juego. Y mi respuesta es que no: si lo prohibís, al otro día explota el juego ilegal. ¿Qué tenemos en el Brasil? Juego ilegal. Un gran negocio. Y muy peligroso, además. ¿Cómo funcionaba la Ley Seca en los Estados Unidos? Generó un negocio impresionante e ilegal para cuatro tipos. Y la gente bebía igual. ¿Qué pasó en Suecia? Hasta 1989, no los dejaban tomar alcohol. ¿Qué hacían? Se subían a un barco, daban una vuelta, se emborrachaban mal, y se bajaban. Pero cumplían con la ley, ¿eh?

¿Si yo quiero vender Casino Club? Pero... ¿quién te manda a hacerme esa pregunta? ¿Codere? ¿Samuel Liberman? Yo no vendo nada. Ni el barco ni Palermo ni nada.

Y mal podría vender el Hipódromo Argentino de Palermo [HAPSA], porque yo no soy el dueño. Casino Club es solo el proveedor de las máquinas para HAPSA.

El dueño es Federico de Achával. Y con él firmamos un convenio para poner las máquinas en exclusividad. Además, con De Achával, somos socios en el barco. Él compró el veinticinco por ciento. Yo adquirí otro veinticinco por ciento. ¿Qué significa esto? Que si tengo solo el treinta por ciento de Casino Club apenas me corresponde el 7,5 por ciento del barco.

También es una falacia que Kirchner haya firmado el decreto que establece una prórroga a la concesión hasta 2032 y la obligación de poner más máquinas porque quiera favorecerme.

En todo caso, eso tendrías que preguntárselo a De Achával, porque el beneficiario es él.

Y está mal hablar de más máquinas. Porque en realidad es más inversión. ¿Sabés cuánto vale cada una? Veinticinco mil dólares. En la edificación [del hipódromo] llevamos gastados ochenta millones de dólares, y solo en la primera etapa. No estoy diciendo que pierdo plata. Solo digo que todavía no recuperamos la inversión. ¿Se entiende?

Ya compramos 3.250 máquinas a veinticinco mil dólares cada una. Eso suma ochenta millones de dólares. Te acabo de decir que invertimos otros ochenta millones de dólares en poner el edificio en condiciones. ¿Cuánto suma?

Ciento sesenta millones de dólares.

Un matutino publicó en su momento que los tragamonedas de Palermo facturaban cuatro mil millones de pesos, más de mil millones de dólares. ¿Querés saber la verdad? Debemos de andar en seiscientos millones de facturación bruta. Pero los periodistas no chequean nada. Y entonces meten la pata. ¿Cómo llegaron a semejante cifra? Porque, en vez de preguntar, agarraron el contador de la máquina. El tema es así: vos en la máquina podés meter cien pesos, pero, en cada juego, la máquina te devuelve, ponele, noventa pesos. Para perder ochenta o noventa pesos tuviste que haber metido el billete en la máquina por los menos diez o quince veces. Si la pregunta es cuánto se jugó, la respuesta podría ser: veinte millones de pesos. Si la pregunta es con cuánto se quedó el casi-

no, la respuesta es: con un millón y medio de pesos. ¿Entendés? Facturamos una doceava parte de lo que marca la máquina.

Los periodistas tomaron el valor de lo que ingresa en la máquina, pero la facturación es otra cosa.

¿Querés hacer más cuentas? Ningún problema.

La facturación bruta [de HAPSA] es venta menos pago. Y hoy [mayo de 2009] debemos de estar pisando los seiscientos millones de pesos al año. De ese monto, el 35 por ciento se lo lleva Lotería Nacional. Pero no te olvides que además tenemos que pagar los sueldos de 2.800 empleados. ¡Si solo los valet parking son como cuatrocientos!

¿Cuál es la rentabilidad de este negocio? Debe de andar en un quince por ciento. Unos noventa millones de pesos. Cerca de treinta millones de dólares por año. ¿Te parece mucho? No sé si es mucho o poco. Solo sé que, para recuperar mi inversión, se necesita el 22 por ciento de la facturación. No me quejo, pero todavía no tengo recupero. A fin de año, con suerte, vamos a estar equilibrados.

Tampoco te estoy diciendo que es un mal negocio. Pero no es como la gente cree. Tiene la misma rentabilidad que una concesión de peajes o una fábrica de autos. Entre un 15 y un 17 por ciento. Y estoy hablando de Palermo. Lo mejor de lo mejor.

Vos seguís insistiendo con que la prórroga es excesiva. Y yo pienso que no.

Panamerican Energy, por ejemplo, tiene una concesión [de áreas petroleras] de por vida. Tiene un mínimo de veinte años, pero con una cláusula que se lo va prorrogando. ¿Sabés por qué? Porque en el negocio petrolero perforás un pozo hoy y lo amortizás en diez años. Y ni Panamerican ni nadie te va a explorar un pozo de dos millones y medios de dólares para que al año siguiente venga otro y se quede con el petróleo. Lo que hacen los petroleros en todo el mundo es firmar un contrato por veinte años. Cuando les faltan diez años para terminar, no invierten más. Y cuando lo tienen que entregar, les dicen a los gobiernos: "Acá tenés el área. No queda ni una gota de petróleo".

Por eso, si el Estado no renovaba las áreas en Santa Cruz, dentro de diez años se iba a encontrar con un cementerio. ¿Entendés? Si no lo hacía, se quedaba sin producción y sin exploración. Y esto no pasa solamente en Santa Cruz. En todo el mundo es igual: en Venezuela, en el Ecuador, en Arabia Saudita, en el Brasil, en Francia, en los Estados Unidos o en la China.

¿Cómo qué tiene que ver el petróleo con las máquinas tragamonedas? El casino no es lo mismo que el petróleo; pero tampoco es tan distinto.

109

Por ejemplo: para amortizar el negocio del Casino de Rosario vamos a necesitar treinta años. Ya invertimos doscientos millones de dólares. El gobierno quería un hotel cinco estrellas y un centro de convenciones para 2.200 personas.

Repito: acabamos de enterrar ahí doscientos millones de dólares. Entonces, si vos me querés dar un contrato por cinco o diez años, te lo tiro por la cabeza, porque la plata no la recupero más.

Con Palermo pasa exactamente lo mismo que con el Casino de Rosario.

Fue la gente de Lotería, antes que HAPSA, la que analizó la situación y entonces pidió que se instalen más máquinas en Palermo. Fue Lotería la que nos exigió que desarrollemos más el negocio. Era Lotería la que hacía tiempo venía pidiéndonos que pusiéramos 1.500 máquinas más.

Incluso nos envió una nota, como si tuviésemos la obligación de hacerlo.

¿Qué hizo De Achával? ¿Qué hicieron sus abogados? Le recordaron al Estado que HAPSA tenía una demanda contra Lotería por cerca de 450 millones de pesos. Y la puso en el medio de la negociación.

El reclamo nació en 1991, cuando De Achával y sus socios, la Banca Nazionale del Lavoro, ganaron la licitación del hipódromo, con una cláusula que indicaba que "la timba" podía estar solo ahí, en Palermo, y en ningún otro lado más.

A De Achával y a sus socios les fue muy bien los primeros cuatro años. Pero en cuanto se instalaron los bingos en la ciudad, Trilenium [en Tigre] y el barco [en Puerto Madero], la ecuación se les vino abajo. ¿Qué pasó entonces? A pesar de que le quedaban como veinte años de contrato, la Banca Nazionale del Lavoro se fue. Y De Achával, que tenía unos pocos puntos, compró todo el negocio muy barato y a pagar con mucho plazo.

Fueron años duros para el hipódromo. El negocio de los caballos se venía a pique. No se podían pagar buenos premios. Cada vez había menos caballos. Ni los sueldos se podían abonar.

Sigo. En 1998 De la Rúa firma un decreto por el que permite instalar tragamonedas en la Ciudad de Buenos Aires. Samuel Liberman pone 450 máquinas en el hipódromo, pero Lotería Nacional esgrime su potestad y se las hace quitar.

Todos sabemos que la movida para impedir la instalación de las tragamonedas en ese momento la hizo el barco [Cirsa], porque era su competencia directa.

La cuestión es que al decreto de De la Rúa nadie lo derogó y De Achával siguió reclamando. Al final, fue el gobierno de [Eduardo] Duhalde, en 2001, el que lo habilitó para instalar las máquinas en Palermo.

Sin embargo De Achával no tenía un peso para comprar las máquinas y salió a buscar un socio.

Habló primero con la gente de Cirsa. Manuel Lao le dijo que, antes de meterse en Palermo prefería vender, porque las máquinas en el hipódromo afectarían el negocio del barco.

Después habló con Samuel Liberman. Tampoco funcionó. Parece que Samuel pretendía quedarse con el hipódromo. Además le tenía contadas las costillas a De Achával. No quería asociarse. Quería comprar cuando De Achával no tuviera más remedio que vender.

Al hombre se le acababa el tiempo. Hasta que un día, Néstor Galeote, de la Subcomisión de Carreras, le comentó a De Achával que él conocía a Benedicto, porque tenía caballos en Palermo.

—Yo conozco a un boludo del Sur que tiene casinos y tragamonedas.

Así fue que entramos nosotros. La negociación fue muy dura, aunque somos buenos socios.

Pero todavía no te aclaré lo de la prórroga, ¿no?

La demanda de Palermo contra Lotería Nacional abarcó desde 1994 hasta 2001. Son los años de perjuicio que tuvo De Achával cuando el Estado permitió habilitar otras salas de juego en su radio de acción.

La ecuación económica de HAPSA cambió a partir de 2002, con la instalación de las máquinas. Me acuerdo bien. Primero pusimos 85, porque temíamos que un juez las hiciera levantar. Esperamos noventa días e instalamos 850 más. Ese fue el momento en que Palermo dio el primer salto. Y los de Lotería se dieron cuenta enseguida. Claro: el 98 por ciento de sus ingresos corresponden a Palermo y el barco, ¿cómo no van a presionar para poner más máquinas con la expectativa de que les aumente la recaudación?

Se lo pidieron a Palermo y al barco. El barco les dijo que no, porque tenía, y tiene, las 1.400 máquinas del Bingo Avellaneda a una distancia de apenas veinte cuadras.

Hasta que al final De Achával propuso:

—La única forma que tengo de otras 1.500 máquinas más es que me prorroguen el contrato por quince años.

Lotería respondió que aceptaba la prórroga, pero siempre y cuando renunciara al reclamo. ¿Te parece que le hicieron algún favor? ¿Te parece que me hicieron algún favor? ¡Renunció a un reclamo de 450 millones de pesos! ¡Y los podía ganar caminando!

111

¿Que la renuncia al reclamo no figura en el decreto de Kirchner? ¿Y qué? El decreto no puede detallar todas las cosas que se negociaron. El decreto no dice, por ejemplo, que tuvimos que poner equipamiento nuevo. Además, el eje de la cuestión, y tu pregunta, es si está bien o mal prorrogado.

Por favor... Solá prorrogó los bingos y nadie dijo nada. ¡Les renovó a todos los bingos de la provincia de Buenos Aires! ¿Qué tiene que ver lo del canon adelantado? ¿Quién vio la plata adelantada? ¿Quién? ¿Vos la viste?

Solá es un crápula. No tiene vergüenza. Blanqueó las máquinas tragamonedas de la provincia, que estaban instaladas en forma ilegal.

Lo que habilitó Solá eran bingos de cartón. Solo tuvo que armar una ley para blanquear las siete mil máquinas tragamonedas que hay en la provincia. Después mandó un decreto donde prorrogó los contratos a cambio del anticipo del canon. ¿Te fijaste cuánto los obligaba a pagar de canon? ¡Era un chiste!

Y creo que [Daniel] Scioli va a terminar haciendo lo mismo. Porque no se está bancando la presión de Codere y compañía. Porque el que está operando fuerte en el tema del juego es Codere.

Hay pelotudos que se comieron [el amague de] que voy a entrar en la provincia de Buenos Aires. Y yo voy a entrar en la provincia solo si llaman a licitación.

Mirá, cuando me dicen palo blanco, socio o testaferro, yo les cuento a mis amigos esta anécdota.

Era el 15 de diciembre de 2007. Pleno escándalo por el tema del barco en Puerto Madero. Hacía cinco días que [Kirchner] había dejado de ser Presidente. Apenas me dijo "hola", ahí nomás me preguntó:

–Che, ¿qué tenés que ver vos con el casino ese que está en el barco?

–Néstor, lo compramos hace seis meses. ¿No te lo había contado?

–Ah, bueno –me dijo. Y cortó, como hace siempre.

Hacía cinco o seis meses que lo había comprado y él no se había enterado. ¿Y por qué no se había enterado? Porque los que están alrededor, y podrían contarle, seguro habrán pensado: "No, qué le voy a contar, si este tiene que saber". ¿Sabés la cantidad de cosas que no me entero sobre mis empresas porque todos suponen, de antemano, que tengo que saberlas?

Parte del diálogo que te contaron con un político en el aeropuerto de Rosario es cierto. Es cierto que yo a él [a Kirchner] no lo consulté [sobre si presentarse o no a la licitación del Casino de Rosario]. Si yo le llegaba a consultar a él por la licitación de Rosario, corría el riego de que me dijese:

—No te metás.

Porque era una decisión de la provincia [de Santa Fe]. Y si el [gober-nador] de la provincia lo llamaba y le decía "sacame a ese", corría el ries-go de perder la oportunidad. Pero en la provincia creían que yo era Kirch-ner. Entonces me abrieron la puerta.

Y sí. Es así. Ellos [en Santa Fe] todavía creen que soy [un hombre de Kirchner]. Ojo: yo jamás dije "soy" o "él es mi amigo". Pero algunos inter-pretan que soy "palo blanco". Y en este caso me vino bien.

Vos sabés cómo es esto.

Todo el mundo dice que me conoce. Y que sabe de millones de histo-rias sobre Cristóbal López.

Si todas fueran ciertas, habría como dos mil Cristóbal López.

Pero la verdad es que nadie me conoce. Y, sin embargo hay mucha gente que vive hablando de mí.

Una vez, hace unos años, volvía de Buenos Aires a Comodoro, en el avión de línea de siempre.

En esa época no había clase ejecutiva.

Me tocó una fila de tres: uno en la ventanilla, otro en el medio, y yo en el pasillo.

Ni bien el avión remontó vuelo, uno le dijo al otro:

—Voy a Comodoro a ver a Cristóbal López.

Juro que no tenía agendada ninguna reunión con él. Pero giré la cabe-za, lo miré fijo y enseguida me di cuenta de que lo estaba inventando. Enseguida, el otro le respondió:

—Ah. Si necesitás algo, avisame: ¡Lo conozco de toda la vida!

Mi sorpresa fue tremenda… porque tampoco lo conocía.

—Bueno, si llego a tener algún problema, te aviso.

—Claro: llamame, que yo te lo soluciono. ¡Si Cristóbal es amigo mío!

Opté por empezar a dormir, porque el vuelo duraba como dos horas y media. Cuando me desperté, el avión estaba aterrizando y los dos tipos… ¡seguían hablando de mí! Entonces saqué la cédula del bolsillo de atrás del pantalón, se la puse enfrente y les grité:

—¿Ustedes saben leer? ¡Entonces lean lo que dice acá!

Leyeron, agacharon la cabeza y no hablaron más.

1
EL ARREGLO

Néstor Kirchner, el Presidente más rico de la historia argentina, corrigió su declaración jurada con la complicidad de altos funcionarios de la Administración Federal de Ingresos Públicos (AFIP).

Lo hizo mientras se lo investigaba por "inconsistencias conceptuales" entre lo que declaró y su verdadera fortuna.

Se denomina "inconsistencias conceptuales" a los datos de contribuyentes que aparecen como falsos o erróneos. Por ejemplo, cuando el contribuyente A declara una deuda con el contribuyente B y luego no aparece como crédito en la declaración de este último.

Los agentes de la AFIP hicieron algo más que ayudar al ex presidente para que no quedara en falta ante los organismos de control y la Justicia.

–Coordinaron para que las inconsistencias de las cinco declaraciones juradas se corrigieran antes del inicio efectivo de las fiscalizaciones –abundó una fuente muy segura, en su particular lenguaje de sabueso tributario.

Además pactaron las excusas que presentarían no solo Kirchner sino también un grupo de personas vinculadas con él. Ellos son Lázaro Báez, Rudy Ulloa, Fernando Butti y Raúl Cantín.

Báez es sindicado como socio y presunto testaferro de *Lupo*. Su empresa, Austral Construcciones, es la principal beneficiaria de la obra pública en Santa Cruz. La justicia de Liechtenstein lo investigó por lavado de dinero, aunque en agosto de 2009 pudo recuperar sus fondos congelados desde 2006. Sus compañías están acusadas de usar facturas apócrifas para encubrir el pago de coimas. Además, en 2007 ganó siete de las quince áreas petroleras que licitó Santa Cruz (véase Séptima Parte: Lázaro).

Ulloa fue cadete, chofer y fan número uno de Néstor. Tiene un pool de medios en Río Gallegos que subsisten gracias a la publicidad oficial. Se sabe que Kirchner lo quiere como a un hijo (véase Novena Parte: La batalla final. Capítulo 2: Gran Hermano).

Finalmente, Butti y Cantín aparecen como socios y asesores contables de Lázaro Báez. Butti está casado con Andrea Cantín, hija de Raúl y apoderada de Invernes, otra de las empresas controladas por Báez. Además, Raúl Cantín es el tío de la esposa de Báez.

¿Por qué el ex presidente y sus amigos necesitaron corregir y ensamblar las declaraciones juradas de sus patrimonios?

Porque sus presentaciones habían sido observadas por la AFIP mediante el sistema de monitoreo que puso en marcha la propia administración para sumar gente a la moratoria y el blanqueo diseñado en diciembre de 2008.

El sistema funcionó de la siguiente manera:

* Se enviaron cartas a todos los contribuyentes registrados de la Argentina.
* Se realizaron los cruces habituales de información.
* Como resultado de esos cruces se encontraron "inconsistencias" en 17.141 declaraciones juradas de Ganancias y Bienes Personales.

La mayor cantidad de inconsistencias se registraron en la Dirección Regional Norte, con 3.262 casos. La menor cantidad en la Dirección Regional San Juan, con solo 104 contribuyentes "observados". Y en la Regional Comodoro Rivadavia, que abarca Chubut, Santa Cruz y Tierra del Fuego, se detectaron 263 inconsistencias.

Y, aunque parezca increíble, entre esas 263 encontraron las del ex presidente y sus amigos, cuyas direcciones fiscales se encuentran en Río Gallegos.

El "arreglo" entre altos funcionarios de la AFIP y el contador de Kirchner para justificar con los papeles cómo hizo la plata el ex presidente es un dato inédito y escandaloso. Nunca en toda la historia del organismo recaudador sus principales responsables viajaron hasta la oficina de un asesor para hacer más prolija la presentación de su cliente. Es más:

el código de ética de la AFIP lo condena expresamente. Hay un párrafo que exige a los agentes el tratamiento equitativo a los contribuyentes. Otro los obliga a rechazar las presiones. Y un tercero les prohíbe usar información obtenida como consecuencia del cargo.

El "acuerdo" se consumó el martes 23 de abril de 2009. A las diez de la mañana los inspectores ingresaron en las oficinas de Víctor Alejandro Manzanares, el apoderado contable de Néstor Kirchner. La dirección exacta del estudio de Manzanares es Sureda 282, Río Gallegos.

El grupo de funcionarios que fue en auxilio de Kirchner llegó desde Comodoro Rivadavia en un vehículo oficial: una Ford Ranger 4x4, DC. Iban sin chofer, para que no se filtrara la sensible información. La camioneta fue conducida por uno de los agentes; se llama Carlos Reinoso y es el secretario de la Dirección Regional de Comodoro.

Entraron a la oficina de Manzanares, con sigilo, estas personas:

* El subdirector de Fiscalizaciones de la AFIP, Horacio Curien: Es el máximo responsable de fiscalizar las declaraciones de impuestos.
* Carlos Leturia, jefe de la Sección Investigaciones: De él dependen todas las regionales del país. Desde su área se inician los procedimientos contra los sospechosos de evadir impuestos o lavar dinero.
* Héctor Sartal, director de la Regional de Comodoro: Fuentes muy seguras revelaron que Sartal habría preguntado si había alguna manera de borrar de la lista al ex jefe de Estado. Los expertos le respondieron enseguida: las inspecciones y fiscalizaciones que ingresan al sistema no se pueden borrar y deben continuar hasta el final.

Leturia y Sartal se hospedaron en el Hotel Sehuen, en Rawson 160. Curien viajó el día anterior, desde Buenos Aires, con un grupo de asesores.

Todos tenían la instrucción de guardar el secreto bajo cuatro llaves. Si se llegaba a filtrar que un grupo de "sabuesos" había aterrizado para hacerle un gran favor al nuevo *Dueño de la Argentina* todos "volarían por los aires".

Además había otro problema: la cercanía de las elecciones legislativas. Kirchner iba a ser candidato a diputado nacional por la provincia de Buenos Aires. Habría sido un escándalo que se supiera que su dirección fiscal todavía se encontraba en Río Gallegos.

—Esto requiere de la máxima reserva —le escucharon decir a Curien sus subordinados.

119

Testigos presenciales revelaron que la entrada al estudio de Manzanares pareció una escena de la película *Misión imposible*.

A Reinoso y Leturia los hicieron esperar en la antesala.

Mientras tanto, Manzanares, Curien y Sartal apuraban su café y revisaban papeles correspondientes a las declaraciones juradas del grupo.

Enseguida, la escena de *Misión imposible* se transformó en un paso de comedia de Maxwell Smart, el Superagente 86, porque, en plena reunión secretísima, llamó desde su zapatófono el propio Néstor Kirchner y le ordenó a su contador, casi a los gritos:

—Si hay que rectificar o corregir algo, se hace y punto. Pero de ninguna manera se llevan documentación del estudio. ¡Ni siquiera fotocopias, eh!

En efecto: el ex presidente tenía algo que aclarar antes de que una inspección en serio lo pusiera al descubierto. En la jerga de los fiscalizadores se denomina "Cruce Número 24". Y se refiere a los acreedores no financieros.

Lo que tenía que aclarar era por qué, si algunas personas juraban que tenían una deuda con él, esa deuda no aparecía como crédito en la declaración de Kirchner. El mismo "inconveniente" tenían las declaraciones de Báez, Ulloa, Butti y Cantín.

—Parece que Kirchner se había "olvidado" de declarar trece millones de pesos en créditos a su favor —reveló una fuente muy cercana a la fiscalización del contribuyente más importante de la Argentina.

La fuente explicó que esos créditos figuraban como deudas en las presentaciones de sus amigos.

Pero los poderosos Manzanares, Curien y Sartal, ¿no podían evitar que se continuara investigando la fortuna del primer ciudadano Néstor Carlos Kirchner?

No podían. El caso ya estaba cargado en el denominado SEFI.

El SEFI (Seguimiento de Fiscalización Impositiva) es un sistema informático que incluye a todos los contribuyentes del país. Se creó en 2005 y lo administra la Dirección de Programas y Normas de Fiscalización. El SEFI controla las bases de datos económicos e impositivos de todos los contribuyentes de la Argentina. Es como el ADN tributario de cada individuo o empresa. En el SEFI queda registrada la historia de todas las fiscalizaciones. Aparece todo. Desde el nombre de los funcionarios que la inician, las fechas, los informes, las denuncias penales, las actuaciones de oficio, las multas y los cobros. También la evolución de cada fortuna.

Los datos que se cargan en el SEFI son inmodificables. Por eso, una vez iniciada, ninguna investigación puede ser interrumpida.

Manzanares, Curien y Sartal no pudieron detenerla, pero arreglaron que la fiscalización continuara en una división que se denomina "preventiva". Es un área cuya capacidad de investigar es casi nula y que no se ocupa de los casos de alta complejidad. De manera que le encargaron el asunto a la jefa de División Fiscalización Número Uno de la Regional Comodoro, la contadora Graciela Anglá.

—A partir de esa decisión no hubo ninguna posibilidad de hacer un seguimiento riguroso —reveló un inspector que trabajó en los detalles del caso.

Después de la cumbre en la oficina de su contador, Kirchner suspiró aliviado.

No tendría más problemas.

O mejor dicho: no los tendría hasta dos días después de la primera derrota electoral de su vida.

Fue el martes 30 de junio de 2009, después del mediodía.

En el instante en que la Presidente le puso la firma a la declaración de bienes de 2008 para presentarla ante la Oficina Anticorrupción (OA).

Néstor y Cristina sabían que no podían evitarlo.

Por la Ley de Acceso a la Información Pública, cualquier ciudadano puede pedir y obtener esos datos sensibles. Y organismos como la OA tienen la obligación de entregarlos. El primero que los pidió y los publicó fue el periodista Gabriel Sued, de *La Nación*.

La noticia explotó como una bomba en los medios nacionales y dio la vuelta al mundo en tiempo real.

No se trata de una declaración de bienes "abierta". En ella no figuran, por ejemplo, ni el nombre de los bancos donde los Kirchner depositaron sus plazos fijos ni las direcciones de los inmuebles o terrenos que vendieron y compraron.

Cuatro expertos en auditar declaraciones de Bienes Personales y Ganancias de empresas analizaron el documento para esta investigación.

Excepto Ethel Morandi, la auditora contable de la Coalición Cívica, los demás prefirieron mantener sus nombres en reserva. De cualquier manera todos coinciden en la mayoría de sus observaciones.

Antes de presentar el análisis, se debe aclarar que los bienes de los Kirchner son gananciales. Y que, por lo tanto, las declaraciones juradas de ambos deberían ser idénticas. Las cifras fueron redondeadas para hacer más comprensible y amena su lectura.

Estas son las curiosidades más importantes:

* De 2007 a 2008 la fortuna de los Kirchner aumentó 158 por ciento. Pasó de más de diecisiete millones a más de 46 millones de pesos.

* Su riqueza incluye 32 millones de pesos en depósitos bancarios, diecisiete millones y medio en acciones de distintas sociedades, 4.700.000 pesos en propiedades y un auto Honda CRV modelo 2007 tasado en 142.000 pesos.

* Le adeudan casi nueve millones de pesos al Banco de Santa Cruz y un poco más de diez millones de pesos a distintos acreedores.

* Entre las nuevas sociedades apareció El Chapel S.A. Se trata de una "consultoría todo terreno" que tiene un dictamen de incompatibilidad planteado por la Dirección de Transparencia de la Oficina Anticorrupción (OA). La comparten Néstor, Cristina y Máximo. La OA le sugirió a la Presidente que no formara parte de ella. Se supone que un jefe de Estado tiene información privilegiada que no puede utilizar para hacer negocios. En los capítulos dedicados a Lázaro Báez se verá cómo este empresario parecía tener datos sobre los futuros negocios que no fallaban jamás. Al parecer, Cristina ignoró la recomendación de la OA.

* Desde 2002, cuando el entonces candidato a presidente Kirchner hizo pública su declaración por primera vez, hasta 2008, su patrimonio se incrementó dos mil por ciento.

* La superrenta de Kirchner, según sus propios números, se debe a tres acciones: una, el dinero percibido por el alquiler del hotel de su propiedad, llamado Los Sauces y ubicado en El Calafate; dos, las impresionantes tasas de interés que logró para sus plazos fijos en pesos y en dólares, y tres, la venta de más de veinte mil metros cuadrados de terrenos fiscales que había "comprado" a precio de bicoca y de otros catorce inmuebles que tenía en la ciudad de Río Gallegos.

El caso del Hotel Los Sauces debería ser propuesto como un modelo de estudio en la Escuela de Negocios de Harvard.

Los Kirchner compraron el terreno, de 2.100 metros cuadrados, a la irrisoria suma de 163.000 pesos. Para ser más precisos: a 77 pesos el metro cuadrado. Pudieron hacerlo gracias a la generosidad de su subordinado político, el ex intendente de El Calafate Néstor Méndez.

Al hotel empezaron a construirlo en 2006 y lo terminaron en 2007. Según la declaración, invirtieron, para ponerlo en marcha, ocho millones de pesos.

Los Sauces posee 38 habitaciones repartidas en cinco casas. En sus paredes hay 250 obras de arte. El cubierto en el restaurante cuesta cerca de 250 pesos por cabeza. Si un pasajero desea ir al spa, deberá abonar 670 pesos extra. Tiene cincuenta empleados de los cuales ocho trabajan en el jardín. El sueldo promedio asciende a 4.500 pesos. Casi cincuenta mil euros se pagaron por un aviso en la revista *Vogue*. Además goza de una custodia especial de Gendarmería Nacional; es parte del mismo personal que cuida a los Kirchner. La suite más cara vale 1.500 dólares la noche. Se llama Evita y tiene noventa metros cuadrados. Son dos ambientes decorados en tonos celestes, con la imagen de Eva Duarte reproducida en libros, fotografías y cuadros, incluido un retrato digital de Eduardo Pla, uno de los artistas contemporáneos de mayor reconocimiento internacional.

A Los Sauces empezaron a construirlo al mismo tiempo que terminaban su propia casa, que se encuentra pegada al hotel. El hogar de los Kirchner se erige sobre un terreno de 1.200 metros.

–Como la construcción es idéntica, a veces algún turista despistado se mete en el jardín de Néstor y Cristina y es espantado por los custodios como si se tratara de un delincuente –contó un ex empleado del hotel.

La casa y el hotel fueron diseñados por el arquitecto Pablo Grippo. Para financiar la construcción le pidieron un crédito al Banco de Santa Cruz, por un poco más de 8.300.000 pesos.

Los dueños del 51 por ciento del banco son los Eskenazi, de excelentes relaciones con Kirchner. Durante 2008, el patriarca, Enrique Eskenazi, compró más del 15 por ciento de YPF, la empresa de mayor facturación en la Argentina. Fue la última de las más grandes operaciones que se hicieron en el mundo antes de la crisis financiera internacional (véase Cuarta Parte: Los Eskenazi).

El Hotel Los Sauces fue alquilado por Kirchner a Rutas del Litoral SA, cuyo dueño es Juan Carlos Relats.

Se trata de un ingeniero civil que ya poseía un patrimonio cercano a los cien millones de dólares en 1998, cuando *Lupo* empezó a soñar con ser Presidente. Sin embargo, Relats multiplicó sus negocios con el Estado desde 2003, mediante la adjudicación de obras públicas y concesiones viales (véase Tercera Parte: El Presidente más rico de la Argentina. Capítulo 3: El Inquilino).

A pesar de lo que dice Relats, el alquiler que le viene pagando a Kirchner para explotar Los Sauces está muy por encima de los valores de mercado.

Durante 2007 Relats desembolsó cerca de cuatrocientos mil pesos por mes.

Ante la reacción que provocó el dato en algunos medios, y con una investigación abierta por enriquecimiento ilícito, Kirchner explicó, en febrero de 2009, que dentro de ese monto estaba incluido el Impuesto al Valor Agregado (IVA) y el mes adelantado de depósito.

Lo hizo mediante una carta dirigida al fiscal que entendía en la causa, Eduardo Taiano, y no tiene desperdicio. En ese texto, el verbo "mancillar" está escrito con s.

La carta fue dada a conocer por el periodista Omar Lavieri. El ex mandatario quiso dejar en claro que todos sus ingresos y egresos pasaban por una misma cuenta del Banco de Santa Cruz y que pagaba los impuestos por débito automático. Una manera indirecta de decir que no lava dinero y que está al día con sus obligaciones tributarias.

–Estoy bancarizado –fue el mensaje del ex jefe de Estado para los entendidos.

Lo que todavía Kirchner no explicó es cómo de 2007 a 2008 el alquiler pasó de cuatrocientos mil pesos a ochocientos mil pesos por mes, algo que no resiste el mínimo análisis.

Los Sauces permanece abierto solo ocho de los doce meses del año. El valor promedio de las habitaciones es de 2.400 pesos. La ocupación nunca supera el cincuenta por ciento. La matemática indica que Relats habría embolsado, durante 2008, poco más de diez millones de pesos. Es decir: casi lo mismo que le habría abonado a Néstor para explotar la concesión.

Sostiene Ethel Morandi:

–Las inmobiliarias de El Calafate y los que conocen del negocio hotelero dicen que el alquiler de un hotel como Los Sauces no debería superar los doscientos mil pesos por mes.

Tanto Morandi como los demás expertos aseguran que los pagos de Relats a Kirchner están inflados. La contadora se pregunta además si, mediante este mecanismo, no se ocultaría un resarcimiento por otros "favores". Los diputados nacionales de la Coalición Cívica Patricia Bullrich y Juan Carlos Morán sostienen que Relats fue beneficiado con la actualización de los pagos por certificado de obra. Igual, en la declaración jurada de Néstor, el empresario aparece con una deuda de casi 370.000 pesos.

La referente de la Coalición Cívica Margarita Stolbizer sentenció:

–Los Kirchner deberían ser sometidos a juicio político. Así tendrían la oportunidad de explicar cómo se enriquecieron.

El segundo rubro de la declaración jurada revela la fuerte tendencia del matrimonio a sacar provecho de la renta financiera.

Los increíbles intereses que Kirchner consiguió para sus plazos fijos provocan envidia y también desconfianza.

Durante 2008, el ex presidente logró para sus plazos fijos en pesos una tasa de interés anual del 17 por ciento, cinco por ciento más que lo máximo que se podía conseguir en el mercado.

Con el manejo de sus plazos fijos en dólares también fue insuperable. Los hizo rendir a razón del 12 por ciento anual, cuando en el mercado internacional los intereses en ningún caso superaron el ocho por ciento.

El tercer motivo que justificaría el brutal aumento de su patrimonio es la venta de los terrenos en El Calafate. Sus detalles son apasionantes.

En el capítulo siguiente se verá que se trata de un enorme escándalo, de una envergadura parecida al de los polémicos fondos que Santa Cruz obtuvo por las regalías petroleras mal liquidadas [véase Tercera Parte: El Presidente más rico de la Argentina. Capítulo 2: El mejor negocio del mundo].

En su última declaración jurada, Néstor y Cristina confiesan que obtuvieron 6.300.000 pesos por la venta de más de veinte mil metros cuadrados de terreno a Cencosud, la empresa que maneja Jumbo, Unicenter y Disco, entre otros negocios. Para que no quede duda alguna: el metro cuadrado que "compraron" un poco antes a 7,50 pesos lo vendieron a trescientos pesos.

Entre los habitantes de El Calafate hay miles que necesitan un pedazo de tierra fiscal más que Néstor, Cristina y su enorme lista de funcionarios y amigos.

Además, una de las condiciones para ceder los terrenos fiscales era que los compradores, antes de venderlos, tenían que edificar sobre ellos.

Néstor, en cambio, le vendió a Horst Paulmann, dueño de Jumbo, el terreno pelado. Se supone que allí van a levantar un hipermercado.

Paulmann fue recibido por Kirchner en su propio despacho el 18 de octubre de 2007, durante los últimos días de su mandato. Estuvo también allí el secretario de Comercio, Guillermo Moreno, quien con su firma destrabó la adquisición de Disco por parte de Cencosud.

Además, el grupo donó veinticinco mil pesos en la campaña "Cristina Presidente 2007".

¿No es este acaso un buen ejemplo de cómo se financia la política en la Argentina?

Pero la gran sorpresa de la última declaración de bienes de *Lupo* la constituyó la compra de la mayoría de las acciones de Hotesur.

Se trata de la sociedad anónima dueña de otro impresionante hotel, el Alto Calafate.

Alto Calafate, de cuatro estrellas, tiene 103 habitaciones distribuidas en tres pisos. Fue construido entre 2004 y 2005 sobre un terreno de 4.400 metros cuadrados. Se encuentra a 3,7 kilómetros del lago Argentino y a cuatro kilómetros del cerro Calafate. Se lo considera el segundo hotel en importancia de la ciudad, después de la posada Los Álamos.

Presenta cuartos con vistas al lago, al cerro y a una parte de la ciudad. Posee sauna, gimnasio, pileta cubierta y se puede pescar, o rezar en su capilla. La habitación simple cuesta 185 dólares la noche. La doble, 260 dólares. La suite Exquisite Design, con living privado, escritorio y cama king-size, se consigue por 303 dólares.

Néstor afirmó que adquirió el 98 por ciento de las acciones de Hotesur por la suma de 5.400.000 pesos.

Pero, otra vez, pasó algo curioso.

Porque antes de su incorporación a la sociedad figuraban como parte de Hotesur Osvaldo "Bochi" Sanfelice, Roberto Saldivia, Romina Mercado y Patricio Pereyra Arandía.

Detrás de cada uno de ellos hay una historia para contar.

Sanfelice tiene una inmobiliaria en la que trabaja o es socio Máximo Kirchner, hijo de la Presidente. Sanfelice también es socio de Cristóbal López en Talares de Posadas (véase Segunda Parte: Cristóbal. Capítulo 4: "Falta que me digan trolo y drogadicto").

Un ex aliado de Kirchner sostiene que Sanfelice obedece casi ciegamente a Néstor, y contó una interesante anécdota que fue confirmada por dos fuentes distintas.

Sucedió hace algunos años.

El Bochi entró al Club Británico y contó:

—No saben el negocio que acabo de hacer. Me encontré un tipo en la ría y le compré una Pathfinder a quince mil dólares.

Lo escucharon al menos seis personas. Lo felicitaron. Se sorprendieron.

Un poco más tarde, llegó un individuo al que conocían menos y comentó, palabras más, palabras menos:

—No saben el negocio que acabo de hacer. Apareció un tipo en la ría y le vendí una Pathfinder.

Sanfelice se acababa de retirar. Entonces uno de los comensales le preguntó al otro:

—¿A cuánto se la vendiste?

—A cincuenta mil dólares.

Desde ese día, al amigo de Kirchner no le permitieron ingresar más al club. El motivo: suponen que no dijo la verdad porque tendría algo que ocultar.

Roberto Saldivia es el apoderado de Lázaro Báez. Saldivia, en una conversación telefónica mantenida en mayo de 2009, negó que él o Báez fueran accionistas de Hotesur.

126

Romina de los Ángeles Mercado es la hija de Alicia Kirchner y Armando Bombón Mercado. Tiene 34 años. Fuentes que manejan información del Ministerio de Trabajo dicen que Romina pasó por la constructora Petersen, Thiele & Cruz y el Banco de San Juan, y ahora es empleada de la sucursal Río Gallegos del Banco de la Nación. Sebastián Eskenazi, de Petersen, dijo no saber quién es Romina Mercado y manifestó estar seguro de que nunca trabajó en las empresas del grupo.

Patricio Pereyra Arandía es el marido de Natalia Mercado. Natalia es hermana de Romina y fiscal de Estado de El Calafate. Natalia está al frente de la Fiscalía desde que fue creada, en 2005. Debería investigar a todos los que recibieron tierras fiscales del generoso y obediente intendente Méndez. El problema es que entre los beneficiarios se encuentran ella misma y media docena de parientes directos suyos, incluido su tío Néstor.

Álvaro de Lamadrid, el ex candidato a intendente que inició una demanda a raíz de la escandalosa entrega de tierras fiscales, sostiene que, en realidad, Mercado debería apartarse de la investigación.

Al negocio de Alto Calafate lo administra Ricardo Leandro Albornoz, escribano y contador de Lázaro Báez.

Albornoz aparece además como propietario del hotel Las Dunas y el restaurante La Usina. Sin embargo, la mayoría piensa que el verdadero dueño es, otra vez, Lázaro Báez.

En la sorprendente declaración bajo juramento del ex presidente también aparece, agregada a su patrimonio, la inmobiliaria COMA SA.

COMA pertenecía hasta 2007 al arquitecto Grippo. ¿Por qué motivo Kirchner la adquirió o la incluyó entre sus posesiones?

Otras dudas rodean la venta de "La Casa Maldita".

Es el inmueble que Néstor y Cristina adquirieron en 2003 y eligieron para vivir, en Río Gallegos. Está ubicado en la esquina de 25 de Mayo y Maipú.

Tiene más de seiscientos metros cuadrados.

Se la compraron a un integrante de la familia Gotti, por 470.000 pesos.

Un hombre apodado "El Loco del Camión" casi se la lleva puesta durante el conflicto con los docentes.

Fue vendida, según la declaración de Néstor, a casi 3.200.000 pesos. La compró la empresa Epelco, que estaría vinculada, otra vez, al inefable señor Báez. Los agentes inmobiliarios de la zona dicen que La Casa Maldita no puede valer más de un millón de pesos.

¿Se trató de un nuevo intento de sobrevaluar bienes para blanquear otros ingresos inconfesables?

La misma pregunta vale para las catorce propiedades que, sin especificar, Kirchner afirma haber vendido en catorce millones de pesos.

La mayoría de ellas fueron adquiridas antes de 1982, cuando el ex presidente asesoraba a Finsud, una consultora dedicada a ejecutar los bienes de los deudores incobrables.

Cada uno de los datos aportados en la presentación de bienes del ex presidente genera suspicacias.

–La declaración jurada de Kirchner no cierra por ningún lado. Ni la de 2008 ni la de 2007 tampoco –le escucharon decir a Manuel Garrido, ex fiscal de Investigaciones Administrativas, el único hombre del Estado que quiso investigar de verdad la fortuna del ex presidente.

Garrido está seguro de que la embestida del procurador general Esteban Righi tuvo que ver con su decisión de investigar la fortuna del ex presidente.

–Righi limitó las funciones de la Fiscalía de Investigaciones Administrativas cuando Garrido libró una serie de oficios a Santa Cruz para corroborar los datos dudosos de la declaración jurada de Kirchner –reveló alguien que conoce muy bien al ex fiscal.

Meses después de la decisión de Righi, Garrido renunció y se fue a trabajar al Centro de Implementación de Políticas Públicas para la Equidad y el Crecimiento [CIPPEC].

Garrido siempre mantuvo su independencia, a pesar de las presiones.

El fiscal de Investigaciones Administrativas denunció, por ejemplo, los vuelos del ex secretario Ricardo Jaime en taxis aéreos pagados por empresarios como Claudio Cirigliano.

Enfrentó a Guillermo Moreno y sus "batata entry", que ingresaban datos falsos a las estadísticas del INDEC.

Ayudó a probar la responsabilidad de Felisa Miceli en el caso de la bolsa con dinero que se encontró en el baño de su despacho del Ministerio de Economía.

–Le perdonaron todo, menos que se metiera con el número uno. Por eso Righi le limitó las atribuciones –interpretó alguien que conoce los entretelones del Poder Judicial.

En febrero de 2008 Garrido decidió tomar en serio la denuncia de Ricardo Monner Sans.

El abogado se preguntaba si el desmesurado incremento patrimonial de Kirchner podía constituir el delito de enriquecimiento ilícito. Su pregunta determinó que se abriera una causa de inmediato. Les tocó en suerte al fiscal Eduardo Taiano y al juez Rodolfo Canicoba Corral.

Taiano ya la había pasado mal durante 2004.

Fue cuando le "cayó" la primera causa por presunto enriquecimiento ilícito contra el entonces presidente Néstor Kirchner.

A pocas horas de decidir si el jefe de Estado merecía ser imputado, su hijo sufrió un secuestro express. Taiano se asustó, y el juez Julián Ercolini sobreseyó a Kirchner por falta de mérito. De cualquier manera Ercolini se cuidó de aclarar que el período investigado llegaba hasta 2004. Es decir: dejó el camino expedito para una nueva denuncia. Monner la hizo y Taiano tuvo así una segunda oportunidad.

Pero, una vez más, no encontró el mérito suficiente para seguir investigando a *Lupo*.

Canicoba encontró en la decisión de Taiano la excusa perfecta. Y el 11 de abril de 2008 escribió que le era imposible seguir investigando, porque su fiscal no había encontrado los elementos para hacerlo.

Cinco días después, Garrido se indignó y presentó un recurso de apelación para que no se desestimara la denuncia contra Kirchner.

La queja del funcionario público contra la decisión de Taiano y el juez fue brutal.

Calificó la desestimación de "prematura e irrazonable".

Llamó la atención a ambos por haber dado por verdaderas y fehacientes las declaraciones de Kirchner y de su contador Manzanares sin cruzar datos ni investigar lo mínimo.

Denunció que Manzanares no había presentado ni un solo documento probatorio de sus dichos.

Informó que hasta faltaba el número de CUIT de Austral Construcciones, la empresa de Lázaro Báez.

Explicó que a los comprobantes de órdenes de pago emitidos por Rutas del Litoral les faltaban datos básicos como la modalidad de abono de los alquileres.

Aseguró que Kirchner no presentó las escrituras de compra y venta de inmuebles, el contrato de constitución de un fideicomiso que había formado con Báez ni los comprobantes de las deudas y los créditos.

Garrido señaló además que tampoco se habían presentado los comprobantes de las transacciones bancarias, las rentas por inversiones y los pagos de los alquileres de los inmuebles.

El fiscal nacional de Investigaciones Administrativas no usó adjetivos calificativos, pero cualquiera que lea su texto no dudará de sospechar que ni Taiano ni Canicoba tenían algún interés en investigar el patrimonio presidencial.

De postre, Garrido les informó que, si se hubieran tomado el trabajo de comparar las declaraciones juradas de Néstor y Cristina, habrían detectado, a simple vista, incongruencias o inconsistencias tales como:

* Diferencias entre los importes declarados.
* Diferencias en las fechas de alta y baja de varios inmuebles.
* Importes de dinero que figuran en una declaración jurada y no aparecen en la otra.

No está de más recordar, otra vez, que las declaraciones de los integrantes de un matrimonio deben ser idénticas.

—No era que estaban flojos de papeles. Era que no tenían ni un solo documento que respaldara la información —comentaron algunos funcionarios que ayudaron al fiscal de Investigaciones Administrativas.

Antes de poner la firma, Garrido acusó a Taiano y a Canicoba de estar demasiado apurados para desestimar la denuncia. Se sabe: una de las maniobras típicas para zafar de una condena por enriquecimiento es acelerar el trámite para enseguida rechazar la acusación y así lograr el sobreseimiento definitivo.

La persistencia de Garrido y de la Cámara Federal determinó que la causa permaneciera abierta, suspendida, a la espera de que el fiscal y el magistrado decidieran reactivarla.

—El poder solo puede ser investigado cuando se empieza a debilitar —explicó un juez federal que maneja otra causa muy importante que involucra a Kirchner y a otros funcionarios.

Se trata de un "tiempista" que espera el momento justo para caerle al sospechoso de turno. El juez está preocupado por el constante ataque a los que llama "los buenos profesionales de la Justicia".

—Los juzgados fueron copados por los "emisarios K" —denunció.

Los "emisarios K" se ocupan de detectar por dónde puede saltar la próxima denuncia. Cuando los dejan, intentan disuadir a fiscales y magistrados de que sigan avanzando contra las principales figuras del gobierno nacional.

Pero algo tan malo como lo que sucede en tribunales viene pasando en la AFIP desde hace un par de años. La diferencia es que muy poca gente lo sabe.

"Copamiento" es el término apropiado para poner las cosas en negro sobre blanco.

Primero fueron por el histórico número uno de la AFIP, Alberto Abad, un hombre equilibrado que no era de la confianza de Kirchner porque había asumido el 6 de enero de 2002, durante la presidencia de Eduardo Duhalde.

Apenas se hizo cargo Kirchner, Abad tuvo la osadía de "probar" su disposición para ir a fondo.

En su primer discurso como Presidente ante la Asamblea Legislativa, el 25 de mayo de 2003, Néstor había prometido "trajes a rayas" para los grandes evasores.

Meses después, Abad le llevó a su despacho una enorme carpeta con la listas de las empresas que estaba investigando y que pensaba mandar a la justicia penal.

—Acá tiene, Presidente —le dijo.

Ambos pudieron ver con claridad cuál era la primera de la lista: la pesquera Conarpesa.

Conarpesa había sido el primer gran escándalo de la administración K.

El 3 de febrero de 2004 la directora regional de Río Gallegos, Beatriz Carballal, la había denunciado por evasión fiscal. En una nota interna de la AFIP, Carballal afirmó que Conarpesa habría obtenido divisas de manera irregular por casi medio millón de dólares. La pesquera habría cobrado reembolsos al "inflar" importaciones que en verdad no había realizado.

Antes de terminar el mes, Carballal fue desplazada.

La reemplazó Ricardo Echegaray, quien en 2004 asumiría en la Aduana para terminar aterrizando el 9 de abril de 2008 como máximo responsable de la AFIP.

El 4 de marzo del mismo 2004, Elisa Carrió presentó un informe sobre la financiación de la campaña presidencial.

En ese documento denunció que Conarpesa había financiado la campaña de Kirchner y que, no solo estaba siendo investigada por evasión, sino también por narcotráfico, en relación con la denominada "Operación Langostino". Además sugirió que la denuncia por evasión y narcotráfico había sido uno de los motivos por los que habrían asesinado a un ex socio de la pesquera, Raúl "Cacho" Espinosa.

Al colocar las carpetas sobre el escritorio presidencial, Abad preguntó:

—Vamos para adelante, ¿no?

—Vamos para adelante, sin ninguna duda —contestó el Presidente.

Meses más tarde, Abad volvió a probar al jefe de Estado. ¿Cómo lo hizo? Sin preguntar ni pedir permiso, mandó a la justicia penal a las primeras empresas a las que les encontraron facturas apócrifas. La causa madre se llama "De Biase y otros" y arrancó en 2005.

—Esa fue la gran jugada de Alberto. Porque, una vez que las actuaciones de la AFIP pasan a la Justicia, ya nadie puede pararlas desde el poder político —explicó un ex colaborador de Abad.

Las facturas apócrifas, o "truchas", son recibos falsos emitidos por empresas fantasma. Esas empresas "venden" las facturas a otras compañías que necesitan "inventar" pagos de servicios para que les cierren las cuentas. En el caso Skanska se probó la emisión de facturas truchas para disimular el pago de coimas para la construcción de un gasoducto. La propia constructora sueca admitió los sobornos.

En mayo de 2007, el director de la regional Comodoro Rivadavia de la AFIP, Norman Williams, inició una seria investigación por el uso de facturas apócrifas de empresas vinculadas con la obra pública.

Williams lo hizo bajo la supervisión y el impulso de su jefe directo, el subdirector nacional de Operaciones Impositivas, Jaime Mecikovsky. A su vez Mecikovsky puso al tanto a su superior, el titular de la Dirección General Impositiva (DGI), Horacio Castagnola. Y Castagnola hizo lo propio con Alberto Abad.

Williams, Mecikovsky y Castagnola son profesionales de carrera, pero no ingenuos. Por eso informaron a sus jefes las cosas como eran. Explicaron que la investigación tocaba a sociedades consideradas amigas del poder. Y denunciaron que los montos de las irregularidades eran tan importantes que, si hacían la vista gorda, podían ser denunciados ante la justicia penal. Este es el relato de uno de los agentes que participó en la cocina de la investigación:

—No fuimos a buscar a las empresas amigas del Presidente. Lo que hicimos fue meternos en la base de datos de proveedores del Estado. Y lo primero que saltó, en la Región Comodoro, fue una gran usina de facturas apócrifas vinculadas a la obra pública. Saltó enseguida, porque la actividad económica en la región no es significativa. Tierra del Fuego no paga impuestos, las petroleras están bajo la órbita de Grandes Cuentas Nacionales y la mayoría de las pesqueras tiene dirección fiscal en Capital y Gran Buenos Aires. En un momento, descubrimos que la conexión de las facturas llegaban hasta el Banco de Chubut y muchas empresas importantes de la Patagonia. Los encontramos con Gotti SA, Austral Construcciones, Badial SA, Gancedo SA y Casino Club SA. Gotti, Austral y Badial se las adjudican a Báez. Casino Club es de Cristóbal López. Cuando tuvimos todo chequeado, le enviamos el informe a Abad. Lo hicimos antes de las inspecciones integrales. Le advertimos que, sin haber profundizado todavía, la evasión llegaba a casi nueve millones de pesos. Y que, si no empezábamos a investigar, podíamos ir presos los peritos, por el artículo 15, inciso C, de la Ley Penal Tributaria.

Según tres fuentes independientes consultadas, Abad les transmitió que continuaran la investigación.

El 10 de diciembre asumió Cristina Fernández.

El 11 de marzo de 2008 Abad, todavía número uno de la AFIP, se enfrentó en público con Ricardo Echegaray, entonces responsable de la Aduana.

El motivo aparente: Echegaray había cuestionado el Sistema María, una base de datos que conecta a las aduanas y delegaciones de todo el país. Sostenía que era vulnerable y que había que implementar otro. Abad consideró que había pasado por encima de su autoridad.

El 18 de marzo la Presidente le aceptó la renuncia a los dos.

El 5 de mayo Claudio Moroni asumió en la AFIP. Días después convocó a Castagnola y le comunicó:

—Me piden las cabezas de Mecikovsky y de Williams.

—¿Quién te las pide? —preguntó Castagnola.

Moroni hizo una seña con el pulgar hacia el techo. La orden venía desde lo más alto.

Después explicó:

—Dicen que tienen contactos con el ARI. Que le pasan información.

Castagnola se lo comunicó a Mecikovsky. Y este respondió:

—Nosotros trabajamos para el Estado. No para el gobierno. Hacé lo que tengas que hacer.

Cuando Castagnola todavía estaba pensando qué hacer, recibió una información inquietante: en la Regional Comodoro ya se estaba empezando a mencionar al reemplazante de Williams. Y tenía nombre y apellido: Héctor Alejandro Sartal, supervisor interino de la División Fiscalización Número 4 de la Dirección Regional Palermo.

Todos sabían de quién se trataba. Sartal era una persona obediente. Y su nivel técnico dejaba mucho que desear.

En junio de 2008, Norman Williams, enterado de las fuertes presiones políticas, renunció. La carta de despedida a sus compañeros fue muy emotiva. Los que la leyeron comprendieron que se había sacrificado para que Castagnola y Mecikovsky pudieran continuar en la organización.

En el medio de semejante panorama, un detalle pasó casi desapercibido. Cuando a Mecikovsky le enviaron la designación de Sartal, no la firmó, a pesar de que tenía la obligación de hacerlo porque estaba bajo su mando.

El 31 de julio de 2008, Castagnola y Mecikovsky fueron reemplazados. Al primero lo designaron director ejecutivo del Instituto de Estudios Tributarios, Aduaneros y de la Seguridad Social de la AFIP. El segundo fue descendido a inspector raso.

Antes de despedirse de Moroni, Castagnola fue irónico:

—Tené cuidado con lo que firmás.

El número uno de la Dirección General Impositiva fue reemplazado por Ángel Rubén Toninelli, quien tiene más de setenta años.

La mayoría de los profesionales de la Administración Federal de Ingresos Públicos que conocen lo que pasó por aquellos días tienen una certeza.

Sostienen que, así como Kirchner y Moreno vaciaron y coparon el INDEC para manipular las estadísticas, el ex presidente y Echegaray habrían ingresado en la AFIP para evitar que siguiera investigando a las empresas amigas del poder.

Y lo que es peor: pusieron a los jefes del organismo a trabajar para garantizar que el ex presidente no tuviera problemas con la declaración jurada de su patrimonio. En ese contexto, el sucesor de Williams, Héctor Sartal, parece muy efectivo.

Aunque todavía no comprenda del todo por qué no se puede frenar una inspección a una persona tan importante y poderosa como es Néstor Carlos Kirchner.

2
EL MEJOR NEGOCIO DEL MUNDO

Néstor Kirchner y su esposa fueron los principales beneficiarios del "mejor negocio del mundo".

Se trata de la entrega de tierras fiscales en El Calafate a precios de bicoca, de manera secreta y sin licitación.

A las tierras las recibieron *Lupo*, Cristina y cincuenta funcionarios que pertenecen o formaron parte del proyecto kirchnerista entre los años 2004 y 2007.

El benefactor se llama Néstor Santiago Méndez. Lo hizo cuando era intendente de la ciudad. Ahora es diputado provincial y subordinado político de *Lupo*.

Además de haber cedido las tierras de manera directa, Méndez usó un criterio elitista y caprichoso. Al mismo tiempo que distribuía los terrenos fiscales entre Kirchner y sus amigos, cerca de tres mil personas esperaban turno para recibir un pedazo de suelo. La mayoría los había solicitado antes que Néstor y compañía.

El Calafate es una ciudad de poco más de diez mil habitantes. La Presidente la definió como su "lugar en el mundo".

En 1989 vivían allí apenas 1.600 personas. En 2001 ya eran 6.550 y por estos días son cerca de veinte mil. La llegada de *Lupo* a la presidencia de la Nación la convirtió en la nueva meca del poder K.

Ahora son dueños de hoteles y otros negocios decenas de funcionarios y empresarios vinculados a Kirchner, como se detallará más adelante.

Al mismo tiempo, un alto porcentaje de sus residentes carece de agua potable, luz y gas.

En febrero de 2008, Álvaro Héctor de Lamadrid, presidente de la Unión Cívica Radical de El Calafate, denunció a Méndez y a Kirchner como partícipes de lo que denomina "el mejor negocio del mundo".

Lamadrid fue consultado para esta investigación.

El dirigente reveló que, con un solo golpe de decreto, el ex mandatario y sus amigos se quedaron con activos por quinientos millones de dólares.

"La distribución de tierras no se basó en un plan estratégico, ordenado y solidario. Se transformó en un botín político para premiar y castigar", escribió el dirigente en su demanda.

Lamadrid imputó a Méndez por los delitos de abuso de autoridad, violación de los deberes de funcionario público, defraudación agravada contra el Estado, negocios incompatibles con la función pública y tráfico de influencias. En este último cargo también incluyó al ex presidente, porque sostiene que usó su poder para conseguir enormes extensiones de tierra.

Lupo fue beneficiado con un total de 423.228 metros cuadrados de territorio.

En 2002 la municipalidad le entregó 38.000 metros cuadrados a razón de 7,50 el metro. Y, seis años después, Kirchner le vendió dos hectáreas a Cencosud, la sociedad anónima de hipermercados Jumbo, en casi dos millones y medio de dólares.

Hay pocos negocios en el mundo que tengan semejante tasa de retorno.

Las tierras que Kirchner compró por casi nada y vendió a buen precio están en la zona del viejo aeropuerto, que fuera inaugurado por Carlos Menem cuando era Presidente. Se las considera las más caras de la ciudad. El interés de Cencosud se confirmó a principios de agosto de 2008. Sin embargo, y para ser más precisos, el vendedor y el comprador se encontraron en el despacho presidencial de Kirchner el 18 de octubre de 2007. ¿Sobre qué habrán conversado aquel día?

Las tierras del viejo aeropuerto eran de la Fuerza Aérea. Los militares hacía veinte años que ocupaban esos lotes. En 2004, Méndez ratificó la propiedad por medio de un decreto. Pero en febrero de 2005, con la aprobación del propio Kirchner, el brigadier Eduardo Schiaffino, con asiento en El Calafate, preparó un convenio multilateral para traspasarle los terrenos a la provincia. Carlos Rohde, superior de Schiaffino, se negó. Le parecía injusto para la fuerza. En noviembre de 2006 el Presidente lo relevó de su cargo argumentando que era uno de los responsables del escándalo de las valijas con cocaína de Southern Winds. Kirchner había adquirido los terrenos en cuestión.

El 3 de enero de 2006, El Calafate le cedió a Kirchner otros 20.000 metros cuadrados, también a 7,50 pesos el metro. Además le aprobó, en tiempo récord, un plan de pagos en cuotas por los 165.000 pesos que debía desembolsar.

El terreno donde construyó su hogar el matrimonio presidencial fue adquirido mucho antes, en 2001.

La casa tiene 520 metros cuadrados, dos pisos y vista a Bahía Redonda. Las mejoras les costaron, en su momento, casi 580.000 pesos.

En marzo de 2002, Néstor adquirió otro lote de 2.100 metros cuadrados. Allí, cinco años después, terminó de edificar el Hotel Los Sauces.

En marzo de 2005 compró otros tres lotes cuya superficie total es de sesenta mil metros. Los pagó con un crédito del Banco de Santa Cruz que alcanzó los 277.000 pesos.

En abril de 2006 Kirchner obtuvo 18.258 metros cuadrados, por el mismo precio irrisorio de 7,50 pesos el metro.

Cristina también recibió lo suyo: se quedó con 147.000 metros cuadrados, como si fuera parte de una familia distinta.

La primera noticia sobre el escándalo fue publicada por Jorge Lanata, Romina Manguel, Luciana Geuna y Héctor Barabino en *Perfil*, el domingo 17 de diciembre de 2006. La lista de los más importantes beneficiarios constituye un mapa de poder del Frente para la Victoria (FPV). Cuanto más cerca se está de Kirchner, más metros cuadrados se obtienen. Estos son los nombres de los beneficiarios más conspicuos:

* Romina de los Ángeles Mercado: Hija de la ministra Alicia Kirchner y de Armando Bombón Mercado, Romina compró más de diez mil metros cuadrados para chacra.

* Osvaldo José "Bochi" Sanfelice: Socio de Máximo en la inmobiliaria presidencial, 1.321 metros cuadrados.

* Rudy Ulloa Igor: Ex cadete y ex chofer de Kirchner, 1.336 metros cuadrados.

* Juan Antonio Bontempo: Ex ministro de Economía y actual subsecretario en la Unidad Presidencial, 2.537 metros cuadrados.

* Carlos Alberto Sancho: Ex vicegobernador y ex gobernador interino de Santa Cruz, socio de la inmobiliaria junto a Sanfelice y Máximo, 1.297 metros cuadrados.

* Jorge Alfredo Mac Leod: Ex titular del Partido Justicialista de El Calafate, 10.400 metros cuadrados para una chacra.

* Jorge Esteban Banicevich: Actual diputado provincial, ex intendente de 28 de Noviembre, municipio vecino a Río Turbio, 1.492 metros cuadrados.

* Héctor Mario Espina: Titular de la Administración de Parques Nacionales, 1.390 metros cuadrados.

* Fabián Gutiérrez: Es uno de los secretarios privados de la presidente Cristina Fernández. No se trata de un caso cualquiera: el 25 de setiembre de 2009 la agencia OPI (Organización Periodística Independiente) Santa Cruz denunció que Gutiérrez se estaba construyendo una casa de un millón de dólares.

—Mi casa no vale más de trescientos mil dólares —aclaró el funcionario cinco días después en "Aire de noticias", programa que se emite por radio Mitre los domingos de seis a ocho de la mañana.

Víctor Fabián Gutiérrez comparte con Cristina muchas horas del día. Durante 2005 tuvieron un fuerte desencuentro que mantuvo al secretario alejado un tiempo. Él pretendía más tiempo personal y un aumento de salario. Volvió en 2006. En 2007 fue designado secretario adjunto de la presidente de la Nación con rango, jerarquía y sueldo de secretario de Estado.

La enorme casa está pensada para vivir en ella una vez que se aleje de la jefa de Estado.

Enclavada en la manzana 802, sobre la calle Gobernador Gregores, tiene una superficie cubierta de 480 metros cuadrados y está siendo construida sobre un terreno de 1.000 metros cuadrados.

Los periodistas de OPI Santa Cruz obtuvieron detalles sorprendentes.

Gutiérrez eligió materiales de muy buena calidad: desde la grifería hasta los pisos de porcelanato. Se hizo hacer una piscina climatizada de sesenta metros cuadrados, cuya temperatura es regulada por un sistema de sensores inteligentes. Encargó un gimnasio de cuarenta metros cuadrados con sauna y ducha incluidos. También una sala de juegos de quince metros cuadrados; está pegada al comedor, el quincho, un estar en desnivel y una cocina de diecinueve metros cuadrados.

Gutiérrez, además, mandó a construir dos habitaciones. La principal tiene vestidor y baño. La otra, un jacuzzi dentro de la suite. No se olvidó de otra habitación de veinticuatro metros cuadrados con baño privado para hospedar a eventuales visitas.

La dirección de la obra la asumió Raúl "Tito" Lescano, un kirchnerista de la segunda hora al que Néstor designó interventor de la empresa Servicios Públicos Sociedad del Estado (SPSE) durante su segundo mandato de gobernador.

OPI calculó en casi ocho mil pesos el metro cuadrado construido.

La agencia citó a fuentes confiables para afirmar que más de una vez Cristina fue a visitar la casa.

Al lado de Gutiérrez vive su abuela. Se trata de una propiedad de sesenta metros cuadrados que fue donada por el arquitecto Pablo Grippo.

Grippo es el dueño de Grip SA, el estudio de arquitectura que diseñó y construyó el hotel Los Sauces, Casa Patagónica de Néstor y Cristina (véase Tercera parte: El Presidente más rico. Capítulo 3: El Inquilino).

Fabián Gutiérrez debutó en el kirchnerismo en 1994, cuando lo nombraron cadete de la Caja de Servicios Sociales (CSS). En 1995 su madre, Teresa García, ex interventora de la CSS, logró que el gobernador Kirchner lo contratara como su secretario privado.

Gutiérrez tomó dos créditos del Banco de Santa Cruz para comprar una máquina limpiadora de alfombras. Los habría dejado impagos. Por eso, durante varios años, figuró como incobrable en las listas del Banco Central. Entre las organizaciones dependientes del Estado provincial a las que prestó servicios está el viejo casino de Río Gallegos, antes de que Kirchner se lo adjudicara a Cristóbal López.

Años después, el secretario instaló El Recinto, un café ubicado en la calle Alcorta de Río Gallegos, a metros de la Cámara de Diputados de la provincia. Allí tomó café la mayoría de los diputados oficialistas. Lo hicieron hasta que el negocio se fundió.

En 2005 obtuvo la franquicia de Havanna en El Calafate. Un año después cerró para abrir enseguida Living, un restó-bar al que visitaban, más que nadie, sus amigos. A este último emprendimiento lo canceló en menos de un año.

Gutiérrez compró un terreno por el que pagó doscientos mil dólares justo al lado de su casa en El Calafate. Allí construyó un edificio con cuatro departamentos de lujo y dos locales comerciales. Por los departamentos percibe cuatro mil pesos por mes en concepto de alquiler. Por uno de los locales comerciales cobra doce mil pesos; se trata de una lavandería que es regenteada por su propia madre.

El secretario privado de Cristina cobra por sus servicios oficiales quince mil pesos por mes.

También recibieron terrenos fiscales el sobrino del ex presidente, Claudio Kirchner; el secretario de Obras Públicas de la Nación, José Francisco López; la presidente del Tribunal Superior de Santa Cruz, Clara Salazar; Carlos Santiago Kirchner, primo hermano de Néstor; Valerio Martínez, ex asistente personal del ex jefe de Estado; Héctor Daniel Muñoz; secretario privado de *Lupo*; Liliana Korenfeld, ex ministra de Gobierno de la provincia y ahora diputada nacional; Carlos Miguel Kirchner, otro primo de Néstor; Claudio Ángel Kirchner; sobrino del susodicho; Fulvio Madaro, ex funcionario de Enargas, quien tuvo que renunciar a raíz del pago de coimas conocido como caso Skanska; el omnipresente Lázaro Báez y el propio Néstor Méndez, quien se los entregó a sí mismo cuando todavía administraba El Calafate.

Méndez fue intendente de El Calafate entre 1995 y 2007. Antes había trabajado como chofer del hospital José Formenti de El Calafate, donde Kirchner pensó que se moría de una úlcera estomacal. Méndez pasó uno de los peores momentos de su carrera política cuando fue entrevistado por Jorge Lanata para Radio del Plata, el lunes 18 de diciembre de 2006. Méndez arrancó mal:

—Muchas veces oí a gente decir que sos homosexual. Y yo no puedo decir que sos homosexual porque no te conozco.

Lanata le respondió:

—¿Sabe qué, Méndez? Yo soy homosexual. Usted me está preguntando si soy gay y yo le estoy preguntando si usted es ladrón. Usted y el Presidente al que le dio tierras fiscales.

Méndez admitió que cedió tierras a diez mil personas, reivindicó la manera de hacerlo, se mostró satisfecho por venderlas, desmintió que fuera dueño de un hotel de sesenta habitaciones y afirmó que le parecía bárbaro que el entonces Presidente y su familia invirtieran en El Calafate.

También reconoció que él mismo recibió un lote, e interpretó que la falta de agua, luz, gas y cloacas era sinónimo de que la ciudad estaba creciendo.

Después del reportaje, Méndez fue puesto en el freezer político por el propio Kirchner, y no pudo ser otra vez candidato a intendente.

De cualquier manera, entre el 31 de octubre y el 10 de diciembre de 2007, día en que culminó su mandato, Méndez volvió a usar su lapicera mágica: distribuyó más de cuarenta mil metros cuadrados de tierras fiscales entre cuatro empresarios vinculados al matrimonio presidencial.

Se trata de las sociedades anónimas Grip, J. I., Arpat y Terranova. Sus dueños son don Pablo Grippo, los hermanos Ariel y Jorge Ivovich y Piero Gotti.

Grip es de Pablo Grippo, el arquitecto que diseñó la casa de Néstor y Cristina, y también Los Sauces.

Terranova es de Piero Gotti, socio de Grippo en los proyectos diseñados para los Kirchner.

Piero Gotti fue director de Tierras del intendente Néstor Méndez hasta 2004. Es decir: era el encargado directo de distribuir los terrenos fiscales. Antes de irse, Méndez le entregó un terreno de más de diez mil metros cuadrados a 7,5 pesos el metro.

El mismo privilegio tuvo Grippo: más de diez mil metros al mismo precio irrisorio.

J. I. y Arpat son de los hermanos Jorge y Ariel Ivovich. Ellos compraron en sociedad otro terreno de más de diez mil metros por el mismo valor. Un pequeño detalle más: quien se los entregó fue su hermana, Ana Ivovich, encargada del área de Tierras de El Calafate.

Además de Los Sauces y Alto Calafate, de los Kirchner, en El Calafate hay amigos y empresarios del proyecto que también manejan sus propios hoteles.

Lázaro Báez compró en abril de 2009 la hostería Las Dunas. Le costó cerca de dos millones de pesos. Es un tres estrellas con doce habitaciones que cuestan entre 170 y doscientos pesos.

Raúl Copetti, amigo personal de Néstor y recaudador del Frente para la Victoria durante las campañas de Kirchner gobernador, posee el Imago Hotel & Spa, un negocio que le costó once millones de pesos. Vecinos de El Calafate lo acusan de tirar un caño hacia la vía pública del que cada tanto salen efluentes cloacales. En marzo de 2007 el *Tango 01* llegó hasta El Calafate con una carga poco habitual. Traía varios plasmas, materiales para la construcción, cerámicos y unas cajas enormes selladas con máxima seguridad. Seis camionetas particulares y una de la municipalidad esperaron que el avión estacionara para recoger todos los elementos.

—Son las cosas para el hotel —explicó un funcionario de la municipalidad.

Todos entendieron que se trataba de Imago.

Álvaro de Lamadrid conoció El Calafate en 1990, cuando trabajó como empleado temporario de una agencia de viajes. Nació en Navarro, provincia de Buenos Aires, y se recibió de abogado a los 23 años, en la Universidad de Buenos Aires. Militó en Franja Morada, y en 1997 decidió radicarse en la Patagonia, para vivir cerca del Perito Moreno y el lago Argentino. Enseguida abrió un estudio jurídico. En 2007 fue candidato a intendente y perdió. El ganador, Javier Belloni, pertenece al Partido Justicialista, pero no es considerado un kirchnerista puro.

Lamadrid fue amenazado en repetidas oportunidades.

—Yo sé que Kirchner y sus muchachos me odian —afirmó más de una vez.

No es para menos. Fue por su denuncia que la Argentina se enteró de que estaban rematando uno de los lugares más lindos de la Patagonia argentina. Y el bloque de Diputados de la Coalición Cívica pidió que se expropien todos los terrenos vendidos a precio vil.

Lamadrid habló para esta investigación:

—*¿Por qué compara la cesión de tierras con el escándalo de los fondos de Santa Cruz?*

—Porque cuando se calcula el valor del mercado de las tierras entregadas, da como resultado un monto superior a quinientos millones de dólares. Y eso te revela la magnitud del escándalo. Y ojo: no estoy hablando del precio al que compraron la tierra Néstor, Cristina y cerca de cincuenta funcionarios, ex funcionarios y parientes. Ellos pagaron 7,50 pesos el metro cuadrado. Hablo del precio real. Del que surge de la oferta y la demanda. En un solo acto de corrupción se quedaron con la misma cantidad de plata que cobró la provincia por las regalías petroleras en la década de los noventa.

–*¿El cálculo de los quinientos millones incluye las nuevas construcciones de hoteles y propiedades?*

–No. Solamente las tierras. Solo la suma de hectáreas que les cedieron a Néstor, Cristina y los demás. Y no es un invento mío. Vení a cualquier inmobiliaria independiente de El Calafate, preguntá cuánto vale el metro cuadrado hoy, y multiplicalo por las hectáreas con la lista de beneficiarios en la mano. Te da quinientos millones de dólares.

–*Un buen negocio, ¿no?*

–Por eso yo lo llamo "el mejor negocio del mundo". Porque incluye el tráfico de influencias. Y porque los beneficiarios son los socios del poder. Fijate el caso del ex presidente. Kirchner compró un terreno a cincuenta mil dólares. En un rápido pase de manos, se lo revendió a Cencosud. Ni siquiera lo compró con su plata, porque pidió un préstamo del Banco de la Provincia de Santa Cruz de [la familia] Eskenazi y, cuando todavía no lo terminó de pagar, vendió el terreno a dos millones y medio de dólares.

–*¿En qué basa sus acusaciones?*

–La denuncia original es contra Néstor Méndez, el intendente de entonces. Él es el responsable administrativo. Él firmó los decretos. A él le imputé incumplimiento de los deberes de funcionario público, abuso de autoridad, defraudación a la administración pública agravada y una figura tan grave como la del cohecho: el tráfico de influencias. El motivo es evidente. Para mí está claro que Méndez firmó los decretos para dar tierras al ex presidente y unos cincuenta de sus amigos porque se lo pidió Kirchner. Y se lo pidió debido a su influencia política. Kirchner se lo demandó. Y Méndez accedió. Fue un tributo a su jefe político. A alguien que tenía el poder para darle o quitarle partidas que necesita el municipio. Si esta fuera una investigación seria y razonable, el primero que debería ser condenado por su responsabilidad penal es el propio Kirchner. Para cualquiera está claro que el que dio la orden es él. Para que no queden dudas, lo planteo al revés: ¿Méndez habría repartido esas tierras si no se lo hubiera pedido Kirchner?

–*Quizá no. Pero tampoco hay una orden escrita.*

–Pero las evidencias están. Analicemos: ¿Cuáles fueron los mejores terrenos que se cedieron? Sin duda: los que Kirchner después le vendió a la gente de Cencosud. ¿Sabés quiénes eran los propietarios de esos terrenos originalmente?

—*Sí, la Fuerza Aérea.*

—Exacto. Todavía no se habían escriturado, pero la municipalidad se los había cedido hace algunos años. Estaban en trámite. No había duda alguna de que le correspondían a la Fuerza Aérea. ¿Y qué pasó entonces? De buenas a primeras, el ex intendente les caducó la propiedad. Alegó un incumplimiento subjetivo, inexistente y a las dos semanas... ¡se los entregó a Kirchner! ¿Cómo te imaginás que pasó esto?

—*Dígamelo usted.*

—Bien. Me imagino que llamó alguien en nombre de Kirchner, o el propio Kirchner, o la misma Cristina, y dijeron: "Nos gusta este terreno. No sé cómo te las vas a arreglar para dármelo, pero este terreno tiene que ser mío". En relación a esto, la revista *Noticias* informó que el desplazamiento del entonces jefe de la Fuerza Aérea, [brigadier Carlos] Rhode, se debió a su resistencia a entregarle las tierras a la provincia y no al escándalo de las valijas con cocaína de Southern Winds, como lo difundieron en su momento. Parece que Rohde estaba indignadísimo y estaba dispuesto a ir a los medios para contar todo.

—*¿Había alguna ley, ordenanza o norma que le impidiera al intendente repartir tierras como lo hizo?*

—Sí. Se violaron varias ordenanzas que regulan la venta de tierras. El intendente podía vender terrenos, pero dentro de un procedimiento establecido. El trámite implica abrir un expediente administrativo y recibir la solicitud o pedido. Méndez, por ejemplo, no podía otorgar más de dos terrenos a la misma persona o grupo familiar. Además debía dar prioridad a los pedidos con trámite anterior. Por otra parte, los solicitantes, para determinados terrenos, debían ser residentes. Y, finalmente, Méndez tenía la obligación de publicar las ventas en el *Boletín Oficial*. Bien: violó todas y cada una de las prohibiciones. Y no hizo pública ninguna venta.

—*¿Por qué?*

—Para no evidenciar su favoritismo. No podía permitir que la gente se enterara de su entrega de bienes valiosos a los amigos del poder, y a cambio de nada. Los decretos fueron ocultos y secretos para que los tres mil solicitantes con prioridad no lo supieran.

—*¿Por qué no hubo manifestaciones de quienes los habían solicitado antes?*

—Porque se enteraron tres años después, cuando se hizo pública mi denuncia en los medios nacionales. Y porque tienen miedo de ser despedidos de sus empleos públicos, o perseguidos.

—*¿Es cierto que un buen día desapareció el Boletín Oficial?*

—No desapareció. Méndez dejó de publicarlo, que no es lo mismo.

La excusa fue que se trataba de un gasto improductivo. Pero eso no es todo: ni siquiera cumplió con la obligación mínima de mandar los decretos de entregas de tierras al Concejo Deliberante. ¡Y eso que hay una ordenanza que obliga al intendente a brindar libre acceso a la información pública!

—*¿Hay alguna relación entre la cantidad de metros cuadrados recibidos y el poder de cada funcionario kirchnerista?*

—Claro. Nadie recibió más que Néstor y Cristina. Los otros cincuenta funcionarios recibieron menos metros. Y en zonas menos caras, donde no eran tan valiosos por ubicación y entorno.

—*¿Por qué algunos recibieron lotes para chacras y otros para comercio?*

—La lógica de la entrega de tierras es anterior a la provincialización de 1957. Antes que nada, se busca poblar. Por eso se las reparte, igual que ahora, con la obligación de construir o levantar una explotación agrícola o ganadera. La idea es, además, evitar que compren un baldío y a los cinco minutos lo revendan, típico negocio inmobiliario rentista. Bueno: eso es lo que hicieron muchos amigos del poder. Especularon. "Direccionaron" la obra pública hacia sus terrenos. Así los revalorizaron sin gastar un peso. El terreno de la senadora fallecida, Selva Judit Forstmann, es ahora un baldío que está en sucesión.

—*¿Y por qué no lo recupera la intendencia?*

—¡Porque lo quieren todo para ellos! Pensemos juntos. Si no le hubieran dado los 148 mil metros cuadrados que recibió el ex presidente, casi trescientas personas podían haber sido favorecidas con terrenos de quinientos metros cuadrados, medidas adecuadas para cualquier vecino con necesidad de vivienda.

—*¿Cuál es el porcentaje de habitantes sin luz, agua, cloacas o gas?*

—El cincuenta por ciento del pueblo no tiene cloacas, el veinte por ciento no tiene agua ni gas y el diez por ciento no tiene luz. La Avenida del Libertador divide el pueblo en dos: de la avenida hacia el lago están los ricos K, y del Libertador hacia el cerro están el pueblo trabajador y la clase media. Y un poco más atrás, hacia la cordillera, los más humildes.

—*¿Cómo está la causa?*

—Mal. No avanza. Y yo estoy indignado.

—*¿Por qué?*

—La fiscal de la causa es la doctora Natalia Mercado, que no solo es la sobrina de Néstor y Cristina: Natalia también recibió tierras.

—*Natalia y Romina Mercado.*

—Sí. Las dos. Natalia, la fiscal y Romina, la hermana. Es más: Romina, hasta el año pasado, figuraba como una de las accionistas del Hotel

Alto Calafate, un negocio de nueve millones de dólares. Un poco extraño, ¿no? Se trata de alguien que tiene 33 años y que debe de ganar cuatro mil pesos por mes. La misma Romina que hasta hace un tiempo, por lo menos, era la pareja del juez Santiago Lozada, otro magistrado funcional a Kirchner. Ella también es abogada. Y ejerce la profesión. Es imposible que haya ganado nueve millones de dólares de un día para el otro.

–*¿La fiscal Natalia Mercado no se excusó?*

–No. Es un papelón y una vergüenza que ella tenga que investigar a parientes, amigos y familiares. ¿Alguien cree que puede ser capaz de investigarse ella misma y, eventualmente, pedir una condena?

–*¿Qué hubiese sido lo correcto?*

–Si tuviera un mínimo de ética tendría que haberse excusado. Como no lo hizo, nosotros la recusamos. Sin embargo, el juez no hizo lugar. Apelamos ante la Cámara, y también la rechazó. Así que la fiscal está confirmada.

–*¿Cuáles fueron los argumentos para rechazar la recusación?*

–Un disparate total. Un exceso de rigor formal. Arguyeron que yo no puedo pedir la recusación porque no soy parte de la causa. Porque no soy un damnificado directo.

–*El juez y los integrantes de la Cámara, ¿son independientes?*

–¿Independientes? Alcanza con recordar sus antecedentes. El juez de Cámara se llama Rubén Lobos. Es el mismo que liberó a [el ex ministro de Gobierno de Santa Cruz, Daniel] Varizat, el que atropelló con una camioneta a varios trabajadores docentes. Eligió un buen momento: un mes después del triunfo de Daniel Peralta en las elecciones a gobernador. Lobos también cerró, sin investigar, una vieja causa contra el entonces gobernador Kirchner. Se lo acusaba de usar el avión sanitario para viajes políticos y particulares. Y lo habría utilizado a pesar de la muerte de personas que no alcanzaron a ser atendidas en tiempo y forma porque no pudieron viajar a Buenos Aires para ser tratadas allí. Y, como si todo eso fuera poco, Lobos es el juez que cerró de manera definitiva la causa por los famosos fondos de Santa Cruz. En rigor, la cerró Santiago Lozada, en primera instancia, y confirmó su cierre definitivo Lobos, en la Cámara.

–*¿Y qué dijeron los otros dos camaristas?*

–Nada. Porque no hay. En todos los sistemas judiciales normales existen tres camaristas. Pero el enjambre judicial de Santa Cruz está cooptado por Kirchner. Entonces el camarista es uno solo, y se trata de un juez servil y domesticado por el poder político.

–*¿Cómo viene actuando el juez de primera instancia de El Calafate, Carlos Narvarte?*

—Pateó la pelota afuera. Cuando le pedí la causa, me dijo que, si quería información, se la tenía que pedir a la fiscal Mercado. Y me remarcó que él no podía mostrarme nada porque se trata de un expediente reservado. Por otra parte, la fiscal Mercado ni me atiende el teléfono. Igual, le pedí un montón de medidas de prueba ni bien fue confirmada. Una fue la citación al presidente de Cencosud, Horst Paulmann. Él debería explicar en qué circunstancias y por qué le compró dos hectáreas en casi dos millones y medio de dólares.

—*¿Qué antecedentes tiene Narvarte?*

—No muchos, pero si sigue sin actuar va a empezar a tener los peores. En verdad, el juzgado de El Calafate es nuevo. Se abrió en el año 2005. Antes, los asuntos de la ciudad se tramitaban en Río Gallegos. El anterior trabajo de Narvarte fue en un juzgado de menores en Río Gallegos. No tengo dudas: es afín al kirchnerismo. Cuando lo nombraron, el gobernador era Sergio Acevedo. Fue el mismo que nominó a Natalia Mercado. Con esa decisión cometieron la primera irregularidad.

—*¿Por qué?*

—Porque para ser fiscal debería haber acreditado, como lo exige el Tribunal Superior de Justicia, por lo menos cinco años de ejercicio profesional. Ella no los tenía. Es idéntico al caso Zannini. Carlos Zannini fue nombrado en 1998 presidente del Tribunal Superior. La ley le exigía que acreditara cinco años de ejercicio de la profesión... ¡Y ni siquiera había sacado la matrícula!

—*¿No hay nadie que controle esas cosas?*

—No. Y sería demasiado pedir, si con el poder que todavía tienen son capaces de hacer el intento de cerrar esta causa, de archivarla, como lo hicieron con otras igual de escandalosas.

—*¿Por qué?*

—Porque estoy seguro de que van a preferir pagar ese costo político a mantenerla viva y correr el riesgo de que crezca como una bola de nieve. Van a elegir soportar el escándalo, pero de una sola vez. Es que no es solamente la entrega de tierras fiscales a unos pocos. El verdadero escándalo consiste en haberse apoderado de lo público. Es vergonzosa la concentración de terrenos a manos de funcionarios nacionales. Porque no son solamente Kirchner y Cristina. Son varios. Están [el titular de la AFIP Ricardo] Echegaray; Rudy Ulloa; Lázaro Báez; y todos los amigos del poder. Y estas cesiones no solo generaron una gran concentración económica. También provocaron un direccionamiento de la obra pública hacia las zonas donde están las tierras de estos poderosos. Es decir: una enorme concentración de la renta del negocio turístico en la ciudad. Es un plan sistemático de apropiación de casi una ciudad entera.

—*¿Podría explicarlo mejor?*

—Kirchner y sus amigos primero se quedaron con las tierras. Después monopolizaron el negocio de la hotelería, el transporte público y las concesiones viales. No estaría muy equivocado si te digo que el sesenta por ciento de la renta vinculada al turismo en El Calafate ha quedado en manos de Kirchner y sus testaferros. Y solo el cuarenta por ciento es manejado por empresarios dedicados y honestos.

—*¿Por qué no se publican todos los datos de las cesiones de tierras?*

—Porque multiplicaría el escándalo.

—*Uno de los argumentos del ex intendente es que las tierras se las entregan a las familias. ¿Los Kirchner son tomados en cuenta como un solo beneficiario?*

—Gran tema. Y gran incógnita también. En los decretos de las tierras figuran como dos beneficiarios distintos, como si fueran dos individuos que no estuvieran casados. En un decreto dice: "Otórguese a Néstor Carlos Kirchner". Y en otro: "Otórguese a Cristina Elisabet Fernández". ¿Raro? No. Una gran irregularidad. Porque, cuando la Presidente presenta su declaración jurada de bienes, confirma la de su marido. Sostiene: Tengo lo mismo que Kirchner, los mismos autos, las mismas casas, los mismos plazos fijos. Quizá, para ser más prolijos, deberían presentar dos declaraciones juradas separadas y distintas.

—*¿Conoce la historia de Los Sauces, el hotel de Néstor y Cristina?*

—Se supone que se lo dieron al empresario Juan Carlos Relats, para administrar. Digo "se supone" porque no me parece creíble que un hombre de negocios con semejante poder y muchos millones de dólares de facturación necesite explotar un hotel como Los Sauces. Para mí es una clara maniobra para justificar una salida de dinero. Lo que declaran que Relats paga por mes de alquiler no cierra. Está inflado. Es un disparate. Yo vivo en El Calafate. Y te digo que es inviable mantener un hotel así, si tenés que pagar semejante alquiler. Me dirás: es caro. Te sale novecientos dólares una noche. Pero una buena parte del año está cerrado. Y no lo veo trabajar a pleno. Está claro que acá hay gato encerrado.

—*¿Por qué dice usted que es un negocio integrado?*

—Pensemos juntos. El intendente "le vende" los terrenos muy baratos, para no decir que se los regala. Por un lado, construyen un hotel. Por el otro, le compran a la municipalidad miles de hectáreas en la mejor zona de El Calafate. Justo en el área donde construyen la obra pública. Encima, la gran obra pública la termina haciendo Lázaro Báez, de Austral

147

Construcciones. Es un negocio integral porque hacen diferencia con todo: con el precio de compra, con el precio de venta (que sube porque la zona progresa cada día más), y con la explotación de los hoteles...

—*¿Puede dar un ejemplo concreto?*

—Claro. Antes, por la zona de la casa de Néstor y Cristina, no había nada. Ahora hay calles y asfalto. Muy cerca del entorno de Los Sauces se hizo un paseo costero. No debe llegar a veinte kilómetros. ¿Y para qué se lo hizo? Para que salga a pasear el matrimonio presidencial. Y no es que a mí me moleste el progreso. Lo que me molesta es la insensibilidad. Porque muchos barrios de El Calafate no tienen luz, agua, gas ni cloacas. Y, encima de no ser una obra imprescindible, es el asfalto más caro en la historia de la Argentina. Se pagaron cincuenta millones de dólares por veinte kilómetros. Y la empresa constructora es, otra vez, Austral Construcciones, de Lázaro Báez, a quien se sindica como socio de Kirchner. Si son capaces de hacer esto, ¿cómo no van a dibujar las declaraciones juradas para evadir su responsabilidad por enriquecimiento ilícito? Pero hay una cosa peor todavía.

—*¿Cuál?*

—El negocio de la hotelería. La hotelería es un lavado de dinero absoluto e incontrolable. Si vos declarás en la AFIP que tu hotel está lleno todo el tiempo, aunque tus habitaciones sean carísimas y esté cerrado una buena parte de la temporada, ¿quién te va a ir a controlar? A todos los recaudadores les importa cobrar impuestos. Cuanto más ocupación tenga el hotel, cuánto más cara sea su suite, más impuestos van a recaudar. Y, a la vez, es un negocio ideal para blanquear un ingreso en negro, por coimas o por lo que sea. Fijate el alquiler astronómico que le pagan a Kirchner. Es una rentabilidad que no se consigue con ningún negocio lícito del mundo.

—*Según la declaración jurada, Los Sauces sería un hotel muy exitoso.*

—Bueno, en Santa Cruz uno puede decir cualquier cosa, porque hace años que nadie presenta documentos probatorios. Ni con los fondos de Santa Cruz ni con nada. Prefieren construir leyendas a documentar la verdad. Una leyenda muy difundida es que Kirchner era un hombre de fortuna antes de su ingreso fuerte a la política, que era un hombre próspero y rico antes de alcanzar el poder, como intendente de Río Gallegos, en 1987. Y eso es una mentira más grande que una casa. ¿Cuál era su patrimonio antes de 1987? ¿Qué tenía? Diez, once, doce, trece casas en Río Gallegos. ¿Y eso es ser rico? La respuesta es no. Además, la mayoría de las casas eran muy pequeñas, muy humildes. Pero a Kirchner y sus amigos les conviene que la gente piense eso. Aunque puede ser un poco incómodo desde la mirada política pensar en un dirigente con mentalidad rentística, resulta muy útil para que la mayoría suponga que la plata la tenía desde antes. Pero es otro cuento. Otra construcción. Igual que la del Kirchner preocupado por los derechos humanos. O la de Néstor y Cristina diciendo que había que hacer mucha plata antes de meterse en la política. Por favor... El ex presidente y Cristina siempre mezclaron lo público con lo privado. Desde 1987 hasta ahora mismo. Dejan alimentar la leyenda para generar la sensación de que tienen plata desde siempre. De toda la vida. Pero es al revés: la plata grande la hicieron con la función pública, como demuestra el incremento desmesurado de sus propias declaraciones juradas.

—*Además de la construcción del paseo de la costa, ¿qué otra cosa está haciendo Austral Construcciones?*

—Está construyendo un shopping en uno de los terrenos que recibió. Una cosa increíble, que incluso fue confirmada por Méndez en una entrevista que le hicieron en *La Nación*. Lázaro rodeó *motu proprio* el shopping con un cableado subterráneo. La municipalidad se mostró impasible frente a eso. Como diciendo: "Hacé lo que quieras. A la manzana ponele la traza que quieras. Y, además, iluminala como se te cante". Estas cosas revelan el rol, pobrísimo, del intendente. Y la dependencia que tienen respecto de Kirchner. Tanta, que Lázaro Báez, Rudy Ulloa y Julio De Vido tienen carta libre en El Calafate. Si vienen y dicen "quiero hacer una plaza acá", lo logran.

—*Tengo una copia del expediente. Le propongo analizar, uno por uno, los más importantes, además de Néstor y Cristina. Empecemos por Carlos Santiago Kirchner.*

—Primo hermano del ex presidente. Es arquitecto. Trabaja en el Ministerio de Planificación. Es la persona que negocia la obra pública con los gobernadores e intendentes. Hasta donde me enteré, tiene los terrenos adjudicados, pero todavía no construyó nada.

—*Clara Salazar, presidente del Tribunal Superior de Justicia de Santa Cruz.*

—Este es un dato clave. Si ella es una de las beneficiarias de la entrega, no creo que esta causa prospere, por lo menos no en la provincia. De cualquier manera, y en prevención de que este juicio se pueda archivar, vamos a hacer todo lo posible para "mudar" la denuncia a un juzgado federal. Supongo que en Comodoro Py, a esta altura del partido, deben de haber perdido la capacidad de frenar o cerrar causas. Quizá se pueda ampliar la denuncia genérica por asociación ilícita que en su momento presentó Elisa Carrió al juez Julián Ercolini. Ese podría ser el plan B...

—*Osvaldo "Bochi" Sanfelice.*

—Es el propietario de la inmobiliaria Sancho y Sanfelice. Sancho es el ex gobernador que se tuvo que ir antes de tiempo. Pero Sanfelice es el administrador, junto con Máximo Kirchner, de todas las propiedades de la familia en Río Gallegos. Y en algún documento figura también como socio de Néstor Kirchner.

–*Santiago Lozada.*

–Ya nos referimos a él. Es el juez que ayudó a cerrar la causa por los fondos de Santa Cruz, entre otras.

–*María Inés Granero.*

–Es la hija de José Ramón Granero, titular de la Secretaría de Programación para la Prevención de la Drogadicción y la Lucha contra el Narcotráfico. Es quien le dio el analgésico al ex presidente que le provocó la úlcera en la Semana Santa de 2004.

–*Selva Judit Forstmann, la senadora que murió el 11 de abril de 2009, cuando su camioneta se internó en el río Barrancoso, a 120 kilómetros de Gobernador Gregores, en la misma provincia de Santa Cruz.*

–Más allá del lamentable accidente, hay que aclarar que ella vivía en Caleta Olivia y que recibió un terreno, aunque, según las ordenanzas de El Calafate, no le correspondía, ya que una ordenanza sostiene que, para recibir un terreno con destino a vivienda unifamiliar, el beneficiario tiene que residir en El Calafate. De cualquier manera, no fue la única ordenanza que se violó. También se ignoró aquella que dice que una persona o un grupo familiar no puede adquirir más de un terreno fiscal. Es decir: pueden comprar cuarenta terrenos en el mercado inmobiliario, pero no pueden adquirir más de uno cedido por la municipalidad. Los pasaron por encima. Los obviaron. Para los amigos del poder no hay ordenanza que valga.

–*Juan Antonio Bontempo.*

–Primero fue secretario de Gobierno. Después fue ministro de Economía de los gobernadores Kirchner y Acevedo. Ahora trabaja en la Unidad Presidente, con Cristina. Su cargo es subcoordinador de Asuntos Técnicos.

–*Rudy Ulloa Igor.*

–Claro. Rudy Ulloa era cadete del estudio jurídico de Kirchner. Y hoy es un empresario que tiene medios acá, en la provincia. Se sabe: quiso comprar Telefé. A mi entender no solo no puede ser empresario. Ni siquiera estoy seguro de que tenga capacidad para ser un buen empleado.

–*Claudio Kirchner.*

–Sobrino de Néstor Kirchner. No sé a qué se dedica.

–*Oscar Zaeta.*

–Es el escribano oficial. Obvio: se trata de un militante del Frente para la Victoria.

—*Ricardo Echegaray, titular de la AFIP.*

—También tiene un terreno. No es el de los más grandes. Tiene cerca de dos mil metros cuadrados.

—*Leandro Vidaurre.*

—Abogado del ex intendente Méndez. Y secretario legal de la municipalidad. Es el que firmó los dictámenes e hizo las escrituras. Obvio: también recibió tierras.

—*Pablo Grasso.*

—Militante del Frente para la Victoria de Río Gallegos. Concejal. (Es el hombre que conectó a Cristóbal López con Néstor Kirchner, véase Segunda Parte: Cristóbal. Capítulo 1: La llamada).

—*Fabio Oyarzún.*

—Otro caso escandaloso. Ex concejal de El Calafate, en el momento en que se entregaron las tierras era secretario de Gobierno de la municipalidad. Si te fijás con cuidado en el expediente, vas a comprobar que todos los funcionarios tienen tierras. No dejaron a ninguno afuera. Establecieron con mucha precisión la cadena de complicidad. Todos cierran filas y defienden la causa, porque todos tienen un pedazo de terreno fiscal.

—*Álvaro Sánchez Noya.*

—Secretario de Planeamiento del intendente Méndez. Fue el que firmó muchos de los decretos de adjudicación de tierras junto con Méndez. Cierra el círculo del bochorno. Un intendente que se adjudicó o vendió terrenos a él mismo, gracias a los decretos que firmó su secretario de Planeamiento, quien también se benefició con tierra fiscal.

—*Jorge Magliot.*

—Otro que se concedió tierras, siendo secretario de Obras de la gestión Méndez. Pero ahorremos tiempo. No nombremos a uno por uno. Digamos que todos los altos funcionarios del gabinete municipal de Méndez fueron beneficiados con tierras.

—*¿Es verdad que fue amenazado?*

—Me persiguen. Pretenden amedrentarme. ¿La verdad? En Santa Cruz ser oposición es difícil. Y en El Calafate, un apostolado. Me amenazaron, sí. Y no solo eso. Escucharon mis conversaciones telefónicas. Me pincharon el celular. Un día estaba con un amigo, en un bar, hablando de política. Cuando llegué a mi casa tenía un mensaje en el contestador. Era la conversación que había mantenido hacía media hora antes. También me pintaron la casa. Fue cuando me presenté como candidato a intendente, en 2007. Me pusieron: "PJ. Evita Vive. Lamadrid: te vamos a hacer boleta". Fue el último intento de volverme loco. Primero me habían amenazado de muerte, por teléfono. Yo viajo mucho a Río Gallegos por cuestiones profesionales. Se ve que me tenían contados los pasos porque me dejaron un mensaje grabado que decía: "Cuidate. En la ruta te puede pasar cualquier cosa". Después me hicieron lo de las escuchas que te acabo de contar. Yo reaccioné, y presenté una denuncia junto con todos los elementos en el juzgado correspondiente. Más tarde, un habitante de Linda Vista, uno de los barrios más pobres de El Calafate, denunció que unos hombres se bajaron de una camioneta de la municipalidad y empezaron a ofrecer 1.500 pesos para quien estuviera dispuesto a darme una golpiza. Se ofreció como testigo y volví a presentar otra denuncia. Cuando al final me pintaron la casa, una de las candidatas de nuestra agrupación, Marcela Barboni, me dijo: "Yo me presento y hago la denuncia". Pensé: ¿Otra denuncia más? Y de repente me di cuenta de cuál era la jugada de estos tipos. Querían enloquecerme. Esperaban que hiciera una denuncia por semana para que la gente me tomara por un payaso. Querían convertirme en un denunciante profesional para ponerme en el peor de los ridículos. Y no hice ni una denuncia más por amenazas. Desde ese día, no me amedrentaron más. Pero se equivocan si piensan que voy a abandonar esta causa. Podrán seguir pensando en hacer el mejor negocio del mundo, pero deberán saber que hay gente que los está observando y que tarde o temprano los va a denunciar.

3
EL INQUILINO

El presidente Néstor Kirchner miró directo a los ojos del multimillonario Juan Carlos Relats, de ahora en adelante "El Inquilino", y le descerrajó el número:

—Para mí 105.000 dólares por mes está bien.

Iban en la camioneta que manejaba el propio Kirchner. Estaban recorriendo los rincones más lindos de El Calafate, en la provincia de Santa Cruz. Acababan de visitar juntos Los Sauces, el hotel que todavía Néstor y Cristina no habían terminado de construir, justo al lado de su propia casa.

Eran las diez de una fría mañana de otoño de 2006.

Relats entró en pánico. Y no porque tuviera algún problema económico o financiero que le impidiera pagar semejante suma. El hombre se había hecho rico, sobre todo, haciendo negocios con el Estado. Por eso conocía a la perfección el costo que significaba decirle que no a un presidente de la Nación.

—Néstor, ¿no me lo dejás pensar un poco?

—Vamos ¿qué es lo que tenés que pensar? —lo apuró el jefe de Estado.

Así nació una de las transacciones más sospechadas de la Argentina. Y uno de los puntos más controversiales de la declaración patrimonial de Néstor y Cristina Fernández de Kirchner. El contrato que explicaría parte de la fortuna presidencial.

Si *Lupo* le hubiera hecho la misma pregunta el martes 1º de setiembre de 2009, entre las 13.30 y las 15.30, en su escritorio del segundo piso del Hotel Panamericano, el empresario seguramente le habría respondido lo que le dijo al autor de esta investigación:

—Ni loco. Era preferible perder un negocio a estar, como estoy ahora, en boca de todo el mundo, como Cristóbal López o Lázaro Báez.

El Inquilino jamás le dio una nota a un periodista en toda su vida. Casi nadie le conoce la cara, más allá de su familia, sus socios, algunos de sus empleados, y gente tan poderosa como Kirchner o Julio De Vido.

Ahora sabe que no tiene más remedio porque va a aparecer en un libro. Y está dispuesto a defenderse. Y se presenta junto a su hija, la ingeniera en construcciones Silvana Relats, la mujer que maneja los hoteles del grupo y que, además, protege a su padre como una leona a su cría.

El Inquilino propone una conversación informal y promete contestar las preguntas más comprometidas por escrito:

—Tengo miedo de no responder con las palabras adecuadas.

Después se lanzará sin disimulo, y contestará la pregunta más insistente: por qué un hombre de negocios con semejante poder aceptó alquilar el hotel de Néstor y Cristina.

El enigmático Juan Carlos Relats, 74 años, Documento Nacional de Identidad 6.011.163, hijo de padre catalán y madre alemana, casado, dos hijas, poderoso empresario de la obra pública, las rutas, el petróleo y el gas, los hoteles, el juego y la ganadería, incluida la cría de búfalos, con una facturación de 570 millones de pesos y 3.120 empleados, desmintió por primera vez, de manera pública, que detrás de los pagos del alquiler a Kirchner haya lavado de dinero o gato encerrado. Enseguida se verá con qué argumentos lo hizo.

—¿Estás investigando a tipos que facturan miles de millones de dólares, y te preocupás por el alquiler de un hotel en El Calafate? —quiso desalentarme.

—Precisamente por eso. La pregunta es por qué un empresario con tantos negocios y tantos intereses como usted se toma el trabajo de pagarle el alquiler del hotel presidencial en Calafate.

—Yo estoy muy dolido. Esto me ha perjudicado mucho. Si fuera por mí, no hablaría con ningún periodista.

Hasta ahora, sin atender a los medios, no le había ido nada mal.

El Inquilino nació en Venado Tuerto, Santa Fe.

Cursó sus estudios en la Universidad del Litoral. Conoce los dos lados del mostrador.

En 1960 fue jefe de Obras Públicas de la Municipalidad de la Ciudad de Corrientes. Más tarde lo nombraron ingeniero jefe de la Dirección de Vialidad de la provincia. Un poco después fue designado jefe de Obras de la Dirección de Vialidad del Chaco.

En 1966 fundó su primera empresa junto a Raúl Clebañer. Se llamó Relats-Clebañer Sociedad Comercial Colectiva. Así se transformó en una constructora pública. En 1971 la Sociedad Comercial Colectiva se convirtió en una sociedad anónima. En 1981 pasó a denominarse Necon SA y empezó a multiplicar su facturación de manera exponencial, tanto en la provincia de Corrientes como en la de Buenos Aires y en la Capital Federal. En 2001 volvió a reorganizar la sociedad y así fundó JCR SA. Un año después se dio cuenta de que el peaje era otro gran negocio y fundó Rutas del Litoral SA. Actualmente no se puede quejar: factura solo en la obra pública trescientos millones de pesos, tiene más de 1.800 empleados y se jacta de poseer 1.450 equipos viales.

En 1970 Relats se metió en la explotación agropecuaria con la compra de Estancia San José, en Corrientes. Una década después ya poseía campos también en Entre Ríos y había dado el salto más grande dentro de la actividad. Fue exactamente en 1979, al comprarle Estancias Loma Alta a Bunge & Born, con un predio de 35.000 hectáreas en Corrientes y, otro de 2.500 hectáreas en Entre Ríos, además de 19.000 cabezas de ganado.

Ahora Relats tiene la bonita cifra de 130.000 hectáreas de campo. La mayoría de ellas las usa para criar ganado, aunque también es dueño de un arrozal que le vende a Molinos una buena parte de su producción.

En ese mismo campo se encuentra su estancia Nueva Valenzuela. Allí mismo está la pista donde un día aterrizó el avión privado de José Antonio Aranda, uno de los principales accionistas de *Clarín*, según contó un periodista de *Perfil*. Fue una bajada no de emergencia pero sí imprevista, porque Aranda no quería aterrizar en Resistencia.

A los campos ubicados en Corrientes, Formosa y Santa Fe, Relats los utiliza para alimentar reproductores de alta calidad, como bradford, brangus negro y colorado y brahman. También para criar búfalos. En total posee 78.000 animales.

En Santa Fe, además, se dedica a la explotación agrícola. Y en San Juan y La Rioja tiene olivares. Su actividad agropecuaria le reporta una facturación anual de casi cincuenta millones de pesos y le permite dar trabajo a 220 personas.

En 1974 comenzó a operar el Hotel Guaraní, ubicado en la ciudad de Corrientes. Tiene 150 habitaciones.

En 1982 inauguró el Panamericano de Buenos Aires, construido por su propia empresa. Con cuatrocientas habitaciones, enfrente del Obelisco, es el tercer hotel más grande de la Argentina. Y le sirvió a Relats para quedar bien con Dios y con el Diablo. Allí festejó su triunfo Raúl Alfonsín el 30 de octubre de 1983. Hicieron lo mismo Fernando de la Rúa y "Chacho" Álvarez, cuando en 1999 ganó la Alianza. Al año siguiente Carlos Menem lo usó para inaugurar su página web junto a Cecilia Bolocco.

En 1987 inauguró el Hotel Panamericano de Bariloche. Lo levantó también con su constructora. Tiene 306 habitaciones. Pocos políticos y empresarios resistieron la tentación de aceptar el hospedaje gratuito del inquilino de la Presidente.

En 1990 ingresó al negocio petrolero bajo la denominación de Necon SA y en asociación con Petroquímica Comodoro Rivadavia. Así ganó la licitación de El Sosneado, en Mendoza. Un año después les adjudicaron áreas en Río Negro, La Pampa y Neuquén. En 1992 Necon formó una unión transitoria de empresas con Petróleos Sudamericanos y ganó Caimancito, un área en Jujuy que fue vendida en 2007.

Ahora posee el 25 por ciento de la explotación de varias áreas de la región Centro-Oeste y de la provincia de Salta. En este negocio factura 87 millones de pesos y emplea a solo sesenta personas.

En 1996, como si nada fuera suficiente, se metió también en el negocio del juego. El gobernador de Río Negro, Pablo Verani, le cedió la explotación del Casino Gran Bariloche.

En 1999 creó Entretenimientos Patagonia SA y le puso a sus casinos el nombre de fantasía Worest.

Un año después ya manejaba salas de juegos en Formosa, Clorinda, Pirané y El Colorado. Además inauguró CasinoSur.com, su primer casino virtual.

En 2003 las autoridades de la provincia de Río Negro, para eludir la prohibición de instalar nuevos casinos, impulsaron la creación de "anexos" de los casinos de Relats en el Shopping Patagonia, de Bariloche, y también en El Bolsón.

El 28 de enero de 2004, el cura párroco José Luis Genaro presidió la celebración de los setenta y ocho años de esta ciudad. Y rogó:

–Ojalá que, cuando El Bolsón cumpla los ochenta, se puedan concretar la ampliación del hospital y la reparación de las escuelas. Y ojalá que para esa fecha no abran el casino.

Las oraciones del sacerdote no fueron escuchadas: Entretenimientos Patagonia logró la apertura de su sede de El Bolsón en noviembre de 2007.

El 15 de julio de 2006 Relats, accionista de Tresor Casino, inauguró otra sala de juegos en Apóstoles, Misiones.

Y el 7 de mayo de 2007 abrió otra en la misma provincia, pero esta vez en San Javier.

En 1998 El Inquilino fue beneficiado con otro negocio redondo.

El gobernador de Salta, Juan Carlos Romero, le otorgó la concesión del agua potable de la provincia, previo aumento del veinte por ciento en la tarifa. Fue casi al mismo tiempo en que ganó la obra de mantenimiento de la ruta que une a Resistencia, en Chaco, con Clorinda, en Formosa.

El 23 de agosto de 2007, la Corte Suprema le rechazó un curioso reclamo. Relats pretendía imputar como pago de impuestos los certificados de obra que todavía no le habían pagado.

En ese sentido, El Inquilino no es distinto a los demás empresarios de la obra pública: sea por adecuación de precios, inflación o mayores costos, siempre les queda algo por cobrar.

–De la época de Menem me deben cincuenta millones de pesos, por obras anteriores a 1991. Me ofrecieron el 15 por ciento. Les respondí que sí, pero todavía no me lo pagaron –reveló Relats.

–¿Quién se lo ofreció: De Vido, Kirchner o Cristina?

–No importa. Porque el que me lo debe es el Estado, la República Argentina, más allá de quién sea el Presidente.

El 21 de setiembre de 2008, Nicolás Wiñazki, periodista del diario *Crítica*, denunció que Relats había participado de una licitación, no para ganar, sino para ayudar a otra empresa amiga con la que tienen negocios en común.

Se trata de 57 kilómetros de asfalto en la ruta provincial 7 que unirá a las localidades de San Martín y Naciones Unidas, en la provincia de Chaco.

A la licitación "la ganó" la firma Sucesores de Adelmo Biancalani. Uno de los dueños es el senador nacional Fabio Biancalani, un incondicional del gobernador de Chaco, Jorge Capitanich. Además, a Sucesores de Adelmo Biancalani se la vincula con Austral, de Lázaro Báez.

Sucesores de Adelmo Biancalani ofertó 166.958.079 pesos, con 74 centavos. JCR SA propuso hacerla con 168.343.156 pesos, con cuarenta centavos. El presupuesto oficial también era casi idéntico: 170.216.154 pesos.

Es evidente que JCR puso el precio justo para mantener la apariencia de la licitación. Además, Sucesores de Adelmo Biancalani es su socia en otros proyectos de obras públicas.

El diputado nacional por el Chaco Carlos Ulrich, de la Unión Cívica Radical (UCR), fue todavía más lejos. Denunció que mientras el kilómetro de la mencionada obra de la ruta 7 costaba casi tres millones de pesos, el kilómetro de la ruta 4, también en la provincia de Chaco, construido por una empresa no kirchnerista, no llegaba a 1.700.000 pesos. ¡Una diferencia de 1.300.000 pesos por kilómetro!

Por esos días, El Inquilino ya había firmado el contrato de locación con Kirchner. De la misma época son otros jugosos negocios públicos obtenidos por Relats.

El más importante fue la construcción de 44 kilómetros correspondientes al último tramo de la autopista entre Córdoba y Rosario. La licitación la ganó sin competencia. Para eso, JCR armó una unión transitoria de empresas con IECSA, de Ángelo Calcaterra, cuñado de Mauricio Macri. Ofertaron casi 546 millones de pesos.

Otro negocio que demuestra que Relats no se fija en el prestigio de sus socios sino en el beneficio que pueda obtener es el de Hidroeléctrica Tucumán. La administra junto a Sergio Taselli, el empresario al que le quitaron la concesión del Ferrocarril San Martín. El mismo que, además, dejó un tendal en Yacimientos Carboníferos Río Turbio.

Lo que sigue son cinco de las respuestas a las preguntas que Relats respondió por escrito:

—*¿Por qué aceptó la propuesta de Kirchner de alquilarle su hotel en Calafate?*

—Porque, en 2006, El Calafate era un destino con una altísima llegada del turismo internacional, en una época en que las plazas resultaban insuficientes. En ese contexto, el alquiler de Los Sauces nos permitió ofrecer al mercado turístico internacional el circuito que nos demandaba. Es decir: Buenos Aires-Bariloche-El Calafate, con camas propias y sin correr el riesgo de no tener disponibilidad en el último de los destinos, uno de los más demandados.

—*¿Para qué se molestó en hacer esta inversión, si sus negocios son de una dimensión mucho más grande?*

—Alquilar Los Sauces representó para el Grupo la oportunidad de incursionar en el turismo premium sin tener que invertir en infraestructura. Construir en El Calafate un hotel de categoría, con doscientos habitaciones y grandes salones, hubiese significado una fuerte inversión y más de treinta meses de trabajo. Con el alquiler de Los Sauces, Panamericano pudo ingresar en el mercado de los hoteles de lujo en forma rápida, sin altos riesgos, manteniendo así su posicionamiento frente a la entrada de nuevas cadenas hoteleras internacionales al mercado local.

—*Los operadores inmobiliarios de El Calafate afirman que usted paga un alquiler demasiado alto.*

—Está dentro de los valores de mercado para un complejo hotelero de sus características. Los estudios que encargamos en el año 2006 nos recomendaron la operación, ya que las proyecciones que se hicieron daban como resultado un alto nivel de rentabilidad. Además un factor central en el análisis de la inversión fue el de potenciar a los otros hoteles del Grupo, con la posibilidad de ofrecer Buenos Aires-Bariloche-El Calafate en el mercado de turismo premium.

—*Usted había reconocido que no le va bien.*

—Es cierto. Pero fue por una sucesión de imprevistos de público conocimiento, que eran imposibles de anticipar en 2006. La crisis del campo, los conflictos gremiales en Aerolíneas Argentinas, la crisis financiera y la gripe A H1N1, comprometieron a la industria turística en el mundo en general y en nuestro país en particular, por lo que las proyecciones iniciales no se vieron confirmadas. No obstante, la operación sigue siendo beneficiosa, si tenemos en cuenta que Los Sauces nos permitió también incrementar las ventas en nuestros hoteles de Buenos Aires y Bariloche. Y repito: la opción de alquilar nos resultó mucho menos riesgosa que la inversión en construcción de algo similar.

–¿No pensó que había conflicto de intereses, ya que usted es contratista del Estado, y podría ser beneficiado por decretos, resoluciones y decisiones de Kirchner y la Presidente?

–No. En toda mi trayectoria como empresario nunca pedí ni esperé favores de ningún gobierno. Poseo un grupo empresario con fines de lucro. Si veo un negocio que puede ser rentable, como en su momento consideramos que podía ser el hotel, lo hago.

La verdad es que sí lo pensó, antes de dar el sí al matrimonio presidencial.

Y lo pensó mucho.

Por eso pidió un informe sobre incompatibilidad al estudio jurídico Alegría, Buey Fernández, Fissore & Montemerlo (ABFFM).

Los abogados le hicieron precio, ya que Javier Alegría estuvo casado con su hija Silvana. El resultado fue positivo: los expertos dictaminaron que el negocio de las rentas inmobiliarias es el único que puede permitirse un funcionario público. Aun cuando El Inquilino sea un contratista del Estado y el funcionario sea el o la presidente de la Nación.

Pero no solo lo pensó mucho Juan Carlos Relats.

También lo analizó con detenimiento su hija Silvana Relats, la responsable de Panatel, la sociedad que concentra todos los negocios de hotelería y turismo del grupo, incluidos el Hotel Guaraní, en Misiones, y el Panamericano, en Buenos Aires y Bariloche, y que ahora maneja Los Sauces-Casa Patagónica.

Silvana jura que ya había pensado en El Calafate para hacer más rentable su negocio.

Que Panatel siempre vendió el circuito Buenos Aires-Bariloche, Bariloche-Puerto Montt, en Chile, y Puerto Montt-Santiago de Chile. Y que tuvo que dejar de ofrecerlo por la imposibilidad de cruzar los lagos hacia Chile.

La Relats ya había intentado incorporar El Calafate a su paquete al pedirle a Mario Guatti, socio de Wagner y dueño de Los Álamos, que le alquilara varias habitaciones por una temporada.

–¿Que yo te alquile mis habitaciones para que las comercialices vos? ¡Ni loco! –le habría respondido Guatti cuando la hija de Relats se lo pidió para poder cerrar su paquete de venta hotelera a turistas extranjeros.

De manera que, cuando su padre le comentó la oferta de Kirchner, Silvana reaccionó así:

—Parece caro. Pero, si le decimos que no al Presidente, tenemos que fundamentarlo muy bien.

La ingeniera hizo tres consultas.

Una a su pareja, Michel Biquard, dueño de Los Notros, uno de los hoteles más caros de El Calafate. Él le informó que la tarifa promedio de Los Notros era de 1.600 dólares la noche y que el porcentaje de ocupación cada vez crecía más.

Otra fue a Lisicki, Litvin & Asociados, especialistas en estudios de mercado.

Y la tercera consulta fue a Máximo Ianni. El italiano armó el Hotel Faena y ahora maneja la cadena Armani. Silvana lo considera una de las personas que más conoce de hotelería en la Argentina.

Los tres concluyeron que alquilarle el hotel al Presidente sería una buena inversión. Y la ingeniera cree que no se equivocaron:

—En especial nos ayudó a conseguir más clientes para el Panamericano, en Buenos Aires y en Bariloche.

Su padre, como buen catalán, ignoró los estudios de mercado, pero tomó una calculadora e hizo cuentas. Primero Juan Carlos Relats multiplicó cuarenta cuartos por una tarifa mínima de seiscientos dólares la noche. Después multiplicó esa cifra por los siete meses que el hotel permanece abierto. Así llegó a una cifra de cuatro millones dos mil dólares. Al final, le quitó los dos millones y medio de dólares que Kirchner le pidió por el alquiler. Entonces miró a su hija y le dijo:

—Es verdad, el alquiler es caro. Pero así y todo podríamos ganar dos millones de dólares por año.

No sucedió nada de eso.

Y ahora los dos lamentan el impacto negativo que podría tener en el negocio la sospecha sobre el contrato de alquiler.

De cualquier manera el turismo internacional premium no toma en cuenta la declaración jurada de Néstor y Cristina para decidir si reserva o no una habitación en Los Sauces Casa Patagónica.

De hecho, allí se hospedaron, entre otros top, Marino Davidoff, el dueño de la marca de los habanos y los perfumes; el francés Alain Ducasse, uno de los más prestigiosos cocineros del mundo; el secretario general de la banca Rothschild, Luc Grégoire; y el presidente de Google, Eric Schmidt.

Además Los Sauces Casa Patagónica forma parte de la categoría Small Luxury Hotels of the World, la más alta y valorada entre las cadenas. Y, como si esto fuera poco, *Conde Nast Johansens*, la revista de turismo más importante del mundo, incluyó al hotel en su catálogo.

Vale la pena reproducir algunas de las crónicas de las revistas especializadas.

Para disfrutar de su lectura se recomienda disociar el contenido con cualquier discurso de Néstor y Cristina en los que hayan aludido al hambre, la pobreza y la distribución de la riqueza.

En su edición de julio de 2007, Luisa Zuberbühler escribió para *Diseño & Decoración (D&D)*: "Los Sauces Casa Patagónica es un refinado hotel boutique concebido para alojar a sus huéspedes privilegiando la comodidad y privacidad. Por eso sus habitaciones están distribuidas en tres casas independientes y separadas. Y por eso se eligió un entorno especial para edificarlas: cuatro hectáreas arboladas con sauces y rosas mosquetas, a orillas del arroyo Calafate y frente a la Bahía Redonda del Lago Argentino. Amé la combinación de naturaleza pura con la posibilidad de llegar caminando al centro del pueblo, que está a menos de cinco cuadras".

En noviembre de 2007, la revista *Cuisine & Vins* eligió a Los Sauces como Hotel Boutique del Año. Lo describió así: "Inmerso en un bellísimo parque natural de sauces y rosa mosqueta, este coqueto hotel boutique recrea el espíritu hospitalario y refinado de las grandes estancias patagónicas de principios del siglo XX. Con un estilo arquitectónico típico de la región más austral del país, combina rasgos criollos con influencias europeas y fusiona a la perfección la tecnología más moderna con la decoración más cuidada y elegante. En cada una de las habitaciones estrella de Calafate sobresalen pisos de incienso, barracán, pórfido y cuero legítimo, los muebles de estilo y cuadros de consagrados pintores argentinos".

La revista *El Patio*, del Patio Bullrich, presentó en diciembre de 2007 una nota sin firmar, que empezaba así: "No es un hotel, no es una estancia, no es un lodge, tampoco una hostería. Los Sauces es, sencilla y sorprendentemente, una acogedora casa patagónica en la que el lujo se ha hilvanado con la calidez y donde el servicio cinco estrellas fluye con la mayor naturalidad del mundo".

En la *Guía Gourmet Argentina 2008* se escribió: "Los Sauces es un hotel boutique que recrea el espíritu de las estancias de principio del siglo XX. Dentro del *club house* funciona el restaurante La Comarca, dirigido por el conocido y laureado chef Ramiro Rodríguez Pardo, Premio Mundial de Cocina 1997".

En octubre de 2008, Iñaki Berazaluce, redactor de *Condé Nast Traveller*, informó: "El Calafate es territorio K (como crípticamente se refieren aquí a los Kirchner, Néstor y Cristina, presidente y presidenta o al revés). La residencia de los K reposa a los pies del Lago Argentino, pared con pared con el majestuoso hotel Casa Los Sauces, también de su propiedad".

Para completar la crónica del hotel, y a modo de *bonus track*, reproducimos una receta exclusiva del *master chef* Rodríguez Pardo, enviada para un suplemento especial de *La Nación* desde La Comarca: Se trata de un "rack de cordero patagónico casi lechal, salsa de tomillo, romero y curry con pastel de papas, manzanas y panceta".

Ingredientes: 1 rack de cordero de 8 costillas (preferentemente las del centro). Salsa: 20 g de manteca derretida, 50 g de aceite de oliva extra virgen, 5 ramitas de romero, 5 ramitas de tomillo, 10 hojitas de cilantro, 10 hojitas de menta, dos cucharaditas de curry de la India, ralladura de un limón, sal y pimienta. Pastel de papas, manzanas y panceta: 1 papa chica, 1 manzana verde grand smith, 4 fetas de panceta ahumada, 50 c.c. de crema de leche, sal y pimienta. Echalotes confitados: 5 echalotes cocinados en aceite, con sal y pimienta.

Procedimiento: En una sartén bien caliente sellar (o dorar) cordero (previamente salado) de ambos lados en aceite de oliva. Terminar en horno fuerte hasta lograr el punto deseado. Para la salsa: mezclar la manteca, el oliva y finamente picadas junto con el limón, el curry, la sal y la pimienta. Cortar la papa y la manzana en láminas bien finas y colocarlas en forma de torre en molde circular intercalando manzana, papa y panceta. Terminar con la crema de leche y cocinar en horno medio hasta que esté bien compacto y la papa cocida. Pelar los echalotes, cubrirlos con el aceite y perfumar con las hierbas, llevar a fuego lento hasta que estén tiernos, o confitados.

Armado del plato: Retirar el cordero del horno, disponer en el plato junto a la guarnición en forma elegante, salsear bien y decorar con una ramita de romero.

El primer contacto de negocios de Relats con el kirchnerismo fue años antes de que Néstor se convirtiera en Presidente. Algunos de sus hombres que vivían en Río Gallegos, cuando viajaban a Buenos Aires se quedaban a dormir en el Hotel Panamericano.

Julio De Vido era uno de los más asiduos. Un buen día dejó de hospedarse ahí. Relats, siempre precavido, le preguntó a su hija qué había pasado.

—Subimos las tarifas, papá.

—Conversemos, así vuelve —le sugirió.

No solo regresó.

También organizó una reunión con los cuadros técnicos del Frente para la Victoria (FPV).

—Eran como tres mil personas. Comieron empanadas y vino. Fue antes de las elecciones de 2003 —recordó Relats.

Relats es afiliado de la Unión Cívica Radical (UCR) desde la época en que la conducía Ricardo Balbín. En 2003 no votó a Kirchner. En 2007 tampoco lo hizo por Cristina, sino por la fórmula Roberto Lavagna-Gerardo Morales.

Si lo apuran un poco, se reconoce como un buen amigo de Carlos Menem. Y también admite que nunca imaginó que Kirchner iba a llegar a convertirse en Presidente.

De cualquier manera no tuvo inconveniente alguno en hacerle un lindo favor. Fue cederle, gratis, el Panamericano a un candidato enojado y con ganas de pelear. Fue el día en que su vocero Miguel Núñez acusó a Menem de antidemocrático, por bajarse de la segunda vuelta y hacer que Kirchner se convirtiera en Presidente solo con el 22 por ciento de los votos.

La segunda conexión de Relats con Kirchner no resultó gratis.

Fue cuando a la constructora JCR SA le adjudicaron, junto con Esuco y Gotti SA, el tendido del acueducto Piedra Buena-San Julián, en Santa Cruz.

En la provincia la denunciaron como una licitación a medida. Se trató de una obra de 120 kilómetros. La cotizaron en 47 millones de pesos.

La oferta de precios la había ganado otra empresa. Sin embargo, la Unión Obrera de la Construcción (UOCRA) la objetó por no haber firmado un convenio que le daba mayor puntaje en la licitación a las empresas radicadas en la provincia.

"Fue tan maravilloso el pretexto utilizado, que los ganadores fueron impugnados. Como el único oferente que tenía firmado un convenio era Gotti, se lo dieron a esa empresa", escribieron los periodistas de OPI Santa Cruz.

Gotti tomó el negocio. Y lo primero que hizo fue armar una unión transitoria de empresas con JCR y Esuco.

Así, El Inquilino y sus socios cantaron victoria.

En la Cámara de Diputados de la provincia de Santa Cruz, el único legislador radical que había en ese momento objetó la ampliación de partidas de dinero. La consideró excesiva.

Pero, a cualquiera que escucha a Relats hablar del acueducto, le queda la sensación de que fue un mal negocio y que ni siquiera tenía demasiado interés en hacerlo. Por las dudas: aunque el empresario se haga el distraído, Kirchner ya era gobernador.

—No lo vi ni en la inauguración. Me acuerdo que llegué tarde por culpa de Aerolíneas. También me acuerdo que no fue un gran negocio. Nos tenía que pagar mitad la Nación y mitad la provincia. De esa obra nos quedaron debiendo 9,7 millones de pesos. La entregamos antes de 2006 y todavía no terminaron de pagarnos.

Según Relats, la mitad del dinero se la deben a él. Y la otra, a Enrique "El Alemán" Wagner, presidente de Esuco, otra de las empresas más beneficiadas por el dedo de Kirchner.

—¿Y qué pasó con Gotti?

—Después Gotti se fue —informó Relats.

El Inquilino solo aclaró eso. Pero no explicó cómo fue que primero la usaron para ganar el proyecto y después se apartó.

Casi de inmediato, el empresario se volvió a asociar con Wagner para hacer cloacas en El Calafate. Como la ciudad pasó de tres mil a veinte mil habitantes en muy poco tiempo, a esa unión de empresas, además de las obras, le adjudicaron de manera directa la construcción de otro acueducto.

Fue justo para la misma época que Kirchner lo llevó a pasear en su camioneta y le hizo, a boca de jarro, la oferta de los 105.000 dólares por mes que actualmente no les cierra a quienes investigan la declaración jurada del matrimonio presidencial.

Aunque Relats no lo votó ni entiende demasiado de política, tiene palabras de admiración para el hombre que todos los meses le cobra el alquiler.

—Después de Arturo Frondizi, Néstor Kirchner es el único Presidente que sabe de economía —sentenció el empresario, antes de despedirse.

1
"No somos todos lo mismo"

A los Eskenazi los acompaña un sabor agridulce. Sienten que llegaron a lo máximo al comprar una parte de YPF (Yacimientos Petrolíferos Fiscales), la empresa más grande, poderosa y de mayor facturación de la Argentina, pero, a la vez, se lamentan porque otros hombres de negocios y una buena parte de la sociedad los miran con desconfianza.

A pesar de todo, no reniegan de su buena relación con el ex presidente. Dos semanas después de la primera derrota electoral de la vida de Kirchner, Eskenazi aceptó que lo sigue admirando:

—Me sentiría deshonesto si le dijera: "Lo respeté y lo admiré". Mejor ponga que a Kirchner lo respeto y lo admiro —me dijo, al final de la entrevista, en julio de 2009, mientras hacía esperar unos minutos al presidente de YPF, Antonio Brufau, quien acababa de llegar desde Madrid.

El patriarca Enrique Eskenazi no niega su vínculo con el poder, pero lo embarga la tristeza cuando lo comparan con otros empresarios K como Cristóbal López, Lázaro Báez o Rudy Ulloa:

—¿Qué tengo que ver yo con esas personas? ¿Nadie se toma el trabajo de analizar de dónde vienen ellos y desde dónde venimos nosotros? —les pregunta, cada tanto, a sus hijos y sus asesores.

Enrique Eskenazi, 84 años, Libreta de Enrolamiento 3.171.746, nacido en la provincia de Santa Fe, ingeniero químico recibido en la

Universidad Nacional del Litoral, es, en efecto, un empresario distinto a la mayoría.

Judío sefardita, hizo la primaria en la escuela pública número cinco, Vicente López y Planes, de la ciudad de Santa Fe.

El 28 de julio de 2007, casi setenta años después de terminar la primaria, donó a la escuela una sala de computación completa, a la que denominaron Aula Digital.

—La doné porque fue mi primera escuela. Y porque estoy agradecido por la educación que recibí.

Presidente de la Asociación Judío Sefardí de la provincia de Santa Fe, sus padres están enterrados en el cementerio de la provincia, uno de los espacios públicos que aquella ayuda a cuidar.

Aunque parezca mentira, Enrique Eskenazi fue socialista, y lo metieron preso ni bien ingresó en la universidad.

Tenía solo 17 años y cursaba primer año cuando fue designado líder de un grupo reformista que defendía la permanencia de los profesores democráticos de la facultad. El interventor de la época lo mandó llamar y le preguntó si había firmado una nota contra él. Eskenazi confesó y tuvo que soportar cuatro meses en la cárcel. Había terminado de caer Ramón Castillo, el vicepresidente de Roberto Ortiz. Pronto Juan Domingo Perón asumiría el poder.

Obsesivo del estudio y del trabajo, Enrique conoció a su esposa, Sylvia Storey, recién a los 31 años. Sucedió en Buenos Aires. Fue amor a primera vista. Y no se separaron más.

Sylvia, hija de madre alemana y padre diplomático inglés, vivía en Detroit, Estados Unidos. Y Enrique regresaba de Chicago, donde había pasado los dos últimos años de su vida, enviado por Bunge & Born para perfeccionar sus conocimientos en la industria de la alimentación.

Ella es católica y respeta los símbolos y los dogmas de la religión. Él no.

—Rompí los parámetros familiares, pero valió la pena —recordó ante el autor de este libro.

Enrique y Sylvia tuvieron cinco hijos: Esteban, Ezequiel, Sebastián, Matías y Valeria. Todos, menos el mayor, Esteban, consideran a su padre "el comandante en jefe".

Esteban no forma parte del grupo.

Disputó con Sebastián el control efectivo de la empresa familiar.

El padre falló a favor de Sebastián, y Esteban se fue por las suyas a manejar una empresa de tableros electrónicos llamada Storey SA.

Ezequiel, 48 años, Documento Nacional de Identidad 14.156.036, es el bohemio de la familia. Actor, participó, hace años, en la obra *Lulú*, en el San Martín. También le dieron un papel coprotagónico en la película *Highlander*.

Ahora maneja la bodega familiar.

Sebastián es el heredero y conductor efectivo de todos los negocios familiares. Más adelante se explicará por qué.

Matías, Documento Nacional de Identidad 20.383.823, 41 años, es, de los hermanos, el de más bajo perfil. Comparte formalmente el poder con Sebastián, pero, en la práctica, antes de decidir lo consulta en todo.

Valeria, la más mimada, no forma parte del grupo por decisión propia.

Enrique Eskenazi tenía su vida hecha cuando un golpe de suerte y oportunismo cambió su vida para siempre.

Fue durante 1979. Ya había cumplido los 55 años. Ya había viajado por todo el mundo y había realizado todos los cursos de posgrado que le habían permitido el tiempo y los accionistas de B&B. Formaba parte del directorio de Matarazzo. Había fundado la Cámara Argentina de los Empresarios de la Alimentación. Tenía chofer propio y un poder de decisión considerable.

El suceso que transformó su carrera tuvo lugar en la sala de terapia de grupo que compartía con otros empresarios afectados por la ola de secuestros. Ya habían sido raptados los hermanos Juan y Jorge Born. Eskenazi y sus colegas se preguntaban cuándo les tocaría a ellos.

En ese ámbito conoció a Carlos Alberto Petersen, accionista mayoritario de Petersen, Thiele & Cruz, una de las constructoras más antiguas e importantes de la Argentina.

—Quiero que entres al directorio de la empresa antes de que se funda —le pidió Petersen a su amigo.

Eskenazi, antes de responder, revisó los últimos tres balances. Hizo un diagnóstico preciso y brutal.

—Tenía dos millones de pesos en los bancos, pero estaban perdiendo todo el capital de trabajo. Tomaban préstamos en dólares, pero los pisos y las obras se vendían y se cobraban en pesos. Trabajaban con demasiado personal y gastaban muchísimo dinero. Además tenían el mayor problema que se estudia en los manuales de las empresas familiares.

—¿Cuál?

—El síndrome de la tercera generación. La primera crea la empresa. La segunda la mantiene y además la hace crecer. La tercera se abre tanto, que la empresa familiar termina cayéndose. A Petersen se le empezaban a morir los accionistas. Y muchos herederos se querían abrir. Recuerdo, por ejemplo, que Carlos Petersen, el ex jugador de Los Pumas, decía, por esa época: "Yo me voy a vivir a Bariloche. Esto no es para mí".

Eskenazi tomó las riendas del directorio en 1980. Lo primero que hizo fue mudar las enormes oficinas de novecientos metros cuadrados cada una, divididas en dos pisos, que estaban en Alem 986, enfrente del Sheraton, en el barrio de Retiro. Las cambió por unas más pequeñas y más baratas, sobre la calle Viamonte, a metros del Teatro Colón.

Enseguida le cedieron el cinco por ciento de las acciones. Más tarde se presentó en convocatoria de acreedores. Para 1982, ya era el socio mayoritario de una empresa saneada y en franco crecimiento.

—No fue algo que yo haya buscado. Fueron las circunstancias las que me obligaron a hacerlo —se atajó.

Sebastián Eskenazi, su tercer hijo, principal heredero, estuvo presente durante la primera parte de la conversación para este trabajo. En ese momento, creyó necesario aclarar:

—Mi padre, para levantar Petersen, puso todo lo que había ahorrado durante sus mejores años en Bunge & Born.

Fuentes muy seguras contaron que, durante todo el proceso que culminó con el control de Petersen, uno de los abogados externos de la operación fue Roberto Dromi.

Dromi, funcionario de la intendencia de Mendoza durante la última etapa de la dictadura, era además vecino de Eskenazi en Highland Park.

Ubicado en Pilar, a la altura del kilómetro 42,5, el country tiene uno de los mejores accesos desde la ciudad, por la Autopista del Sol.

Fue fundado en 1948. Son 262 hectáreas con novecientos lotes de entre ochocientos y 3.500 metros cuadrados. Su nombre se debe a que está en una zona de tierras elevadas. Tiene árboles fuertes y añosos, como robles, nogales y eucaliptos. Lo atraviesa un arroyo llamado Pinazo.

Dos piletas, una cancha de golf para dieciocho hoyos, diecinueve canchas de tenis, una pista para saltos de equitación, caballerizas propias, dos gimnasios, varias canchas de fútbol, de básquet y de vóley, spa, baño sauna, finlandés, sala de masajes y relax son algunos de los servicios que ofrece una de las urbanizaciones más completas y más caras de toda la República Argentina.

Casi una década más tarde, Eskenazi le devolvería a Dromi los servicios prestados para quedarse con Petersen. Cómo: integrando el consejo de empresarios en apoyo de las privatizaciones.

En esa época, Dromi era ministro de Obras y Servicios Públicos del presidente Carlos Menem. Ambos se veían por lo menos dos veces por semana.

Dromi no era el único vecino del country con poder.

También estaba Carlos Vladimiro Corach.

Secretario general, primero, y ministro del Interior, después, Corach supo manejar miles de millones de dólares en el apogeo de negocios del menemismo.

Dos de los más polémicos fueron las obras que licitó junto a la Corporación Antiguo Puerto Madero, y la entrega de los Adelantos del Tesoro Nacional (ATN).

Uno de los hermanos de Carlos Corach, Jorge Eduardo Corach, fue director de la Corporación Antiguo Puerto Madero. Desde ese puesto, tuvo el poder para decidir sobre los contratos de obras y concesiones. Algunas se otorgaban por licitación; otras, sin concurso y por contratación directa. Por los menos dos de las más importantes fueron ganadas por Petersen Construcciones. La discrecionalidad en la cesión de ATN fue un verdadero escándalo. La investigación que sirvió para probarlo no tuvo más repercusión porque fue tapada en el medio de la crisis económica más grave de la historia del país. Había terminado de caer Fernando de la Rúa y Eduardo Duhalde ya le había puesto fecha de vencimiento a su gestión como Presidente.

Los ATN, por ley, solo debían ser destinados para situaciones de emergencia o desequilibrios financieros de los gobiernos provinciales. El Ministerio del Interior debía entregar a los gobernadores las partidas para que estas, luego, se giraran a las intendencias.

En mayo de 2002 la comisión parlamentaria que investigó el uso de los ATN llegó a conclusiones lapidarias.

Estas son algunas de las más increíbles:

* Entre 1990 y 2001 se gastaron casi 2.900 millones de dólares en Adelantos del Tesoro Nacional.
* De ese total, solo el 51 por ciento fue asignado de acuerdo con la norma legal. No fueron otorgados solo a provincias y municipios, sino a clubes de fútbol y personas físicas, y siempre en base a una cercanía partidaria o un interés particular.
* Bajo el gobierno de Menem, La Rioja recibió el 32 por ciento del total de ATN. Representaban el 15 por ciento del presupuesto anual de la provincia.
* Se denunció a un ex funcionario de la presidencia de Menem, Roberto Silva Leyes, por coimero. Según Graciela Ocaña, quien entonces impulsó la investigación, cobraba el treinta por ciento de retorno por intervenir en la asignación de fondos.

Si las irregularidades no estuvieran documentadas, se las podría confundir con escenas de una comedia sobre el ejercicio del poder y la corrupción en la Argentina. Es importante detenerse en algunas porque sirven para reconstruir el clima de impunidad de la época.

Se usaron ATN para:

* asfaltar la entrada del country Highland, donde pasaban sus fines de semana Corach, Eskenazi y Dromi;
* comprar trajes de granaderos para un desfile del 9 de Julio;
* desviar recursos a una escuela de Ushuaia, de la cual solo se construyeron los cimientos;
* financiar una carrera de motonáutica;
* subsidiar a entidades eclesiásticas, sin marco legal alguno;
* mantener al Programa Federal de Militancia Social (PROFEMI-SO), un proyecto destinado a dirigentes jóvenes cuyo responsable era Natalio Andrés Corach, hijo del ministro del Interior.

Algunos pedidos de ATN eran disparatados.

El fallecido senador nacional Deolindo Felipe Bittel, solicitó cien mil dólares para varios municipios de Chaco. En el memorando le escribió a un funcionario del Ministerio del Interior:

"Tener en cuenta que no debe olvidarse Presidente Roca, y en la medida de lo posible, reducir el monto de La Leonesa, cuyo intendente es hijo de la traición".

Sergio Urribarri, entonces diputado nacional, pidió cuarenta mil dólares para la Liga Concordiense de Fútbol.

Dulce Granados, esposa del actual intendente de Ezeiza, Alejandro Granados, solicitó 15.000 dólares para la Fundación Dulce Esperanza. El teléfono de la fundación era el mismo que el del restaurante El Mangrullo.

El entonces intendente municipal de General Lamadrid, Calos Pelista, pidió treinta mil dólares para comprar un colectivo. Su argumento: tenía que trasladar a veinticinco jóvenes de la localidad de El Líbano hasta su municipio para asistir a un acto que presidiría Menem.

Al pedir doscientos mil dólares para poner ripio al circuito histórico de las colonias judías en la provincia de Chaco, los funcionarios propusieron bautizarlo con el nombre de Carlos Vladimiro Corach.

El caso del municipio de Monte Quemado, en Santiago del Estero, es desopilante.

Interior había entregado siete millones de dólares para una obra de infraestructura vial y drenajes pluviales. El diputado provincial Carlos David empezó a investigar. Y enseguida descubrió que el secretario municipal de Monte Quemado, Jorge Víctor Torres, había realizado onerosos depósitos bancarios a favor del sospechoso Roberto Silva Leyes.

"Cada vez que el municipio recibía un ATN, se le transfería dinero a Silva Leyes", escribió David en su denuncia.

En 1996, el Ministerio del Interior giró a la provincia de Buenos Aires 260.000 dólares para que los usara la Municipalidad de Pilar. No fue para hacer cloacas. Se los destinó a la ampliación del asfaltado de la calle Los Jazmines, desde la ruta provincial 26 en dirección al Highland Park, el country donde descansaban Corach, Dromi y Eskenazi.

Responde un asesor de los Eskenazi:

—Lo del asfalto del Highland es una boludez. Te lo explico sencillo. Los Eskenazi no tuvieron nada que ver con los ATN. Que alguien nos relacione con esto es no conocer a la familia Eskenazi.

El 28 de octubre de 1996, el abogado Ricardo Monner Sans denunció al ministro del Interior Corach por transferir directamente, sin pasar por la gobernación de la provincia, dos millones y medio de dólares a la Municipalidad de San Juan.

Monner Sans destacó que San Juan era la provincia más beneficiada por los ATN, después de La Rioja.

Diego Seguí, entonces concejal radical, radicó la demanda ante el Tribunal de Cuentas de la provincia.

Además de cuestionar la transferencia directa, Seguí denunció que el monto adjudicado era exorbitante para la obra en cuestión. Se trataba de la remodelación de cinco plazas y del Parque de Mayo. Seguí también afirmó que la licitación había sido "direccionada" para que perdieran todas las empresas que se presentaron, menos una: Mantenimientos y Servicios SA, del Grupo Petersen.

La partida original de ATN no alcanzó. El Grupo Petersen necesitó setecientos mil dólares más para remodelar todo. Además, la compañía siguió cobrando 102.000 dólares por mes, más el Impuesto al Valor Agregado, en concepto de mantenimiento de las plazas y el parque.

El asesor de Eskenazi se defiende:

—Corach entregaba los ATN a las provincias. Y las provincias las giraban a los municipios. Pensar que un ministro del Interior le va a decir a un gobernador peronista a qué empresa debe contratar es no comprender al peronismo.

—¿Por qué lo dice?

—Porque eso es "potestad" del gobernador. Lázaro Báez puede construir en Santa Cruz, pero no en Córdoba. En todo caso, Córdoba sería de Electroingeniería —completó.

El 27 de agosto de 1999, la revista *Ojo Periodismo* informó que Tierra del Fuego había recibido siete millones de dólares, en concepto de ATN. Los necesitaban para financiar la construcción del aeropuerto. La publicación agregó que por lo menos un hangar iba a ser realizado por Petersen, Thiele & Cruz.

Sebastián Eskenazi, en diálogo con el autor, lo negó de manera terminante:

—Nunca recibimos ningún ATN de Corach.

—¿Y el del hangar en Tierra del Fuego?

—¿Cuánta plata tenés encima? Te juego plata a que no es cierto. Nunca recibimos en forma directa ningún ATN.

—¿Conoce a Corach?

—Mi padre lo conoce de Highland. Es una familia amiga de la infancia. Y yo a los hijos de Corach los conozco de cuando éramos chicos. Es gente amiga, pero, repito, jamás recibimos un ATN por parte de Corach.

—¿Y cuál es la verdad sobre el departamento del edificio Kavanagh que estaba a nombre de su hermano Ezequiel? —le pregunté enseguida.

—Ahí vive Ezequiel. Salvo que mi hermano lo haya escondido a Corach en algún rincón, nadie que no sea Ezequiel y su familia vive allí.

La historia fue revelada por el periodista Marcelo Zlotogwiazda, en la revista *veintiuno*, a fines de 1999.

El departamento del Kavanagh está en el decimotercer piso, letra B. Fue adquirido por Ezequiel Eskenazi Storey, a cambio de 550.000 dólares. Se lo compró a Víctor Gabriel Morgenstern, un empresario de la industria del cuero. *Zloto* preguntó entonces a Sebastián por el departamento.

—Lo compró mi hermano Ezequiel —contestó.

—Pero en el boleto de compra venta dice que lo compró en comisión para otra persona.

—Lo que pasó es que cuando firmamos el boleto no sabíamos si convenía ponerlo a nombre de Ezequiel o de Petersen, Thiele & Cruz.

Zloto ya sabía que el 23 de diciembre de 1999 María Cecilia Santa Cruz, secretaria privada de Corach, había estado en el departamento y había negociado quedarse con la iluminación del jacuzzi y otros catorce artefactos a cambio de 37.000 dólares. Por eso volvió a la carga ante Sebastián.

—¿Conoce a María Cecilia Santa Cruz?

—Claro. De haberla visto en la privada del ministro.

—¿Ezequiel la conoce?

—Para nada.

—¿Cómo se explica que Santa Cruz haya ido a ver el departamento como si fuera de ella, hasta el punto de que decidió pagar 37.000 dólares adicionales por una serie de cosas que eran del dueño anterior?

–Si es así, no tengo explicación.

–¿Podría decirse que Ezequiel actúa como testaferro?

–Es un disparate.

–Entonces, ¿cómo se explica?

–No lo sé... Si yo fuera periodista, pensaría lo mismo. Pero va a ver que cuando mi hermano vuelva de Tailandia va a venir a vivir aquí. Eskenazi le pidió a *Zloto* que, después del regreso de Ezequiel, corrigiera la información. Pero el periodista interpretó que se trataba de un pedido absurdo porque, a partir de la publicación de la nota, Santa Cruz no se atrevería a usar ese departamento.

De cualquier manera, Ezequiel Eskenazi vivió en el departamento 13 B del Kavanagh desde que volvió de ese viaje hasta 2009. Y Santa Cruz no pudo ser localizada por ningún periodista.

A Sebastián Eskenazi, uno de los hombres de negocios más discretos que haya conocido, no le gustan este tipo de versiones, van contra su propia naturaleza de hombre reservado, incapaz de revelar un secreto o de ventilar información sensible.

Muchos suponen que no debe de haber otra persona, además del propio Kirchner, que haya sabido tanto del derrotero de los fondos de Santa Cruz como el CEO de YPF.

–Los fondos de Santa Cruz están ahora en el Banco Nación y jamás pasaron por nuestro banco –juró en la entrevista que concedió para el libro.

Cuarenta y seis años, divorciado, tres hijos, Documento Nacional de Identidad 16.674.074, piloto de avión, fanático de las motos, en pareja con la conductora y panelista Analía Franchín, íntimo amigo de Jorge "Corcho" Rodríguez, discreto y austero, Sebastián es, en los hechos, quien maneja el Grupo Petersen y conduce todos los días YPF.

Su padre confía en él más que en cualquier otra persona.

–Sebastián es un fuera de serie –dijo, para distinguirlo, cuando se le pidió una definición sobre cada uno de sus hijos.

De modales diplomáticos pero carácter enérgico, Sebastián tiene una debilidad manifiesta: sería capaz de cualquier cosa con tal de ahorrarle un mal momento a su padre.

–A mí preguntame lo que quieras, y de la manera que te venga mejor. Pero a mi padre no le salgas con tonterías. Ni le corresponde ni se lo merece –advirtió.

Sebastián empezó a trabajar con su padre a los 20 años, cuando se hicieron cargo de Petersen, Thiele & Cruz e iniciaron la construcción de Los Penitentes, un centro de esquí en Mendoza que casi los lleva a la quiebra.

También participó de las negociaciones que significaron el ingreso al corazón del negocio del grupo, más allá de YPF: los bancos y las finanzas.

—Nosotros nos hicimos banqueros no por decisión propia, sino para proteger nuestro patrimonio —explicaron, casi con las mismas palabras, Enrique y Sebastián.

Todo comenzó a fines de la década de los ochenta en la provincia de San Juan. Raúl Alfonsín ocupaba la Presidencia. La situación financiera era explosiva. El gobierno había dejado de pagar a la mayoría de sus proveedores, incluidos los empresarios de la obra pública.

Eskenazi había ganado una licitación para hacer Aramburu, el barrio más importante de San Juan. Tenían previsto levantar catorce mil casas. Pero Petersen, Thiele & Cruz no tenía espaldas para aguantar el pago diferido. Entonces fue a ver a Nélida Martín, presidente del Banco de San Juan, para pedirle un crédito contra los certificados de obra que todavía no le pagaba el Estado nacional.

—Está bien. Pero si usted no me devuelve la plata lo ejecuto —le advirtió Martín. Eskenazi jura que ambos cumplieron. Y que el vínculo se fortaleció, como sucede en el medio de las crisis.

Ocho años después, la contadora Martín fue designada ministra de Hacienda y Finanzas del gobernador Jorge Escobar. A los pocos meses, llamó a Eskenazi y le dijo:

—El Banco de San Juan no va más. O lo cerramos o lo vendemos.

Enseguida le pidió que la conectara con un par de bancos extranjeros. Las entidades se mostraron poco interesadas. A los pocos meses, Martín fue más a fondo:

—El banco se cae. ¿Por qué no organiza un grupo y se hace cargo usted? Yo le voy a presentar a alguien que puede darle una mano.

Entonces Martín conectó a Eskenazi con Raúl Francisco Capatano.

Capatano, Documento Nacional de Identidad 11.680.527, licenciado en Administración y Técnica de la Pontificia Universidad Católica Argentina de Mendoza, lo volvió loco durante un año.

—Me persiguió hasta que me convenció. Nos hicimos cargo con la gente de Piano y otros socios. Pero nuestro comienzo fue desastroso. Casi nos fundimos —recordó Enrique.

Los Eskenazi empezaron manejando el 19 por ciento de la parte privada y, a partir de sucesivas capitalizaciones, terminaron quedándose con casi todo.

Los políticos de la oposición cuentan una historia diferente.

El Banco de San Juan se privatizó el 1º de noviembre de 1996.

Daniel Illanes, de la Concertación Izquierda Popular, sostiene que se hizo después de que la provincia aceptara asumir un pasivo descomunal, calculado en 250 millones de dólares.

Illanes afirma que en un momento alguien extravió los documentos de la deuda, y que todavía no se sabe quiénes son los más grandes deudores.

La diputada nacional por la Unión Cívica Radical Delia Papano confirmó parte de lo que dijo Illanes:

—El gobierno tomó la cartera de morosos y les entregó a los empresarios el banco saneado.

Pero Papano no responsabiliza a los Eskenazi, sino al gobierno de turno.

El asesor jurídico del Banco de San Juan fue hasta hace poco Elías Jassan, ex ministro de Justicia del gobierno de Menem. Jassan tuvo que renunciar al ministerio al admitir que conoció a Alfredo Yabrán, el empresario que mandó matar al fotógrafo José Luis Cabezas.

—Sí, nosotros lo contratamos a Jassan. Y no estamos arrepentidos. Es un brillante abogado y una muy buena persona. Manejó, como abogado, la parte corporativa del banco. La relación siempre fue profesional, no política, y demostró ser una persona muy leal —admitió Sebastián.

Cuando todavía no se terminaban de acomodar en el Banco de San Juan, Capatano llevó a Enrique Eskenazi hasta el despacho del gobernador de Santa Cruz, Néstor Kirchner.

Fue en 1996. El contexto era el mismo que dominaba la economía de San Juan. Enrique Eskenazi lo recuerda así:

—Nosotros no queríamos saber nada. Los gobiernos te tiraban los bancos por la cabeza porque estaban fundidos.

El gobernador fue directo. Ya en esa época, hablaba de los bienes del Estado como si fueran suyos:

—Ya llevo perdidos noventa millones de dólares. Y no quiero perder un peso más. ¿Por qué no se presenta a la licitación?

—¿Cuáles serían las condiciones? —preguntó el empresario.

—Que me mantenga el número de empleados.

Eskenazi dice que Néstor anotó el número de su celular. Dos años después ganaron la licitación y se quedaron con el 51 por ciento de las acciones por el módico precio de diez millones de dólares.

Eskenazi afirma que, el día que le entregaron el Banco de Santa Cruz, estaban en Río Gallegos los hombres más importantes de la provincia.

177

También recuerda que había una orquesta y que, antes de firmar el libro donde se registró la entrega, apareció Kirchner por detrás y le preguntó:

–¿Usted qué piensa hacer con este banco?

–En dos años lo voy a hacer auditar por una empresa internacional. Y le prometo que lo voy a llevar a una calificación cercana al rango A.

–Eso espero.

–Así será. Siempre y cuando usted no intervenga –completó el banquero.

Eskenazi jura que, veinticinco meses después, recibió el informe de la calificadora. De inmediato lo llamó por teléfono a Kirchner y le dijo, feliz:

–El banco está en el rango A. He cumplido.

Parece que el gobernador lo interpretó de una manera extraña, porque le respondió, desafiante:

–Ingeniero: yo también cumplí, porque no me metí en el banco para nada.

Y acto seguido le cortó la comunicación.

La historia de la privatización del Banco de Santa Cruz que cuenta la oposición política es menos naif. (Véase Primera Parte: El verdadero Kirchner. Capítulo 1: "La venganza del boludo").

El diputado provincial de Santa Cruz por la Unión Cívica Radical Roberto Giubetich hizo para esta investigación una síntesis de su denuncia:

Lo compraron por apenas diez millones de dólares después de un proceso de vaciamiento que lo dejó con una cartera de deudores de 160 millones. Además, para los Eskenazi, resultó un negocio redondo: manejan el sueldo de la administración pública, el pago a proveedores, la coparticipación federal y el pago a los municipios.

El primero de febrero de 2007 el entonces ministro de Economía, Juan Bontempo, cedió al Banco de Santa Cruz el negocio de la liquidación de los haberes de los agentes públicos activos y pasivos.

Bontempo integró el directorio del banco hasta agosto de 2009, cuando Kirchner le dio la orden de renunciar en medio de fuertes críticas al gobernador Daniel Peralta.

El decreto significó trasladar a la entidad la liquidación de haberes y los descuentos y aportes a los 53.000 empleados públicos.

Se trata de un servicio que antes ejecutaba la provincia, con recursos humanos y materiales propios, mediante su departamento de informática y con un costo aproximado de 450.000 pesos. Pero a partir de diciembre de 2007, la provincia empezó a pagar más del doble: exactamente un millón de pesos por mes.

Un periodista de la agencia OPI Santa Cruz interpretó que la administración del banco posee todos los datos personales de los empleados públicos, incluso aquellos que pueden ser considerados sensibles.

El 17 de setiembre de 2003, cuatro meses después de la asunción de Kirchner como Presidente, el Grupo Petersen se quedó con la más grande de todas las entidades financieras que posee hasta el momento: el Nuevo Banco de Santa Fe.

Para ser precisos, hay que decir que la licitación fue ganada por los Eskenazi durante el gobierno de Eduardo Duhalde.

Todo comenzó en 1998, cuando el gobernador Jorge Obeid lo privatizó y asumió el control del Banco General de Negocios, propiedad de los hermanos Carlos y José Rohm.

Poco después, los Rohm fueron acusados de utilizar los bancos para lavar el dinero de las coimas del caso IBM-Banco Nación.

En febrero de 2002, José Rohm confesó a sus socios de la JP Morgan, Credit Suisse, First Boston y Dresdner Bank que su hermano Carlos se había llevado 250 millones de dólares del banco en obligaciones negociables. De inmediato, los socios retiraron 119 millones de dólares del Banco de Negocios, lo que provocó el default del Banco de Santa Fe.

El 18 de febrero de 2002 Carlos Rohm quedó detenido. Recuperaría su libertad recién en marzo de 2005, después de pagar una fianza de un millón de pesos.

En abril del mismo año un fideicomiso administrado por el banco ABN-AMRO se hizo cargo del Banco de Santa Fe y llamó a concurso.

En junio se llamó a una primera licitación, pero el Banco Central no aceptó la propuesta de ninguno de los seis bancos que se presentaron.

El 11 de abril de 2003 el Banco de San Juan, de los Eskenazi, presentó la mejor oferta económica: 133 millones de pesos. Sus competidores fueron La Caja, con una oferta de 78 millones; Banex, con 57 millones y Comafi y Macro-Bansud con 56 millones.

Todo parecía marchar sobre rieles cuando el Banco Central, presidido por Alfonso Prat-Gay, analizó la oferta y comunicó al Grupo Petersen que en esas condiciones no podían hacerse cargo del banco.

Como los Eskenazi no iban a poner los 133 millones de dólares sobre la mesa, el Banco Central les impuso las siguientes condiciones:

* Que entregaran, en vez del efectivo, obligaciones negociables en plazos considerados breves.
* Que en el caso de no terminar de presentar en el plazo estipulado las obligaciones negociables, se fusionaran con el Banco de San Juan, para sostener la operación.

En el medio de las tensas negociaciones, el jefe de Gabinete, Alberto Fernández, le solicitó a Prat-Gay que recibiera a Sebastián Eskenazi.

Prat-Gay lo hizo. Lo esperó a la hora señalada en su despacho. Rígido y formal, el presidente del Banco Central no estaba dispuesto a ceder ante presión alguna. Pero Eskenazi lo descolocó:

—Solo vengo a presentarme. A decirte quién soy.

Prat-Gay jura que en ningún momento le habló de su problema con el Banco de Santa Fe.

—Supongo que su estrategia fue demostrarme que él no venía de la mano de Kirchner —interpretó ante un amigo el ahora diputado nacional electo por la Coalición Cívica.

Al final, el Banco Central le dio luz verde al Banco de San Juan para comprar el 93 por ciento del Banco de Santa Fe. Lo decidieron sus directores, en votación dividida. Dos de ellos, Arturo O'Connell y Augusto Magliano, votaron en contra de darle el banco a la familia Eskenazi. Lo consideraban casi un regalo.

Perdieron.

Desde el principio, toda la transacción estuvo sospechada.

Uno de los más duros opositores a la adquisición fue el diputado nacional por el socialismo de Santa Fe Carlos Iparraguirre.

El legislador, primero, se preguntó:

—¿Cómo puede ser que el Banco de San Juan se quede, sin poner un peso, con un banco siete veces mayor?

En aquel entonces, el Banco de San Juan poseía activos por 380 millones de pesos y contaba con trescientos empleados públicos, distribuidos en sucursales. Al mismo tiempo, el Nuevo Banco de Santa Fe tenía 2.250 millones de pesos en activos, y 1.930 empleados repartidos en 125 sucursales.

Iparraguirre, además, denunció:

—Han habido fuertes presiones políticas para autorizar esta operación.

Enseguida explicó:

—El Banco de San Juan garantiza el dinero de los depositantes de ese banco. No puede entonces, con el mismo patrimonio, comprar otro banco, y ofreciendo más del doble de lo que vale el más chico.

Al final ejemplificó:

—Es como si una mojarrita se comiera a una ballena.

Dos años después, la mojarrita y la ballena, juntas, fueron en busca de un tiburón: el Nuevo Banco de Entre Ríos.

El Nuevo Banco de Santa Fe lo adquirió el 24 de agosto de 2005.

Con motivo de la operación, el gobernador Jorge Busti y la fiscal de Estado Claudia Mizawak fueron acusados en su momento por dos diputados provinciales. Los cargos: fraude en perjuicio de la administración pública e incumplimiento de los deberes de funcionario.

Los diputados provinciales se llaman Antonio Eduardo Mainez y Oscar Antonio Grilli.

La denuncia se basó en los siguientes presupuestos:

* Que se había cometido un delito al otorgarle un contrato de agente financiero a un banco sin licitación pública.
* Que la entrega del banco a los Eskenazi podía ser interpretada como un pago de favores, ya que la familia había puesto 125.000 pesos en la campaña de Rafael Bielsa como candidato a jefe de Gobierno porteño.
* Que la fiscal de Estado Claudia Mizawak resultaba cómplice de la entrega de Busti al no hacer lugar a la demanda. Mizawak había sido abogada del gobernador en causas penales anteriores impulsadas por el fiscal de Investigaciones Administrativas de Entre Ríos. La más seria era la entrega irregular de ATN.
* Que el costo financiero del nuevo agente era varias veces superior al que había antes del traspaso.

–El contrato del agente financiero anterior nunca pasaba los 250.000 pesos más IVA por mes. El de los Eskenazi se estipuló en ochocientos mil pesos más IVA –recordó Mainez, en conversación con el autor de este libro.

El entonces legislador provincial había asistido a una reunión técnica antes de la entrega. Allí Diego Valiero, el ministro de Economía de entonces, se vanaglorió, delante del propio Enrique Eskenazi, de lograr una rebaja de cuatrocientos mil pesos:

–Acá el amigo pretendía cobrar un 1.400.000 pesos, pero al final nos pusimos de acuerdo en ochocientos.

Cuatro años después, en agosto de 2009, el agente financiero Eskenazi ya le cobraba a la provincia dos millones de pesos por mes.

Mainez y Grilli también denunciaron la aplicación, por parte del Nuevo Banco de Entre Ríos, de un código de descuento sobre el recibo de sueldo de los agentes públicos.

–Es un negocio clásico y redondo. El banco no te da la posibilidad de no pagar las cuotas del crédito. Te las van descontando mes tras mes de tu recibo de sueldo.

Además de la sospechada incorporación a YPF, la cercanía a Kirchner y sus vínculos con Corach, Dromi y Jassan, los Eskenazi fueron acusados por la Justicia de utilizar facturas apócrifas para el presunto pago de coimas.

Fue en mayo de 2007, cuando la Cámara Federal porteña resolvió que seis jueces distintos investigaran a doce constructoras involucradas en esos delitos.

La causa que involucra a Petersen, Thiele & Cruz cayó en el mismo juzgado que investiga por las mismas razones a Gotti SA, la empresa vinculada con Lázaro Báez, a su vez mencionado como testaferro del propio Kirchner.

A Petersen, Thiele & Cruz se le detectaron facturas apócrifas por un monto de 2.412.450 pesos, emitidas a favor de las empresas fantasmas Echo y Acquasa.

Respondió la acusación el asesor de los Eskenazi que más contacto tiene con los medios:

—Esa denuncia no existe. Nos quisieron meter de prepo en el caso Skanska. Es un tercero que nos dio una factura. Un proveedor de cuarta en el medio de un universo de grandísimos y complejos negocios.

En abril de 2009 Enrique Eskenazi se lamentó:

—Todo lo exitoso es sospechoso.

Fue en el marco de "El encuentro de los líderes", un seminario realizado por el diario *El Cronista* y la revista *Apertura* en el auditorio principal de La Rural.

Tres meses después, le pedí que me explicara su teoría. Dijo entonces:

—La Argentina es el país del fracaso. Huye de la competencia y el éxito. Solo se lo permite en los deportes.

—¿Le parece?

—Absolutamente. Si uno triunfa en los deportes, es considerado una persona brillante. Pero cuando el que triunfa es un empresario, siempre se piensa que hay algo dudoso detrás de su éxito.

—¿Y por qué cree que es así?

—No es culpa de la sociedad. Es culpa nuestra. De los empresarios. No supimos cumplir el rol revolucionario de hacer más moderno el país.

—¿Qué les diría a los que piensan: "Si los Eskenazi no fueran amigos de Kirchner no habrían podido comprar YPF"?

—Les diría que tomen la historia de mi vida, y que recién después opinen. Fui exitoso antes de conocer a Kirchner. Fui exitoso con los bancos en San Juan, en Santa Cruz, en Santa Fe y en Entre Ríos. Eran bancos derrumbados y yo los saqué a flote y los hice eficientes. Lo que se diga en contrario me molesta, me hiere. No hay nada peor en la vida que al éxito te lo cubran de sospecha. Sobre todo cuando no es verdad.

2
HISTORIA SECRETA DE LA VENTA DE YPF

La compra de YPF por parte del Grupo Petersen fue la transacción más importante y más envidiada de todas las que se realizaron en la Argentina desde 1983.

Las sospechas abarcaron desde los argumentos más lógicos hasta las hipótesis más conspirativas.

El fantasma de Néstor Kirchner sobrevoló toda la operación.

Se escribió que el ex presidente bendijo el acuerdo. Que su cercanía con los compradores nacionales, la familia Eskenazi, había resultado determinante. Que un contradocumento habría transformado a *Lupo* en el verdadero socio argentino de la empresa más grande y poderosa del país. Que la presión fue muy intensa. Y que por eso el presidente de Repsol, el español Antonio Brufau, terminó haciendo lo que le habría pedido Kirchner: buscar un socio argentino para que lo dejaran en paz.

Detrás de las sospechas, quedaron algunas preguntas sin contestar. A saber:

* ¿Por qué Repsol le vendió parte de YPF a Petersen, un grupo casi sin experiencia en el negocio petrolero?
* ¿Es verdad que el Grupo Petersen no desembolsó ni un solo peso en efectivo?
* ¿Por qué se tasó Repsol al mismo precio que tenía cuando la compraron los españoles, en 1999?
* ¿Por qué el vendedor Repsol le prestó al comprador Petersen casi la mitad del dinero que este debía desembolsar para adquirir la compañía?
* ¿Por qué Repsol les concedió a los Eskenazi tanto tiempo de gracia para empezar a pagar y con tasas de interés tan bajas?
* ¿Por qué las sedes del Grupo Petersen se encuentran en España y Australia y no en la República Argentina?
* ¿Por qué los Eskenazi y Repsol acordaron cobrar dividendos por hasta el noventa por ciento de las utilidades?
* ¿Por qué el gobierno no puso el grito en el cielo, ya que así que-

darían pocos fondos propios para invertir en exploración e investigación?

* ¿No es muy sugestivo que los Eskenazi se queden con el control de la empresa, si manejan apenas el 15 por ciento de las acciones?

Todas estas preguntas serán respondidas a su debido tiempo. Antes, hay una historia secreta para contar.

El 28 de diciembre de 2007, cuando la operación estaba concluida, Kirchner ya no era presidente. Sin embargo llamó al CEO de YPF, Sebastián Eskenazi, y le dijo:

—Bueno: ahora preparate, porque, si no empiezan a invertir, los vamos a hacer mierda —lo habría sorprendido *Lupo*. Según las fuentes consultadas, Kirchner cortó sin esperar la reacción del empresario.

¿Fue una nueva muestra del humor ácido del ex presidente? ¿Fue una amenaza real?

En ese breve diálogo se apoyan dos fuentes para afirmar que Kirchner no fue parte interesada de la operación. Y que, al contrario de lo que sospecha el mercado, desde que los Eskenazi están en YPF, ni la petrolera ni el sector han recibido beneficio extra alguno:

—Es al revés: nos subió las retenciones y se sentó arriba del precio de los combustibles —informó uno de los directores de la compañía.

El propio Alberto Fernández, jefe de Gabinete de Néstor y de Cristina hasta agosto de 2008, atestiguó:

—Los que dicen que los Eskenazi son testaferros de Kirchner no conocen a Néstor. Yo mismo he participado de reuniones en las que Sebastián le explicaba que, con semejantes regulaciones, el negocio del petróleo no era viable. Y Néstor no lo escuchaba. Solo le decía que se pusieran a explorar.

Un alto directivo de YPF aportó otro dato significativo:

—La última vez que Sebastián fue a ver a Kirchner fue para decirle que tenía que terminar con el conflicto del campo. Néstor lo sacó carpiendo. Y hasta lo gastó un poquito. Le dijo: "¿Y cómo no vas a estar con el campo, si tu mentalidad es la de un típico capitalista?".

Que Kirchner no sea el dueño de YPF no significa que no se sienta como si lo fuera.

Veamos.

Poco después del ingreso de los Eskenazi en YPF, el ex presidente llamó a un asesor muy cercano al CEO de la petrolera y le gritó:

—¡Hijos de puta! ¡Están quemando los pozos de petróleo!

El asesor, como si fuese un empleado de Kirchner, estuvo veinte minutos tratando de explicar que lo que él presentaba como una gigantesca conspiración de YPF contra el gobierno nunca había sucedido.

Por ese tiempo, Rudy Ulloa, ex cadete y ex chofer del ex presidente, explicó así a un ex director de YPF por qué Kirchner deseaba un socio argentino de su confianza.

—Antes, cuando necesitábamos un dato de la empresa, teníamos que esperar la autorización del rey Juan Carlos. Ahora levantamos el teléfono y hablamos con los que deciden "al toque".

Cristóbal López, en diálogo con el autor de este libro, también ensayó su teoría de por qué Kirchner siempre prefirió un socio argentino. Lo hizo en un lenguaje directo:

—Durante los dos primeros años de gestión de Néstor, ni [Alfonso] Cortina, presidente de Repsol, ni [Ramón] Blanco, su vicepresidente operativo, le dieron [a Néstor] cinco de pelota. Cuando ganó [el presidente de España, José Luis Rodríguez] Zapatero, se hizo cargo Brufau y le prometió: "Voy a alquilar un departamento y estaré una semana por mes en la Argentina". No cumplió. Entonces fue peor. Porque no solo el gobierno no tenía un interlocutor válido: tenía un tipo al que no encontraba nunca y que tampoco entendía de petróleo.

López agregó que no fue Kirchner quien presionó a Repsol para encontrar al socio, sino Brufau quien salió a buscarlo con cierta urgencia:

—A mí me vino a ofrecer YPF un asesor de Brufau que todo el mundo conoce. Yo no le creí, porque siempre me pareció un poco fabulador. Si hubiera sabido que la cosa era en serio, lo hubiese pensado un poco más.

¿Cómo saber quién miente y quién dice la verdad?

Algunos datos fueron confirmados para esta investigación.

Uno es que el patriarca del Grupo Petersen, Enrique Eskenazi, y el número uno de Repsol, Antonio Brufau, se cayeron bien desde el momento en que se conocieron, en la oficina del primero, dos años y medio antes de la gran operación.

Habla por primera vez de aquel encuentro el propio Enrique Eskenazi:

—Yo a Brufau no lo conocía. Él me pidió una reunión porque quería la visión sobre el país de un banquero argentino. Ese primer encuentro fue de verdad muy importante. Descubrimos que ambos compartimos una visión de los negocios y de los países. Le impresionó cómo llevamos a cuatro bancos que estaban en bancarrota a la primera categoría. No volví a verlo más, hasta que, dos años después, me preguntó si no quería asociarme con Repsol.

Otro dato que fue confirmado es que Brufau primero habló con Eskenazi, pero también conversó después con personas vinculadas a muchos de los empresarios más poderosos de la Argentina. El español quería saber si entre ellos podía estar el Gran Candidato: Eduardo Elsztain, de IRSA; el banquero Jorge Brito, de Macro; Eduardo Eurnekian, de Aeropuertos Argentina 2000; Hugo Sigman, de Grupo Chemo; y los hermanos Carlos y Alejandro Bulgheroni, de British Petroleum, fueron algunos de los que hablaron con el presidente de Repsol.

–Esto quiere decir que el socio no fue puesto a dedo, sino elegido entre los que más le convenían a la estrategia de Repsol –interpretó una fuente vinculada al Grupo Petersen.

Pero un consultor que participó de las negociaciones la corrigió:

–No. Eso quiere decir que lo que terminó de definir a Brufau fue la buena impresión que le causó Eskenazi padre.

Eskenazi padre, con 84 años, es un hombre de negocios muy especial. Destacado estudiante universitario, recorrió parte del mundo haciendo posgrados y tiene un discurso elaborado que logra atraer a cualquier auditorio.

Genera, entre sus pares, el mismo respeto reverencial que el fallecido Roberto Rocca cuando era el número uno del grupo Techint.

–Sus formas son agradables, y a la vez intimidatorias. Para ponerte distancia no necesita más que una sonrisa y una mirada –ilustró el lobbista de uno de los grupos industriales más importantes de la Argentina.

Por otra parte, Alberto Fernández, también en conversación con el autor, dijo:

–Enrique Eskenazi y Néstor no se tutean. Se tratan con afecto, pero también con distancia. Eskenazi padre lo llama "doctor", y Néstor le dice "ingeniero". El tercer dato confirmado es que Kirchner y su ministro de Planificación, Julio De Vido, estuvieron al tanto de todo, desde el principio.

–¿¡Cómo no va a estar al tanto!? Una operación de esta envergadura no se puede hacer sin el visto bueno de los gobiernos. Ni del español ni del argentino –confirmó una fuente que siguió las negociaciones del lado de Brufau.

Zapatero habló sobre la transacción con Kirchner de paso por Buenos Aires, horas después de la famosa discusión tenida entre Juan Carlos y el comandante Hugo Chávez, cuando el primero le espetó al segundo:

–¡¿Por qué no te callas?!

Fue en respuesta a la crítica del presidente venezolano contra el colonialismo español.

Zapatero estaba en Chile y se tomó un avión a Buenos Aires solo para hablar de la petrolera. En ese encuentro, en el que también participó Brufau, Zapatero dejó en claro que la mejor manera de argentinizar YPF sería sumar a Repsol un socio argentino. Kirchner asintió y a partir de ese momento toda la operación empezó a fluir.

El contexto político y regional que había cuando Repsol tomó la decisión de incorporar un socio argentino también fue determinante.

Sucedió en 2006.

El presidente de Bolivia, Evo Morales, terminaba de impulsar el encarcelamiento del gerente general de Repsol en ese país. En el Perú, el candidato indigenista Ollanta Humala crecía en las encuestas y parecía que se iba a llevar todo por delante. Desde Caracas, Venezuela, Chávez incendiaba la región con sus declaraciones.

En la Argentina, la presión de los sindicatos petroleros y del gobierno configuraba un cuadro demasiado preocupante para la petrolera española.

–Los gremios nos paraban cada tanto la producción, y al mismo tiempo la administración nos pedía que exploremos más con las tarifas de los combustibles congeladas –recordó un ex director de YPF.

En ese mismo año a Brufau le acercaron una encuesta que lo terminó de convencer. Decía que más del setenta por ciento de los argentinos vería con agrado que YPF volviera a convertirse en una empresa argentina.

En el comunicado de prensa del 21 de diciembre de 2007, Repsol expresó las fortalezas de la operación:

"La venta de una participación de YPF a un socio local reforzará los vínculos de la compañía con los accionistas argentinos; permitirá una mayor implicación de YPF en el tejido económico y empresarial de Argentina, revitalizando los proyectos de YPF en la región; tendrá un impacto positivo en YPF, tanto en términos económicos-financieros como en el desarrollo de la actividad y del negocio en la región; pone en valor a la compañía y contribuye a una mejor valoración de Repsol YPF; incorpora un socio de prestigio y con experiencia en la gestión de compañías con altos requisitos reguladores a nivel federal, provincial y regional en la Argentina y forma parte del plan de diversificación de activos emprendido por Repsol YPF desde 2005".

–La jugada de Repsol se caía de madura –explicó un ex secretario de Energía del gobierno de Raúl Alfonsín.

Lo que el ex funcionario no entiende es por qué eligieron a Petersen, un grupo casi sin experiencia en petróleo, y no, por ejemplo, a los hermanos Bulgheroni, o al Grupo Techint.

–Nos eligieron a nosotros porque, además del *rapport* [sintonía] con Brufau, somos uno de los pocos grupos que pueden pasar el filtro de todos los organismos de control y todas las bolsas del mundo –explicó una fuente muy cercana a los Eskenazi.

La misma fuente detalló las razones de Repsol, pero vistas desde España.

—Brufau había convencido a los accionistas de que convenía desinvertir en la Argentina —recordó.

—¿Para qué?

—Para bajar el riesgo de la ecuación económica y financiera. Para disminuir el riesgo político. Para tomar parte del dinero que cobran en la Argentina e invertirlo en otros países, como Libia y Argelia, donde las regulaciones son menores y hay que gastar mucho menos en exploración e investigación.

También habrían pesado, para la elección final del socio argentino, las buenas referencias que aportó sobre los Eskenazi el mexicano Carlos Slim, uno de los empresarios más ricos y poderosos de todo el planeta. Slim es amigo de Enrique Eskenazi desde hace varios años. Suelen encontrarse al menos una vez al año. Slim habría sido una garantía no escrita ante los bancos y ante los propios accionistas de Repsol.

Otros especialistas en el mercado del petróleo no creen en las verdades sencillas.

—Los eligieron a los Eskenazi porque pensaron que eran las personas ideales para llegar al hombre más poderoso del país. Al que con la firma de un solo decreto o resolución te puede cambiar la ecuación del negocio —dedujo Jorge Lapeña, ex secretario de Energía durante el gobierrno de Alfonsín.

Todos los que piensan lo mismo que Lapeña destacan un párrafo del memorando de entendimiento entre Repsol y el Grupo Petersen, fechado el 26 de diciembre de 2007. Allí se reprodujeron declaraciones de Brufau sobre por qué habían elegido a los Eskenazi:

—Es el grupo más idóneo por su experiencia en mercados regulados.

¿Qué quiso decir Brufau en verdad?

—Es una versión elegante que significa capacidad de *lobby* y línea directa con Kirchner —completó otro empresario que sospechó de la compra desde siempre.

En la página 14 del mismo documento, bajo el título "Fortalezas de la Operación para Repsol YPF", volvió a aparecer el fantasma de la influencia del Grupo Petersen sobre los poderes del Estado. Es cuando se afirma que Repsol: "Incorpora un socio de prestigio y con experiencia en la gestión de compañías con altos requisitos reguladores a nivel federal, provincial y regional en la Argentina".

En la entrevista que concedió para este libro, Sebastián Eskenazi lamentó la inclusión de ese concepto. Explicó que no habían sido palabras del presidente de Repsol sino algo que le habría "hecho decir" el responsable de Relaciones Institucionales, quien ya no está más en la empresa.

El tercer hijo de Enrique no soporta que minimicen o malinterpreten lo que para él fue un rotundo éxito empresario.

La operación estuvo por fracasar una y mil veces.

Los españoles pretendían ponerle al total de la empresa un valor de 18.000 millones de dólares y los Eskenazi no se movían de los 12.000 millones de dólares.

Al final, la cotizaron 15.000 millones de dólares, y lo que terminó de definir el precio fue la polémica forma de pago.

De cualquier manera, economistas que se jactan de su sentido común se preguntan si el precio final no es demasiado bajo. Ellos recuerdan que Repsol compró el ciento por ciento de YPF por quince mil millones de dólares, en 1999, cuando el precio del barril de petróleo no superaba los doce dólares.

–¿Puede valer lo mismo una empresa en diciembre de 2007 que ocho años atrás, cuando el crudo se cotizaba cerca de noventa dólares? –se preguntaron con desconfianza dos especialistas.

Los Eskenazi respondieron que la valoración de megaempresas como estas no está sujeta al capricho del comprador o el vendedor, sino a la cotización de mercado. Y que el mercado, mediante varias consultoras, terminó cotizándola quizá más de lo que en verdad vale.

Casi al final del camino, a Sebastián Eskenazi le faltaban doscientos millones de dólares para completar toda la ingeniería financiera. Un encuentro providencial con el director de uno de los bancos prestamistas fue decisivo para lograrlo. Cuando lo vio por primera vez en Nueva York, Sebastián no lo podía creer: era un ex compañero del Bayard, el colegio donde el empresario estudió durante los primeros años de su educación.

Estos son los detalles más importantes del acuerdo. Incluye la información básica oficial y también la confidencial que debieron presentar ante la Securities and Exchange Commission (SEC) de los Estados Unidos y la Comisión Nacional de Defensa de la Competencia y la Bolsa de Valores de la Ciudad de Buenos Aires:

* Se determinó un precio final de quince mil millones de dólares.
* La compradora fue Petersen Energía SA, sociedad de nacionalidad española cuyo capital inicial fue de sesenta mil euros.
* Petersen Energía tuvo que ser capitalizada con créditos por casi 72 millones de dólares. Se los otorgó a los Eskenazi Chervil Capi-

tal Invest, una subsidiaria de Credit Suisse. Se los dieron a pagar en seis años.

* Petersen puso como garantía para recibir el crédito de Chervil todos los bienes de la familia. Para ser más precisos: "Todos los activos, valores e inversiones que en el presente o el futuro tenga depositado en Credit Suisse, Petersen: Enrique Eskenazi, Matías Eskenazi, Sebastián Eskenazi y Hazeln Sylvia [Storey] de Eskenazi". Enrique es el padre, Sylvia la madre, y Matías y Sebastián dos de los cuatro hijos. Los otros dos no forman parte del grupo: Valeria, la menor, porque nunca le interesó; y Esteban, el mayor, porque estableció aparte una empresa de tableros electrónicos, que produce medidores y mesas de calibración de energía; además es tesorero de la Cámara de Empresarios Argentinos de Energía. ¿Quién maneja el poder familiar? Sebastián posee el 38 por ciento del total de las acciones que Petersen tiene en YPF. Matías igual: el 38 por ciento del total. El padre maneja el 23 por ciento. Y Sylvia Storey, apenas el uno por ciento. Sebastián Eskenazi desmintió que la garantía para ese crédito y los demás préstamos fueran los polémicos fondos de las regalías petroleras que Santa Cruz dejó en custodia del Credit Suisse.

* El primer tramo de la compra fue por el 14,9 por ciento de las acciones, a 2.235 millones de dólares.

* Tres meses después completaron la adquisición hasta el 15 por ciento. ¿Por qué no compraron de entrada el 15 por ciento? Para pasar por alto trabas técnicas y burocráticas. Cuando se adquiere más de ese porcentaje todos los accionistas tienen derecho a pedir más requisitos para aprobar la operación.

* Petersen logró la opción para comprar hasta el 25 por ciento en los próximos cuatro años.

* De los 2.235 millones de dólares correspondientes a la compra del 14,9 por ciento de las acciones, 1.026 millones fueron prestados por un grupo de bancos, y 1.015 millones, otorgados por el mismo grupo Repsol.

* El grupo de bancos lo integró Credit Suisse, con un aporte de 601 millones de dólares; Goldman Sachs, con cien millones de dólares; BNP Paribas, con 175 millones de dólares; y Banco Itaú Europa, con 150 millones.

* El dinero que prestó la propia Repsol es uno de los puntos polémicos del acuerdo. Un especialista en grandes operaciones inter-

nacionales sostuvo que esto no es habitual. Que no se entiende bien por qué la propia vendedora le presta dinero a la compradora. Pero Sebastián Eskenazi opinó lo contrario. Y agregó un dato adicional: aseguró que Sacyr Vallehermoso, el accionista mayoritario, adquirió el veinte por ciento de Repsol Internacional con el mismo mecanismo. Se llama *vendor's loan* y significa préstamo del vendedor.

Eskenazi, además, se defendió:
—Presentame un solo grupo que sea capaz de pagar más de dos mil millones de dólares al contado, y le vendo mi parte ya mismo.

Otro punto en cuestión fue el plazo y la modalidad de pago de los créditos. Petersen ya empezó a devolverle a los bancos parte del préstamo. La primera cuota vencía en mayo de 2008. La última deberá ser cancelada en noviembre de 2012. Las cuotas de los pagos a las entidades son semestrales y el interés, de 5,65 por ciento anual por encima de la tasa LIBOR, es considerado bajo por un analista de mercado.

—¿Bajo, para semejante cantidad de plata? Decile a tu auditor de mercado que no tiene idea de la envergadura de la operación que está analizando —contraatacó Sebastián.

Otros operadores cuestionan un punto particular del generoso préstamo del vendedor.

—No solo la vendedora le prestó plata para comprar a la adquirente. También le dio un tiempo importante para empezar a devolver el dinero, a partir de 2013. Encima, incluyó en el contrato una cláusula que le permite a Petersen usar el noventa por ciento de los dividendos para cancelar su deuda con Repsol. Esto es casi un regalo —interpretó el asesor internacional.

—Esto no es un regalo. Muestra la enorme voluntad de Repsol por facilitarle la entrada a su socio argentino —consideró otro especialista menos apasionado, con oficina en Alem al 1100, en Buenos Aires.

El especialista dio una cátedra de seguridad financiera y jurídica internacional:

—Puede ser que Petersen sea un grupo muy prolijo. Sin deudas y dueño de bancos bien administrados. Pero estoy convencido de que los créditos se los dieron a Eskenazi porque intercedió Repsol. Es demasiada plata comparada con el tamaño real del grupo económico.

Es una verdad irrefutable.

El tamaño del grupo familiar es minúsculo si se lo compara con el de la petrolera.

En el momento de entrar a YPF, Petersen poseía activos por tres mil millones de dólares, y daba trabajo a cinco mil personas.

El organigrama que presentó para el acuerdo con Repsol dividió al grupo en cuatro áreas: construcción, servicios financieros, servicios urbanos, el negocio agrícola y Petersen Energía Sociedad Anónima.

La construcción es su negocio más antiguo.

Petersen se inició en 1920, como Petersen, Thiele & Cruz, Arquitectos e Ingenieros. Participó en megaproyectos como la represa de Yacyretá, la planta nuclear de Atucha II y las obras de la Ruta Nacional 3. También trabajó en la Torre Pirelli, sede central de YPF; la construcción de los estadios del Mundial de Fútbol que se realizó en la Argentina en 1978; y una buena parte de la infraestructura urbana de la reconversión de Puerto Madero.

En el momento en que el grupo compró una parte de YPF, tenía mil empleados y habían ejecutado tres mil millones de metros cuadrados en obras civiles.

Enrique Eskenazi llegó a Petersen Constructora sesenta años después de su fundación, exactamente en 1980 (véase Cuarta Parte: Los Eskenazi. Capítulo 1: "No somos todos lo mismo").

Su particular aterrizaje hace que algunos lo consideren un hombre de negocios brillante y otros, un empresario oportunista.

Tenía 55 años y ya se estaba retirando de Bunge & Born, donde era considerado uno de sus ejecutivos más importantes.

Ganó la confianza de Carlos Alberto Petersen, uno de los principales accionistas de la constructora.

Hizo un diagnóstico perfecto y brutal de los graves problemas que atravesaba la empresa.

Ingresó a la constructora con un importante salario y enseguida le entregaron, gratis, el cinco por ciento de las acciones.

En menos de un año, en medio de fuertes diferencias entre las familias de los accionistas, Eskenazi pasó a convertirse en el accionista mayoritario.

Su fórmula fue sencilla: abrupta baja del gasto, mucho menos mano de obra para la construcción y una política austera en el manejo del crédito.

La división de servicios financieros del grupo se inició con la compra de la mayoría de las acciones del Banco de la Provincia de San Juan, en 1995.

También hay dos perspectivas desde donde contar la historia de su ingreso. Una tiene la impronta del propio Enrique Eskenazi:

—No era algo que deseábamos. No tuvimos otra chance que hacernos cargo.

Sebastián completó:

—O lo comprábamos, o perdíamos el patrimonio que teníamos adentro (véase Cuarta Parte: Los Eskenazi. Capítulo 3: "Kirchner fue un buen administrador").

Otra es la que presentaron legisladores de la oposición, quienes no acusaron a la familia Eskenazi, pero describieron:

—El Estado se quedó con una deuda impresionante y le entregaron la entidad saneada.

En la actualidad Petersen Inversiones SA (PISA) posee el setenta por ciento de un banco con dieciséis sucursales y diez mil clientes.

En 1996 Enrique Eskenazi conoció al gobernador de Santa Cruz, Néstor Kirchner.

En 1998 compró el 51 por ciento del Banco de Santa Cruz, al margen del escándalo provocado por el déficit de 170 millones de dólares que le generaron sus deudores incobrables. La entidad tiene ahora 130.000 clientes y una red de dieciséis sucursales.

En setiembre de 2003 Eskenazi compró, por medio del Banco de San Juan, el 93 por ciento del Banco de Santa Fe.

Fue un salto cuantitativo considerable.

Sus 450.000 clientes actuales son atendidos en una red de 107 oficinas. La adquisición estuvo rodeada de una fuerte polémica. En su momento, el diputado nacional por la UCR de Santa Fe Carlos Iparraguirre lo lamentó. Iparraguirre denunció que no le daba tranquilidad que una entidad pequeña como el Banco de San Juan absorbiera a otra tan grande como el Banco de Santa Fe:

—Fue como si una mojarrita se comiera un tiburón —se quejó en el recinto.

El Banco Central, presidido por Alfonso Prat-Gay, autorizó a Petersen a hacerse cargo después de muchas exigencias técnicas, para que nadie pensara que Kirchner lo presionaba.

Dos años después, PISA empezó a manejar el Nuevo Banco de Entre Ríos. Ahora tiene el 64 por ciento de las acciones, y el ciento por ciento de los derechos a voto. Cuenta con 73 sucursales y 320.000 clientes.

Las divisiones de Servicios Urbanos y Negocios Agrícolas son minúsculas si se miden por el nivel de facturación.

Santa Sylvia SA es una explotación agrícola industrial de más de diez mil hectáreas, especializadas en el cultivo de olivos y viñedos. El aceite de oliva y el vino se venden bajo la marca Xumet. El impulso de Santa

Sylvia tiene casi un único protagonista: Ezequiel Eskenazi, segundo varón de la familia, después de Esteban. Bohemio, actor, fue parte del elenco estable del Teatro San Martín y participó en la obra *Marilú*. Enrique y Sebastián tienen un fuerte sentimiento de ternura por Ezequiel. Cuando les mostró el campo que había adquirido en San Juan le preguntaron en broma:

—¿Qué compramos, una pedrera?

Pero ahora dicen que Ezequiel consiguió hacer un milagro. Fue capaz de elaborar un buen malbec en la provincia donde reina el vino blanco.

—Nos costó un montón de plata. Tuvimos que traer ingenieros de Israel. Pero el vino ahí está. Premiado y listo para tomar —confesó un ejecutivo del grupo.

La división Petersen Energía SA (PESA) no tenía ni un peso hasta que el grupo decidió comprar Repsol.

Los únicos antecedentes ciertos son dos.

El primero: unos pozos petroleros que alguna vez manejó la constructora antes de la incorporación de Enrique Eskenazi. No debieron ser muy importantes, nadie se acuerda ni siquiera del nombre.

El segundo antecedente es Inwell, una firma que se presentó a licitación por primera vez en 2006.

Fue cuando la provincia de Santa Cruz convocó a la exploración de quince áreas petroleras. Siete fueron obtenidas por empresas vinculadas a Lázaro Báez. Otras siete, por compañías de Cristóbal López.

Inwell no se quedó con área alguna.

La respuesta de por qué Repsol le vendió una parte de YPF y le dio el *management* a un grupo cuya fortaleza no es el petróleo, sino las finanzas, tampoco es una sola.

Una explicación lógica es que los españoles confiaban en la capacidad de *lobby* de los Eskenazi ante un hombre tan complicado y con tanta ambición de poder como Kirchner.

Otro argumento atendible es que el petróleo es cada vez más un negocio financiero. De hecho, Sacyr Vallehermoso, el accionista mayoritario de Repsol Internacional, es especialista en negocios inmobiliarios.

La tercera respuesta la aportó Sebastián Eskenazi:

—Más que especialistas en energía, necesitaban *management* eficiente.

¿YPF era ineficiente antes de llegar Petersen y ahora funciona a las mil maravillas?

Todavía no parece tan claro.

Los resultados del primer semestre de 2009 no fueron alentadores.

En la Argentina, Repsol YPF ganó 53 por ciento menos que durante el mismo período de 2008. El único consuelo de los Eskenazi es que les fue mejor que al grupo español en el mundo, donde la caída de ganancias fue casi del sesenta por ciento.

La razón es obvia: la brusca caída del precio del crudo y de los márgenes de refinación.

A YPF Argentina no le alcanzaron los aumentos aplicados a los precios del gas y los combustibles de las estaciones de servicio. Y en cambio la afectaron, y mucho, las retenciones y el impacto negativo del tipo de cambio.

Esto no significa que ni Repsol ni YPF pierdan plata. Solo YPF ganó en seis meses de este año más de mil millones de dólares.

Otro de los grandes interrogantes de la operación es por qué los Eskenazi, para comprar su parte de Repsol, inscribieron a Petersen Energía primero en España y después en Australia, si se trata de una empresa argentina.

—Esto es muy sencillo: si registrábamos Petersen Argentina, los bancos internacionales no nos prestaban un peso. Porque la palabra "Argentina" es sinónimo de inseguridad jurídica y de default. Si registrábamos solo Petersen España, tampoco, porque lo consideraban insuficiente. Por eso registramos Petersen España y Petersen Australia también —explicó uno de los expertos que participó en el diseño financiero.

El otro gran tabú es cuánto dinero pusieron. Se lo pregunté directamente a Enrique Eskenazi:

—¿Cuánto capital propio invirtió?

—Mucha guita. —El padre olvidó por un instante su estilo diplomático y agregó: —Me gustaría que le preguntara a cualquier jerarca de una empresa internacional cuánta plata líquida puso en su última operación. Nadie pone nada. Y nosotros sí pusimos. Pero más importante fue la estructura financiera para conseguir semejante cantidad de plata. ¡Conseguimos más de 2.200 millones de dólares y nadie destaca cómo lo conseguimos!

—¿Cómo?

—Con casi dos años de trabajo y la confianza otorgada a la familia Eskenazi. La gente cree que los empresarios argentinos estamos al borde de la mafia. O que nos encontramos un día con un grupo de bancos, tomamos un café, nos damos la mano y nos dan miles de millones de dólares. La verdad es que el asunto es un poco más complejo.

Sebastián, harto de lo que él llama "la teoría de la conspiración", dio una pista más precisa: calculó que el patrimonio familiar que se utilizó es el equivalente al diez por ciento del precio total del la parte de YPF que compraron.

Entonces, ¿cuánta plata pusieron de verdad?

Habla una fuente a la que nadie desmentirá:

—Los Eskenazi juntaron 35,5 millones de dólares. Si no la hubieran puesto, no habrían capitalizado Petersen Energía de España y entonces se habría caído toda la operación. Además de cuánto capital propio pusieron de verdad, la última gran duda de los que siguieron con desconfianza la novela de la compra de YPF es por qué Brufau le entregó el control efectivo a un accionista minoritario, que todavía no terminó de pagar ni el 15 por ciento de su participación.

Intentó terminar con las especulaciones el propio Sebastián Eskenazi. Para aventarlas, solo empleó doce palabras:

—Nosotros no buscamos el *management*. Nos lo pusieron como condición para comprar.

Después, más tranquilo, aclaró que, si bien Petersen controla YPF, las decisiones importantes las toma un comité ejecutivo que se encuentra por encima de todo. Y, dentro de ese comité, Repsol tiene la mayoría.

Tanto Enrique como Sebastián Eskenazi muestran cierta fatiga al tener que explicar que no son iguales a Cristóbal López, Lázaro Báez o Rudy Ulloa.

Cuando no hablan frente al grabador, suelen decir cosas como estas:

—Nosotros no somos empresarios K. A nosotros no nos formó Néstor. Nos formó el mercado. Es más: nosotros no estamos de acuerdo con la política energética. Y se lo decimos, en privado, cada vez que podemos. La Argentina no tiene gas suficiente para venderle a Chile tan barato. Nuestro país le compra gas a Bolivia carísimo y se lo vende a Chile baratísimo. El gas oil aquí vale cuatro veces menos que en el Brasil, Chile y el Uruguay. El gas oil tiene que aumentar, o hay que racionalizar su uso. La Argentina tiene más de dos millones de autos que funcionan a gas. No sé cuántos países del mundo pueden sostener eso. El precio de la luz es baratísimo comparado con el Uruguay. Ni qué hablar de la nafta. La Argentina es el único país del mundo con tantos climatizadores de piletas de natación. Es uno de los pocos países donde los ricos tienen subsidiados sus caloventores de piscina.

—Nosotros le avisamos al gobierno, porque semejante compra no se puede hacer a escondidas. Pero no le pedimos permiso, porque para hacer negocios no le pedimos permiso a nadie. Además, pedirle permiso a Kirchner es casi como convertirte en su empleado. Y nosotros no somos empleados de nadie. Es más: no manejamos negocios de los que no tengamos el control. Y no porque seamos soberbios. Es que no sabemos hacerlo de otra manera.

197

—Lo importante, ahora, es entender que, por primera vez en su historia, YPF tiene dueño. No los únicos ni los mayoritarios, pero somos los dueños. Antes, los dueños estaban a 14.000 kilómetros, y esto era un ministerio. Ahora, los dueños estamos acá. Y eso es verdad para los empleados, para los proveedores, para este gobierno, y también para los gobiernos que vendrán.

3
Sebastián Eskenazi:
"Kirchner fue un buen administrador"

Sebastián Eskenazi, el hombre que conduce la empresa más grande, poderosa e importante de la Argentina, habló por primera vez ante un periodista para aclarar cómo hizo para comprar YPF.

Fueron dos horas de entrevista mano a mano, en su gran oficina del piso 32 de la torre diseñada por César Pelli, en Puerto Madero. En el mismo piso está el escritorio del presidente de Repsol YPF, el español Antonio Brufau. Una escenografía perfecta para que todo el mundo sepa quién manda aquí. El CEO de YPF ordenó a sus asistentes que no le pasaran llamados, sentó junto a él a su asesor Adrián Kochen y le pidió al autor de este libro que no se sumara a las voces de los que ven conspiraciones por todos lados.

En el mundo de los negocios, y también de la política, todavía se preguntan cómo hizo el Grupo Petersen para quedarse con más del 15 por ciento de YPF, con opción a un diez por ciento más.

Las sospechas que todavía rodean la operación son cuatro. Una: el precio. Dos: la forma de pago. Tres: la casi nula experiencia del grupo en el negocio petrolero. Y cuatro: la sombra del ex presidente Néstor Kirchner detrás de la jugada.

Eskenazi, 46 años, divorciado, tres hijos, en pareja con la conductora de radio y televisión Analía Franchín, es un hombre culto y refinado, pero no carece de picardía ni de la cintura política que se necesita para hacer grandes negocios y no morir en el intento.

—A los cinco minutos de entrar a un restaurante sabe si el negocio es viable. Si tiene mozos de más o de menos. Te hace una cuenta en el aire sobre cuánto factura y por qué gana o pierde. Cuando aparece el dueño y le preguntás, te hace los mismos números que Sebastián. Es un avión. Y sabe de lo que habla —me contó un amigo de Eskenazi que lo conoce desde hace veinte años.

—No es lo mismo manejar un restaurante que la empresa más grande de la Argentina —me atreví a decirle.

—No. Por eso estuvo más de un año revisando los números, hasta que la compró.

Sebastián Eskenazi desmintió que haya adquirido la petrolera sin desembolsar un solo peso, y explicó que, para adquirir YPF, su padre, Enrique, puso "todo lo que tenía".

El empresario aclaró por qué considera que se pagó un precio justo.

Aceptó que tiene un vínculo con Kirchner y calificó su presidencia de brillante.

Reveló que comprará hasta el 25 por ciento de YPF, y que Repsol se quedará con el cincuenta por ciento, porque abrirá a la bolsa el otro 25 por ciento.

Eskenazi aclaró que los fondos de las regalías petroleras de Santa Cruz nunca fueron manejados por el banco provincial que controla su familia.

Explicó su relación con figuras polémicas como Carlos Corach, Elías Jassan y Néstor Rapanelli.

Al final, reivindicó su conducción de la petrolera con la frase:

—Antes parecía que YPF no era de nadie. Ahora YPF tiene un dueño argentino.

A pesar de su evidente amabilidad, el reportaje tuvo, desde el comienzo, momentos de fuerte tensión. Es lo que sigue:

—*El precio que pagó por YPF, ¿no fue demasiado bajo?*

—¿Demasiado bajo?

—*Cotizaron a toda la empresa en 15.000 millones de dólares, el mismo que pagó Repsol por YPF en 1999, cuando el barril de petróleo valía doce dólares. En el momento de la compra, en diciembre de 2007, el precio del crudo estaba en 74 dólares. Por eso muchos piensan que YPF valía más cara que el precio que se le fijó.*

—¿Sabés cuál es el valor-libro de YPF? Ocho mil millones de dólares. En el momento de la operación, los balances de YPF indicaban que valía entre 8.700 y nueve mil millones de dólares.

—*¿Quiere decir que Petersen pagó por YPF más de lo que vale?*

—Quiere decir que nosotros la valorizamos en mucho más de lo que representa su patrimonio. Para empezar, no es correcto valorizar a YPF por el precio del barril de crudo. En la Argentina, desde hace mucho tiempo, todas las petroleras cobran 42 dólares por barril. Ahora, que está a 75 u 80 dólares, y también cuando trepó a 140 dólares. ¿Sabés por qué el productor en la Argentina cobra siempre 42 dólares? Porque paga altísimas retenciones a la exportación. Están equivocados los que afirman que el campo es el sector de la economía más castigado por las retenciones: la industria del petróleo es la más castigada.

—*¿Entonces pagaron por YPF más de lo que debían? ¿Hicieron un mal negocio?*

—No. Fue un precio justo. Para mí YPF vale entre catorce y quince mil millones de dólares. Por varias razones. La potencia es una. La integración es otra. Porque no solo es productora: refina, distribuye, produce fertilizantes, lubricantes, tiene activos en el exterior. Nosotros, ahora mismo, estamos haciendo perforaciones en México, en Guyana. Pero, además, el valor de la empresa no lo calculamos solo nosotros. Tampoco lo calculó solamente Repsol: lo calculó el mercado. Lo calcularon los bancos.

—*¿Cómo fue el trámite para acordar?*

—Se les pidió a dos o tres analistas internacionales que le pusieran valor a YPF. Y ellos le pusieron entre 13.500 y quince mil millones de dólares.

—*¿Quiénes son "ellos"?*

—Ellos son Repsol. Contrataron al UBS y al Morgan Stanley. Otro consultor lo pusimos nosotros, junto con nuestro banco mandante, el Credit Suisse.

—*Un auditor de grandes operaciones interpretó que el supuesto bajo precio podía expresar el deseo del gobierno de que un empresario amigo la comprara.*

—Si la hipótesis del auditor hubiese sido correcta hubiésemos pagado el valor libro. Pero terminó valiendo el doble. Además, ¿vos te creés que un negocio de esta magnitud se hace pensando en el gobierno de turno? No. Se lo analiza y se lo valora también a mediano y a largo plazo. Este análisis, que es un poco más serio y pensado que el de los que hablan sin saber, dio un valor final de quince mil millones de dólares.

—*Con las retenciones altas y las tarifas bajas que todavía se mantienen, ¿se puede interpretar que Repsol buscó un socio argentino para convencer a Kirchner de bajar las retenciones y subir las tarifas de los productos?*

—Repsol es una de las empresas más grandes de petróleo del mundo. A su vez, el negocio más grande que tiene Repsol es YPF, y lo sigue siendo. Aun con todas las regulaciones que tiene la industria en la Argentina.

—*¿Entonces para qué necesitaban un socio argentino?*

—Por un problema de ellos. Porque necesitaban mejorar la gestión. Te lo voy a plantear al revés: si ellos hubieran buscado un socio con las características que sugiere "la conspiración", ¿por qué nos dieron el *management*?

—*Dígamelo usted.*

—Yo no busqué el *management*. A mí me lo pusieron como condición para comprar.

—*¿Le parece lógico darle al socio minoritario el control de semejante empresa?*

—Es que justamente lo hacen porque no tienen gestión. Cualquier grupo de este tipo (acá tenés el caso de British Petroleum) busca un socio local, estratégico, para que haga el *management* de la empresa. Además, nosotros tampoco tenemos el manejo del ciento por ciento. No es que mañana puedo decidir hacer una inversión de cien millones de dólares sin Repsol. Soy el CEO de la compañía, pero arriba de mí hay un comité ejecutivo. Allí es donde Repsol tiene la mayoría y el real control de la compañía.

—*¿Sabía que en 2006 viajaron Néstor Kirchner y Alberto Fernández a España, a decir que la Argentina no era ni Bolivia ni Venezuela, pero que la empresa necesitaba un management argentino?*

—No me consta. Para nada. Es más, durante la única reunión que tuve con Brufau y el ex presidente, cuando Repsol plantea que nuestro grupo podía estar en condiciones de llegar a un acuerdo, Kirchner dijo: "A mí no me importa con quién se asocien, yo quiero que Repsol invierta". Esas fueron sus palabras. Brufau anunció la unión, pero había varios grupos argentinos dando vuelta. Uno era Miguens. Otro, Jorge Brito, quien era director de YPF. Y no sé si también parecía interesado Hugo Sigman...

Carlos Miguens Bemberg, ex dueño de la cervecería Quilmes, controla Sadesa (Sociedad Argentina de Energía), grupo que produce el 36 por ciento de la energía eléctrica de consumo local.

Jorge Brito, dueño del Grupo Macro, holding que cuenta con más de cuatrocientas sucursales en casi todo el país y siete mil empleados.

Hugo Sigman, del grupo farmacéutico Chemo, tiene inversiones en la Argentina y en España, posee 19,6 por ciento de Gas Natural BAN, que de las distribuidoras del fluido en el país es la segunda en importancia.

—*¿Cómo hicieron para lograr en tan poco tiempo un diálogo profundo con Brufau?*

—Ah. Esa es otra de las grandes teorías de quienes nos operan. Dicen que no entienden cómo se dio tan rápido el acercamiento. Les vamos a dar otra mala noticia. Nosotros conocimos a Brufau dos años antes de empezar a conversar sobre la operación, cuando todavía nadie pensaba, ni siquiera el propio Brufau, en la venta de parte de YPF. Y nos entendimos de inmediato porque venimos del mismo mercado. Del mismo palo. Él viene del mercado financiero, y nosotros también. Él manejó La Caixa, la más importante banca regional de España. Y nosotros venimos de los bancos de provincia. Hubo, desde el principio, muchísima afinidad.

—*Volvamos a la operación. Petersen Energía SA va a terminar pagando 2.235 millones de dólares por el 14,9 por ciento de las acciones de YPF. ¿No es raro que la propia Repsol le preste más de mil millones de dólares a su compradora, a una tasa del 8,12 por ciento con cinco años de gracia?*

—No es raro. Son transacciones de mercado. Es absolutamente normal. Es una operación típica de un grupo de este tamaño. Los valores son tan grandes que nadie paga al contado una operación.

—*¿En todo el mundo?*

—En todo el planeta. No conozco nadie en el mundo que venga y te diga: "Acá te pago los 2.200 millones de dólares, *cash*". Nos cuestionan la cancelación de parte de la deuda con dividendos de la propia YPF, ¿y con qué la vamos a pagar, si no? Dicen que no pusimos un peso, y es mentira: pusimos nuestro capital propio. Para nosotros fue muchísimo dinero, porque es *todo* nuestro dinero.

—*¿Por qué, previamente a la compra, registraron Petersen Energía SA en España con un capital de sesenta mil euros? ¿Por qué enseguida fue capitalizada en 107 millones de dólares por Petersen Energía PTY LTD, con sede en Australia, por medio de créditos?*

—Petersen se tuvo que hacer en España porque los bancos exigían que las acciones que dejábamos en garantía estuvieran fuera de la Argentina. Los bancos tienen ciertas bases mundiales donde basan sus transacciones; una es España. Y nos obligaron a hacerlo en ese país. Petersen España se abrió específicamente para esta operación.

—*Cuando habla de capital propio, ¿a qué se refiere? ¿Al crédito de 107 millones que les otorgó el Credit Suisse?*

—No. Capital propio es la plata de la familia. El crédito es otra cosa. Mi padre puso todo lo que tenía, y toda la garantía que tenía. Esa es la plata propia que tuvimos que poner.

—*¿Por qué compraron el 14,9 por ciento de las acciones y no el quince?*

—Porque, cuando comprás más del 15 por ciento, tenés que pedirle autorización al gobierno porque pasás a ser factor de control de una organización. Entonces, compramos el 14,9, presentamos todo a la Secretaría de Defensa de la Competencia, hicimos todos los trámites y, cuando nos autorizaron, pasamos al 15,4.

—*¿No lo hicieron para evitar la Oferta Pública de Acciones (OPA), que los hubiera obligado a competir con otras empresas?*

—No es que la evitamos: es que tuvimos que abrirla. Y compramos setenta millones de dólares en acciones que estaban en el mercado para poder pasar el 15 por ciento. Cuando pasás ese porcentaje en una sociedad, te convertís en controlante. Entonces a tus accionistas tenés que darles posibilidad de decidir.

—*Otra duda. Es sobre el préstamo de 1.015 millones de dólares que les otorga la propia Repsol...*

—¿Cuál es el problema?

—*...a una tasa del 8,12 por ciento y con cinco años de gracia. ¿No le parece demasiado accesible?*

—No. La tasa que nosotros pagamos a los bancos para la misma operación está en el siete y pico por ciento.

—*¿Y no es baja, también?*

—Para una operación de este tipo es altísima, por el monto de dinero y el tipo de garantía que tienen. ¿Los bancos qué riesgos están asumiendo? ¿Cuál es el riesgo de Repsol? Lo peor que le puede pasar es que yo no le pague y recupere sus acciones. La operación está dividida en tres etapas, en tres formas de pago. Una es el *equity* o capital de trabajo, que es el capital de la familia. Después está el crédito de los bancos, que es a cinco años a un tasa de siete y un cuarto. Y a partir del quinto año tengo que empezar a pagarle a Repsol para hacerme del 15 por ciento. No es que Repsol me da dinero a mí: si no le pago a Repsol los mil millones de dólares, lo peor que le puede pasar es que recupere sus acciones.

—*Usted dice que pusieron capital propio. Sin embargo, al analizar la operación, no aparece tan claro. A lo sumo se puede interpretar, por los movimientos de cuenta, que no llegaron a poner ni el cinco por ciento del valor de la empresa con la que se van a quedar.*

—En cualquier operación internacional de este tipo, el capital de trabajo que vos ponés es de alrededor del diez por ciento. Es lo que te exige un banco para ponerte el dinero del crédito: diez por ciento del total de la operación. Y eso fue lo que pusimos.

—*Los 1.026 millones de dólares para pagar parte del 15 por ciento de Repsol se obtuvieron de un crédito concedido por un grupo de bancos. El Credit Suisse desembolsó 601 millones de dólares. Goldman Sachs, cien millones. BNP Paribas puso 175 millones. El ITAU Europa, otros 150 millones. Se escribió que Credit Suisse les otorgó el préstamo porque era la entidad donde, en su momento, estaban los fondos de Santa Cruz. ¿Estas dos cuestiones no están vinculadas?*

—Eso sí que es absurdo. Los que lo dicen no tienen idea de cómo funciona esto. Para empezar, el Credit Suisse fue el banco organizador, pero también participaron, por ejemplo, el BNP y el Morgan Stanley. Para seguir, el Credit Suisse tenía una serie de bancos detrás que lo ayudaron a descargar su deuda. El Credit no nos prestó directamente seiscientos millones de dólares; creo que nos habrá prestado 150 millones de dólares, no más. ¿Qué tienen que ver los fondos de Santa Cruz con esto? Nada. No hay manera de vincularlos.

—*En el comunicado que distribuyó Repsol después de la asociación, Brufau destacó la experiencia de Petersen en mercados regulados. Fue como decir: lo que tienen los Eskenazi es capacidad de lobby para influir sobre políticas de gobierno.*

—Esa pregunta se la tendrías que hacer a Brufau y no a mí. Eso lo puso Repsol y no yo.

—*Pero era un comunicado conjunto.*

—Eso lo puso alguien de Relaciones Institucionales, no Repsol. La respuesta de la venta de España la tenés que buscar en los archivos de Brufau, cuando habló de desinversión. No se refería sólo a la Argentina, sino a América latina. También al Ecuador y a Bolivia. Lo que hay que entender es que el negocio del petróleo es conflictivo en todo el mundo. Si el conflicto no es a los tiros, como en algunos países, es político. Pero siempre es un negocio muy complejo. Porque es absolutamente estratégico para los países. En este momento en Nigeria pararon la producción porque están a los tiros; en Bolivia nacionalizan todo. Salvo en los Estados Unidos, en todos los lugares es un negocio conflictivo. Ponete un minuto en el lugar de Repsol. Tener el cincuenta por ciento de su negocio mundial en una compañía de la que manejaba el ciento por ciento de las acciones era un riesgo enorme.

—*¿Por qué?*

—Olvidate por un momento de la teoría conspirativa. Si sos Repsol, no podés tener metido el cincuenta por ciento de tu capital en un solo riesgo. Entonces, lo que quiso hacer Repsol desde el momento en que compra YPF, fue desinvertir. ¿Qué significa desinvertir? En vez de tener el ciento por ciento, el modelo de ellos es quedarse, digamos, con el cincuenta por ciento. No el cien.

—*Si tener el ciento por ciento de YPF significa tanto riesgo, ¿por qué no se van?*

—Porque, al mismo tiempo, el negocio más rentable que ha tenido Repsol en todo el mundo durante los últimos años fue YPF. Y sigue siéndolo. ¿Me explico? Repsol era la unión de todas las empresas energéticas de España. Eran solo refinerías. Hasta que compraron YFP, absorbieron toda la parte de producción, y eso les sirvió para hacer su enorme base en el resto el mundo. Repsol nunca quiso irse de la Argentina; lo que quiere es desinvertir, pero no irse. Quiere bajar su exposición. Pero no solamente en la Argentina. Esto pasó en Bolivia, en el Brasil, en los Estados Unidos, en Tailandia...

—*¿Problemas de management o políticos?*

—Problemas políticos siempre hay. Pero el verdadero problema es cómo manejar una empresa tan grande y compleja. ¿Sabés qué significa administrar una empresa con doce mil millones de dólares de facturación? YPF paga seis mil millones de dólares de impuestos. Es el equivalente a un mes de presupuesto nacional. La complejidad que tiene es enorme. Por eso, cuando salieron a buscar un socio, pensaron en darle el *management.*

—*¿Por qué Petersen, que tiene experiencia en bancos, construcción y servicios, de buenas a primeras se mete en un negocio tan complejo como es la energía?*

—Bueno, antes de tomar el primer banco nos acusaban de no tener experiencia. Antes de hacer la primera gran obra nos endilgaban que no teníamos nada que ver con la construcción. Primero: nosotros tenemos una política de diversificación. De acuerdo con el momento o la oportunidad, le ponemos más energía a la construcción, a los bancos o al negocio agropecuario. Una de las industrias que siempre vimos como estratégica es la de la energía. Pero no es el primer negocio que hacemos en el sector, Petersen tiene pozos desde la década de los setenta. Desde 1977 Petersen tuvo que ver con el petróleo.

—*Pero su padre compró Petersen en 1980.*

—Sí. Y también le tocó manejar empresas vinculadas con el petróleo. Después vendimos. Pero siempre tuvimos relación con el negocio. Además, pensar que a YPF la puede manejar solo alguien que conoce de energía es estar muy equivocado. En una empresa que factura doce mil millones de dólares, tenés que tener muy bien coordinadas todas las áreas. YPF maneja el sesenta por ciento del combustible del país, el cuarenta por ciento de la producción de petróleo, el cincuenta de la producción de gas, casi el cien de la fabricación de fertilizantes, el setenta por ciento de los lubricantes. Es absolutamente demandante y estratégica a nivel país.

—*¿Cómo es la relación de su padre con el gobierno?*

—Kirchner asumió en el 2003. Salvo en actos de inauguración, que habrán sido dos o tres, mi padre nunca lo vio a Kirchner.

—*¿Nunca?*

—Nunca. A pesar de lo que dicen. A pesar de la fantasía de que entraba sin golpear a su despacho, nunca lo vio a solas a Kirchner.

206

—¿*Y usted?*

—Yo sí. Lo he visto en distintas situaciones. Lo he visto para discutir la problemática de los sectores. Lo vi cuando fuimos con Brufau para comunicarle lo de YPF. Estuve con él para hablar sobre el sistema financiero. La relación no es ni más ni menos que la que tiene que tener un empresario de relevancia en la Argentina con el Presidente. ¿Acaso Paolo Rocca no vio a Kirchner? ¿Héctor Magnetto no lo vio a Kirchner? ¿Jorge Brito no lo vio a Kirchner? Lo vi tantas veces como lo puede ver cualquier empresario que maneja un sector importante de la economía.

—¿*Y cuál es su mirada sobre Kirchner?*

—Creo que Kirchner hizo una brillante presidencia. Fue un buen administrador. Como todo ser humano, tiene cosas buenas y cosas malas. Pero, básicamente, logró ponerle a la Argentina un sentido de administración que no tenía. Y fue un gran avance.

—¿*Y ahora?*

—Y ahora… no es presidente.

—*Pero gobierna a través de Cristina.*

—Este gobierno tiene, como todos, aciertos y desaciertos. La situación mundial es mucho más compleja de la que hubo en los últimos seis años. El panorama es distinto. No conozco tanto a la Presidente como para dar una opinión certera. Lo conozco mucho más a Kirchner a través del banco.

—*Sobre el Banco de Santa Cruz enseguida vamos a hablar. Pero me gustaría empezar por Petersen y la obra pública. Según algunos informes, desde que adquirió Petersen, se convirtió en una de las beneficiarias más importantes de obra pública en Santa Cruz.*

—Eso es otra mentira enorme. Fijate en las estadísticas oficiales. En el momento que más obras manejamos, llegamos al cuatro por ciento del total.

—*Además se afirma que Petersen no es una constructora de verdad, que en realidad es un grupo de ingenieros y arquitectos que después tercerizan, y de contadores que facturan.*

—Es necesario aclarar varias cosas. Primero, una constructora no es una fábrica de latas: contrata la cantidad de obreros que requiere el volumen de la construcción. Petersen, Thiele & Cruz, como la mayoría, fue afectada por la fuerte crisis de los años ochenta, y se achicó. Se achicó como se achicaron todas. Más tarde resolvimos nuestros problemas financieros. Nos ordenamos. Y volvimos a crecer. Pero, aun en el medio de la crisis, Petersen nunca dejó de estar entre las seis o siete primeras constructoras del país. Ni siquiera en el peor momento. Y hoy debe de ser una de las primeras cinco compañías. Además, si la analizamos desde lo técnico, es una de las primeras. Por no decir la primera.

—Y también una de las principales beneficiarias del negocio de la obra pública.

—No. Nosotros no lo vemos así. ¿Por qué será tan difícil de entender? Petersen siempre manejó una política que puede resumirse así: cincuenta por ciento de obras públicas, cincuenta por ciento de trabajo para privados. Nuestra política es dividir la cartera en los dos mercados. Es una manera de protegerse de los vaivenes de la economía. Cuando hay menos obra pública compensamos con lo privado. Y, cuando baja lo privado, tratamos de incrementar los trabajos de obra pública. Siempre respetamos esta estrategia. Y, además, tenemos un límite de capacidad. Un límite de facturación.

—¿Me lo puede explicar mejor?

—Claro. Petersen no puede tomar mañana, de repente, veinte grandes obras para facturar mil millones de dólares. No tiene ni la capacidad ni las ganas de hacerlo.

—¿Y cuál es el límite de facturación?

—Entre los doscientos y los trescientos millones de dólares. Podríamos decir que el límite del neto de la constructora no pasa de trescientos millones de dólares.

—¿Quién manda en el grupo Petersen? ¿Quién es el que maneja las riendas en la familia Eskenazi?

—Mi padre es el presidente. Después estamos Matías y yo.

—Sus subordinados dicen que usted maneja todo.

—No es así. Mi padre nos orienta. Y no se toma ninguna decisión importante sin la última palabra de mi padre. El ingreso a YPF fue una decisión final de mi padre. Después, la conducción la comparto con mi hermano Matías. Tenemos distintas responsabilidades, pero trabajamos en equipo.

—¿Cuál es el negocio más importante del grupo?

—Ahora mismo todo el equipo principal está poniendo su energía en YPF. Yo mismo le estoy dedicando a la petrolera las horas que jamás le dediqué a ninguna otra actividad. Y eso que siempre trabajé muchísimo. Pero, para el grupo, nuestro *core business* [negocio principal] es el negocio de los bancos.

—¿Por qué?

—Primero, porque es ciento por ciento nuestro. Segundo, porque es un negocio menos complejo. Tercero, porque es un negocio de mayor rentabilidad. Aunque parezca mentira, el del petróleo, en la Argentina, no es un negocio de gran rentabilidad.

—¿Usted quiere decir que los Eskenazi ganan más plata con su bancos que con YPF?

—Depende de cómo se mida. En porcentajes, es mejor el negocio financiero que el petrolero. En volumen no tienen comparación. La industria petrolera, en el mundo, tiene una rentabilidad de entre el ocho y el diez por ciento. La de los bancos, si se los maneja bien, tiene un promedio de rentabilidad del 14 por ciento. Además, nosotros nos sentimos muy cómodos cuando tenemos el control. Y en el negocio de los bancos lo tenemos, sin dudas.

—*El Banco de San Juan fue el primero que compraron, en 1996. Fue una operación a medida: la provincia se quedó con los deudores incobrables y se quedaron con la mayoría por diez millones de dólares.*

—¡Qué fácil que presentan las cosas! Porque nosotros estamos seguros de que fue al revés: que no teníamos más alternativa que comprarlo y que fue una decisión para protegernos. Dejame explicarte. El banco de San Juan fue la primera entidad financiera de capital mixto en la Argentina. En 1979, cuando mi padre compró Petersen, Thiele & Cruz, la empresa ya era accionista del Banco de San Juan, junto con la constructora Cartellone. Sin embargo, la que manejaba el banco era la provincia, porque tenía el cincuenta por ciento de las acciones. Es más: no le habíamos dado ninguna trascendencia a nuestra participación. Más tarde, durante la década de los noventa, en el medio de la quiebra de la banca provincial en todo el país, nos llamó el gobernador Jorge Escobar y nos dijo: "*Si ustedes no se hacen cargo, el banco quiebra*". No tuvimos dos opciones: o nos hacíamos cargo del Banco de San Juan o perdíamos el patrimonio que teníamos como accionistas. En ese momento poseíamos cerca del 18 por ciento, y para el grupo hubiera significado una pérdida importante. Algunos piensan: los Eskenazi siempre hacen negocios con el Estado. Algunos dicen: ¡Qué estratégicos que fueron, cómo vieron el negocio de la banca! La verdadera historia es que fuimos empujados por las circunstancias.

—*Pero les salió barato.*

—¿Barato? ¡Si tuvimos que armar un grupo con el Banco Piano, Industrias Chirino, de San Juan, y otros! Además, el valor lo puso el Banco Central. Y lo calculó como una capitalización para que el banco pudiera seguir funcionando.

—*Y la provincia se quedó con una enorme deuda, de 160 millones de dólares.*

—Sí. Pero no fue que nos hicieron un favor. Hizo lo mismo que en todos los casos. El Estado se quedó con un banco residual. No había modo de hacerlo distinto.

—*Dependiendo de la perspectiva, algunos podrían decir que así es fácil manejar un banco.*

—¿Por qué?

—*Le sacan la mochila de la deuda, lo venden más o menos barato y les dan a los nuevos compradores, llave en mano, las cuentas cautivas de los empleados del Estado.*

—Otro mito muy repetido. El negocio de las cuentas de los empleados del Estado, para los bancos que manejamos nosotros, no representa ni el veinte por ciento de los ingresos. Para plantearlo de otra manera: el ochenta por ciento del negocio bancario viene del sector privado. ¿Fácil, manejar un banco? ¿Sabés cuántos "expertos" se lo pusieron de sombrero? Nosotros pasamos muy malos momentos. Ni bien lo compramos nos costó mucho arrancar. Tuvimos que capitalizarlo de nuevo. Nos agarró una nueva crisis. El Banco Piano no la pudo sostener y se tuvo que retirar. Otro socio que formaba parte del equipo no aguantó y también se fue. Quedamos solo Chirino, la familia Nacusi y nosotros.

—*Bueno. También se podría entender que se los sacaron de encima.*

—¿Ah, sí? ¿Y quién creés que pagó la cuenta de la nueva capitalización? ¡La cuenta final la pagamos nosotros!

—*Pero también se quedaron con los beneficios posteriores.*

—Perfecto. Pero si la nueva capitalización nos hubiese salido mal, habríamos perdido el ciento por ciento de lo mucho que ya habíamos puesto. Me sorprende la superficialidad que tienen algunos para analizar los negocios. Lo hacen a partir del resultado final, pero no se ponen a estudiar qué pasó en el camino. Además, vos preguntás sobre los negocios que nos salieron bien, pero no tenés idea de los que nos salieron mal. Te puedo contar veinte de los malos.

—*Cuénteme uno.*

—Penitentes. En la construcción de ese centro de esquí invertimos decenas de millones de dólares. Y la mayoría de los inversores se fundieron. Te estoy hablando de la década de los ochenta, así que esos veinte millones de dólares los tenés que multiplicar por cuatro y transformarlos en cien. Tuvimos que vender. Recuperamos lo mínimo. Fue un verdadero desastre.

—*¿Cómo obtuvieron el Banco de Santa Cruz?*

—En principio, es un error plantear que el Banco de Santa Cruz fue una concesión del gobierno provincial. Fue una licitación. Hubo varios oferentes. Y el contexto era la privatización de la mayoría de los bancos provinciales. Las provincias tenían dos opciones: una era cerrar (Mendoza lo hizo así); la otra era privatizar, para seguir financiando sus economías provinciales y regionales. Cuando se abrió la licitación por el Banco de Santa Cruz, la entidad estaba prácticamente cerrada. Y hubo tres o cuatro ofertas, además de la nuestra.

–*Y otra vez lo compraron sin la cartera residual, que trepó a 170 millones de dólares, de la cual la mayoría eran incobrables.*

–Otra vez lo mismo. ¿Qué responsabilidad podemos tener nosotros en eso? A la cartera residual la manejan los fiscales de la provincia.

–*¿Petersen nunca tuvo deudas con el Banco de Santa Cruz antes de tomar el control?*

–Nunca. Ni con el Banco de Santa Cruz ni con ningún otro. Jamás tuvimos deudas. Además, en el pliego de licitación decía claramente que nadie podía comprar el banco si era deudor. Ni siquiera un crédito pedimos en el banco. Es más: la primera vez que fuimos a Santa Cruz fue cuando empezamos a estudiar el tema del banco. Y las únicas obras públicas que había realizado Petersen en la provincia correspondían a la Nación, no a Santa Cruz.

–*¿Tampoco llegaron a manejar desde el Banco de Santa Cruz los fondos de las regalías petroleras?*

–Nunca. Jamás. Cuando empezamos con el banco en Santa Cruz, los fondos ya estaban afuera del país. Y, cuando volvieron, fueron directo al Banco Nación. Podés ir a averiguar: ahora mismo están en el Nación. Nunca pasaron por el Banco de Santa Cruz.

–*Se lo pregunto de nuevo: ¿jamás pasaron esos cientos de millones de dólares por el Banco de Santa Cruz privatizado?*

–No. La única participación que tuvo el Banco de Santa Cruz fue cuando se repatriaron los fondos por primera vez. Y fue una mera cuestión técnica: eran órdenes que la provincia de Santa Cruz tenía que emitir al Banco Nación, y tenía que hacerlo a través del Banco de Santa Cruz. Pero el dinero, la plata, nunca estuvo. Nunca pasó por nuestro banco. Cualquiera que maneje el negocio de los bancos te lo puede explicar mejor. Se trata de una cuestión de tamaño. El Banco de Santa Cruz es demasiado pequeño como para guardar la plata de las regalías petroleras.

–*¿Pequeño en relación con qué?*

–Con el monto. Con el depósito. Los depósitos de los bancos tienen que tener una relación directa con el activo y el pasivo de la entidad. Si un banco posee un patrimonio de treinta millones de pesos, no puede guardar depósitos por mil millones de dólares. Es un límite técnico. No le da el tamaño. El sistema de normas del Banco Central les pone a los bancos un límite de crédito y de depósitos. Para el Banco de Santa Cruz el límite de crédito es de dos millones de pesos. Aunque quisiéramos, no podríamos dar más. Te doy un ejemplo más sencillo todavía. Si la provincia hubiera depositado quinientos millones de dólares en una cuenta de mi banco, yo tendría que haberle pagado una determinada tasa de interés al

Estado de Santa Cruz. Para pagarle esos intereses tengo que salir a prestarlo a mis clientes, a una tasa todavía mayor. Pero tengo un problema serio: no tengo esa capacidad de préstamo. Además, nunca hubo una intención real de poner el dinero de las regalías en el Banco de Santa Cruz. En algún momento, cuando se repatrió el dinero, se habló de poner una parte en el banco. Pero, ¿la verdad? El único banco en el país que tiene capacidad, tamaño y espaldas para resistir un monto tan importante es el Nación.

—*¿Los fondos continúan en el Banco Nación?*

—Hasta donde sé, sí. Hace como un año.

—*¿Es cierto que su padre estableció para los bancos un estatuto no escrito: prohibido prestarles plata a los Estados y a los medios?*

—Especialmente a los medios. Porque, tarde o temprano, te lo quieren cambiar por pauta publicitaria.

—*Pasemos al Banco de Santa Fe. Ganaron la licitación en setiembre de 2003, durante los primeros meses de la gestión Kirchner. Algunos legisladores plantearon que un banco pequeño, de las dimensiones del Banco de San Juan, no podía adquirir a otro mucho más grande. Además los denunciaron porque el Banco Central les aceptó algunas excepciones para que se lo pudieran quedar.*

—La discusión fue porque un banco más chico estaba comprando un banco más grande. No era un tema de plata, porque habían 133 millones para ingresar. La discusión, impulsada por muchos competidores, no era un tema de dinero. Era un tema de volumen de banco, porque el Banco de Santa Fe es el sexto banco del país. Fue una batalla más mediática que técnica. La realidad es que nosotros ganamos. Se llamó a licitación, el Banco Central lo aprobó y nosotros ingresamos en el banco.

—*¿Y el Banco de Entre Ríos?*

—Igual. Salió a la venta. Y nosotros lo tomamos porque elegimos una estrategia de regionalización. Ya habíamos tomado la Región Cuyo, la Región Sur y parte de la del Centro. La idea nuestra era comprar Entre Ríos y, si salía, comprar Córdoba. Pero, además, nosotros no ganamos licitaciones o nos venden los bancos porque tenemos amigos o por casualidad. Mi padre se jacta de no haberse presentado nunca en convocatoria de acreedores, de no haber dejado de pagar una deuda jamás, de no haber dejado de pagar a los bancos en ninguna circunstancia. Y esto, teniendo en cuenta todas las crisis que soportó el país en los últimos treinta años. Por eso a veces me da risa cuando alguien pregunta: "¿Cómo consiguieron los créditos del exterior para comprar YPF?". Cuando vos vas a pedir semejante cantidad de plata, no te la dan en un día ni en una semana ni en un mes. Los bancos te hacen pelo y barba para prestarte el dinero. Y, antes de hacerlo, chequearon que tenemos años de cumplir nuestros compromisos.

—¿Qué relación tiene el grupo con el ex ministro de Economía de Carlos Menem, Néstor Rapanelli?

—Rapanelli era compañero de papá en el directorio de Bunge & Born. Todavía son muy amigos. Es uno de los directores del Banco de Santa Fe.

El paso de Néstor Mario Rapanelli por el Ministerio de Economía fue fugaz. Sucedió a Miguel Ángel Roig, otro directivo de B&B, que falleció a los cinco días de asumir en julio de 1989. El 18 de diciembre del mismo año, Rapanelli presentó su renuncia tras un rebote hiperinflacionario.

—¿Y con Carlos Corach y los famosos Anticipos del Tesoro Nacional (ATN)?

—Nunca tuvimos ningún ATN.

—Hay información que sostiene que se utilizaron fondos de los ATN para la construcción de un hangar en el Aeropuerto de Tierra del Fuego.

—Te juego plata que no es cierto. Que nunca recibimos en forma directa ningún ATN. Ahora, mi padre a Corach lo conoce de Highland. Es una familia amiga de la infancia. Con sus hijos nos conocemos desde chicos. Los consideramos gente amiga, pero jamás obtuvimos un ATN por parte de Corach. Tampoco hicimos ningún negocio. Jamás.

—¿Cuál es la verdad sobre el famoso departamento en el Kavanagh que, según la revista veintiuno, le habría obsequiado Corach a una secretaria y en el que de repente apareció su hermano Ezequiel?

—Me parece que los periodistas se equivocaron. Porque fueron a tocar el timbre al departamento de Ezequiel. Y, salvo que lo haya escondido a Corach allí durante todos estos años, me consta que mi hermano sigue viviendo en el mismo departamento.

—¿Cuál es su relación con el ex ministro de Justicia de Menem, Elías Jassan?

—En su momento lo contratamos. Es una gran persona. Lo contratamos como abogado para la parte corporativa que maneja los bancos del grupo. La relación siempre fue muy profesional. Demostró ser una persona muy fiel.

Elías Jassan fue ministro de Justicia entre julio de 1996 y junio de 1997. El 23 de agosto de 1995, en el Congreso nacional, Cavallo había acusado a Alfredo Yabrán de ser el "jefe de la mafia" que intentaba monopolizar el servicio de correos. Todos los funcionarios intentaron desvincularse del empresario. Jassan mintió cuando dijo que no conocía a Yabrán. El sistema Excalibur comprobó conversaciones entre ambos y Jassan tuvo que dejar el gobierno.

—Los que le adjudican un fuerte vínculo con Kirchner, sostienen que, ahora que usted está en YPF, van a bajar las retenciones y a subir el precio de los combustibles.

—Dios te oiga. Porque la verdad es que, desde que entramos, viene todo al revés: nos subieron las retenciones y no nos dejan incrementar las tarifas. Es gracioso. Porque apenas tomamos la administración firmaron la resolución 394, que, en algunos rubros, duplicó las retenciones del sector energético. Además, yo no tuve diálogo con Kirchner después de comprar YPF. Pero pensar que una buena relación con Kirchner te va a resolver los problemas de mercado es una tontería. Él nunca se mete. Y tampoco te da absolutamente nada. Es más: si te tiene que aplicar una norma o una resolución, lo hace, y no le importa nada. Para la compra de YPF nos hubiera venido muy bien un crédito de una entidad grande como el Banco Nación. Pero no nos dieron un peso.

—El mercado espera ciertos beneficios a favor de un socio que al gobierno le cae simpático.

—¿La verdad? Es otro mito. Porque llevamos casi dos años manejando YPF y no hemos tenido ni siquiera uno. Y los resultados están a la vista. Este año hemos bajado la rentabilidad 57 por ciento. Es verdad: el principal motivo es el contexto de crisis internacional, pero este gobierno tampoco nos favoreció mucho.

—¿Es verdad que tanto su padre como usted son obsesivos? ¿Que cuidan hasta los centavos que se gastan en papelería?

—¿Y cuál es el problema?

—Me contaron que los fines de semana sale a recorrer estaciones de servicio arriba de su moto en jeans, casco negro y botas texanas. Que se mete en los baños y que controla la limpieza.

—Es verdad. Salgo los sábados a recorrer estaciones de servicio. Entro, con el casco puesto, me hago cargar nafta. Voy al baño, miro adentro. Ahora lo hago cada vez menos, porque ya me conocen. Pero lo sigo haciendo. Y no me parece mal. Un día, en una YPF de Olivos, no había playeros. Una sola persona atendía en YPF Full. El baño estaba sucio. Y lo informé a sus responsables. Las estaciones de servicio son la cara de la petrolera frente a sus clientes. No podían seguir así. Tenemos mil setecientas estaciones en toda la Argentina. Hicimos un estudio. Vas a ver cuando terminemos todo el proyecto: van a ser las mejores de todas.

—*Hay una anécdota que me contaron los españoles. Dice que su padre, en la primera reunión de accionistas, en España, retó al directorio porque YPF aparecía cuidando El Rosedal y ese espacio verde estaba hecho un desastre.*

—También es cierto. No quisiera hacer aparecer a mi padre como una persona rígida, pero la verdad es que el primer cheque que firmé en esta empresa fue para invertir en El Rosedal de Palermo. Y la verdad es que ahora se parece a cualquier parque de Europa. Y lo mantenemos todo el tiempo.

—*¿Cómo viven usted y su padre la experiencia de manejar un monstruo como YPF?*

—Como podemos. YPF nos cambió la vida. Y el ritmo también. Trabajamos demasiado. Dormimos menos que antes. Es una empresa que resuena en todo el país. Tiene una intensidad y una profundidad enormes. Hay que hablar todo el tiempo con los gobernadores, los proveedores, los bancos. A mí me cambió la visión de la vida. Primero, agradezco por seguir teniendo a mi padre. Y mi pequeño sueño es que él la vea arrancar y crecer. Segundo, esta empresa es tan enorme que, si la manejás bien, terminás ayudando a la economía del país. Me gustaría que mis hijos vivieran eso.

—*¿YPF va a vender una parte de sus acciones a las provincias?*

—Al principio se les ofreció, pero como tenían que poner algo de plata respondieron que no podían. Eso fue antes de que llegáramos nosotros. Quizá más adelante podamos hacerlo.

—*¿Comprarán parte de YPF inversores chinos?*

—Bueno, son solamente rumores que no tienen nada que ver con la realidad. Cuando estaba aprendiendo a hablar ruso, me dijeron que tenía que familiarizarme más con el chino. No. En serio. El plan de Repsol es terminar de vendernos a nosotros el 25 por ciento, colocar otro 25 por ciento de acciones en la bolsa y quedarse con un cincuenta por ciento ellos.

—*¿Por qué cree que la familia Eskenazi e YPF son objeto de tantos rumores?*

—Creo que es porque, ni bien llegamos, empezamos a poner orden. Y, quizás, al hacerlo, rompimos algunos kioscos, afectamos algunos negocios. Entonces, algunos vivos del sector que antes se beneficiaban con esos kioscos, y ahora no, se enojaron y empezaron a hacernos operaciones.

—*¿Qué "kioscos" rompieron?*

–Uno fue el de la publicidad. Decidimos llamar a licitación, porque antes había mucha contratación directa y resultaba demasiado cara. En el área de las consultoras el despilfarro era enorme. Pero lo estamos controlando. Y nos está produciendo un importante ahorro de dinero.

–¿Por qué nunca antes le dio una nota a un medio?

–Cuando aparecieron las primeras fotos con mi pareja, me impactó un poco. Con el tiempo empecé a acostumbrarme. Comprendo que YPF tiene un alto perfil, y contrasta con el bajo perfil que tenemos en mi familia. Yo creo que el deber de un empresario no es estar en los diarios. Debe informar sobre lo que corresponde, como la producción de riqueza que genera, pero una cosa es eso y otra es estar todo el tiempo en los medios.

–El estar en pareja con Analía Franchín le sube el perfil...

–Sí. Lo comprendo. Acepto que para el periodismo es una mezcla muy interesante.

–¿Qué le molesta más? ¿Que lo relacionen con Corach o que lo llamen "el banquero de Kirchner"?

–Lo que más me afecta es que haya medios y periodistas que, en vez de venir y preguntar, sean incentivados con dinero para hacernos daño. Es un mecanismo perverso que me hace sentir un tanto desprotegido. Son periodistas que reciben sobres y operan desde los medios. Es que en esta empresa hay muchos intereses económicos. Y algunos, a partir de nuestra llegada, se sintieron desplazados.

–¿A quién votó en las últimas elecciones?

–No voté. Estaba de viaje.

–¿A quién hubiera votado?

–Yo voto en Capital. Supongo que habría votado a Gabriela Michetti. Pero no porque esté muy seguro. Tampoco ella terminó de convencerme.

–¿Y en las últimas elecciones presidenciales?

–No puedo decírtelo: no te olvides que soy empresario.

–¿Sus empresas ponen plata para las campañas políticas?

–Si poner plata es comprar una mesa para una comida oficial, la respuesta es sí.

–¿Cómo vive? ¿Cuánta plata gasta?

–Vivo en un departamento en Belgrano. No tengo barco ni avión personal. Uso el avión de YPF para trabajar, y solo por razones de tiempo. No hago grandes viajes. Solo uno, por año, con mis hijos, y trato de que tengan un sentido cultural. Este año, por ejemplo, nos fuimos a Londres y a París. Nos vimos todos los museos que pudimos. El otro viaje lo organiza mi padre, para su cumpleaños. Invita a sus hijos y a sus nietos. Es una buena manera de pasarla todos juntos tres o cuatro días.

–*Su padre es judío sefardí. Su madre es católica. ¿Cuál es su religión?*

–Yo soy católico. Y mis hermanos también. Mi abuela es alemana y mi abuelo, inglés. Pero, a medida que siento y percibo el racismo que existe en la Argentina y en algunos hombres de negocios, me siento cada vez más judío.

–*¿Racismo o prejuicio?*

–Racismo y prejuicio. Es increíble. Me extraña, por ejemplo, que nadie estudie en serio cómo se hizo la operación. El último crédito que se dio en el mundo para compra de empresas antes de la crisis fue el nuestro. El que tomó la decisión de incorporarse al negocio no fue ningún político: fue mi padre. Yo no llegué a poner mi casa en garantía, pero todos los negocios de la familia quedaron dentro de este conjunto de créditos. Y ningún banco argentino puso un peso. Acá, en la Argentina, nadie nos ayudó. Ninguno de los grandes bancos se dignó a prestarnos, por lo menos, cien millones de dólares. ¿Sabés la cantidad de gente que allá afuera, y acá dentro también, debe de estar diciendo por lo bajo: "¡Cómo puede ser que esta familia de judíos se haya quedado con YPF, la mayor empresa argentina del país!"?

JAIME & UBERTI

1
JAIME ES KIRCHNER

El ejecutivo de una importante línea aérea con sede en Madrid reveló que entre julio y agosto de 2006 el ex secretario de Transporte Ricardo Jaime le habría hecho una extraña sugerencia a cambio del permiso para aumentar las tarifas.

La empresa operó en la Argentina hasta diciembre de 2008. El ejecutivo sostuvo que, mientras se prolongaron las negociaciones, fue amenazado más de una vez. Afirmó que en una oportunidad, llamaron a su esposa y la asustaron:

−Tu marido acaba de tener un accidente en la esquina.

El hombre juró que jamás le había dado el teléfono de su casa a nadie que no fuera de su absoluta confianza. También aclaró que el número no figuraba en la guía de teléfonos.

Jaime fue requerido en más de treinta oportunidades para responder a estas y otras cuestiones, pero su vocero de prensa siempre lo excusó.

El directivo, quien nació, igual que Jaime, en la provincia de Córdoba, sintió alivio al hablar durante una hora y media seguida:

−Si yo le hubiera llevado algo, estaba listo. Me hubiese agarrado de los huevos y no me soltaba más.

El ejecutivo lo conocía bien.

Ricardo Raúl Jaime, Documento Nacional de Identidad 11.562.171, 54 años, tres hijas, una nieta, en pareja con Silvia Reyss, alias "Mario Barakus", "el Señor de los Anillos", "El Señor de los Subsidios", "Gran

Hermano" y "María Julia K"; cinturón negro de karate, amante de las motos BMW y de los caballos pura sangre; sospechado de haberse comprado un avión de cuatro millones de dólares con un sueldo de no más de diez mil pesos, acusado de enriquecimiento ilícito, administración fraudulenta, cohecho, dádivas e incumplimiento de los deberes de funcionario público, y denunciado por repartir subsidios de manera irregular y cobrar sobreprecios en polémicas contrataciones, el hombre que podría convertirse en el primer preso del kirchnerismo, sigue durmiendo tranquilo.

Él está seguro de que no existen las evidencias que puedan llevarlo a la cárcel. Y jura ante sus amigos que Néstor lo va a bancar "hasta las últimas consecuencias".

¿Pero cómo fue que Jaime, una persona que colocaba micrófonos y tenía en su oficina doce cámaras ocultas para evitar sorpresas, le hizo la extraña sugerencia al directivo de la aerolínea, en su propio despacho?

—Es que antes trabajé para una empresa cuyos dueños, de fuertes vínculos con Jaime, aceptaban esas sugerencias. Él habrá pensado que todo sería igual —especuló el propio ejecutivo en cuestión.

Otra posible razón es la que ensayaron dos ex ministros que lo conocieron bien:

—A Ricardo no le importa nada. Él cree que, mientras Néstor lo proteja, nada tiene que temer.

Las reuniones en las que Jaime habría hecho sugerencias se realizaron entre julio y agosto de 2006 en las oficinas de la Secretaría de Transporte, en el duodécimo piso de Hipólito Yrigoyen 250.

Según el testimonio del ejecutivo, se saludaron, tomaron café y agua, y el secretario de Transporte habría empezado a explicarle "cómo es el sistema, para que todos andemos bien".

La conversación con el director de la empresa fue intensa. Transcurrió el lunes 16 de marzo en una parrilla de Alicia Moreau de Justo 580 en Puerto Madero, a partir de la una y media de la tarde. La fuente, quien pidió dejar su nombre en reserva, sostuvo que Jaime le habría prometido:

—Vos vas a tener un aumento de tarifas.

El ejecutivo afirmó que Jaime agregó:

—No te preocupes: yo te voy a hacer las cuentas.

La compañía aérea tiene su sede central en la capital de España.

Hasta allí viajó el ejecutivo para hablar con sus accionistas. Cuando se lo contó a uno de ellos, no lo podía creer. El hombre de negocios estaba disputando un alto cargo en la organización empresaria más importante de su país y no daba crédito a lo que le contaba su hombre de confianza.

El ejecutivo se tomó el avión de regreso y volvió a reunirse con Jaime. El encuentro fue breve. El anfitrión usó tres palabras para hacerse entender: "No se puede".

El ejecutivo argentino temió que los dueños de la operadora pensaran que se trataba de una fábula de su alto empleado. Entonces les propuso arreglar una reunión con Jaime, para que se quitaran las dudas.

El ejecutivo se felicitó por haber gestionado el encuentro, porque los dueños de la aerolínea comercial lo escucharon con sus propios oídos.

–En efecto, Jaime también les hizo la sugerencia a ellos –afirmó.

Durante un tiempo, los accionistas de la importante empresa pensaron que la propuesta era una idea personal del secretario.

Lo creyeron así en la época en que fueron a hablar con Alberto Fernández y apareció por la otra puerta Kirchner para decirles que todo iba viento en popa.

Pero después la relación entre la compañía y el gobierno se complicó cada vez más, hasta que el precio del barril de petróleo subió demasiado y no pudieron pagar más el combustible. En esa época, todavía no habían conseguido la autorización para aumentar las tarifas y los sindicatos habían empezado a presionar con pedidos de incremento salarial.

–Como no aceptamos la sugerencia, explotamos como un sapo –terminó el relato el ejecutivo, un hombre prolijo que lleva todo anotado.

Algo tan interesante como lo que le pasó al ejecutivo de la operadora aerocomercial le sucedió a Antonio Mata, ex accionista de Marsans y propietario del matutino *Crítica de la Argentina*.

Mata, quien manejó Aerolíneas Argentinas entre el 2 de octubre de 2001 y el 3 de julio de 2006, habló para esta investigación de coimas implícitas o encubiertas.

El empresario contó con lujo de detalle los trámites personales que impulsó ante Néstor Kirchner, Cristina Fernández, Alberto Fernández y el propio Jaime, con el objeto de que el Estado le diera permiso para operar con una línea de cabotaje llamada Air Pampas.

La historia es apasionante.

Comenzó el jueves 7 agosto de 2007, en horas de la mañana, nada menos que en el despacho presidencial de Néstor Kirchner.

El entonces Presidente recibió a Mata junto a su jefe de Gabinete, Alberto Fernández. Allí el empresario les comentó su proyecto de crear Air Pampas, una línea de cabotaje competitiva. Habló de la cantidad y los tipos de aviones con que contaba. Les mencionó los puestos de trabajo que se generarían. En el medio de la reunión, la entonces senadora y candidata a Presidente entró al despacho sin golpear:

—Perdón, vuelvo en otro momento —alcanzó a decir la esposa del presidente.

Pero Kirchner la invitó a sumarse:

—Vení, que Antonio nos está contando algo muy interesante.

Mata le explicó a Cristina por qué su proyecto haría el negocio más competitivo y aprovechó también para anticipar que sus ex socios en Aerolíneas, Gerardo Díaz Ferrán y Gonzalo Pascual Arias, iban a tratar de boicotearlo, a menos que el gobierno se lo impidiera.

Mata también les advirtió que Ricardo Cirielli, secretario general de la Asociación del Personal Técnico Aeronáutico (APTA), era otro que le iría a hacer la vida imposible si no contaba con el apoyo de Néstor, la senadora y el jefe de Gabinete.

La reunión duró casi una hora. Antes del final, Cristina instruyó a Fernández:

—Alberto, asegurate de que nadie le ponga piedras en el camino. El proyecto de Air Pampas es bueno para el país y tiene que salir.

Mata se despidió exultante. El lunes siguiente presentó los papeles ante la Secretaría de Transporte. Días después fue recibido por Ricardo Jaime. Entonces, las cosas empezaron a complicarse.

—Antonio, estamos en el medio de las elecciones. Vas a tener que esperar —lo frenó el incondicional de Néstor.

—Pero si tiene el visto bueno del Presidente y de Cristina…

—Pero, decime, ¿cuál es tu verdadero interés?

—Empezar a operar una empresa en un mercado que está mal cubierto y cuyo potencial es enorme.

—Bueno. Dame un tiempo. Lo hacemos a través de la audiencia pública. Yo te llamo.

Jaime no lo llamó. Entonces Mata volvió a la carga, porque todavía tenía presente el compromiso verbal de Cristina. Al final, logró que el secretario le concediera otra audiencia, en enero de 2008. Cuando el empresario español empezaba a quejarse, Jaime volvió a pararlo en seco:

—Antonio, lo mejor es que te compres una empresa que ya está en el mercado.

Mata, con su habitual verborragia, le respondió que esas operaciones siempre terminan mal, que prefería empezar de cero y no heredar conflictos, deudas y trabajadores que no habían sido elegidos por él.

El empresario insistió con sus argumentos hasta que el secretario mostró las cartas.

—Te va a llamar alguien que sabe manejar estos temas. Se llama

Manuel Vázquez. Él tiene buena llegada a [Claudio] Cirigliano. Te lo puede arreglar.

Cirigliano poseía Safe Flight, la empresa que creó, a pedido del gobierno, para hacerse cargo de los empleados de Southern Winds.

—Es que con Cirigliano no quiero saber nada —le anticipó el empresario español.

—Esperá el llamado de Manuel Vázquez. Yo sé por qué te lo digo —lo despidió Jaime, en tono misterioso.

Manuel Vázquez, español, 65 años, calvo, un hombre de baja estatura, muchos kilos y el cuerpo en forma de pera. Usa trajes italianos, preferentemente azules, corbatas Hermes y todos los sábados va a desayunar a Pepino, un local de cocina norteamericana, ubicado en Martínez.

Es el hombre al que sindican como el comprador del avión Lear Jet de cuatro millones de dólares que Jaime, sus parientes y sus amigos usaron entre diciembre de 2008 y mayo de 2009 (véase Quinta Parte: Jaime & Uberti. Capítulo 2: Papá Noel viaja en avión privado).

El secretario de Energía debía de saber que Mata era un empresario solvente. Él, junto con Kirchner, fueron quienes habían convencido a sus socios de Marsans de quitárselo de encima. Después de que el Presidente se lo dijera sin vueltas a Díaz Ferrán, en uno de los viajes que hizo a España, este habló con Mata y le confesó lo que todos sospechaban. Fue a principios de 2006, en Madrid:

—Ellos no te quieren. Te tienen idea. Me piden tu cabeza. Y la verdad es que contigo dentro no nos van a dar nada de lo que necesitamos.

Mata supo desde el principio que los Kirchner lo despreciaban. ¿El motivo? Había apostado a Carlos Menem en las presidenciales de 2003. De cualquier manera, el empresario cotizó caro su parte en Aerolíneas. Aunque él jamás lo hará público, la verdad es que vendió el treinta por ciento de las acciones a más de cien millones de dólares.

Cuando Mata se sentó en una de las mesas del Hotel Sofitel de la calle Arroyo, el lobbista Manuel Vázquez sabía que estaba frente a un hombre que tenía el dinero suficiente como para hacer grandes negocios.

—Safe Flight ya tiene las rutas, los permisos y la gente. Solo falta tu decisión para ponerla a funcionar mañana —le propuso Vázquez.

Pero Mata, quien no tiene un pelo de zonzo, lo retrucó.

—No es tan sencillo. Tiene ciento y pico de personas que se acostumbraron a cobrar un sueldo todos los meses, sin trabajar, y eso es un mal vicio. Debe de estar llena de juicios por lo de Southern Winds. Además, para mí, la compañía es un misterio, porque Cirigliano sigue poniendo dinero a fondo perdido. No sé por qué lo hace, a menos que la plata no sea de él. De todas formas, ¿cuánto me vais a pagar por quedarme con la empresa?

—No. La idea es que sea al revés.

—¿Cómo? ¿Yo tendría que pagar por quedarme con una compañía que tiene empleados de otras empresas? Intuyo que va a ser muy difícil. Solo por curiosidad, ¿de qué dinero estamos hablando?

—De seis millones.

—¿Seis millones de pesos?

—No. De dólares.

—Vos no estáis bien de la cabeza —lo desalentó Mata, con su habitual desparpajo, que mezcla términos porteños con los tiempos de verbo que se usan en España.

Antes de despedirse, Vázquez le mandó por mail toda la documentación. Desde la historia de cada trabajador hasta las rutas aprobadas. Y Mata le envió otro con sus tres condiciones para quedarse con Safe Flight: que fuera a costo cero, con los trabajadores despedidos e indemnizados y con todas las rutas aprobadas.

—Les hice una propuesta empresarial, sin contenido político —me aclaró durante la entrevista.

—¿Y cómo terminó todo?

—Me mandaron a decir que, si no aceptaba, me olvidara de Air Pampas, porque no me iban a dar jamás la licencia para operar en las rutas de cabotaje.

—¿En nombre de quién hablaba Vázquez?

—Era una cosa ambigua. Hablaba en nombre de Jaime, pero en representación de Cirigliano. Jaime a mí nunca me pidió dinero en forma directa, pero sí me mandó a Manuel Vázquez.

La solicitada que publicó después de la abortada negociación, dio a entender precisamente eso: que Air Pampas no conseguía el permiso porque no quería pagar la cifra necesaria para empezar a volar.

Claudio Cirigliano, en un reportaje mano a mano con el autor de este libro, desmintió que él haya autorizado a Manuel Vázquez para hablar en su nombre (véase Sexta Parte: Los Cirigliano. Capítulo 3: No soy un *empresario K*).

Mata no solo interpretó como algo extraño los seis millones de dólares que le pidieron por Safe Flight. También consideró inaceptable lo que sus socios, dos años antes, en 2005, le ofrecieron a Kirchner, en la misma Casa de Gobierno.

Según Mata, fue Gonzalo Pascual Arias el que le dijo a Néstor:

—Estamos dispuestos a entregarle hasta cinco por ciento de las acciones de la compañía si el Estado nos deja de impugnar las cuentas y nos aprueba el balance.

Mata estaba ahí. Por eso jura que Kirchner abrió los ojos y solo atinó a responder:

—Me parece una propuesta muy interesante.

Cuando salieron de allí, Mata increpó a Pascual:

—¿Tú eres tonto? ¿Sabes lo que le acabas de plantear al Presidente? ¡Estás diciendo que le vas a regalar una parte de la compañía si te autoriza la suba de tarifas!

Pascual solo agregó:

—Ya me he comprometido.

—Pues yo no estoy de acuerdo. No me parece transparente. Y no estoy dispuesto a regalarle nada al Estado. Si el gobierno quiere el cinco por ciento, deberá pagar once millones de dólares.

Mata salió de allí con la idea fija de irse de la compañía. Sus socios siguieron adelante y, en junio del mismo año, en Madrid, firmaron el acuerdo con De Vido y Jaime. El Estado se comprometió a aprobar los balances y subir las tarifas. A cambio, Interinvest le cedió, gratis, el cinco por ciento de Aerolíneas Argentinas.

Además del ejecutivo de la empresa aerocomercial y de Antonio Mata, hay otra persona con nombre y apellido que denunció a Jaime por hechos de corrupción. Se llama Ricardo Cirielli y, hasta diciembre de 2007, fue subsecretario de Transporte y trabajó a veinte metros de la oficina de su polémico superior.

En distintas entrevistas para esta investigación, Cirielli dio detalles de su sorprendente crecimiento patrimonial.

Tal como se ha afirmado, Ricardo Cirielli, al igual que un ex ministro y otro importante dirigente que acompañó varios años a Kirchner, ratificaron que cada vez que recibía visitas de empresarios del transporte el secretario después cruzaba la calle, rumbo a la Casa Rosada.

—Desde el principio yo le expliqué que el de las aerolíneas internacionales es un ambiente completamente distinto al de los autobuses y los trenes —destacó el dirigente sindical.

Cirielli sostuvo que conoció a Jaime tres días después de la asunción de Kirchner. Para ser precisos: el 28 de mayo de 2003. Se lo presentó De Vido, en el undécimo piso, que corresponde al Ministerio de Planificación. —Vestía de manera muy sencilla, con un traje que denotaba un buen tiempo de uso y zapatos que lucían deteriorados —recordó.

Cirielli contó que, las primeras semanas, Jaime no tenía dónde parar. Y que entonces él llamó a su amigo, el sindicalista Gerónimo "Momo"

Venegas, para que le hiciera un precio especial en Facón Grande, el hospedaje de la Unión Argentina de Trabajadores Rurales y Estibadores (UATRE), en Reconquista 645.

—Las comodidades eran mínimas, pero me lo agradeció porque era lo único que podía pagar. Valía entre veinticinco y treinta pesos la noche —opinó Cirielli.

También rememoró los almuerzos rápidos de los primeros días de flamante secretario de Transporte:

—Nos juntábamos con Jaime y otros muchachos a comer sándwiches de lomo o de milanesa en los barcitos cerca de Plaza de Mayo, porque el presupuesto no daba para más.

El sindicalista afirmó que, después de unos pocos meses, todo cambió de manera abrupta.

—Modificó los gustos. Se volvió exigente con la ropa. Se fue a vivir a Cerrito y Libertador y los empleados empezaron a llamarlo "Mario Barakus" o "El Señor de los Anillos", por su adicción a las cadenas y los anillos de oro.

Cirielli también relató que, hasta que Kirchner le entregó el poder a Cristina, Jaime se iba todos los días, cerca de las 13, al quinto piso de Terrazas del Dique, en Juana Manso 1161, Puerto Madero.

Se quedaba ahí hasta las seis de la tarde. Entonces volvía a la secretaría, donde permanecía hasta las nueve o diez de la noche. Después cruzaba la calle para ver a Néstor Kirchner.

Cirielli cayó en desgracia el 17 de octubre de 2007, cuando recibió en su oficina un anónimo inquietante. El anónimo decía que Hilario Lagos, un asesor que había sido designado por el propio Cirielli, le había pedido cincuenta mil dólares a una aerolínea a cambio de la autorización para volar dos aviones.

Cirielli intuyó que era una jugada de algún adversario para involucrarlo en un episodio de corrupción. Entonces, aconsejado por su abogado, se presentó ante la Fiscalía de Investigaciones Administrativas (FIA), habló con Manuel Garrido y denunció el hecho.

Allí aclaró que Hilario Lagos no le respondía más a él, sino que se había convertido en un incondicional de Jaime.

Más tarde Cirielli descubrió que Lagos no solo había autorizado de manera irregular el permiso para volar de dos aviones de Aerolíneas, un Air Bus 340 y un Boeing 737-500. También se había mostrado muy preocupado en autorizar todos los vuelos que realizaba Ayres del Sur, la compañía de taxis aéreos de los hermanos Cirigliano.

Cirielli aportó más datos para esta investigación:

—Jaime hizo todo lo que pudo para que Cirigliano pudiera vender Safe Flight. No solo se la ofreció a Mata. También se la ofreció a los españoles de Air Europa. Como el negocio no se pudo hacer, Jaime tomó represalias y le demoró el permiso para usar las rutas.

No solo el gremialista dio cuenta de los cambios de hábitos del hombre de Kirchner.

Dos empleados de planta de la Secretaría de Transporte afirmaron que Jaime se hacía cortar el pelo y lustrar los zapatos en su propia oficina, informaron que la mayoría de la media docena de secretarias que trabajaban con él eran muy deseables y que tenía la costumbre de poner micrófonos y cámaras para espiar a sus visitas. Por esa razón lo apodaron "Gran Hermano".

En la causa que lleva adelante el juez Norberto Oyarbide por el supuesto enriquecimiento ilícito de Jaime, el fiscal Carlos Rívolo pasó revista a los siguientes bienes:

* un departamento en el duodécimo piso de la Avenida del Libertador 650;
* el departamento de Puerto Madero;
* los departamentos de veraneo en Florianópolis, Brasil;
* las cinco casas del country Cuatro Hojas, en Mendiolaza, Córdoba;
* un enorme barco;
* el famoso y polémico avión.

El departamento de la Avenida del Libertador sería propiedad del ex futbolista Fernando Redondo. Hasta agosto de 2009 pagaba, entre alquiler, servicios y expensas 1.400 dólares.

—Solo por esa erogación mensual podría ser procesado por enriquecimiento ilícito —afirmaron quienes trabajan muy cerca de Rívolo.

Ellos utilizaron el sentido común para hacer una cuenta sencilla. De acuerdo con su última declaración jurada, presentada en julio de 2008, el secretario percibía un salario de diez mil pesos. Si esto fuera cierto, más de la mitad de su sueldo (unos 5.300 pesos) debía de ser utilizada en el departamento de Avenida del Libertador.

El departamento de Terrazas del Dique, en Puerto Madero, fue construido por Fernández Prieto y Asociados, un estudio dedicado a la construcción y la arquitectura que aparece en una causa como el responsable de los sobreprecios por una remodelación de coches ferroviarios y estaciones de trenes. El principal sospechado es Jaime.

El *apart hotel* de diez departamentos en Florianópolis está a nombre de su hija, Romina Jaime. Una periodista de la revista *Noticias* los valuó en medio millón de dólares. Romina lo administraría junto con su marido, el brasileño Alessandro Quadros Terra. Se encuentra a pocos metros de la playa Los Ingleses, una especie de Brístol de Florianópolis. La dirección exacta es João Becker 1267. Le cambiaron el nombre de Villa Torelly por el de Flor do Norte. Tiene cinco departamentos de un solo dormitorio con balcón y vista al mar y otros cinco de dos dormitorios. Los chicos salen 517 pesos por día. Los grandes, el doble. Según la revista, la tarifa incluye desayuno y garaje. Romina Jaime y su marido tienen una hija de un año, Isabella Jaime Terras. La pequeña viajó, junto a sus padres, en uno de los veintisiete misteriosos vuelos que hizo el Lear Jet 31, Bombardier, licencia N786Y, entre el 7 de febrero y el 22 de mayo de 2009 y que, al principio, se creía propiedad de Jaime.

El country Cuatro Hojas se encuentra a un kilómetro de la ciudad de Mendiolaza y a veintidós kilómetros al noroeste de la ciudad de Córdoba.

Es una de las urbanizaciones privadas más lindas y caras de toda la provincia. Ocupa una superficie de 88 hectáreas fraccionadas en 430 lotes y con diez hectáreas destinadas a espacios verdes. Solo el *club house* tiene setecientos metros cuadrados de superficie cubierta. Las casas construidas no llegan a trescientas. Sus valores: entre doscientos mil y cuatrocientos mil dólares.

Una de las razones por las que Jaime eligió Cuatro Hojas es su servicio de seguridad propio activo las veinticuatro horas del día, que incluye un circuito cerrado de televisión de última generación. Otra es que posee un centro hípico con pistas de equitación y caballerizas.

Allí también vivió, entre 2006 y 2009, Víctor Astrella, el ejecutivo del Grupo Plaza que se hizo cargo de Mercobus, la empresa de ómnibus de larga distancia que Jaime le habría obligado a vender a su dueño, el cordobés Jorge Lagos, después de un serio accidente en Misiones en setiembre de 2006 que produjo la muerte de siete personas.

En Cuatro Hojas, Jaime y sus familiares habitarían cinco casas valuadas en un promedio de trescientos mil dólares cada una.

La suya la compartía junto a su mujer, Silvia Reyss, 57 años, Documento Nacional de Identidad 10.503.303, divorciada, de profesión maestra. Las otras dos serían ocupadas por Lorena y Agostina Jayo, las hijas de Reyss.

Lorena tiene 36 años, Documento Nacional de Identidad 23.029.425, es profesora y vive con su marido, Dinko James.

Agostina tiene 29 años, su Documento Nacional de Identidad es el 27.842.662, es kinesióloga y fisioterapeuta, está casada con Jorge Wendel.

La cuarta estaría habitada por una hija de Jaime.

La quinta por el casero, de nombre Rubén. Quienes investigan a Jaime por su presunto enriquecimiento ilícito confirmaron que pagan expensas de seiscientos pesos.

El periodista de *Perfil* Adolfo Ruiz informó que las cinco propiedades estarían a nombre de sociedades anónimas en el Uruguay.

Las hijastras de Jaime abrieron en 2008 un spa, centro de salud, relax y belleza llamado Alleviare, en el barrio Villa del Sol, a pocos kilómetros de la localidad de Villa Allende, en las afueras de Córdoba. En la escritura de la casa original donde se montó el complejo figura que fue adquirida en 2006 en 120.000 pesos. Parece demasiado barata. Se trata de un terreno de 4.300 metros sobre una propiedad de doscientos metros.

El fiscal Rívolo y el juez Oyarbide quieren saber si Jaime le pidió a Reyss que use su nombre para adquirir las propiedades del ex secretario. Es que su compañera presentó como dirección fiscal, en un trámite bancario, una casa ubicada en el country Camino Real, de La Horqueta, San Isidro, una de las zonas más caras de la provincia de Buenos Aires.

El barco que busca la Justicia para saber si es del ex secretario es un Altamar 64, valuado en casi un millón y medio de dólares y con capacidad para diez pasajeros. Con baño en suite con jacuzzi, un dormitorio alfombrado, aire acondicionado, televisor, DVD, dos cabinas con camas para invitados y otra para la tripulación, junto con sus respectivos baños, tiene espacio para otro gran living comedor con plasma, *home theater*, lavaplatos, cocina con dos grandes mesadas y terraza al aire libre.

Tampoco estaría a nombre de Jaime. Hasta julio, el yate habría estado amarrado en Porto Alegre, donde Jaime viaja para ver a su hermano, exiliado durante la dictadura.

Al final, todo parece indicar que el avión tampoco estaría a nombre del ex secretario de Transporte sino que lo administraría, en representación del fondo anónimo Pegasus Equity Investment, el ex asesor plenipotenciario de Jaime, Manuel Vázquez.

Los investigadores judiciales creen que Vázquez lo puso a disposición de Jaime para el uso irrestricto de sus amigos y su familia, y para sustentar la línea de aerotaxis K. Sería lógico: así tanto Jaime como Kirchner evitarían viajar en aviones de línea una vez que dejen de manejar el poder (véase Quinta Parte: Jaime & Uberti. Capítulo 3: Papá Noel viaja en avión privado).

Lo más sorprendente de todo es que, según su última declaración jurada de bienes, Jaime viviría al día.

En ella solo registró una pequeña casa en Caleta Olivia, de 81 metros cuadrados, otra en Villa Belgrano de 186 metros y una más en Nueva Córdoba, de 49 metros cuadrados. Encima declaró que están pendientes de ser divididas en el marco del juicio de divorcio con su primera mujer, Gloria Vílchez. Además, informó como único ingreso los casi diez mil pesos por mes que cobraba cuando era secretario de Transporte de Kirchner.

En ese contexto de aparente austeridad impresiona que también incluya en su patrimonio una supermoto BMW R1200 T que compró durante 2006 y habría pagado 77.000 pesos.

Jaime es Kirchner. De eso no hay duda alguna.

Su biografía política no miente.

Ingeniero agrimensor, su primer trabajo para el Estado fue en la Dirección de Catastro de la provincia de Córdoba, durante los años de la dictadura.

En 1983 se mudó a Caleta Olivia, provincia de Santa Cruz, para trabajar como inspector del Instituto de Desarrollo Urbano y Vivienda (IDUV), donde conoció a un pingüino de la primera hora, Dante Dovena.

Dovena le dio su primera oportunidad política al nominarlo como candidato a concejal por Caleta Olivia.

En 1991 se hizo kirchnerista al cambiar su apoyo al candidato a gobernador por un cargo en el Estado provincial. Néstor no le falló: lo nombró secretario general de la Gobernación.

Durante esos años Jaime logró lo que pocos: generó con Kirchner un vínculo personal que trascendió la política. De aquella época son los registros de sus escapadas de fin de semana al Casino de Caleta Olivia, buscando un poco de ruido y diversión.

En 1991 *Lupo* lo designó ministro de Educación, aunque no tenía antecedente alguno en la especialidad.

En 1999 Jaime regresó imprevistamente a la provincia de Córdoba.

El ex vicegobernador de Santa Cruz, Eduardo Arnold, aseguró que Kirchner lo había echado por pedirle coima a una empresa.

En Córdoba trabajó como viceministro de Educación del gobernador José Manuel de la Sota. El ministro era quien en la actualidad ocupa un lugar en la Corte Suprema de Justicia: Juan Carlos Maqueda.

Jaime volvió a trabajar para su jefe cuando Kirchner, como presidente electo, le pidió que se hiciera cargo de una de las grandes cajas de la política argentina: la Secretaría de Transporte de la Nación.

¿Por qué *Lupo* mandó a Jaime a Transporte, si su única experiencia había sido en el área de Educación?

—Porque cuando se encontraron con la Presidencia no eran trescientos cuadros: eran tres o cuatro. Y Ricardo era, de todos, el que tenía "la mandíbula más fuerte" —me explicó un empresario que lo conoció en Córdoba, durante los años noventa.

—Más que fuerte, era soberbio, desconfiado y maltratador. Y los pocos chistes que hacía aludían a su condición de supermacho —me contó el ejecutivo de la aerolínea que denunció un pedido de retorno.

Jaime es cinturón negro de karate. Y suele bromear con que el examen de cinturón marrón lo dio libre.

—Es que el marrón no se lo entrego a nadie —decía, cuando su vida todavía daba para hacer chistes.

Jaime es Kirchner.

Y no lo ignora nadie.

Lo saben los empresarios del transporte que convivieron con el ingeniero agrimensor.

Y lo supieron desde siempre los funcionarios más poderosos de la *era K*, después del propio Néstor: el ministro de Planificación, Julio De Vido, y el jefe de Gabinete desde 2003 hasta agosto de 2008, Alberto Fernández.

En una oportunidad, un empresario de colectivos de media distancia tuvo que esperar más de una hora en la antesala del despacho, hasta que Jaime lo invitó a pasar. Ni bien entró, el secretario tomó el teléfono, dio a entender que estaba hablando con el Presidente y le preguntó:

—Decime, Néstor, ¿yo ya no soy el secretario de Transporte?

El empresario había ido a visitarlo con la intención de que Jaime lo habilitara para operar una ruta muy rentable de la provincia de Buenos Aires.

—No, porque acá hay una persona que, para hablar de los asuntos del transporte, prefiere ir a verlo primero a Julio.

Julio es Julio De Vido. Y el paso de comedia de Jaime fue para mostrarle al empresario que era él, y no el ministro, la persona con la que tenía que arreglar.

De Vido también perdió una pulseada con Jaime cuando intentó sostener a Cirielli. La presión del ex secretario sobre Kirchner pudo más. Después de semejante traspié el superministro supo que, si quería sobrevivir, jamás debía interponerse en el camino de Jaime.

Alberto Fernández nunca dudó de que Jaime fuera Kirchner, porque, cada vez que le sugirió el alejamiento del secretario, recibió del Presidente la misma respuesta:

—No hay nadie que haga el trabajo mejor que él. No tengo reemplazo.

Jaime concurría al despacho de Kirchner con un bolso como los que usaban los carteros a domicilio. Lo vieron dos ex ministros y un hombre de los años como gobernador de Santa Cruz, siempre a última hora de la noche. Lo empezaron a reconocer en los últimos meses de gestión de Néstor. Y lo atestiguaron todos ellos frente al autor de este libro.

Los que se jactan de conocer a *Lupo* aseguran que la renuncia del secretario de Transporte después de la derrota electoral del 28 de junio de 2009 no es otra cosa que una jugada magistral de Néstor. Un integrante del gobierno que pasó por un ministerio y suele encontrarse en un hotel de Retiro con la mayoría de los jueces federales reveló:

−Lo de Jaime es una típica maniobra de aceleración de los tiempos de la Justicia. Obliga a los fiscales a apurar las causas. Y la verdad es que, más allá del escándalo mediático, hasta hora no hay nada que lo incrimine. Además, los jueces que lo investigan están a tiro del juicio político que podría impulsar el Consejo de la Magistratura.

El Consejo de la Magistratura, se sabe, tiene mayoría kirchnerista. Los magistrados que tienen las causas por presunto enriquecimiento y recepción de dádivas son Norberto Oyarbide y Claudio Bonadío. Ambos, en distintas épocas, y por distintas razones, ya sintieron el frío en la espalda de la amenaza de un proceso, con la exhibición de cuestiones personales y escándalo incluidos.

2
PAPÁ NOEL VIAJA EN AVIÓN PRIVADO

Ricardo Jaime, que es Kirchner, protagonizó un episodio insólito y poco conocido que revela el escandaloso uso de fondos públicos para beneficiar a sus parientes y sus amigos.

El miércoles 14 de marzo de 2007, por la mañana, bajo un cielo gris y tormentoso, el entonces secretario de Transporte Jaime llegó en misión oficial a Sarmiento, el pueblo del que es oriunda su actual pareja.

Jaime, como si fuera un Papá Noel del siglo XXI, anunció la entrega de dinero para obras viales, equipamiento informático y hasta un colectivo modelo 1992.

No es una broma. Tampoco es mentira.

El hecho se encuentra debidamente documentado en el diario *El Litoral de Santa Fe*, y los detalles son desopilantes.

Sarmiento es una pequeña población de Las Colonias, con 180.000 habitantes, a cien kilómetros de la ciudad de Santa Fe. Junto con Jaime fueron a Sarmiento el administrador general de la Dirección Nacional de Vialidad, Nelson Periotti, su gerente de Obras y Servicios Viales, Sandro Férgola, y la pareja de Jaime, Silvia Elena Reyss.

Fueron recibidos por la máxima autoridad, la presidente comunal de Sarmiento, Marisel Moietta, quien, casualmente, es prima hermana de la señora Reyss. Además, estuvieron presentes, como invitados especiales, los suegros de Jaime: María Pfaffen y Celmiro Reyss, quienes viajaron desde la provincia de Santa Cruz para la ocasión.

Jaime no se preocupó por esconder lo que estaba haciendo.

Fue el principal orador del acto, y con voz fuerte y clara anunció la entrega de:

* un cheque por la ejecución de obras viales por cuatrocientos mil pesos.
* una bandera de ceremonias y un órgano para el Jardín de Infantes N° 243;
* otra bandera, una computadora personal y material didáctico para la escuela N° 343;

* otra bandera, un proyector, una pantalla, libros y pintura para la escuela N° 357;
* un colectivo con treinta asientos y otra computadora personal para la comuna.

El pintoresco episodio parece una minucia al lado de la novela de intriga alrededor del avión y el barco que le adjudican a Jaime. Y resulta insignificante si se lo compara con el dinero en juego y los presuntos delitos que se esconden detrás de las casi treinta causas en las que aparece involucrado el ex secretario de Estado.

A pesar de las apariencias, la historia del Bombardier Lear Jet 31 licencia N786 YA no es tan compleja.

Comenzó en Pepino, una hamburguesería de Avenida del Libertador 14475, Martínez, provincia de Buenos Aires.

Allí, casi todos los sábados a la mañana desayunan varones que presumen de hacer buenos negocios y manejar información confidencial.

Entre los asistentes habituales a Pepino se encuentran Alberto Kohan, ex secretario general de la Presidencia de Carlos Menem; Jorge "Fino" Palacios, el hombre que iba a manejar la Policía de la Ciudad y ahora está procesado por encubrimiento de la investigación del atentado contra la AMIA, y Mario Naldi, un ex comisario experto en grandes operaciones de prensa para sacar las papas del fuego de los poderosos.

Allí también, casi todos los sábados, compartían mesa Manuel Vázquez Gadea y Carlos Colunga.

Vázquez, 65 años, español, ex directivo de Bunge & Born, usuario de camisas y trajes importados y corbatas de Hermes, fue asesor de Jaime desde el 31 de enero de 2005 hasta el 2 de julio de 2009. Al mismo tiempo trabajó como consultor de las empresas de transporte Alstom y Establecimientos Metalúrgicos Patricias Argentinas (EMEPA). Alstom es la compañía a la que Jaime adjudicó el negocio del llamado Tren Bala.

Mencionado por Mata como el hombre que le quiso vender de parte de Jaime y de Claudio Cirigliano la compañía aérea Safe Flight, Vázquez fue apto para todo servicio que le pidiera el ex secretario de Transporte.

Carlos Benjamín Colunga López, 64 años, ex piloto, director y gerente general de Operaciones de Macair, la empresa de taxis aéreos propiedad de Francisco Macri, es una máquina de hacer negocios vinculados con su actividad.

Macair tiene una flota de dieciséis aviones, de los cuales solo cuatro pertenecen a la compañía. Los demás son de personas muy ricas o de empresas que se los ceden para que Colunga los explote. Así, los propietarios se ahorran el sueldo de los pilotos, los técnicos y el alquiler de los hangares. Al mismo tiempo ganan dinero por el alquiler. A cambio, Macair se queda con el diez por ciento de las ganancias.

Un día de marzo de 2008, en Pepino, Colunga le dio a Vázquez una idea práctica y brillante.

—Manuel, ¿por qué no hacés una vaquita con tus amigos para comprar un avión? En el mercado hay algunos que están en precio. Además, ustedes usan muchos aviones privados. Se compran uno. Y me lo dan para explotar. Es un negocio que nos conviene a todos.

Está claro que, cuando Colunga dijo "ustedes", ya sabía que, además de Vázquez, los viajeros frecuentes de vuelos privados eran Ricardo Jaime y su familia. De hecho, en su declaración ante el fiscal Garrido, Colunga dejó en claro que Vázquez era uno los mejores clientes de Macair, y que Jaime, aunque no pagaba las facturas, se comportaba como el verdadero comandante de la tripulación.

Un sábado, en la misma mesa de Pepino, Vázquez sorprendió a Colunga:

—Carlos, me compré un avión.

Colunga se entristeció porque él pretendía hacer las gestiones para la adquisición y obtener a cambio la explotación de la aeronave.

Pero unos cuantos sábados después le volvió el alma al cuerpo cuando Vázquez lo sorprendió otra vez:

—Se me cayó la financiación: voy a perder la seña.

La crisis financiera mundial se expandía peligrosamente. Entonces Colunga sacó otro as de la manga y lo conectó con Robert Foster, de la inversora Elkrest, y con Brett R. King, su contacto en el Banco de Utah. La inversora le financiaría al asesor de Jaime la operación. El banco garantizaría la transacción.

Al poco tiempo, Vázquez, en vez de agradecerle, le comunicó:

—Ya mandé a buscar el avión.

Sin embargo, Colunga volvió a tener revancha: el abogado y el piloto enviados por Vázquez a la fábrica Bombardier, en Connecticut, muy cerca de Nueva York, no lograron traer el aparato. Adujeron que no superaba las condiciones técnicas y que, además, estaba flojo de papeles.

Colunga hizo entonces el último sacrificio por su cliente habitual: lo contactó con el piloto Enrique García Moreno y con el ingeniero Jorge Arbaiza para que ambos revisaran y trajeran el avión a la Argentina.

—Lo hicieron por cuenta propia, no por encargo de Macair —se defendió Colunga ante el fiscal Rívolo y el juez Oyarbide, quienes investigan a Jaime por presunto enriquecimiento ilícito.

García Moreno y Arbaiza lo consiguieron.

El piloto argentino contrató a otro colega norteamericano, el comandante Richard Valdés. De otra manera no habrían podido traerlo, porque el aparato tiene licencia de los Estados Unidos.

García Moreno y Valdés tuvieron que volver en varias escalas, porque la autonomía de vuelo del Lear Jet es de tres horas con veinte minutos. Fueron desde Connecticut hasta Fort Lauderdale. Allí pasaron la noche. Después volaron hasta Aruba. De ahí a Manaos y luego a Santa Cruz de la Sierra. Durmieron en Santa Cruz hasta que se dispusieron a aterrizar en territorio argentino.

En el ínterin, en la apasionante novela del avión ingresó un personaje nuevo.

Se llama Julián Vázquez, tiene 31 años y es el hijo de Manuel Vázquez. Habla con monosílabos y siente temor reverencial por su padre.

—Si Manuel le pidiera una locura, él la haría con tal de no contrariarlo —contó un amigo que lo conoce muy bien.

Lo primero que hizo Julián fue enviarle a Colunga los papeles del Lear Jet para que Macair lo inscribiera como otro de sus taxis aéreos.

Cuando el gerente de la empresa de Macri se dio cuenta de que no era Manuel Vázquez quien figuraba como el dueño del aparato, sino Pegasus Equity Investment, una sociedad con sede en Costa Rica y acciones al portador, le dijo a Julián:

—A este avión le falta el nombre del dueño. Así como está, no puede funcionar como taxi aéreo en la Argentina.

Colunga afirmó ante el juez, en una de sus tres declaraciones, que Julián Vázquez le dijo entonces:

—Yo soy amigo del secretario de Transporte. Yo lo soluciono. Hablo con el secretario y lo soluciono.

No hubo acuerdo entre los Vázquez y Macair.

García Moreno y Valdés se enteraron de que Jaime no solucionaría nada durante la última parte del viaje, cuando Colunga les ordenó que no aterrizaran en Aeroparque, base de operaciones de Macair, sino en Don Torcuato, donde opera otra empresa de taxis aéreos, Aerorutas.

—¿Qué hacemos? —llegó a preguntarle García Moreno a Colunga, desde el aire.

—Aterricen en San Fernando. A partir de ahí no tenemos nada más que ver con esto. Y quédense con el vuelto de los viáticos, porque, como están las cosas, me parece que no van a cobrar un mango —los aconsejó.

Fue una buena sugerencia, porque todavía ni el piloto ni el comandante cobraron los 3.500 dólares pactados por el servicio que prestaron.

El fiscal Rívolo y el juez Oyarbide suponen que Colunga no dice toda la verdad. Puestos a escoger, le creen más a Gustavo Carmona, zar del alquiler y la venta de aviones, quien estuvo más de un mes desesperado por declarar hasta que al final lo logró.

Carmona fue contratado por Vázquez para hacer funcionar el avión en la Argentina después de lo de Colunga. Él fue quien les recomendó al piloto Luis Tantessio y la empresa Ayres del Sur para que se los operara. Carmona repitió, con varios documentos oficiales en la mano, lo siguiente:

* Es mentira que Colunga se haya negado a recibir el avión porque estaba "flojo de papeles".
* En realidad fue Vázquez quien le quitó el negocio a Colunga cuando se dio cuenta de que el gerente de Macair, junto con un tal Humberto Moas, representante de Bombardier en Latinoamérica, terminaron cobrándole por el avión entre ochocientos mil dólares y un millón de dólares más de lo que vale en realidad.
* El famoso Lear Jet 31 se puede conseguir en el mercado a dos millones y medio de dólares, mucho más barato que los cuatro millones que le terminaron cobrando a Vázquez.
* A Colunga le habrían ofrecido el negocio de la entrega y la explotación del Lear Jet en el que voló Jaime como parte de un acuerdo mucho más complejo y redituable.

El acuerdo no solo involucra a Jaime y a Macair. También, al gobernador de la provincia del Chaco, Jorge Capitanich, último responsable de la puesta en marcha de la aerolínea Aerochaco.

La constancia de ese acuerdo es un documento que Carmona hizo llegar al juzgado de Oyarbide. También al autor de este libro. Se trata de una carta firmada por Leonardo Maffioli, director general de SOCMA (Sociedades Macri).

En la misiva, Maffioli explicó a Jaime, con lujo de detalles, que, si Transporte concedía a Macair seis permisos distintos para operar Aerochaco, era posible concretar un negocio de cincuenta millones de dólares anuales.

La carta de Maffioli dejó en claro que se necesitaba de la lapicera de Jaime para activar los siguientes contratos:

* Servicios de charter con dos aviones de 105 plazas; representarían una facturación de veintiún millones de dólares.
* Servicios de *feeder* o distancias intermedias para ser operador

con cuatro aeronaves de diecinueve pasajeros cada una; generarían un ingreso de catorce millones de dólares.

* La distribución de los vuelos internacionales, dentro del país, para recaudar otros catorce millones de dólares.

En una de sus declaraciones testimoniales Colunga se quejó por las demoras de la secretaría de Jaime en autorizar la explotación comercial de aviones de Macair. Además informó que solo vio al secretario una sola vez, y fue en una audiencia pedida por su empresa.

La realidad es otra.

La verdad es que la autorización con la firma de Jaime llegó al mismo tiempo que Vázquez encargó a Colunga la compra y el traslado del famoso Lear Jet desde Connecticut hasta Buenos Aires.

Consultado por el periodista de Clarín Gerardo Young el domingo 27 de setiembre de 2009, Colunga modificó por enésima vez su versión y afirmó:

–A mí Jaime no me quería nada. Me dio esa ruta porque no tenía otro remedio.

Además dijo desconocer la carta en la que Maffioli, en un lenguaje de negocios ambiguo, le informó a Jaime la verdadera magnitud del negocio.

Y el negocio no es menor.

Entre diciembre de 2008 y el 13 de agosto de 2009, el gobierno de Chaco giró casi veintiún millones de pesos a Macair Jet.

Aerochaco puede. Le pagó a Macair los sueldos del personal, los seguros, la atención de los pasajeros en tierra, el combustible, el mantenimiento del avión y los repuestos.

El contrato es puro beneficio para la empresa de aerotaxis y mucha pérdida para Chaco. ¿Por qué? La provincia le paga a Colunga igual, aunque el avión vuele vacío. Y, de hecho, no viajan completos porque compiten con el servicio de Aerolíneas, que ofrece dos viajes diarios de Resistencia a Buenos Aires.

Para montar semejante negocio el gobernador creó Fiduciaria del Norte, la administradora del fideicomiso de Aerochaco. Además del acuerdo con Macair, Aerochaco tiene un contrato de exclusividad con Boca Juniors para transportar al plantel dentro del país.

El 7 de febrero de 2008, el Lear Jet A 31, valuado en más de cuatro millones de dólares, aterrizó, al final, en San Fernando.

En su declaración ante Rívolo y Oyarbide, el piloto de Macair García Moreno ratificó que fue Julián Vázquez quien lo contrató para traer el avión, y que la factura con sus servicios se extendió a nombre de Midas Equity Investment.

Midas fue constituido en marzo de 2007 con un capital de setecientos mil pesos. Entre los directores, además de Julián Vázquez, figura su hermano menor, Mariano Vázquez.

No hay que ser un genio para relacionar a Midas con Pegasus.

Midas es el mitológico rey de Frigia que convertía todo lo que tocaba en oro. Pegasus es el caballo con alas de los griegos.

El 29 de julio de 2009 el juez allanó las oficinas de los Vázquez en el séptimo piso de Juncal 709. Horas después, Julián, aconsejado por Zenón Ceballos, el amigo y abogado del ex presidente Fernando de la Rúa, presentó un pedido de eximición de prisión. En el escrito, el hijo de Vázquez descontó no solo que iban a imputarlo, sino también que lo iban a considerar un testaferro de Jaime.

El domingo 20 de setiembre el periodista de *La Nación* Hugo Alconada Mon publicó los nombres e identidades de los integrantes de Pegasus Equity Investment, la empresa de Costa Rica que aparecía como dueña del Lear Jet.

Alconada habló con su representante legal, el abogado Ignacio Esquivel Seevers. Así confirmó que los dueños de Pegasus pertenecen a la empresa europea Celularstar, cuyo presidente internacional es Manuel Vázquez Gadea. Seever también admitió que su hijo Julián Vázquez y una mujer llamada Marta Margarita Domínguez habían sido designados como "apoderados generalísimos".

Al final, el apoderado reconoció que fue el propio Julián quien compró el polémico Lear Jet. Y dos días después, en un comunicado oficial, Seevers reconoció que Pegasus era una fachada. Lo hizo al admitir que Celularstar pidió prestada una junta directiva para darle la apariencia de una sociedad comercial legítima.

Manuel Vázquez Gadea fue también el comprador del lujoso barco de un millón de dólares que Jaime habría usado más de una vez, en la Argentina y en el Brasil. Lo descubrieron el fiscal Rívolo y el juez Oyarbide después de allanar las oficinas en Rosario de Altamar Yachts, la empresa que construyó la embarcación.

Vázquez figuraba en un documento como la persona autorizada a retirar el yate de última generación de 64 pies de largo con un dormitorio VIP, cama doble, aire acondicionado, cocina con mesa de mármol y su interior revestido con madera y acero inoxidable.

A Rívolo y a Oyarbide no los sorprendió que Vázquez se haya presentado como alguien autorizado a retirar el barco en nombre de la empresa norteamericana Dalia Ventures LLC. Lo que les pareció curioso fue que para comprar el mismo barco se habrían interesado otras dos personas. Una de ellas se llama Carlos Alberto Lluch, representante de Aires del Sur, la compañía de aerotaxis del Grupo Cirigliano. Lluch figura como accionista de Cometrans y fue denunciado por el fiscal Manuel Garrido por el delito de dádivas al pagar vuelos privados para Jaime y su familia.

El Lear Jet comprado por Vázquez pero atribuido a Jaime aterrizó por primera vez en la Argentina el 24 de diciembre de 2008.

Entre el 7 de febrero y el 22 de mayo de 2009 hizo veintisiete vuelos.

En siete de esos veintisiete vuelos viajaron familiares o conocidos del ex secretario Jaime.

Entre los más notables figuran su pareja, Silvia Elena Reyss; su hija, Romina Jaime; su marido, el brasileño Alessandro Quadros Terra; y la pequeña hija de ambos, Isabella Jaime Quadros. También se subieron las dos hijas de Reyss, Agostina y Lorena Jayo, y la asistente de Jaime, Laura Gouvert.

Casi todos ellos aparecen también en las listas de pasajeros que confeccionó Garrido cuando acusó a Jaime de recibir dádivas de empresarios a los que debería haber controlado, como Claudio Cirigliano.

La sorpresa en la lista del Lear Jet la constituyó la presencia de uno de los secretarios privados de Néstor Kirchner, el "Gordo" Héctor Daniel Muñoz. Ahora Muñoz es asesor de la presidente Cristina con rango y jerarquía de secretario de Estado.

Los parientes y amigos que volaron en el Lear Jet hicieron las mismas rutas que suele cubrir Jaime. Desde Córdoba hasta el Brasil. Desde el Brasil hasta Córdoba. Desde San Fernando hasta el Brasil. Desde el Brasil hasta Buenos Aires. Y desde Buenos Aires hasta Punta del Este.

Las apariencias no engañan: el avión fue utilizado por Jaime como si fuera de su propiedad.

Pero las pruebas para afirmar que él es el dueño no están en el expediente.

—A lo sumo le servirán a Bonadío para engrosar la causa de las dádivas, ya que Vázquez figura también como asesor de varias empresas de transporte a las que Jaime tendría que haber regulado y controlado —explicó Rívolo, un fiscal muy prestigioso al que todavía no pudieron venderle gato por liebre.

¿Para qué necesita Jaime utilizar un avión privado como si fuera de su propiedad?

Para no sufrir, como el resto de los mortales, las interminables demoras de los vuelos de Aerolíneas Argentinas. Y también para evitar encontrarse en la clase turista con argentinos que le reclamen o lo insulten en la cara.

242

No son más de doscientos los argentinos que se pueden dar el lujo de tener un avión propio.

La mayoría de los elegidos son multimillonarios. Algunos se los alquilan a empresas de aerotaxis con un doble propósito: ahorrar el 21 por ciento del Impuesto al Valor Agregado (IVA) en el momento de comprarlo y amortizar los gastos de mantenimiento.

Gregorio Goyo Pérez Companc, por ejemplo, es dueño de una flota valuada en más de cien millones de dólares. Posee un Larsen 4 de 1994 cuyo precio es de veintiocho millones de dólares, un Challenger de veintisiete millones de dólares, dos helicópteros de ocho millones cada uno, otro avión Cessna Caravan de tres millones de dólares y otro Cessna Station del mismo valor. También tiene uno de los aviones privados más caros y mejores del planeta. Se trata de un Bombardier Global Express y cuesta cincuenta millones de dólares. Con semejante máquina se puede ir directo desde Buenos Aires hasta Tokio.

Andrés Deuch, el ex presidente de Lapa, es dueño de un Falcon 7 de 48 millones de dólares.

Los Werthein, copropietarios de Telecom, poseen siete aviones. Todos forman parte de la flota de Aerorutas SA.

Eduardo Eurnekian vuela en su Boeing 747 Alfa E.

Amalita Fortabat viaja en un avión propio de fabricación norteamericana.

El empresario petrolero Carlos Bulgheroni tiene un Challenger de treinta millones de dólares.

El hijo de Alfredo Yabrán, Pablo Yabrán, es dueño de cuatro aeronaves.

Swiss Medical, la prepaga de Claudio Belocopitt, posee uno de un millón y medio de dólares. Lo explota Macair.

Al cuestionado Sergio Taselli su presupuesto le da como para mantener seis aeronaves. Entre ellas, un Lear Jet 35 de dos millones de dólares, un turbohélice y un helicóptero.

También son dueños de aviones los empresarios kirchneristas Cristóbal López y Lázaro Báez.

Cristóbal posee un Lear Jet 31 de casi tres millones de dólares y no alquila para taxi.

Lázaro tiene uno igual al de López.

Y Juan Navarro es dueño de un Challenger 601 a través de su empresa Internacional General Services SA (IGS). Vale cerca de ocho millones de dólares.

Esta última aeronave es la preferida de Néstor y Cristina. Puede llevar hasta diez pasajeros y alcanza una velocidad de 850 kilómetros por hora.

Ambos la usaron más de una vez para volar a Río Gallegos y El Calafate. Cada uno de esos viajes tiene un costo aproximado de cuarenta mil dólares. La compañía de aerotaxis que la explota se llama Aires Argentinos. Se trata de una empresa que está en falta: volaba sin autorización, porque hasta setiembre de 2009 la Administración Nacional de Aviación Civil (ANAC) todavía no le había otorgado el permiso para operar.

Aires Argentinos es el nombre de fantasía de Cabiline, cuya presidente es la abogada María Inés Questa, quien pertenece al estudio de Alejandro Vecchi.

Vecchi es el mismo que asesoró a Gladys Cabezas, la hermana de José Luis Cabezas, el fotógrafo de *Noticias* asesinado por los secuaces de Yabrán.

Aires Argentinos fue contratada una y otra vez por el gobierno sin llamar a licitación. Además de Néstor y Cristina, tuvo como pasajeros a sus hijos, Máximo y Florencia. Los periodistas Daniel Santoro, Pablo Calvo y Pablo Dorfman, de *Clarín*, descubrieron que la empresa registró un nombre alternativo: Kabiline, pero con *K* de Kirchner. También informaron que, con apenas nueve meses de existencia, ya habían adquirido un Lear Jet 35 cuya valuación en el mercado es de casi tres millones de dólares.

La cobertura legal y administrativa para que Néstor y su familia puedan subir a un avión privado es el decreto 648 de 2004. Allí figura como excusa la seguridad. Los amigos de Kirchner sostienen que el ex presidente no confía en los aviones de la flota oficial porque se descomponen cada dos por tres. Pero la realidad lo desmiente todo el tiempo. El martes 14 de julio de 2009 *Lupo* se subió al *Tango 01* para viajar a Puerto Madryn, con el fin de visitar a los adversarios de Mario Das Neves. El gobernador de Chubut le devolvió la gentileza: lo calificó de hipócrita y lo denunció por usar un avión oficial para fines partidarios.

Mucho más grave fue lo que pasó hace más de diez años cuando una niñita murió porque el avión sanitario de la provincia de Santa Cruz no estaba donde debía, sino en Tanti, Córdoba, donde Néstor y Cristina habían viajado para asistir a otro acto partidario.

Se llamaba Ayelén Gimena Borda. Era de Pico Truncado. El jueves 26 de agosto su casa se incendió. Ella sufrió quemaduras graves en el noventa por ciento de su cuerpo. Ni bien llegó al hospital de su zona, el doctor Guillermo Gil se dio cuenta de que para salvar la vida de Ayelén la única alternativa era trasladarla al Instituto del Quemado, en Buenos Aires.

A las 18.05 del mismo día los médicos de Pico Truncado pidieron a Río Gallegos una ambulancia y el avión sanitario, un Cessna Citation LV-WLS para volar con urgencia desde Comodoro hacia Buenos Aires.

A la 0.20 del viernes llegó al aeropuerto la ambulancia, pero el avión no apareció. Los llantos, los gritos de desesperación y las corridas de aquel día todavía son recordados por quienes los vivieron con tristeza.

Tres horas después de lo previsto, a las 2.55, llegó un aparato de Aerorutas SA. Era la nave que Santa Cruz contrataba cada vez que debía reemplazar al avión sanitario oficial.

El aparato de Aerorutas no tenía los recursos básicos para atender a la chiquita. Entonces los médicos empezaron a tomar los equipos de la ambulancia para subirlos al avión. En eso estaban cuando Ayelén empezó con convulsiones. Minutos después murió de un paro cardiorrespiratorio.

Al mismo tiempo el avión sanitario que llevó al matrimonio Kirchner hasta Córdoba se encontraba, parado, en el aeropuerto de esa ciudad.

La denuncia por negligencia llegó meses después al despacho del juez Santiago Lozada, ex pareja de Romina Mercado, la sobrina de Néstor y Cristina. Lozada dictaminó que Kirchner no tenía responsabilidad en la muerte de Ayelén. Se caía de maduro: es el mismo magistrado que lo consideró inocente por el manejo de los fondos de las regalías petroleras y por la media decena de causas por la que fue acusado en Santa Cruz. El Lozada al que *Perfil* sorprendió un sábado de setiembre de 2009 tomando un café con Víctor Manzanares, el contador del ex presidente Kirchner.

Entre las firmas que dispusieron la contratación de Aerorutas para reemplazar al avión sanitario oficial estaba la del entonces secretario de la gobernación, Ricardo Jaime.

Ni entonces ni ahora a Jaime se le movió un pelo.

El ex secretario tiene más de veinte causas abiertas. Debe responder ante la Justicia por delitos tales como cohecho y enriquecimiento ilícito. Incluso hay versiones que sostienen que también está acusado de acoso sexual.

A Jaime no le entran las balas.

El sábado 26 de setiembre de 2009, casi dos meses después de su renuncia, Jaime se mostró en la platea del estadio Alberdi observando el clásico entre Belgrano e Instituto de Córdoba. Y, un mes antes, un periodista de *Crítica* lo había detectado, sin signo alguno de nerviosismo, jugando al golf en el Hotel Imago, de El Calafate, a metros de la casa de los Kirchner.

La palabra clave para responder por qué Jaime sigue tan tranquilo es la misma con la que Alfredo Yabrán definió el poder: impunidad.

Los juicios que más lo comprometen son:

* Aerolíneas Argentinas: Los diputados nacionales Adrián Pérez, Elsa Quiroz, Juan Carlos Morán, Griselda Baldata, Fernanda Reyes y Fernando Iglesias denunciaron a Jaime y a De Vido por los delitos de administración y connivencia fraudulenta y por violación de los deberes de funcionario público. Los acusaron de haber pactado con Marsans, aunque antes habían desaprobado sus balances de 2004, 2005 y 2006. Y también los hicieron responsables por convalidar una deuda de 850 millones de dólares antes de su reestatización.

* Southern Winds: La Justicia probó que altos directivos de la aerolínea usaban los aviones para traficar cocaína a España. Southern Winds era subsidiada por el Estado con sesenta millones de pesos. La firma para que la compañía siguiera volando la puso Jaime.

* Gasoil: Jaime fue acusado de incumplimiento de los deberes de funcionario público por repartir de manera arbitraria los subsidios al gasoil. Le imputaron el mismo delito por la contratación directa de publicidad y desviación de fondos del fideicomiso de la tasa de gasoil.

* Retornos: El empresario español Antonio Mata lo denunció por un supuesto pedido de coima de seis millones de dólares (véase Quinta Parte: Jaime & Uberti. Capítulo: Jaime es Kirchner).

 * Subsidios al transporte: Jaime acumula cinco denuncias por malversación de fondos públicos en la distribución de subsidios a Trenes de Buenos Aires (TBA).

* Tren bala: Ricardo Monner Sans y Mario Cafiero les achacaron los supuestos delitos de violación de los deberes de funcionario público y administración fraudulenta al adjudicar a la empresa Alstom el llamado Tren Bala, que debía cumplir el recorrido Buenos Aires-Rosario-Córdoba. Cuestionaron desde el llamado a licitación hasta el precio, al que consideraron escandaloso. El proyecto ni siquiera se inició.

No hay duda. El ex secretario de Transporte hizo uso de los bienes del Estado como si fueran parte de su patrimonio. Lo puso de manifiesto aquella fría mañana del miércoles 14 de marzo de 2007 en que aterrizó con el cheque para la localidad de Sarmiento. Después de entregárselo en la mano a la prima de su pareja, quien además era la presidente de la comuna, Jaime terminó su discurso así:

—El hecho fundamental no es solo el anuncio de algo muy importante, sino también el gesto de Marisel Moietta, que fue a Buenos Aires a visitar a su prima y en ningún momento se le ocurrió decir "Vamos a aprovechar este vínculo para conseguir esta obra".

Pero lo cierto es que fue ese vínculo, y ninguna otra razón, lo que le permitió a Sarmiento recibir los beneficios.

Es probable que el proyecto haya sido indispensable para el pueblo. De hecho, fue presentado como la construcción de un circuito vial que rodearía el casco urbano y sería utilizado como desvío para el tránsito pesado que venía destrozando las calles internas de la localidad. Pero ¿quién y cómo lo decidió? ¿Por qué no se llamó a licitación? ¿No deberían entonces pedir y conseguir lo mismo todas las esposas y los esposos de funcionarios públicos que tienen la suerte de dormir con los secretarios y ministros cuyas lapiceras deciden el destino de millones de pesos provenientes del pago de los impuestos de la mayoría de los argentinos? ¿No revela, este simple hecho, la confusión entre los intereses públicos y personales? ¿La promiscuidad entre lo público y lo privado?

Para repartir dinero público de manera discrecional, o mandar a comprar un avión o un barco, un secretario de Estado tiene que ignorar todo sobre la ética pública.

O gozar de una protección especial de alguien tan poderoso como un Presidente.

3
"¿CON QUIÉN HAY QUE ARREGLAR?"

–La gente de Ascensores Servas pregunta con quién hay que arreglar.

–¿Cómo "con quién hay que arreglar"?

–Sí. Con quién hay que arreglar.

–¿La gente de Servas te dijo que me preguntaras a mí con quién hay que arreglar?

–Sí.

–Bueno: deciles que conmigo no tienen nada que arreglar. Que solamente hice mi trabajo.

El inquietante diálogo se produjo entre el entonces agregado comercial de la Argentina en Venezuela, Alberto Álvarez Tufillo, y Eduardo Alberto Sadous, quien fuera embajador argentino en ese país.

Servas SA es una polémica y sospechada empresa argentina de ascensores que fue bendecida por el gobierno de Kirchner para hacer negocios con Venezuela, en el marco del Convenio Integral de Cooperación Bilateral suscripto en Caracas el 6 de abril de 2004.

La fuente, inobjetable, que fue testigo del diálogo picante, lo reprodujo palabra por palabra.

No hay que ser Sherlock Holmes para advertir que "arreglar", en ese contexto, significaba que los directivos de Servas estaban dispuestos a compensar a los funcionarios argentinos que facilitaron su negocio en la República Bolivariana de Venezuela. La única duda que tenían los hombres de Servas, según lo manifestado por Álvarez Tufillo, era a quién debían premiar: si al embajador argentino en Venezuela o a otro funcionario público.

Los negocios alrededor del Convenio Bilateral podrían llegar a convertirse en el mayor escándalo de corrupción de la era kirchnerista. Algo tan grave como la causa por tráfico de armas que llevó a la prisión domiciliaria al ex presidente Carlos Menem.

De hecho, es el asunto que con mayor energía investigan el juez federal Julián Ercolini y el fiscal Gerardo Pollicita.

Ambos decidieron prestarle la mayor atención, aunque vino entremezclado en la megadenuncia de Elisa Carrió por presunta asociación ilícita contra Kirchner y media docena de empresarios considerados K".

248

Lo leyeron juntos ni bien lo tuvieron entre sus manos, dejaron a un lado el típico lenguaje de expediente y reconocieron, casi al mismo tiempo:

—Esto no es papel pintado. Aquí hay carne de verdad.

Julián Ercolini, 47 años, casado, dos hijos, ex secretario de la Corte Suprema, ex funcionario de la Oficina Anticorrupción, asumió como titular del Juzgado Federal N° 10 el 18 de octubre de 2004, un año y medio después del inicio del gobierno de Kirchner. En su última declaración jurada de bienes, Ercolini declaró un patrimonio de casi 160.000 pesos, una deuda de doce mil pesos, una casa y parte de otro inmueble en Hurlingham por casi 87.000 pesos; un Peugeot 206 y una Chevrolet Meriva.

Apenas asumió, el magistrado tuvo que investigar al entonces Presidente por enriquecimiento ilícito.

No le resultó cómodo ni fácil.

El jefe de Estado no tuvo mejor idea que elegir de abogado defensor a Esteban Righi, alguien a quien Ercolini tuvo como docente en su cátedra y al que también consideraría como un padre. Para colmo, al fiscal de esa causa, Eduardo Taiano, le pasó algo muy raro justamente en la semana en que decidió hacer lugar a la denuncia: su hijo de 18 años fue secuestrado por media hora cuando se bajó de un taxi, a las nueve de la mañana, en avenida Callao esquina Paraguay. Lo dejaron en el barrio de La Boca, después de revisar su billetera y encontrar una tarjeta personal de su padre.

Ercolini sobreseyó a Kirchner en 2005.

El juez dictaminó que el Presidente no omitió presentar sus bienes, que no mintió en su declaración jurada y que no existían evidencias para probar que se hubiera enriquecido de manera súbita e irregular. Además subrayó que la mayoría de las propiedades las había adquirido antes de ser presidente, gobernador e intendente.

Sin embargo, también aclaró que el sobreseimiento sólo era válido para esa denuncia, esos bienes y esos años. Es decir: dejó a fiscales y jueces las manos libres para que pudieran investigarlo de 2004 en adelante.

En enero de 2009, cuando nadie lo esperaba, Ercolini hizo lugar, junto al fiscal Pollicita, a la investigación colectiva que involucra a Néstor Kirchner, Julio De Vido, Carlos Zannini, Ricardo Jaime, Claudio Uberti, y los considerados *empresarios K*, Cristóbal López, Lázaro Báez, Rudy Ulloa, Gerardo Ferreyra y Osvaldo Acosta, y los hermanos Cirigliano, entre otros.

Para comprender el escándalo de los fideicomisos en Venezuela hay que detenerse en Uberti.

Con 52 años, Documento Nacional de Identidad 13.178.794, separado, un hijo, deudor irrecuperable del Banco Patagonia, nombrado como "El Señor de los Peajes" por haber manejado la caja del Órgano de Control de Concesiones Viales (OCCOVI), íntimo de Rudy Ulloa y recaudador junto a este durante la campaña de Kirchner en 2003, Uberti fue desplazado del gobierno cuando la Justicia lo imputó por el escándalo de la valija de Antonini Wilson.

—A mí no me joden. Si no les gusta, chúpenle la pija a Julio De Vido —habría gritado Uberti, según dos testigos presenciales de aquella madrugada del sábado 4 de agosto de 2007, en que la agente de la Policía de Seguridad Aeroportuaria María del Luján Telpuk lo detuvo junto a seis personas más en la zona militar del Aeroparque.

Pero los ochocientos mil dólares encontrados en la valija parecen un vuelto comparados con el incremento de presupuesto que el jefe de Estado le autorizó a Uberti desde que este asumió en el OCCOVI.

Uberti fue designado por Kirchner sin contar con los requisitos de idoneidad necesarios para ejercer la función. No tenía ni la mínima experiencia en la materia.

En 2003, el organismo disponía de ocho millones de pesos. En 2007 ya había trepado a 406 millones. Es decir: un aumento del 6.600 por ciento.

La razón de semejante metamorfosis: el Presidente, mediante el decreto 1.915 de 2004, convirtió al OCCOVI (hasta entonces un organismo de control) en un ente con capacidad para contratar trabajos de obra pública.

A principios de 2009, los diputados nacionales por la Coalición Cívica Juan Carlos Morán, Adrián Pérez, Fabián Peralta y Elsa Quirós acusaron a Uberti, pero también al secretario de Obras Públicas, José López, y a Julio De Vido, por los delitos de fraude a la administración y violación de los deberes de funcionario público.

Lo hicieron en base a las denuncias de la Auditoría General de la Nación (AGN) y de la Fiscalía de Investigaciones Administrativas (FIA).

Morán y los demás acusaron a Uberti de:

* No controlar a las empresas de peaje.
* Favorecer a las concesionarias en perjuicio del Estado, al modificar la categoría de los tramos de asfalto que debían mantener.
* Hacer la vista gorda ante la falta de mantenimiento y así provocar más accidentes.
* Autorizar un desmesurado aumento en los costos del mantenimiento, a pesar de que la calidad de la prestación disminuyó de manera considerable.

* Renegociar los contratos con las empresas, a pesar de los reiterados incumplimientos y el no pago de las millonarias multas adeudadas.

Los diputados nacionales detectaron que, del costo total de mantenimiento, el 63 por ciento se había utilizado para limpiar las casillas de peaje y cortar el pasto. Y que solo el 23 por ciento se había usado para mejorar la carpeta asfáltica.

También denunciaron que Uberti no cumplió con la obligación de medir la resistencia del pavimento, a pesar de que la causa más repetida de accidentes mortales es la pérdida de control del vehículo cuando la superficie está mojada.

Después del secretario de Transporte, Ricardo Jaime, Uberti es el más menemista de los kirchneristas bajo sospecha. Hasta el escándalo de la valija, usó trajes Armani, llevó en su muñeca relojes suizos marca Vacheron Constantin e hizo dieta con Máximo Ravenna, uno de los nutricionistas más famosos. En 2006 compró en Cuba de Fátima, Pilar, una casa de trescientos mil dólares a la que le refaccionó cuatro veces la pileta. Se fue después de que sus vecinos del barrio privado le mancharan las paredes exteriores con pintura y huevo. La vivienda no figura en su declaración jurada porque la puso a nombre de su hijo, Claudio Federico. Lo que sí reconoció es la propiedad de un Citroën Mehari modelo 1974. La periodista Jesica Bossi lo esperó con paciencia hasta que lo vio salir de un semipiso valuado en dos millones de pesos en Avenida del Libertador 3050.

La megadenuncia de Carrió a la que hicieron lugar Ercolini y Pollicita contiene acusaciones y sospechas de las más variadas, pero tanto el juez como el fiscal están seguros de que detrás de los negocios sucios con Venezuela se pueden hallar pruebas para llegar hasta los culpables.

—De la decena de casos presentados por Carrió y los legisladores de la Coalición, este es el único con evidencias documentales y testimoniales que podría terminar con gente presa —se atrevió a pronosticar una fuente cercana al fiscal.

El Convenio Integral de Cooperación entre la República Argentina y la República Bolivariana de Venezuela era un buen instrumento para la economía argentina, pero terminó transformándose en un negocio tremendo para unos pocos.

El convenio dispuso la creación de un fideicomiso cuyos fondos provienen del dinero que la Argentina le paga a Venezuela por importar fuel oil para producir electricidad. Por cada venta de combustible, Cammesa (Compañía Administradora del Mercado Mayorista Eléctrico) deposita en una cuenta del Bandes (Banco de Desarrollo Económico y Social de Venezuela), en Nueva York, millones de dólares. Con ese dinero, el Estado que conduce Hugo Chávez compra productos argentinos.

Además, el fideicomiso está obligado a darle a la empresa argentina exportadora un adelanto del treinta por ciento del total de la compra.

–Un negocio espectacular, con ganancia anticipada y garantizada –explicó el dueño de un pool sojero que no fue bendecido por Uberti.

Para tener una idea de la magnitud del proyecto solo es necesario recordar que, antes del convenio, el intercambio comercial entre la Argentina y Venezuela no llegaba a los 150 millones de dólares. Después, y hasta principios de 2009, los negocios entre ambos países superaron los mil millones de dólares.

El ex embajador Sadous fue, a la vez, el padre de la criatura y también su propia víctima.

La idea de avanzar en el fideicomiso fue suya.

Diplomático de carrera, designado por el presidente Eduardo Duhalde en 2002, Sadous propuso la ampliación del convenio firmado por el dictador Jorge Rafael Videla en 1978, como una manera práctica de resolver el problema de energía en la Argentina y lograr nuevos negocios en Venezuela para empresarios nacionales.

Sadous primero se sorprendió con el entusiasmo que mostró el ministro de Planificación Julio De Vido, y después el director del OCCOVI, Claudio Uberti. Y después empezó a preocuparse cuando le informaron que el organismo de aplicación del convenio no sería la Cancillería, como estaba determinado, sino el ministerio de De Vido.

Con extrema diplomacia, Sadous preguntó entonces al canciller Rafael Bielsa qué tenían que hacer un ministro de Planificación y el hombre encargado de los peajes en un convenio bilateral entre la Argentina y Venezuela.

–Venezuela no es ni mi responsabilidad ni mi problema –le respondió Bielsa–. Venezuela es de De Vido... y de Néstor –aclaró después.

A partir de ese momento, Sadous se limitó a hacer el papel de anfitrión en Caracas.

La primera vez que fueron De Vido, Uberti y Carlos Cheppi, entonces en el INTA, fue a mediados de 2003. De Vido y Uberti pararon en la residencia del embajador: tenían sumo interés por iniciar el intercambio cuanto antes.

–Uberti le cebaba mate a De Vido y tenía para con él una actitud de absoluta sumisión –recordó un ex empleado de la embajada, testigo presencial de las primeras visitas.

En los viajes posteriores, el ministro y su comitiva se alojaron en el Gran Meliá Caracas.

–No era el más lujoso, pero sí el más chavista –recordó la misma fuente.

De Vido y Uberti fueron apartando al embajador de las conversaciones por el convenio, y le dieron más participación al agregado comercial argentino en Venezuela, el controversial Álvarez Tufillo.

A Sadous la cosa le olía cada vez peor.

–Eran desprolijos: ¡Si hasta viajaban en los aviones de la petrolera venezolana (PDVSA) siendo, como eran, funcionarios argentinos! –les contó el diplomático de carrera a sus colegas de confianza.

En 2004, unos amigos le informaron a Sadous que Uberti sería el candidato de De Vido para reemplazarlo. De hecho, todo estaba listo para que lo fuera. Lo que impidió que Uberti se convirtiera en el nuevo embajador argentino en Venezuela fue un artículo de *El Confidencial* de Caracas. La nota hablaba de la responsabilidad indirecta del Señor de los Peajes en uno de los primeros escándalos del kirchnerismo: la muerte de Cacho Espinosa, ex gerente general de la pesquera Conarpesa.

Espinosa había denunciado que Uberti y Rudy Ulloa le habían pedido dinero a la pesquera para la campaña Kirchner Presidente 2003, y que habían amenazado a los directivos de la empresa con denunciarlos por su presunta participación en maniobras vinculadas al narcotráfico, si no ponían la plata. Espinosa se lo contó a Carrió y, diez días más tarde, un asesino a sueldo lo mató en la puerta de su casa de Puerto Madryn.

–El Gobierno no tuvo más remedio que mantener a Sadous –relató una altísima fuente de Cancillería.

Durante la primera quincena de enero el embajador argentino dejó su trabajo en Caracas para ir a veranear a Punta del Este.

Cuando volvió a su oficina en la capital de Venezuela, un ex directivo de PDVSA que había sido despedido con la última purga de Chávez, le dio una noticia bomba.

Fue escueto:

–Embajador, desaparecieron más de noventa millones de dólares de la cuenta del fideicomiso. Los sacó de la cuenta de Nueva York la gente de Chávez.

Por reglamento, el dinero del fideicomiso solo se puede usar para pagar los productos de las empresas argentinas. Sadous chequeó primero la información. Y ese mismo día llamó al canciller Bielsa.

–Rafael: esto es más que grave. Esto es un escándalo. Faltan exactamente 91.300.000 dólares de la cuenta del fideicomiso. Se trata de un claro hecho de corrupción.

Bielsa pidió que le mandara de inmediato un cable con los detalles. Mientras tanto, le solicitó una reunión urgente al Presidente. Kirchner lo recibió en su despacho de la Casa de Gobierno. Y el canciller entró, con una carta en la mano, dispuesto a explicar lo que acababa de denunciar el embajador argentino en Venezuela.

El recurso de la carta al jefe de Estado no es menor. El ministro de Relaciones Exteriores lo usaba cuando quería dejar expresa constancia de su intervención en los asuntos más delicados. De hecho, Bielsa le escribió a Kirchner 170 misivas que guarda entre sus papeles como un preciado tesoro.

—Néstor, el embajador en Venezuela cree que se trata de una seria irregularidad —diagnosticó el canciller.

El Presidente lo escuchó, no se pronunció, y mandó a Bielsa a ver a De Vido.

Entonces el ministro de Planificación, quizás avisado por Kirchner, se atajó, y ensayó ante el canciller la primera hipótesis:

—Es probable que haya sido un error, producto de nuestra inexperiencia. No te olvides de que es el primer fideicomiso que hicimos. Dame unas horas y volvemos a conversar.

Bielsa no se quedó quieto. Llamó al embajador de Venezuela en Argentina, Roger Capella. Y este lo tranquilizó con un argumento idéntico al de De Vido:

—Rafael querido. La plata desapareció, pero apareció de nuevo. Acá no hay corrupción, solo inexperiencia. Ahora no falta nada más. El fideicomiso está completo.

Casi a la misma hora llegó a la Cancillería un memorando con el nombre CAEVENE número 10.097 y con fecha 26 de enero de 2005.

En ese cable secreto, Sadous le explicó a Bielsa la trama secreta de cómo salieron de la cuenta.

—No era que habían desaparecido. Lo que hicieron fue tomar los 91.300.000 dólares, ingresarlos a Venezuela, negociarlos en el mercado paralelo... ¡e hicieron una diferencia de aproximadamente trece millones de dólares! Una vez que lo concretaron, devolvieron el dinero a la cuenta de Nueva York, como si no hubiese pasado nada —testimonió el ex embajador ante los legisladores que presentaron la denuncia junto con Carrió.

Cuando el escándalo amenazaba con hacerse público, Álvarez Tufillo lo encaró a Sadous con el siguiente mensaje:

—Dice Claudio (Uberti) que te dejes de embromar, y que te metas en tus cosas.

El embajador, en cambio, viajó de inmediato a Buenos Aires y ratificó la denuncia en la Cancillería. Sadous volvió a utilizar la palabra "corrupción", para que nadie dudara sobre la gravedad del hecho. En los pasillos del Ministerio de Relaciones Exteriores se encontró con el embajador argentino en Cuba, Darío Alessandro. El ex presidente del bloque de la Alianza lo atajó:

—Sadous, ni se te ocurra aparecer por la Casa Rosada. Te van a echar a patadas.

El diplomático se quedó en la Ciudad de Buenos Aires tres días más. El domingo, cuando se disponía a regresar a Caracas, se desayunó por el diario *Página/12* con que ya no era más embajador.

Bielsa se enteró de la misma manera.

El canciller les preguntó a hombres de Kirchner por qué lo habían despedido. Ellos le explicaron que había sido un pedido de Chávez. Argumentaron que la inteligencia del comandante había detectado que Sadous estaba demasiado cerca de la oposición en Venezuela.

Si algún juez o algún fiscal le preguntaran ahora al ex canciller por qué cree que reemplazaron a Sadous después de dos años, siete meses y cuatro días de una muy buena gestión, Bielsa respondería:

—Siempre lo tuvieron entre ceja y ceja. Pero después del cable supieron que con Sadous no tendrían las manos libres para hacer negocios.

En efecto: el cable del ex embajador es uno de los elementos de prueba que comprometerían seriamente a Uberti y quizá también a De Vido.

El otro elemento es el controversial diálogo con el que se inicia este capítulo, y que Sadous estaría dispuesto a repetir si el fiscal Pollicita o el juez Ercolini lo llamaran a declarar.

Sadous confirmará que cuando Álvarez Tufillo comentó que la gente de ascensores Servas quería saber con quién tenía que arreglar, respondió que él no era la persona indicada. Y el fiscal o el juez le preguntarán:

—Entonces, ¿con quién cree usted que finalmente intentó arreglar la gente de Servas?

Sadous responderá:

—Estoy seguro de que después fueron a hablar con Uberti.

La otra pregunta necesaria es por qué los presidentes Kirchner y Chávez firmaron un convenio entre Servas y distintos ministerios del gobierno de Venezuela por un monto de varios millones de dólares.

Ningún banco privado le hubiera dado a Ascensores Servas un crédito en ese momento.

Sus antecedentes, para decirlo con elegancia, eran muy negativos. Estos son algunos de ellos:

* Servas falsificó un certificado fiscal. La burda maniobra le hizo perder un contrato que había arreglado con el Ministerio de Economía.
* Los servicios de Servas fueron suspendidos durante un año por decisión de la Superintendencia de Riesgos de Trabajo. Los motivos: reiterados incumplimientos.
* Su balance de 2004 arrojaba una pérdida de más de nueve millones de pesos.
* Tenía una situación irregular en el Banco del Suquía y una docena de pedidos de quiebra realizados por proveedores a los que no les había pagado.
* Se le remataron, por falta de pagos, tres soldadoras rotativas, una máquina para cortar chapa gruesa, una microsoldadora y una agujereadora vertical.
* El presidente de Servas SA se llama José Aizpun. En la denuncia de Carrió contra Kirchner, sus ministros y los *empresarios K*, Aizpun aparece con una larga lista de cheques rechazados. Las fechas: 3, 7, 14 y 19 de diciembre de 2001; 4 y 8 de enero de 2002; y el 11 de marzo, 8 de abril, 7 de mayo y 7 de junio de 2002. Los créditos más jugosos, Aizpun los obtuvo de bancos oficiales: el Nación y el Provincia de Buenos Aires.
* La vicepresidenta de Servas SA es María de las Mercedes Primitiva Aizpun Noain. Entre sus referencias, ella presentó, no su experiencia en la industria de ascensores, sino su actividad como vendedora de ropa interior, medias, lencería, pijamas, camisones, saltos de cama y trajes de baño. A pesar de su versatilidad, fue declarada deudora irrecuperable por el Banco Provincia y el Citibank.

El 21 de noviembre de 2005, Servas, por medio de Uberti, terminó de cerrar los acuerdos con los ministerios de Comercio, de Salud y de Defensa de Venezuela. Fue en el marco de una visita a ese país que encabezó el presidente Néstor Kirchner y cuya comitiva integraron Uberti y Aizpun.

Servas se comprometió a suministrar e instalar 160 ascensores para hospitales por un monto de veinticinco millones de dólares. Informó que participará de una segunda etapa de suministro y equipamiento por treinta millones de dólares. Y anunció que también instalaría dos ascensores en dos hospitales militares distintos, y otros dos en Miraflores, el palacio de gobierno de Chávez.

En una nota publicada por *Perfil* el 25 de diciembre de 2007, la Cámara Argentina de Fabricantes de Ascensores informó que ningún directivo de Servas es miembro de la organización y confirmó que el desprestigio de esa empresa era *vox populi* para todos, menos para Uberti.

En conversaciones privadas, Sadous aceptó que una vez intercedió a favor de Servas ante el entonces ministro de Infraestructura de Venezuela, Diosdado Cabello Rondón.

—Cabello me había comentado que necesitaban ascensores en bancos y hospitales. Y yo pensé en la gente de Servas. Me pareció una manera de ayudar a resolver alguno de los problemas que tenían –reconoció.

Lo que jamás confirmó es haber aceptado una dádiva por esa gestión.

En la jerga de la causa judicial, llaman al caso "Servas" y a la denuncia de la desaparición temporaria de los más de noventa millones de dólares de la cuenta en Nueva York, como "el escándalo del fideicomiso de Venezuela".

Fue lo burdo del mecanismo y la gravedad del caso lo que terminó de convencer a Ercolini y Pollicita para hacer lugar a la megadenuncia de la líder de la Coalición Cívica.

Lo decidieron el lunes 22 de diciembre de 2008, y al día siguiente, al mediodía, el fiscal le requirió al juez la instrucción de la causa. Es decir: la consideró digna de ser investigada y, al mismo tiempo, le pidió quince medidas de prueba.

El miércoles, el magistrado compartió el criterio y ordenó que diez de las medidas solicitadas por el fiscal se pusieran en marcha de inmediato.

Antes de tomar la decisión, Ercolini y Pollicita se juramentaron trabajar juntos.

—Se pusieron espalda con espalda, porque entendieron que a partir de ese momento el kirchnerismo los iba a perseguir usando su mayoría en el Consejo de la Magistratura –reconocieron fuentes cercanas a la investigación.

Como se sabe, el Consejo de la Magistratura es el organismo encargado de designar a los magistrados y también de iniciarles juicio político. El gobierno controla a la mayoría de sus miembros. Por lo tanto tiene la llave para promover o bajarles el pulgar a los jueces. Ricardo Recondo, presidente de la Asociación de Magistrados y Funcionarios de la Justicia Federal, denunció al Consejo de la Magistratura como un instrumento de apriete y extorsión. Los diputados nacionales ultrakirchneristas Carlos Kunkel y Diana Conti son los más beligerantes.

Un solo ejemplo sirve para probar el comportamiento de ambos.

Ellos habían apoyado el juicio político contra el juez federal de Zárate y Campana, Federico Faggionatto Márquez, pero lo dejaron en suspenso para permitir que el magistrado citara a declarar al entonces candidato Francisco de Narváez, en plena campaña electoral, como sospechoso en una causa de tráfico de efedrina.

—Cuando le pusimos la firma para avanzar con la causa se nos frunció el culo —confesó Ercolini a un amigo el miércoles 17 de junio de 2009, a las 18.30, en la confitería Módena, frente a la Facultad de Derecho de la Universidad de Buenos Aires.

El juez federal sabía que hacer lugar a semejante denuncia era enfrentarse directamente con el hombre más poderoso del país. El hombre que tiene peso como para llamar al Consejo de la Magistratura y pedir su juicio político. Es *El dueño de la Argentina*, pública y privada.

Los pormenores de cómo la denuncia llegó a transformarse en una causa son apasionantes.

Al escrito lo recibió, en la mano, el fiscal Pollicita.

Los emisarios judiciales encargados de proteger al poder político no tardaron mucho en enterarse.

La presentación de Carrió había sido pública y ruidosa.

El fiscal ante la Cámara Federal Germán Moldes alertó de inmediato a Esteban Righi, procurador general de la Nación y jefe de todos los fiscales, incluido Pollicita.

Días después, Righi, con sus buenos modales de siempre, llamó a Pollicita y lo citó en su despacho.

No le anunció el motivo de la convocatoria, pero tampoco era necesario. Righi quería saber qué iba a hacer Pollicita con la denuncia de Carrió. El fiscal tenía tres posibilidades. Una: desestimarla de plano. Dos: declararse incompetente por una u otra razón. Y tres: hacer efectivo el requerimiento y pedirle al juez que iniciara una causa.

El día en que debía encontrarse con el procurador, Pollicita se levantó con casi cuarenta grados de fiebre. Por eso, llamó desde la cama al escritorio de Righi y le pidió la postergación de la cita.

—Fue una gripe mágica, porque pasaron dos semanas, Righi se olvidó y Kirchner se enteró por los diarios de que la denuncia había tomado estado judicial —relató alguien que conoce bien a Pollicita.

Fuentes oficiales admitieron que el entonces Presidente reaccionó frente a la novedad con un ataque de ira. Y agregaron que les enrostró a todos sus "operadores de Comodoro Py" la culpa por no evitar que "una denuncia mediática, tirada de los pelos", se convirtiera en un expediente caliente y peligroso.

Las mismas fuentes reconocieron que, después del hecho, le propusieron al fiscal un encuentro con el mismísimo Néstor Kirchner en la Quinta de Olivos.

—Es solo para que le veas la cara: nadie te va a apretar —le advirtieron.

Pollicita rechazó la gentil invitación.

Ercolini también vivió días intensos.

Él sabe que en la justicia federal algunos desayunan bronce pero nadie come vidrio. Por eso, después de ponerle la firma al requerimiento del fiscal, llamó a dos figuras clave para preguntarles qué harían ellos en su lugar con semejante papa caliente entre las manos. Ambos son miembros de la Corte Suprema. Uno es su presidente, Ricardo Lorenzetti. Y al otro, Ercolini lo considera "el Maradona del Poder Judicial": Eugenio Zaffaroni.

—Cuide las instituciones, pero busque pruebas y vaya para adelante —le sugirió Lorenzetti.

—Hacé lo que tengás que hacer —lo alentó Zaffaroni, con honestidad brutal.

En la megacausa hay de todo: denuncias bien fundamentadas y acusaciones armadas con recortes de diarios y revistas.

Estos son los hechos que valoró el fiscal:

* Las estrechas relaciones personales y comerciales de Kirchner, Zannini, De Vido, Uberti y Jaime con Lázaro Báez, Cristóbal López y Rudy Ulloa Igor.
* El exponencial crecimiento patrimonial de todos ellos.
* El que los ilícitos se habrían iniciado ni bien asumió Kirchner como Presidente.

Pollicita tomó primero las denuncias vinculadas con la realización de obras viales y el Plan Federal de Viviendas.

Consideró necesario investigar la obra de pavimentación de la segunda sección de la ruta provincial 7, en Chaco.

Este trabajo fue adjudicado a Sucesores de Adelmo Biancalani, una empresa que habría sido comprada por Lázaro Báez. El fiscal se dispuso a averiguar si se pagaron importantes sobreprecios.

El funcionario judicial le informó al juez que también colocaría la lupa en Juan Felipe Gancedo SA, por uso de facturas apócrifas y cobro de sobreprecios en las obras. Pero también por su presunta vinculación con Carlos Santiago Kirchner, primo de Néstor despedido por el entonces gobernador de Santa Cruz, Sergio Acevedo, y enseguida designado subsecretario de Coordinación de la Obra Pública Federal (véase Primera Parte: El verdadero Kirchner. Capítulo 1: "La venganza del boludo").

–Acevedo lo echó porque no confiaba en él, y su primo volvió a tomarlo para hacer las mismas cosas por las que el gobernador lo despidió –opinó Adrián Pérez, uno de los que presentaron la denuncia junto con Carrió.

La constructora Gancedo había ganado una licitación para asfaltar cincuenta cuadras en General Roca, Río Negro, a pesar de que su presupuesto era sesenta por ciento más caro que el de sus competidores. La presión del primo de Kirchner habría obrado el milagro. El escándalo que se armó fue mayúsculo y obligó al intendente de Roca, Carlos Soria, a detener todo el proceso.

Pollicita se dispuso a investigar por qué. Y también quiso saber por qué esta misma constructora aumentó de 39 a 91 millones de pesos, sin justificación, el costo de un tramo de la Ruta Nacional 3, también en Río Negro.

El fiscal le apuntó, además, a la presunta responsabilidad de Gotti, Austral, Kank y Costilla, Palma y Gancedo por la aplicación de sobreprecios en el Plan Federal de Viviendas. Para eso, reprodujo la acusación de Carrió:

–El ministro De Vido comprometía una obra con una provincia y ponía la empresa. Es decir, estaba decidido de antemano qué empresa sería la adjudicataria de la obra. Y en ningún caso el precio fue inferior al doscientos por ciento del valor de mercado.

Pollicita dio por cierto que, más de una vez, tanto Gotti como Palma habían cedido y renunciado a contratos para "dejarle el beneficio" a Austral Construcciones.

Y también subrayó que le parecía muy sugestivo que, desde que Carlos Santiago Kirchner se había hecho cargo del Instituto de Desarrollo Urbano y Vivienda de Santa Cruz (IDUV), Gancedo haya trepado al quinto lugar del ranking sobre 551 empresas que firmaron contratos para el Plan Federal de Viviendas.

El fiscal también solicitó a Ercolini investigar la concesión de áreas petroleras adjudicadas a un reducido grupo de compañías.

Pollicita se detuvo en la entrega de las quince áreas licitadas el 17 de noviembre de 2006 y obtenidas en su mayoría por petroleras de Lázaro Báez y de Cristóbal López.

Pollicita tampoco se hizo el distraído con el asunto del juego.

Recomendó revisar el último decreto firmado por Kirchner antes de finalizar su mandato, en diciembre de 2007, y que benefició a Cristóbal López y su socio en el Hipódromo con una prórroga en la concesión hasta 2032.

Además sugirió al juez que prestara atención a la sospecha de que Zannini enviaría a gobernadores e intendentes a la oficina de López. Y le pidió que intentara confirmar si era verdad lo que sostuvo Luis Juez, que el empresario ofrecería dinero a cambio de obtener más licencias para instalar casinos y tragamonedas (véase Segunda Parte: Cristóbal. Capítulo 3: La propuesta).

En su pedido para iniciar la investigación, Pollicita también habló de presuntos casos de lavado de dinero.

Mencionó dos.

Uno está en la Justicia del Principado de Liechtenstein, e involucra a la constructora Austral. Es por el depósito de diez millones de dólares provenientes de la venta de 140 motoniveladoras al gobierno de Santa Fe. A propósito del hecho, diputados provinciales habían denunciado al gobernador Jorge Obeid, y también a la empresa, por cobrar treinta mil dólares por encima del precio del mercado por cada una de las motoniveladoras.

El otro caso de probable lavado de dinero corresponde a una operación sospechosa denunciada por la Unidad de Información Financiera (UIF).

De la transacción habrían participado la empresa Kank y Costilla, los señores Emilio Heredia, Raúl Heredia y Carlos Fabián Figueroa, y los empresarios Lázaro Báez y Sergio Leonardo Gotti.

La historia es la siguiente:

Emilio y Eduardo Heredia recibieron en su cuenta dos cheques de Kank y Costilla. Uno de casi 5.200.000 pesos. Otro de más de dos millones de pesos.

Una vez depositados los fondos, ambos debitaron de su cuenta más de 5.800.000 pesos y los depositaron en otra: la de Carlos Figueroa.

Figueroa, el mismo día, retiró los 5.839.086 pesos en efectivo. Al mismo tiempo, autorizó a Emilio Heredia, Raúl Heredia y un nuevo personaje, Sergio Delfino, a sacar fondos de su caja de ahorro de la sucursal Río Gallegos del Banco de Tierra del Fuego.

El 29 de agosto de 2005, el Banco de Tierra del Fuego reportó a la UIF una nueva información que consideró sospechosa. La existencia de una caja de ahorro a nombre de Raúl Emilio Heredia y de Ana Josefina Amor, padres de los mencionados hermanos Emilio y Raúl Heredia. En esa caja de ahorro se habían depositado decenas de cheques emitidos por Kank y Costilla SA.

Finalmente la UIF denunció la existencia de una escritura pública por la que los hermanos Heredia transfirieron un inmueble a Gotti y a Báez. Y el fiscal escribió:

"Eso no solo demostraría la circulación sospechosa de lavado de dinero sino también los estrechos lazos entre Sergio Gotti y Lázaro Báez, además de la vinculación permanente y de negocios con Kank y Costilla".

Pollicita se metió también con el proyecto del llamado "Tren Bala".

El fiscal consideró que se debe analizar si se perpetró un simulacro de licitación para dejar el camino libre a la empresa francesa Alstom. Y si entre las firmas que participaron de la maniobra se encuentra Electroingeniería, de Ferreyra y Acosta.

El funcionario judicial volvió a apuntar a Electroingeniería al mencionar los presuntos sobreprecios en la obra de ampliación de red de alta tensión para la interconexión de la Patagonia al resto del país, en el tramo Puerto Madryn-Pico Truncado (véase Octava Parte: Electroingeniería).

Pero el caso que más detalló Pollicita está vinculado al mencionado fideicomiso con Venezuela.

Y se encargó de dejarlo bien en claro.

El fiscal federal explicó el funcionamiento del fideicomiso.

Recordó que tanto De Vido como Uberti viajaban cada dos meses a Venezuela; este último, sin cargo formal que justificara los repetidos viajes.

Pollicita citó el cable que Sadous le mandó al canciller Bielsa con la denuncia de la misteriosa desaparición de los noventa millones del fideicomiso que se encontraban en la cuenta de Nueva York.

Destacó un llamado de Uberti a Álvarez Tufillo para que le comunicara al embajador que no se metiera donde no debía. Y escribió:

–Claudio Uberti habría protegido la negociación ilegítima e intimidado al propio embajador.

Pollicita tampoco se privó de reproducir, íntegra, la ampliación de la denuncia de Carrió y sus colegas en la que se detalla el presunto cobro de coimas a empresas argentinas beneficiarias con el pago del fideicomiso. Se transcribe el párrafo más picante:

"Cuando todos los papeles estaban listos para la habilitación tanto en Argentina como en Venezuela, Álvarez Tufillo o Uberti se contactaban con los gerentes de las empresas o agentes de exportación para confirmarles que Claudio Uberti pasaría a conversar. La habilitación estaría condicionada al pago del diez por ciento de la exportación en la Argentina y el quince por ciento al cobro del fideicomiso en Caracas. Lo que daría un total de 25 por ciento en coimas por cada operatoria de exportación".

De las quince medidas de prueba que Pollicita le pidió a Ercolini, cinco están vinculadas con el escándalo del fideicomiso de Venezuela.

El fiscal solicitó:

* que libren oficios a De Vido y la Aduana para conseguir las pruebas sobre los trámites y el pago de las operaciones derivadas del fideicomiso;
* que se obtenga el detalle de todas las empresas argentinas que vendieron servicios o productos a Venezuela en el marco del escandaloso fideicomiso;
* que le exijan a la Dirección General de Migraciones las entradas y salidas de Uberti desde y hacia Venezuela;
* que se le tome declaración testimonial al ex embajador de Venezuela en la Argentina Roger Capella, y también al actual, Arévalo Enrique Méndez Romero;
* que se convoque al consejero comercial Álvarez Tufillo y al ex embajador Sadous;
* que se le pida a la Cancillería la remisión del cable interno CAEVENE número 10.097 del 26 de enero de 2005, emitido por Sadous.

El fiscal está seguro de que Álvarez Tufillo y Uberti lo hacían. Y que De Vido lo sabía.

La reunión urgente entre Bielsa y el ex presidente junto con el registro documental que guardaría el canciller servirían para probar que el *Dueño de la Argentina* tampoco podía ignorarlo.

Los miércoles a la noche, cuando termina su hora de clase para la cátedra de Derecho Penal en la Universidad de Buenos Aires, Ercolini se afloja y habla con algunos de sus estudiantes más interesados. En ese marco de honestidad intelectual, le escucharon decir al magistrado:

—El poder solo puede ser investigado a fondo cuando los que lo detentan empiezan a perderlo.

Quizás ese momento haya llegado.

LOS CIRIGLIANO

1
VUELO BAJO

El empresario de trenes y colectivos Claudio Cirigliano le pagó de su bolsillo viajes de negocios y también de placer al entonces secretario de Transporte, Ricardo Jaime.

Jaime, su segunda esposa y sus amigos aceptaron la costosa invitación, y por eso el ex funcionario debería ser procesado y condenado por el delito de dádivas.

Esto no es un invento del autor.

Lo afirmó de manera taxativa el dictamen del entonces fiscal de Investigaciones Administrativas, Manuel Garrido, el 9 febrero de 2009. Fue la última gran investigación que encabezó el fiscal, antes de que el procurador Esteban Righi recortara las facultades a la fiscalía, en un nuevo avance del poder político sobre los organismos de control.

El trabajo de Garrido fue prolijo y revelador.

Todo comenzó cuando el fiscal leyó la nota de Jorge Lanata titulada "El último de Jaimito", publicada en *Crítica de la Argentina*. Allí se dieron detalles de varios viajes de Jaime al exterior a bordo de un Cessna 550 matrícula LV-BHJ con destino a Río de Janeiro, Brasil.

Garrido no solo corroboró el dato. También empezó a pedir informes a las organizaciones correspondientes. Así confirmó la realización de dieciséis vuelos más. Y todos pagados por empresas privadas.

—La dádiva estaría constituida por el pago del costo de los vuelos, en consideración al cargo que ostentaba Jaime –explicó el propio Garrido, un mes después de su renuncia.

No se trataba de poco dinero.

Solo durante 2007, las empresas privadas le pagaron al secretario de Transporte 370.000 pesos en vuelos al exterior. Y en esa cuenta no se incluyeron ni los vuelos de cabotaje ni los de "demostración", porque estos últimos no se abonarían, o se pagarían poco.

Garrido, en su dictamen, sostuvo que lo que hizo Cirigliano con Jaime se llama "captura del Estado".

Para definir esa captura, citó a los especialistas Hellman y Kaufmann:

"Es la acción de grupos o individuos o firmas, en el sector público o privado que influyen en la formación de leyes, regulaciones, decretos y otras políticas del gobierno para su propio beneficio. Y lo hacen a través de acciones ilícitas, como beneficiar a los funcionarios públicos a los que tienen que convencer".

Además escribió:

"Se dice que las empresas obtienen beneficios *à la carte* cuando adoptan prácticas para capturar al Estado mediante pagos o dádivas no transparentes a funcionarios públicos. Así, los grupos y elites económicas manipulan la formulación de leyes, de manera que obtienen retribuciones económicas sostenidas y perdurables".

El fiscal hizo un trabajo metódico y artesanal.

Primero libró oficios a la Dirección de Tránsito Aéreo del Comando de Regiones Aéreas. Después pidió al director de Dirección de Aeronavegabilidad el detalle de los vuelos realizados por el Cessna 501 Citation ISP, desde el 1º de enero de 2003, año en que asumió Jaime, en adelante. También le solicitó los datos completos de los titulares de la aeronave. Al mismo tiempo pidió al jefe de la Dirección Nacional de Migraciones el registro de entradas y salidas del propio Jaime, desde 2003 hasta 2008.

Así pudo reconstruir que entre setiembre de 2006 y agosto de 2008 Jaime realizó viajes de manera habitual y constante. Y que lo hizo en otros seis aviones diferentes.

El primer vuelo detectado por Garrido fue en setiembre de 2006. Salió de Buenos Aires el viernes 8 y aterrizó en Río de Janeiro un par de horas después. El avión tenía la matrícula N439WWW. Regresó el domingo 10.

Además de Ricardo Jaime, viajaron:

* Su actual pareja, Silvia Reyss.
* La asesora en temas ferroviarios y coordinadora de Protocolo y

Relaciones Institucionales de la Secretaría de Transporte, Laura Gouvert.
* El presidente del Grupo Plaza, Claudio Cirigliano.
* El titular de la Administración de Infraestructura Ferroviaria Sociedad del Estado, Juan Pablo Schiavi.
* Marcelo Calderón, presidente de Trenes de Buenos Aires (TBA).
* Jorge Devoto, funcionario de la Secretaría de Transporte.

El viaje fue pagado por Cometrans, una de las compañías de Cirigliano. La empresa de taxis aéreos fue American Jet. Cirigliano afirmó que solo le salió 5.235 pesos porque era un vuelo de demostración, para conocer la aeronave.

—Fueron todos viajes con una finalidad específica: negociar con bancos, empresas y el gobierno brasileño —repitió una y otra vez Cirigliano al autor de esta investigación.

Pero, si lo que dice el empresario es verdad, ¿qué hacía entre los pasajeros la pareja de Jaime?

El segundo vuelo detectado se realizó el miércoles 22 de noviembre del mismo año. Salió de Buenos Aires y otra vez aterrizó en Río de Janeiro. Regresó a Buenos Aires al otro día. Se usó la aeronave matrícula LV BFE. Jaime volvió a viajar con Claudio Cirigliano, pero en esta oportunidad, además, lo acompañaron Manuel Vázquez, Sandra Alice Vargas y Ricardo Alberto Cirielli.

Manuel Vázquez fue asesor de Jaime, hasta la renuncia misma del secretario de Transporte.

Carlos Rívolo, el fiscal que investiga al ex secretario por enriquecimiento ilícito, tiene indicios de que Vázquez sería el propietario del avión de cuatro millones de dólares que Jaime utilizó como suyo desde su adquisición, el 24 de diciembre de 2008. Vázquez fue asesor de Jaime *ad honorem*. Y, al mismo tiempo, su consultora cobró por los servicios prestados a empresas de transporte, como Alstom y Emepa, firmas a las que Jaime debía controlar. A la vez, su hijo, Julián Vázquez, pidió la eximición de prisión luego de que se revelara que había realizado los trámites para ingresar el avión al país. Al presentarla, se autoincriminó, porque utilizó la figura del testaferro.

Antonio Mata, ex accionista de Marsans, también conoce a Vázquez muy bien. Este último fue el intermediario que le ofreció una línea aérea con los permisos aprobados.

Y Ricardo Cirielli fue subsecretario de Transporte Aerocomercial entre mayo de 2003 y diciembre de 2007, hasta que denunció a Jaime por supuestas coimas y salió eyectado.

El segundo vuelo sí tiene la apariencia de haber sido un viaje de negocios. De hecho, Cirigliano reconoció que fue Cirielli el que le consiguió unas entrevistas con las máximas autoridades de la empresa brasileña GOL. En esa época, el empresario argentino buscaba un socio para operar su aerolínea. Y por un momento pensó que los brasileños se iban a sumar a su proyecto.

La empresa de taxis aéreos que utilizaron fue Macair Jet SA y, según declaró su gerente general, Carlos Colunga, a Trenes de Buenos Aires (TBA) de Cirigliano no le salió un peso, porque, de nuevo, se trató de otro "vuelo de demostración".

Durante 2007 Jaime voló mucho, y nunca lo pagó de su bolsillo, o de la caja chica del Estado.

Además, usó casi siempre el mismo avión, como si fuera suyo.

Para los obsesivos del detalle: la matrícula de la aeronave es LV OEL.

El primer vuelo de 2007 registrado por Garrido fue uno procedente de Brasil, en plena época de vacaciones, el lunes 8 de enero. En esa oportunidad Jaime fue el único pasajero. El avión había partido desde Buenos Aires el viernes anterior. Pero en los registros de ida Jaime no figuraba como pasajero. Macair, en este caso, se lo facturó a Cometrans, pero se lo terminó pagando Integral Clean SA. Ambas empresas pertenecen al Grupo Plaza, de los Cirigliano. Este chiste les costó a los Cirigliano 54.538 pesos.

El fin de semana siguiente, Jaime hizo prácticamente lo mismo. Salió desde Buenos Aires el viernes 12 de enero y volvió al país el martes 16.

Durante la ida lo acompañaron Lorena Yago y Dinko James.

Lorena Jayo es una de las hijas de Silvia Reyss, la pareja del ingeniero (agrimensor) Jaime. Dinko James sería su esposo.

Macair Jet, en esta oportunidad, le mandó la factura a EmFer SA, aunque la terminó pagando Famarast SA. Otra vez todo quedó en familia y los Cirigliano debieron desembolsar poco más de 72.000 pesos.

En el vuelo de vuelta a Buenos Aires, a Jaime lo acompañó la funcionaria Laura Gouvert. Macair, entonces, le habría facturado el vuelo a OPS SA por la suma de 43.680 pesos. El condicional es porque OPS, una empresa radicada en Neuquén, lo desmintió, y hasta el día de hoy no se sabe por qué.

El último viaje de Jaime en enero de 2007 fue el viernes 26. Se fue al Brasil y desde allí voló, el lunes 29 de enero, hacia Punta del Este, Uruguay.

De Buenos Aires a Río viajó solo. De Río al Uruguay trajo de vuelta a su pareja, Reyss, a Lorena Jayo y a Dinko James. Según los registros de

Garrido, en esta oportunidad Macair le envió a Cometrans una factura por 55.068 pesos. Fue pagada por Integral Clean SA.

¿Qué tipo de negocios iba a hacer al Brasil y a Punta del Este Jaime con su pareja, la hija de su pareja, el marido de la hija y su secretaria, en pleno enero, durante los fines de semana?

Fuentes muy seguras afirman que el ex secretario de Transporte sería el propietario de una hostería en Florianópolis, aunque no figuraría a su nombre.

Durante Semana Santa de 2007 Jaime tampoco se quedó quieto.

El miércoles 4 de abril salió desde Buenos Aires al Brasil con Lorena Jayo. Macair le mandó la factura a EmFer SA. Pero la canceló Farmarast. Esta vez les cobraron 49.153 pesos.

El lunes 9 de abril volvió con su pareja Reyss y la hija de esta, Jayo. El pago fue idéntico al de la ida: la misma empresa de taxi aéreo, el mismo monto, la factura enviada a nombre de EmFer y el pago cancelado por Farmarast.

Garrido no encontró más evidencias hasta fin de año, cuando confirmó que el sábado 27 de diciembre del mismo 2007 Jaime voló desde Buenos Aires hasta el Uruguay junto a Reyss, sus hijas Lorena y Agostina Jayo, y las respectivas parejas de estas, Dinko James y Jorge Wendel.

En esta ocasión usaron un avión con matrícula LVBHJ de la empresa Ayres del Sur SA. Aunque el fiscal no pudo localizar ni a la empresa ni al presidente de esta compañía de taxis aéreos, los números telefónicos de Ayres del Sur se encontraban a nombre de EmFer, que, como es sabido, pertenece al Grupo Cirigliano.

—Ayres del Sur sería la empresa de taxis aéreos del Grupo Plaza —afirmó una de las personas que investigó junto a Garrido.

Los viajes de Jaime durante 2008 tienen dos particularidades. Una es la falta de información fehaciente sobre quiénes los pagaron. La otra es que, además de Jaime, Reyss y Gouvert, se agregaron tres pasajeras nuevas: Jimena Jaime, Julieta Jaime y Verónica Furlani. Ellas fueron y volvieron del Brasil. Se supone que las dos primeras son las hijas del ex supersecretario y que la última es una amiga de una o de ambas hijas de Jaime.

Una vez que obtuvo los datos de todas las personas que viajaron con Jaime, Garrido empezó a investigar la propiedad de los aviones. Así descubrió que todos los aviones tenían distintos propietarios, quienes a su vez los cedían a las empresas de taxis aéreos para que fueran explotados.

El fiscal después se metió con las empresas que pagaron el paseo. Y así determinó que las firmas de Cirigliano eran las que abonaron la mayoría.

"Estamos en presencia de una unidad de decisión en cabeza de las personas responsables del Grupo Cirigliano, quienes, para esconder la maniobra del pago de dádivas, recurrieron a la utilización de diversas sociedades que conforman ese grupo económico", escribió Garrido en su particular lenguaje de detective administrativo.

También se encontró con que uno de los cheques de uno de los viajes de 2008 fue librado por Aeropuertos Argentina 2000, la empresa de Eduardo Eurnekian.

Garrido mandó decenas de oficios a la Secretaría de Transporte y el Ministerio de Planificación Federal para determinar si los viajes de Jaime estaban debidamente justificados. El fiscal ratificó que los viajes no fueron avalados por autorización oficial alguna. El ministerio de Julio De Vido tampoco ayudó a Jaime: sus autoridades respondieron que no ordenaron ningún acto administrativo que explicara los polémicos vuelos.

Garrido se abocó entonces a confirmar el parentesco o la cercanía de las personas que viajaron con Jaime durante los días de vacaciones de verano de 2007 y la Semana Santa de 2008.

Su pesquisa determinó que, en 2005, Silvia Reyss, para comprar un Peugeot 307 cero kilómetro, puso como garantía el inmueble que Jaime y su primera mujer, Gloria Vílchez, habían adquirido en 2000 con la ayuda de un crédito hipotecario.

También probó que Agostina Jayo, en 2008, presentó como garantía otro domicilio de la señora Reyss para comprar un nuevo Peugeot 307 cero kilómetro.

Después cruzó las tarjetas de crédito de Jaime, Reyss y Agostina y comprobó que todas denunciaban el mismo domicilio. Más tarde confirmó que las dos últimas vivían en la misma casa, y que se podía presumir que Agostina y Lorena bien pueden ser hermanas.

Al final Garrido, en uso del necesario sentido común, determinó que si Jaime, Reyss, Agostina y Lorena Jayo, Dinko James y Jorge Wendel habían viajado juntos los fines de semana de verano, durante Semana Santa y para las fiestas de fin de año, tenían vínculos personales y no de negocios. Y que los viajes, aunque pagados por empresas del Grupo Cirigliano y otras, parecían no de trabajo sino de placer.

En la presentación del dictamen, Garrido afirmó que los hechos configuran el delito de admisión simple de dádivas contemplado por el artículo 259 del Código Penal.

La admisión simple de dádivas tiene una pena que puede ir desde un mes hasta dos años de prisión y la inhabilitación absoluta del funcionario de uno a seis años. Garrido también consideró que la falta era aún más grave, por la sospecha fundada de que Jaime utilizó la dádiva en beneficio propio. Además opinó que lo que había hecho el hombre de Kirchner se podría encuadrar también en el delito de malversación y peculado, porque se había apropiado de bienes, fondos o cualquier cosa de valor en virtud de su cargo.

El fiscal también cargó contra el Grupo Cirigliano, al definir como un acto de corrupción el ofrecimiento de dádivas, favores, promesas o ventajas al funcionario público, a cambio de que este realice u omita cualquier acto en ejercicio de su función.

Garrido entendió que estaba en presencia de "una continuada maniobra de cohecho". Y que también se podía acusar a Jaime de negociaciones incompatibles con el ejercicio de la función pública que beneficiarían al grupo empresario de dos maneras:

* En sentido positivo: mediante erogaciones estatales en favor de la empresa.
* En sentido negativo: declinando el ejercicio del adecuado control funcional.

La causa ahora está en manos del fiscal Guillermo Marijuán y del juez federal Claudio Bonadío.

Marijuán sostiene que la investigación de Garrido es impecable, y que solo hay que esperar los tiempos procesales para confirmar los datos, aportar más documentación y someter a las partes a su debido proceso.

En el medio de tanta información cruzada, hubo un dato que pasó desapercibido, pero que explicaría el grado de cercanía entre el Grupo Plaza y Ricardo Jaime.

El ex secretario de Transporte, su pareja, las hijas de su pareja y otra parte de su familia, usaron, hasta hace poco, cinco propiedades en el country Cuatro Hojas, de la localidad de Mendiolaza, provincia de Córdoba. Por lo menos uno de esos inmuebles está a nombre de Víctor Astrella.

Víctor Eduardo Astrella es el presidente de Integral Clean, figura en el directorio de Famarast y es uno de los principales accionistas del Grupo Plaza.

Gustavo Gago, vocero del Grupo Plaza, justificó la presencia de Astrella en Mendiolaza, aduciendo que desarrolló tareas en Mercobus, la mencionada empresa de transporte con sede en Córdoba.

Ni bien se enteró de la causa contra el ex incondicional de Kirchner, el ex vicegobernador de Santa Cruz Eduardo Arnold comentó a sus amigos, en Río Gallegos:

—Yo no sé por qué se sorprenden tanto. Jaime se la pasó toda su vida

273

haciendo lo mismo. Una vez le pidió plata a un empresario para irse de vacaciones.

Arnold tiene buena memoria:

—Fueron diez mil dólares. Y se enteró toda la provincia. El empresario se encargó de que lo supiera todo el mundo. Pero a él no le importó. A veces me parece que a Jaime no le importa nada.

A Cirigliano le importa todo.

Por eso, como se verá enseguida, intenta despegarse de la sombra del ex secretario de Transporte.

2
EL HOMBRE QUE SABÍA DEMASIADO

Claudio Cirigliano fue señalado como el empresario que le enseñó al secretario Ricardo Jaime todo lo que hay que saber sobre el complejo negocio del transporte público de pasajeros. Desde la radiografía moral de cada uno de sus camaradas empresarios hasta el manejo de la caja de subsidios.

–Jaime asumió, junto con el presidente Kirchner, el 25 de mayo de 2003. En menos de una semana le tocaba pagar los primeros subsidios a los colectivos, los subtes y los trenes. Alguien tenía que ir a explicarle cómo se hacía. ¿Quién lo hizo? Claudio. La reunión fue larguísima. Fue la primera vez que el secretario escuchó todos los secretos sobre la "caja del transporte" –reveló un ex ejecutivo del propio Cirigliano, quien participó de algunas de esas reuniones bautismales.

Otro ex alto funcionario de la Secretaría de Transporte lo confirmó:

–Cuando Jaime aterrizó en Transporte creía que los trenes funcionaban a nafta. Cuando se fue, ya se subía a un avión que la justicia sospecha como de él. Es cierto: el que le enseñó todo fue el "Gordo" Cirigliano.

Cirigliano ya no es gordo, pero sigue siendo el empresario que más sabe del negocio del transporte en la Argentina.

Se sometió a un bypass gástrico en la época en que su obsesión por el trabajo casi lo manda para el otro lado. Pasó de pesar más de cien kilogramos a poco más de 80. Ahora trabaja hasta las seis de la tarde y tiene que suceder algo muy serio para que no cene en su casa de la calle Juez Tedín, en el exclusivo Barrio Parque, con su esposa y sus tres hijos.

Sergio Claudio Cirigliano, 45 años, Documento Nacional de Identidad 17.199.385, secundario completo, ex mecánico, ex chofer de colectivos, vecino del Barrio Parque, aceptable jugador de golf, políglota de inglés, francés, italiano y portugués, es, junto con su hermano Mario, el dueño de Plaza, un grupo que hasta 1990 solo poseía dos líneas de colectivos, la 61 y la 62, y que en la actualidad factura casi seiscientos millones de dólares, da trabajo a dieciséis mil personas, maneja dos de los ramales ferroviarios más importantes de la Argentina, cuarenta líneas de autobuses de corta, media y larga distancia en todo el país, otra línea de ómnibus en Miami, una compañía que fabrica y repara trenes y otra que diseña y arregla buses.

Cirigliano es la misma persona que, junto con otros empresarios, fue acusado por el ex fiscal Manuel Garrido por el supuesto delito de dádivas al pagar los viajes de Ricardo Jaime en aviones privados.

Fue el primero que entendió el transporte como una de las grandes cajas del Estado desde que el presidente provisorio Eduardo Duhalde decretó la emergencia del sector y dio lugar a lo que el mercado denomina "festival de subsidios".

Uno de los especialistas más lúcidos, que prefiere el anonimato, llama a los subsidios del transporte público "el crimen perfecto". Y asegura que se trató de un negocio de doble ganancia.

–La primera ganancia fue política. La emergencia determinó el congelamiento de las tarifas, y eso le permitió primero a Duhalde y después a Kirchner mostrarse del lado de la gente, en el medio de la crisis. La segunda fue económica, porque la Secretaría realizó una asignación discrecional de subsidios a empresas de colectivos, trenes y subtes, que sin ese aporte no hubieran podido pagar los salarios de sus trabajadores.

Cirigliano conoce hasta el mínimo detalle cómo se componen los famosos subsidios. Su experiencia, y también su paciencia para hacerse entender, lo convirtieron en uno de los empresarios de mayor confianza del secretario de Transporte.

Hasta que Jaime renunció en julio de 2009, Cirigliano se comunicaba con él de manera directa.

–De Nextel a Nextel –precisó una fuente muy cercana a ambos.

Algunas veces ofició de intermediario.

El dueño de una línea de larga distancia y un directivo de un concesionario vial que no pertenece a TBA reconocieron que, más de una vez, Claudio Cirigliano habló frente a ellos como un enviado del ex secretario de Transporte.

Un solo ejemplo: hace dos años el empresario medió entre Jaime y el dueño de uno de los más importantes grupos económicos de la Argentina, quienes habían dejado de hablarse. El motivo: las exigencias del funcionario público.

–Eran una locura: te hacían inviable el negocio –reconoció ante el autor de este libro un alto ejecutivo del grupo en cuestión.

Cirigliano estuvo y está al tanto de casi todo. Sin embargo, se llevará ciertos secretos a la tumba, porque intuye que contar aunque fuere una mínima parte de la verdad implicaría abandonar un negocio multimillonario.

–Todos los subsidios son recibidos por nuestra empresa mediante un mecanismo transparente y con pleno respeto de las normas –explicó en el reportaje que concedió para esta investigación.

Cirigliano nunca va a confirmar, por ejemplo, los insistentes rumores sobre la devolución de dinero que los empresarios del sector habrían hecho a los hombres de Jaime. Tampoco va a admitir que conoce la anécdota del bolso de Jaime.

Al contrario. Opinará que es una fábula la que sostiene que todos los meses, un directivo de la Cámara de Empresas de Autotransporte de Pasajeros (CEAP) juntaba dinero, lo colocaba en un maletín y se lo daba a un funcionario cercano a la Secretaría de Transporte.

Dirá que no le consta que Jaime haya tomado el contenido de esa valija, lo haya colocado en ese bolso marrón de cuero y haya entrado al despacho del ex presidente Néstor Kirchner.

Cirigliano suscribirá la hipótesis del ex jefe de Gabinete Alberto Fernández, quien, ya fuera del gobierno, argumentó:

–¿Jaime, esperando al Presidente, con un bolso en la mano? La sala de espera para ver al Presidente debe de ser uno de los espacios con más cámaras de seguridad de la Argentina. Y el despacho presidencial es, sin lugar a dudas, el lugar más controlado y más monitoreado de todos los organismos públicos de este país. Pensar que alguien puede entrar allí con un bolso lleno de dinero y dárselo en la mano al jefe de Estado, es, sencillamente, una ingenuidad o una locura.

Sin embargo, tres ejecutivos de empresas concesionarias de trenes, colectivos y subtes coincidieron: la devolución que pedían algunos funcionarios de Transporte alcanzaba, por lo menos, el veinte por ciento del total de los subsidios.

–¿Por qué no denuncia los pedidos de coimas ante la Justicia? –le pregunté a uno de ellos.

–Porque el que saca los pies del plato muere para toda su vida.

–¿Qué significa eso?

–Todos sabemos que sin aumentos de tarifas no podemos operar. Y sin subsidios tampoco. Está claro que, si alguno de nosotros decide romper el esquema, queda afuera. Porque el Estado tiene poder para todo: desde quitarte la concesión hasta armar un escándalo en complicidad con los sindicatos, si es que todavía no te llegó el subsidio para pagar los salarios del mes.

–Pero si alguien lo denuncia se cae todo el sistema.

–Lo dudo, porque, si lo denuncia ahora, significa que antes fue parte del sistema. Y, si fue parte, lo tienen agarrado de donde vos ya sabés.

El ejecutivo sostuvo que el sistema de cámaras y detectores de micrófonos que Jaime poseía en su oficina tenía dos objetivos: evitar sorpresas desagradables y "tenerte agarrado de donde vos ya sabés".

La plata que se reparte y se sigue repartiendo en subsidios para el transporte público revela la importancia de la lapicera de Jaime. Su crecimiento, año tras año, fue desmesurado y escandaloso.

Durante el mes de junio de 2003, cuando Jaime apenas estaba acomodándose en el sillón de la Secretaría de Transporte, Trenes de Buenos Aires (TBA), de Cirigliano, recibió casi dos millones y medio de pesos.

Pero, en abril de 2009, dos meses antes de su renuncia, Transporte le entregó a la misma empresa casi 31 millones y medio de pesos. Se trata de un incremento del 1.312 por ciento. Es decir: parecido a las tasas de ganancias que figuran en las polémicas declaraciones juradas de Néstor y Cristina.

Otro ejemplo contundente.

Entre 2004 y 2009, los trenes, los subtes y los colectivos del área metropolitana recibieron casi 21.000 millones de pesos entre aportes del Tesoro y los fondos fiduciarios del Sistema Integrado del Transporte Automotor (SISTAU).

Año tras año, los subsidios fueron aumentando a niveles astronómicos. En 2004 todo el sistema de transporte recibió un poco más de mil millones de pesos. En 2005 recibió casi 1.600 millones. Durante 2006 el salto fue aún mayor: casi 2.600 millones de pesos.

En 2007, año en que Kirchner finalizó su mandato, fue cuando se registró el porcentaje de aumento más alto: el sistema de transporte público pasó a recibir casi 4.800 millones de pesos. Durante 2008 volvió a aumentar y se fue a casi 5.900 millones de pesos.

Se calcula que durante 2009 podría llegar a los 4.900 millones de pesos. No se sabe si la baja se debe a la renuncia de Jaime o al creciente déficit que viene acumulando el Presupuesto Nacional.

Si tomamos como cierto que entre 2004 y 2009 cada empresario del transporte "devolvió" el veinte por ciento de cada subsidio que recibió del Estado, debemos concluir que alguien muy poderoso recaudó, durante este período, más de 4.200 millones de pesos.

—Sería, sin dudas, el hombre más rico de la Argentina —interpretó un ex ministro que brilló durante los primeros años del gobierno de Kirchner.

El ex ministro explicó, además, el esquema de poder económico que el ex presidente manejaría desde 2003.

—El único dueño es él. Los demás son como un CEO de las grandes multinacionales. Podrían darse determinados lujos, como comprar una nueva casa en el norte del Gran Buenos Aires. Pero el beneficio grande le corresponde solamente a él —aclaró.

En la entrevista exclusiva que concedió para este libro, Cirigliano negó que fuera un empresario kirchnerista.

En parte tiene razón: sus negocios no solo crecieron al calor del gobierno de Néstor y Cristina, sino también al de los de Carlos Menem, De la Rúa y Eduardo Duhalde.

Todo comenzó en 1949, cuando Nicola Cirigliano llegó desde Potenza, en el sur de Italia, hasta Buenos Aires, en el buque *Santa Fe*, junto a otros humildes trabajadores, en un escape masivo del hambre de la posguerra.

Ni bien pisó la ciudad, a los 18 años, empezó a trabajar como albañil. Más tarde consiguió un puesto en la municipalidad. Lo primero que hizo fue ayudar a pavimentar la avenida Hipólito Yrigoyen, de Lomas de Zamora. Lo segundo fue sacar su registro y convertirse en chofer de los camiones de la municipalidad.

En 1953 ya tenía dos trabajos: desde las cinco de la mañana hasta las dos de la tarde conducía el camión; después vendía pirulines en el balneario de Quilmes.

En 1958 Nicola pidió dinero a un prestamista y compró su primer colectivo: el interno 16 de la línea 295. Ya estaba casado con María Guglielmi, una argentina, hija de italianos, de la que se enamoró a primerísima vista. Años después se irían a vivir a una vieja casa chorizo de Parque Patricios, en la calle Matheu. Es la misma casa en la que vive ahora, con varias reformas encima, pero la misma impronta cultural: todavía, a los 79 años, conserva la huerta de la que sacan los tomates y otras verduras para la ensalada.

En 1959 nació su primera hija, Catalina. Es la mayor de la familia, y no participa del holding.

En 1960 nació Mario Francisco Cirigliano. Casado, tres hijos, secundario completo, vecino de Belgrano, se ocupa, en especial, del manejo de Tecnología Avanzada en Transporte SA (TATSA) y Emprendimientos Ferroviarios (EmFer), las dos fábricas del grupo ubicadas en el partido de San Martín.

En marzo de 1963 nació Sergio Claudio Cirigliano.

En 1965, una resolución lo obligó a Nicola a renovar todos los colectivos viejos. La mayoría de los choferes habían formado cooperativas para comprar una o dos unidades. Era la época en que los colectiveros eran choferes, mecánicos y dueños de sus propios coches. Nicola no era la excepción. Pero para comprar nuevos vehículos había que invertir. La mayoría, entonces, se bajó del negocio. En cambio Cirigliano puso lo poco que tenía y empezó a adquirir en cuotas sus primeras unidades cero kilómetro. Así formó Transportes Matheu y se subió a los primeros colectivos de las líneas 61 y 62. Lo hizo junto con otros dueños a los que, con el tiempo, les fue comprando las unidades.

En 1966 renunció a su empleo público, porque ya se había convertido en un empresario de colectivos.

En 1974 fundó Transporte Automotor Plaza. Ya poseían varios colectivos y el padre de familia se había convertido en el único dueño de la línea.

Nicola Cirigliano ya no toma decisiones estratégicas. Tampoco figura como accionista del Grupo Plaza. No tiene chofer y todavía se lo puede ver manejando un Peugeot 206, con un pantalón azul y una camisa celeste. A veces, los fines de semana, se sube a algún colectivo de la 61 o de la 62 para ver cómo anda todo. Y los sábados, casi sin excepción, prepara un asado para unos sesenta empleados.

En 1981 Claudio y Mario decidieron transformar a la empresa en sociedad anónima.

En noviembre de 1991 el gobierno de Menem licitó la concesión del servicio de trenes para siete ramales distintos.

Lo hizo gracias a la prédica constante del fallecido periodista Bernardo Neustadt. Pero también porque el servicio era pésimo y el Estado debía poner, todos los años, cerca de 350 millones de dólares. Ferrocarriles Argentinos había llegado a su apogeo en 1960, cuando llegó a transportar 539 millones de personas por año.

Después, todo fue para peor.

Y durante 1990, el año anterior al llamado a licitación, solo transportó a 264 millones de individuos, y se llegaron a registrar 239.000 demoras y cancelaciones.

El 25 de mayo de 1995 Cirigliano se quedó con las ex líneas Sarmiento y Mitre. Lo hizo a través de Trenes de Buenos Aires (TBA), un concesionario integrado por Cometrans SA, Burlington Northern Railroad Co., y Morrison Knudsen Corporation, Inc.

TBA presentó una oferta que implicaba un desembolso de 439 millones de dólares por parte del Estado para operar las líneas durante los diez años de concesión.

Sus competidores pretendían más: Pardo Rabello, 851 millones de dólares, y el Consorcio Ferrometro Argentino, 1.445 millones.

TBA ganó el concurso no solo porque su oferta fue la mejor. También porque eligió a los mejores compañeros de ruta. Por lo menos en los papeles.

—Claudio todavía no tenía 30 años cuando se puso a aprender inglés, viajó a los Estados Unidos y se trajo a los socios indicados –contó un colega que lo admira y lo respeta.

¿Pero cómo hizo la familia para acceder a semejante negocio?

Esta es la explicación oficial de Gustavo Gago, vocero del Grupo Plaza:

–El gobierno invitó a participar a los transportistas más importantes del área metropolitana. Así, en 1991, formamos el Consorcio Metropolitano de Transporte SA (Cometrans). Cometrans, tiene, como socias, a muchas de las principales líneas de colectivos, como Esteban Echeverría, 4 de Setiembre, Expreso San Isidro y Turismo La Plata, además del Grupo Plaza.

–Nadie nos ayudó en nada. Hasta hicimos un depósito de treinta millones de dólares como garantía de cumplimiento del contrato de concesión –aclaró Cirigliano, para evitar suspicacias.

El 25 de mayo de 1995 los Cirigliano empezaron a explotar la concesión. Poco después, asociaciones de trabajadores los denunciaron por venta ilegal de material ferroviario.

Américo Victoria, integrante del Movimiento Nacional por la Recuperación de los Ferrocarriles Argentinos (MoNaReFa), escribió un artículo bajo el título "Los bienes del ferrocarril no son chatarra".

El sindicalista afirmó que, pocos días después de hacerse cargo, TBA se llevó de los talleres de Victoria tornos de primera línea que no aparecieron más.

Victoria agregó que la concesionaria fue denunciada por robo de rieles.

La empresa levantó, a cara descubierta, varios tramos de vías laterales en la estación Mitre, donde no dejaron ni siquiera los durmientes.

Victoria explicó que eran las vías que antes usaban los llamados trenes lecheros. Los mismos que, a partir de la privatización, dejaron de funcionar.

Victoria finalizó:

–Se llevaron desde elementos clave para el uso del ferrocarril hasta las campanas y los relojes de las estaciones, que de un día para el otro han desaparecido.

El vocero de Cirigliano desmintió la acusación, y dio una particular explicación sobre lo que pudo haber sucedido.

–El fin de semana antes de hacernos cargo de los ramales no hubo servicio de trenes. Entonces alguna gente aprovechó para llevarse todo lo que había. Las estaciones quedaron peladas. Ni las puertas dejaron.

Pero dos años antes de la entrega efectiva de las líneas, el 26 de mayo 1993, los Cirigliano hicieron una jugada considerada maestra por todos sus colegas: constituyeron Emprendimientos Ferroviarios Sociedad Anónima (EmFer), una fábrica de construcción y reparación de coches ferroviarios.

Se trata de un negocio doble, y muy rentable.

Porque, desde que empezó a funcionar, el Grupo Plaza no solo recibió dinero del Estado por explotar el Sarmiento, el Mitre y, más tarde, las líneas San Martín, Roca y Belgrano Sur, mediante su participación en la Unidad de Gestión Operativa Ferroviaria de Emergencia (UGOFESA). También se benefició con el dinero que la Secretaría de Transporte le paga para reparar los mismos trenes que ellos usan como concesionarios.

Es justo decir que los Cirigliano no son los únicos que gozan de este privilegio.

Benjamín Romero, de Ferrovías, la empresa que explota el Belgrano Norte, tiene a EMEPA (Establecimientos Metalúrgicos Patricias Argentinas).

Sergio Taselli, apenas recibió el San Martín, el Roca y el Belgrano Sur, compró Materfer, para hacer lo mismo. Poco después debería dejar la concesión, igual que antes lo habían obligado a abandonar el Yacimiento de Río Turbio, acusado de vaciamiento, inoperancia y defraudación.

Aldo Roggio, número uno del Grupo Roggio, llegó tarde pero no quiso ser menos: en agosto de 2009 lanzó Benito Roggio Ferroindustrial para los mismos fines que EmFer.

Elido Veschi, ex secretario de la Asociación del Personal de Dirección de Ferrocarriles Argentinos (APDFA), fue el primero en denunciar que detrás del negocio de la reparación de vagones había gato encerrado.

Lo hizo durante el año 1998 ante la justicia federal.

Veschi, ingeniero mecánico e integrante de Proyecto Sur, la agrupación que lidera el diputado y cineasta Fernando "Pino" Solanas, presentó evidencias de compras con sobreprecios de más de un cuatro mil por ciento para el programa de renovación y puesta a punto del material rodante y del parque tractor de la empresa. Y aclaró que esas compras se pagaban mediante un subsidio del Estado.

–Cirigliano cotizaba la reparación de cada coche Toshiba modelo 1958, que él usaba para operar el Sarmiento y el Mitre, en ochocientos mil dólares, cuando en el mercado no salía nunca más de cuatrocientos mil –recordó el veterano dirigente sindical, uno de los más respetados por la industria.

Veschi, quien todavía se sube al Roca para ir desde su casa hasta el centro, dio otros ejemplos:

–Cotizaba a precios exorbitantes materiales que son del Estado y que les habían sido entregados con la concesión. A un tercer riel lo tomaba por su valor de origen, de un peso, y después se lo facturaba al Estado cuatrocientos pesos. ¿Entiende cuál era el secreto?

–Explíquemelo otra vez.

–Se apropiaba de material del Estado, que había recibido, gratis, y después se lo vendía, al mismo Estado, con sobreprecios.

Cirigliano lo desmintió. Explicó que la licitación para reparar los 367 coches Toshiba la ganó porque ofreció el mejor precio. Lo hizo con un contrato en la mano, que se había celebrado en 1991.

El problema, sostuvo Veschi, es que el Estado lo refrendó. Y aceptó, por ejemplo, que los grifos de bronce que se podían conseguir a 3,45 pesos en cualquier ferretería fueran cotizados por TBA en casi 139 pesos; que las ventanas laterales de los coches de un tren fueran pagadas a casi 1.800 pesos, seis veces más que su precio en el mercado, o que se abonara casi noventa pesos por los cartelitos de "prohibido fumar".

El negocio de la reparación y construcción de vagones es quizás el más rentable de todos lo que maneja el Grupo Plaza.

Cuando termine 2009, los Cirigliano facturarán 576 millones de dólares. Los ingresos se dividirán así:

* Casi 122 millones de dólares recaudarán por los negocios de los colectivos en el área metropolitana, La Pampa y Bahía Blanca.
* Recibirán 94 millones por el negocio del transporte de media y larga distancia.
* Alrededor de setenta millones facturarán con TATSA, la fábrica de diseño, construcción y comercialización de colectivos de corta, media y larga distancia.
* Se llevarán 35 millones de dólares por su participación, mediante UGOFE, en las líneas San Martín, Belgrano y Roca.
* Se embolsarán siete millones y medio de dólares con el negocio de sus líneas de colectivos en Miami.
* Más de 168 millones de dólares ingresarán por su participación en TBA.
* Y por los trabajos en su planta de EmFer esperan recaudar 127 millones de dólares.

Eso es más de lo que facturan con los colectivos en la ciudad y el conurbano. Pero, además, tienen muchos menos costos que por la explotación del servicio de transporte.

—Es así de sencillo. Ellos mandan la factura con los gastos, y el Estado se la aprueba —insistió Veschi, con una calculadora en la mano.

Al principio del gobierno de Kirchner, Elido Veschi había sido elegido para diseñar un plan nacional ferroviario.

—No vamos a hacer nada si ustedes no están de acuerdo —le había dicho el ex presidente al sindicalista, antes de asumir en mayo de 2003.

Veschi le creyó.

Lo primero que hizo fue reabrir los Talleres de Tafí Viejo. Lo segundo fue advertir a Ricardo Jaime sobre lo mal que operaban algunos concesionarios.

—Ricardo —le aconsejó un día Elido a Jaime—. Hacé caer la concesión del Belgrano Cargas. Agarrate del informe de la Auditoría General de la Nación que lo destruye. Hacé que lo tome el Estado y lo use de caso testigo.

—¿Vos querés que Néstor se pelee con los empresarios?

—Con todos no. Solo con los que afanan y funcionan mal.

El día que se prendió fuego la estación de Constitución, el 15 de mayo de 2007, Veschi fue consultado por Mona Moncalvillo, en Radio Nacional y opinó:

—Es una vergüenza que en lugar del concesionario tenga que salir a hablar el secretario de Transporte.

Esa misma noche Jaime lo llamó a su casa:

—¿Cómo vas a decir que el secretario de Transporte es una vergüenza?

—Tus alcahuetes te informaron mal. Escuchá de nuevo la grabación y después hablamos.

Jaime se puso fuera de sí y lo desafió:

—Si tenés tantos problemas conmigo, ¿por qué no me lo decís en la cara, y en persona? Te espero cuando quieras.

El lunes siguiente Veschi fue a la oficina de Jaime con dos amigos y le dijo al secretario todo lo que pensaba:

—Lo que están haciendo es una cagada. Es perfeccionar el sistema de prebendas que había implementado Menem. Si alguna vez quieren hacer lo que me dijo Kirchner que quería hacer, me llaman. Si no, no me llamen más.

Veschi contó que, ni bien empezaron los subsidios, le dijo al secretario:

—Che: con la plata que vos le das a TBA, los Cirigliano se están armando una nueva línea de micros.

El ingeniero recordó que Jaime, en esa oportunidad, se quedó callado, como si nada tuviera que decir ante semejante conclusión.

Pero el festival de subsidios no empezó con Jaime ni con Kirchner.

El 16 de octubre de 2002, el presidente Duhalde dictó la emergencia ferroviaria. Con la firma de su ministro de Infraestructura, Aníbal Fernández, y de su secretario de Transporte, Guillermo López del Punta, se dispuso:

* El congelamiento de tarifas de colectivos, trenes y subtes.
* El mantenimiento de los salarios de los trabajadores del transporte.
* El mantenimiento de los puestos de trabajo.
* La ejecución de las obras básicas para que se pudiera seguir prestando el servicio.
* La distribución de distintos subsidios para compensar el congelamiento de tarifas y el pago al día de los salarios y las inversiones mínimas de infraestructura.

La tercera semana de octubre de 2002, Hugo Toledo, asesor presidencial, anunció la intención de Duhalde de recortar los subsidios al transporte, provenientes del precio del gasoil, para usar el dinero en obra pública.

Y el 31 del mismo mes, Cirigliano, junto con sindicalistas de peso como Hugo Moyano y Juan Manuel Palacios, de la Unión Tranviarios Automotor (UTA), y José Pedraza, de la Unión Ferroviaria, mostraron su poder de *lobby* de manera contundente. Fueron a la Casa de Gobierno y le dejaron al jefe de Gabinete, Alfredo Atanasof, el siguiente mensaje:

–Dígale a Duhalde que, si se cae el subsidio, se cae todo el sistema de transporte. Y que, si se paran los trenes, los subtes y los colectivos, se incendia el país.

Testigos presenciales recordaron que, después de semejante presión, el Presidente no se tomó ni una hora para decidir. Antes de terminar la reunión le pidió a Atanasof que llamara a los periodistas de la agencia Diarios y Noticias (DYN) y les dejara en claro que de ninguna manera habría recortes en los polémicos subsidios.

No fue el único beneficio que Cirigliano y los demás concesionarios de trenes y colectivos obtuvieron de Duhalde.

Porque, después de declarar el estado de emergencia en el transporte y acordar el pago de multas adeudadas que tenían las empresas con el Estado, debido a las sanciones aplicadas por la Comisión Nacional Reguladora de Transporte (CNRT), fueron resarcidos con una fortísima quita sobre los montos originales.

La deuda de todas las concesionarias era de más de 58 millones de pesos, pero terminaron pagando solo poco más de quince millones de pesos.

Las multas de TBA casi tocaban los diecisiete millones de pesos. Pero la oportuna firma del funcionario de turno las transformó en solo cinco millones y medio de pesos.

—No fue una quita. Discutimos multa por multa y llegamos a la conclusión de que el Estado también tenía responsabilidad en las irregularidades —se defendió Claudio Cirigliano.

En mayo de 2003 Kirchner asumió la Presidencia y Jaime recibió sus clases magistrales sobre transporte público, sus regulaciones y el uso de subsidios.

Poco después, en junio, un funcionario idóneo y honesto dio la primera señal de alarma.

Pedro Cóndori, subordinado de Jaime y Coordinador de Transporte Ferroviario, elevó un informe lapidario sobre el servicio de los concesionarios de las líneas Sarmiento, Mitre, Roca y San Martín.

Cóndori escribió:

* Que en el Sarmiento la mayoría de las puertas, los vidrios de las ventanas, los asientos y los pisos estaban destruidos.
* Que había fallas de ventilación en la línea Mitre.
* Que el incumplimiento de los horarios y las frecuencias era escandaloso.

Cóndori, después de presentar su minucioso trabajo, fue más allá: desaconsejó el pago de nuevos subsidios mientras los servicios no mejoraran y se adaptaran a las normas vigentes.

Su superior inmediato, Julio Montaña, primero lo apoyó y le recomendó a Jaime, también por escrito, suspender la ayuda del Estado; pero, horas más tarde, después de ser presionado por el secretario de Transporte, reemplazó el castigo por una intimación a los concesionarios. Además aprobó la ejecución del pago a las empresas.

Mientras Cirigliano y Jaime se hacían cada vez más amigos, Cóndori fue eyectado de la Coordinación del Transporte Ferroviario.

—Me despidieron porque me negué a modificar el informe original que había elevado a mis superiores —reveló Cóndori según consta en las actuaciones iniciadas por la Oficina Anticorrupción (OA).

Solo entre 1996 y 2004 TBA reportó, entre la línea Sarmiento y la Mitre, 1.372 muertos.

—La mayoría fueron suicidios —se atajó el vocero Gago cuando le pregunté sobre las causas.

Pero otros accidentes mortales, como el que aconteció el primer día de enero de 2000, son una prueba siniestra de lo que puede suceder cuando se ahorra en mantenimiento y prevención.

Fue en Marcos Paz, provincia de Buenos Aires. Un Renault Break 18 fue pasado por encima por la formación número 662 del Sarmiento que une Merlo con Lobos. El auto, en el que iban cinco personas, además del conductor, atravesaba un paso a nivel que no tenía barreras automáticas. Los cinco pasajeros murieron: Alberto Javier Romero tenía 14 años; Juan Carlos Romero, 34; Luis Alberto Ramírez, 20; Juan Javier Vera, 26, y Javier René Araujo, 22. El accidente se produjo por negligencia humana: como era feriado, no había guardabarreras. TBA había dispuesto, quizá para ahorrar dinero en personal, que solo trabajaran de lunes a viernes.

Los vecinos cortaron la ruta 20 y exigieron la presencia del entonces intendente de Marcos Paz, Enrique Salzmann. Cuando estaban a punto de agredirlo, Salzmann explicó:

—La solicitud de barreras automáticas ya está elevada. Pero el que la tiene que colocar es TBA.

TBA la colocó un día y medio después del brutal accidente. La ciudad las pedía desde 1998.

Marzo de 2005 fue uno de los meses más funestos para la concesionaria.

El martes 7 de marzo la estación Castelar del Sarmiento se convirtió en un polvorín.

Fue cuando se incendió uno de los coches como consecuencia de un desperfecto en el sistema eléctrico.

—Voló una de las tapas del piso de un vagón, empezó el fuego y todo se llenó de humo —contó un pasajero que se tiró del tren ni bien escuchó la explosión.

Enseguida sobrevino el caos. Cientos de pasajeros consiguieron escapar por sus propios medios. El incidente causó la paralización de la línea.

Las agrupaciones de trabajadores denunciaron que los trenes del Sarmiento no tenían ni salida de emergencia ni matafuegos.

"En cualquier momento tenemos otro Cromañón", escribieron en el periódico www.novededaesweb.com.ar de la edición 175 de marzo de 2005.

El jueves 10 de marzo se produjo un nuevo accidente. Esta vez el saldo fue de 140 heridos. El motivo: un choque entre dos formaciones del ferrocarril Mitre, a metros de la estación Palermo. La causa: en lugar de las cuatro vías correspondientes, solo funcionaban dos, y por una de ellas circulaba un tren que iba hacia Tigre y otro que se dirigía a José León Suárez.

—En el momento del choque se estaban realizando tareas de mantenimiento y reparación en dos de las cuatro vías —contó un trabajador que pidió dejar su nombre en reserva. El operario agregó que ese tipo de trabajo, antes de la privatización, siempre se hacía de noche, para permitir que durante el día se usaran todas las vías.

—El problema es que de noche tienen que pagar más horas extras —explicó.

Además informó que, en el momento del accidente, de las diecinueve señales que existen entre Retiro y el kilómetro 5, donde se produjo el choque, solo estaban funcionando cuatro.

Otro vecino de Palermo, Abel Álvarez, relató, con inusitada precisión, los accidentes mortales que se han producido durante los últimos años en la denominada "Curva de la Muerte", sobre la calle Dorrego entre Cabildo y Guatemala, en www.palermo-barrio.com.ar. La página no existe más, pero la lista de observaciones todavía tiene vigencia.

Álvarez enumeró las irregularidades:

* Había un cruce clausurado y un solo paso peatonal: lo clausuraron para evitar que los pasajeros pudieran acceder a la estación sin pagar boleto.
* Había una curva cerrada, y peligrosa: los trenes que avanzaban hacia Retiro apenas podían ser vistos tres o cuatro segundos antes desde el cruce peatonal, un tiempo insuficiente para alguien desprevenido.
* El ángulo de curva de la vía desde Guatemala hacia Cabildo hacía que el peatón solo pudiera ver el tren ubicándose sobre los rieles.
* El cruce peatonal carecía del clásico laberinto que se usa para obligar a los peatones a mirar hacia ambos lados.
* No contaba con un guardabarrera.
* La campana de alarma fallaba constantemente, y, cada vez que sucedía, demoraba mucho tiempo en ser reparada.

"En una oportunidad sonó, de manera ininterrumpida, durante una semana entera", escribió Álvarez en el sitio web.

La Auditoría General de la Nación (AGN) es el organismo de control que con más energía enjuició a TBA y los demás concesionarios. Uno de sus informes más críticos fue presentado en 2003, el año en que Jaime decidió multiplicar los subsidios y desplazar a los subordinados que denunciaron la falta de inversión, mantenimiento y seguridad operativa.

La AGN denunció que:

* TBA no presentó, como era su obligación, los programas de mantenimiento para vías y estaciones correspondientes a los años 2001, 2002 y 2003.
* No lo hizo a pesar de los insistentes pedidos de la Comisión Nacional Reguladora de Transporte (CNRT).
* No cumplió con el plazo exigido de reparación por coche cada 741.000 kilómetros.
* El mantenimiento de las vías era deficitario.
* El estado de mantenimiento edilicio de las estaciones de las líneas Mitre y Sarmiento era deficitario.
* TBA cada vez gastaba menos en personal y en mantenimiento.

La Auditoría concluyó que viajar en los trenes de TBA era cada vez más peligroso.

En abril de 2004, TBA se presentó en convocatoria de acreedores. La razón, según la empresa, era la imposibilidad de hacer frente a los innumerables juicios por accidentes por los que había sido demandada.

Pero años antes los hermanos Cirigliano sacaron las papas del fuego al repartir ochenta millones de pesos en dividendos entre los accionistas de Cometrans.

En julio de 2005 el entonces jefe de Gabinete, Alberto Fernández, tomó la varita mágica, la metió en el Presupuesto y transfirió casi 85 millones de pesos a las concesionarias de ferrocarriles.

El dinero estaba asignado para terminar la central de Atucha y desarrollar un programa de energías no contaminantes de Enarsa. Sin embargo, se terminó usando para cubrir la deuda acumulada por el Estado en reconocimiento de los mayores costos operativos de las empresas.

Ese mismo año Fernández otorgó casi sesenta millones de pesos más como asistencia extraordinaria a los subsidios que reciben todas las empresas de transporte.

Un ejecutivo de una empresa de colectivos que se jacta de no pertenecer al "sistema" explicó cómo se dan y cómo se reciben los subsidios de los trenes y colectivos. Para mayor comprensión los dividió en dos: subsidios por compensación tarifaria y los provenientes del gasoil a precio diferencial.

Los subsidios por compensación tarifaria son recibidos por casi todas las líneas de colectivos de la Argentina. Los mayores beneficiarios son los vehículos del área metropolitana. La distribución se realiza sobre la base de los pasajeros transportados y los kilómetros recorridos.

Los subsidios provenientes del gasoil permiten que colectivos, trenes y barcos locales paguen solo el sesenta por ciento del precio de mercado de ese combustible. La diferencia es cubierta por el Estado.

—¿Cómo es el mecanismo de cobro? —se le preguntó.

—Todos los subsidios se pagan por mes y de manera automática. Las empresas solo tienen que presentar una declaración jurada con los kilómetros que recorren, los pasajeros que transportan y el gasoil que consumen —respondió el ejecutivo. Después agregó—: Parece que algunos tienen más suerte que otros.

—¿Por qué?

—Porque inflan los números, y nadie los controla.

La fuente, muy confiable, aseguró que la mayoría de las declaraciones juradas no se revisa.

—Así, una empresa puede declarar que todos sus colectivos recorrieron miles de kilómetros aunque los vehículos estén parados arreglándose en el taller.

La combinación de un *Estado bobo* que no controla con hombres de negocios vivos que saben dónde están los timbres que hay que tocar es la fórmula que les permitió a los Cirigliano meterse en el negocio de los seguros de riesgo y salir indemnes de semejante desbarajuste.

En 1991 los Cirigliano compraron la aseguradora La Uruguaya Argentina SA. Después de unos años, decidieron su liquidación voluntaria por inconvenientes financieros. Pero, antes de liquidarla, en julio de 1998, compraron otra compañía de seguros: La Porteña SA.

Es decir: La Uruguaya Argentina, más conocida como LUA, compró La Porteña. Para que se entienda bien: la nueva compañía, sana, empezó a operar los mejores negocios de la vieja, que ya estaba quebrada.

La Uruguaya Argentina tuvo que dejar de vender seguros. Quedó como una empresa residual, mientras los accionistas se hicieron cargo de los siniestros y de 4.355 juicios pendientes de pago.

La Uruguaya Argentina SA se transformó en Lua Seguros La Porteña SA cuando Mario Cirigliano convenció al fondo de inversiones Century Capital Management y le vendió el 42 por ciento del paquete accionario a cambio de treinta millones de dólares.

Fue en enero de 1999. El negocio parecía no tener fisuras. La pequeña aseguradora La Porteña le permitía a La Uruguaya contar con un nuevo nombre y una nueva "cara" para captar clientes. Los capitales portados por Century cerraban con cierta prolijidad toda la operación.

Pero, el 18 de agosto de 2000, Mario Cirigliano jugó una carta brava que conmovió a todo el mercado: su empresa, Lua-La Porteña, compró

Omega, del Grupo Fucito, en ochenta millones de dólares. La transacción, en los papeles, incluyó la marca, la red de distribución, los clientes y un lugar en el directorio para Carlos Fucito, hasta entonces presidente de Omega.

Mientras tanto, la propia aseguradora de Omega entró en liquidación y golpeó a varios de sus acreedores. Entre los más importantes se encontraban la AFIP, con veintiocho millones de dólares, Manliba, con un millón y medio, y el Grupo Roggio, con un millón de dólares.

En enero de 2001, los inversionistas de Century, avisados de las anomalías, anularon el contrato que habían firmado con los Lua-La Porteña. Los Cirigliano no lograron incrementar el capital y todo comenzó a desmoronarse.

La empresa no pudo presentar en tiempo y forma los balances correspondientes al 30 de setiembre de 2001. Los clientes estafados por ambas empresas comenzaron a presionar ante la opinión pública. Y la Superintendencia de Seguros de la Nación, que hasta ese momento no había actuado con energía, decidió sancionar a Lua-La Porteña por la no presentación de sus estados contables. No fue nada complaciente: le prohibió seguir emitiendo pólizas de seguros.

El entonces superintendente se llama Juan Pablo Chevallier Boutell, y detrás de su actuación hay una historia secreta que merece ser contada.

Porque Chevallier fue presionado para no castigar a los Cirigliano, y su intransigencia determinó que el ministro de Economía, Domingo Cavallo, le pidiera la renuncia.

Los hermanos Cirigliano habían intentado una y otra vez lograr la clemencia de Chevallier Boutell.

El sábado anterior a la asunción del funcionario, lograron que un lobbista de la city los reuniera en el grill del Hotel Marriot Plaza. Los hermanos Mario y Claudio Cirigliano no se anduvieron con chiquitas. Le pidieron que levantara la inspección integral que pesaba sobre la aseguradora.

Chevallier se negó.

Lo invitaron a comer. Solo tomó un vaso de agua.

Después de asumir, mantuvo otras tres reuniones con los directivos de Lua-La Porteña. Fueron en agosto, setiembre y octubre.

El 1º de noviembre, lo fueron a ver analistas de PriceWaterhouseCoopers, quienes le pidieron, una vez más, que le permitieran demorar la presentación de los balances por los problemas financieros que tenía la empresa.

Chevallier les respondió que no se apartaría de las normas con las que debía trabajar un funcionario honesto.

El 28 de noviembre de 2001 Chevallier fue convocado al Ministerio de

Economía. Allí lo esperaban el viceministro, Daniel Marx, y ejecutivos de Lua Seguros La Porteña SA.

—En esa reunión, todos me pidieron que volviera atrás con la decisión que había tomado, pero yo me negué.

El 29 de noviembre Chevallier Boutell escribió el borrador con la suspensión para Lua-La Porteña. Al otro día iba a publicarla en el *Boletín Oficial*.

El 30 de noviembre lo llamó un hombre cercano al ministro Domingo Cavallo y le informó:

—Si no vas a rever tu decisión, te pido que renuncies.

El superintendente de Seguros renunció, pero se fue con la frente bien alta.

Lo reemplazó Claudio Moroni, quien ya había sido superintendente entre 1995 y 1998, cuando todavía gobernaba Carlos Menem.

Para reemplazar a Chevallier Boutell, Moroni tuvo que dejar un trabajo muy importante: el de asesor de Lua-La Porteña, compañía de seguros, la empresa de los Cirigliano.

La designación de Moroni hizo que Lua-La Porteña pudiera seguir con el negocio un año más.

Pero el día 20 de enero de 2003, cuando Cavallo y De la Rúa se habían ido y Duhalde gobernaba como podía, el subsecretario de Servicios Financieros de la Superintendencia de Seguros, Hugo Medina, les bajó definitivamente el pulgar.

Medina prohibió a Lua-La Porteña firmar nuevos contratos de seguros y dispuso la inhibición de todos los bienes de la empresa. En los considerandos de la resolución, Medina escribió:

* Que Lua-La Porteña esgrimió excusas infantiles para no mostrarle al organismo de control carpetas de los siniestros. ("Se nos perdieron y no las podemos encontrar", dijeron más de una vez.)
* Que omitieron informar sobre los embargos judiciales que afectaban a los inmuebles de la compañía.
* Que emitieron 1.241 cheques por la suma de más de 2.600.000 dólares y que habían sido rechazados por falta de fondos.

La aseguradora Lua-La Porteña dejó de operar en diciembre de 2003. Detrás de este desbarajuste quedaron todavía más de cuatro mil juicios sin pagar.

En enero de 2007, Pablo Jacoby, abogado de los damnificados que no cobraron su seguro, explicó de qué se trata este enredo de liquidaciones y pases de marcas y empresas:

—Las aseguradoras, cuando empezaban a tener problemas por la alta siniestralidad y los juicios en contra, se presentaban en liquidación y, al mismo tiempo, transferían su principal activo, su cartera de clientes, a otra empresa nueva, transformada. Es decir: con el mismo nombre pero con forma de sociedad anónima. Entonces, la vieja empresa entraba en liquidación y la nueva se quedaba con el mejor activo, los clientes. Y en el medio dejaban un tendal de deudas y juicios.

Por esa razón, poco después, el juez Rodolfo Canicoba Corral procesó a los hermanos Carlos Miguel Fucito y Eduardo Ernesto Fucito, directivos de Omega, y a Ignacio Warnes, entonces superintendente de Seguros de la Nación.

Canicoba los acusó de presentar un balance irregular, donde no figuraba una deuda de seis millones de dólares.

También dedujo que tanto los directivos de Lua-La Porteña como los de Omega sabían que estaban cometiendo una irregularidad.

Sin embargo, a Mario Cirigliano, el magistrado le dictó la falta de mérito.

Las mentes conspirativas sostienen que los ingresos producidos al Grupo Plaza por el negocio del seguro compensan, por mucho, algunos sapos que debieron tragarse mientras se sustanciaba el proceso judicial.

—Mario estuvo meses enteros sin salir del país. Ni siquiera podía usar la tarjeta de crédito —se quejó alguien que trabaja para los hermanos y se jacta de conocerlos muy bien.

Él, Claudio y Mario Cirigliano fueron los primeros que se enteraron, horas antes del hecho consumado, de que el ingeniero agrimensor Ricardo Jaime había presentado su renuncia indeclinable a la Secretaría de Transporte durante la mañana del 1º de julio de 2009.

Se los había comunicado el propio Jaime. Y también les había dicho que no había encontrado la manera de detener la fortísima ofensiva judicial que contra él ya se había desatado.

Ese día, uno de los tres especuló:

—Ahora hay que cuidarse más que nunca. Después de Jaime, vienen por nosotros.

3
"No soy un empresario K"

Sergio Claudio Cirigliano, 45 años, casado, tres hijos, el hombre al que le adjudican haber enseñado a Ricardo Jaime todo sobre el negocio del transporte de pasajeros y que pagó de su bolsillo dos viajes del secretario de Transporte al Brasil, dio una clase magistral sobre cómo funcionan los colectivos, los trenes y se defendió como pudo de las acusaciones de la Fiscalía de Investigaciones Administrativas, la Auditoría General de la Nación y las asociaciones civiles vinculadas al ferrocarril.

–*¿Por qué su empresa pagó el viaje al ex secretario de Transporte, Ricardo Jaime, a Brasil?*
–Sólo los viajes que se hicieron a Brasil fueron pagados (como le dijimos al fiscal cuando preguntó) por la empresa. Y se pagaron porque fueron, todos, viajes de trabajo. Reuniones programadas con el MBS, GOL VRG Linhas Aéreas SA, el Metro de Río y gobernadores de Brasil. Algunos de ellos, después, vinieron a la Argentina. Nosotros estábamos intentando comercializar nuestros productos a Brasil (trenes y colectivos que fabricamos) y les ofrecimos visitas para que vengan a ver nuestros productos. Fueron viajes de ida y vuelta. No de placer.
–*¿Por qué pagó TBA los viajes?*
–TBA no pagó nunca. Un viaje lo pagó Cometrans y otro viaje lo pagó EmFer. Punto. Ya le respondí todo al fiscal [Manuel] Garrido.
–*Garrido lo presentó como dádivas. Habló de captura del Estado por parte de las empresas.*
–Yo no sabía que eso estaba mal. Para mí no constituía delito. Ahora es fácil hablar. Para mí, situaciones como estas se tienen que analizar en el momento que se producen.
–*¿Y las justifica?*
–Claro. En aquel momento, había paros de Aerolíneas Argentinas. También estaban en huelga los controladores aéreos en Brasil. Era muy difícil viajar. Además, nosotros, la empresa, tenemos como política viajar en vuelos privados. Nosotros lo hicimos porque no teníamos otra alternativa. Era muy difícil organizar una agenda de viaje en el tiempo que

todos los involucrados lo demandaban. Y no había vuelos comerciales disponibles.

–*¿Por qué dice que no había otra alternativa?*

–Porque eran reuniones importantes. La reunión con la gente de Gol, con los responsables del Banco de Desarrollo de Brasil, con el gobernador de Río de Janeiro, era clave. Más que clave. Queríamos armar una aerolínea. Teníamos trescientas personas acá, esperando. No conseguíamos operador aéreo. Era todo muy difícil.

–*¿Qué pasó con esas trescientas personas?*

–Como al final no llegamos a ningún acuerdo, fuimos despidiendo a la mayoría. Otras las hemos reubicado dentro de nuestras empresas.

–*¿Nunca pensó que, al pagar el viaje de un funcionario que tiene que controlar su empresa, estaba cometiendo un delito?*

–Para mí no era ningún delito. Quiero decir: nuestras empresas obraron de buena fe. Para mí no es ningún delito viajar en un avión privado junto con un funcionario, en una situación de emergencia.

–*Está claro que no es ético pagar el viaje de un funcionario público que lo tiene que controlar...*

–Bueno. Si me preguntás hoy, después de todo lo que pasó, si volvería a hacerlo, la respuesta es no. Igual, me parece que el tema merece un debate, una discusión, que excede mi situación.

–*¿Por qué?*

–Porque, si uno analiza lo que pasa en la Argentina, y también en el mundo, esto, de lo que se nos acusa, es algo que hacen todos. Pasa en todos lados.

–*¿Es habitual que en la Argentina y en el mundo las empresas concesionarias inviten a funcionarios del gobierno?*

–Sí. Yo creo que sí. Y no lo hacen a escondidas. Es más: deben tener la autorización para poder hacerlo. Debe haber algún tipo de regulación que lo permita. Porque yo lo veo en todo el mundo. Y no ya que viajen en un vuelo privado o que le paguen el avión. También que viajen en un avión propiedad de la empresa. Ejecutivos que invitan a funcionarios para que vayan a ver una empresa de su propiedad. Compañías que tienen activos en otros países lo hacen muy seguido.

–*Pero no se puede hacer.*

–Ah, ¿no? ¿Y quién tendría que pagar el viaje?

–*Si es un viaje que interesa al país, el Estado.*

–Si es un negocio privado, ¿también tiene que pagarlo el Estado?

–*También. Porque el que viaja es un funcionario público en representación del Estado.*

—¿Está seguro? ¿Y si pide una autorización, se la dan y lo hace? No sé. Yo no lo tengo tan claro. Yo no sé si está regulado. Lo que es cierto es que, en ese momento, yo no sabía que era un delito pagarle un viaje a un funcionario. Espero que le quede claro. Para mí no era un delito. No sabía que era un delito. Y, si me preguntan otra vez, diré que no fue un delito. Porque fue una situación de emergencia. Debíamos asistir a reuniones importantes y no había forma de viajar. Estaban cancelados algunos vuelos. El tiempo era un problema central.

—*¿No pagó ningún otro viaje de Jaime?*

—La empresa le contestó a todo lo que le preguntó Garrido.

—*Pero ahora le pregunto: ¿No le pagó ningún otro viaje de Jaime? ¿Ni en vacaciones? ¿Ni en Semana Santa?*

—No. Todos los viajes que pagamos tenían una necesidad determinada. Y no recuerdo si alguno fue durante un fin de semana. Solo sé que los declaramos todos. Los declaramos ciento por ciento.

—*Hablando de cosas habituales que no se deben hacer: una información sostiene que, el día en que el ex presidente mandó a ocupar Plaza de Mayo mientras se discutía en el Congreso la derogación de la Resolución 125, llamó la gente de la Secretaría de Transporte para pedir colectivos del Grupo Plaza, y usted se los facilitó. También se podría considerar eso una dádiva.*

—¿Le parece? Desde que el mundo es mundo, todos los gobiernos (hablo de Alfonsín, Menem, De la Rúa, Duhalde y Kirchner) te piden colectivos. Los piden para los actos políticos y las movilizaciones. Como también los piden para las elecciones. Durante las últimas elecciones, por ejemplo, miles de colectivos estuvieron llevando urnas.

—*¿Y usted se los da?*

—Sí. Para las elecciones, el Correo nos lo pide y nosotros se los damos.

—*Otra vez. ¿No le parece que es demasiado promiscuo?*

—Si me preguntás, no sé si está bien o está mal. Si me preguntás si es legal o no, tampoco lo sé. Pero, desde que tengo uso de razón, llama el Correo, pide colectivos para las elecciones y vos se los tenés que mandar. Pasa siempre. Llevamos las urnas de un lado para el otro. Ahora hay más camiones, pero antes se hacía todo en colectivo.

—*Está mal.*

—No sé si está mal. Es así. Y no te lo pide ni el secretario de Transporte ni el presidente del partido ni el presidente de la Nación. Cuando hay un acto partidario o político, a los colectivos te los pide el puntero. Los que se llaman punteros políticos.

—*¿"Hoy por mí y mañana por ti"?*

—Claro. Yo tengo muchos colectivos. Mi empresa pasa todos los días por decenas de barrios con calles de tierra. Gente que tiene un montón de problemas. Allí hay punteros políticos que se ocupan de movilizar gente. No me llaman a mí. Llaman el jefe de línea o a los inspectores y les dicen: "Para tal día, a tal hora, tengo tal acto y necesito movilizar tanta gente. ¿Cuántos colectivos me podés mandar?".

—*Es como darle plata sin recibo.*

—¿Para el puntero político? Capaz que tenés razón, la verdad que no sé. ¿Es un delito que un señor le cobre "peaje" a un chofer para pasar por una calle de tierra, en un barrio?

—*Sí. Es ilegal.*

—Bueno. Entonces nosotros, nuestra empresa, todos los días comete un delito. Porque en los barrios complicados, con calles de tierra, si vos no arreglás con el vecino de la zona, no pasás.

—*¿Cuánta plata le dan? ¿Quién se la paga?*

—Más que plata, lo que hay son compromisos.

—*¿Qué clase de compromisos?*

—Cuando necesitan un colectivo, tenés que dárselos. Y eso sucede todo el tiempo. En toda la provincia de Buenos Aires. En todo el conurbano. Te nombro un caso, a manera de ejemplo: Barrio 2 de Abril, pasando Puente de la Noria.

—*Pero los colectivos son parte del transporte público, no del sistema político.*

—A mí me encantaría vivir en un mundo ideal, pero trabajo en un mundo real. Y tengo que convivir. Como convivimos con la UTA [Unión Tranviarios Automotor], el sindicato que agrupa a los choferes. Casi todos los días, todo el tiempo, debido a una manifestación o a un acto político, hay un delegado que le pide a un chofer que vaya con el colectivo a determinado lugar cuando termine el servicio. El chofer le avisa al inspector, se ponen de acuerdo y va. ¿Qué me sugerís? ¿Que lo sancione? Si lo sanciono me quedo sin servicio.

—*¿Se da cuenta de que es una manera ilegal de financiar a la política?*

—Te voy a explicar cómo funciona esto. Nuestro negocio está basado en tomar un bien que vale entre 120.000 dólares, si es urbano, y trescientos mil, si es de larga distancia, y se lo damos a un chofer. Ese chofer trabaja durante ocho horas y cuando termina se lo entrega a su compañero. No es una línea de producción. Hay mucho contacto humano. Tiene que haber mucha tolerancia. Todos los días pasan cosas que son normales y otras que no tanto. ¿Conocés la Villa 31?

—*Paso casi todos los días.*

—Bueno. En la 31, cuando muere alguien y lo tienen que transportar, no llaman a Cochería Paraná. ¿Qué hacen? Agarran a cualquier interno de la Línea 143. ¿Está bien o está mal? ¿Le doy el colectivo y convivo o me agarro todos los días a los tiros? Yo creo que está bien. Porque, mientras exista la villa, tengo que convivir. ¿Es legal o ilegal? No lo sé. Es lo que pasa. Es Argentina, aquí y ahora. Me encantaría que el transporte público fuera como en Alemania. Pero esto es lo que hay.

—*¿Y usted se siente cómodo trabajando en un marco de ilegalidad?*

—No. Vos me preguntás y yo te describo cómo es este negocio. ¿Hace mucho que no vas a la salida de un boliche del conurbano a las tres de la mañana? Por ejemplo, Elsieland, en la avenida Calchaquí. Hay fiesta todos los días. No solo los viernes y los sábados. Los choferes no quieren hacer más los servicios nocturnos. No soportan el asedio, la cerveza, los hechos de violencia y algunas cosas pesadas que tienen que ver. ¿Qué tendríamos que hacer nosotros? ¿Pasarlos por arriba con el colectivo cuando vienen? No. Negociar. Convivir. Hablar con el portero del boliche que los organiza para que se tomen el colectivo. Y, cuando están arriba, seguir negociando con algunos pasajeros: "¿Quieren viajar? No me lo rompan". Con suerte, lográs hasta que te paguen el boleto. Lo mismo pasa con el tren.

—*¿Con el Sarmiento?*

—Claro. Vienen las organizaciones sociales desde el conurbano hasta Plaza de Mayo. Suben trescientas personas en Morón. ¿Qué tendríamos que hacer? ¿Una batalla campal para cobrarles el boleto?

—*¿Y la policía?*

—Perfecto. Me llama el policía responsable y me dice: "Seleccione cuatro vagones para que viajen gratis". Es así. No hay forma de cobrarles el boleto. A mí me gustaría vivir en un país donde el transporte público solo se usara para trasladar gente de un lado a otro, y que todos pagaran lo justo por viajar. Pero, insisto, vivo en este.

—*Muchas fuentes me dijeron que el ex secretario Jaime recibía un retorno promedio del veinte por ciento sobre los subsidios que el Estado les otorga a las empresas de colectivos de la Ciudad y del conurbano.*

—No me consta. Y no estoy de acuerdo con la política de subsidios. Y menos con el hecho de que en la Capital un boleto de colectivo valga 1,20 pesos y en Rosario, por ejemplo, 2,25. Pero esto no lo inventé yo. Yo no fijo la tarifa. La fija la autoridad de cada área. A la tarifa del área metropolitana la fija la Secretaría de Transporte de la Nación, y no la Ciudad, porque no tiene autonomía para hacerlo. ¿Por qué la tarifa del área metropolitana es la más baja del país? Porque es la única que computa el INDEC para cuantificar la inflación y el costo de vida.

—*¿Con qué criterio fija la tarifa?*

—Con una fórmula polinómica que incluye el costo del colectivo, la antigüedad, los salarios y la cantidad de pasajeros por región. Si el costo total es cien y la tarifa es cien, el Estado no subsidia a la empresa de transporte. Si el costo es cien y la tarifa es ochenta, el Estado subsidia a la empresa con veinte. Si la tarifa es de treinta, la subsidia con setenta. Pero nunca el cálculo es discrecional. Por otra parte, al subsidio lo reparte el Estado, porque lo toma del impuesto al gasoil. Vos me preguntás por los retornos y mi respuesta es: prefiero cobrar una tarifa más alta y no recibir subsidios. Por mí, que los saquen.

—*Pero hasta ahora no le fue tan mal.*

—Prefiero que no haya. Queremos que no existan subsidios. ¿Por qué? Es muy sencillo. Porque el Estado, cuando paga el subsidio, por su metodología y su burocracia, tarda seis meses en actualizarlos. Ahora mismo, nosotros no estamos cobrando la tarifa autorizada. Estamos con un *desfasaje* de cuatro meses para atrás. ¿Sabés lo que significan cuatro meses en Argentina? No terminás de cobrar nunca.

—*Pero los subsidios los sigue recibiendo.*

—¿Y qué pretendés? ¿Que me funda? Pero lo que queremos los empresarios es la actualización tarifaria en base a los costos.

—*No me terminó de responder la pregunta sobre la versión de que Jaime pedía retornos para repartir los subsidios.*

—No es verdad... No me consta... —*Cirigliano se queda callado durante cinco segundos*—. Hay tantas cosas que se dicen.

—*Sí. Se dice, por ejemplo, que la Cámara Empresaria de Autotransporte de Pasajeros [CEAP] se encargaba de juntar el dinero, ponerlo en una valija, y dárselo a Jaime en la mano.*

—No es cierto.

—*¿Cómo sabe que no es cierto?*

—Bueno. Lo que quiero decir es que a mí no me consta. Yo hablo sólo de lo que me consta. Me preguntaste si me llaman los punteros políticos para pedirme colectivos y, no solamente lo admití: te expliqué la metodología. Para qué lo voy a negar. Es cierto. Lo ve todo el mundo. Hasta los micros escolares lo hacen. Pero me lo preguntás como si yo fuera el principal responsable. La verdad es que, si no se los doy, posiblemente tenga que enfrentarme a situaciones complicadas.

—*¿Como cuáles?*

—No vale la pena que las haga públicas.

—¿Que le quemen los colectivos? —Cirigliano vuelve a quedarse mudo por otros cinco segundos.

—Bueno… para qué te voy a engañar: nos quemaron varios. ¿Quiénes fueron? No lo sé. Cada vez que tenemos un problema, hacemos la denuncia penal correspondiente. Y nunca aparecen los culpables.

—Me dijeron que fue usted el que le explicó a Jaime por primera vez cómo era el sistema de subsidios, incluidos los retornos.

—Yo a Jaime lo conocí al mes y pico de que asumiera en su gestión. Pidió una reunión. Yo fui con la cámara que represento. En esa reunión le expliqué que, si nosotros no cumplíamos con las regulaciones existentes, iba a ser muy difícil que siguiéramos operando. Porque veníamos con muchos problemas económicos y con muchas empresas concursadas. Había un fuerte atraso salarial y un gran reclamo de la UTA. Le advertí que, si no lo atendíamos, se paraba el sistema. Ahora: no sé si yo era el empresario al que Jaime más escuchaba. Sí sé que siempre trato de explicar las cosas. Y me tomo todo el tiempo necesario para que se me entienda.

—Todo el sector le adjudica un fuerte vínculo con Jaime.

—Normal. Ni fuerte, ni frecuente.

—¿Cuántas veces por semana se veían?

—No recuerdo. Lo que no es cierto es que alguna vez nos hayamos encontrado en Rond Point o en algún barco mío.

—Pero varias veces almorzaron juntos.

—Sí. Almuerzos de trabajo. Y hasta te puedo decir dónde y cómo estaba integrada la mesa. Una vez, en Las Lilas almorzamos con el presidente de ReNFE [Red Nacional de Ferrocarriles Españoles], de España. También almorzamos juntos con los chinos que operan las empresas de ferrocarriles en su país. Algunas veces pagó la cámara nuestra. Otras, como en el caso de ReNFE, la Embajada de España.

—¿Nunca le pidió Jaime una coima?

—No.

—¿Nunca escuchó versiones sobre pedidos de coimas?

—Nunca participé de ningún acto de esas características. No puedo hablar por los demás, porque no sé qué pasó. Me preguntaste cuántas veces lo vi: un montón. Todas las necesarias para explicarle los problemas que tenía el sector.

—¿Y por qué a usted lo hacía entrar por el ingreso VIP?

—¿Qué ingreso?

—Por el ascensor que solo podían usar los altos funcionarios.

—El ascensor ese lo habilitó [el ex ministro de Economía Domingo] Cavallo. Sirve para entrar directamente de la cochera al ascensor. Pero no es una entrada secreta. Quedás registrado igual. Y no es que entran uno o dos tipos: ingresan embajadores, diplomáticos, ministros, gobernadores y empresarios. En realidad, todos los que tienen autos con chofer. Pero no hay ninguna diferencia con el otro ingreso. En los dos lados tenés que registrar que estás entrando al ministerio. Yo por ese ascensor entré, pero durante la época de Cavallo. Hoy en día entro por la puerta normal.

–¿*Vio cámaras en las oficinas de Ricardo Jaime?*

–Vi cámaras en los pasillos.

–¿*Y vio en su despacho una mesa grande con paño verde y vidrio, donde señala el color del billete que hay que dejar?*

–No. Eso no.

–¿*No le sorprendió el cambio de Ricardo Jaime, desde el reloj, la vestimenta, hasta el avión?*

–De las cosas personales no tengo ni idea. Sabrá él lo que hizo y lo que hace. Yo lo que puedo decir es que, como secretario de Transporte, durante su gestión, se ocupó del tema del transporte.

–¿*Bien o mal?*

–A veces bien y a veces mal. No fue perfecto. Fue muy bueno en algunas cosas.

–¿*En qué?*

–En la prioridad que le dio al transporte en la política nacional.

–¿*Es cierto que el contrato de 1994 con TBA lo firmó Carlos Menem en un barco de la Armada y que se lo llevó Domingo Cavallo en un helicóptero?*

–Me parece que es una fábula urbana. El contrato de concesión se firmó en el Ministerio de Economía. Yo lo firmé en el ministerio.

–¿*Y la firma del Presidente?*

–Fue un decreto que había firmado un mes atrás. No sé qué es eso que cuentan del helicóptero. Que yo sepa, no hay ningún helicóptero de la Argentina que pueda aterrizar arriba de un buque de la Armada. Me parece que no tenemos ni barcos ni helicópteros con esa característica.

–¿*Por qué hay tantas quejas y tantos accidentes de colectivos?*

–Yo digo y lo sostengo, que el transporte de colectivos, formado por sesenta mil personas y diecisiete mil vehículos solo en el área metropolitana, es la organización más eficiente de la Argentina.

–¿*No exagera un poco?*

–Al contrario: me quedo corto. Porque todos los días, llueva o truene, haga frío o calor, ponemos en marcha los diecisiete mil colectivos y transportamos a dieciséis millones de personas. Y lo hacemos aquí, en la Argentina, con calles inundadas, de tierra, con avenidas y autopistas colapsadas, y en el medio de un montón de problemas. Lo podríamos hacer mucho mejor si la infraestructura urbana estuviese en óptimas condiciones.

—No estoy de acuerdo. Todos los días son acusados, por ejemplo, de usar colectivos más antiguos que los permitidos por la norma. O de presionar a choferes para que manejen demasiado rápido y casi sin descanso.

—Bueno: si nos autorizaran las tarifas que nos corresponden, seguramente los colectivos serían más nuevos. Si la gente pagara por el boleto lo que tiene que valer, seguramente los coches serían más nuevos.

—¿Cuánto tendría que costar el boleto, según usted?

—No según yo: de acuerdo con la estructura de costos, tendría que cobrarse tres pesos el boleto mínimo. Y sin embargo se lo está pagando un peso con veinte.

—No se preocupe tanto. Ya lo dijo antes: lo que no cobra por tarifa lo cobra por subsidio. Y no hay registro de subsidios tan altos como los que se vienen cobrando desde 2003, cuando asumió Jaime.

—Fue la emergencia económica la que lo permitió. Pero le repito: para nosotros no es un gran negocio. Es muy malo. Pero también es cierto que hoy, tres pesos el boleto mínimo, no se puede pagar. La cuenta es sencilla: con el boleto a tres pesos, una persona gastaría cerca de 260 pesos solo en transporte público. Para alguien que gana un promedio de 1.500 pesos por mes, es muchísima plata. Por lo tanto la política de subsidio al transporte público va a seguir hasta que la economía se acomode un poco. Hay otros métodos para resolver esto.

—¿Cuáles?

—El tícket transporte. Que los empleadores paguen parte del transporte público, como pasa en Río de Janeiro o en San Pablo. El empleador paga parte del sueldo con un tícket transporte no remunerativo.

—Lo dudo. Puede terminar en un gran escándalo de corrupción, igual que los tícket canasta.

—A mí me parece una buena alternativa. Si después algún vivo hace fraude con eso… ¿qué querés que te diga? Es un mecanismo inteligente que funciona en todo el mundo.

—La mayoría de los choferes de colectivos tiene serios problemas psicológicos por la presión de los recorridos.

—No lo comparto. El problema más serio que tienen es la inseguridad y el caos de tránsito. Antes un chofer tenía un colectivo con dirección mecánica, caja manual y la boletera. Ahora, un colectivo tiene dirección hidráulica, caja automática, las puertas se cierran y abren solas. Además, se está implementando la tarjeta electrónica. Insisto: la presión la tienen por la inseguridad y el tránsito.

—Tiene una respuesta para todo. Me imagino entonces que podrá explicar cómo hizo su empresa Trenes de Buenos Aires para reducir las multas a pagar que debían desde 2003 de diecisiete millones de pesos a cinco millones. ¿Quiénes y cómo se lo perdonaron?

—La palabra no es "perdón". Analizamos una por una. Causa por causa. Y concluimos, junto con el Estado, que en la mayoría había responsabilidades compartidas. De paso, aprovecho para pasar el aviso: en causas con responsabilidad compartida, el Estado nunca nos pagó. Le voy a dar un solo ejemplo. Nos quisieron multar, más de una vez, porque no cumplíamos con el horario exigido para recorrer el tramo entre Once y Moreno. Nos imponían que debía ser de 55 minutos. Pero, por otro lado, nos exigían que los trenes anduvieran a una velocidad mucho menor, por razones de seguridad. Concretamente: porque las vías no soportan una velocidad mayor. ¿Entiende? Un área de control me exigía 55 minutos y otro me imponía 62 minutos. Cuando empezamos a revisar las multas, había muchas contradicciones en las condiciones que nos imponían. Y por eso las peleamos y no las pagamos. Porque el contrato de concesión nos pide una cosa y la Auditoría General de la Nación otra. Tampoco somos necios: cometemos errores. Se trata de un negocio en el que trabajan cuatro mil personas.

—Al denunciar a Ricardo Jaime y a su asesor Manuel Vázquez por un intento de soborno, el empresario Antonio Mata me dijo que le querían vender Safe Flight, la empresa que era suya.

—Es mentira. Nunca quise vender la empresa. Ni a Antonio Mata ni a nadie. Yo tenía intenciones de volar. Y hasta tuve un operador para poder hacerlo, hasta que la intención quedó solo en eso.

—Me imagino que también me va a decir que no conoce a Manuel Vázquez.

—Sí. Lo conozco. Lo he visto en la Secretaría de Transporte. Compartimos reuniones con empresas extranjeras.

—¿En carácter de qué?

—Vázquez era asesor de la Secretaría de Transporte. Pero yo jamás le dije a él ni a nadie que intermediara con Mata para venderle mi empresa.

—¿Por qué creció tanto la facturación del grupo durante el gobierno de Kirchner?

—El crecimiento de nuestra facturación fue proporcional a la inflación y al incremento de los salarios. El salario básico de un chofer de colectivos, en 2001, era de mil pesos. Ahora es de cinco mil. Un maquinista ganaba setecientos pesos y ahora gana siete mil pesos. La facturación aumentó en función a eso. El sesenta por ciento de nuestros costos son salarios.

Cuando aumentan los salarios, aumentan los costos. Se actualizan los subsidios. Y aumentan los ingresos. Siempre va en esa proporción.

–*¿A cuánto asciende la rentabilidad de todas las empresas del grupo?*

–Alcanza entre cuatro y cinco por ciento. Excepcionalmente, puede llegar a ocho por ciento. Y la facturación proyectada para el 2009 debe de estar cerca de los quinientos millones de dólares.

–*Usted sostiene que no creció tanto durante el kirchnerismo, pero cada vez tiene más colectivos y más líneas.*

–Las últimas dos líneas que gané por licitación fueron Ecotrans y Río de la Plata. Ambas las obtuve durante el gobierno de Duhalde.

–*¿Y Mercobus, Plus Ultra y El Rápido Argentino?*

–Son líneas de larga distancia. Otras son líneas chicas y se van agrandando con el tiempo.

–*Me informaron que el dueño de Mercobus se la vendió a usted porque se lo pidió Jaime.*

–Mercobus es una empresa con sede en Córdoba. La Secretaría de Transporte no tiene jurisdicción.

–*Pero Jaime es cordobés y conocía al dueño de Mercobus.*

–Hasta donde yo sé, pasó gran parte de su vida en el Sur, en la Patagonia.

–*¿No se siente responsable por el incendio del tren en la estación Haedo?*

–No. Porque nosotros tuvimos muchos atentados. Y ese quizás haya sido uno. ¿Las razones? No las conozco. Sé que tuvimos muchos problemas en la época en que nos visitó (el presidente de los Estados Unidos George) Bush. Por otra parte, no es tan difícil producir un cortocircuito en las vías de un tren. ¿Tiene tiempo para que le explique?

–*Tengo.*

–En la línea del ferrocarril Sarmiento hay 250 pasos a nivel. Cada uno implica una interrupción en la vía. Y en cada uno de ellos pueden pasar un montón de cosas. Si alguien toca un alambre o interpone una rueda de bicicleta se produce un arco voltaico. Son ochocientos voltios entre el tren y el primer riel. Los arcos voltaicos provocan fogonazos y pueden llegar a quemar los vagones. Fíjese: las quemas de los vagones se produjeron en Haedo y terminaron con los actos contra Bush en Mar del Plata, donde se realizó la Cumbre de las Américas. Hemos hecho la denuncia. Todavía nadie determinó qué pasó.

–*¿Y cómo explica el mal funcionamiento del Sarmiento? Las demoras, la suciedad, la poca frecuencia que hace que se viaje como ganado.*

–Tuvimos épocas buenas y malas. Acepto que esta no es la mejor. La línea Sarmiento es el corazón del oeste de la provincia de Buenos Aires. El subsistema más grande de transporte. Cuando la gente dice que viaja mal, tiene razón. Pero la pregunta es por qué viaja mal. Y la respuesta es que viaja mal porque cada tanto se rompe el circuito.

–*¿Qué circuito?*

–El tren es un circuito, que, en vez de ser redondo, es lineal. Hay interferencias de calles, peatonales y de autos. La frecuencia del Sarmiento es de entre cuatro y doce minutos en un sentido. Pero también están los que vienen en el sentido contrario. Por otra parte, una barrera, por normas, puede permanecer cerrada, o baja, hasta 45 minutos por hora. Esto, que está establecido por ley, se pensó cuando el oeste de la provincia era una zona de quintas. ¿Me sigue?

–*Sí.*

–Desde el servicio Once-Moreno, durante la hora pico, sale un tren cada seis minutos. Hay once plataformas distintas y cada seis minutos sale una formación. Son las mismas que, una vez que llegan a Moreno, regresan. ¿Qué pasa, por ejemplo, en la barrera de Nazca? Te cruzás con un tren que pasa cada seis minutos en un sentido y otro que pasa cada otros seis minutos en sentido contrario. Resultado: es probable que, en el paso a nivel, la barrera esté baja o cerrada durante 45 minutos. Obvio. Es un caos. Y el caos es peor cada vez que a un señor se le ocurre arrojarse a las vías del tren en las horas pico. Porque detiene a todos los trenes que van en un sentido. Se para el servicio durante una hora. Y en ese tiempo se juntan cincuenta mil personas en Once. Los que están en la estación no lo entienden. Y no tienen por qué entenderlo. Pero la solución sería hacer los pasos a nivel. Porque el circuito, así no funciona. Y la gente va a seguir viajando mal.

–*Pero al circuito lo maneja usted.*

–No. Yo no soy el dueño del circuito. Soy el operador del sistema, que es muy distinto. Las inversiones de los pasos a nivel, la infraestructura ferroviaria, son carísimas y es imposible que las haga cualquier concesionario. Las tiene que hacer el Estado. No hay otra forma. O sí. Tomar el modelo de trenes en Inglaterra. ¿Sabe cuánto sale el boleto mínimo? Once dólares.

–*Pero su empresa también se había comprometido a construir pasos a nivel.*

–El plan de inversiones original de 1995 decía que había que hacer 74 pasos a nivel en todo el sistema, incluyendo el Roca y otros. A mí me tocaban alrededor de veinticuatro. Cuando empezamos a hacerlos, los suspendieron por distintas razones. Las más importantes fueron las presupuestarias. En otros casos, como el del soterramiento, se interrumpieron porque los vecinos no querían. El soterramiento es lo mejor que le puede pasar al Sarmiento en particular. Y al sistema de transporte en general. Cuesta 1.500 millones de dólares. Pero el Estado no tiene la plata para hacerlo. Y los pasos a nivel tampoco se hacen. Ahí tenés la explicación de por qué se viaja tan mal.

–Si, como dice, la responsabilidad no es suya y tiene que soportar las quejas, ¿por qué no deja el negocio y se dedica a otra cosa? La concesión llega hasta 2019.

–Porque mi intención no es irme. Mi intención es trabajar, insistir y convencer a las autoridades para que esto se haga. Pero, si no se hacen las obras, nosotros, a 2019, no llegamos.

–Dice la competencia que usted inventó el mejor negocio vinculado a los ferrocarriles: la reparación de vagones. Los mismos vagones que usa como concesionario.

–Yo no inventé nada. Esto es algo que está inventado hace cincuenta años, con una fábrica que hacía y reparaba trenes. ¿Por qué compramos una fábrica que hacía trenes en el año 1991? Esa es la pregunta. Porque, si no reparábamos los trenes nosotros, esto no iba a funcionar nunca. Porque nuestro principal activo lo iba a tener otro. Y si este otro nos cortaba los grifos, no íbamos a tener trenes para dar el servicio.

–Afirman que ustedes cobran carísimo las reparaciones de vagones que son los mismos que usan como concesionaria.

–En 1994, cuando ganamos la licitación de los trenes, cotizamos la reparación de cada tren. Y ganamos la licitación porque fuimos el más barato de todos. Empecemos por ahí. Nunca lo cobré más que lo que declaramos en la licitación. Ganamos la licitación porque había que reparar 367 coches y la oferta nuestra era la más barata. Y los reparamos por ese precio.

–Pero hay un montón de denuncias por sobreprecios en la reparación de los vagones.

–Me acuerdo de la denuncia de un señor. Decía que nosotros cobrábamos un ventilador cuatro mil pesos. ¿La verdad? No cambiamos nunca un ventilador a cuatro mil pesos. Era un error del pliego. Decía que había que poner un ventilador reparado de una forma, que si se hacía de esa forma, probablemente costase cuatro mil pesos. Era una locura. Y lo era, porque un japonés había dicho que el mecanismo para reparar los ventiladores era ese. Entonces, había que gastar cuatro mil pesos para reparar un ventilador. Cuando nosotros vimos eso, le propusimos al Estado poner un ventilador nuevo, que costaba quinientos pesos o mil, no recuerdo.

Nunca reparamos un ventilador. Siempre lo cambiamos. Y se acabó la discusión.

—*También lo denunciaron por cobrar precios muy altos en la reparación de vagones.*

—Los precios que tuvimos siempre fueron los más bajos. Por eso siempre ganamos las licitaciones. Y es el día de hoy que, si tengo un trabajo acá en EmFer, es porque hubo una licitación y el precio nuestro fue el mejor. Si no, no te lo adjudican.

—*Pero el gran negocio está en reparar los mismos vagones que usted usa como concesionario.*

—Tengo un chasis de un tren, marca Toshiba, que se fabricó en 1958. No existe más. Comprar otro no se puede. Lo tengo que reparar. ¿Dónde está el problema?

—*En los sobreprecios. Por ejemplo, se denunció que, en la liquidación de gastos presentada en 1998 por TBA, figuraron precios que habrían superado hasta treinta veces los de mercado.*

—Eso lo puede explicar Gustavo Gago, nuestro responsable de prensa. Ahora yo te quiero hacer una pregunta, ¿creés que le voy a dar el gusto a un montón de gente que me tiene ganas, de protagonizar un desfalco para que me pongan preso? Decir pueden decir lo que quieran. Pero acá existe una Comisión Nacional Reguladora del Transporte con ochocientos tipos que todo el tiempo están mirando lo que hacés y te cuentan las costillas. Son los mismos que te aplican una multa en base al contrato, porque nadie les avisó que se firmó una resolución en sentido contrario. Pero está bien. Hacen su trabajo.

—*¿Conoce a Néstor Kirchner y Cristina Fernández?*

—Sólo los vi en los actos oficiales.

—*Eso no es cierto. Si viajó a Rusia con la Presidenta.*

—¿Y? Trato normal. Formal. Nada más que eso.

—*¿Por qué responde con monosílabos?*

—Porque no soy un empresario kirchnerista. En todo caso soy un empresario que nació con mi padre hace cincuenta años. Y venimos haciendo negocios en el transporte desde hace medio siglo. Esa es la pura verdad.

1
LÁZARO ES KIRCHNER

—Tengo información que te puede servir —susurró Lázaro.

—Dejame verla y después hablamos —lo midió Néstor.

Así, con ese tono de toma y daca, tan lejos de los sueños y los principios éticos, Néstor Kirchner y Lázaro Báez se hicieron amigos incondicionales de negocios.

Se habían conocido muchos años antes, en 1967. Néstor tenía 17 años y de vez en cuando jugaba al básquet en el Boxing Club de Río Gallegos. Lázaro, que terminaba de cumplir 12, practicaba fútbol en el club Boca Juniors de la misma ciudad.

En aquel tiempo solo eran adolescentes con futuro.

Pero durante aquel encuentro no había más que dos adultos con ambiciones desmedidas. Báez, ex cadete del Banco Nación y entonces cajero del Banco de Santa Cruz, con sus 34 años, buscaba la gran oportunidad en la cercanía del poder. Y Kirchner, como intendente de Río Gallegos y en plena madurez de sus 40, estaba dispuesto a dársela.

La información valía oro.

Era la lista completa de los principales deudores del Banco de Santa Cruz.

Figuraba la crema de la crema.

Grandes, medianos y pequeños empresarios. Altos funcionarios públicos y adversarios políticos conocidos. Parientes, amigos y enemigos.

Báez había obtenido la nómina con métodos poco ortodoxos, pero a Néstor ese detalle no le importó.

Fue poco después de que Kirchner iniciara la movida final para desplazar al gobernador Jaime del Val.

Como se sabe, Néstor terminó sucediéndolo en 1991. Y una de las primeras cosas que hizo fue intervenir el Banco de Santa Cruz.

Lázaro no solo le suministró a *Lupo* la famosa nómina sino algo mucho más importante: un instrumento invencible para ejercer el poder.

—Así como Kirchner, desde Finsud, se valió de una lista de morosos para comprarles sus viviendas a bajo precio antes del remate, desde la gobernación controló a empresarios, comerciantes y políticos incluidos en la lista de deudores del Banco de Santa Cruz —explicó, con lógica implacable, Javier Bielle, diputado provincial por la Unión Cívica Radical entre 1995 y 1999.

Antes de terminar su mandato, Bielle denunció a Kirchner ante la justicia de la provincia por su gestión en el banco oficial y por la mala administración de los fondos de las regalías petroleras que cobró Santa Cruz de la Nación.

Lázaro no es un kirchnerista más.

Lázaro Báez *es Kirchner*, como se probará más adelante.

De mediana estatura, tez morena, Documento Nacional de Identidad 11.309.991, 53 años, casado con Beatriz Calismonte, cuatro hijos, desde que celebró su pacto con Néstor pasó de cajero del Banco de Santa Cruz a transformarse en uno de los empresarios más ricos y en el mayor beneficiario de la obra pública en la Patagonia; con inversiones en petróleo, ganadería, hotelería, medios de comunicación y emprendimientos inmobiliarios. En este rubro tiene un socio privilegiado: el ex presidente de la Nación.

Dueño de diez estancias por un valor superior a veintisiete millones de dólares; de una lujosa chacra en las afueras de Río Gallegos donde Néstor se quedó a dormir más de una vez mientras era jefe de Estado; de un avión y de una flota de camionetas y de autos que incluyen una Hummer, Báez mantuvo, desde 1998 hasta 2007, un sueldo como ñoqui de la Secretaría General de la Gobernación, algo que no solo muestra la promiscuidad entre lo público y lo privado sino también la impunidad con la que violó la ley. Todo el mundo sabe que ningún empleado público puede ser, al mismo tiempo, proveedor del Estado. Ni en la provincia de Santa Cruz ni en ningún otro distrito.

Custodiado por un grupo de más de veinte comandos, algunos de oscuro pasado, investigado por la justicia suiza por lavado de dinero y por la argentina por el uso de facturas truchas para evadir impuestos, Lázaro ahora pasa una mitad de su tiempo tratando de cobrar certificados de obra pública y la otra mitad trabajando para evitar que la caída de su amigo de negocios lo arrastre también a él.

Una vez que Báez le entregó la información, Néstor se la pagó con creces. La jugada fue perfecta. Primero designó a Eduardo Labolida como interventor del Banco de Santa Cruz. Así cumplió con el acuerdo que pactó con la corriente interna de la Renovación Peronista que encabezaba Rafael Flores. Pero enseguida le otorgó el poder de la caja a Lázaro, y lo invistió con el cargo de adscripto a la presidencia de la entidad.

A poco de andar, todos los comerciantes y empresarios de Santa Cruz supieron que, para obtener cualquier cosa del único banco que funcionaba en la provincia, antes tenían que "arreglar con el hombre de Néstor".

—Era así: para ampliar el giro de un rojo o recibir un crédito, primero tenías que "hablar" con Lázaro —declaró sin anestesia Alejandra Pinto, ex militante del Frente para la Victoria Santacruceña (FVS), periodista y asesora de Mariana Zuvic, presidente de la Coalición Cívica en la provincia.

Pinto, una de las personas que más conoce los tejes y manejes de Báez, formó parte del Partido Justicialista de Santa Cruz desde 1983 hasta 1993.

Para entender el manejo de los fondos del banco que hizo Báez, con la bendición de Kirchner, es muy ilustrativa la anécdota que da comienzo al primer capítulo de este libro (véase Primera Parte: El verdadero Kirchner. Capítulo 1: "La venganza del boludo").

Pinto sostiene que, para saber quiénes entraron en semejante juego de toma y daca, solo basta con revisar la decena de solicitadas que aparecieron en *La Opinión Austral* y que firmaron hombres de negocios en 1994 y 1998. Fueron los años en los que Kirchner peleó y ganó por la reelección para mantenerse en el poder.

—Allí figuran los que recibieron los créditos más generosos —aclaró.

Igual que los subsidios del transporte o la distribución de fondos de la obra pública o el reparto de pauta oficial, el festival de créditos del Banco de Santa Cruz fue un negocio de doble vía: el otorgamiento discrecional y el control político.

—Cuando empezamos a investigar la cartera del banco, descubrimos que los mismos empresarios que puteaban a Kirchner porque no podían librar un cheque, a los pocos días aparecían contentos, con plata y firmando solicitadas para apoyar la "excelente" gestión del gobernador —afirmó Javier Bielle.

El legislador, para ilustrar la maniobra, declaró que Kirchner fue el verdadero inventor del "corralito", pero en 1993.

—Solo les prestó a quienes lo adularon o estuvieron dispuestos a hacer negocios. A los demás, los puso en un *corralito* parecido al que impuso el ministro Domingo Cavallo.

Entre los elegidos de Néstor y Lázaro figuraron el actual presidente del Tribunal Superior de Justicia de la provincia, Daniel Mariani, y el intendente kirchnerista de Puerto Deseado, Arturo Rodríguez. Mariani obtuvo un préstamo de medio millón de dólares. No hay constancia de que lo haya devuelto.

El resultado de la movida con el banco oficial en términos económicos fue desastroso: en 1997, cuando el gobernador Kirchner decidió su privatización para "sanearlo", sus incondicionales, con Lázaro a la cabeza, ya habían repartido préstamos con absoluta irresponsabilidad: entre 150 y doscientos millones de dólares que jamás pudieron ser recuperados.

Lázaro, uno de los responsables del desastre, fue sometido a un simulacro de juicio. Resultó libre de culpa y cargo.

La lista completa de la vergüenza se perdió entre la complicidad de la mayoría de la clase política cuyos exponentes habían recibido parte de esos créditos.

Pero Báez no solo inauguró junto con Kirchner el uso de la información para sacar provecho económico de ella. Dio un paso más: se metió en las empresas endeudadas, las copó y, finalmente, se las quedó.

Los casos más ilustrativos son los de Gotti Hermanos SFA y Kank y Costilla SA.

Gotti fue capturada por Lázaro mediante un artilugio complejo y maquiavélico. Se explicará con sencillez para su mayor comprensión.

Cuando Báez puso un pie en Gotti, la constructora soportaba gravísimos problemas financieros. Por un lado, debía cerca de ocho millones de dólares. Y por otro lado la provincia de Santa Cruz le demoraba los pagos de sus certificados de obra hasta límites insoportables.

La mayoría de la deuda de Gotti tenía un solo acreedor: el Banco de Santa Cruz, manejado por Lázaro. La solución mágica, que incluía la aceleración de los pagos adeudados por el Estado provincial y la obtención de dinero fresco, sería aportada por el hombre que había endulzado a la empresa con préstamos que terminaron convirtiéndose en una carga insostenible: el mismo Báez.

Gotti estaba quebrada. No había duda alguna. De hecho, si los organismos de control hubiesen funcionado, tendrían que haber interrumpido su actividad. Un par de datos: hasta el 19 de agosto de 2004, acumulaba seis pedidos de embargos por más de cuatro millones de pesos y 712 cheques rechazados por más de cuatro millones y medio de pesos.

Solo un milagro podía salvarla.

Lázaro y Néstor lo hicieron posible.

Aunque no hay un documento que lo suscriba, Báez habría ingresado a la constructora a cambio del perdón de parte de la deuda de Gotti con el banco. Al mismo tiempo, la empresa empezó a ganar muchas de las licitaciones convocadas por el gobernador Kirchner.

En simultáneo, Lázaro arregló las cosas para que una financiera, denominada Invernes SA, cobrara los certificados de obra ya que Gotti no podía hacerlo, acosada por los pedidos de embargo.

Daniel Gatti, autor de *Entre cajas, la biografía de Lázaro Báez*, explicó la maniobra muy bien, cuando se lo consultó para esta investigación:

—Lázaro cooptó Gotti Hermanos. Era una de las principales constructoras del país. Báez terminó de dominarla mediante Invernes, a la que algunos le dicen, con ironía, "Inversiones Néstor".

—*¿Cómo apareció Invernes?*

—Llegó a Santa Cruz en 2001. Su domicilio real es Carabelas 241, Capital Federal. Es decir: la misma dirección que las oficinas de Lázaro. Al principio, Lázaro no aparecía en el directorio. El que figuraba era el contador Carlos Alberto Algorry. Pero, si uno se fija bien, la apoderada de Invernes SA es Daniela Cantín, hija del ex presidente del Concejo Deliberante Raúl Cantín, y sobrina de Lázaro.

—*¿Cómo operaba Invernes?*

Le adelantaba el financiamiento de la obra. Le daba liquidez a una empresa muy golpeada por las deudas, los juicios y los malos negocios. A cambio se quedaba con la cobranza de los certificados. El resultado fue la descapitalización total de Gotti.

—*¿Cuándo terminó Lázaro de quedarse con Gotti?*

—Después de la muerte del dueño de la constructora y jefe de la familia, don Victorio Gotti, en abril de 2004. Antes que me preguntes te respondo que todas las fuentes documentales y testimoniales aseguran que lo que le pasó en la ruta… fue un accidente.

—*¿Y cuál es el papel de su hijo, Sergio Gotti?*

—Aceptó el acuerdo. Y además terminó asociándose con Báez en Austral Construcciones.

Austral Construcciones es la nave insignia de Lázaro Báez. Y Gotti SA es considerada una de sus empresas satélites.

Sergio figura con el 25 por ciento de las acciones de Austral, pero contadores que trabajaron para ambas firmas sostienen que los Gotti solo reciben una cuota mensual que siempre depende del humor del ex cajero del Banco de Santa Cruz.

Nadie duda de que Gotti y Austral son parte de lo mismo.

De hecho, a los predios de Gotti y de Austral solo los separa una medianera. Y, hasta el año pasado, cada vez que una se atrasaba en el pago de una quincena, con la otra sucedía lo mismo.

El periodista de *Perfil* Leonardo Nicosia demostró que Lázaro no las fusionó porque le conviene mantener el simulacro de que son distintas para hacerlas competir entre sí y ganar licitaciones de cualquier manera.

La denuncia fue publicada el domingo 19 de abril de 2009.

Gotti y Austral "compitieron" en negocios por casi treinta millones de pesos desde principios de 2006 hasta fines de 2007. Los datos aparecen en el *Boletín Oficial* de la provincia de Santa Cruz.

Fueron seis licitaciones distintas y en todas ellas Gotti y Austral aparecieron como las únicas oferentes. No se trataba de proyectos de alta complejidad, por eso no se entiende por qué no se presentaron otras constructoras medianas y grandes.

Además, las ofertas de ambas estuvieron muy por encima del presupuesto oficial y las diferencias de precios entre una y otra eran exiguas, como si las hubieran acordado de antemano.

−Si la justicia en Santa Cruz funcionara como corresponde, tanto Lázaro como los que autorizaron esas licitaciones deberían estar presos − me dijo un ex fiscal federal que fue perseguido por el kirchnerismo hasta que tiró la toalla y se jubiló.

El ejecutivo de una de las tres constructoras con más facturación de la Argentina explicó que Báez ya le habría sacado a Gotti todo el provecho posible. Y que, si la Justicia decide ir a fondo, es probable que la haga quebrar o desaparecer.

La otra constructora a la que Lázaro copó y le sigue sacando provecho se llama Kank y Costilla SA.

La historia del copamiento fue contada con lujo de detalles para este libro por Estela Kank, socia fundadora de la empresa.

Se trata de la misma persona que presentó una grave denuncia ante la Justicia.

La acusación de Estela Kank incluye el presunto pago de una coima a Julio De Vido y la maniobra de vaciamiento, junto con los delitos de evasión fiscal y lavado de dinero.

Ella recibió a un investigador de este libro en su austera casa de Villa Carlos Paz, Córdoba, en setiembre de 2008.

Estela Kank contó su historia completa, mientras se recupera de un cáncer de mama, según ella producido por el estrés de la pelea con sus parientes accionistas.

Kank y Costilla fue fundada por José Kank y su cuñado Héctor Costilla, en Comodoro Rivadavia, en 1957.

Kank fue barrendero y soldador de Techint. Costilla trabajaba en una sodería.

Ambos se asociaron para brindar servicios de transporte a YPF.

A principios de la década de 1960, José Kank y Héctor Costilla empezaron a trabajar como constructores en el mantenimiento de los mismos caminos que recorrían con sus dos camiones.

En 1970 Kank y Costilla SA ya era considerada una de las constructoras más importantes de la Patagonia, con sede en Comodoro Rivadavia y sucursal administrativa en Buenos Aires.

También durante 1970 José Kank invirtió ocho millones de dólares para fundar el Banco Regional Patagónico. La experiencia fue desastrosa y generó las primeras diferencias entre los herederos. De un lado se pusieron los hijos de José Kank, Juan José y Estela, y del otro, los hijos de Héctor Costilla, Myriam, Carlos y Aníbal.

En 1974 el Banco Regional contrató los servicios de un joven abogado que recién empezaba: Néstor Carlos Kirchner. Treinta años después, Estela Kank le enviaría al ex empleado de su padre y entonces Presidente una carta con la misma denuncia que presentó ante la AFIP de Comodoro Rivadavia el 27 de agosto de 2001.

Estos son los hechos que denunció Kank:

* Que, a partir de la asunción de Kirchner como gobernador, Kank y Costilla se transformó en una de las principales beneficiarias de la obra pública en Santa Cruz.
* Que después de la muerte de su hermano José, el 18 de mayo de 1999, comenzó a tener problemas para recibir los dividendos que le correspondían como accionista de la empresa.
* Que a partir de 2000 detectó en la constructora maniobras con facturas apócrifas, falsificación de sellos y adulteración de remitos.

—Era un verdadero descontrol. En vez de pagar doscientos mil pesos de IVA, se abonaban veinte mil. Cada tanto aparecían cheques librados a nombre de personas que no existían, cheques que eran cobrados en los bancos de Santa Cruz y de Tierra del Fuego. Y el cobro de dinero era por falsos servicios que nunca se hacían —precisó Estela Kank.

La mujer también declaró que el 13 de mayo de 2001, a las siete de la mañana, su primo Aníbal Costilla le dio detalles de cómo se habría compensado a funcionarios públicos.

317

Fue mientras viajaban de Comodoro Rivadavia a Río Gallegos, ambos con un cigarrillo en la mano, en una de las camionetas de la empresa.

Estela Kank afirmó que su primo Aníbal reconstruyó la siguiente escena, cuyos protagonistas habrían sido su hermano, Carlos Costilla, y Julio De Vido. El lugar: la oficina del entonces ministro de Economía de Santa Cruz. Estela aseguró que Aníbal le dijo que se trataba de algo muy frecuente, y que se producía cada vez que Carlos iba a cobrar un certificado de obra.

Julio De Vido: Hola Carlos.

Carlos Costilla: ¿Qué tal, Julio?

JDV: ¿Un cafecito, Carlos?

CC: Como no, Julio. Antes, ¿puedo pasar al baño?

JDV: Pasá, Carlos.

En su denuncia a la Justicia, Estela dijo que Aníbal precisó:

–Entonces Carlos entra al baño, abre el botiquín, saca el sobre blanco y lo deja. Cierra, se toma el café, hablan unos minutos y se despiden.

Estela Kank recordó que el 21 de mayo de 2001 regresó a Comodoro Rivadavia junto con Aníbal Costilla, y que un mes y medio después su primo murió.

–Aníbal no llegó a cumplir 40 años. Llevaba un mes y medio de casado y su mujer estaba esperando un hijo. Se confesó en vida, conmigo. Y enseguida falleció. Lo hirieron de muerte las presiones que recibió del gobierno para arreglar la rotonda de Río Gallegos. También el descalabro en que se había convertido la empresa, después del copamiento.

Dos meses después de la muerte de Aníbal, Estela Kank le envió una carta a la responsable de la Administración Federal de Ingresos Públicos (AFIP), Regional Comodoro Rivadavia, contadora Graciela Acosta. La funcionaria se sorprendió después de leer un párrafo de la misiva, firmada con un nombre inventado: el de "Ignacio Sueldo". Es textual:

"El Sr. Julio DEBIDO mensualmente y ante el pago de los certificados de trabajo pasa a retirar sobres de dinero con hasta $ 80.000 que luego entregará a un político corrupto. Él se encarga de las licitaciones ganadas, lo que se conoce como RETORNO".

El 21 de setiembre de 2001, la AFIP inició la investigación.

El 7 de mayo de 2002 realizó una inspección integral y secuestró sellos y facturas que parecían apócrifos.

Meses después, Graciela Acosta fue trasladada por las autoridades de la AFIP a la provincia de Tucumán.

El 6 de noviembre se abrió la causa "Kank y Costilla por presunta evasión impositiva". El expediente todavía se encuentra en el Juzgado Federal de Comodoro Rivadavia.

Estela Kank mencionó como partícipes de las maniobras de vaciamiento a:

* Su prima Myriam Costilla, portadora de una bolsa con todos los sellos truchos.
* Oscar Azpillaga y Carlos Sbarra, los principales proveedores de las facturas truchas.
* Su primo Carlos Costilla.

Según Estela, Myriam Costilla, junto con su pareja, Ricardo Benedicto, tomaron medio millón de dólares de Kank y Costilla para invertirlos en Casino Club SA. Benedicto es el vicepresidente del Casino. El presidente es nada más y nada menos que Cristóbal López.

Oscar Azpillaga es el padre de Hernán Azpillaga, quien fue registrado como empleado de Kank y Costilla en una de las inspecciones que dispuso la AFIP.

Al fiscal de la causa, Norberto Bellver, le llamó la atención que Azpillaga hijo fuera anotado, inmediatamente después, como empleado en relación de dependencia de Casino Club.

También le pareció sospechoso que la esposa de Carlos Costilla, Belisa Yáñez, haya acreditado, en su declaración jurada de 2001, ingresos por apenas 235.000 pesos, cuando sus mismas acreditaciones bancarias ascendían a casi 640.000 pesos.

—Ello hace presumir fondos cuyo origen resultaría ilegítimo y conectados con los hechos denunciados —amplió Bellver.

Repasemos: Carlos Costilla, según Estela, es el hombre que habría dejado el sobre blanco en el botiquín del baño de De Vido. Y su mujer trabajaba como representante legal de la policía provincial. La investigación del fiscal Bellver fue recibida por la jueza federal de Comodoro Rivadavia Eva Liliana Parcio, designada en 2001.

El 25 de mayo de 2003 Kirchner asumió como Presidente y nombró a De Vido ministro de Planificación Federal, Inversión Pública y Servicios.

Cuatro meses después Parcio dictaminó, de manera desprolija y a las apuradas, el sobreseimiento de personas que no existen y también de otras que no trabajan ni figuran como accionistas en la empresa Kank y Costilla. Entre otros, sobreseyó, e incluyó como directivos de la constructora, a "Julio Debido", Ricardo Benedicto, Cristóbal López, Belisa Yáñez y los fallecidos José Kank y Aníbal Costilla.

319

A propósito de semejante desbarajuste, Elisa Carrió declaró ante Nicolás Cassese, periodista de *Noticias*:

—Es notable que [a De Vido] no lo hayan investigado por los pagos, como surge del testimonio [de Estela Kank].

En la misma nota un vocero de De Vido calificó la historia de Kank y Costilla como "una novela".

Después del juicio, Estela Kank vendió su paquete accionario y se fue a vivir a Villa Carlos Paz. A su parte se la pagaron en cuatro cuotas de cincuenta mil dólares cada una, y un predio de cinco mil metros cuadrados ubicado en la Avenida Hipólito Yrigoyen 4383, en Comodoro Rivadavia. Durante muchos años el predio fue alquilado por Cristóbal López, y ese dinero se constituyó en su único ingreso.

—Me tenían atada de pies y manos, porque sabían que yo quería denunciarlos —explicó.

Kank apeló el dictamen, pero la Cámara rechazó su recurso en tiempo récord.

Kank envió dos cartas al presidente Kirchner. La primera tiene fecha 30 de octubre de 2003. La segunda es del 14 de abril de 2004.

El 28 de diciembre del mismo año, en el Día de los Inocentes, desde Presidencia le respondieron que habían derivado su denuncia al Ministerio de Justicia.

Y el 24 de octubre de 2005 un funcionario del mismo ministerio le respondió que no había nada más que hacer, ya que Kank y Costilla había pagado su deuda con la AFIP.

Estela Kank dio más detalles de cómo terminó la película.

—En 2006 Lázaro Báez tomó el control de la empresa, mediante su contador, Fernando Javier Butti. Para quedarse con Kank y Costilla, Báez tuvo que pagar seis millones de dólares.

Más allá del complejo entramado de acciones y accionistas, hay escondida una verdad sencilla que podría servir a fiscales y jueces para probar el fuerte vínculo entre Lázaro y Néstor. Se trata de la coincidencia temporal entre el inicio de los nuevos negocios de Báez y la asunción de Kirchner y Cristina como presidentes de la Nación. Veamos.

El 16 de mayo de 2003, nueve días antes de la asunción de su amigo Néstor, Lázaro registró Austral Construcciones, la empresa madre de todo el grupo. Era evidente que tenía información privilegiada: a partir de ese momento Austral se transformó en la constructora más beneficiada por los contratos de la obra pública. Sus competidores calculan que, incluido 2009, su facturación pudo haber llegado a los cuatro mil millones de pesos.

A fines de 2005, Lázaro tomó el control de su primera petrolera, denominada Misahar.

En octubre del mismo año registró Epsur, otra petrolera que puso a nombre de su hijo, Martín Antonio.

Hasta ese momento, Báez no tenía antecedente alguno en la industria. Pronto se comprendería por qué tenía tanto apuro en ingresar a la actividad. En diciembre de 2007, el gobierno de Santa Cruz le adjudicó siete de las quince áreas petroleras. Otras siete las ganó Cristóbal López, con un poco más de experiencia en la actividad.

Los competidores a los que dejaron en el camino no eran unos improvisados: YPF, Plus Petrol y la americana Geo Park fueron algunos de ellos.

La explicación oficial de las autoridades fue que Báez y López habían ganado porque sumaron muchos puntos como empresas regionales. Eduardo Costa, diputado nacional electo y socio de Geo Park en la licitación, afirmó, sin embargo, que los pliegos fueron hechos a la medida de los amigos de Néstor Kirchner.

El 23 de octubre de 2007, tres días antes de la victoria electoral de la presidente Cristina Fernández, Báez sumó a sus negocios dos nuevas empresas dedicadas a la agricultura y la ganadería, algo que jamás había ensayado antes de ese momento. Se llama Austral Agro. Su capital inicial fue de cincuenta mil pesos. Según los papeles, la comparte con su contador, Fernando Javier Butti.

Cinco días después, el 29 de octubre, Báez celebró el triunfo de Cristina con la inscripción de dos nuevas compañías dedicadas al rubro inmobiliario.

Una se llama Austral Atlántica y en su directorio figuran Butti y la otra mano derecha de Báez, el ingeniero Julio Mendoza. Con cincuenta mil pesos de capital inicial, Austral Atlántica se dedica a construir y comercializar inmuebles, incluidos clubes de campo y de propiedad horizontal.

La otra se denomina Austral Desarrollos Inmobiliarios y sus objetivos son iguales a los de la primera.

¿Por qué registra dos empresas distintas con un mismo objetivo?

Solo se sabe que una de ellas es la que lo transformó en socio de Kirchner cuando este todavía era Presidente en ejercicio. Así lo reconoció el propio Néstor en una de sus declaraciones juradas. El detalle es que formalizaron el vínculo en un fideicomiso inmobiliario destinado a la construcción de departamentos en Río Gallegos.

La última información privilegiada con la que contó Lázaro Báez, gracias a sus vínculos con el poder, fue la certeza de que Kirchner impulsaría la construcción de dos enormes represas hidroeléctricas en la provincia de Santa Cruz.

Las represas tenían nombre y fecha de inicio. Se llaman Cóndor-Cliff y La Barrancosa. Deberían haberse empezado a levantar a principios de 2009. Y el lugar donde debían ser levantadas estaba predeterminado: es el mismo que eligió el amigo de Néstor para comprar 182.000 hectáreas, repartidas en diez estancias, a la vera del río Santa Cruz.

Lázaro empezó a invertir allí a fines de 2006. Ya llevaría gastados más de veintisiete millones de dólares (véase Séptima Parte: Lázaro. Capítulo 1: El dueño de Santa Cruz). Y Mariana Zuvic, la presidente de la Coalición Cívica de la provincia, infirió que lo hizo porque contaba con información anticipada de lo que en ese sitio iba a suceder:

—Esas represas inundarán sus tierras. Y Lázaro podrá cobrar una indemnización por parte del Estado mucho mayor que el dinero que gastó.

Fabiana Ríos, ex diputada y actual gobernadora de Tierra del Fuego, fue la primera en descubrir cómo Lázaro empezó a multiplicar su dinero.

Y lo escribió en su excelente trabajo titulado *La distribución de la obra pública: clientelismo o política de Estado*. Junto con Ríos trabajó la directora del Centro de Estudios para la Gestión Pública del Instituto Hannah Arendt, Paula Olivetto Lago. El informe es de 2004, pero revela que, ni bien asumió, Néstor Kirchner estaba dispuesto a pasar por encima de todo.

Ríos demostró:

* La concentración del gasto en la obra pública: más del cuarenta por ciento de los fondos se asignaron a Santa Cruz, Córdoba y Buenos Aires.
* El incumplimiento de las reglas de transparencia que exige el Sistema Nacional de Obras Públicas. Uno muy grave, en particular: la falta del dictamen técnico previo para las obras, que en ese momento superaban los cinco millones y medio de pesos.
* El uso discrecional de fondos: solo durante 2004 el entonces jefe de Gabinete Alberto Fernández autorizó a Santa Cruz obras no previstas en el Presupuesto por un total de 284 millones de pesos.

—De ese total, el cincuenta por ciento de los fondos fue desviado a la provincia de Kirchner —explicó Ríos.

De Vido y Fernández bendijeron el milagro: incrementaron el presupuesto original para la obra pública en Santa Cruz, que era de solo catorce millones de pesos, hasta ¡178 millones de pesos! Es decir: más de doce veces lo previsto.

Fabiana Ríos consideró desmesurado el hecho de que el 32 por ciento de la obra pública del país fuera destinada a Vialidad. Pero enseguida encontró la respuesta a esa desmesura.

Casi la totalidad de esa asignación había ido a parar a la "repavimentación y puesta a punto" de la Ruta Nacional 40, justo en el tramo de la provincia de Santa Cruz. Y al final se dio cuenta de todo: los beneficiarios de semejante trabajo eran Equimac, Esuco y Gotti, los elegidos de siempre.

Se trata de las mayores adjudicatarias de la obra pública en la provincia de Néstor. Esuco es propiedad de Carlos "El Alemán" Wagner. Equimac, de Eduardo Herbon. Y Gotti fue copada por Lázaro Báez, como se demostró con anterioridad.

Ríos agregó:

—Esas firmas son socias o contrincantes según la licitación. El arreglo entre ellas es para repartirse los negocios, e impedir que entren al club de la obra pública pequeñas y medianas empresas constructoras.

La entonces diputada nacional dio un ejemplo concreto de cartelización: la licitación de la obra para construir el terraplén en la Ruta Nacional 3.

El gobierno calculó un presupuesto de dos millones de pesos. Se presentaron:

* Gotti SA, con una oferta de 3.362.188 pesos.
* Equimac, con 2.902.981 pesos.
* Y Contreras hermanos, con 2.759.861 pesos.

Ríos probó, como es evidente, que las ofertas eran sospechosamente parecidas, y que las tres empresas habían formado un cartel de precios muy por encima del presupuesto oficial.

Lo mismo sucedió en la apertura de sobres para la pavimentación y la repavimentación de la intersección de la ruta provincial 5 con la Ruta Nacional 3. Esta vez se presentaron:

* Gotti SA, con una oferta de 8.911.932 de pesos.
* Kank y Costilla, con 8.984.206 pesos
* Y Esuco, con 9.112.398 pesos.

De nuevo: precios pactados, similares entre sí y por encima del presupuesto. Y otra vez: Gotti y también Kank y Costilla formarían parte del pool de empresas de Lázaro Báez, el hombre de Kirchner.

Además de la cartelización y los sobreprecios, la actual gobernadora de Tierra del Fuego probó que el negocio de las obras viales nacionales, hasta fines de 2005, estuvo concentrado estas empresas, a saber:

* Gotti SA, con el 28,57 por ciento.
* Petersen Thiele y Cruz, con el 28,57 por ciento.
* Kank y Costilla, con el 14,28 por ciento.
* Contreras Hermanos, con el 14,28 por ciento.
* Equimac, con el 14,28 por ciento.
* Esuco SA, con el 14,28 por ciento.

El presupuesto total fue de trescientos millones de pesos.

Petersen es la constructora de los Eskenazi, los accionistas mayoritarios del Banco de Santa Cruz y dueños del 14 por ciento de YPF, la empresa más poderosa de la Argentina.

La dirigente del ARI no se detuvo allí.

También hizo un cuadro comparativo de la distribución de casas financiadas por el Estado en todo el país. Así determinó que Santa Cruz era la provincia más favorecida y también la que cotizaba las viviendas más caras.

El cuadro es sencillo y muy ilustrativo:

—Santa Cruz, con una población de poco más de 190.000 habitantes, necesitaba 5.500 viviendas. Y logró presupuestar tres mil viviendas para construir por un monto de casi 192 millones de pesos. Consiguió así cubrir el 55 por ciento de su demanda.

En el otro extremo, Formosa, con casi 490.000 habitantes y 89.000 hogares sin vivienda o con vivienda precaria, solo logró que le aprobaran 1.400 viviendas con una inversión de cuarenta millones pesos. El resultado: solo el 1,58 por ciento de su demanda cubierto.

A la provincia de Buenos Aires le fue solo un poco mejor que a Formosa: con casi catorce millones de habitantes, 830.000 hogares con precariedad habitacional, logró una inversión de 370 millones de pesos. Es decir: llegó a cubrir la demanda en solo 5,50 por ciento.

Santa Fe, con sus casi tres millones de habitantes y sus 136.000 hogares necesitados, presupuestó diez mil viviendas, a un costo total de 276 millones de pesos y una cobertura de la demanda del 7,35 por ciento.

Fabiana Ríos se sorprendió todavía más cuando comparó el valor del metro cuadrado en provincias de la misma región.

Así, mientras en Tierra del Fuego el metro cuadrado costaba 1.512 pesos y en Chubut 1.017 pesos, en Santa Cruz trepaba a casi 1.900 pesos, sin que nada justificara semejante sobreprecio.

Es más: en ese momento, en Río Gallegos, el valor de mercado del metro cuadrado de cualquier vivienda construida no pasaba de ochocientos pesos.

Es decir: el 58 por ciento menos de lo que el ministerio de De Vido decidió pagarles a las empresas de su provincia.

Y eso no fue todo.

Porque también comprobó que las empresas constructoras volvían a ser siempre las mismas: Esuco, Juan Felipe Gancedo SRL y Gotti, manejada por Lázaro Báez.

En ese momento, el presidente del Instituto de Desarrollo Urbano y Vivienda de Santa Cruz (IDUV) era un Kirchner. Para ser más precisos: Carlos Santiago Kirchner, primo hermano del ex presidente todopoderoso.

Carlos Santiago tuvo que irse cuando el entonces gobernador Sergio Acevedo le pidió la renuncia, disconforme con la poca transparencia de su gestión. Pero su primo hermano no lo abandonó, sino que le dio conchabo en el Estado nacional.

El 8 de setiembre de 2009, a las siete y media de la tarde, el gobernador de Chubut, Mario Das Neves, puso en negro sobre blanco la evidencia de escandalosos sobreprecios en la obra pública para viviendas que imperan en Santa Cruz.

—En la actualidad, en la capital de mi provincia, Comodoro Rivadavia, las viviendas sociales cuestan 140.000 pesos. Pero si cruzás a Caleta Olivia, Santa Cruz, que está a una distancia de no más de sesenta kilómetros, las mismas construcciones salen entre 320.000 y 340.000 pesos.

—Deben ser más grandes. Deben estar hechas con un material superior —intenté corregirlo.

—No. A ver si me entiende. Estoy hablando de las mismas viviendas, con los mismos materiales y construida por las mismas empresas, como Torraca hermanos o Rigel SA. Y lo tengo muy presente porque los dueños de esas constructoras me llaman todos los días para decirme: "Gobernador: no nos conviene trabajar en Chubut. ¡Si en Santa Cruz el metro cuadrado se paga el doble!".

—¿Y usted qué les responde?

—Que vayan, así puedo darles trabajo a pequeñas y medianas empresas que no se quejan tanto y hacen las casas igual de bien.

Das Neves es uno los políticos a los que Kirchner no perdonará jamás. Lo considera un traidor y no porque pretende suceder a su esposa Cristina. Néstor piensa que el verdadero pecado del gobernador es haber impedido que sus amigos Cristóbal y Lázaro expandieran sus negocios en la provincia vecina.

2
EL DUEÑO DE SANTA CRUZ

La adivinanza se escucha hace tiempo en los cafés del centro de Río Gallegos, provincia de Santa Cruz.

−¿Cómo hace un hombre maduro, casado, con hijos y sin ningún don especial para transformarse en millonario a toda velocidad?

−Solo hay tres posibilidades: se gana la lotería, recibe una herencia inesperada o se hace amigo de *Lupo*.

A Lázaro Antonio Báez, quienes lo conocieron antes de su encuentro interesado con Kirchner, lo ubican en la tercera categoría.

La ex militante del Frente para la Victoria Santacruceña (FVS) Alejandra Pinto puede dar fe de su vertiginoso crecimiento patrimonial.

Todavía lo recuerda a principios de la década de los noventa, callado, con veinte kilogramos menos que ahora, con bigotes y ropa gastada por el uso, manejando un Ford Falcon modelo 72 y no en excelente estado.

Lázaro nació en la provincia de Corrientes el 1º de febrero de 1956.

Llegó a Santa Cruz a los 6 años, cuando su padre, peronista, tuvo que salir de su provincia natal, corrido por el golpe contra el presidente Arturo Frondizi.

Su primer trabajo fue como cadete en el Banco Nación de la provincia, en 1980.

Usaba el pelo corto como un suboficial del Ejército.

En 1984 se casó con Norma Beatriz Calismonte, una preceptora que trabajaba en la escuela pública.

Ese mismo año se compró, a crédito, su primera y humilde casita en el 499, un barrio social levantado por el Instituto de Desarrollo Urbano y Vivienda (IDUV) detrás del cementerio y el Barrio 366.

Su segundo trabajo fue como cajero del Banco de Santa Cruz, en 1985.

En 1987, Lázaro todavía andaba dando vueltas y Kirchner ya había ganado la intendencia de Río Gallegos por apenas 110 votos. Los tuvieron que sumar seis veces.

−Cada vez que los contaban, Néstor se desmayaba −recordó Pinto, porque justamente estaba ahí.

En 1989 Lázaro se acercó al Ateneo Juan Domingo Perón, la unidad básica más importante del Frente para la Victoria.

En 1990 le ofreció a Kirchner una lista con los clientes más poderosos del Banco de Santa Cruz. Incluía el estado financiero y el movimiento de cada una de las cuentas. A partir de ese momento se ganó la confianza de *Lupo* y no la perdió más.

A fines de 1991 asumió como adscripto a la Gerencia del banco.

A pesar de que al principio fue muy cuidadoso, la ostentación de su mujer puso a toda la familia en evidencia.

Fue en una fría tarde de 1993, en el gimnasio Stylo, el único con spa en Río Gallegos, cuando otras mujeres dieron cuenta de la metamorfosis patrimonial.

Estaban presentes su cuñada, la hermana de Lázaro, Irene Báez; Alejandra Pinto y otra mujer cuyo nombre se mantiene en reserva a su pedido.

Irene y Alejandra eran compañeras de trabajo en el Poder Judicial. Una lo hacía en la fiscalía y la otra en la defensoría oficial número dos. Ambas, cuando salían del trabajo, solían visitar el Stylo para entrenar y conservar la figura. Pero esa tarde iban al spa y Beatriz Calismonte insistió en acompañarlas.

Cuando la mujer de Lázaro ingresó, el impacto en el Stylo fue mayúsculo. No solo por la ropa que vestía, que era muy nueva y parecía muy cara.

También, porque, ni bien llegó, empezó a hablar del departamento que habían terminado de comprarle a su hija en Córdoba para que pudiera vivir mientras estudiaba en la universidad.

Pero lo más chocante para el grupo de mujeres que compartieron ese día con Beatriz Calismonte de Báez sucedió en el vestuario, en el momento en que empezó a desvestirse.

—Mientras comentaba que había viajado a Buenos Aires para comprarse cinco tapados de piel, porque no se podía decidir por uno, se iba quitando, con paciencia y dedicación, una cantidad interminable de anillos y cadenas, además de los aros. Y todo de oro puro —contó Pinto para esta investigación.

El infierno grande del pueblo chico hizo cada vez más ostensible que Lázaro no vivía de su sueldo de adscripto a la gerencia del Banco de Santa Cruz.

Los cambios de auto de él y la compra de uno nuevo para Beatriz fueron solo el principio.

Las sucesivas mudanzas confirmaron la sospecha.

En 1995 dejaron su humilde casita del Barrio 499 para mudarse al barrio FODEPRO, más cerca del cementerio.

De allí ascendieron otro escalón social y se trasladaron al centro de la ciudad. Más precisamente a la calle Villarino 140.

–A esa altura, todos en Gallegos sabíamos de dónde sacaba el dinero el adscripto a la gerencia –recordó Pinto.

Años más Báez cumplió el sueño de la chacra propia. Sin embargo, no se detuvo:

–Empezó a transformarse en un comprador compulsivo. Desde una carnicería hasta las 180.000 hectáreas de campo que todavía no terminó de pagar –informó un agente inmobiliario que compite con la inmobiliaria de Máximo Kirchner.

–Es, sin duda, uno de los empresarios más poderosos de Santa Cruz –confirmó Daniel Gatti, autor de una biografía de Kirchner y otra de Lázaro.

Actualmente Lázaro Antonio Báez da trabajo a más de cuatro mil personas y posee o domina las siguientes empresas:

* Austral Construcciones.
* Gotti Hermanos SA.
* Badial SA, constructora.
* Palma SRL.
* Kank y Costilla SA, constructora.
* Localzo y del Curto SRL, constructora.
* Austral Agro SA.
* Austral Desarrollos Inmobiliarios SA.
* Austral Atlántica SA, dedicada a la compra y venta de viviendas.
* Combustibles Sur SA.
* Misahar SA, dedicada a la actividad petrolera.
* Epsur SA, inscripta con la misma finalidad.
* Patagonia SA, pensada para lo mismo.
* Estrella del Sur.
* Magna, consultora de medios y comunicación.
* Diagonal Sur, comunicaciones e Informática.
* Invernes SA.
* Austral es su empresa madre.

Gotti fue capturada por Austral, como se explicó en el capítulo anterior.

Badial es la primera empresa de Báez a la que la AFIP puso en la mira y le encontró facturas apócrifas.

A Palma la comanda Diego Palleros, hijo de Diego Palleros, traficante de armas a Croacia y el Ecuador que estuvo preso en la misma causa en la que se detuvo al ex presidente Carlos Menem. Palleros hijo es el marido de Irene Báez, la hermana de Lázaro.

Kank y Costilla también fue tomada por Austral. Quien operó el desembarco de esta constructora es el contador Fernando Javier Butti.

Butti está casado con la sobrina de Báez, Andrea Cantín, y su primer empleo fue en Palma.

Andrea es la hija de Raúl Cantín, quien fue presidente del Concejo Deliberante de Río Gallegos hasta diciembre de 2007 y candidato a intendente ese mismo año por el Frente para la Victoria. En la capital santacruceña se comenta que la campaña la pagó el propio Báez. Además, la joven contadora fue la apoderada estrella de Invernes. Y su padre aparece involucrado en otro gran escándalo, el de las declaraciones patrimoniales que tuvieron que ser "corregidas" por el contador de Kirchner con la asistencia de altos directivos de la AFIP, porque sus números no eran coincidentes ni compatibles (véase Tercera Parte: El verdadero Kirchner. Capítulo 1: El arreglo). Su esposo, para complicar más la situación, figura en los directorios de numerosas empresas sindicadas como propiedad de Báez. Uno de los ejemplos más llamativos es Valle Hermoso SRL, donde explícitamente comparten las acciones con el amigo de Néstor.

Invernes nació en 2001 como una financiera y consultora y funciona como un pool de pequeñas empresas. Llegó a vender jugadores mediante una compañía denominada Interplayer. Tuvieron juicios cruzados con San Lorenzo de Almagro. Llegaron a gerenciar un equipo de fútbol en Salta. Pero su actividad principal fue cobrar los certificados de obra de Gotti, lo que descapitalizó a la constructora y la dejó a merced de Báez.

Invernes controla una sociedad llamada Swindell. Se trata de una sociedad inscripta en el Uruguay, país que respeta el secreto bancario. Durante los últimos años Swindell no tuvo un movimiento de cuentas considerable.

Austral Agro es la empresa que eligió el amigo de *Lupo* para comprar, entre otras cosas, las 180.000 hectáreas de campos cuyo presunto destino más adelante se detallará.

Austral Desarrollos Inmobiliarios es la compañía que usó Lázaro para constituir un fideicomiso con Kirchner, para después construir un edificio de departamentos en Río Gallegos. El ex presidente aportó el terreno y Báez lo construyó. Hay un documento que confirma que son socios. Todavía nadie inició una causa para confirmar si un proveedor del Estado puede ser socio del marido de una Presidente en ejercicio.

Epsur y Misahar Argentina ganaron seis de las quince áreas petroleras que el gobierno de San Cruz licitó en 2006. Dejaron en el camino a poderosos competidores como YPF, Tecpetrol, Petrobras, y también a la Unión Transitoria de Empresas (UTE) entre Sipetrol y la empresa presidida por Eduardo Costa, el dirigente radical que le ganó al Frente para la Victoria en las últimas elecciones de 2009.

Las otras siete fueron adjudicadas a petroleras de Cristóbal López. El empresario del juego justificó su holgado triunfo con argumentos curiosos.

Báez, mediante Magna, posee Magna FM 100.7 y el diario *Prensa Libre*. Son medios ultrakirchneristas que compiten con los de Rudy Ulloa para ver quién hace menos periodismo crítico.

Además de estas empresas, a Báez se le adjudican estas posesiones:

* un avión Mitsubishi que se le rompe cada tanto;
* varias camionetas de alta gama;
* un hotel en Tolhuin, Tierra del Fuego;
* participación en el Hotel Alto Calafate, que apareció en la última declaración jurada de Kirchner como de su propiedad;
* once mil metros cuadrados de tierra en El Calafate;
* el Hotel Las Dunas, también en El Calafate;
* las 180.000 hectáreas de estancias en toda la provincia;
* la impresionante chacra donde varias veces durmió Kirchner en Río Gallegos;
* el avión privado es un Mitsubishi MU-2 Marquise, con 2.500 kilómetros de autonomía de vuelo, valuado en ochocientos mil dólares y con un costo de mantenimiento de treinta mil dólares al mes. Durante 2007 se le descompuso varias veces y tuvo que alquilar el Lear Jet de la empresa Royal Class, la misma que manejó Alfredo Yabrán y que transportó a Antonini Wilson con la valija de los ochocientos mil dólares.

En el Mitsubishi de Báez viajó por lo menos una vez desde Santa Cruz hasta Buenos Aires el entonces secretario de Energía de la provincia, Alessandro Perrone. Fue en marzo de 2008 y lo acompañaron algunos miembros de su familia. Se trata del mismo funcionario que adjudicó a Lázaro y Cristóbal las áreas petroleras de Santa Cruz. Muchos vecinos de Río Gallegos ya no se sorprenden ante semejante promiscuidad. Ellos vieron a Perrone varias veces arriba de las camionetas de las empresas petroleras de Báez, Misahar y Epsur.

Perrone renunció en febrero de 2009 por orden de su jefe político, Néstor Kirchner, disgustado por la política energética del gobernador Daniel Peralta.

Antes de hacer uso intensivo del Mitsubishi, Lázaro viajó, desde Río Gallegos hasta Buenos Aires, en el avión de la gobernación de Santa Cruz junto al entonces mandatario Sergio Acevedo.

Fuentes cercanas al propio Acevedo sostienen que el tener que "subir" a Báez en el avión oficial fue una de las razones por las que acumuló resentimiento contra Kirchner y decidió alejarse del poder.

−¿Lázaro no tiene plata para pagarse un pasaje? −le mandó a preguntar un día el gobernador al Presidente, después de que, desde la Casa Rosada, le pidieran una vez más un asiento para el amigo de Néstor.

Entre los motivos graves por los que decidió dimitir Acevedo también se debe citar a Báez.

−Quisieron que le adelantara a una empresa de Lázaro treinta millones de pesos de una obra que había licitado el Estado nacional. Me vinieron a apretar tres altos funcionarios desde Buenos Aires. La situación era insostenible −recordó el ex gobernador, frente a dos amigos en el bar cercano a su departamento de Buenos Aires donde casi siempre toma café con muy poca leche.

Las camionetas de alta gama no serían la debilidad de Báez, sino de Martín, su hijo mayor (o Leandro, su hijo menor). Además de una Mercedes Benz y otra BMW, y varias Toyota Hilux, la familia posee una Hummer cuyo precio en el mercado es de más de setenta mil dólares. En los últimos meses se le adjudica la compra de otro avión, en este caso de un Lear Jet, valuado en 1.300.000 dólares, con un cargo de mantenimiento de treinta mil dólares al mes.

Su participación en el Hotel Alto Calafate junto con las hijas de la ministra Alicia Kirchner, quienes además son las sobrinas de Néstor, se infirió de un documento en el que figuraba como director de la empresa su apoderado, Roberto Saldivia. Pero en la última declaración jurada del ex presidente el hotel cuatro estrellas aparece como de su propiedad.

En Calafate le regalaron, igual que a la mayoría de los kirchneristas incondicionales, once mil metros cuadrados de tierras fiscales al módico precio de 7,50 pesos el metro.

No hay duda de que se trata del lugar en el mundo de la presidente Cristina y de sus amigos de negocios. En diciembre de 2007, Austral Construcciones fue favorecida con una obra que tenía un presupuesto oficial de 125 millones de pesos, aunque Lázaro ofertó veinte millones más. Se trata de la construcción de seis kilómetros de paseo costero, desde Bahía Redonda hasta Laguna Nimes. Le dieron un plazo de treinta meses para entregarla. El matrimonio presidencial estaba apurado porque deseaba usarla para sus caminatas desestresantes de los fines de semana.

La chacra que Lázaro posee en las afueras de Río Gallegos, donde Néstor se quedó a dormir algunos fines de semana hasta que en febrero de 2007 la revista *Noticias* dio cuenta de su existencia, es, de verdad, impresionante.

Se encuentra en un enorme predio de trece mil metros cuadrados distribuidos en cuatro manzanas.

Tiene dos plantas, un casco de estancia, fuentes de riego y un baño con jacuzzi de 35 metros cuadrados.

La casa principal es la que Néstor usó como si fuera propia. Tiene un quincho donde comparte asados con sus amigos. La enorme piscina tiene los colores de Boca.

Hay, además, dos casas para los cuidadores, un laboratorio químico y ocho viveros donde cultivan hortalizas.

A la chacra de Lázaro no puede ingresar cualquiera.

Los invitados solo pueden acceder con vehículos provistos por el propio amigo de *Lupo*. La mayoría de esos vehículos son negros y sus vidrios están polarizados. Báez no tiene preferencia por una marca en especial. Los pocos que la visitaron sostienen que la flota está compuesta por camionetas Jeep Cherokee, Toyota, BMW, Mercedes Benz y también Ford Ranger.

Todos los ambientes cerrados y también el resto del predio son monitoreados por cámaras que graban las veinticuatro horas. A un costado de la casa principal hay una pequeña oficina desde donde se controlan también las áreas que rodean el terreno. Hay cámaras infrarrojas para ver de noche. También hay sensores de movimientos y reflectores que se prenden de inmediato ante cualquier actividad imprevista.

Agentes indignados suministraron a *Perfil* información muy valiosa sobre la custodia de Lázaro, integrada por veinticuatro hombres, algunos de los cuales pertenecen al Grupo de Operaciones Especiales (GOE) de la Policía de Santa Cruz. La mayoría serían ex comandos militares.

Ellos sostienen que el propio jefe de la Policía, Wilfredo Roque, respondería a las órdenes de Báez, que, como a esta altura ya parece evidente, *es Kirchner.*

El reclutador de la guardia privada de agentes públicos de Lázaro se llama Roger Marino Jugo.

Marino Jugo tendría un doble ingreso como agente de seguridad

333

en Defensa Civil y como jefe de Serenos y Cámaras de Austral Construcciones.

Otro de los custodios con mayor responsabilidad en la seguridad de Báez es el ex policía Claudio Martínez.

Martínez le habría aconsejado a Lázaro el uso de una valija satelital capaz de interceptar teléfonos móviles y a la vez evitar la "pinchadura" del aparato propio. Durante los primeros años de la presidencia de Néstor, Martínez recibió, de parte de Beatriz Calismonte, esposa de Báez, una lista con los periodistas santacruceños que hablaban mal de Kirchner.

Claudio Martínez es hermano de Valerio Martínez, el ex secretario privado de Kirchner cuando este era gobernador. Valerio habría sido despedido después de intentar cobrar las entrevistas pautadas con *Lupo*.

Claudio y Valerio tienen otro hermano, Andrés Martínez, quien fue chofer de ambulancias del Hospital Regional de Río Gallegos.

Andrés fue detenido por la policía en octubre de 1994 junto con dos compañeros en el paraje La Esperanza, a 160 kilómetros de Río Gallegos. Fuentes seguras afirmaron que en el interior de la ambulancia no llevaban pacientes sino dos corderos recién carneados que le habrían arrebatado a un chacarero de la zona.

Roger Marino Jugo y Claudio Martínez habrían sido los responsables de coordinar los operativos de choque que los docentes y otros empleados públicos iniciaron en la ciudad de Néstor y Cristina a partir de 2006.

Algunos de sus compañeros en la fuerza confirmaron, además, que los efectivos que trabajan para Lázaro no cumplen servicio en la Policía pero que igualmente cobran salario.

El Hotel Las Dunas es una de las últimas adquisiciones de Lázaro en El Calafate.

Modesto, de no más de tres estrellas, Las Dunas tiene apenas doce habitaciones y habría sido comprado por dos millones de pesos. Hasta mayo de 2009 estaba entre los más baratos de la zona turística. Una doble costaba 150 pesos la noche y la triple no llegaba a doscientos pesos. La tarifa incluye desayuno americano, wi-fi y el uso de una pequeña flota de vehículos para trasladar a los pasajeros al centro y el aeropuerto.

Las Dunas no tendría nada de particular si no sirviera para demostrar, una vez más, que Lázaro y Néstor suelen trabajar con los mismos profesionales. En este caso se trata del escribano Ricardo Albornoz, quien se ocupa de la explotación de la hostería.

Albornoz también se ocupa de "vender" los servicios de La Usina, un comedor de campo, ubicado a cuarenta kilómetros de El Calafate y a treinta kilómetros del glaciar Perito Moreno.

La Usina, como no podía ser de otra manera, es otra de las propiedades del señor Báez.

De cualquier manera, la compra compulsiva de las estancias es considerada una de las jugadas más audaces y oportunistas del ex cajero del Banco de Santa Cruz.

Mariana Zuvic, esposa de Eduardo Costa y presidente de la Coalición Cívica en Santa Cruz, infirió que Báez las compró para cuando se construyan allí las represas hidroeléctricas Condor Cliff y La Barrancosa, después las tierras se inunden y así obtener una millonaria indemnización.

—Las estancias no tienen valor turístico, y fueron pagadas muy por encima del precio de mercado —aseguró.

Condor Cliff y La Barrancosa deberían de estar terminadas en 2011. Y, si todo sale como Néstor y Cristina lo tienen previsto, uno de los grandes beneficiarios de la obra sería la empresa Electroingeniería. Ambas represas generarían más del quince por ciento de toda la energía que produce la Argentina.

—Lázaro se podrá quedar con las tierras y le hará juicio al Estado porque sus campos se inundarán ni bien empiecen a funcionar las represas —completó Zuvic.

Daniel Gatti tiene otra hipótesis.

—Todavía no están definidas las alturas de cota que van a tener las represas. Lo que si es cierto es que hay estancias cuyo valor de mercado es un millón, y Lázaro las está pagando el triple. Los papeles de las sociedades y los constantes cambios en los paquetes accionarios dificultan el acceso a la información. Podríamos estar en presencia de una operación de lavado de dinero —interpretó el periodista.

A las estancias, Báez terminó de comprarlas a principios de 2008. Fueron, en total, 182.000 hectáreas con 35.000 ovejas adentro. Fuentes del mercado inmobiliario de la zona informaron que el amigo de *Lupo* pagó, en total, cerca de veinticinco millones de dólares, en blanco y, en algunos casos, en efectivo.

Una de ellas, Cruz Aike, está en el departamento de Lago Argentino, sobre la ruta que une Río Gallegos con El Calafate, a unos cincuenta kilómetros de la ciudad.

Se trata de una zona alejada del turismo. Tampoco es la mejor para la actividad ganadera. Los inviernos son insoportables. Incluso para los animales.

Cruz Aike era de Luciano Benetton. E incluía dos estancias más pequeñas: La Porteña y La Julia. En total son 36.000 hectáreas, y en el momento en que Báez las compró había nueve mil ovejas. Por todo el paquete, Austral Agro habría pagado 1.800.000 pesos.

Báez también adquirió la estancia La Entrerriana. Son cuarenta mil hectáreas, con diez mil ovejas incluidas. Lázaro habría escriturado la propiedad por seis millones de dólares. Con La Entrerriana compró también dos campos más chicos: Estancia Ana y El 10.

Los que están en el negocio inmobiliario no terminan de comprender por qué el anterior dueño de El 10 había comprado ese campo en 2006 a veinte dólares la hectárea y se lo vendió a Lázaro, dos años más tarde, a 150 dólares.

—Más allá del negocio que hizo, el precio que pagó Báez es el de alguien desesperado por comprar —estimó el operador.

Con una calculadora en la mano, los hombres que manejan el negocio tampoco se explican por qué Lázaro pagó cincuenta dólares la hectárea de Cruz Aike y 150 la de La Entrerriana:

—Están una al lado del otro, en la misma zona, y las afectan las mismas condiciones climáticas.

Báez compró, muy cerca de allí, otras dos estancias de menor tamaño: Río Bote y El Campamento.

Río Bote tiene ocho mil hectáreas y habría pagado por ellas 1.400.000 dólares.

El Campamento posee trece mil hectáreas. Había estado en venta durante los últimos cuatro años a un muy buen precio: cuatrocientos mil dólares. Los expertos inmobiliarios volvieron a sorprenderse cuando, de un día para otro, Lázaro ofreció medio millón de dólares y se la quedó.

Lo mismo afirma sobre la adquisición de las estancias Alquinta y El Rincón.

—Báez rompió el mercado. Porque pagó valores demasiado altos y ahora cualquiera que tiene un pedazo de tierra acá quiere venderla por el valor del metro cuadrado en Tokio.

Pero eso no es todo.

Porque el socio de Kirchner también compró otra estancia en la frontera con Chile, en la zona de Río Turbio. Se llama La Verdadera Argentina. Tiene catorce mil hectáreas y Mariana Zuvic calculó que pagó por ellas 2.300.000 dólares.

La novela de las estancias podría tener un final infeliz. Según la dirigente de la Coalición Cívica, Lázaro habría tenido problemas para pagar La Verdadera Argentina, porque el gobernador de Santa Cruz, Daniel

Peralta, no le abona los certificados de obra con la precisión y la velocidad con que lo hacía Kirchner.

—A una de las estancias la pagó cinco millones y medio de dólares, al contado —reveló Zuvic ante una pregunta del autor de este libro.

—Semejante operación, ¿no debería estar bancarizada? —se le preguntó.

—Claro. Porque Lázaro no solo pagó al contado. También le ofreció al comprador un avión privado para viajar con el dinero y depositarlo en Buenos Aires. Si estuviéramos en un país serio, con un gobierno honesto, el responsable de la AFIP debería haber iniciado una investigación.

La verdad es que, hasta no hace mucho, la AFIP había puesto a Báez en la mira.

Fue cuando todavía no había sido copada por incondicionales a Kirchner, y sus investigadores más serios probaron que tres de sus constructoras, Gotti, Austral y Badial, entre otras, habían usado facturas apócrifas por más de quinientos millones de pesos.

Se trataba de facturas emitidas por empresas fantasmas y utilizadas por las compañías de Lázaro para evadir el Impuesto al Valor Agregado (IVA).

—Además de la evasión, suponemos que las facturas truchas también fueron usadas para disimular las coimas que habrían pagado a funcionarios, como agradecimiento por la cesión de alguna obra pública —contó al autor de este libro uno de los impulsores de la compleja investigación.

La búsqueda del delito se inició en 2004, cuando Alberto Abad, entonces número uno de la AFIP, ordenó a sus muchachos que enviaran a la justicia penal todas las denuncias contra las empresas que habían emitido facturas truchas.

Abad, quien nunca había sido pingüino, dejó a las firmas vinculadas a Kirchner patas para arriba.

—Una vez que las girás a la Justicia, no hay padrino político que pueda salvarte —explicó uno de los cuadros que participó de las inspecciones.

El 17 de agosto de 2007, el subdirector de Investigaciones de la Dirección General Impositiva (DGI), Jaime Mecikovsky, concluyó la compleja investigación de tres años. Sus hombres, provenientes de catorce direcciones regionales, analizaron 5.700 facturas de cien proveedores distintos. La conclusión fue lapidaria: entre 2003 y 2007 los reyes de la obra pública habían evadido quinientos millones de pesos.

Y de ese total, la primera en el ranking era nada menos que Gotti SA.

La empresa de Lázaro había usado facturas truchas por 130 millones de pesos. Y había dejado de pagar IVA por más de veintidós millones de pesos.

Mecikovsky denunció además que no solo Gotti, sino también Austral y Badial habían emitido facturas apócrifas.

Además detectó que las empresas fantasma eran las mismas que aparecían dando trabajos en servicios inexistentes a Skanska, la constructora sueca del escándalo. Es decir, servicios que habrían encubierto pagos de coimas a funcionarios del gobierno de Kirchner.

Los nombres de las empresas fantasma son: Constructora la Nueva Argentina, Berniers y Wikan Obras y Servicios.

En junio de 2008, cuando la investigación avanzaba con prisa y sin pausa, Néstor Kirchner le pidió al entonces número uno de la AFIP, Claudio Moroni, la cabeza de todos los cuadros de la DGI que habían impulsado la denuncia de las empresas de sus amigos.

Esto no es un invento del autor de este libro. Tampoco una interpretación antojadiza. Lo saben los verdugos y no lo ignoran las víctimas.

—Nos limpiaron uno por uno, con una precisión quirúrgica asombrosa —aceptaron dos de los desplazados.

Primero fueron por la cabeza de Norman Ariel Williams, a cargo de la regional Comodoro, encargado de investigar a los evasores de Santa Cruz, la zona atlántica de Chubut y Tierra del Fuego.

Su pecado: inspeccionar en el terreno a las *constructoras K* como si no tuvieran protección política.

A Williams lo reemplazaron por Héctor Sartal, hasta entonces supervisor interino de la División Fiscalización de la Dirección Regional de Palermo.

Sartal es un incondicional de Ricardo Echegaray y del ex presidente. Es el mismo que en abril de 2009 concurrió al despacho del contador de Kirchner para "compatibilizar" su declaración jurada con la de Báez, Rudy Ulloa y otros (véase Tercera Parte: El Presidente más rico de la Argentina. Capítulo 1: El arreglo).

El desplazamiento de Williams causó un fuerte impacto en toda "la línea técnica" de la AFIP. Y su reemplazo por Sartal fue la confirmación de que no era más eficiencia lo que estaban buscando. De hecho, aunque tenía la obligación técnica de hacerlo, Mecikovsky no firmó su designación.

Después, en julio, fueron directamente por la cabeza de Mecikovsky. Para pedírsela a su superior directo, el titular de la Dirección General Impositiva, Horacio Castagnola, el argumento de Moroni fue:

—No pueden quedarse un minuto más. Desde arriba me dicen que Mecikovsky simpatiza con Elisa Carrió.

Castagnola, otro profesional idóneo y con más de treinta años en "La Casa", intentó defender a su subordinado:

338

—Yo jamás le pregunto a nadie por quién va a votar. Además, Jaime es uno de mis mejores cuadros.

Pero Moroni insistió:

—Me lo piden de arriba. No hay margen para que se quede.

Así, Castagnola comprendió que en cuestión de horas irían también por él. Lo confirmó cuando Moroni le pidió que abandonara su puesto hasta que las cosas se calmaran. Ahora Castagnola es el director ejecutivo del Instituto de Estudios Tributarios, Aduaneros y de la Seguridad Social de la AFIP.

En noviembre de 2008 se hizo público que la causa de las facturas truchas de Gotti, Austral, Badial y Casino Club, de Cristóbal López, había ingresado a la Justicia Federal Penal.

Pero un mes después el Gobierno anunció la Ley de Blanqueo, cuyo efecto, entre otros, era evitar que quienes evadieron impuestos y emitieron facturas truchas vayan a la cárcel con el simple trámite de pagar lo que les correspondía.

Un poco antes, el 23 de agosto de 2008, los técnicos de la AFIP habían descubierto una nueva maniobra de Gotti SA cuyo objetivo inequívoco era eludir al fisco.

La empresa adjudicada a Lázaro había presentado un cambio de domicilio de Caleta Olivia a la localidad de Avellaneda, provincia de Buenos Aires. Caleta se encuentra a sesenta kilómetros de Comodoro Rivadavia, la central desde donde seguían inspeccionándola.

Pero los contadores de Gotti mudaron su domicilio fiscal a Mariano Acosta 135, piso primero, departamento B, Manzana 8, Código Postal 1870.

—Lo hicieron para dificultar la investigación. Porque saben que los inspectores que tenían a la empresa bajo sospecha no pueden viajar. Y porque pretendieron esconderse entre los miles de grandes contribuyentes que hay en la provincia de Buenos Aires —explicó un subdirector que conoce muy bien su oficio.

Lo mismo pretendió hacer Austral Construcciones: mudar el domicilio fiscal de Río Gallegos a la Capital Federal, para esconder al elefante de la denuncia entre una manada de elefantes denunciados.

Es que Lázaro no solo es socio y amigo de Néstor.

También comparte algunas de sus más cuestionables decisiones.

En efecto: así como Kirchner, a pesar de su fortuna, no renunció a la pensión graciable de ex presidente, Lázaro tampoco resignó, hasta que se hizo público, el cobro de los tres mil pesos mensuales que venía percibiendo desde 1998 como empleado público adscripto a la Secretaría General del Gobierno de Santa Cruz.

Se podrá decir que, a Néstor, la pensión le corresponde por ley, y que Báez, en cambio, debería devolver los salarios cobrados, porque se beneficiaba como proveedor de obras públicas. Lo que no se podrá negar es que ninguno de los dos necesita semejante ayudita del Estado.

El Diccionario de la Real Academia Española define la avaricia como el afán desordenado de poseer riquezas para atesorarlas. Lázaro y Néstor son dos buenos ejemplos de ese pecado capital.

1
BAJO SOSPECHA

Marcelo Hugo Tinelli, el conductor más exitoso de la historia de la televisión, ya se había resignado a perder dinero con Radio del Plata durante un año más, cuando escuchó, del otro lado de la línea, aquella voz providencial.

Era Marcelo Mindlin, dueño de Pampa Holding y accionista controlante de Edenor y Transener, uno de los empresarios que más creció durante los gobiernos de Néstor y de Cristina Fernández de Kirchner.

—Tengo a los tipos que pueden comprarte la radio —lo entusiasmó Mindlin.

—Me harías un gran favor, porque estoy perdiendo plata a lo pavote —reconoció Marcelo.

—Llamalos. Los conozco bien: quieren meterse en el negocio de los medios.

La conversación entre Tinelli y Mindlin tuvo lugar antes de que finalizara 2007.

Cuatro meses después, en abril de 2008, Electroingeniería, una empresa sospechada de kirchnerista y con tonada cordobesa, compraría el noventa por ciento de las acciones de Radiodifusora del Plata y elevaría así su perfil hasta transformarse en uno de los grupos económicos más sospechados de la *Era K*. Tinelli había conocido a Mindlin en 2002, en el medio de la crisis económica y social más grave de la Argentina, cuando un grupo de medios, periodistas y empresarios se juntaron para apoyar una iniciativa denominada "Contra el hambre más urgente".

Durante 2007, Marcelo ya había intentado venderle la radio. Y no solo a Mindlin. Había conversado, entre otros, con sus socios del Grupo Clarín y con Francisco de Narváez. Pero no había caso. Ninguno quería una emisora de amplitud modulada (AM) que, a pesar de haber llegado al tercer lugar entre las más escuchadas, perdía entre seiscientos y setecientos mil pesos todos los meses.

—Era una locura. Todos los días teníamos que pedir plata a una mesa de dinero que nos cobraba el cuatro por ciento de interés semanal —confesó un gerente de la radio que pidió no ser mencionado por su nombre.

La emisora y Electroingeniería mantuvieron el secreto de la operación hasta último momento. Los compradores habían copado la emisora desde abril de 2008, pero no querían cerrar la transacción hasta no comprobar cuál era la magnitud de la deuda y la dinámica del negocio.

Una tarde de julio de 2009, Marcelo Tinelli desmintió ante el autor de este libro que él se hubiera comunicado con Kirchner para pedirle su bendición.

—Al contrario, lo evitaba. Porque cada vez que me llamaban desde el gobierno era para pedirme algo, quejarse o plantearme algún problema —me confesó.

Los problemas del gobierno con Tinelli tenían nombre y apellido: el de los periodistas que criticaban a Néstor y a Cristina, con independencia y sin pedir permiso, como Alfredo Leuco y Nelson Castro, entre otros.

—Marcelo jamás me llamó para pedirme que no dijera una cosa o que dijera otra —reconoció Leuco, quien decidió, junto con Fernando Bravo, irse de Radio del Plata ni bien se enteró del desembarco de Gerardo Ferreyra, Osvaldo Acosta y Sergio Spolszky, el encargado de la parte comercial.

En julio de 2008 Tinelli le compró a su socio, el dueño de Swiss Medical, Claudio Belocopitt, la otra mitad de las acciones. Además transformó a la compañía en una sociedad anónima, el único requisito que faltaba para cerrar la operación.

En octubre del mismo año se la vendió, de manera oficial, al Grupo Empresario Argentino (GEA), el nombre que eligió Electroingeniería para su empresa de medios.

La alegría de los nuevos dueños cordobeses por haber desembarcado en una radio de Buenos Aires fue tan intensa como el alivio de Tinelli por sacarse semejante mochila de encima.

Ellos pagaron nueve millones de dólares de los cuales siete se usaron para saldar la deuda. Marcelo y Belocopitt se quedaron con un millón de dólares cada uno.

Los propietarios de Electroingeniería, acostumbrados al buen trato del poder y el bajísimo perfil, no imaginaban que, apenas tres meses después, aparecerían en todos los medios acusados de censurar a Nelson Castro, uno de los periodistas más creíbles de la Argentina.

Los dueños de Electroingeniería son atípicos.

No responden a los parámetros estéticos ni ideológicos de los otros *empresarios K*.

Gerardo Ferreyra, alias "Gringo" por sus ojos celestes y su cabello rubio, 58 años, Documento Nacional de Identidad 14.151.758, casado con la licenciada en Letras María Rosa Cohen, dos hijos, ingeniero electrónico, ex dirigente del Partido Revolucionario de los Trabajadores (PRT), detenido sin juicio previo por la dictadura en 1976 y encarcelado en una prisión de Córdoba hasta 1984, celíaco y adicto al mate, todavía conserva el lenguaje y el discurso de aquel militante de los años setenta.

Ferreyra posee, en los papeles, solo el diez por ciento de las acciones. Sin embargo, se lo puede considerar casi un copropietario por su participación en los mejores negocios de los últimos años: las grandes obras adjudicadas bajo la administración del ministro de Planificación, Julio De Vido.

A pesar de que hizo lo imposible para no reconocer sus vínculos con el poder, es evidente que Ferreyra es amigo del influyente secretario Legal y Técnico, Carlos "Chino" Zannini; que mantiene una excelente relación con De Vido y con el secretario de Energía, Daniel Cameron; y que estuvo a solas con el presidente en ejercicio Néstor Kirchner por lo menos una vez (véase capítulo siguiente).

El dueño mayoritario de Electroingeniería es Osvaldo Antenor Acosta, 58 años, casado con Teresita Closa, licenciada en Letras Modernas, cuatro hijos, ingeniero; con un fuerte discurso a favor de los empresarios nacionales que no venden sus compañías al mejor postor, tiene el noventa por ciento de las acciones.

Acosta es quien de verdad maneja el grupo: desde la Gerencia de Recursos Humanos, cuya responsable es su propia esposa, hasta los recursos materiales, como la compra del avión B2000 modelo 2007 con autonomía de vuelo de más de seis horas y media y un alcance de 3.500 pies de altura, con seis butacas de lujo y cómodas gavetas para maletas, bolsos y trajes.

Ferreyra y Acosta se conocieron en 1967, durante el curso de ingreso de la Facultad de Ingeniería de Córdoba. Ese año entraron quinientos sobre 1.500.

Ferreyra tenía un promedio de 8 puntos y Acosta de 7, porque, además de estudiar, ya trabajaba para ganarse la vida. El padre de Gerardo, también cordobés, era maestro rural. El de Osvaldo, que había nacido en Añatuya, Santiago del Estero, era operario de Ferrocarriles Argentinos.

Ni bien entraron a la universidad, en 1968, Ferreyra fue designado delegado de la organización clandestina del Partido Revolucionario de los Trabajores. Siguió siéndolo hasta 1971.

En 1975 lo metieron preso. En la cárcel del barrio San Marín, en Córdoba, en el pabellón número seis, conoció a Zannini, quien era maoísta. Lo fueron a buscar a la casa el mismo día que al ex gobernador José Manuel de la Sota, quien ya reivindicaba al Partido Justicialista, pero no la lucha armada.

Durante su detención, el Gringo presenció cómo dos militares se llevaban a uno de sus mejores amigos, Ricardo Daniel Tramontini. Fue la noche del 20 de agosto de 1976. A los pocos días, Ferreyra leyó, en *La Voz del Interior*, que había muerto "en un enfrentamiento".

—De la cárcel aprendí a ser cada vez más autónomo, pero nunca pude superar el terror de pensar que, en cualquier momento, al minuto siguiente, podían matar a otro compañero, o también a mi mamá, solo porque venía a visitarme y pretendían sacarle información —confesó el Gringo, en la mitad del reportaje.

Cuando lo liberaron, en 1984, Ferreyra fue contratado por Juan Carlos Maggi para su empresa Telenet Ingeniería. Maggi fue diputado nacional de la mano del ex ministro Domingo Cavallo. Solo lo retuvo un año: nunca encontró para él un trabajo creativo y bien remunerado.

Ferreyra decidió ir a probar suerte a Buenos Aires. Antes pasó a visitar a su amigo Acosta: Osvaldo entonces le propuso que abriera una oficina comercial para Electroingeniería. Todavía se acuerdan del sueldo que pactaron: novecientos dólares.

—Para mí era una fortuna. Así que le metí para adelante y no paré más —contó Ferreyra, mientras tomaba mate en su oficina.

Ahora Ferreyra y Acosta están obsesionados por no ser presentados como kirchneristas de negocios. Muestran estadísticas y papeles con la historia de la empresa desde el año de su fundación, en 1977.

Los pedidos de investigación, las sospechas y los cargos contra Electroingeniería fueron formulados por técnicos de la Auditoría General de la Nación (AGN) y legisladores como Elisa Carrió, Luis Juez, Adrián Pérez, Fernando Sánchez y Juan Carlos Morán. Este último fue el que más se ocupó de investigar al conglomerado. En la entrevista mano a mano, Ferreyra lo calificó de "ilustre ignorante". La reconstrucción de la radiografía del grupo se obtuvo de fuentes públicas y de otras que prefieren no ser identificadas, pero que aportaron datos precisos y fehacientes.

Las acusaciones incluyen:

* El desmesurado crecimiento de Electroingeniería desde la asunción de Kirchner en 2003.
* La sospecha de haber aplicado sobreprecios en el segundo tramo del tendido eléctrico en la Patagonia, con la complicidad de altos funcionarios públicos, como el secretario de Energía, Daniel Cameron, y el ministro de Planificación, Julio De Vido.
* La polémica ruptura del contrato de Nelson Castro con Radio del Plata como producto de la fuerte presión que habría ejercido el Gobierno.
* La mención de la empresa como receptora de un pago de coimas por diez millones de dólares que le debía pagar la constructora Skanska y que luego fue abortado.
* La controversial compra de la mitad de Transener, la empresa de transporte eléctrico más grande e importante de la Argentina.

—Como no le pueden pegar a Néstor Kirchner, nos pegan a nosotros —se justificó Ferreyra.

—Son operaciones políticas y mediáticas, y espero que no formes parte de ellas —fue lo primero que me dijo Acosta, antes de sentarse junto a su socio y empezar a responder durante el mediodía del martes 12 de abril de 2009.

Detrás de cada una de las acusaciones, hay una historia secreta que merece ser conocida y narrada.

Electroingeniería se inició como una pequeñísima empresa en un diminuto taller de la calle Uspallata, en la provincia de Córdoba, en 1977. Fabricaba tableros eléctricos y solo tenía dos empleados.

Treinta y tres años después, facturaba casi trescientos millones de dólares, daba trabajo a más de 3.500 personas y se había transformado en un grupo económico con más de veinte empresas que operan en grandes y multimillonarias obras. Solo tres ejemplos:

* Uno: las dos centrales termoeléctricas mellizas de ciclo combinado. Se trata de la General Belgrano, en Timbúes, provincia de Santa Fe, y la General San Martín, en Campana, provincia de Buenos Aires. Es un negocio de más de 1.600 millones de dólares que comparte, entre otras grandes, con Siemens.

* Dos: el tendido eléctrico de Choele Choel-Puerto Madryn y Puerto Madryn-Pico Truncado. Por el primer tramo de la obra se pagaron 545.737 pesos por kilómetro, mientras que el segundo tramo costó 848.812 por kilómetro.
* Tres: el tercer tramo del tendido eléctrico de Yacyretá, una obra de ochocientos millones de dólares.

Pero eso no es todo: el grupo maneja, además, parte del negocio del peaje y tiene intereses en la agroindustria y el desarrollo inmobiliario.

Los números no mienten.

Desde que Kirchner asumió como Presidente, la facturación de Electroingeniería creció el cuatrocientos por ciento: de 42 millones de dólares en 2004 a 290 millones de dólares en 2008.

Electroingeniería fue fundada por cuatro socios y compañeros de la facultad: Acosta, su hermano Juan Carlos, José Arena y Roberto Zamuner.

Primero alquilaron una casa, a los dos años compraron otra propiedad pequeña y enseguida se mudaron a un galpón casi tan chico como todo lo demás.

En 1983 facturaron trescientos mil dólares.

En 1984 obtuvieron el negocio más importante desde su fundación: la fabricación de cabinas para la Eriday-UTE (Unión Transitoria de Empresas), que a su vez eran contratadas por Yacyretá.

—Era un contrato por casi un millón y medio de dólares. Nos dio vuelta el panorama. Tuvimos trabajo seguido durante un año y medio —recordó Acosta.

En 1987 ya facturaban ochocientos mil dólares. Y tenían mucho trabajo: la parte eléctrica de la ampliación de la papelera Massuh, de algunas obras de Cartellone y de Roggio, y el tendido de líneas de transporte de energía para la provincia de Catamarca.

Durante la década de los noventa Electroingeniería construyó el primer electroducto nacional, en la provincia de Corrientes.

En 1993 fundaron Yacylec e hicieron las primeras líneas de quinientos kilovatios.

En 1997 ingresaron en el Perú y trabajaron de manera intensiva hasta 2007, cuando fueron acusados de presentar documentación falsa y se retiraron.

También participaron de obras eléctricas en Bolivia, el Paraguay, Chile y el Uruguay.

En 2001, Electro obtuvo otro de sus negocios más importantes: la licitación para construir cien escuelas en la provincia de Córdoba. Fue durante el gobierno de José Manuel de la Sota. Ricardo Jaime era el viceministro de Educación. Como habían conseguido el negocio, Ferreyra y Acosta subcontrataron a IECSA, una empresa de mayor capacidad, y le encargaron la mayoría del trabajo. Dos arquitectos que quedaron afuera, Arquímides Federico y Carlos Roberto Toranzo, denunciaron a la empresa ante la fiscalía de la provincia por no presentar la documentación del proyecto a los colegios profesionales ni realizar los aportes previsionales a ingenieros y arquitectos.

En 2003, año de la asunción de Néstor, Electroingeniería era casi una desconocida entre las más grandes e importantes empresas.

Fue en ese tiempo cuando sorprendió al mundo de la energía al ingresar al selecto "Club de los 500".

Se denomina así a los grandes jugadores que acceden al negocio del transporte de quinientos kilovoltios, algo que hasta ese momento había reservado para megaconstructoras como Techint, Sade Skanska, Cartellone o Sideco.

Electroingeniería dio su primer gran salto al ganar la licitación para la construcción de la línea entre Choele Choel y Puerto Madryn. Y rebotó todavía más arriba al obtener un negocio extra: la otra línea entre Puerto Madryn y Pico Truncado, cuyos supuestos sobreprecios se analizarán enseguida.

—No fue nuestro primer trabajo. No somos unos improvisados. Ya habíamos hecho eso antes en Uruguay y Perú —informó Gerardo Ferreyra.

Lo que dice es cierto. Como también es verdad que la oferta de precios de Electroingeniería fue la mejor de todas.

Lo que no deja de sorprender es la rapidez de su desarrollo. Porque, hasta ese momento, Electroingeniería solo había participado, en la Argentina, con apenas el cinco por ciento, en la construcción de un tendido de quinientos kilovoltios entre 1992 y 1994, y nada más que eso.

La denuncia de los diputados nacionales Juan Carlos Morán y Adrián Pérez alrededor del tendido eléctrico de la Patagonia no involucra solo a Electroingeniería, sino también a Cameron y a De Vido.

Morán utilizó como principales argumentos las mismas razones que presentó ante la Fiscalía Nacional de Investigaciones.

Morán denunció a Cameron y a De Vido por no haber utilizado, para financiar el tendido de la Patagonia, el Fondo Eléctrico de la provincia de Santa Cruz, un cargo extra que se paga en las facturas de Edenor, Edesur y Edelap, y que debía ser destinado para financiar grandes obras como las aludidas.

El cargo extra se estableció, por ley, en 1989.

Se determinó que los usuarios debían pagar un recargo del seis por mil sobre el total de la factura.

Se decidió que ese cargo fijo se destinaría a la Empresa de Servicios Públicos Sociedad del Estado (ESPSE) de Santa Cruz. Y que la ESPSE realizaría inversiones en infraestructura con el objeto de reducir el nivel de tarifas que pagaban los habitantes de esa provincia.

Se especificó que la provincia sería beneficiada por ese gravamen hasta que Santa Cruz se conectara con el Sistema Interconectado Nacional (SIN).

Pero, en noviembre de 2005, el Centro de Educación al Consumidor (CEC) denunció ante la Justicia que los 483 millones de pesos que el fondo eléctrico de Santa Cruz había recaudado hasta ese momento, y que provenían de los recargos de las facturas de luz, no se habían usado para realizar obras sino para repartir subsidios.

El CEC primero reclamó a Daniel Cameron información detallada, pero no recibió nada. La organización de consumidores inició entonces otra demanda por mora en la información.

Al final, el 1º de noviembre de 2005, Energía aceptó que el noventa por ciento del fondo lo habían utilizado para subsidiar a los consumidores.

El diputado Morán, en su presentación, fue más específico. Detalló que el mínimo porcentaje que se usó para obras no tenía nada que ver con la interconexión, sino con el alumbrado público y las líneas de media y alta tensión.

−El espíritu de la ley era subsidiar la luz en Santa Cruz y, con esa plata, hacer obras para conectar a la provincia con el resto del país. Pero estos tipos lo usaron para cualquier cosa −explicó Morán, en diálogo con el autor del libro.

El diputado nacional también denunció que, a poco de asumir la Presidencia en 2003, Kirchner, en vez de respetar el porcentaje de seis por mil, le puso al recargo un tope de 35 millones de pesos por año, y que utilizó el excedente de la recaudación para rentas generales.

−Se lo aprobó el Tribunal de Cuentas de su provincia, el mismo que fue cuestionado por su pobre actuación en la investigación sobre el destino de los fondos de Santa Cruz −informó.

Morán calculó que con la recaudación del Fondo Eléctrico se podría haber financiado el 96 por ciento de la construcción de la Línea Extra de Alta Tensión de quinientos kilovoltios entre Pico Truncado y Puerto Madryn. Sin embargo, ese dinero salió del Tesoro Nacional. Es decir: del bolsillo de todos los argentinos, como se verá enseguida.

Morán acusó también a De Vido y a Cameron de ignorar la recomendación planteada en 2002 por la Dirección Nacional de Prospectiva de la Subsecretaría de Energía para mejorar todo el sistema nacional de electricidad con un doble propósito:

–Uno: "direccionar" de manera arbitraria las obras de interconexión hacia la provincia de Santa Cruz. Y dos: arreglar las cosas para que, enseguida, y con fondos del Tesoro Nacional, se iniciara la megaobra de interconexión patagónica desde Choele Choel hasta Puerto Madryn y desde Puerto Madryn hasta Pico Truncado. Para que se entienda bien: se trató del primer gran negocio que obtuvo Electroingeniería, la empresa de Ferreyra y Acosta.

La Dirección Nacional de Prospectiva había recomendado otra cosa: empezar a trabajar por la interconexión Noroeste (NOA) y Noroeste Argentino (NEA).

Sus argumentos eran lógicos.

Empezando por allí se resolvería el problema de transporte que todavía afecta la demanda doméstica, se reduciría la necesidad de importar energía cara y mejoraría el uso de la capacidad instalada.

Pero el gobierno de Kirchner no solo desoyó los consejos del sentido común. Primero ordenó comenzar por la Patagonia y, además, decidió, mediante una simple resolución, agregar al plan otra nueva línea entre las estaciones transformadoras de Puerto Madryn y Pico Truncado. Otra obra financiada con aportes del Tesoro.

–Una arbitrariedad detrás de la otra –interpretó Morán.

En su presentación, el diputado denunció, al final, la existencia de sobreprecios en la obra de la red de alta tensión, interconexión patagónica, entre las estaciones transformadoras de Madryn, en Chubut, y Truncado, en Santa Cruz.

La obra fue adjudicada el 22 de abril a Integración Eléctrica Sur Argentina (INTESAR SA) por 160 millones de pesos más IVA.

INTESAR es una empresa que Electroingeniería registró, con un capital inicial de solo doce mil pesos, para hacer ese trabajo.

Para probar el sobreprecio, Morán comparó el costo por kilómetro de esta última obra con la que Electroingeniería había realizado para el primer tramo entre Choele Choel y Madryn.

Así determinó que, según la información oficial, mientras para la primera, la secretaría de Energía había autorizado un costo de un poco más de 580.000 pesos por kilómetro, para la segunda había aprobado casi 850.000 pesos.

–Las obras son idénticas, fueron realizadas en el mismo territorio, con una diferencia de veinte meses, y en un período de estabilidad económica –explicó Morán para sustentar su denuncia.

El legislador presentó la denuncia ante el fiscal de Investigaciones Administrativas Manuel Garrido, el 13 de junio de 2008.

El 3 de diciembre del mismo año la Auditoría General de la Nación (AGN) recomendó un análisis de costos para establecer la razonabilidad del segundo tramo de la obra.

Y el domingo 4 de enero de 2009 estalló el escándalo.

Fue cuando Laura Capriata, periodista del diario *La Nación*, publicó un artículo sobre el informe de la AGN que ya se había subido a la internet.

Se convirtió en la principal nota de tapa. Su título: "Supuestas irregularidades. Cuestionan al secretario de Energía. Investigan un sobreprecio de 150 millones en una obra".

A la mañana siguiente, Nelson Castro primero entrevistó a Morán, quien confirmó las sospechas de sobreprecios, y después dialogó con Carlos Bergoglio, vocero de Electroingeniería.

El viernes de esa semana el periodista inició sus vacaciones.

A partir de ese momento los nuevos dueños de la radio fueron asesorados por funcionarios muy cercanos a Kirchner, quienes les aconsejaron romper el contrato con Castro para dar una lección a todos los periodistas críticos.

–Así comprenderán que, si somos capaces de voltear a uno de los más fuertes, lo seremos también con todos los demás –interpretó durante esos días de verano, en Cariló, un *empresario de medios K*, uno de los principales beneficiarios de la pauta oficial.

El primer indicio de la intromisión del gobierno en el caso Castro lo obtuve cuando, por casualidad, me encontré con uno de los secretarios de Estado más leales a Kirchner. El hombre, un patagónico que no es de Santa Cruz, también trabaja con Cristina, a quien acompaña en la mayoría de sus viajes dentro y fuera del país.

–No cometan el error de pedirle a la gente de Radio del Plata que echen a Nelson Castro –me atreví a sugerirle.

–Es una cuestión entre privados –ironizó.

Se trata de la misma respuesta que dio el entonces presidente Kirchner cuando le preguntaron sobre las coimas que pagó Skanska.

–Va a ser un gran escándalo –insistí.

–No, te equivocás. No va a durar más de quince días. Harán un poco de ruido *Noticias*, *Perfil* y *La Nación*, y dos o tres periodistas como vos. Después la gente se olvidará.

El martes 13 de enero de 2009 los responsables de la emisora le comunicaron a Castro que no lo querían más en el aire. Y le pagaron hasta el último centavo que le correspondía por la rescisión del contrato.

El secretario de Estado con el que me crucé por casualidad subestimó las repercusiones inmediatas y las que siguieron después.

Pero la ida de Castro impactó en todo el país y provocó la caída de audiencia de Radio del Plata. Además, a partir de ese momento, no existe un argentino más o menos informado que no relacione a Kirchner con Electroingeniería.

Dos días después de la nota de Capriata en *La Nación*, el secretario de Energía dirigió una larguísima carta al director del diario, Bartolomé Mitre, en la que aseguró:

* Que la periodista había hecho no uso, sino "abuso", del informe de la AGN.

* Que la AGN no se había pronunciado definitivamente ni había dictaminado la existencia de sobreprecios.

* Que él, Cameron, es el absoluto responsable de todas las decisiones: desde las licitaciones para la obra hasta el financiamiento.

* Que las obras no podrían haberse realizado si no hubiera habido aportes del Tesoro y que se habría tardado veinticinco años si solo se hubiese contado con los fondos específicos creados para hacerla.

* Que para el tramo Puerto Madryn-Pico Truncado fueron vendidos nueve pliegos, se recibieron cuatro ofertas y que se lo adjudicó a Electroingeniería por ser la más económica.

* Que la de Electroingeniería resultó diez por ciento más barata que la segunda oferta, y 19 por ciento más barata que la de mayor precio.

* Que no hubo sobreprecios al autorizar para el segundo tramo un costo superior al 48 por ciento.

* Que solo el costo de la mano de obra entre un tramo y otro tiene una diferencia del 75 por ciento.

* Que los costos de los *commodities*, durante los veinte meses que hubo entre una y otra obra, variaron, en promedio, más del setenta por ciento.

* Que el acero laminado aumentó el 74 por ciento; los aceros tubulares, 110 por ciento; el zinc, cincuenta por ciento; el cobre el ciento por ciento; el aluminio, 33 por ciento, y el petróleo crudo, ochenta por ciento.

* Que mientras la primera obra es lineal y llana, la segunda atraviesa cañadones, quebradas y mesetas.
* Que mientras la primera implicó ocho vértices, la segunda necesitó más de 59 estructuras especiales.

Cameron también le recomendó a Mitre que estudiara los temas en profundidad y que no pusiera en boca de instituciones lo que las personas no dicen.

El mismo día de la carta de Cameron, Electroingeniería publicó, con idénticos argumentos, una solicitada a toda página en el matutino *La Nación*.

El 8 de enero de 2009 el presidente de la AGN, Leandro Despouy, le respondió una queja al presidente de Electroingeniería y le aclaró:

* Que todavía no habían realizado una auditoría de precios.
* Y que, dada la magnitud de la variación de costos, que alcanzaba el 48 por ciento, habían decidido realizarla.

El 2 de marzo, a pedido del fiscal Manuel Garrido, Juan Carlos Morán amplió su denuncia y explicó cuál era la fórmula polinómica que había utilizado para ratificar la existencia de sobreprecios.

Morán informó que el proceso inflacionario durante los veintiún meses que pasaron entre una y otra obra apenas llegaba al 14 por ciento; que en el contrato no se incluyó la predeterminación de precios; que la estructura de costos presentada por INTESAR era idéntica a la de la obra anterior, por lo que no había manera de justificar semejante aumento de casi el cincuenta por ciento.

Morán también descubrió otro detalle: que Electroingeniería había sido juez y parte de la obra, porque no solo tuvo a cargo la construcción, sino también la supervisión del proyecto.

En agosto de 2009 Morán y su colega, el diputado Adrián Pérez, pidieron la apertura de la causa que inició Carrió por presunta asociación ilícita entre Kirchner, altos funcionarios del gobierno y los más reconocidos *empresarios K*.

Entonces Morán y Pérez denunciaron a Cameron y a De Vido por fraude al Estado y violación de los deberes de funcionario público.

Pero el escándalo alrededor del tendido eléctrico en la Patagonia no fue el único.

En abril de 2006 Electroingeniería sorprendió otra vez al mundo de los pesos pesados de la obra pública al obtener otro negocio enorme: el tercer tramo del nuevo tendido eléctrico de Yacyretá.

Nadie volvió a hacer olas hasta que la revista *Noticias* descubrió la mención de Electroingeniería en el polémico caso Skanska.

El caso Skanska estalló cuando el juez en lo Penal Tributario, Javier López Biscayart, probó que los gerentes de la constructora sueca admitieron el uso de facturas truchas para disimular el pago de coimas en la construcción de obras para las empresas Transportadora de Gas del Sur (TGS) y Transportadora de Gas del Norte (TGN).

Se trata de uno de los mayores escándalos de corrupción que salpicaron a funcionarios de Kirchner.

El responsable de Banco Nación Fideicomisos, Néstor Ulloa, y un alto funcionario de Enargas, Fulvio Madaro, fueron procesados y tuvieron que renunciar a sus puestos.

Entre las pruebas documentales, López Biscayart encontró un memorándum del entonces director financiero de Skanska, José Alonso. En ese memo, Alonso informó a sus superiores, en la casa matriz con sede en Suecia, que estaba en desacuerdo con "las violaciones éticas" de otros gerentes, y escribió, en lenguaje críptico:

* "Estuve en contra de seguir vendiéndole material a Electroingeniería, operación que sigue desarrollándose".
* "La violación ética ejecutada y la violación ética abortada incluyó pagos de cinco millones de dólares (TGS/TGN) y de diez millones de dólares (Electroingeniería)".

Fiscales, jueces y periodistas no comprendieron qué hacía Electroingeniería en el memo hasta que un diario de Córdoba, *Día a Día*, le preguntó al vocero de Skanska, Miguel Ritter, a qué obra pública se estaba refiriendo Alonso.

Según *Día a Día*, Ritter admitió que esa coima "abortada" o fallida habría sido la condición para que Electroingeniería subcontratara a Skanska en la construcción de una parte del Tercer Tramo del Sistema de Transmisión Asociado a la Central Hidroeléctrica de Yacyretá.

La historia es así.

Después de ganar la licitación, los ingenieros de INTESAR (de Electroingeniería) se dieron cuenta de que el trabajo requería obras que la empresa no tenía capacidad para realizar. Un ejemplo: los cruces de islotes y ríos que necesitan equipos y operarios especializados. Por esa razón habían invitado a Skanska a participar del negocio.

—Electroingeniería nominó a Skanska para realizar esa obra. Se trató de un subcontrato que finalmente se cayó —reconoció Ritter ante un periodista de *Día a Día*.

En el siguiente capítulo se verá que Ferreyra y Acosta presentaron las cosas de otra manera.

También presentaron como lógica y justa la movida que hicieron hombres de Kirchner para que Electroingeniería se quedara con parte de Transener, la empresa de transporte de energía más poderosa de la Argentina.

El cincuenta por ciento de Transener era de Petrobras, pero la empresa brasileña estaba obligada a venderla.

Eso había aceptado Petrobras en 2002, por orden del gobierno de Eduardo Duhalde, quien, para que pudiera comprar la mayoría de la petrolera Pérez Companc, le ordenó desprenderse del transporte de energía, evitando así una posición dominante que incluyera la producción, la distribución y el traslado.

El 13 de junio de 2006 Petrobras anunció que vendía el cincuenta por ciento de Transener al fondo de inversión Eaton Park Capital Management a cambio de 54 millones de dólares.

El director de Gas y Energía de la petrolera, João Bezerra, declaró:

—Con Eaton elegimos la mejor alternativa: se trata de un fondo que tiene fuertes inversiones en energía en la región.

Casi al mismo tiempo, Eaton adelantó once millones de dólares para cerrar la operación.

Sin embargo, poco después, tanto De Vido como Cameron empezaron a presionar a los directivos de Petrobras para abortar la transacción con Eaton e iniciar negociaciones con Electroingeniería.

—No solo nos presionaron: pidieron la cabeza de Bezerra. Y no nos quedó opción. O hacíamos lo que ellos querían o teníamos que irnos de la Argentina —me contó un CEO de la empresa que me pidió, encarecidamente, absoluta reserva de su nombre.

El Ente Regulador de Energía, la Secretaría de Defensa de la Competencia y la Justicia en lo Contencioso Administrativo trabajaron en línea con los deseos del gobierno.

En diciembre de 2007, Electroingeniería, en sociedad con Enarsa, la empresa pública de energía, compraron, al mismo precio que había ofertado Eaton, Transener, la estratégica red de 8.800 kilómetros de líneas eléctricas.

Pero los cordobeses no se detuvieron ahí: en enero de 2008 sumaron otro gran negocio a su ancho abanico de intereses: adquirieron Vialco, una constructora dueña de alguna de las más importantes concesiones viales por la módica suma de catorce millones de dólares.

Vialco explota:

–La Ruta Interbalnearia 11, Caminos del Atlántico, que une a varias ciudades de la costa atlántica.

Junto con Decavial maneja Vial 3: esta empresa posee el Corredor Nacional 3, formado por las rutas nacionales 9, desde Campana hasta Rosario, y 11, desde San Lorenzo hasta Puerto Reconquista; la autopista Rosario-Armstrong; y algunos tramos de las rutas nacionales 188 y 19.

Se trata de algunos de los peajes que más facturan en la Argentina.

Pero la compra de Vialco estaría vinculada al interés por uno de los mayores negocios que podría lograr en el futuro: los trabajos de nivelación para los setecientos kilómetros de vías en los que se apoyaría el tren bala para recorrer Buenos Aires, Rosario y Córdoba.

–Nosotros no estamos en el consorcio que se adjudicó el proyecto, pero estas empresas van a tener que contratar a alguien para hacer este trabajo –confesó el vocero de Electroingeniería, Carlos Bergoglio, a un periodista de *La Nación*, el 11 de abril de 2009.

Cuatro meses después que Electroingeniería se quedara con Vialco, la Presidente prorrogó por segunda vez todas las concesiones viales sin llamar a licitación.

Lo hizo por un decreto de necesidad y urgencia y por el lapso de 120 días, y a pesar de los sistemáticos incumplimientos de las obligaciones contractuales y las recomendaciones de la Auditoría General de la Nación (AGN), organismo que ya había recomendado la rescisión del servicio.

Desde que Kirchner asumió como Presidente, hasta principios de 2009, Vialco recibió 376 millones de pesos del Estado entre compensaciones, decretos y fondos para obras.

Durante ese tiempo, solo pagó 112.000 pesos de los más de diez millones que adeuda por multas debido al incumplimiento de las obligaciones que figuran en el contrato.

Kirchner le dio la concesión del corredor más importante a Vialco el 30 octubre de 2003, mediante el decreto 1.007.

La mayor parte del dinero que recibió Vialco provino de la Unidad de Coordinación de Fideicomisos de Infraestructura (UCOFIN). Se trata del fondo que se acumula con un porcentaje de lo que se recauda por los peajes: el fideicomiso devuelve parte de ese fondo para las obras viales.

El Corredor Vial 3, que ahora controla Electroingeniería, recibió desde octubre de 2003 hasta diciembre de 2008 casi 206 millones de pesos. De los seis corredores viales, es el que más plata se llevó. El segundo en el ranking es el Corredor 2, de la Autovía del Oeste, con 162 millones de pesos.

Vial 3 se vio también muy favorecida por dos decretos que le permitieron aumentar sus tarifas.

Uno fue firmado por Fernando de la Rúa en 2001 y otro por Néstor Kirchner. El total del beneficio asciende a 142 millones de pesos.

Pero eso no fue todo. Porque Vialco embolsó casi treinta millones de pesos más en concepto de compensación por rebajas de tarifas.

Vialco, ahora de Electroingeniería, no solo es la compañía vial más beneficiada con aportes del Estado. También es la que más irregularidades acumula, y la que más multas adeuda.

Hasta enero de 2009, las empresas que explotan los seis corredores viales habían sido multadas por casi diecinueve millones de pesos. Solo Vial 3 SA, de Electroingeniería, adeudaba más de diez millones de pesos. Sin embargo no había abonado ni siquiera un millón.

Hay dos informes de la AGN y uno de la Sindicatura General de la Nación (SIGEN) que denuncian a todas las empresas viales porque, a pesar de recibir el dinero, no hicieron las obras de mejoras a las que las obligaba el pliego. A todas ellas les reclaman trabajos indispensables para la seguridad, como el *aquaplaning*. Se trata del mantenimiento necesario para que los vehículos no resbalen los días de lluvia.

−El 67 por ciento del dinero que las concesionarias viales destinan para obras lo usan para cortar el pasto alrededor del asfalto −denunció el diputado Juan Carlos Morán, en base a un estudio de la AGN.

La discrecionalidad del gobierno para decidir sobre el negocio de los peajes no terminó con el decreto del martes 5 de mayo de 2009.

En febrero de este año, la comisión evaluadora del Órgano de Control de las Concesiones Viales (OCCOVI) tomó la decisión de dejar al margen de la precalificación a Techint.

−No fue por su capacidad técnica, ya que es igual o superior a cualquiera de las que hoy explotan los corredores. Fue por el default que declaró Transportadora del Gas del Norte y porque Techint decidió despegarse del caso Skanska −me explicó el CEO de una de las empresas de obra pública que más facturan en la Argentina.

No hay de qué sorprenderse.

O se está con el Dueño de la Argentina o se está contra él. Y Ferreyra y Acosta están con él.

Enseguida se conocerá el intento de ambos por despegarse de esa lógica e intentar dar respuesta a todas las acusaciones.

2
DOBLE REPORTAJE

OSVALDO ACOSTA: "Me cago en el periodismo independiente"
GERARDO FERREYRA: "No usamos los ornamentos del poder"

Gerardo Ferreyra y Osvaldo Acosta se tomaron casi una tarde para responder todas las preguntas que se le hicieron para esta investigación. Atípicos e ideológicos, recibieron al autor del libro entre las 13.30 y las 18 del martes 12 de mayo de 2009 en sus oficinas del quinto piso de Lavalle 462.

Ninguno de los dos llevaba corbata. Ofrecieron sándwiches y gaseosas, y se mostraron amables y campechanos, hasta que las preguntas empezaron a incomodarlos. De cualquier manera, ninguno de los dos se salió de la línea. Aunque no son kirchneristas de la primera hora, parecen sentir por Clarín algo muy parecido a lo que siente el ex presidente. Y se manifiestan muy de acuerdo con la línea editorial que ahora tiene Radio del Plata.

–*¿Para qué compraron Radio del Plata?*
GF: ¿Cómo "para qué"?
–*Claro. No tiene nada que ver con el corazón de sus negocios. Y ahora es percibida como una radio oficialista.*
GF: ¿Y cuál es el problema?
–*Ninguno. Mi trabajo es preguntar. Pero problemas no tengo: si quieren, y la ley se los permite, hasta pueden comprar Clarín.*
GF: ¿Está en venta? No. En serio. Una de las respuestas a tus porqués es que creemos que los medios tienen que estar en manos de empresas nacionales. ¿De quién eran los medios antes de las privatizaciones? Del Estado. Los que después los compraron se preguntaban todo el tiempo: "¿Cómo pueden estar las principales radios y canales en manos del Estado?". Se lo dejaron de preguntar hasta que los adquirieron. Pero después nadie se preguntó, por ejemplo, por qué tiene que estar en manos de extranjeros el discurso del país.
–*¿Qué empresas extranjeras?*

GF: Prisa, Telefónica, el CEI [*Citicorp Equity Investment*]. ¿Por qué, por ejemplo, tiene que estar Goldman Sachs en el Grupo Clarín?

—¿Por eso compraron Radio del Plata?

GF: Sí. La compramos porque creemos que los recursos estratégicos de un país tienen que estar en manos de empresarios nacionales. Del Estado, de las empresas nacionales o en forma mixta. Para nosotros, la comunicación es un recurso tan vital como la energía. Porque, como vos decís, el verdadero resultado de las elecciones no se conoce el domingo del comicio: está en la tapa del lunes del diario *Clarín*.

—¿Y ustedes se plantean como una alternativa al discurso de Clarín?

OA: No. Para nada.

GF: Nosotros queremos transmitir un discurso nacional. ¿Por qué nos venís a preguntar a nosotros para qué compramos una radio y no le preguntaste a [*Eduardo*] Eurnekian, en su momento, para qué se compró una radio o un canal? ¿Por qué no le preguntás a [*Francisco*] de Narváez para qué se compró un medio? ¿Por qué no te preguntás para qué entraron los mexicanos a la Argentina? ¿Por qué no nos preguntamos qué tienen que comunicar los españoles en nuestro país?

OA: Queremos defender un proyecto nacional. Y también lo entendemos como un negocio más. No entramos en los medios para perder plata. Para perder ya tenemos la Fundación. Para eso sí, usamos entre el cinco y el diez por ciento de los beneficios después de descontar impuestos.

—¿Por qué censuraron a Nelson Castro?

Los dos, al mismo tiempo: ¡Nosotros no censuramos a nadie!

GF: ¿Censurar? Si estuvo hablando un año de lo que quiso. Ojo: nosotros tomamos el control de la radio antes de que se armara todo el lío, en abril de 2008.

—¿En abril de 2008? ¿Y por qué no lo blanquearon en ese momento?

GF: Porque no había terminado el período de evaluación.

—¿Cuánto pagaron?

GF: Nueve millones de dólares.

OA: Sí. Gran parte de la deuda fue a parar ahí.

—¿Qué porcentaje tienen?

GF: El 90.

—¿Quién tiene el resto?

GF: Claudio Belocopitt. Quizá, como hay un proceso que lleva un tiempo, todavía le queden algunas acciones a Tinelli.

—¿Marcelo Tinelli sigue decidiendo en la radio?

GF: Es solo el director deportivo. Nos recomienda en esa área.

—Una fuente muy segura me dijo que ustedes compraron la radio porque Kirchner se lo pidió.

GF: No. Nosotros, con Osvaldo, ya veníamos pensando en invertir en medios desde 2007. Nos habíamos planteado que, en vez de esperar sentados a que inventen o armen una imagen de lo que no somos, teníamos que empezar a contarlo nosotros. Nos propusimos tener más participación con los periodistas, publicar lo que hacemos y...

—Comprar medios.

GF: La compra de medios es una consecuencia de ello.

—¿Una acción defensiva?

GF: De alguna manera es defensiva. Pero también nos importa comunicar lo que pensamos nosotros.

—¿Quién les dijo que Radio del Plata estaba en venta?

GF: Como es un tema muy sensible, prefiero no comentarlo *(véase Octava Parte: Electroingeniería. Capítulo 1: Bajo sospecha).*

—Volvamos al tema Castro. Usted, Ferreyra, antes de empezar la entrevista, me comentó: "Estoy orgulloso de hacer lo que hice". ¿Le parece que es para enorgullecerse?

GF: Sí. Porque no se hace eso contra una empresa. No se hace una operación político-mediática contra una empresa como la nuestra, fundada sobre la base del esfuerzo, la reinversión y la educación. Fue algo casi delictivo lo que hizo él.

—¿Delictivo? Lo único que hizo fue informar.

GF: No. Eso no fue informar. Fue una maniobra político-mediática. Y no sé si fue parte de la campaña. Como no le podían pegar a Kirchner, nos pegaron a nosotros.

—¿Les parece que fue para tanto?

OA: Sí. Fue algo raro. ¿Tenés idea de cómo se armó todo? Un par de datos para entender. La Coalición Cívica, mediante Elisa Carrió, hizo una denuncia "ómnibus". Denunció por asociación ilícita a un montón de empresarios a los que vinculó con Kirchner. Eso fue en octubre de 2008. Poco después, el 4 de enero de 2009, el diario *La Nación* publicó, en tapa: "Sobreprecios en obra del Sur", que, según la denuncia, habría ejecutado nuestra empresa INTESAR.

—Pero no lo inventó. Trabajó sobre un informe de la Auditoría General de la Nación.

OA: No hubo ni auditoría ni investigación. Solo un pedido de la AGN para que la Secretaría de Energía verificara si la variación del costo entre una obra y otra era razonable. Eso es muy diferente a una sospecha.

—Se hablaba claramente de sobreprecios entre las obras de interco-

nexión de Choele Choel-Puerto Madryn, y las de Puerto Madryn-Pico Truncado.

OA: No me creas a mí. Escuchá: *Osvaldo Acosta toma un documento con la firma del titular de la AGN, Leandro Despouy, y lee:* "No hemos realizado una auditoría de costos que permita comparar las obras, por lo cual se prevé una auditoría de ejecución de los tramos de obras, orientada a establecer la razonabilidad de los costos del segundo tramo". Esto quiere decir que no hubo auditoría ni investigación.

GF: Por eso publicamos en *La Nación* una página completa con el título "Ni auditoría ni investigación".

–*¿Es una acción de prensa o no? No me parece que haya habido una conspiración.*

OA: ¿No? Sigo. Con nada, *La Nación* publicó. Y el único medio que lo tomó fue Radio del Plata, con Nelson Castro. Y después de Nelson, la Coalición Cívica amplió la denuncia. Oh, casualidad. *La Nación*, Nelson Castro y la señora Carrió. ¿Es una acción mediático-política o no?

GF: La operación no termina ahí. El informe de la auditoría ya era conocido por los especialistas del mercado. Y nadie le había dado tanta significación. Entró a *La Nación* de manera indirecta, cuando los periodistas especializados en el área de Energía, Diego Cabot y Francisco Olivera, estaban de vacaciones.

–*¿Y eso qué tiene que ver?*

GF: Entonces Carrió habló con Laura Capriata, la periodista que se ocupa de la Coalición Cívica y, casualidad... ¡lo pusieron en tapa! Fue una acción político-mediática.

–*Pero Castro hizo lo que corresponde: llamó primero al denunciante, el diputado nacional Juan Carlos Morán, y después al vocero de Electroingeniería, Carlos Bergoglio.*

OA: No fue así. Porque, después de hablar con Bergoglio, Castro volvió a poner la grabación de Morán para ratificar la denuncia. Y el periodista que estaba con él dijo: "Es el modus operandi de las empresas kirchneristas". Más tarde, de manera inocente, Bergoglio habló con Castro. Y el periodista le dijo: "Pero si yo, al ponerlo en el aire, le hice un bien a usted". Y Bergoglio le respondió: "Yo no creo que me haya hecho ningún bien". Y, de manera educada, le explicó sus razones. ¿Qué hizo Castro entonces?

–*¿Qué hizo?*

OA: El domingo publicó, o hizo publicar, en *Perfil* que queríamos echarlo de la radio. Es decir: no tuvo códigos con nosotros. Esa es la verdad. Después, seguimos dialogando, pero el que quiso irse de la radio fue él. Y con mucha plata, además.

GF: Esa es la pura verdad. Además, Castro le dijo a Leopoldo "Lolo" Elías, nuestro abogado: "Si a ustedes nos les gustó la nota, podemos empezar a conversar para discontinuar el contrato…".

—Pero si la empresa ya no lo quería más.

GF: No. La verdad es que estábamos muy enojados con lo que había hecho.

OA: Decime, ¿qué tendríamos que haber hecho con un tipo que dice que le estás pagando un sueldo con plata de un sobreprecio, con plata robada? *La Nación* lo levantó. Y Castro, de la mano de Carrió, dijo lo mismo ¿Podemos seguir teniendo una persona así?

—Podían haber planteado las diferencias.

OA: Las planteamos. Pero él rompió los códigos. Con nosotros no tuvo códigos. A lo mejor ahora los tiene con otra gente. Muy bien. Lo felicito. Puede ejercitar la libertad de expresión en otro medio, pero con nosotros no.

—Castro me dijo que ya les había anticipado que informaría una eventual denuncia contra Electroingeniería, si esta tomara estado público.

OA: No es cierto. Él preguntó cómo iba a seguir su contrato. Y nosotros le dijimos: "Vos seguí como hasta ahora". Lo que no nos advirtió es que nos iba a hacer una acción mediática. ¿Quién se banca que le hagan esto? ¿Clarín se lo bancaría? ¿Los dueños de Clarín se lo bancarían?

—Pero el dato de los sobreprecios entre una obra y otra no es una operación política ni un invento.

GF: No hay ningún sobreprecio. Lo único que hicieron fue comparar una obra: la de Choele Choel-Puerto Madryn, con otra, Puerto Madryn-Pico Truncado. La primera la cotizamos a fines de 2003. Y la otra, en 2005.

OA: Entre 2003 y 2005 la mano de obra aumentó un cien por ciento; el cobre, 75 por ciento, y otro cien por ciento más el acero y el aluminio.

—El diputado Juan Carlos Morán hizo una fórmula polinómica. La comparó con la inflación según el INDEC. Por eso sostiene que hubo sobreprecios.

GF: ¡El diputado Juan Carlos Morán es un ilustre ignorante! Preguntó, por ejemplo: "¿Cómo le dan semejante negocio a Electroingeniería por noventa años?" Se ve que no leyó la ley 24.065 que regula el mercado eléctrico mayorista. Dice que, si te encomiendan una obra, te la tenés que quedar noventa años, porque es el período de amortización. Y esa ley no la inventé yo. Está escrita desde 1992. Con los supuestos sobreprecios, Morán tampoco se informó. El cobre, el aluminio y el acero son materiales cuyos precios cotizan en Londres. Los de *La Nación* compraron la

363

denuncia de Morán. Pero se equivocaron. Metieron la pata. De hecho, nuestros asesores de prensa nos informaron que llamaron a una reunión de directorio para decidir si publicaban nuestra solicitada.

—Pero la publicaron.

GF: Dudaron. No la querían publicar a página completa. Nos ofrecían media página, o menos. Y no lo aceptamos. Nosotros, en cambio, nunca dudamos. La información se publicó un domingo a la mañana. El lunes a la noche ya teníamos redactada la respuesta.

—Eso no significa que tengan la razón.

GF: Yo creo que sí. Porque no solo publicaron la solicitada a página completa. También tuvieron que publicar una nota que atenuaba el artículo original. Y el domingo siguiente informaron sobre las empresas líderes en esta nueva Argentina. Y nos mencionaron a Osvaldo y a mí. Eso, en términos periodísticos, es una retractación. Pasamos de ladrones a "empresa líder en el sistema energético". Los hechos nos terminaron de convencer sobre Castro: fue una operación político-mediática que ni el propio diario continuó.

—¿No se arrepienten de la decisión?

OA: No. Nuestro asesor de prensa nos aconsejó que no lo echáramos, pero lo echamos igual. Por su falta de código y por la deshonra que nos produjo. Y le pagamos hasta el último peso: 1.200.000 pesos. En cuotas. Con quince cheques avalados de manera personal.

GF: Y lo haríamos de nuevo. Porque estamos convencidos.

OA: Además, nosotros no nos hicimos grandes con Radio del Plata, sino con nuestro trabajo en la empresa.

—Acosta, ¿se escuchó? Acaba de decir: "Lo echamos. Lo despedimos".

OA: No lo despedí: llegamos a un acuerdo contractual. Nelson Castro es un empresario que tiene una sociedad y nos vendió un servicio. Y tenía todos los empleados en negro. Podríamos haber hecho quilombo con eso, y decidimos no hacerlo.

GF: Igual, no fue tan grande el costo que pagamos por lo de Castro.

—¿Les parece que no? La audiencia de la radio está cayendo cada vez más.

OA: Más nos dañó lo de *La Nación* y la operación de Castro. Me importa un carajo la ida de Nelson Castro. Si eso es periodismo independiente, me cago en el periodismo independiente.

—Ya que hablamos de las obras de tendido eléctrico. ¿Cómo se quedaron con Choele Choel-Puerto Madryn y Puerto Madryn-Pico Truncado?

GF: Pese a todo lo que el periodismo cacarea, pese a todo lo que dicen de nosotros, ni Néstor Kirchner ni Cristina ni Julio De Vido ni Cameron tuvieron nada que ver. El comitente de todo el Plan Federal de Transporte de Energía es el Comité de Administración del Fondo Fiduciario. Se trata de un comitente federal de provincias. No interviene el Estado nacional. Son fondos que se van acumulando en el Banco Nación para aplicaciones específicas. Y las máximas autoridades son personas que representan a las provincias en el Consejo Federal de Energía. Los que bajan el martillo no son ni Cristina ni Néstor ni De Vido: son el titular del CAF, el ingeniero Osvaldo Arrúa, y el vicepresidente, Sebastián Chiola. Después hay un dictamen jurídico del Consejo Federal de Energía y los organismos competentes del Banco Interamericano de Desarrollo. El último tramo lo licitamos con la Corporación Andina de Fomento. Son todas licitaciones públicas.

–*¿A qué grupo le ganaron Choele Choel-Pico Truncado?*

GF: Le ganamos a Teyma-Abengoa, que es una empresa española y salió segunda. Tercera salió otra española llamada Isolux Corsán. Cuarta Sade-Skanska, quinta Techint y sexta Roggio. Ahí tenés, vos que estás tan preocupado por la propiedad de los medios, el caso de Techint.

–*¿Qué caso?*

GF: ¿Acaso Techint no es también propietaria de medios en la Argentina?

–*No que yo sepa.*

GF: ¿No comparte una propiedad con el diario *La Nación*?

–*Es la primera vez que escucho esa información.*

GF: No importa. Lo que te quiero decir es que en la primera licitación, Choele Choel-Puerto Madryn, nosotros presentamos una mejor oferta que Techint. Los superamos en un 45 por ciento. Y, dos años después, *La Nación* nos denunció por su sobreprecio del 45 por ciento.

–*¿Qué me quiere decir?*

GF: Que, aun si hubiésemos aumentado los precios en un 45 por ciento, habríamos superado la oferta de precios de Techint.

–*¿Conocen ustedes a Claudio Uberti? Uberti fue titular del Órgano de Control de Concesiones Viales entre 2003 y 2008. Tuvo que renunciar ya que es el principal acusado por el escándalo de la valija de Antonini Wilson (véase capítulo Sadous).*

OA: ...

GF: ...

–*¿Lo conocen?*

GF: Yo sí.

–*En la causa judicial de la valija de Antonini Wilson hay una llamada de Uberti a un número que se le atribuye a una de sus empresas,*

365

INTESAR. Según los registros, la comunicación se produjo el martes 7 de agosto de 2007 a las dos de la tarde. ¿Me podría explicar para qué hablaron con él?

GF: Quizá fue porque presentamos un proyecto. Una iniciativa privada para el OCCOVI. También puede ser por Vialco, nuestra empresa de obras viales y concesionaria de peajes. La iniciativa privada es para dar seguridad vial a todas las autopistas del área metropolitana.

—¿Seguridad vial?

GF: Sí. Seguridad para todos los corredores, mediante una tarjeta única para todos. Ahora hay tres. Después, instalar cámaras, unidas a bases de datos capaces de ser cruzadas con la Administración de Ingresos Públicos y la Policía Federal. Cámaras a lo largo de las rutas para supervisar a los autos detenidos. Iba a ser una inversión de 250 millones de dólares. Lo íbamos a hacer con Kapsch, una empresa austriaca. Se lo presentamos al Presidente y a los ministros junto con la embajadora de Austria. A Kirchner le encantó. Nos prometió que se haría. Pero quedó ahí.

—¿Para qué compraron Vialco?

GF: La compramos porque estaba en venta y nos pareció una buena oferta.

—El hijo de De Vido, Juan Manuel, ¿trabajó o trabaja para Electroingeniería?

GF: No.

OA: Ni siquiera lo conozco. ¿Por qué preguntás semejante cosa?

—Porque fue publicado.

OA: ¿En dónde?

—En Noticias.

OA: ¿Y vos creés todo lo que se publica?

—No. Dudo siempre. Por eso pregunto: para confirmar.

OA: Ni idea.

Después de unos segundos de silencio, Gerardo Ferreyra se sinceró:

GF: Yo sí lo conozco. Yo sí lo he visto. Fue en Buenos Aires. Pero jamás trabajó para la empresa.

—¿Podría ser más específico?

GF: Asociaron los datos de manera incorrecta. Quizá hayan vinculado a uno de los hijos de De Vido con Electroingeniería, porque en su momento nosotros trabajamos la ejecución de cien escuelas en Córdoba. Uno de los hijos de De Vido (no sé cuál, sí seguro el que es arquitecto) trabajó como supervisor. Pero lo hizo desde la Dirección de Arquitectura de la provincia. Y ni siquiera sé si le tocó supervisar una obra nuestra. Fue un proyecto llave en mano. Lo hicimos juntos con IECSA *[Ingeniería Eléctrica Calcaterra SA]*. Nosotros participamos con el 76 por ciento y ellos con el por ciento restante. ¿Eso contesta tu pregunta?

—No todavía. Entonces, ¿conoce a Juan Manuel De Vido?

GF: Sí. Lo conozco. Alguna vez lo vi. Si me lo presentan otra vez, es probable que no lo reconozca.

—¿En qué circunstancias lo vio?

GF: Estuve reunido con el ministro. El hijo estaba ahí y me lo presentó. Creo que no lo conozco. Creo que tiene tres hijos. Y creo que al arquitecto es a quien conocí.

—Poco a poco va admitiendo que lo conoció.

GF: No, el que hizo esa asociación la hizo de mala fe. Porque llamaron a la empresa y montaron un operativo mediático para demostrar lo indemostrable.

—Déjeme volver a lo que acaba de decir recién. Quisiera que me expliquen por qué razón, siendo que, en esa época, IECSA era una empresa más grande que Electroingeniería, ustedes se quedaron con el 76 por ciento de la obra y ellos con el resto.

OA: Nos asociamos con ellos porque, cada vez que tomamos una obra o una actividad en la que no tenemos antecedentes, buscamos socios que sí los tengan.

—Es decir: no tenían experiencia, pero se metieron en un negocio nuevo.

OA: Y claro. Si aparece algo tan interesante como la licitación de cien escuelas, nos presentamos. ¿Por qué no?

—Ricardo Jaime era el viceministro de Educación.

OA: Sí, pero el que llamó a licitación fue el Ministerio de Obras Públicas de Córdoba con la Dirección de Arquitectura.

GF: El Ministerio de Educación en el que estaban Jaime y el ministro *[Juan Carlos]* Maqueda, el ex juez de la Corte Suprema, era el beneficiario. Pero en la contratación y supervisión de la obra no tuvieron nada que ver. ¿Me vas a preguntar también si conocí a Maqueda?

—Claro.

GF: Lo conocí en una de las inauguraciones de las obras. Y fue solo a dos.

OA: Yo fui a ochenta. A Maqueda y a Jaime los conocí en las inauguraciones.

—¿Y después se hicieron amigos, por ejemplo, de Jaime?

GF: Nunca.

OA: Yo tengo buen diálogo.

–¿De hablar por teléfono cada tanto?

OA: Yo no hablo con Jaime.

GF: Yo sí hablo. Pero no quiero dejar de responder alguna cosa, porque son preguntas que parecen estar formuladas desde la sospecha. Nosotros no encaramos una sola actividad. Encaramos muchas otras que son parte de un plan estratégico. Cuando nos dicen "¿Por qué compraron una radio?", es porque queremos comunicar e influir.

–Sí, pero pasaron de ser una pequeña empresa que fabricaba tableros eléctricos a ejecutar obras civiles cada vez más complejas, incluidos los tendidos de redes de alta tensión.

OA: Es que somos muy activos. Estamos todo el tiempo pensando qué nuevas cosas podemos hacer. Y no somos ajenos a los vaivenes de la economía. Nosotros no pensamos en 1977 los negocios que estamos haciendo hoy. Por ejemplo, en la década de los noventa decidimos dejar de ser contratistas de otras empresas y empezar a participar en concesiones de manera directa. Después decidimos crecer en el área eléctrica porque evaluamos que casi no había competidores decididos a meterse en el rubro. Más tarde fuimos a otros países; era la opción lógica.

GF: No somos unos improvisados. Nuestra especialidad nos convirtió en líderes en las obras de alta tensión. Eran obras que Techint no quería hacer. Todo empezó en 1992, con la ley 24.065 que estableció el marco regulatorio, en la época de Domingo Cavallo. Como entonces no se previó cómo se iba a expandir la red, se le otorgó la concesión a empresas foráneas. La decisión dividió el mercado eléctrico entre generadoras, transportistas y distribuidoras de electricidad. Lo que no se previó es la implementación de la red de quinientos kilowatts. Y esa era y es nuestra especialidad. ¿Por qué no pudimos aplicarla antes? Porque el negocio se implementó mal, quebraron muchos y bajó el precio de la energía. Se pararon las obras de transporte. Se pararon las obras de las generadoras. Y tuvimos que empezar a buscar nuevos negocios.

–¿Como cuáles?

GF: Como el sistema de agua en Ituzaingó, para darte un ejemplo. Y esto tiene que ver con la visión de Osvaldo, que es una máquina de tirar ideas.

–¿Votó a Kirchner?

GF: No voté a Kirchner en 2003. Voté a Cristina en 2007.

–¿Y en 2003?

GF: A Adolfo Rodríguez Saá, a pedido de mi hijo más grande, que estaba enamorado de San Luis, y del más chico, que estaba de acuerdo con el no pago de la deuda externa. ¿Puedo argumentar mi posición política? Porque, si no, parece que nosotros hubiésemos nacido en 2003.

–*Adelante.*

GF: En 2001 la representación política de la Argentina explotó. Después del "que se vayan todos" no hubo una verdadera reconstrucción de la dirigencia. Y la sociedad no elige cuadros, estadistas, sino cada vez más opta por la imagen. Y por desgracia, en la Argentina, el cuarto poder, en vez de discutir y analizar la historia, trata los temas del día con superficialidad. Enormes proyectos políticos como el yrigoyenismo, el peronismo, los ideales, las banderas y los cuadros que todavía quedan en algunas provincias, regiones y municipios, y que se pulverizaron. Y los dirigentes nacionales asumen con una bandera y hacen otra cosa. Carlos Menem asumió con un discurso federalista, pero después se dejó seducir por los *lobbies* y empezó a darles a las multinacionales negocios que debían quedar en manos argentinas. Y ahora, ¿qué tenemos?

–*No lo sé.*

GF: No grandes proyectos, sino grandes pujas de intereses. A partir de 2001 lo que hay es una puja de poderes corporativos. Los asuntos que no se pueden dirimir en la Justicia, se resuelven en los medios.

–*Veo que en la crítica no lo incluye a Kirchner.*

GF: Bueno. El mismo Kirchner empezó levantando las banderas de la transversalidad y, cuando se le vino el campo encima, se dio vuelta y se abrazó al Partido Justicialista.

–*¿Me está queriendo decir que no está con el proyecto de Kirchner? Esto sí que es una primicia.*

GF: Bueno… En términos generales sí estoy.

–*Vamos a hacer algo más fácil, para dejar de jugar a las escondidas: díganme a quiénes van a votar.*

GF: Voto en la provincia de Buenos Aires. Y lo haré por Kirchner-Scioli.

OA: Votaré por Eduardo Acastello, en Córdoba.

–*Ahora aparece más claro: están con el proyecto.*

OA: Bueno. Nunca antes había votado por el peronismo ni el kirchnerismo.

GF: Mi voto por Kirchner tiene mucho que ver con la política de derechos humanos. Lo que hizo el ex presidente es algo que nunca imaginé.

–*Ahora, porque durante la dictadura y en los primeros años de la restauración democrática no hizo nada. Y me consta.*

GF: Uno hace las cosas cuando tiene facultades para hacerlas. Antes no. En nuestra actividad es así: cuando tenés la capacidad y los recursos podés hacer una obra. Él, cuando lo tuvo, lo hizo. El lugar que les dio a las Madres de Plaza de Mayo y a las Abuelas de Mayo no se lo dio nadie. Eso fue darle lugar a la memoria argentina.

OA: Además, no hay que olvidarse del recambio de la Corte Suprema ni la forma en que renegoció la deuda externa. Yo, a partir de esas dos decisiones, lo respeto mucho más.

–¿Cuánta plata pusieron para la campaña?

GF: Hicimos nuestra contribución en la medida de nuestras posibilidades a través de nuestra fundación.

OA: Es mínimo comparado con el dinero que maneja la empresa.

–¿Saben que su empresa es considerada kirchnerista?

GF: Nosotros no nos consideramos una empresa kirchnerista. Eso es ignorar nuestra propia historia. En esta empresa hay compañeros que estuvieron en barricadas, en tomas de facultades; que compartieron un ideal. Que ahora no haya ideales no significa que no los haya habido antes. Que nos hayamos convertido en un país con sacerdotes que tienen hijos y no los reconocen, con políticos sospechados de enriquecimiento ilícito, con el 85 por ciento de periodistas corruptos, no significa que todos seamos iguales. Los sobrevivientes como yo no hemos perdido todos los ideales.

–Pero usted hoy es un empresario.

GF: Pero antes que un empresario soy un hombre.

OA: Nosotros somos empresarios distintos. Y queremos empresarios que no se vendan y que no les vendan las empresas a los extranjeros. La riqueza se tiene que quedar en nuestro país.

GF: Hay que leer un poco de historia. Desde el cacique Atahualpa, con el primer secuestro seguido de muerte, en la Argentina siempre ha sido así. Por eso nos pareció injusto que, desde nuestra propia radio, Castro nos haya llamado "empresa kirchnerista".

–La radio sí lo es.

GF: Desde el punto de vista artístico, a mí me cierra mucha más la propuesta de nuestro gerente, [Juan Carlos] García Bisio, quien decidió poner a un Orlando Barone, a Carlos Polimeni o a Liliana López Foresi.

–No digo que no tenga derecho, pero apoyan abiertamente al kirchnerismo.

GF: ¿Polimeni kirchnerista? ¿López Foresi kirchnerista? Tardó seis años en encontrar un espacio en los medios. Quique Pesoa, por ejemplo, nos pega a nosotros.

–De cualquier manera, la baja de audiencia no se le puede achacar a nadie en particular. Sí a la percepción de los oyentes sobre su posición frente al gobierno.

GF: Claro, porque nos tildaron de oficialistas.

—*Bueno, se quedaron con una buena parte de las obras que se licitaron bajo este gobierno.*

OA: No importa. Aunque nos pongan el cartel *[de kirchneristas]* no nos van a poder sacar. Porque tenemos la capacidad, la experiencia y el precio. De Transener, por ejemplo, no nos van a poder sacar. Y no es una pavada: estamos hablando del monopolio del transporte de la energía.

—*A propósito, ¿cómo llegaron a quedarse con Transener?*

GF: Porque se la peleamos a Petrobras. Recordarás que Petrobras no quería venderle su parte a nadie. Todavía dudamos si, en realidad, no iba a ser una autoventa. Cuando declararon que se lo venderían al fondo Eaton Park nosotros no nos quedamos quietos. Apenas empezamos a averiguar descubrimos que Eaton tenía domicilio en Bahamas.

—*Pero el Estado jugó para Electroingeniería. Si para entrar en Transener se hicieron socios de Enarsa...*

GF: Eso que decís es una simplificación. Nosotros sumamos a Enarsa porque creemos que el Estado nacional, después de los noventa, se transformó en el gran ausente de la Argentina.

—*No es una simplificación. Ustedes habrán peleado, pero fue el Estado el que a través de sus decisiones administrativas les permitió quedarse con Transener.*

GF: No comparto lo que decís. En primer lugar fue *[Eduardo]* Duhalde, y no Kirchner, quien, en 2002, al aprobar la venta de los activos de Pérez Companc a Petrobras, le exigió a la petrolera brasileña que se desprendiera de las acciones en Transener. Duhalde entendió que Petrobras no podía ser generador, transportista y distribuidor de energía. De manera que, cuando nosotros fuimos en 2005 por Transener, lo hicimos porque advertimos que estaban obligados a desinvertir. Mientras tanto, Petrobras decía: "No estamos obligados". Y más tarde hicimos una oferta hostil por Transener porque nunca nos dejaron ver sus balances. Planteamos que, aun sin ver los números, podíamos pagar entre 46 y 55 millones de dólares.

—*Sin embargo, Petrobras anunció que se lo vendería al fondo Eaton.*

OA: Exacto. A partir de ese momento pedimos los documentos al Ente Regulador de Energía *[ENRE]*, a la Secretaría de Energía, y Defensa de la Competencia. Descubrimos que Eaton era una sociedad formada dos meses antes, de nacionalidad española, y cuyo capital era de apenas 2.300 euros. Más tarde seguimos la cadena de los accionistas. Eran dos cadenas que pasaban por Bahamas, Inglaterra, Islas Caimán, hasta llegar a los Estados Unidos. Eaton Park no tenía capital ni antecedentes. Provenía de un fondo de inversión de origen dudoso. ¿Cómo no vamos a pelear contra eso?

GF: Eaton declaró que su principal actividad era inmobiliaria. Para mí, pelear por este negocio era una cuestión de dignidad.

—*¿De dónde sacaron los 54 millones para comprarla?*

OA: No fueron 54 millones, fueron veintisiete, porque invitamos a Enarsa a participar.

—*Por eso se la quedaron.*

GF: Pero... ¿qué tiene de malo? Renault es una empresa mixta, entre el Estado francés y los privados. Fiat también.

OA: Los bancos ingleses son del Estado y privados al mismo tiempo...

GF: Es más, el modelo de las privatizaciones argentinas era mixto. El Estado vendió el setenta por ciento y se quedó con el treinta por ciento. Con Transener pasó eso. Después vino el *efecto tequila*, y Cavallo terminó de vender todos los activos. Entre otros, el treinta por ciento de Transener, el treinta por ciento de Transportadora de Gas del Norte *[TGN]* y Transportadora del Gas del Sur *[TGS]*. Lo lamentable fue el remate, no el modelo original.

OA: Ahora, ¿cuál es el inconveniente de que nos hayamos incorporado a Transener? ¿Quién puede hacer política nacional en este país? ¿Solo los políticos? ¿Solo los periodistas? ¿Por qué los empresarios no podemos? Nosotros puteamos el día que Amalita Fortabat vendió Loma Negra y entregó el poder del cemento a los extranjeros. ¿Por qué no podemos comprar Transener?

GF: Nosotros le dijimos en su momento a la Cámara Argentina de la Construcción (CAC) que, en vez de dedicarse a mover influencias para conseguir obra pública, deberían haber tenido una actitud de grandeza: deberían haberse juntado para igualar o mejorar la oferta de Camargo Corrêa. O asociarse con el Estado para impedir que el poder del cemento quede en manos de Brasil. O, de última, asociarse con Camargo Corrêa.

—*¿Es cierto que para la compra de Transener los asesoró nada menos que Roberto Dromi?*

GF: Es cierto. Nos asesoró desde el punto de vista legal. Y era lógico, porque él había sido uno de los artífices de las privatizaciones. Y por eso mismo sabía que una empresa del Estado de Brasil no podía tener el control de las tres áreas de la energía. Nos ayudó en las presentaciones para fundamentar nuestro reclamo.

—*¿Van a comprar más medios?*

OA: No sé. Como poder, podemos comprar cualquier cosa...

—*Una ONG llamada Contadores Forenses afirmó que ustedes com-*

praron Radio del Plata con la seguridad de que el Estado le inyectaría fondos en concepto de publicidad oficial. Habló de 43,4 millones de pesos solo durante el primer año.

OA: Me parece que se les fue la mano. Radio del Plata factura quince millones de pesos por año. Y solo el quince por ciento es publicidad oficial: dos millones y medio de pesos.

—Un ex director financiero de la empresa sueca Skanska, José Alonso, aportó a la causa un memo en el que afirma que hubo un pago "abortado" de diez millones de dólares y a continuación, entre paréntesis, la marca Electroingeniería.

OA: Eso no es verdad. Nosotros le compramos equipos a Skanska cuando ellos decidieron no hacer más obras eléctricas. Nosotros contratamos técnicos no solo de Skanska, también de Techint y de Sociedad Comercial del Plata.

—Pero el vocero de Skanska, Miguel Ritter, habló de un precontrato con Electroingeniería.

GF: No, los que tuvieron problemas fueron los directivos de Skanska o Sade por enriquecimiento ilícito. Ellos eran los que tenían un negocio dentro de la empresa, no nosotros.

—Electroingeniería tiene facturas apócrifas.

GF: Hay más de seiscientas empresas denunciadas, además de nosotros. Nunca fuimos citados. Quizá sea un elemento de prueba para la revista *Noticias*.

OA: En la usina generadora de facturas truchas nunca apareció una empresa de nuestro grupo.

—Durante 2002, Electroingeniería acumuló más de sesenta cheques rechazados por falta de fondos. Recién fueron saldados durante el ejercicio 2005. ¿Cómo lo explican?

OA: No tuvimos solo sesenta, tuvimos muchos más. Fue en el medio de la peor crisis de la historia. Y hasta tuvimos problemas en pagar los sueldos. A los más altos los llegamos a pagar hasta con seis meses de demora entre 2001 y 2003. Mucha gente cobró de "a puchitos".

GF: Fue solo un problema financiero. Nosotros pagábamos las obras, pero los comitentes no nos pagaban a nosotros.

OA: Nosotros decimos que hacer las cosas bien es cumplir primero con la obra y después con nuestra gente. De hecho, en los últimos años, y con más de 3.500 empleados, solamente tres nos hicieron un juicio laboral.

—La Fiscalía de Investigaciones Administrativas (FIA) los denunció por utilizar 1.700.000 de los fondos que recibieron desde el Estado para

INTESAR, y desviarlos hacia dos sociedades del grupo. Dos empresas que compraron después del contrato y que se llaman Viñas del Bermejo SA y Agropecuaria Los Molinos. La FIA afirmó que transfirieron recursos destinados a otro fin.

OA: Es cierto, pero no es así.

—¿Cómo? ¿Es cierto o no lo es?

OA: Son inversiones para empresas con diferimiento impositivo. Están en Chilecito, La Rioja. El fideicomiso con el que empezamos a trabajar en el tendido se puso en funcionamiento por una propuesta nuestra. Lo hicimos para que todos los fondos que llegaran a Electroingeniería como anticipo sean utilizados, de verdad, para la obra.

—Pero ustedes lo utilizaron como "inversión" para otras empresas.

OA: No. A los fondos los usamos para las obras. La diferencia es que, en vez de pagar los impuestos por esos fondos, los diferimos en el tiempo o compramos acciones o invertimos en otras regiones. Nosotros elegimos diferirlos. Un diferimiento no es un desvío de fondos de la obra. Con esos 1.700.000 pesos lo que hicimos (en vez de pagarle a la AFIP) fue invertir en parrales, en Chilecito.

GF: Estamos hablando de 2003. El país estaba incendiado. Los bancos hechos pelota. Llegó la primera licitación y, para garantizar la realización de la obra, le propusimos al Comité de Administración del Fondo Fiduciario *[CAF]* constituir un fideicomiso. Es un fondo que se estableció en el Banco de Inversión y Comercio *[BICE]* y se abastece de fondos depositados en el Banco Nación. Le informamos al CAF paso por paso. Les comunicamos que íbamos a usar una parte de los fondos que nos dieran por la obra como de libre disponibilidad. La razón es que teníamos grandes gastos y erogaciones. Bueno, la parte del pago de los impuestos los convertimos en fondos de libre disponibilidad para invertir en la vid.

OA: No los usamos para no pagar. En lugares donde había desierto, ahora hay 150 puestos de trabajo.

—La FIA detectó otra irregularidad. Mostró que INTESAR le había pagado a Electroingeniería, dos empresas de su mismo grupo, y con fondos del fideicomiso, casi cuatro millones y medio de pesos en concepto de supervisión de obras. Concluyó que era una irregularidad que una empresa se supervise a sí misma. Y que encima cobre por eso.

OA: El pliego dice que Electroingeniería no puede cotizar precios ni contratar a ninguna otra empresa. Tiene que armar una compañía independiente. Por eso INTESAR tiene un capital de doce mil pesos. La empresa madre trabaja en conjunto con la otra. La administra, la supervisa, le presta personal y equipos.

374

—Por eso: se controlan ustedes mismos, porque son el mismo grupo.

OA: Es lo mismo. En su momento INTESAR no tenía ni personal propio, ni caja propia, ni vehículos. Después, las prestaciones que le dio Electroingeniería a INTESAR se tuvieron que pagar.

GF: Todas las empresas grandes necesitan auditar sus trabajos. Auditorías técnicas, ambientales, de higiene. El pliego nos obligaba a formar una empresa nueva capaz de auditar a Electroingeniería. Por eso formamos INTESAR. Al mismo tiempo, mientras seguíamos construyendo la obra, tuvimos que trasladar desde Electroingeniería a INTESAR la calidad que ya habíamos logrado en la primera.

—En mayo de 2003, en el Perú, el Consejo Superior de Contrataciones y Adquisiciones de ese país suspendió a Electroingeniería por presentar documentos falsos y declaraciones juradas con información inexacta.

OA: Eso fue superado. Se trató de la denuncia de un contratista que fue a la Justicia. Fuimos sobreseídos.

GF: ¿Hay alguna pregunta que no apunte a hacernos aparecer como algo que no somos?

—Sí, son preguntas personales. ¿Quién maneja Electroingeniería? ¿Cómo se dividen las acciones, las responsabilidades y el poder?

OA: Gerardo tiene el diez por ciento de Electroingeniería, y un porcentaje mayor en algunos otros negocios.

—¿Los negocios que Ferreyra consigue con el Estado?

OA: —No. En otras sociedades. Nosotros no vemos el negocio solamente como negocio. Lo que retira Gerardo y lo que yo retiro no es más que lo que necesitamos para vivir.

—¿Y cuánto es eso?

OA: —Nosotros vivimos con veinte o treinta mil pesos mensuales.

—No puede ser cierto, no pueden vivir con eso. Solo para moverse y viajar con los negocios que manejan, el gasto debería ser mayor.

GF: Yo sí puedo vivir con eso. Tengo a mi mujer y a mis dos hijos que trabajan. Solo ayudo a mi mamá, que tiene 91 años y vive en Córdoba. Si hay algún retiro excepcional, lo mando al ahorro. Y el resto del dinero que ganamos lo mandamos a la administración y a la fundación.

OA: Mi situación es parecida. Tengo cuatro hijos. Mi mujer trabaja. Es licenciada en Letras y hace diez años ocupa un puesto en Recursos Humanos en la empresa. Dos de mis hijos trabajan. Una es psicóloga. Vive sola. Trabaja en Electroingeniería, pero además tiene su propio estudio.

—Si son tan austeros, ¿por qué tienen un avión?

OA: El avión es de la empresa. Y no es solo de la empresa. Lo tenemos en sociedad con un banco llamado Julio.

–¿Banco Julio?

OA: Sí. Que vos no lo conozcas no significa que no exista. Hasta tiene una sucursal en Recoleta, en la calle Guido. Repito: el avión no es para uso personal.

–En una entrevista usted dijo que, en sus comienzos, había salido con un Citroen 2 CV a recorrer Córdoba y el resto del país para conseguir negocios.

OA: Es verdad. Tenía 23 años.

–¿Y ahora qué auto tiene?

OA: Un Subaru, igual que mi compañera y mi hijo.

–¿Dónde vive?

–En un barrio abierto de la ciudad de Córdoba que se llama Tablada Park, a tres cuadras del Orfeo. Me mudé cuando me casé, hace veintinueve años. En ese momento había solo diez casas. Ahora el barrio creció y vivo en una casa grande de unos quinientos metros cuadrados. Acá, en Buenos Aires, alquilo un departamento. Y por la casa de Córdoba todavía estoy pagando un crédito hipotecario. Lo terminaré de saldar en tres años.

–Cuénteme todo lo que sirva para demostrar cómo son de verdad.

OA: No uso reloj, solo tengo un Citizen en la mesita de luz. Leo todos los diarios. Antes empezaba por la parte de los chistes, ahora por la de adelante. Antes fumaba mucho. Ahora, un cigarrillo por día: Marlboro Light. Juego al pádel, y voy a pescar pejerrey, trucha y surubí al río Paraná, la Patagonia y los lagos de Córdoba. Escucho folklore y rock nacional.

–Parece que Ferreyra sí usa un buen reloj.

GF: Es un Ulysse Nardin. Y me lo regaló mi mujer, que se llama Noemí Cohen, es doctora en Letras, rosarina, y se dedica a vender relojes. Mis hijos se llaman Federico y Sebastián.

–¿Qué auto tiene?

GF: Me acabo de comprar un Volvo.

–¿Teléfono?

GF: Uno marca Palm que me regaló mi mujer, y otro de emergencia, cuya marca no recuerdo.

–Ustedes son atípicos.

GF: No somos raros. Lo que pasa es que somos distintos a la mayoría de los dueños de las grandes empresas. No tenemos guardaespaldas. Tampoco utilizamos los ornamentos del poder.

OA: Además tomamos mate con bombilla. Nosotros y la mayoría de los que trabajan en la sede de Córdoba. Somos normales. Tan normales que, por ejemplo, a mí me asaltaron seis veces a mano armada.

—La única diferencia es que son millonarios.

GF: Yo no soy millonario en los términos que vos pensás. Los millones los tiene la empresa.

—Y tienen amigos poderosos, como Carlos Zannini.

GF: No soy amigo de Zannini en los términos que vos pensás. No nos vemos con frecuencia. No jugamos al tenis ni al básquet juntos. Estuvimos juntos en la cárcel. Y eso te marca. Los pequeños gestos de compañerismo y solidaridad perduran para siempre. Nosotros, con Zannini, compartimos un pabellón, en un momento durísimo. Era la época en que el general *[Mario Benjamín]* Menéndez fusilaba a presos políticos como nosotros. Los mataba en los traslados y en los simulacros de fuga. Él y los demás compañeros sabíamos perfectamente que, cada vez que se llevaban a uno de los nuestros para sacarlo a declarar, no volvía más.

—Supongo que después de la cárcel lo fue a ver a la Casa de Gobierno.

GF: Sí, claro. Fuimos con un amigo en común.

—Y a Kirchner, ¿cuántas veces lo vio, en persona, mano a mano, y a solas?

GF: Una sola vez. Y después de su gestión como Presidente.

Gerardo Ferreyra pidió no responder en qué circunstancias y en qué lugar lo vio. Pero fue en las oficinas de Puerto Madero que Kirchner usó entre diciembre de 2007 y abril de 2008, cuando todavía soñaba con varios años en el poder.

NOVENA PARTE

LA BATALLA FINAL

1. LOS INCREÍBLES SECRETOS DE LA BRUTAL GUERRA ENTRE KIRCHNER Y CLARÍN
2. GRAN HERMANO
3. APRIETES & NEGOCIOS

1
LOS INCREÍBLES SECRETOS
DE LA BRUTAL GUERRA
ENTRE KIRCHNER Y CLARÍN

–Con Magnetto está todo arreglado. Tenemos veinte años por delante –sentenció Néstor Kirchner ante un reducido grupo de incondicionales, con un vaso de whisky en la mano.

Fue a las dos y media de la madrugada del 18 de abril de 2007, en el bar del hotel Hilton de la isla Margarita, en Venezuela. Lo escuchaban, con atención, su vocero, Miguel Núñez, los diputados nacionales José María Díaz Bancalari, Rosana Bertone y Edgardo Depetri y el menos incondicional de todos: el gobernador de Chubut, Mario Das Neves. El Presidente tenía muchas ganas de hablar sobre su futuro y el poder. La bebida lo estaba ayudando a soltar la lengua. A Das Neves también le gusta el whisky, pero además le encanta discutir, así que se dispuso a escuchar para después expresar su opinión.

Era el escenario ideal. Habían terminado las reuniones pactadas en el marco de la Primera Cumbre de Energía. Allí, los presidentes le pusieron nombre a lo que actualmente se conoce como la UNASUR (Unión Suramericana de Naciones). En ese momento, Kirchner no tenía dudas: su supuesto acuerdo con el Grupo Clarín era casi indestructible. Pero el gobernador patagónico no estaba tan seguro.

–¿Un acuerdo con Clarín? ¿Por veinte años?

–Sí. Yo le doy parte de lo que Clarín busca y Magnetto me deja gobernar tranquilo –agregó Kirchner.

381

Cristina ya era la candidata a Presidente *in pectore*. Y Néstor todavía soñaba con la fórmula de la permanencia casi eterna en el poder.

Hasta ese momento, no les había ido mal.

Ambos disfrutaban de una imagen positiva superior al sesenta por ciento.

Kirchner, durante los primeros doscientos días de su gestión, había sido beneficiado con lo que la revista *Noticias* denominó "oficialitis": una fuerte tendencia de la mayoría de los medios, en especial los diarios, que consistió en apoyar las decisiones oficiales y no criticar ni los mínimos errores.

El buen trato solo había sido interrumpido el 24 de marzo de 2004, después de aquellas palabras en la Escuela de Mecánica de la Armada (ESMA), cuando Kirchner ignoró, de manera injusta, el trabajo a favor de los derechos humanos que había realizado el presidente Raúl Alfonsín.

—Fue una gran torpeza: si alguien, en el medio de aquel discurso incendiario, le hubiera alcanzado un papelito para recordarle que Alfonsín había impulsado nada menos que el juicio a las juntas de la dictadura, a Néstor no lo habrían criticado tanto —recordó un kirchnerista que estuvo a centímetros del Presidente y no le pasó ningún papelito.

Casi un mes después de aquella noche en la que confesó su sueño de eternidad en la isla Margarita, Kirchner recibiría la primera señal de que el acuerdo no sería para siempre.

Fue en mayo de 2007, cuando el gobierno perdió la virginidad frente a *Clarín*, con la primera tapa que incluyó la palabra "corrupción". Durante dos semanas, el matutino informó, con lujo de detalles, sobre el caso Skanska, la constructora sueca que pagó coimas millonarias a funcionarios de la *administración K*.

Hasta ese momento, Néstor y el diario habían encontrado un sistema de convivencia desgastante, pero que había servido para evitar el choque frontal.

Era así:

—Por la noche, antes del cierre, el jefe de Gabinete, Alberto Fernández, telefoneaba a uno de los pocos periodistas que decidían el contenido de la tapa, y le preguntaba si había algo que pudiera irritar sobremanera al jefe de Estado. Los profesionales, casi siempre, le contaban lo mínimo indispensable, como para no perder la relación con la valiosa fuente y al mismo tiempo mantener el secreto sobre la mayor parte de la información.

El problema se presentaba al día siguiente, entre las ocho y media y las nueve de la mañana, cuando Kirchner, después de leer el resumen de los medios, dejaba su iracundo mensaje en la casilla del celular de uno de los directivos más importantes del grupo para quejarse por algún título de tapa que acababa de leer:

—¡No puede ser! ¡Me quieren destruir! Llamame urgente.

El hombre, que integra el directorio del grupo pero no trabaja en la redacción, ya tenía incorporada la rutina del crispado llamado presidencial. Se despertaba, leía *Clarín*, tomaba mate y marcaba las notas conflictivas. Al final, consultaba su celular con la queja del día.

Fue un juego insoportable y estresante que se prolongó durante más de dos años: desde fines de 2005 hasta marzo de 2008, cuando la pelea con el campo corrió el velo de la denominada "madre de todas las batallas". Un juego tan tóxico e invasivo que, un buen día la esposa del ejecutivo le sugirió, mitad en broma y mitad en serio, que no atendiera a su llamador oficial.

—No podemos seguir viviendo así. Es como tenerlo en casa.

—¿Me estás diciendo que no le devuelva el llamado al Presidente? —le preguntó el director, consciente de que lo que estaba sucediendo no era algo normal.

El hombre de Clarín, conocedor del lenguaje del poder, lo atendía con la expresa autorización del número uno del grupo, Héctor Magnetto.

Héctor Horacio Magnetto, 65 años, casado, separado de común acuerdo, dos hijos, Marcia y Ezequiel, y un sobrino al que ve diariamente (Pablo Casey, contador público, graduado en la Universidad de la Plata, en la Facultad de Ciencias Económicas), director ejecutivo y presidente del Grupo Clarín Sociedad Anónima, estaba al tanto de todo. Como accionista mayoritario del conglomerado junto con Ernestina Herrera de Noble, también consideraba que la conducta del Presidente era atípica e inadecuada. Sin embargo, había decidido soportarla para evitar una lucha frontal de consecuencias imprevisibles.

¿Pero cuánto tiempo el ejecutivo podía aguantar semejante acoso?

Él usaba sus modales de diplomático para contenerlo. Por eso, casi siempre las discusiones terminaban así.

—Néstor: ponele que el título no haya sido el más feliz, pero... ¿leíste la nota?

Entonces el jefe de Estado gritaba a su asistente, Daniel "El Gordo" Muñoz:

—¡*Clarín*! ¡Alcanzame el *Clarín*!

Del otro lado de la línea se podía escuchar cómo el Presidente pasaba las páginas hasta llegar al artículo en cuestión, para repetir, como casi siempre:

−Bueno... la nota no parece tan fuerte como el título... ¡Pero igual ustedes me quieren destruir!

¿Lo querían destruir?

Nada de eso.

La verdad es que, cuando el nuevo gobierno comenzó, Kirchner apoyaba a Clarín. Y Clarín apoyaba a Kirchner.

Habla uno de los hombres más influyentes del grupo.

Al principio nos sedujo a todos, incluido Magnetto. Era muy creíble. Parecía simpático. Se mostraba como un desarrollista. Cuando hablaba con Héctor, insistía en que quería empresas fuertes con sueldos altos. La verdad es que en ese momento sentimos que era el tipo que estábamos esperando desde la restauración democrática, en 1983.

La relación entre el diario y el poder era demasiado estrecha. Lo admitió una fuente muy segura de Clarín, en diálogo con el autor de este libro:

−Es cierto: mientras duró la buena relación, con Alberto (Fernández) nos hablábamos todos los días. Y con Kirchner una o dos veces por semana.

−¿Se las podría definir como reuniones de trabajo?

−Sí. Había reuniones de trabajo. Y comidas también. En algún momento llegaron a ser dos almuerzos por mes.

−¿A solas?

−En la mayoría de las comidas estaban Kirchner, Magnetto, Alberto Fernández y Jorge Rendo.

Rendo es el director de Relaciones Externas del grupo. Se incorporó a la empresa en 1998. Un año después fue elegido miembro del directorio por los tenedores de acciones Clase A. Ex ejecutivo de Acindar y de Fiat, también es director en Papel Prensa, sociedad anónima. En el momento más caliente de la tenida, un par de individuos sin identificación se le pararon en la puerta de la casa. Además, la foto de su cara apareció en afiches que punteros del empresario Sergio Spolszky pegaron en las paredes de las sedes de los medios de comunicación.

La fuente muy segura de Clarín no eludió ni una pregunta:

−¿Dónde solían almorzar?

−En [la quinta presidencial de] Olivos. Eran almuerzos largos. Se prolongaban entre cuatro y seis horas. Se hablaba de política. Se hablaba del país.

−¿Y también se hablaba de negocios?

−Ellos hablaban de negocios. Nosotros no. Lo que buscaba Kirchner era una alianza institucional con el diario. Y en la primera etapa de la luna de miel nos ofrecieron de todo.

—¿Qué significa "de todo"?

—La incorporación del grupo a nuevos negocios como el petróleo o las obras públicas. Quiero aclararle que nunca aceptamos las propuestas.

La fuente de Clarín afirmó que fue durante los últimos almuerzos de 2007 en la quinta de Olivos cuando la desconfianza mutua comenzó a crecer.

—Es que empezamos a conocer al Kirchner real. El hombre que no usa los cubiertos y come con las manos. El que mezcla el malbec de Rutini con Coca Cola. El que no se detiene ante nada y no presta atención a los argumentos lógicos de su interlocutor.

Que el ex presidente suele comer con las manos no es una novedad. Lo vieron decenas de personas que lo conocieron en la intimidad y hablaron para esta investigación. Que durante los años noventa bebía whisky nacional marca Criadores también lo saben los que tomaron junto a él para festejar su primera reelección como gobernador en la provincia de Santa Cruz. La novedad de esta confesión es que Kirchner había vuelto a tomar alcohol, aunque poco, en las comidas. Y que también había vuelto a beber whisky, de madrugada, casi al final de su mandato presidencial, aun cuando su síndrome de colon irritable lo hacía desaconsejable (véase Primera Parte: El verdadero Kirchner. Capítulo 2: Metamorfosis).

¿Acaso el Presidente estaba empezando a perder la calma?

—Así como nunca comprendió al campo, Néstor tampoco comprendió la lógica de los medios —explicó una tarde de julio de 2009 Alberto Fernández a un periodista, mientras corregía el original del libro de memorias sobre los grandes momentos del gobierno de Kirchner.

Fernández no habla por boca de ganso. Él sufrió la ira de su jefe político en carne propia. Porque, cada vez que a Kirchner le alcanzaban una información que consideraba negativa, se ponía fuera de sí y gritaba:

—¡Son unos hijos de puta!

Pero cuando la información que consideraba perjudicial aparecía en *Clarín*, Néstor le agregaba el siguiente calificativo:

—¡Son unos *traidores* hijos de puta!

Es decir: como si antes hubiera habido un acuerdo previo de no informar, no criticar o no opinar.

Una mañana de locura, en la Casa de Gobierno, Alberto utilizó su mejor tono de profesor universitario para explicarle a su jefe la lógica de los medios en general, y de Clarín en particular:

—Néstor, tenés que entender. *Clarín* no es como *L'Osservatore Romano*, que no puede hablar mal del Papa porque es el diario del Papa. *Clarín*, como la mayoría de los medios, vende algo que se llama "noticias".

—¿Y?

—Y depende de un público que todos los días le demanda que publique noticias. *Clarín* no puede sobrevivir si lo ignora todo.

—No es cierto. ¡Mirá si un grupo como Clarín se va a fundir por ignorar una noticia!

—Sí, Néstor. Es así. Porque iría contra la lógica de su negocio. Perdería a sus clientes. Si sus lectores sospecharan que no publica todo lo que pasa, le darían la espalda.

—Esas son boludeces. Vos lo decís porque sos amigo de ellos. Lo decís porque a vos te tratan bien.

Ahora que está afuera del gobierno y parece sufrir menos, el ex jefe de Gabinete cree que una de las razones por las que Kirchner perdió el olfato político fue por su obsesión de derrotar a enemigos como Clarín.

Fernández todavía prefiere recordar al otro Néstor.

El sensato. El reflexivo. El mismo que le dio un sabio consejo cuando Alberto quiso renunciar, agobiado por los datos que *Noticias* publicaba sobre su patrimonio.

Aquella tarde negra, el jefe de Gabinete entró por la puerta que comunica a la oficina con el despacho del jefe de Estado y le dijo al Presidente, sin saludarlo, y con un ejemplar de la revista en la mano.

—Renuncio. Me voy.

—¿Qué?

—Que me voy. Yo siento que están escribiendo sobre otro tipo que no soy yo. Y eso me vuelve loco. No lo puedo soportar.

—Pero Alberto… Pará un poco —intentó atajarlo el Presidente.

—No. Ya está. Me rindo. Me ganaron. Lo acepto. Me voy. Me dedico a otra cosa.

Entonces Kirchner se levantó del sillón presidencial, se acercó, le dio una palmada afectuosa en la espalda y le dijo:

—Alberto: quedate tranquilo. No les des el gusto.

Fernández estaba tan angustiado que hablaba sin respirar. Entonces *Lupo* lo dejó desahogarse y empezó a hacerle preguntas breves:

—¿Cuántos jefes de Gabinete hay en la Argentina?

—Uno, Néstor. ¡Pero qué importancia tiene…!

—¿Y cuántos quisieran estar sentados en tu despacho?

—Qué sé yo: cientos, miles, millones. No sé adónde querés llegar.

—Bueno… Tenés que comprender que todos esos tipos, directa o indirectamente, están operando contra vos. Si empezás a entenderlo así, vas a tranquilizarte. Lo vas a tomar como de quien viene. Y te va a resultar todo mucho más fácil.

Parecía un buen consejo.

Pero cualquiera podría aplicarle el siguiente refrán: "Haz lo que yo digo. No lo que yo hago".

Porque el Presidente hacía todo lo contrario. No solo protestaba y pedía cabezas de periodistas, como se verá después. Además pretendía manejar a los medios más influyentes, empezando por *Clarín*.

Lo hacía de diferentes maneras.

Una era la oferta personal de primicias exclusivas.

Veamos.

Cuando todavía no había empezado la guerra abierta contra Clarín y Néstor hablaba todas las mañanas, de 8.30 a 9, con el ejecutivo del grupo que no trabaja en la redacción, siempre terminaba el diálogo con una frase que repetía ante los medios y periodistas considerados amigos.

—Ustedes tienen que apoyarnos. Necesitamos que apoyen "el proyecto".

Una tarde de 2005 el ejecutivo recibió una llamada urgente del Presidente. Junto con el primer mandatario estaba, como siempre, Alberto Fernández.

—Quiero anunciarte que, a partir de ahora, voy a apostar por Clarín. Toda la información se la voy a dar a ustedes.

Pero aquella no fue la única movida que hizo con el objeto de seducir a Clarín. También lo quiso cooptar haciendo gala, frente a sus autoridades, del inmenso poder que tenía sobre la información sensible.

Lo ensayó el día de la renuncia del ministro de Economía Roberto Lavagna.

Néstor tomó el teléfono de otro importante directivo de Clarín y solo pronunció tres palabras:

—Venite para acá.

El hombre llegó a la Casa de Gobierno en menos de veinte minutos. *Lupo* lo esperó en la cabecera de la mesa larga del despacho presidencial y, con el control remoto en la mano, sintonizó Todo Noticias y le dijo:

—Mirá tu canal, porque es un momento histórico. Alberto va a anunciar la renuncia de Lavagna.

La fuente recuerda que estaba radiante. Que parecía un chico con un juguete nuevo. En minutos apareció el URGENTE y más tarde, un título que decía: "LAVAGNA RENUNCIA. UN NUEVO GABINETE".

¿Cuándo empezó de verdad la guerra entre Kirchner y Clarín?

Los funcionarios del gobierno afirman que fue con el inicio del conflicto con el campo. Sin embargo, dos directores del *Clarín* aseguran que comenzó mucho antes.

—Hicimos todo lo posible para evitar el choque, pero ellos cruzaron el límite cuando nos metieron un espía dentro del diario.

La persona a la que la autoridad de *Clarín* definió como un espía trabajaba de periodista en una sección caliente del matutino. Empezaron a sospechar que el espía le pasaba información al gobierno cuando un día Alberto Fernández llamó a uno de los ejecutivos para quejarse sobre la noticia que iba a salir la mañana siguiente. El directivo no estaba enterado, y entonces se comunicó con uno de los editores.

El periodista saltó de la silla.

—¿Cómo sabe que vamos a publicar esa información, si nosotros no se lo adelantamos a nadie del gobierno?

Los editores se reunieron con carácter de urgente. Ellos tienen una regla no escrita que dice: la información sobre la tapa la compartimos con Magnetto y con nadie más. Chequearon otra vez que ninguno de los presentes hubiese filtrado los datos. Entonces decidieron iniciar una investigación para saber cómo pudo haber sucedido.

No tuvieron que usar tecnología compleja ni contratar una organización de contraespionaje. Solo pidieron al departamento de Logística la tira de las llamadas realizadas desde los internos hacia la Casa de Gobierno. Así dieron con el "topo" en cuestión.

Las autoridades del diario no lo despidieron. Lo enviaron a un suplemento zonal. A los pocos días, Alberto Fernández llamó al ejecutivo para pedir por él:

—¿Por qué lo cambiaron de sección? Es uno de los pocos periodistas buenos que les queda.

Y el ejecutivo que lo atendió no quiso disimular:

—Quizá sea un buen periodista, pero antes que eso es un espía de ustedes.

Fernández lo negó.

Después de un tiempo, el periodista renunció.

No fue el único dato de espionaje que detectó la plana mayor de *Clarín*. Ni el que consideran más grave. Para ellos fue mucho peor la decisión del gobierno de espiar a Héctor Magnetto y su familia, justo en la época en que el número uno del grupo peleaba contra el cáncer para salvar su vida.

Fue a principios de 2006. Magnetto había viajado a Chicago para someterse a un tratamiento oncológico de rayos y quimioterapia que se prolongó durante casi tres meses. Se lo hicieron en un hospital universitario de excelente reputación. Él y el resto de la cúpula de Clarín están seguros de que el gobierno envió al nosocomio a un empleado de la Secretaría de Inteligencia de Estado (SIDE) para corroborar su verdadero estado de salud. Magnetto regresó a Buenos Aires para Semana Santa, pero se reintegró al trabajo dos semanas después.

Antes de la Navidad del mismo año, Magnetto volvió al hospital universitario de Chicago para un chequeo rutinario. José Ignacio López, periodista, ex vocero del presidente Raúl Alfonsín, escribió, en su libro titulado *El hombre de Clarín*, que allí Magnetto se enteró de que su cáncer no había cedido. También escribió que la operación para extirpar el tumor fue compleja, larga y exitosa. Lo que hicieron fue quitarle casi toda la garganta. A partir de ese momento, Magnetto tuvo que aprender a hablar por la tráquea mediante un aparato que reproduce sus palabras con un sonido metálico. Los que dialogan con él dicen que ahora ya casi no lo necesita, porque su voluntad le permitió aprender a hablar con la tráquea. Y que, si se le presta suficiente atención, se le puede entender casi todo. Después de semejante intervención, el hombre más poderoso del grupo pasó unos días de descanso con sus hijos y su sobrino Pablo.

Un ejecutivo de Clarín afirma que fue durante aquellos días terribles cuando, otra vez, empleados de la SIDE llamaron a los celulares de los hijos de Magnetto, haciéndose pasar por unos primos, para saber si el hombre se había muerto, como sospechaban muchos.

—¡Cómo van a ser tan obvios y llamar al celular de sus hijos haciéndose pasar por parientes! —le pregunté a la fuente segura que trabaja en el diario.

—Sí. Parece un chiste. Cuando me lo contaron, yo tampoco podía creerlo. Pero lo tenemos chequeado. Piense que estamos hablando de los agentes de la SIDE argentina, no de la Mossad.

La Mossad es el Instituto de Inteligencia y Operaciones Especiales de Israel. Se la considera una de las organizaciones de espionaje, acción encubierta y antiterrorismo más eficientes del planeta. Su área de acción incluye a todo el mundo, pero fuera de los límites de su país.

—¿Por qué tenían tanto interés en saber cómo estaba Magnetto?

—Porque pensaban que, si se moría, les iba a ser mucho más fácil penetrar el grupo y empezar a manejarlo.

En efecto, Néstor Kirchner nunca dejó de pensar en conquistar *Clarín*.

Lo intentó primero, como lo hizo con los más importantes medios de Santa Cruz: con la injerencia en el contenido y el reparto de "las primicias" y "la pauta".

La pauta oficial creció doce veces y media desde que Kirchner asumió como Presidente en 2003 hasta diciembre de 2009.

O, para decirlo de otro modo: casi 1.250 por ciento.

Esta es la progresión:
46.267.906 millones de pesos,
100 millones de pesos,
127 millones de pesos,
210 millones de pesos,
322 millones de pesos,
400 millones de pesos,
575 millones de pesos.

Clarín nunca dejó de recibir publicidad del Estado. Pero entre los más beneficiados de siempre se encuentran *Página/12*, los medios del Grupo Hadad, las revistas, los diarios y las radios del Grupo Spolszky y el multimedios en Santa Cruz de Fernando Rudy Ulloa Igor (véase Novena Parte: La batalla final. Capítulo 2: Gran Hermano). Semejante distribución contrastó con la nula inversión publicitaria que le dedicó a la revista *Noticias* y el periódico *Perfil*.

El segundo intento de seducción kirchnerista de los medios, en general, y de *Clarín*, en particular, tuvo lugar el 20 de mayo de 2005.

Ese día, el Presidente prorrogó por diez años las licencias de los más influyentes medios: las radios y los canales de televisión abierta y por cable de la Argentina.

Esta es la lista de los principales beneficiarios:

*Grupo español Prisa y sus radios de amplitud modulada (AM) Continental y de frecuencia modulada (FM) Hit.
*Grupo mexicano CIE, con sus emisoras de AM y FM, incluidas América, Metro, Blue y Rock & Pop. En el caso de la última, la firma de Kirchner extendió la concesión hasta 2018.
*Cablevisión y Multicanal, cuya explotación terminaba en 2006 y se prorrogó hasta 2016.
*Telefe, cuya licencia podrá ser usada hasta 2025.
*América Televisión, con permiso hasta 2022.
*Canal 9, cuya licencia vencía en 2009 y fue extendida hasta 2019.

La meticulosa periodista de *La Nación* Susana Reinoso escribió que los entonces dueños del 9, Daniel Hadad y Raúl Moneta, se encontraban en concurso preventivo y en plena discusión con sus acreedores. Y que la prórroga otorgada por el Presidente aumentaba, y mucho, el valor de la empresa. Consultado por Reinoso, Hadad respondió que ese no era el verdadero motivo de la gracia presidencial, sino la necesidad de que los canales, en el medio de la crisis, tuvieran tiempo para equiparse e incorporar nuevas tecnologías.

Fue el mismo argumento que usaron Kirchner y Alberto Fernández para justificar la prórroga, que también incluyó, por supuesto, Radio Mitre y Canal 13. En el último caso el contrato llega hasta 2025. Pero la movida de seducción más controversial fue la autorización de Néstor para fusionar Multicanal y Cablevisión.

El Presidente esperó hasta el último mes de su mandato para rubricarla. Lo hizo, más precisamente, el 7 de diciembre de 2007.

–Lo ejecutó horas antes de entregarle el mando a Cristina, para dejarnos en claro a todos los medios, no solo a Clarín, que su esposa necesitaba por los menos dos años de gracia sin críticas ni denuncias –me explicó uno de los accionistas más importantes de otro grupo multimedia.

Kirchner no pudo ser más oportuno.

Lo hizo el mismo año en que el Grupo Clarín salió a la Bolsa de Londres, en lo que se consideró el salto cualitativo y cuantitativo más importante en la historia de la empresa desde 1989, cuando Carlos Menem dispuso la privatización de los medios.

La fusión no solo sirvió para sumar los dos cables.

También se adosaron otros negocios como Fibertel, de internet; Teledigital, operadora de cable en el interior; Prima, dueña de la banda ancha de Flash, el dial up de Ciudad Internet; y la internet gratuita Fullzero.

La Comisión Nacional de Defensa de la Competencia (CNDC), el organismo técnico que obedeció la orden de Kirchner y autorizó la fusión, siempre supo las implicancias de semejante dictamen.

Le estaba otorgando al multimedios la posición dominante en el cable, uno de los negocios de la comunicación más redituables de la Argentina, con más del cincuenta por ciento del mercado de abonados.

Para que se entienda bien: incluso antes del permiso de fusión, el negocio del cable e internet representaba para el Grupo Clarín el setenta por ciento de todos sus beneficios.

Cuando se enteraron de la firma del dictamen, varios empresarios de medios le pidieron audiencias a Kirchner para expresarle su desacuerdo.

Uno fue recibido en su oficina de Puerto Madero; Cristina todavía no había cumplido tres meses en el poder.

Kirchner le preguntó su opinión sobre la fusión de Cablevisión y Multicanal. Le pidió que fuera franco y honesto. El empresario le dijo:

–Fue la peor decisión que pudiste tomar.

—¿Te parece?

—Sí. Ustedes deberían revisar un poco la historia. Cada vez que Clarín consigue lo que busca, se da vuelta y se va.

—Vos hablás porque los tenés entre ceja y ceja.

—Puede ser. Pero mirá un poco hacia atrás: Papel Prensa, la modificación del artículo 45 de la Ley de Radiodifusión para quedarse con Canal 13 y Radio Mitre que le sacó a [Carlos] Menem, la Ley de Bienes Culturales y la modificación de la Ley de Quiebras que les cedió [Fernando] De la Rúa. Ahora es la fusión de Cablevisión y Multicanal, ¿y mañana?

—¿Y qué proponés?

—Un sistema de medios más equilibrado.

—¿Y eso cómo sería?

—Quitándole un poco de tamaño a Clarín y distribuyendo el resto entre los grupos más chicos. Pero eso no se hace ni con una nueva ley de radiodifusión ni repartiendo pauta oficial. Se hace pegándole al grupo donde más le duele: en el fútbol y en el cable.

El ex presidente lo escuchó con atención. Distendido y reflexivo, pronunció una frase que luego repetiría, en el medio del conflicto con el campo, cuando la guerra con el multimedio ya era desembozada:

—El poder de un Presidente en la Argentina es inversamente proporcional al poder de Clarín.

Ambos recordaron entonces cómo Menem fue detenido y cómo la Justicia tenía a De la Rúa a tiro de condena.

—Yo no voy a terminar preso. Yo voy a seguir en libertad. Porque voy a tener el suficiente poder económico como para evitarlo —sentenció el ex jefe de Estado en aquella oportunidad.

Cuando los hombres de Kirchner volvieron a llamar al accionista de medios, el ex presidente estaba en desventaja. Ya había perdido la pelea contra el campo y empezaba la madre de todas las batallas.

El empresario fue entusiasmado por uno de los ministros con más poder:

—Néstor se quedó muy impresionado con aquella charla que tuvo con vos sobre Clarín. ¿Por qué no nos hace llegar una idea escrita?

El 21 de agosto de 2008 el hombre de medios, abogado, especialista en derecho administrativo, le mandó al gobierno una lista de acciones a implementar para reducir el poder de Clarín. Todavía la tiene en el archivo de su computadora. Incluía:

La ruptura del contrato entre la Asociación del Fútbol Argentino (AFA) y Torneos y Competencias (TyC).

La anulación de la fusión definitiva entre Cablevisión y Multicanal.

La prohibición de producir contenidos para los cables que a la vez transportaban información, como Cablevisión y Multicanal.

La entrada de Telecom en el negocio de los multimedios.

El último punto era el único que Clarín se veía venir. Hacía tiempo que el grupo había manifestado su intención de incorporarse al negocio del *triple play*. Es decir: la transmisión de datos por el cable, el teléfono e internet. Su estrategia era clara y directa: competir en el mercado contra Telefónica y Telecom e impedir, al mismo tiempo, que las "telco" irrumpieran en el cable en particular y los medios en general.

Entre queja y queja por los títulos y las tapas, el ejecutivo de Clarín se lo había explicado al Presidente más de una vez:

—Néstor: si metés a las telco en el cable y los medios, rompés el mercado.

—¿Por qué? —le preguntó el jefe de Estado, con cierta inocencia, la primera vez.

—Porque tienen un bolsillo de payaso y pueden hacer desastres. Telefónica y Telecom facturan dos veces y media más que todo el Grupo Clarín.

Los altos funcionarios que leyeron el texto con las acciones que redactó el accionista del otro multimedios volvieron a citarlo para afinar mejor la propuesta. Y el hombre de los medios fue directo:

—La revocación de la fusión le producirá a Clarín un doble efecto negativo: en su facturación, porque sus ingresos por el abono del cable es el mayor negocio del grupo, y en la Bolsa de Londres, donde tienen sus acciones. Por otra parte, si le quitás el fútbol, le afectás el rating y la pantalla, más allá de la facturación. Finalmente, el ingreso de Telecom en el sistema de medios equilibraría el enorme poder que hoy sigue teniendo Clarín.

El empresario, consultado para esta investigación, afirmó:

—Fue en ese momento cuando desde lo más alto del gobierno nos invitaron a participar en la eventual compra de Telecom.

—¿Y usted aceptó?

—Claro. Eso tenía sentido. Y era justo. Era algo que nos llevaba a un sistema de medios más equilibrado. Vos pensá que Clarín factura entre cinco mil y seis mil millones de pesos y el multimedia que le sigue en importancia, Uno Medios, factura solo 1.200 millones. Con el ingreso de Telecom, el Grupo Clarín hubiese tenido un competidor de doce mil millones de pesos de facturación. El panorama habría cambiado. Hubiera habido más competencia. Y eso habría sido mejor para todos: para el Presidente de turno y para el sistema de medios.

Fue después de la derrota que le propinó Julio Cobos con su voto "no positivo" cuando el Presidente en ejercicio ordenó presionar a Telecom Italia para que vendiera sus acciones en Telecom Argentina y así permitir que un grupo empresario amigo empezara a jugar en la guerra de los medios como contrapeso de su enemigo Clarín.

La excusa formal fue explicitada por Defensa de la Competencia y la Secretaría de Comunicaciones: que Telecom Italia tenía entre sus accionistas a Telefónica de España y que eso podía configurar una posición monopólica.

La verdad del asunto fue puesta negro sobre blanco por un ejecutivo de Telecom Italia, el 25 de julio de 2009, en una nota firmada por Carlos Pagni, en *La Nación*, cuando le confesó que el ministro Julio De Vido le había dicho:

—Si hablan con la gente de Aeropuertos [Argentina 2000], nosotros podemos resolver el tema de la venta.

El dueño de Aeropuertos es Eduardo Eurnekian. Y el principal ejecutivo, Ernesto Gutiérrez Conte.

Cuando la guerra alcanzaba su pico de virulencia y la ley de Medios dividía al país en dos, Kirchner todavía no había logrado que los italianos arrojaran la toalla.

Néstor y el empresario del multimedios que no es Clarín volvieron a encontrarse en la quinta de Olivos, un mes antes de la derrota electoral del 28 de junio de 2009.

Fue por la tarde. Compartieron la reunión con el entonces jefe de Gabinete, Sergio Massa. Después de media hora de charla se sumó la Presidente, Cristina Fernández de Kirchner. El accionista estaba preocupado porque Gabriel Mariotto, titular del Comité Federal de Radiodifusión (COMFER), cada tanto repetía que antes de fin de año se enviaría el proyecto de la nueva ley de medios.

—Estamos decididos a avanzar contra Clarín, con el fútbol y con todo —le anunció el ex presidente durante el encuentro.

Entonces el empresario de medios volvió a aclararles:

—Estamos de acuerdo con lo del fútbol. También con que se revoque la fusión entre Cablevisión y Multicanal. Pero, si mandan la ley de medios, ya no irán contra Clarín: irán contra todos nosotros. Van a debilitar a todos los medios del sector privado. Una cosa es reducir el poder del grupo y otra es aniquilarnos a todos.

El empresario recuerda que el ex presidente le prometió:

—Quedate tranquilo, que la ley no va a salir.

El jueves 11 de agosto de 2009, después de las 21.30, el director de

Medios y Comunicación de la Asociación del Fútbol Argentino, Ernesto Cherquis Bialo, anunció con solemnidad la ruptura del contrato con Torneos y Competencias.

La historia pública del divorcio entre la AFA y la empresa que tenía la exclusividad de los derechos de televisación de fútbol se contó una y otra vez.

La secreta es la siguiente.

La verdad es que Grondona empezó a romper Televisión Satelital Codificada (TSC), la compañía de TyC, mucho antes.

Fue cuando les sugirió a los directivos de Futbolistas Argentinos Agremiados (FAA) que empezaran a patalear por la demora en pagar los sueldos que registraban la mayoría de los clubes de Primera.

El 21 de julio el secretario general de FAA, Sergio Marchi, entonces, pataleó:

—Si no pagan toda la deuda con los jugadores no comienza el campeonato Apertura.

El 27 de julio Grondona anunció la postergación de los torneos del ascenso y le mandó a pedir a TSC un considerable aumento por los derechos exclusivos de televisación.

El 28 de julio el presidente de la AFA volvió a plantear la gravedad de la crisis. Propuso el aumento del abono del cable. Además sugirió la implantación del Prode bancado como un modo de financiar las deudas de los clubes. Se trata de un sistema de apuestas electrónicas que generó más de un escándalo en Europa, cuando descubrieron que árbitros y futbolistas hicieron apuestas clandestinas para obtener ganancias ilícitas. De inmediato apareció la sombra de Cristóbal López como el empresario que ganaría la licitación antes de ser convocada.

El 29 de julio el flamante jefe de Gabinete, Aníbal Fernández, tuvo que salir a desmentir que hubiera alguna posibilidad de alentar nuevos juegos de apuestas.

Cuando, el 3 de agosto, TSC ofreció a la AFA un adelanto de cuarenta millones de pesos para pagar las deudas de los jugadores, ya era tarde. El acuerdo entre Grondona y el gobierno ya estaba cocinado.

—Lo empezaron a conversar el mismo día que "saltó" Marchi. Lo arreglaron entre Meiszner y Aníbal. Lo terminaron de abrochar cuando Néstor le aseguró a Grondona que, de una manera u otra, el Estado le garantizaría a los clubes entre seiscientos y setecientos millones de pesos anuales —reveló un alto dirigente de la AFA.

José Luis Meiszner es secretario ejecutivo de la AFA. También es ex presidente del Club Atlético Quilmes. Y fue socio del jefe de Gabinete en el estudio jurídico que ambos tenían cuando Fernández no trabajaba en la función pública.

El 4 de agosto Grondona rechazó en público la oferta de la empresa de Clarín. Ese mismo día, a la medianoche, se reunió en secreto con Kirchner, en Olivos. Don Julio preguntó una vez más:

–¿La plata está?

Y el ex presidente no dudó:

–Está.

El Padrino entonces le adelantó:

–Ahora hablo con los clubes y firmamos el acuerdo.

El 9 de agosto la productora Torneos y Competencias invitó a los presidentes de los clubes a una reunión para discutir los alcances del contrato. Los iba a amenazar con juicios millonarios. Grondona reaccionó enseguida y los citó horas antes en el predio que la AFA tiene en Ezeiza.

Asistieron veintiocho presidentes de clubes. Y Meiszner dijo algo que no registraron los periodistas:

–Hemos tomado la decisión política de rescindir el contrato. Ahora buscaremos las causas jurídicas que sustenten esta decisión.

Los presidentes de River, José María Aguilar, y de Boca, Jorge Amor Ameal, empezaron a inquietarse. ¿Todavía nadie había pensado en lo que podía suceder después de romper semejante contrato?

Hubo un momento de desconcierto. Hasta que el presidente de un club de fútbol de un equipo del interior, que no tenía voto pero sí voz, explicó:

–Cuando se firmó el contrato, en 1987, los dueños de TyC eran Carlos Ávila y "Pepe" Santoro. Hoy los dueños del cincuenta por ciento de TSC son TyC, en cuyo accionariado está DIRECTV. La otra mitad la tiene Clarín, en cuyo accionariado están Cablevisión y Multicanal. Retengan este dato: DIRECTV, Cablevisión y Multicanal suman más del 65 por ciento del mercado de la televisión paga.

Cuando los dirigentes se miraron unos a los otros sin entender, el presidente del club del interior, quien además es abogado, remató:

–Esto se llama "posición dominante" y está taxativamente prohibido por la Ley de Defensa de la Competencia. ¿Comprenden? La AFA, sin querer, le entregó la producción y la venta de un producto que se llama fútbol a una empresa que, a la vez, es su principal comprador.

Alguien preguntó:

–¿Y cuál sería el problema?

–Si yo vendo el fútbol no puedo también comprarlo, porque le fijo el precio que se me antoja a toda la competencia. Esta es la causa más importante para justificar la rescisión del contrato.

Grondona apoyó la moción, improvisó un discurso final y todos se juramentaron ante el altar del nuevo socio: el gobierno nacional.

El domingo 16 de agosto Jorge Fontevecchia escribió en *Perfil* que, si no hubiera estado convaleciente de un cáncer al que le pelea con coraje, Luis Nofal, el histórico canciller de Torneos y Competencias, habría evitado la ruptura del contrato con la AFA. También sugirió que la movida sorprendió a Magnetto, a quien le habían asegurado que Grondona no sacaría los pies del plato.

Es posible. Pero la verdad es que la posibilidad de quitarle el fútbol a Clarín estuvo en la cabeza de Kirchner desde agosto de 2008.

Hasta ese punto, al copropietario de multimedios el esquema le parecía viable.

Por eso celebró la ruptura del contrato con TyC que decidió Julio Grondona casi de un día para el otro.

También se puso contento cuando el COMFER dictaminó la separación de Cablevisión y Multicanal.

El empresario empezó a preocuparse recién cuando se dio cuenta de que la ejecución del acuerdo con la AFA se estaba transformando en un verdadero mamarracho. Entonces, pidió una audiencia con el jefe de Gabinete, Aníbal Fernández, y le dijo:

—Con todo respeto: el gobierno puede funcionar como una ambulancia un tiempo, pero después tienen que llamar a licitación para reemplazar a Torneos y Competencias. Que la gente vea una parte del fútbol gratis está bien, pero no hay manera de pagarles a los clubes si no televisan otra parte en el cable. Los abonados del cable son los que van a generar el dinero para hacer funcionar la rueda.

El empresario le mostró gráficos y cifras. Le explicó que la publicidad de toda la televisión abierta era de 1.200 millones de pesos. Y que los anunciantes no iban a dejar de pautar en los programas habituales para empezar a hacerlo en los partidos.

—¿Cómo van a hacer funcionar esto? —preguntó.

—Lo estamos analizando. El fútbol es un gran negocio. De alguna manera lo vamos a sacar adelante —le explicaron Fernández y Mariotto.

A partir de ese momento, la transmisión de los partidos de la fecha se empezó a distribuir en la oficina del COMFER, y no más en el escritorio de Grondona.

Durante quince días, el Estado le permitió a Canal 9 y a América TV televisar algunos de los más importantes partidos de la fecha, con imagen y audio de Canal 7.

La luna de miel duró solo dos fechas.

El sábado 19 de agosto, la Presidente de la Coalición Cívica, Elisa Carrió, denunció con lágrimas en los ojos:

—Hay plata para un mafioso como Grondona, pero no para los pobres.

Y el jueves 27 de agosto, después de las once de la mañana, al contrario de lo que le había prometido Kirchner al empresario, la Presidente anunció, con bombos y platillos, el envío del proyecto de Ley de Medios que impacta contra Clarín y todos los demás medios privados de la República Argentina.

El hombre de medios y abogado especialista en derecho administrativo intentó impedirlo antes del anuncio.

Cuando escuchó los primeros rumores, pidió una audiencia con Aníbal Fernández:

—¿Es verdad?

—Sí. Esto va muy en serio.

—¿Pero para qué necesitan una ley de medios si ya les quitaron el fútbol y están trabando la fusión del cable?

—La Presidente está convencida de que este es el momento para ir adelante con todo.

El empresario, antes de despedirse, opinó que era un grave error. Después llamó dos veces a un hombre muy cercano a Kirchner para pedir una audiencia con el ex jefe de Estado. El hombre le prometió que Néstor le devolvería el llamado. Pero el ex presidente nunca lo hizo.

En el instante en que Cristina usó la cadena nacional para anunciar el envío al Parlamento del proyecto de ley de Medios, el empresario en cuestión estaba reunido con Gerardo Werthein para hablar de su futura incorporación a Telecom.

Fue en la propia casa de Werthein. El huésped no se quedó hasta el final:

—Gerardo: gracias por la invitación, pero no tiene sentido que sigamos hablando. Van a mandar la ley de Medios. Y nos van a destruir a todos. Hasta acá llegué.

—¿Qué vas a hacer?

—Voy a salir con los tapones de punta. Esto no da para más.

El miércoles 2 de setiembre a las 21, el gobierno nacional recibió la crítica más fuerte que, sobre el proyecto de ley de medios, le hicieron jamás.

Se la propinó Daniel Vila, accionista del Grupo América y Uno Medios, al inaugurar, en Mendoza, una redacción multimedia de seis radios, dos canales de televisión, dos diarios, una revista y dos sitios en internet.

América TV interrumpió su programación habitual para emitir el discurso. Vila sentenció:

* Que el envío del proyecto constituía la violación jurídica e institucional más grave desde el 24 de marzo de 1976, día en que irrumpió la dictadura.
* Que Kirchner no era un loco, pero que estaba afectado por el último fracaso electoral y masticaba "su impotencia por no haber podido editarle las tapas al diario *Clarín*".
* Que Kirchner había decidido amordazar a los medios para ir por su reelección a Presidente en 2011.

Vila se preguntó cómo se explica que Kirchner haya aprobado la fusión entre Cablevisión y Multicanal "en flagrante violación a la Ley de Defensa de la Competencia" y meses después "la Presidente tenga la desfachatez de declarar que va a combatir la libertad de extorsión".

El empresario responsabilizó al gobierno por los ataques de bandas anónimas que visitaron los domicilios particulares de los ejecutivos de Clarín.

Acusó a Cristina de usar el dolor de las Madres de Plaza de Mayo por la pérdida de sus hijos para justificar sus caprichos y negocios.

Presentó a los medios como un contrapeso contra la mentira.

Acusó a Néstor Kirchner de mentiroso y enumeró la lista de datos y anuncios falsos de este gobierno, a saber:

* Las cifras del Índice de Precios al Consumidor (IPC)
* Las inversiones chinas por veinticinco mil millones de dólares
* Los datos del dengue y la gripe A
* La repatriación de los fondos de Santa Cruz.

Vila también acusó a Kirchner de ingresar al negocio del juego de la mano de Cristóbal López, y de irrumpir los medios asociado a Electroingeniería. También denunció las intenciones del ex presidente de incorporarse a las telecomunicaciones mediante un supuesto arreglo con Telefónica de España.

Horas después, en un tono desusado, la Presidente Cristina Fernández aprovechó un acto en Berazategui, provincia de Buenos Aires, y le respondió:

—Hay alguien que dice que la nueva ley de radiodifusión quiere amordazar a la prensa. Es la misma persona que hace dos meses firmó la refinanciación de la deuda que su medio tiene con la AFIP, a cambio de publicidad oficial.

La Presidente aludió así a la firma de un decreto rubricado por ella y que les permitió a cuarenta y dos empresas de radio, cable y televisión pagar deudas impositivas atrasadas con publicidad oficial. Cristina no mencionó a todas. Sí destacó que el Grupo América y Uno Medios adeudaban 48 millones de pesos.

—En algunas empresas existen dobles discursos y dobles contabilidades —ironizó.

Vila salió a aclarar que nunca apoyó las políticas de este gobierno. Y que, cada vez que habló con el ex presidente o la Presidente, fue por temas vinculados a la industria en la que trabaja.

Más allá de la pelea entre el gobierno y los dueños de los medios, había resonado en mis oídos una pregunta que se hizo Vila en el medio de su discurso. Era esta:

—¿Acaso los insistentes y constantes llamados para despedir a tal o cual periodista que tuvo la valentía de denunciar alguno de los tantos actos de corrupción cometidos por este gobierno, bajo pena de levantar la pauta oficial, no es una extorsión?

El lunes 7 de setiembre de 2009, a las 15.40, le pregunté a qué periodistas se estaba refiriendo. Él me respondió:

—La pregunta no es de quién pidieron la cabeza. La pregunta es de quién no. La tuya siempre era la primera. Una vez me llamó el propio Kirchner. Y varias veces Alberto Fernández. La frase era siempre la misma: "Tenés que sacar a esos tipos del aire". Uno de ellos eras vos.

Además de la descarnada pelea de negocios, la brutal confrontación entre Kirchner y Clarín sirvió para aportar algo de verdad a un ambiente dominado por la hipocresía.

En los días más calientes de la batalla, el prestigioso sitio *Diarios sobre Diarios* (*DsD*) realizó una exhaustiva investigación sobre el comportamiento del matutino.

El trabajo no solo incluyó el análisis de las tapas y la forma de editar. También reveló la presión que sufren los periodistas cada vez que los dueños de los medios salen a defender sus intereses de negocios.

Se trata de un material muy útil no solo para los profesionales de la comunicación, sino también para los lectores atentos.

Lo tituló "Clarín, bajo emoción violenta".

Se detalló en la volanta:

"Por primera vez en seis años, edita al gobierno nacional con mayoría de tapas negativas".

Y de ahí en más no dejó de registrar el inédito comportamiento editorial del matutino.

Estos fueron sus observaciones más agudas.

* Que después de catorce años de funcionar como multimedios, desde la primera semana de agosto, cuando se anunció el acuerdo entre el Estado y la AFA, *Clarín* empezó a editar las noticias sobre el gobierno "con signo de negativo a neutro".

* Que desde 2003, cuando asumió Kirchner, hasta 2007, *Clarín* editó "de neutro a positivo". Y que a partir de agosto de 2009, cuando empezó la guerra abierta, el matutino pasó a editar "de negativo a neutro".

* Que desde la primera semana de agosto hasta el martes 15 de setiembre, *Clarín* solo editó tres tapas positivas, mientras que las otras veintiocho fueron negativas.

* Los profesionales de *DsD* se detuvieron en la edición del diario del 28 de agosto. La calificaron de "memorable". En ella registraron que desde la página 3 hasta la 18, las 17 noticias publicadas habían sido contra la *administración K*.

* También destacaron que "la furia" del diario hizo que en vez de denominar a la Ley de Medios por su nombre, no solo *Clarín*, sino también Todo Noticias y Radio Mitre, llamaran a la iniciativa: "Ley de Medios K", "Ley de Control de Medios", "Ley en contra de los Medios", "Ley Mordaza".

El trabajo, además, contrastó la desmesura del diario con las equilibradas coberturas de medios como *Perfil* y *Crítica*. Destacó la decisión de *La Nación* de publicar información a favor y en contra de la ley casi por partes iguales. Y valoró el aporte de Jorge Fontevecchia al publicar datos sensibles sobre el Grupo Clarín.

El sitio especializado en medios se detuvo en informaciones publicadas por el diario que consideró oportunistas.

Una fue la del viernes 28 de junio, bajo el título: "Vinculan con un crimen mafioso a un empresario kirchnerista".

Se trata de Ernesto Gutiérrez Conte, presidente de Aeropuertos Argentina 2000. En la nota se reveló que Francisco Barba Gutiérrez, intendente de Quilmes, había vinculado al hombre de negocios con el crimen de su hermano, el subcomisario de la Bonaerense Jorge Omar Gutiérrez, asesinado hace quince años, cuando investigaba el caso de la Aduana paralela.

401

La otra nota cuestionada fue al día siguiente, cuando *Clarín* volvió con el tema y amplió las declaraciones del acusador: "Yo creo que Gutiérrez Conte está detrás de la muerte de mi hermano".

Ernesto Gutiérrez Conte le respondió a *Clarín* con un reportaje concedido a *Perfil*, el domingo 30. Relacionó el ataque del diario con el inicio de las negociaciones para comprar las acciones de Telecom Italia, un negocio que también pretenden Héctor Magnetto y sus socios.

DsD eligió la mirada de diferentes columnistas para insistir sobre el fuerte viraje del diario.

Una fue la de Martín Caparrós, quien en *Crítica* describió, con su habitual ironía, que *Clarín* presentaba un país que se caía a pedazos porque el gobierno se había atrevido a tocarle sus negocios.

Otra fue la de Horacio Verbitsky, quien detectó que el grupo había perdido la elegancia y las formas y comparó a algunos de sus periodistas con los que parodia Diego Capusotto al grito de: "¡Son todos ladrones!".

También rescató el dato de Fontevecchia, quien reveló que María del Carmen Alarcón había sido tratada con privilegios por *Clarín* hasta que la política se pasó al gobierno de Cristina. El CEO de *Perfil* había explicado que Alarcón era amiga de José Aranda, uno de los tres gerentes accionistas más influyentes del grupo, y que, cuando ella lo llamó para pedirle que no la maltrataran, Aranda se excusó:

–Estas son órdenes de Magnetto, que está desatado e implacable con aquellos que se acercan al kirchnerismo.

La de *DsD* fue una verdadera lección de periodismo. Pero, aunque aclaró que el objeto de análisis era el comportamiento editorial de *Clarín*, no tuvo en cuenta algo que todo periodista debe incorporar a su trabajo: el contexto.

La furia del matutino fue directamente proporcional a los ataques del gobierno que incluyeron:

Pintadas contra el diario y contra su más influyente accionista. Un solo ejemplo basta: "Magnetto es Yabrán".

La insólita inspección de la Administración Federal de Ingresos Públicos (AFIP), considerada por los especialistas en la materia como la más aparatosa e intimidatoria de toda la historia del organismo.

La pinchadura de los teléfonos y los correos electrónicos de muchos de sus directores y periodistas.

Y la intención de Kirchner de terminar con su posición dominante del grupo de la noche a la mañana, como si el prolongado y estrecho vínculo entre ambos nunca hubiera existido.

El martes 4 de agosto de 2009, a las nueve y media de la noche, cuando ya estaba claro que el choque de los planetas no tenía retorno, hubo una cena secreta, en el departamento que Magnetto posee en Recoleta, en la plaza Carlos Pellegrini, enfrente del Jockey Club.

El cónclave tuvo un alto contenido político.

Aceptaron la invitación del anfitrión Carlos Reutemann; Felipe Solá; el gobernador de Córdoba, Juan Schiaretti; el ex gobernador de Entre Ríos, Jorge Busti, y el gobernador de Chubut, Mario Das Neves.

También concurrieron el editor general de *Clarín*, Ricardo Kirschbaum, y el columnista Eduardo van der Kooy.

Dos de los asistentes que relataron con lujo de detalles el encuentro coincidieron en que, si se hubiera escrito una crónica, se la podría haber titulado: "Cómo frenar al loco".

Una de las fuentes negó que hubiera habido un "clima destituyente", pero aceptó que, durante la cena, por lo menos en dos oportunidades, se preguntaron qué pasaría si Kirchner no consigue imponer su plan de destrucción de Clarín y su reelección en 2011.

—Fue un encuentro histórico. Alguien, algún día, lo tendría que escribir.

Schiaretti estuvo muy verborrágico. Reutemann casi no habló, se enrolló como un bicho bolita. Sus movimientos fueron los de un hombre tenso, incómodo y temeroso de lo que suponía estaba por venir.

—¿Cuánto aguanta esto? —fue otra de las preguntas que se repitieron entre el segundo plato y el postre.

Luego de la despedida, Das Neves llamó a alguien de su confianza, porque no se podía dormir. Venía de una discusión tremenda con la Presidente en Casa de Gobierno, en la que se pasaron facturas atrasadas de años anteriores, políticas y también personales. Había llegado tarde a la comida convocada por el hombre más importante de Clarín, pero eso no le había impedido percibir la intensidad y la importancia de la cita.

Después de un par de horas de conversación sincera, cerca de las tres y media de la mañana, bajó su nivel de adrenalina. Recién entonces recordó la frase de Néstor en la isla Margarita, dos años atrás:

—Con Magnetto está todo arreglado. Tenemos veinte años por delante.

2
GRAN HERMANO

El mismísimo presidente Néstor Kirchner tomó el teléfono y llamó al gobernador Mario Das Neves para pedirle que le pagara a su amigo Rudy Ulloa los 7.200 pesos que le adeudaba de una pauta oficial.

No es un chiste. Tampoco un invento. Sucedió el miércoles 23 de noviembre de 2006, a las once de la mañana.

Kirchner era presidente y gozaba de una imagen positiva de casi el setenta por ciento. Das Neves, gobernador de Chubut, estaba muy preocupado porque el personal jerárquico de los petroleros reclamaba un descuento sobre los impuestos a sus ganancias. Al mismo tiempo, los operarios de boca de pozo pedían 4.500 pesos de salario básico, dos mil pesos más de lo que estaban recibiendo. Con la economía dolarizada y el alquiler de un monoambiente a tres mil pesos, la situación social de las provincias petroleras de la Patagonia, incluida Santa Cruz, estaba a punto de explotar.

Cuando el mandatario provincial recibió la comunicación urgente del jefe de Estado, se sobresaltó.

—Me llamás por lo de los petroleros, ¿no? —preguntó.

El silencio del Presidente lo desconcertó. Kirchner, enseguida, se dio cuenta de que no podía soslayar el asunto.

—Ah, sí, ¿cómo anda eso?

Das Neves no tardó en comprender que Néstor lo llamaba para otra cosa. Entonces respondió breve y concisamente. Y produjo el silencio necesario para que el Presidente metiera el bocadillo.

—¿Sabés por qué te llamo?

—No.

—Por un pago atrasado a Rudy: es una pauta de 7.200 pesos.

Kirchner se lo tuvo que repetir, porque Das Neves parecía no dar crédito a lo que estaba escuchando. Pero era verdad. El Presidente de un país con un índice de pobreza de casi el cuarenta por ciento y una desocupación que rozaba los dos dígitos se había tomado el trabajo de llamar a un gobernador para pedirle que cancelara una pequeña deuda de su considerado *hermano putativo*. Para que se entienda: apenas 7.200 pesos por avisos oficiales de Chubut que Ulloa había colocado en su diario de distribución gratuita, *El Periódico Austral*.

Das Neves convocó de inmediato a Daniel Taito, su jefe de Información Pública.

—¿Es cierto o me está haciendo un chiste?

Taito lo confirmó. Eran 7.200 pesos. Ni un peso más ni uno menos. Los comentarios del gobernador, una vez repuesto de la sorpresa, incluyeron la palabras "precario", "berreta" y "angurriento".

Aunque provoque vergüenza ajena, la anécdota es muy ilustrativa.

Demuestra que Kirchner siempre estuvo pendiente de las cuestiones económicas que involucran a los medios y a los organismos públicos.

Pone de manifiesto su obsesión por la prensa y el dinero.

Prueba el fuerte vínculo que tiene con Ulloa, incluso emocional.

Y revela cómo cree que se debe tratar a los periodistas y a los dueños de los medios.

Ulloa nunca sintió pasión por la información ni tuvo como vocación el periodismo. Lo que hizo, como se demostrará enseguida, fue usar a los medios como un instrumento para obtener dinero, influencia y poder.

Le fue demasiado bien. Desde que empezó a trabajar como cadete del estudio de Néstor y Cristina en 1977, hasta ahora, su progreso fue vertiginoso y desmesurado.

Fernando Rudy Ulloa Igor, 49 años, casado, varios hijos, Documento Nacional de Identidad 18.723.762, nacido en Puerto Natales, un humilde pueblito de pescadores del sur de Chile, el primero de abril de 1960, hijo de Omnia del Carmen Igor y adoptado por su padrastro José Heriberto Sánchez, tuvo una infancia de niño carenciado. Nacionalizado argentino, apodado "Rengo" por su dificultad al caminar, 1.65 metros de altura, morocho y de cabello enrulado, rápido para los mandados, lustró zapatos, vendió helados, trabajó de repartidor de sándwiches en La Galleguense, y de canillita en la esquina de su humilde casa familiar del barrio El Carmen, en las afueras de Río Gallegos. Hasta que Néstor se enterneció y le dio trabajo en su estudio jurídico por la misma plata que ganaba como canillita por la venta diaria de *La Opinión Austral*.

A partir de ese momento, Rudy se transformó en un operador multiuso y capaz de casi todo: liderar una fuerza de choque, recaudar dinero para las campañas de su jefe, hacer de chofer, averiguar el precio de compra de *Clarín* o Telefe, seducir a radicales para que se pasen al kirchnerismo, y organizar un fideicomiso con la intención de levantar algo parecido a Puerto Madero en El Calafate, la ciudad de los sueños de la Presidente de la Nación.

Para comprender hasta dónde llegó, y la envergadura del vínculo afectivo entre ambos, hay que empezar por el principio.

Rudy no conoció a su papá, y tuvo dificultades para caminar desde muy chico.

Su madre cruzó la frontera desde Chile hacia Río Gallegos junto con su padrastro y su hermano, José Domingo Paloma Ulloa. No fueron la excepción. Hasta hace poco, el cuarenta por ciento de los habitantes de la capital de Santa Cruz eran chilenos o tenían ascendencia directa chilena.

Los Ulloa llegaron a Barrio El Carmen con la información de la existencia de una incipiente industria de bloques de hormigón y ladrillo, y de una oficina de Yacimientos Petrolíferos Fiscales (YPF). Se encontraron con algo menos y en pleno apogeo de Las Casitas, la zona de prostíbulos donde los changarines y los soldados del Batallón 601 de Ingenieros de Combate y del Regimiento 24 de Infantería iban en busca de un poco de alivio a tanto frío y desolación.

A Rudy lo inscribieron en la primaria en la escuela AGE, en la calle Jofre de Loaiza al 200. No fue un alumno destacado. A los 10 años empezó a trabajar de lo que pudo. Seis años después habría caído preso por un delito menor. Su madre habría recurrido al estudio de Néstor para liberarlo. Y el joven abogado lo tomó por su cuenta.

En *Propaganda K*, el libro de la periodista María O'Donnell, se afirma que Rudy aceptó la oferta de Kirchner, pero al mismo tiempo siguió trabajando de canillita. Y que esa pequeña trampa le había sumado puntos en la consideración de su empleador.

−Enseguida Néstor le encargó trabajos más pesados, como presionar a quienes se demoraban en el pago de las cuotas de las hipotecas −contó un abogado que tuvo como cliente a uno de los deudores de Finsud, la financiera asesorada por los Kirchner y que se encargaba de cobrar a los morosos.

Por su lealtad y su particular eficiencia, Rudy fue ascendido de cadete a chofer y de chofer a militante.

El 18 de abril de 1982, bajo la presidencia del actual secretario Legal y Técnico de la Presidencia, Carlos Zannini, Ulloa inauguró, en su barrio El Carmen, la Unidad Básica Los Muchachos Peronistas.

Ya funcionaba el Ateneo Juan Domingo Perón, considerado el embrión que llevó a Néstor a lo más alto de su carrera política. Lo integraban, entre otros, su hermana Alicia Kirchner, el esposo de ella, Armando Mercado, alías "Bombón" (sobrenombre que le adjudicaron porque "siempre está lleno de licor"); Daniel "El Mono" Varizat, el funcionario que atropelló con una camioneta a veinte personas en el medio del conflicto con los docentes durante 2007; Carlos Sancho, quien reemplazó a Acevedo como gobernador cuando este renunció, y se tuvo que ir en medio del conflicto antes mencionado; Héctor Aburto, Pablo Noguera y Juan

Carlos Villafañe. Enseguida se verá la importancia de Aburto, Noguera y Villafañe: tres vínculos importantes en la biografía del hermano menor que Néstor no tuvo.

Durante 1987, Rudy acompañó al candidato a intendente Kirchner a sol y a sombra. No solo organizó los actos. También garantizó su seguridad. Además prestó un servicio *premium*: movió los contactos necesarios para nacionalizar a cientos de chilenos sin papeles y lograr que eligieran a su jefe. Y lo logró, en especial, en las barriadas con tradición de voto radical: Evita, San Martín, El Puerto, Náutico y también El Carmen.

Néstor ganó, pero se encontró con una intendencia sin recursos. Entonces de inmediato redujo los salarios y recurrió a la mano dura. Los empleados públicos que se manifestaron en el corralón municipal conocieron los métodos de Ulloa. Las trompadas, las patadas y los garrotazos de Rudy y sus hombres lograron el desalojo. Así consiguió el cargo de secretario privado del intendente Kirchner.

El 12 de abril de 1991 Ulloa organizó el acto de cierre de "Kirchner gobernador", en el cine Carreras. El ex cadete "metió" más de mil militantes y se dio el gusto de mandar a ningunear, por orden de su jefe, con tibios aplausos y algunos silbidos, a quien iniciaba su discurso y pretendía ser candidato a intendente, Julio De Vido.

A partir de ese momento, Ulloa y el ministro De Vido dejaron de ser amigos políticos.

Lupo ganó la gobernación de Santa Cruz pero el peronismo perdió la intendencia de Río Gallegos. El mandatario ordenó a Rudy seguir manejando su agenda, pero, a la vez, reconquistar las unidades básicas de las afueras de la ciudad. Para eso lo designó director del Centro Comunitario Barrio del Carmen.

El 1º de agosto de 1997, Kirchner pagó con generosidad sus dedicados servicios: habilitó la FM Comunitaria Estación del Carmen, y le adjudicó el 104.9 del dial en Río Gallegos. La foto de la inauguración todavía los muestra abrazados y sonrientes.

Un año y medio después, Rudy, ni lerdo ni perezoso, le encargó a un abogado amigo que le cambiara la razón social a la emisora. Así pasó de comunitaria a sociedad de responsabilidad limitada (SRL). Es decir: la transformó en un negocio privado que empezaría a recibir cada vez más pauta publicitaria oficial. El abogado es el mismo que, diez años después, le pidió disculpas a *Clarín* por haberle mandado a más de doscientos inspectores en el medio de la discusión por la ley de medios, con claros objetivos intimidatorios: Ricardo Echegaray. Entre los accionistas de Estación del Carmen SRL estaba Rudy.

407

Durante 1998, Ulloa se dedicó a hacerse fuerte con vistas a la reelección del gobernador Kirchner, que se concretaría el año siguiente.

Para eso, lanzó *El Comunitario*, un semanario de malísima calidad y nada de información, cuya actividad principal, igual que la radio, era recibir demasiada pauta oficial. Al mismo tiempo, el Centro del Carmen obtuvo subsidios y compró una chacra, un colectivo y organizó programas de asistencia para mujeres embarazadas. En ese tiempo, Rudy, además, empezó a encarar una actividad extra con el mismo entusiasmo que las otras: cuidar y proteger a Máximo Kirchner, el hijo mayor de *Lupo*.

–Primero lo acompañó en sus salidas nocturnas, hasta que *Lupo* les paró el carro a los dos. Más adelante Ulloa intentó foguearlo en la militancia, pero Máximo tiene un rechazo inconsciente a todo lo que sea "la política" –analizó una ex militante de aquellos años.

En 1999 Ulloa cumplió el objetivo político exigido por Néstor: recuperó, junto con los demás kirchneristas, el control de la ciudad de Río Gallegos.

Asumió Héctor Aburto, un incondicional de Rudy.

Ulloa no ocupó un cargo formal, pero logró nominar a Pablo Noguera, su socio en el Centro Comunitario, como secretario de Gobierno de la ciudad.

Noguera ignoró la incompatibilidad y empezó a repartir pauta oficial a la radio y a *El Comunitario*.

El 3 de agosto de 2000, Marcelo Saá, de la Unión Cívica Radical (UCR) de Río Gallegos, denunció ante el Concejo Deliberante al intendente Aburto y a su secretario Noguera por haber distribuido publicidad a *El Comunitario* de manera irregular.

Al concejal Saá le pareció muy extraño que se hubiera entregado la pauta y el aviso no hubiera aparecido en el periódico. Y consideró más grave todavía que Noguera autorizara emitir un pago a la Asociación Cooperadora del Centro Comunitario Nuestra Señora del Carmen, ya que formaba parte de la comisión directiva de la organización.

Al intendente y a Noguera los salvó Carlos Sancho, quien presidía la sesión. Se trata del mismo hombre que, ante la renuncia de Acevedo, ocuparía el cargo de gobernador. La cuestión es que Sancho, en uso de sus facultades kirchneristas, mandó a archivar el expediente.

Después de dos años de pésima administración y un déficit de cuarenta millones de pesos, Aburto presentó su renuncia por enfermedad. Lo reemplazó Juan Carlos Villafañe, otro miembro fundador de Los Muchachos Peronistas, también incondicional de Rudy.

Rudy cerró *El Comunitario* pero abrió *El Periódico*, desde donde encabezó la mayor muestra de obsecuencia editorial que se haya conocido en Santa Cruz en los últimos años.

Después de una interesante investigación, la periodista María O'Donnell registró que Néstor Kirchner jamás dejó de aparecer en su tapa, excepto en dos oportunidades: cuando murió Juan Pablo II y al anunciarse la candidatura presidencial de Cristina Fernández. También dio cuenta de cómo ignoró el conflicto docente en Santa Cruz, algo que fue cubierto por casi todos los medios locales y nacionales desde que se inició hasta que terminó.

En agosto de 2001, la revista *El Malón* denunció lo que se podría considerar como el primer antecedente sospechoso sobre el patrimonio de Néstor Kirchner y sus amigos de negocios.

La publicación mostró que Ulloa tenía un plazo fijo en el Banco de Santa Cruz por 1.302.055 dólares. Y que su jefe poseía otro de 830.000 dólares. El escándalo fue mayúsculo y las repercusiones, importantes. Kirchner tuvo que salir a aclarar por primera vez que la mayor parte de su fortuna la había hecho con la renta de las más de veinte viviendas que poseía.

Lo que nunca se aclaró en público es qué hacía, en la cuenta de un militante de base, semejante cantidad de dinero. Tuvo que hacerlo Rudy ante la Justicia, al reconocer que el dinero era de Néstor y no suyo. El fiscal de Río Gallegos, Andrés Vivanco, descubrió que la cuenta era compartida por Néstor Kirchner, Cristina Fernández y Rudy Ulloa Igor.

El episodio sirvió, una vez más, para probar el nivel de confianza entre Néstor y Rudy.

El 26 de abril de 2002, Ulloa abandonó por unas horas su rol de empresario multimedios para volver a las andadas.

Los cacerolazos del *corralito* de Domingo Cavallo y Fernando de la Rúa se habían multiplicado por todo el país, y Santa Cruz no era la excepción. Los manifestantes recorrían la ciudad y Kirchner temía que fueran a por su cabeza. Hay un expediente con la declaración de Mario Oyarzo, un ex colaborador de otro incondicional a Néstor, recaudador del Frente para la Victoria, Raúl Copetti, y súbito y próspero empresario hotelero (véase Segunda Parte: Cristóbal. Capítulo 3: La propuesta).

Oyarzo reveló cómo Rudy y su grupo de choque se armaron en las oficinas de la radio FM Estación El Carmen, en Errázuriz 395, para repeler a los manifestantes.

La intensidad del testimonio de Oyarzo justifica su reproducción textual:

"Que la gente del cacerolazo estaba manifestándose a pocas cuadras de la radio mientras tanto se estaban haciendo los operativos para recibir a los mismos; que el señor José Luis Gómez cortaba con sierras barras de hierro que introducía en mangueras y distribuía a los militantes y resto de los funcionarios, juntamente con… el propio director de la radio, Pedro Díaz… Pablo Enrique Noguera, Pablo Grasso y Rudy Ulloa… que también en las oficinas de la mencionada emisora abrían cajones de bidones con nafta y en el patio seguían entregándose palos, fierros y mangueras; que había cajones de madera con bombas caseras molotov; que en la mencionada radio jamás existió una fiesta de cumpleaños argumentó el gobierno de la provincia".

Noguera fue el secretario de Gobierno que distribuyó pauta oficial al Centro Comunitario del Carmen, del que era presidente. Grasso es el hombre que conectó a Kirchner con Cristóbal López en 1998 (véase Segunda Parte: Cristóbal. Capítulo 1: La llamada).

En 2003, Rudy todavía figuraba ante la Administración Federal de Ingresos Públicos (AFIP) como un pequeño contribuyente y acusaba ingresos menores a quince mil pesos anuales.

En la Semana Santa de 2004, Ulloa trabajó de enfermero.

Fue cuando Kirchner tuvo un serio problema gastrointestinal y pensó que se moría. Entonces eligió para compartir el pánico a sus íntimos más íntimos: Cristina, su secretario privado, Daniel Gordo Muñoz, y el inefable Rudy, quien soportó el mal humor presidencial con paciencia y estoicismo.

Un mes después, Ulloa se incorporó al negocio de la televisión. Lo hizo al comprar, a precio de bicoca, acciones del Canal 2 que pertenecía a Claudio "Mono" Minnicelli, cuñado de Julio De Vido y hermano de Alessandra Minnicelli, entonces directora de la Sindicatura General de la Nación (SIGEN). Minnicelli lo había concursado por inconvenientes financieros. Aprovechó para cederlo y de inmediato se fue a trabajar a la Secretaría de Transporte, con Ricardo Jaime. Minnicelli es famoso por su vocación para hacerse presente donde haya un negocio, y porque se casó con la mujer que ganó la edición 2007 de "Bailando por un sueño", Celina Rucci. Rudy, apenas se hizo cargo, puso el canal al servicio de su patrón político. El contenido: un noticiero al mediodía, uno a la noche, y un programa político semanal. El programa tiene un nombre impúdico: se llama "El ojo del amo". Lo conduce Miguel Ángel Carmona, quien fue designado, además, director de Prensa de la Cámara de Diputados de la provincia que presidía el vicegobernador, Carlos Sancho.

En 2005 Rudy registró el primer inmueble a su nombre.

Ese mismo año, su facturación se disparó con el ingreso, en blanco, de la nueva pauta oficial. Con la intención de despistar a periodistas, investigadores e inspectores curiosos, abrió nuevas sociedades para el mismo fin.

Durante 2006 los medios de Rudy Ulloa Igor acapararon más de dos millones de pesos de pauta oficial. Exactamente 2.170.242 pesos. Este es el detalle de los beneficios:

*Avisos otorgados por la Dirección de Prensa de la Provincia de Santa Cruz:
Cielo producciones: 715.000 pesos.
Sky producciones: 395.000 pesos.
El Periódico Austral 25.200 pesos.
*Avisos colocados por Formicruz, la sociedad del Estado provincial que explota las minas de oro del cerro Vanguardia:
El Periódico 3.500 pesos.
*Avisos colocados por la Subsecretaría de Medio Ambiente
El Periódico 15.120 pesos.
*Avisos pautados por la Secretaría General de la Gobernación:
El Periódico 11.276 pesos.
*Avisos colocados por otras dependencias del Estado provincial:
El Periódico 28.492 pesos.
TOTAL de pauta oficial de la provincia: 1.193.586 pesos.
*Avisos pautados por la Secretaría de Medios de la Nación:
Haiken: 50.175 pesos.
Canal 2 y *El Periódico*: 501.381 pesos.
Estación El Carmen: 25.000 pesos.
Sky Producciones: 400.000 pesos.
TOTAL de la pauta oficial de la Nación: 976.556 pesos.
*TOTAL GENERAL: 2.170.142 pesos.

Durante el mismo año 2006, el director responsable de *El Periódico*, fue el mencionado Carmona. Es decir: atendió de ambos lados del mostrador. Cuando la oposición denunció la incompatibilidad, Ulloa lo borró del staff, pero Carmona siguió trabajando para la publicación y, además, incrementó la cantidad y el precio de los avisos en el diario.

A principios de 2006 Ulloa presentó *Actitud*, una revista mensual, lujosa, hiperoficialista y que se presentaba sin disimulo con el siguiente lema: "Una revista que no es independiente".

Entre los anunciantes de *Actitud* se encontró a:

411

* Alstom Argentina, la empresa que ganó la polémica licitación para construir el Tren Bala.

* Electroingeniería, de Gerardo Ferreyra y Osvaldo Acosta (véase Octava Parte: Electroingeniería. Capítulo 1. Bajo sospecha. Capítulo 2. Doble reportaje. Osvaldo Acosta/Gerardo Ferreira).

* Banco Macro, de Jorge Brito, uno de los banqueros de mejor relación con Kirchner y sus hombres.

* Enargas, la empresa de energía estatal que en ese momento integraba Fulvio Madaro, sospechado de haber recibido sobornos en el caso Skanska.

La discrecionalidad para repartir dinero del Estado, que se obtiene del pago de los impuestos de todos los argentinos, tiene una lógica perversa. No se decide por la cantidad de ejemplares vendidos, las visitas en las páginas de internet o el *rating* en radio y televisión. Tampoco por su prestigio e influencia.

En el caso de los medios de Ulloa, solo se sabe que *Actitud* tenía una tirada promedio de casi veinte mil ejemplares, pero no llegaba a vender ni quinientos por mes. Durante el mismo año, la revista *Noticias*, de Editorial Perfil, no recibió ni un solo peso de publicidad oficial. El 29 de mayo de 2006, los directivos de la editorial presentaron un recurso de amparo.

En febrero de 2009, la Cámara en lo Contencioso Administrativo le ordenó al gobierno que le otorgara publicidad a *Perfil*. Los funcionarios de Kirchner apelaron entonces a la Corte Suprema de Justicia. El máximo tribunal todavía no se expidió.

En diciembre de 2007 Kirchner entregó la banda presidencial a Cristina. También renovó las licencias a las radios y los canales de televisión de alcance nacional por diez años.

Meses después, el ex presidente dejó su despacho de la Casa Rosada, se acomodó en sus nuevas oficinas de Puerto Madero y le pidió a Rudy que se mudara a Buenos Aires para ayudarlo a organizar una nueva corriente política, denominada Compromiso K.

En 27 enero de 2008, Rudy abandonó Río Gallegos y se instaló en Pilar del Este, un barrio cerrado de la provincia de Buenos Aires, en el Kilómetro 46 de la Ruta Panamericana.

No se sabe si lo compró o lo alquiló. De cualquier manera se trata de un lugar exclusivo y para pocos. Se lo denomina Ciudad Verde y está formado por un conjunto de barrios cerrados y conectados entre sí. Son 550 hectáreas de tierras altas y arboladas. Viven allí no más de 1.100 personas.

Las tierras de Pilar del Este son conocidas como "El Lugar del Milagro". Pero no en honor al vertiginoso ascenso social del ex cadete, ex chofer y ex operador todoterreno que eligió vivir por un tiempo allí. El motivo es que, en 1630, una carreta que transportaba la imagen de la Virgen María se detuvo en ese sitio. Fue imposible moverla durante setenta años, hasta que se la llevaron a la basílica de Luján.

Pilar del Este posee gimnasio, pileta de natación, cuatro canchas de tenis, dos de fútbol 11, tres de fútbol 5, dos de rugby, una de jockey y una pista de atletismo.

Dentro de Pilar del Este funcionan cuatro colegios. Uno de ellos es el Saint Mary of the Hills, católico, bilingüe y mixto, con ingreso a varias universidades extranjeras.

El complejo cuenta con seguridad las veinticuatro horas del día. Un terreno de ochocientos metros se puede conseguir por cincuenta mil dólares. Una casa de 180 metros, sobre el mismo terreno, vale 170.000 dólares.

Rudy Ulloa se trasladó a Pilar del Este con casi toda su familia, incluida su última esposa, Jessica Uliarte (sobrina del director de la Orquesta Sinfónica de Berlín, Jorge Uliarte), y el hijo pequeño de ambos.

Jessica es docente, nacida en Córdoba, tiene trece años menos que Rudy y una hija de 10 años de su primer matrimonio con el señor Walter Cordero. Los allegados a Ulloa le atribuyen una fuerte influencia sobre su pareja. De hecho, la mayoría de las sociedades están a nombre de Uliarte.

El periodista Diego Genoud, uno de los kirchnerólogos mejor informados, escribió en el matutino *Crítica* que Rudy, para satisfacer los deseos de Néstor y acomodarse en Pilar del Este, incluso había dejado de usar otro departamento en Puerto Madero.

El domingo 20 de mayo de 2008, a las 8.45, Ulloa fue abuelo por primera vez. En ese momento nació Rudy Sadkiel Toledo, hijo de Karina Mingoia y Miguel Toledo.

Karina es la hija que Rudy tuvo con Diana Patricia Mingoia. Sadkiel significa "el séptimo arcángel" y fue impuesto por Clara Cejas, mamá de Diana, bisabuela del niño y ex suegra de Rudy.

El nieto de Ulloa nació en Pico Truncado. Los que conocen dicen que, a partir de ese momento, Rudy trató de dedicarse más a su vida y un poco menos a cumplir las órdenes de su "hermano mayor".

Enseguida se verá cómo fracasó en su intento.

El 28 de junio de 2008, *Financial Times* informó que Ulloa habría intentado comprar una parte del diario *Clarín*.

El diario británico publicó que había sucedido a fines de marzo, recién

413

iniciado el conflicto con el campo, y Néstor sintió que el llamado "Gran Diario Argentino" lo había traicionado (véase Novena Parte: La batalla final. Capítulo1: Los increíbles secretos de la brutal guerra entre Kirchner y Clarín).

–Eso es mentira. Lo único que hizo Rudy fue preguntar por el precio y por la disposición de vender, que es muy distinto de hacer una oferta para comprar –explicó otro *empresario K*, que conoce los detalles del caso.

Fue en el contexto de la denominada "Madre de todas las Batallas". El primero de abril, Cristina acusó a Clarín de publicar mensajes cuasi mafiosos. Incluso se había dado el lujo de atacar a Menchi Sábat por haberla dibujado con una venda cruzada en la boca.

Una semana después, agrupaciones kirchneristas no identificadas pegaron enormes carteles con la leyenda:

"*Clarín* miente. *Clarín* quiere inflación. *Clarín* aprieta"

Durante 2008, Fernando Rudy Ulloa Igor alcanzó dos nuevos récords: concentró más de la mitad de la publicidad que el gobierno nacional envió a los medios de la provincia de Santa Cruz y se posicionó entre los diez mayores proveedores directos de avisos oficiales en el interior del país.

Los datos fueron recogidos por la Asociación de Derechos Civiles (ADC), una organización que trabaja para hacer más transparentes los organismos públicos.

La ADC confirmó que la provincia presidencial era una de las favoritas a la hora de repartir la publicidad estatal. La incluyó entre las que más pauta recibe en forma directa junto con las provincias de Buenos Aires, Córdoba, Mendoza y Santa Fe.

La Asociación recordó que Santa Cruz, a pesar de ser el segundo distrito menos poblado del país, después de Tierra del Fuego, recibió más publicidad del gobierno nacional, en forma directa, que Tucumán, Entre Ríos o Salta. Santa Cruz no llega a los doscientos mil habitantes. Las otras tres superan el millón.

La ADC también denunció que, dentro de la provincia de Kirchner, el más beneficiado con el dinero de la publicidad del Estado nacional fue Rudy, con 3.258.815 de pesos. Es decir: aproximadamente un millón de dólares. Y eso sin contar los avisos de la provincia ni los de los municipios gobernados por intendentes del Frente para la Victoria (FPV).

No tardaría nada en gastarlos.

El 4 de diciembre de 2008, Rudy Ulloa, con más plata en el bolsillo, registró Torre Sarmiento Sociedad Anónima con el objeto de desarrollar negocios inmobiliarios, desde la construcción hasta la comercialización. Para guardar las apariencias, se hizo nombrar director suplente. La presidente de Torre Sarmiento SA se llama Marcia Débora Piesci y es contadora. Piesci trabajó codo a codo con Claudio Uberti en el Organismo de Control de Concesiones Viales (OCCOVI) hasta que se tuvo que ir, por su responsabilidad en el escándalo de la valija de Antonini Wilson. El cargo de Piesci en el OCCOVI no era menor: gerente económico-financiera.

La mujer tiene un café en Pilar, provincia de Buenos Aires, es socia de la constructora Ponza SA y administra un fideicomiso inmobiliario.

A partir de esta información, y de la constitución de empresas como Patagonian Trust y Cumehue SA, los periodistas de la Organización Periodística Independiente (OPI) de Santa Cruz le adjudicaron a Ulloa la pretensión de levantar un ambicioso proyecto inmobiliario, con hoteles incluidos, en El Calafate de Néstor y Cristina.

Patagonian Trust significa "fideicomiso patagónico" y su socio en la compañía es el abogado Carlos Long.

Carlos Enrique Long, Documento Nacional de Identidad 18.205.511, 42 años, con cheques rechazados por más de cien mil pesos, es también presidente de Haiken, la empresa que maneja la revista *Actitud*.

Pero ¿cómo es Fernando Rudy Ulloa Igor, de verdad?

Habla un ex empleado de *El Periódico*, que pidió no ser nombrado porque piensa seguir viviendo en Río Gallegos:

–Tiene el típico manejo de patrón de estancia. Si le decís que no, te alcanza la plata para llegar a fin de mes, saca dinero de su bolsillo para que te comas un buen asado a su salud, pero no te da ni un mango de aumento. Tiene a varios periodistas en negro. A la mayoría los inscribe como empleados de comercio porque no quiere saber nada con los sindicatos. Los únicos que están regularizados son los viejos técnicos del canal, que pertenecen al Sindicato Argentino de Televisión (SAT). Un compañero al que despidió el año pasado tenía en su recibo de sueldo el cargo de chofer. A la información la maneja igual que los negocios: Cuando desde la intendencia [de Río Gallegos] dejaron de pagarle la publicidad mensual, el diario empezó a pegarles muy feo a los funcionarios.

El ex empleado informó que entre los amigos de la vida de Rudy se encuentra Vicente Mayeste, el hombre que fue mencionado por Eduardo Arnold como el "facilitador" de un crédito del Banco de Santa Cruz (véase Primera Parte: El verdadero Kirchner. Capítulo 1: "La venganza del boludo").

El 18 de enero de 2009, Luciana Geuna y Jesica Bossi revelaron en *Crítica* que Rudy había terminado de comprarse una mansión de setecientos mil dólares en San Isidro, y que la había pagado al contado, ante la algarabía del que se la vendió.

Las periodistas contaron que Ulloa primero ofreció pagar la mitad en blanco y la otra mitad en negro, pero que el dueño de la propiedad se negó. Y afirmaron que, a los pocos días, el hombre de Kirchner volvió con toda la plata, un billete debajo del otro.

La casa queda en Clemente Onelli 448, en la zona de Las Lomas de San Isidro. Tiene piscina y se encuentra muy cerca del Jockey Club. Ese verano, Ulloa dejó ver en la entrada de su mansión una camioneta Jeep Grand Cherokee modelo 2007 a nombre de una de sus empresas, Cielo SA, un Ford Focus Guía, cuya propietaria es su esposa, y un Volkswagen Gol último modelo, adquirido por su hijo mayor, que se llama Máximo, igual que el primogénito de Néstor.

Máximo Ulloa tiene 23 años, estudia abogacía y vive en un dúplex de setenta metros cuadrados de un elegante edificio de Juncal y Azcuénaga, en Recoleta. Máximo presentó como garantía, para poder alquilar, dos terrenos en Ezeiza valuados en medio millón de pesos. Paga cerca de novecientos dólares por mes. Su primer trabajo fue en la sucursal Río Gallegos del Banco de Santa Cruz, que manejan los Eskenazi.

Mientras las periodistas terminaban la nota y le ponían la firma, Ulloa veraneaba junto con Jessica y sus hijos en México.

Cuando Néstor se enteró del irrefrenable exhibicionismo de quien considera un hermano, no le preguntó cómo había hecho para adquirir semejante inmueble: le reprochó el lugar que había elegido para ir a vivir y el hecho de que no hubiera sido cuidadoso para comprarla ni para mantener la transacción en secreto.

El periodista Genoud escribió que Kirchner se enojó tanto con Ulloa, que había dejado de atenderle el teléfono. Incluso escribió que el ex presidente le había gritado:

—¿No te das cuenta de que nunca vas a ser de ahí?

Después de semejante reprimenda, Ulloa habría decidido mudarse a la casa de Pilar del Este. Para eso, habría desplazado a su amigo, Claudio Uberti, a quien le había prestado la vivienda por un tiempo. Uberti había tenido que abandonar su propiedad de Fátima de Cuba, otro country de Pilar, después de un escrache con huevos y pintura que le habrían organizado sus vecinos.

Días después de la reprimenda de Kirchner, Juan Cruz Sanz, periodista de *Perfil*, aprovechó para dar más detalles de la metamorfosis del ex cadete de Néstor. Contó que, no solo se había mudado al barrio de Antonio Cafiero, la familia Blaquier y el puma Manuel Contepomi. También informó que, desde no hacía mucho, había empezado a comprarse las coquetas y caras camisas del diseñador italiano Ermenegildo Zegna, cuya casa central se encuentra en la avenida Alvear de la Ciudad de Buenos Aires.

El 6 de setiembre de 2009 el propio Ulloa reconoció ante un periodista de *Clarín* que había decidido regresar a Río Gallegos para darle una mano a Kirchner con la política local.

A pesar de todo, el vínculo entre Néstor y Rudy parece indestructible.

En julio de 2009, inmediatamente después de la derrota electoral, Kirchner le habría levantado el castigo y le habría encargado otro "trabajo de especialista".

El jefe se había puesto furioso al comprobar que, al día siguiente de su derrota frente a Francisco de Narváez en la provincia de Buenos Aires, el gobernador de Chubut había empapelado parte de la Ciudad de Buenos Aires con la leyenda: "Mario Das Neves 2011".

Al otro día, manos anónimas le agregaron el texto: "Das Neves: 80% abogado 20% boludo".

Y una semana después, el ex presidente le había encargado a Rudy la confección de otros carteles, con la cara del mandatario y la siguiente leyenda: "Das Neves comeperros".

Acto seguido, el gobernador de Chubut, tan enojado como Kirchner, mandó a sus hombres a investigar.

Así se enteró de que los carteles habían sido confeccionados en una imprenta de la avenida Santa Fe, de Quilmes. Que la mano de obra había sido contratada por Ulloa, y que a los afiches los habían pagado punteros que supieron trabajar, años antes, para el jefe de Gabinete, Aníbal Fernández. Das Neves, además, confirmó que en el conurbano se les dice "comeperros" a los punteros que no tienen ni reglas ni límites para negociar.

El gobernador esperó el momento oportuno para reprochárselo, no a Rudy ni a Néstor, sino a la misma Presidente.

En un violento encuentro personal que mantuvo el 4 de agosto de 2009, en el marco del diálogo político convocado por el gobierno, Das Neves le gritó a Cristina, delante de Fernández y del ministro del Interior, Florencio Randazzo:

—¡El ladrón piensa que todos son de su condición!

—¿Por quién lo decís? —quiso saber la jefa de Estado.

—¡Por Rudy! Porque fue Rudy el que mandó a pegar los afiches acusándome de chorro. Y no me lo contó nadie. Lo investigué y lo puedo probar.

—Pero Mario, no digas barbaridades, ¿cómo se te ocurre que Rudy va a ser capaz de hacer una cosa como esa?

Cristina hizo una pausa y miró a sus dos ministros.

Un silencio interminable se apoderó del despacho presidencial.

3
APRIETES & NEGOCIOS

Jamás un gobierno democrático usó de manera tan brutal el poder del Estado para amedrentar a empresas y medios como lo vienen haciendo Néstor Kirchner y su esposa.

Tampoco nunca una administración se inmiscuyó tanto en los negocios privados y sacó semejante provecho de ellos. Ni siquiera durante los gobiernos de Juan Domingo Perón.

Con el tiempo, el esquema de aprietes y negocios se fue perfeccionando. Enseguida se verá cómo y hasta dónde.

Habla un alto ejecutivo del grupo industrial más importante de la Argentina. Un hombre que negoció con todos los presidentes, desde Raúl Alfonsín hasta Cristina Fernández. También con los ministros de Economía y los secretarios que se ocupan de la obra pública y la energía.

El peso de su palabra justifica el expreso pedido de reserva de identidad.

El ejecutivo afirma que el modelo de negocios de Kirchner es un calco del modelo del primer ministro de Rusia, Vladimir Putin, aunque en menor escala:

—El kirchnerismo no se conforma con una compensación o una devolución. Su modelo es al revés. Dicen: "Vos podés quedarte con algo, pero el verdadero dueño soy yo. El que toma las decisiones soy *yo* y al negocio lo manejo como *yo* quiero".

El hombre habla con el lenguaje del poder. Y afirma que la manera de hacer negocios de esta gestión es la más ambiciosa de todas las que conoció.

—Comparemos. El primer esquema menemista era el del ladrón de gallinas. El funcionario se robaba la gallina y se lo podía ver salir con las plumas en la boca.

El ejecutivo explicó que, a poco de andar, los facilitadores del gobierno de Menem se hicieron más sofisticados.

—Digamos que progresaron. Se fueron al modelo "negocio contra comisión". Pensemos en Telefónica o en el CEI (Citicorp Equity Investment). Es decir: yo te acerco el negocio y vos me das un porcentaje.

El directivo aseguró que, después de Menem y antes de Kirchner, imperó un sistema mixto y más o menos complejo:

—Te garantizaban tu negocio y se quedaban con una parte. Podían ser cobradores o socios minoritarios.

El director ejecutivo remató:

—Pero el modelo actual supera todo lo anterior.

Cuando se le pidió un ejemplo concreto citó la compra de YPF por parte del Grupo Petersen.

—Yo no hablo de negociado, digo que es el negocio más grande de la Argentina. ¡Todos los grandes grupos nacionales queríamos comprar YPF!

—¿Por qué?

—Muy sencillo. Imagine al país como si fuera una gran empresa. Bien: Argentina, durante 2008, "ganó" doce mil millones de pesos. De ese total, nueve mil millones corresponden a la facturación de YPF.

El hombre explicitó:

—Y encima la forma de pago para adquirirla fue increíble. La plata para pagar las acciones sale de los dividendos que va obteniendo el comprador de la propia YPF. Además le entregaron el control de la empresa (véase Cuarta Parte: Los Eskenazi: Capítulo 2: La historia secreta de la venta de YPF).

La valiosa fuente reveló que, al principio, la relación entre Kirchner y los grandes grupos nacionales fue excepcional. Y contó un suceso hasta ahora desconocido.

El contenido de un plan que los empresarios nacionales más poderosos le propusieron al Presidente en el inicio de su mandato. Un riguroso esquema de "nacionalización de los recursos del país".

—La crisis de entonces nos ponía frente a una gran oportunidad. El plan era que grupos con suficiente "espalda" como Techint, Arcor, Pérez Companc, Ledesma, Roggio o Clarín pudieran comprar a buen precio, y con ayuda del gobierno, los activos que para los empresarios extranjeros no resultaban atractivos, debido a la devaluación y el congelamiento de tarifas. La propuesta era brillante. Incluso le pusimos un título: "La oportunidad Putin".

—¿Por qué le pusieron ese nombre?

—Porque era una copia de lo que pasó en Rusia. Allí, a los grandes negocios de la Unión de Repúblicas Socialistas Soviéticas (URSS), se los quedó "la política".

—¿Cómo recibió el gobierno la propuesta?

—Muy bien. El Presidente la escuchó con mucho entusiasmo. Era funcional a su proyecto político y muy bueno para la economía argentina.

–¿Y por qué no "compraron"? –le pregunté.

–¡Sí, la compraron! Pero con una pequeña modificación en la idea original: en vez de permitir el ingreso de grandes grupos nacionales facilitaron la entrada de sus amigos. O para ser más precisos: a los amigos de Néstor. Igual que Clarín, al principio, Techint fue registrado como un grupo amigo del poder.

En marzo de 2005, el gobierno y los dueños del grupo industrial le dieron un fuerte impulso al proyecto del llamado Gasoducto del Norte.

Lo iba a construir Transportadora de Gas del Norte (TGN), una de las empresas de Techint, junto con Skanska, la constructora sueca del escándalo de las coimas.

Se trataba de un enorme caño capaz de transportar veinte millones de metros cúbicos de gas y que uniría la localidad salteña de Campo Durán con la santafecina de San Jerónimo. Como siempre, el anuncio había sido con mucha pompa, en el Salón Sur de la Casa Rosada, y no había faltado nadie. Ni Kirchner ni De Vido ni el secretario de Energía, Daniel Cameron, ni el presidente de Enargas, Fulvio Madaro.

Pero la idea de construir el Gasoducto del Norte y todo lo demás comenzó a desmoronarse cuando Paolo Rocca comunicó al Presidente su decisión de no sumarse, como socio activo, al denominado Club de la Obra Pública. El grupo había sido invitado al negocio de manera formal e informal en varias oportunidades.

Primero los accionistas le mandaron a decir al Presidente que había sido una decisión de los Rocca, para separar los grandes negocios del patrimonio familiar. Pero un buen día, el "hombre político" de Techint, Luis Betnaza, ante una pregunta concreta de De Vido, fue directo:

–No queremos hacer negocios con la política. Vamos a seguir poniendo dinero en las campañas electorales. Pero creemos que los negocios con la política tarde o temprano terminan en Tribunales.

La pelea entre Kirchner y Paolo Rocca nunca tuvo la virulencia de la de Néstor versus Magnetto, pero se hizo demasiado intensa con el caso Skanska.

Skanska aceptó sobreprecios, los cobró de los Fondos Fiduciarios de la obra pública y sus directivos admitieron que pagaron coimas después de recibir dinero público para la ampliación del Gasoducto del Norte.

El juez en lo Penal Tributario Javier López Biscayart probó que gerentes de Skanska pagaron a una empresa fantasma llamada Infiniti Group 1.256.120 pesos, sin recibir contraprestación legítima. Adrián López, el apoderado de Infiniti que estuvo preso en Marcos Paz, reconoció que Skanska usaba facturas apócrifas para evadir impuestos y ocultar pagos de coimas.

–Néstor está seguro de que el escándalo Skanska saltó a los medios por culpa de Techint –me dijo un influyente funcionario del área de obras públicas que conoce las reacciones del ex presidente.

Pero los directores de Techint invierten la carga de la prueba.

Ellos aseguran que el famoso documento en el que TGN rechaza los enormes sobreprecios de la obra propuesto por Skanska fue encontrado por la pericia de López Biscayart, y no facilitado por los ejecutivos del grupo industrial.

–No fuimos los que divulgamos en público nuestra postura. Pero está claro que rechazamos los sobreprecios y lo pusimos por escrito porque no certificamos con nuestra firma negocios sucios. Y no compramos "trabajos" de dos millones de dólares cuando en el mercado valen cincuenta mil dólares –ilustró un directivo de Techint que conoce el Ministerio de Planificación tanto como su propia casa.

El martes 24 de febrero de 2009 el Órgano de Control de Concesiones Viales (OCCOVI) ejecutó su pequeña venganza: dejó a Techint fuera del negocio de los peajes.

Pero lo más curioso fueron los argumentos que utilizó: le imputó no reunir la experiencia necesaria. Fuentes cercanas a Planificación dejaron entrever que la *vendetta* oficial fue en respuesta a la decisión de TGN de declararse en default a fines de 2008. Pero un director de Techint, que habló con reserva de identidad, supone que fue por la negativa del grupo "de convalidar determinados negocios". El empleado jerárquico considera que si el gobierno no se hubiera enojado tanto con la postura del grupo de rechazar los sobreprecios de Skanska, Cristina jamás habría permitido que Hugo Chávez expropiara Sidor, la siderúrgica de Techint en Venezuela.

Aprietes y negocios. Negocios y aprietes.

Es abrumadora la cantidad de casos de aprietes comprobados.

El gerente de Relaciones Institucionales de *Clarín,* Jorge Rendo, fue amenazado de muerte, por teléfono, en el medio del conflicto del gobierno con el campo.

La grabación con la amenaza se encuentra en el despacho del juez Octavio Aráoz de Lamadrid.

En el mismo juzgado descansan las denuncias contra los inspectores de la AFIP que irrumpieron en forma masiva a la redacción del diario, y las graves acusaciones contra el secretario de Comercio Interior, Guillermo Moreno, por el caso Papel Prensa.

Al apriete de Moreno a los directores de Papel Prensa, en el marco de un nervioso encuentro del que participaron todos los directores por parte del Estado, no se le dio la importancia que se merece por dos razones. La primera: quedó sumergido en el medio de la discusión por la Ley de Medios aprobada durante la madrugada del 10 de octubre de 2009. La segunda: tuvo la apariencia de ser una más de las pintorescas locuras de un funcionario al que ya nadie tomaría en serio.

Pero sus amenazas fueron muy en serio. Y estuvieron bendecidas por Néstor y Cristina.

Tenían como objetivo final bajar el precio de las acciones de Papel Prensa o expropiar las partes de *Clarín* y *La Nación*.

El nuevo ataque de Moreno, Néstor y Cristina olió a naftalina.

Porque el secretario, en aquella arenga, habló más de aquella Papel Prensa todo poderosa que hace una década asfixiaba a una competencia obligada a comprar el papel más caro.

La de ahora está afectada por la crisis financiera mundial, la baja del precio internacional del papel y el reemplazo de lectores por los nuevos consumidores de información en internet.

Es cierto: fue brutal la amenaza de Moreno que figura en el expediente judicial: "Afuera están mis muchachos, expertos en partirles la columna y hacerle saltar los ojos a quien hable".

Pero la declaración testimonial de uno de los amenazados, Carlos Collaso, consejero titular de Vigilancia de Papel Prensa en representación del Estado, incluye los detalles de un improvisado plan del gobierno para destruir al matutino de más venta en la Argentina.

Horas después de la denuncia, Jorge Fontevecchia dio una clase magistral de cómo funciona Papel Prensa y reveló los puntos débiles de *Clarín* en la nueva guerra por el papel.

El empresario y periodista explicó que, a pesar de la baja del precio internacional, *Clarín* y *La Nación* seguían pagando el papel quinientos dólares la tonelada, diez por ciento más caro que el importado.

Además aclaró que *Clarín* seguía teniendo una ventaja comparativa con los demás diarios, pero que ya no conseguía el papel treinta por ciento más barato.

Recordó, por ejemplo, que al fundarse Papel Prensa, el diario *Crónica* vendía setecientos mil ejemplares contra los trescientos mil de *Clarín*. Y que fue perdiendo mercado al comprar mucho más caro el insumo que representaba el cincuenta por ciento de sus costos.

Ahora *Crónica* vende setenta mil ejemplares. Y fue entregado a grupos de sindicalistas que responden al secretario general de la CGT, Hugo Moyano.

El CEO de *Perfil* hizo precisos cálculos y determinó que, si no tuviera Papel Prensa, *Clarín* gastaría en papel veintiocho millones y medio de dólares más. También determinó que Papel Prensa vale actualmente 85 millones de dólares. Y no solo eso. Además aseguró que, si el Estado pudiera comprar la parte de *Clarín*, debería desembolsarle "apenas" 42 millones de dólares, algo que no espantaría a nadie, si se tiene en cuenta lo que gasta el gobierno en publicidad oficial y en el fútbol gratis para todos.

Fontevecchia informó que ni *Clarín* ni *La Nación* desean vender su parte.

Y concluyó que, la única manera de que Kirchner gane esta batalla, es nacionalizando Papel Prensa y manejando las cuotas de entrega de papel importado, como hizo Juan Perón cuando todavía en la Argentina no se fabricaba el principal insumo de los diarios.

A las dos alternativas las consideró improbables.

El empresario periodístico interpretó que Moreno es brutal, porque compensa con fuerza tosca su falta de atributos.

Es verdad.

Y el maltrato de Moreno a los gerentes y dueños de empresas es tan desusado que algunas de sus víctimas terminan construyendo un vínculo parecido al denominado "síndrome de Estocolmo". Se denomina síndrome de Estocolmo a la relación afectiva que se desarrolla entre un rehén y su secuestrador después de varios días de encierro.

Un solo ejemplo bastará como evidencia.

El ex director comercial de Petrobras Argentina, el brasileño Vilson Reichenback da Silva, solía hablar por teléfono con Moreno hasta tres veces por día.

Cuanto más lo maltrataba "Napia", más parecía admirarlo. Reichenback se sometía. Le compraba regalos. Iba al supermercado solo para adquirir los frutos rojos que tanto le gustaban al hombre de Kirchner.

Los superiores de Reichenback empezaron a inquietarse cuando se dieron cuenta de que Moreno trataba a su director casi como su empleado.

Lo llamaba "Brazuca". Lo tenía amenazado con la no autorización de aumentos del precio de los combustibles para determinadas estaciones de servicio. La política de Moreno no era democrática, sino discrecional: autorizaba incrementos a las estaciones Petrobras de Neuquén, pero una vez finalizado el turismo de alta temporada.

Una tarde, Reichenback le hizo escuchar al gerente de Comunicaciones, Pablo Puiggari, la conversación telefónica que mantenía con Moreno

—Che, Brazuca —gritaba Moreno—, decile a ese gerentazo de publicidad que tenés que le saque ahora mismo la pauta a (radio) América y a

Radio del Plata. Nos están matando. No podemos permitir que se la lleven de arriba.

No solo Moreno. También otros hombres de Kirchner funcionaban como si fueran los dueños de la petrolera.

En una oportunidad, el ministro de Planificación, Julio De Vido, llamó al Brasil al presidente de Petrobras, José Sergio Gabrielli de Azevedo, y le pidió la cabeza de Alberto Guimarães, la máxima autoridad de la empresa en la Argentina.

—A este tipo no lo quiero ver más. Si quieren andar bien con nosotros, mandalo de vuelta para allá.

Guimarães se tuvo que ir de la Argentina a fines de 2007.

También tuvo que irse João Bezerra, director de Gas y Energía de Petrobras.

Bezerra fue el responsable de haber aceptado la oferta del fondo de inversión Eaton Park para vender una parte de Transener. Al final, el gobierno, por medio de De Vido, presionó y torció la decisión.

Así, logró que Transener fuera vendida a la estatal Enarsa junto con los empresarios kirchneristas de Electroingeniería (véase Octava parte: Electroingeniería. Capítulo 1: Bajo sospecha).

Los hombres de Kirchner en Petrobras se sentían por encima de todo.

Después de un año y medio de presiones y maltratos, De Vido llamó al máximo responsable de la compañía en el país, Decio Fabricio Oddone da Costa, y le habló así:

—Si me invitás a comer, seguro que voy.

Cuando la gente de protocolo de Pretrobras llamó para preguntarle qué fecha prefería, desde la oficina del ministro le anticiparon incluso el menú que debían prepararle, debido a su problema de diabetes.

La petrolera brasileña no fue la única empresa que se sometió al destrato impuesto por los hombres de Kirchner.

El dueño de La Serenísima, Pascual Mastellone, permitió que Moreno, durante mucho tiempo, lo llamara "Pascual Don Corleone".

Mastellone perdió decenas de millones de dólares por la asfixiante política de precios del secretario de Comercio Interior. El soldado de Kirchner impidió que los productores aumentaran el precio de la leche según el ritmo de la inflación real. A cambio se comprometió a subsidiarlos con diez centavos por litro.

Sin embargo, *Estado Papá Noel* se atrasó y llegó a deberle a La Serenísima más de 150 millones de pesos, poniendo a la más grande empresa lechera argentina al borde de la quiebra.

425

Pero el mayor dolor de Mastellone no es haber perdido tanto dinero, sino el control real de su empresa.

–Los dejó avanzar demasiado. Y, cuando se quiso acordar, los tenía manejando desde los precios hasta la distribución de la leche fluida –admitió un gerente de la compañía.

Moreno hizo y hace lo que se le da la gana porque *es Kirchner*, pero también porque casi nadie le pone límites.

En 2007, el ex director general de MetroGas, Roberto Brandt, fue desplazado de su cargo por disentir con Moreno en la política de distribución del gas.

Antes, el presidente de Edenor, Miguel Ponasso, había sido removido después de plantear la necesidad de aumentar las tarifas.

En 2008, Edelap, la distribuidora de energía que opera en La Plata, también fue víctima de aprietes e intentos de quedarse con su negocio.

Sucedió inmediatamente después de un corte. El Ente Regulador de la Electricidad (ENRE), el intendente Pablo Bruera y los sindicatos del sector empezaron a agitar el fantasma de la rescisión del contrato.

Incluso De Vido llegó a hablar con el embajador estadounidense, Earl Anthony Wayne, para sugerirle que Edelap, manejada por los accionistas del grupo AES, debía ser vendida si no cumplía los requisitos mínimos de funcionamiento.

Los candidatos para comprarla eran Electroingeniería y SADESA (Sociedad Argentina de Energía SA).

SADESA es la compañía que fundó Carlos Miguens Bemberg tras la venta de la cervecería Quilmes, en 2006. Controla las usinas Central Puerto, Piedra del Águila, Ensenada y Mendoza, y la hidroeléctrica El Chocón. Entre sus socios cuenta con la constructora de la familia Caputo, con Eduardo Escasany, uno de los dueños del Banco de Galicia, y con la inversora Merrill Lynch.

Edelap vale sesenta millones de dólares. La última crisis financiera internacional fue lo que evitó que cambiara de manos.

En abril de 1992, el petrolero Carlos Bulgheroni hizo una confesión pública sincera:

–Los empresarios somos cortesanos del poder de turno.

En aquella época, la mayoría de sus pares la consideró escandalosa.

En la actualidad, la palabra "cortesano" es insuficiente para definir el comportamiento de los hombres de negocios más poderosos de la Argentina.

Jorge Brito, presidente del Banco Macro, ingresó al despacho presidencial con las manos en alto horas después de que el presidente electo

Kirchner hiciera alusión a él en un almuerzo con Mirtha Legrand. Néstor había sugerido que el banquero formaba parte de un grupo de personas que se oponían a que ejerciera la jefatura del Estado.

Brito no se arrepiente del gesto de "rendición". Sus asuntos mejoraron, y mucho, a partir de aquel encuentro íntimo y personal.

Alfredo Coto casi se desmaya cuando el Presidente, desde su púlpito con atril, levantó su dedo acusador y advirtió, como la publicidad:

–Coto: Yo te conozco.

El dueño de los hipermercados había deslizado una tibia crítica a la política económica. A partir de ese momento, habló poco y nada. Y cada vez que lo hizo, fue para decir maravillas del gobierno y de Kirchner.

Uno de los pocos que se plantó firme ante Kirchner y Moreno y no fracasó en el intento es Juan José Aranguren, presidente de Shell Argentina.

Aranguren, casado, 54 años, cuatro hijos, hincha de Boca, jugador aficionado de golf, posgrado en Ingeniería en Sistemas, fue intensamente perseguido por Moreno, quien pretendió que lo metieran preso bajo el cargo de "desabastecedor".

La historia secreta de su resistencia es apasionante.

Todo comenzó cuando Aranguren abortó el plan maestro de Kirchner y Hugo Chávez para quedarse con Shell de una manera poco ortodoxa.

Durante todo 2004 la empresa angloholandesa estuvo analizando irse o quedarse en la Argentina, Chile, el Paraguay y el Uruguay.

Desde el principio, Petrobras se había mostrado interesada en adquirirla.

Así, iniciaron negociaciones no vinculantes. Es decir: sin un compromiso definitivo. Cerca de fin de año, la petrolera brasileña hizo una oferta concreta. Entonces Shell quedó en responder el 17 de enero de 2005.

En el medio de la negociación, en noviembre de 2004, el gobierno de Kirchner creó Enarsa (Energía Argentina Sociedad Anónima). Casi al mismo tiempo, Aranguren recibió una información confidencial y certera: que una vez iniciada la transacción se asociarían a Petrobras, Enarsa y PDVSA, la petrolera de Venezuela. Cuando los accionistas le pidieron una evaluación final, Aranguren les comunicó, de manera oficial:

–La negociación no será solo entre Shell y Petrobras. Esto no me parece muy profesional. Tiene mucho olor a político. Mi recomendación es que no vendan.

–¿Pero la oferta había sido buena? –le pregunté, en su despacho, el lunes 9 de febrero de 2009.

–Muy buena. Pero yo supuse que, al ingresar al proceso vinculante, nos iban a terminar destripando.

Después de informar a los accionistas, Aranguren le pidió a Petrobras una prórroga para responder hasta el jueves 2 de enero.

Pero dos días antes, el martes 30 de enero, Hugo Chávez, con motivo de la inauguración de la primera estación de servicio de PDVSA en el país, ubicada justo enfrente de la ESMA, anunció que antes de fin de año se instalarían en el país seiscientas estaciones de servicio. Una movida importante: seiscientas expendedoras de combustible que compartirían los colores de las banderas de Argentina y Venezuela.

Cuando leyó las palabras de Chávez, Aranguren confirmó todas sus sospechas. Y reaccionó con velocidad.

El mismo jueves comunicó a Petrobras que Shell no vendería. Y el sábado 4 de febrero citó en el restaurante La Palmera de Olivos a los periodistas Francisco Olivera, de *La Nación*, y Marcelo Cantón, de *Clarín*. El domingo la noticia fue publicada. Así, el presidente Kirchner se enteró de que Shell no se iría del país.

A partir de ese momento, Shell fue atacada con una fuerte campaña negativa impulsada por el mismo jefe de Estado.

En marzo de 2005, después de un aumento de entre el 2,6 y el 4,2 por ciento sobre las naftas y el gasoil, el Presidente llamó a no comprarle "ni una lata de aceite" a Shell. Enseguida, piqueteros de Luis D'Elía bloquearon 33 estaciones de servicio.

En esa época, Kirchner tenía una imagen positiva de más del sesenta por ciento. Por eso, muchos colegas de Aranguren pronosticaron que el boicot liderado por el jefe de Estado destrozaría el balance de Shell y apuraría su ida de la Argentina.

Tiempo después, el periodista Olivera informó que fue al revés. Detalló que 2005 fue el único de los últimos años en que la petrolera registró ganancias. El motivo: la baja de ventas en el mercado interno le permitió exportar más, en estricto cumplimiento de las regulaciones impuestas por el Estado.

Los ataques del gobierno contra Shell incluyeron el inicio de 82 causas penales presentadas por el inefable Moreno, con multas de un millón de pesos para cada una.

Veintidós de ellas las inició durante 2006. Y las otras sesenta, en 2007. El secretario envió otras diez, pero no las consideraron mínimamente serias como para ingresar en la vía judicial.

Moreno se fue cebando a medida que pasaba el tiempo. En las últimas denuncias de 2007, además de pedir las multas, exigió para Aranguren penas de prisión de entre cuatro y seis meses invocando un delito que no figura en la Ley de Abastecimiento: la carencia temporaria del producto en las góndolas de los comercios.

El 20 de setiembre de 2006, Shell lanzó el aceite V Power Diesel, para motores diesel de alta performance. El nuevo producto llevó un precio de 1,65 centavos: diez centavos por encima de lo que valía el anterior. El 21 fue presentado mediante un aviso en los principales diarios.

El 22 de setiembre Moreno llamó a Shell con urgencia.

—Che, Aranguren. No estamos de acuerdo con lo que hiciste.

—No le entiendo.

—Sí. No estamos de acuerdo con ese nuevo producto que sacaste.

—Respeto su opinión, pero se trató de un requerimiento de nuestros clientes.

—No me estás entendiendo. Queremos que des marcha atrás.

—No. No vamos a dar marcha atrás. Lo hicimos dentro de la ley. Invertimos mucho en refinería. Y somos la única compañía que lo tiene.

—¿No vas a dar marcha atrás?

—No.

—Pero, si yo cambio la ley, vas a tener que hacer lo que te digo.

—Nosotros, como siempre, vamos a cumplir con la ley.

El 28 de setiembre Moreno firmó una extraña resolución. Afirmaba que, para lanzar un nuevo producto, se le tenía que pedir autorización a la Secretaría de Comercio Interior. Los abogados de Shell determinaron que no era válida, porque ninguna ley funciona con carácter retroactivo.

El Ejecutivo prefirió no apelar, porque intuía que la lucha sería larga.

Tenía razón.

El viernes 25 de enero de 2008, Moreno mandó a Natalio Etchegaray, el escribano general de la Nación, hasta la propia oficina de Aranguren para que este ratificara o rectificara declaraciones que, según él, alentaban el desabastecimiento.

El hombre de Shell había dicho el día anterior:

—Si los precios del combustible bajan, la demanda va a aumentar, y el riesgo de desabastecimiento también.

La irrupción del escribano constituyó una escena patética. El antecedente en miniatura de la inspección de la AFIP contra *Clarín*. Porque no solo se apersonó el bueno de Etchegaray: también lo hicieron, avisados por la secretaría, un periodista de *Página/12* y un fotógrafo de la agencia oficial Telam.

Fue increíble. Buscaron a Aranguren por todos los rincones de la empresa, como si fuera un delincuente a punto de fugarse.

Los atendió el abogado de Shell, Jorge Jurado, con profesionalismo y amabilidad.

–¿Dónde está Aranguren? –preguntó uno de los miembros de la comitiva.

–El ingeniero no se encuentra en este momento. Y es difícil que regrese a la oficina.

El presidente de Shell Argentina estaba allí. En su despacho. Ya había empezado a redactar una carta de cinco carillas que el lunes siguiente fue recibida por el ministro de Economía, Martín Lousteau.

En ella denunciaba con lenguaje enérgico y poco diplomático la andanada de ataques y aprietes que venía recibiendo del secretario de Comercio Interior. Terminaba con el conocido aforismo de Antonio Porchia, el poeta nacido en Italia en 1885, contenido en *Voces*, su única obra: "Tú crees que me matas. Yo pienso que te suicidas".

Lejos de amilanarse, Moreno se fue a quejar, en persona, ante el embajador de Inglaterra, John Hughes.

El secretario primero le mostró la carta, y le preguntó:

–¿A usted le parece que esta es la manera correcta de dirigirse a un ministro de la Nación?

Acto seguido, le pidió la cabeza de Aranguren.

El diplomático llamó al ejecutivo de Shell para que lo fuera a visitar a la embajada. Allí Aranguren se encontró no solo con el anfitrión, sino también con el embajador de Holanda, Hendrik Jacob Willem Soeters, quien ya estaba al tanto de lo sucedido.

Dos días después, ambos diplomáticos le respondieron a Moreno exactamente lo mismo:

–Si tiene alguna queja contra Aranguren, hágalo por escrito.

El secretario le habría respondido a uno de ellos, de manera textual:

–Un carajo voy a poner por escrito.

Una semana después del escándalo, Moreno decidió frenar todas las exportaciones de Shell.

Fue otra movida brutal. Parecida, en cierta forma, a las jugadas pensadas contra el grupo *Clarín* para quitarle el contrato de la transmisión de fútbol y dar marcha atrás con la fusión entre Cablevisión y Multicanal.

En términos prácticos, a Shell se le iban a llenar los tanques de combustible y no le quedaría más remedio que paralizar la refinería. Se trataba de fuel oil y naftas livianas. Productos que no tenían demanda en la Argentina, sino en el exterior.

Golpeado por la directiva del gobierno, y antes de frenar toda la producción, Aranguren envió una carta a cada uno de los 795 operadores de estaciones de servicios en todo el país. El texto explicaba:

* Nos impiden exportar.
* Nos provocan "un bolo fecal" que nos hace imposible "evacuar" los combustibles.
* Tenemos que dejar de procesar crudo.
* A partir del lunes bajamos la entrega en cincuenta por ciento.
* Lo lamentamos mucho. Es una situación a la que no hubiésemos querido llegar.

En la Secretaría de Comercio Interior se enteraron al instante. No tardaron mucho en darse cuenta del escándalo que se produciría ante semejante situación.

Entonces el hombre de confianza de De Vido, Roberto Baratta, llamó a Aranguren urgentemente:

–Venite ya a la oficina de Moreno.

Aranguren lo "durmió" un poco.

–Ahora no puedo. Va a tener que ser dentro de un par de horas.

Esa firme tranquilidad era lo que más le molestaba a Napia.

Aranguren no iba nunca al pie. Era uno de los pocos empresarios que no le había dado al secretario el número del celular ni el de su domicilio. Sabía que, si lo hacía, se exponía a que Moreno lo llamara a cualquier hora.

De hecho, el ejecutivo de Shell tiene dos líneas de teléfono móvil. Pero, la primera vez que la asistente del funcionario se los pidió, lo paró en seco, con una excusa elegante:

–Dígale que me llame a la empresa. A los celulares solo podemos usarlos para recibir llamadas.

En otra oportunidad, en el medio de una fuerte discusión, Moreno quiso achicar las distancias.

–Dale, tuteame, che. Si nos vemos más seguido que si fuéramos amigos.

–Prefiero no hacerlo –lo frenó con tres palabras, y retomó el hilo de la conversación.

Aranguren fue a discutir sobre la prohibición de exportar dos horas después de la convocatoria, y con su abogado. Fue entonces cuando Moreno, el más duro entre los duros, tuvo que recular y ofrecer una tregua más o menos digna.

Arrancó con una metáfora peligrosa, típica de bajo fondo:

—No tiene que llegar la sangre al río.

—No entiendo qué es lo que me quiere decir.

—Digo que no podés dejar de abastecer al mercado interno.

—No tengo más remedio. Si no me dejan exportar, no puedo sacar más productos.

—Te autorizamos las exportaciones si llamás ahora mismo a las estaciones de servicio, y les informás que las seguís abasteciendo con normalidad.

Aranguren miró al abogado de su empresa y le preguntó a Moreno:

—¿Los permisos para exportar los lleva encima?

—¿Qué? ¿No me creés que te voy a firmar los permisos?

—No importa qué es lo que creo. Primero firme los permisos, y después mando la carta.

Para los que conocen cómo manejan el poder Kirchner y Moreno, la marcha atrás en la decisión de no permitirle exportar combustibles a Shell es casi una capitulación. Algo así como aceptar las condiciones del Fondo Monetario Internacional (FMI) o la derogación de la Resolución 125.

Moreno puso la rúbrica a la autorización y sentenció:

—Ni vencedores ni vencidos.

Es la frase del general retirado Eduardo Lonardi tras el golpe contra Juan Domingo Perón, en 1955.

Al ejecutivo de *Shell* se le escapó una ironía:

—Secretario: me extraña que cite una frase de quien derrocó a su líder.

Moreno, lleno de rabia e impotencia, lo volvió a tutear.

—Haceme el favor: no me corrás por izquierda.

Aranguren no comparte con la mayoría de sus colegas la idea de que el gobierno aprieta pero no hace negocios.

Inmediatamente después del boicot de Kirchner, Claudio Di Paola, funcionario de Enarsa, fue a ver al presidente de Shell para ofrecerle un extraño canje:

—Podríamos hacer un intercambio. Ustedes nos dan acciones de Shell y nosotros les entregamos las de Enarsa.

Di Paola propuso designar dos bancos con el fin de evaluar los activos de una y otra compañía. Y anunció que, para darle la importancia que merecía la transacción, volvería con el representante de una petrolera privada "que nos está ayudando en esto".

En efecto. Di Paola regresó junto con "Freddy" Batista, presidente de Epsur.

Cuando ambos se retiraron, Aranguren buscó a Epsur en los registros de la Inspección General de Justicia. Allí confirmó sus sospechas: entre los directores apareció Martín Antonio Báez, uno de los hijos de Lázaro Báez.

Para los dueños de Shell siempre fue muy difícil entender a la Argentina, pero más complejo les resulta comprender las decisiones de este gobierno.

Por eso, cuando uno de los accionistas le preguntó a Aranguren en qué se basaba para definir la conducta de los funcionarios como "poco transparente", le contó la anécdota de Di Paola y Batista, y se tomó un tiempo para explicarle quién es Lázaro Báez.

Al hablar con amigos de la vida o con importantes dirigentes políticos que ya le ofrecieron cargos y candidaturas, Aranguren no hace alarde de sus victorias. Solo sugiere que la mejor manera de evitar la humillación es poner límites desde el principio.

Algunos de sus pares relativizan su verdadera fortaleza.

—Qué vivo. Él es un empleado al que *bancan* sus accionistas. Pone en riesgo su sueldo y no mucho más —me dijo el principal director de otra refinería extranjera.

Pero Aranguren sostiene que nadie puede obligar a otro a hacer lo que no quiere. Y que incluso los adversarios menos dignos respetan solo a quienes se hacen respetar.

Es curioso.

Lo mismo pasa con Víctor De Gennaro, ex secretario general de la Asociación de Trabajadores del Estado (ATE) y uno de los líderes sindicales más honestos y coherentes que conocí.

Al "Tano" algunos funcionarios de este gobierno le ofrecieron casi todo, incluso lo que más desea: la personería jurídica de la Central de Trabajadores Argentinos (CTA), a cambio de sumisión y silencio.

Pero De Gennaro, hasta ahora, no claudicó.

Él desprecia a la burocracia sindical que negocia el salario y las condiciones de trabajo de sus representados a cambio de beneficios personales. Y también desprecia a los funcionarios de turno cuyo único objetivo es acumular más poder y quedarse con dinero del Estado.

Igual que Miguel Bonasso, Fernando "Pino" Solanas y Martín Sabbatella, De Gennaro repite la frase que se está convirtiendo en una de las ideas más fuertes de los partidos de la izquierda nacional:

—*La corrupción no es progresista.* Los que usan el paraguas del progresismo para afanar son tan inmorales como los chorros de la derecha.

Es la verdad que más les duele a Néstor y a sus incondicionales.

BARRANCA ABAJO

Final

FINAL

No fue un invento de los medios: Kirchner pretendió que su esposa abandonara el gobierno el jueves 17 de julio de 2008, horas después de perder la votación para imponer un fuerte aumento de las retenciones al campo. Es más: durante toda la mañana y hasta el mediodía de aquel día de furia, ambos se la pasaron quemando papeles y biblioratos que habían juntado para defender su postura durante el conflicto.

Fueron horas de pánico. El fuego de la chimenea del living de la quinta presidencial de Olivos agregó más dramatismo a la delirante situación.

Testigos presenciales que aceptaron reconstruir aquellas horas todavía se sobresaltan cuando recuerdan aquel episodio.

—¡Nos vamos! ¡Les tiramos el gobierno por la cabeza! ¡Así no podemos seguir! ¡Qué se hagan cargo Cobos, Duhalde y los grupos económicos! —repitió durante toda la mañana Néstor, mientras Cristina seguía arrojando papeles en la chimenea de la quinta de Olivos.

Todo comenzó cerca de las cuatro de la madrugada. El vicepresidente Julio Cobos terminaba de protagonizar lo que podría ser considerado como el primer documental sin aditamentos de la historia política argentina. Gustavo Noriega, director de la revista *El Amante*, uno de los críticos de cine más prestigiosos, lo interpretó así:

—Es un documental perfecto. Puro cine del bueno. Habría que llevarlo a la pantalla así: crudo, sin edición, con los subtítulos de los canales de noticias y el sonido ambiente de aquella madrugada de terror. Del discurso de Cobos no hay que tocar nada.

437

Todavía retumbaba en la cabeza de millones de argentinos la frase que con voz temblorosa pronunció el vicepresidente a las 3.46 y que sirvió para impedir la aplicación de la Resolución 125:

–Que la historia me juzgue. Pido perdón si me equivoco. Mi voto no es positivo.

En la cabeza de Kirchner también retumbó fuerte. Y mal. No se había perdido ni un detalle del debate por televisión. Lo acompañaban el jefe de Gabinete, Alberto Fernández, el secretario Legal y Técnico, Carlos "El Chino" Zannini, y el número uno de la Secretaría de Inteligencia (SIDE), Héctor Icazuriaga.

Antes de despedir a los huéspedes, el ex presidente sugirió preparar un anuncio oficial a las 18 para explicar a los argentinos cómo continuaría el gobierno.

Se fue a dormir furioso.

Cuando se despertó, después de las nueve, estaba peor. Lo primero que le dijo a la Presidente fue:

–¡Perdimos! ¡Nos vamos al carajo! ¡Renunciás, y que se hagan cargo ellos!

Fuentes muy confiables aseguran que, al principio, Cristina quiso tranquilizarlo y le explicó que no era su deseo abandonar el gobierno. Sin embargo, poco a poco, ella habría ido asumiendo, también, la postura impulsiva y radical de su marido.

Durante las tres primeras horas de catarsis, Néstor tomó su celular y envió entre cuarenta y cincuenta mensajes de voz y de texto con su dramático anuncio de la despedida.

Lo recibieron, entre otros, el secretario general de la CGT, Hugo Moyano; el dirigente piquetero Luis D'Elía; los intendentes de Tres de Febrero, Hugo Curto, y de José C. Paz, Mario Ishii. Los cuatro le pidieron a Néstor que no se precipitara y que lo pensara mejor.

Kirchner no solo mandó mensajitos. También ordenó a la custodia que no dejara entrar a nadie. Ni siquiera franqueó la puerta de la residencia a dos ministros que deseaban ingresar para saber de primera mano qué era lo que estaba pasando.

–Néstor no quería que hablaran con Cristina. Temía que la hicieran cambiar de opinión –me contó alguien que estuvo ahí.

El secretario general, Oscar Parrilli, y el asesor político Juan Carlos Mazzón, también en Olivos, solo atinaban a trasmitir al ex presidente los mensajes más urgentes.

Cristina, en cambio, lo primero que hizo fue llamar al jefe de Gabinete. Lo puso al tanto. Le pidió que compareciera de inmediato en la quinta de Olivos. Y después cerró el teléfono, para no comunicarse con nadie más.

Cuando Fernández se terminó de despertar y chequeó su celular, tenía la misma cantidad de mensajes que el ex presidente le había enviado a gobernadores, intendentes, funcionarios y legisladores con el texto de la partida. Ahora ellos querían hablar con Alberto. No terminaban de entender la movida de Néstor.

¿Deseaba recrear un nuevo 17 de Octubre y generar un operativo "clamor de regreso al gobierno" después de la renuncia? ¿O pretendía, de verdad, tirarle a Cobos el gobierno por la cabeza para que la crisis le explotara en la cara?

Ni siquiera la Presidente lo sabía con certeza. Por eso, cuando todavía no había sido doblegada por la prepotencia de su marido, le habría pedido a Fernández:

—Alberto, tenés que pararlo. Si no lo parás vos, no lo para nadie.

Y Fernández le habría respondido:

—No: si está como está, tenemos que pararlo todos. Esto es una verdadera locura. Ya se está filtrando la información. Y, a medida que pase el tiempo, va a ser peor —advirtió.

Mientras se dirigía a la quinta de Olivos, el jefe de Gabinete hizo dos llamadas imprescindibles. Una a Marco Aurelio García, asesor en política exterior del presidente del Brasil, Luiz Inácio Lula Da Silva, y uno de sus hombres de mayor confianza. Fernández no solo le explicó lo que pasaba; también le pidió que se lo transmitiera a Lula para que el jefe de Estado brasileño persuadiera a Kirchner de no cometer semejante locura. La otra comunicación fue con El Chino Zannini. Ya estaba claro que iba a ser una jornada complicada. Cristina y Néstor los esperaban para almorzar. Fernández intentó preparar el terreno para que Zannini resistiera el embate de Kirchner.

—Carlos: esta vez no podés callarte la boca y decirle "sí, Néstor". Tenés que ponerte firme de verdad. Esto es más delicado de lo que parece. Vamos a pasar a la historia como los responsables de incendiar un país.

¿Cómo pudo Kirchner convencer a su esposa de que debía dimitir, si ella, con algo de sentido común, le venía planteando que era un despropósito?

Los que conocen muy bien al matrimonio dicen que el viraje de aquel día no tiene una explicación política, sino psicoanalítica:

—Ella tiene una fuerte dependencia psicológica de él. Eso es evidente e indiscutible —me comentó un ex ministro de Cristina.

No fue el único que corroboró *in situ* esa dependencia. También Felipe González, el ex presidente del gobierno de España, lo notó con claridad durante una cena que compartió con ella veinte días después de aquel delirio, el 12 de agosto de 2008 en Olivos.

González comentó a personas de su confianza que Cristina parecía una líder preparada, culta y decidida mientras conversaban a solas. Pero que, cada vez que se acercaba su marido para comentarle algo, tenía la sensación de que se empequeñecía y se transformaba en una sombra de Kirchner.

—Felipe quedó muy sorprendido. Nos comentó que el cambio de actitud era automático —relató la persona que habló con el líder español.

—Mis problemas para tomar decisiones no los tenía durante el día, sino durante la noche, antes de que Cristina y Néstor se fueran a dormir. Porque Kirchner terminaba desautorizando todas las decisiones importantes que autorizaba ella —lo terminó de corroborar otro importante ex ministro. Se trata de alguien que, durante la jornada laboral, llegó a convencerla sobre la necesidad de tomar decisiones clave. Reemplazar al secretario de Comercio Interior, Guillermo Moreno, acordar con el Fondo Monetario Internacional (FMI) y El Club de París y conceder reportajes a los medios y periodistas más importantes y prestigiosos fueron algunas de sus sugerencias.

—Dalo por hecho —le habría respondido Cristina al ex ministro cada vez.

—Pero al día siguiente no me atendía el teléfono o me decía que lo dejáramos para más adelante —confesó uno de los ex integrantes del gabinete que más sufrió lo que Eduardo Duhalde denominó el "doble comando".

Durante aquellas horas del diablo en las que Néstor presionó a su esposa para hacerla renunciar, además del factor psicológico, apareció otro hecho determinante que sumó más desequilibrio en el carácter del ex jefe de Estado: la muerte de su mejor amigo.

—Lo había sorprendido la derrota, estaba sin dormir, y encima había fallecido Cacho. Te lo juro por lo que más quieras: nunca lo había visto peor —afirmó una fuente muy confiable.

Oscar "Cacho" Vázquez era su amigo de la vida, de la política y del alma.

Hicieron juntos la primaria, la secundaria y compartieron hasta el barrio. Militante peronista desde los 15 años, fue tres veces diputado provincial. Movilizó más de una vez al barrio Fátima, cuna de la Unidad Básica 26 de Julio, perteneciente al Ateneo Juan Domingo Perón, para apoyar a Kirchner como candidato a intendente de Río Gallegos, y después como aspirante a gobernador. Cuando a Néstor le preguntan quiénes fueron los que lo ayudaron a llegar donde se encuentra, él nombra primero a Cacho y después a todos los demás.

Vázquez fue secretario de Gobierno y secretario general de la Municipalidad de Río Gallegos cuando Kirchner asumió como intendente. Ocupó una banca en la Legislatura de Santa Cruz hasta diciembre de 2007.

Desde el 8 de junio de 2009 una calle de Río Gallegos lleva su nombre.

El amigo del alma del ex presidente murió poco después del voto de Cobos, en el sanatorio Mitre, de la Ciudad de Buenos Aires. El hijo de Néstor, Máximo Kirchner, le escribió a Cacho una carta que fue publicada en *La Opinión Austral*, el día siguiente de su desaparición física. Este es el párrafo más significativo:

"Cuando pensé que el 17 de julio lo iba a recordar como el día de la traición, horas más tarde te fuiste, y lo voy a recordar como el día en que una de las personas que más quiero en mi vida se fue... Gracias, Cacho, por ser como elegiste ser... ya te quedaba chico el cuerpo para tantos huevos, lealtad, inteligencia, amor para tu familia... y para esa costumbre de dejar todo por los demás...".

A 2.636 kilómetros de allí, el almuerzo en Olivos estaba resultando insoportable. Cargado de la bronca, la tristeza y la ira de Néstor, casi nadie pudo probar bocado.

Zannini no había terminado de presentar su primer argumento en contra de la renuncia de Cristina, cuando Kirchner lo cortó mal:

—Te pido un solo favor: no digas más boludeces.

Entonces El Chino, con el orgullo que le quedaba, se levantó de la mesa y se fue.

Cristina, a esa altura, ya parecía dispuesta a firmar la dimisión que minutos después empezaría a redactar el propio secretario legal y técnico de la Presidencia.

Entonces atacó Alberto:

—Néstor: ya está. Deroguemos la 125 y pasemos a otro tema.

—No. Son unos traidores hijos de puta. Y Cobos es el primer traidor. Hay que ir a pintar las paredes con la leyenda "Cobos traidor" —siguió despotricando Kirchner.

—Néstor. Acordate de lo que pasó con Clinton. Estuvo peor que nosotros y se fue como un gladiador —insistió Fernández.

William Jefferson Bill Clinton había apostado a la transformación del sistema de salud durante toda su campaña presidencial. Había ganado la elección para su primer mandato en base a eso. Pero había perdido la votación en el Parlamento. Y por una diferencia importante. Sin embargo, en vez de renunciar, se tomó una semana de licencia, en Camp David, para reflexionar. A partir de esa crisis Clinton inició lo que muchos consideran la mejor gestión presidencial de la historia reciente de los Estados Unidos.

Pero Kirchner no quería escuchar:

—Nos ganaron porque nos traicionaron. Nos quieren aniquilar. Pero no les vamos a dar el gusto de hacer lo que ellos quieren.

—No. No es así. No estamos tan mal. Ganamos en Diputados y empatamos en el Senado. ¿Te acordás qué le pasó a Lula? Le rebotaron el impuesto al cheque. Decían que así no podía gobernar. Y mirá dónde está: tiene una imagen indestructible —insistió Alberto, con la esperanza de que recapacitara.

¿Por qué Cristina, al final, no renunció? ¿Fue el llamado inteligente y contenedor del presidente del Brasil lo que terminó de convencer a su esposo? ¿Fue la negativa a acompañar semejante jugada de dirigentes como Moyano y D'Elía? ¿Fue el natural paso de las horas? ¿Fueron las palabras de Fernández, el único político con el que Néstor podía llegar a discutir de igual a igual?

Pudo haber sido una, alguna, o todas esas razones juntas.

Pero no hay duda: ese día Kirchner empezó a sospechar que su sueño de mantenerse en el poder durante veinte años había sido herido de muerte.

Ahora, que todavía quedan dos años para el final del mandato de Cristina, muchos kirchneristas de la primera hora se preguntan cuándo comenzó la cuenta regresiva.

Sergio Acevedo no tiene dudas:

—Fue cuando el Frente para la Victoria (FPV) invirtió el orden de los sueños. Cuando el kirchnerismo dejó de ser un proyecto político con apoyo económico para transformarse en un proyecto económico que usa como excusa a la política.

Rafael Bielsa intuyó que la etapa de apogeo empezaba a decaer al otro día de las elecciones que le dieron a Cristina la victoria con el 45 por ciento de los votos. El ex canciller le envió entonces a Néstor Kirchner una carta que empezaba así:

"Néstor: Los de Cristina son votos urgentes. Y por eso mismo los puede perder también de manera urgente".

El gobernador de Chubut, Mario Das Neves, fue más taxativo que Bielsa.

—Néstor jamás tendría que haber nominado a Cristina. Ese fue el primero y gran error que cometió.

En realidad, al principio, Néstor no estaba convencido de "jugar" a su esposa.

El que lo terminó de convencer fue, otra vez, Alberto Fernández.

Eligió para eso una tarde templada, mientras caminaban por los jardines de la quinta de Olivos.

Lo que sigue es una reconstrucción de aquel diálogo.

En esa época, Kirchner y su esposa eran los únicos dirigentes del país que superaban el sesenta por ciento de imagen positiva. Estos fueron los argumentos y las palabras que utilizó Fernández:

—Si la nominás a Cristina, vas a pasar a la historia como el único presidente de la Argentina que no se fue puteado o en helicóptero o como producto de un golpe.

—Como Ricardo Lagos en Chile —ejemplificó Kirchner.

—Como Ricardo Lagos en Chile. Ni más ni menos.

El jefe de Gabinete continuó:

—Además, vas a conservar intacto tu poder. Porque vas a dejar de ser un presidente a plazo fijo, como todos los que transitan su segundo mandato.

—Eso también es verdad —lo siguió escuchando el jefe de Estado.

—Es la alternativa ideal. También vas a tener cuatro años para pensar. Para decidir si querés volver. Para intentar la reelección de Cristina. O para elegir a otro sucesor que nos haga bien a todos.

El Presidente, entonces, se preguntó:

—¿Y qué pasa si a Cristina no le va tan bien?

—Si a Cristina no le va tan bien, nos queda en el banco [Lionel] Messi, que algo de esto sabe ¿no? —remató Alberto.

En aquella conversación trascendental, Kirchner quiso explorar la posibilidad de que su heredero fuera otro candidato de su confianza dentro del Partido Justicialista. No encontró el nombre. Y su jefe de Gabinete atacó de nuevo:

—Néstor: ya pensé todas las variantes. Y esta es la mejor. Solo hay dos semidioses con más del setenta por ciento de imagen positiva: Cristina y vos. Los demás somos todos mortales, de cuarenta por ciento para abajo.

—¿Y qué pasa si vamos por la reelección? —se preguntó el entonces jefe de Estado.

—A la reelección la ganamos caminando, pero después no creo que nos vaya tan bien.

—¿Por qué?

—Vos ya lo sabés. Sos el presidente de la emergencia y de la excepcionalidad. Sos como el bombero que entró a la casa de una familia a los hachazos en el medio del incendio, para salvarlos a todos. Sos un héroe. Sos un dios. Y esa es la imagen que vas a dejar en los argentinos. Pero ahora la familia necesita de un bombero que golpee la puerta antes de entrar. Y si te ve con el hacha, el dueño de la casa no te va dejar pasar.

–¿Será tan así?

–La emergencia ya no está. Es el tiempo de fortalecer las instituciones.

Ahora que ya no forma parte del gobierno, Fernández reconoce que las cosas no salieron como las habían planeado.

Para empezar, la Presidente que iba a garantizar más transparencia y más institucionalidad, arrancó la gestión con el pie izquierdo.

Tres días después de asumir, un fiscal federal de los Estados Unidos sostuvo que los ochocientos mil dólares de la valija de Guido Antonini Wilson iban a ser usados para los gastos de campaña de Cristina. Y ella, en vez de dar una señal de no tolerancia frente a la corrupción, acusó a la Agencia de Inteligencia de aquel país de armar una "operación basura" contra el gobierno argentino.

–Quisimos pensar en Cristina como una mujer tolerante y democrática, y resultó más belicosa que Néstor –le explicó Fernández a otro político, en una charla íntima.

Después de las declaraciones de Cristina, el gobierno argentino tardó un año en normalizar las relaciones con el país más poderoso del mundo.

El otro gran problema de la gestión de la Presidente sigue siendo, sin lugar a dudas, la omnipresencia de su propio esposo.

–Todas las encuestas, desde el principio, vieron al gobierno de Cristina como una mala copia de la gestión anterior. La figura de Néstor, en vez de ayudar, se transformó en una pesada mochila –explicó Fernández a un amigo. Además ensayó una autocrítica:

–Yo tendría que haberme ido con Néstor. Y tendría que haber insistido para que Cristina cambiara a todo el gabinete.

Fernández ya se lo había sugerido a Kirchner una vez, el mismo día en que le terminó de "vender" la "solución Cristina 2007".

–Tenés que reemplazarnos a todos. Oxigenar. Dar la imagen de que empieza una época distinta.

Alberto cree que Kirchner nunca lo aceptó porque siempre interpretó ese pedido como parte de la interna que mantuvo con el superministro Julio De Vido. Además, una de las condiciones que había puesto Cristina para aceptar la candidatura fue la permanencia de Fernández como jefe de Gabinete. Por eso, cuando Alberto renunció de verdad, días después de la derrota contra el campo, la Presidente lo sintió como un acto de traición, más personal que político.

Fernández jura que, desde diciembre de 2007 hasta el día en que se fue, el 23 de julio de 2008, presentó su dimisión a la Presidente no una, sino una decena de veces. Y en todas ellas planteó que lo mejor sería que De Vido, Ricardo Jaime y Guillermo Moreno se fueran junto con él.

–Pero a los cinco minutos Cristina mandaba a Néstor para convencerme de que no podía irme. Y cada vez que insistía con la hipótesis de oxigenar el nuevo gobierno, él me respondía siempre con la misma pregunta: "¿Sabés cuánto cuesta hacer un nuevo ministro?".

El "sabés cuánto cuesta hacer un nuevo ministro" tuvo su origen en una visita que Carlos Ominami, senador socialista de Chile, hizo a Fernández cuando Kirchner todavía era Presidente y el flamante gobierno de la presidente Michelle Bachelet no iba ni para atrás ni para adelante.

En el medio de la charla, Kirchner se había acercado al despacho de su jefe de Gabinete para saludarlo. Fue en esa conversación de a tres cuando Ominami sentenció:

–Todavía no encontramos el rumbo porque Michelle no tuvo mejor idea que cambiar a todo el gabinete. Un gran error, por supuesto.

Ominami se dirigió a Kirchner:

–Tú sabes, presidente, lo que cuesta hacer un ministro, ¿no es verdad?

A partir de ese momento, Kirchner no dejó de repetirla como un argumento definitivo para no suplantar a los ministros y secretarios de siempre.

Cuando Fernández repasa aquellas discusiones concluye que ni siquiera su propia renuncia sirvió para mejorar la imagen de Cristina.

–Yo me fui, pero los otros quedaron. Y el gobierno se desequilibró. El único socio político de Kirchner era yo. Y ahora Néstor no tiene con quién intercambiar ideas. Solo tiene empleados que a todo le dicen que sí.

Para hacerlo más gráfico: según Fernández, el ex presidente es, para todos los efectos prácticos, "El Dueño". Sin filtros ni matices. El único "Dueño de la Argentina".

El otro hecho que explica por qué el proyecto habría tocado su techo y ahora cae barranca abajo es que Cristina nunca encontró un estilo de gobierno. Una marca distintiva. Un enemigo a su medida para enfrentarlo y fortalecer su imagen de jefa de Estado.

Así como Néstor se recibió de presidente el día en que enfrentó a Julio Nazanero, el líder de la Corte Suprema más desprestigiada de la historia, Cristina quiso hacer lo mismo con el campo, pero se equivocó de enemigo.

–En 2003, la reforma de la Corte parió un Presidente. Pero la pelea con el campo, en vez de parir una Presidente, nos enfrentó a la mayoría de la clase media –reflexiona Alberto Fernández cuando está lejos de los agentes de la SIDE que le pinchan sus teléfonos o le hackean su mail.

Él considera que Kirchner tuvo y tiene con el campo el mismo problema que con los medios: no comprende su lógica.

–Néstor siempre vio el campo con una perspectiva patagónica. Para él, campo es sinónimo de latifundistas con grandes extensiones de tierra improductiva. Le decís campo y piensa en los Menéndez Behety. Hay una anécdota imperdible que ilustra la hipótesis del ex funcionario. Tuvo lugar en el medio del conflicto, en la quinta de Olivos, a última hora de la noche. Cristina ya había inmortalizado el término "piquetes de la abundancia". Néstor y Alberto conversaban y al mismo tiempo miraban la pantalla de Todos Noticias (TN) sin volumen.

Así, vieron pasar a decenas de productores agropecuarios que ofrecían su testimonio en el borde de la ruta. Con las imágenes en silencio, a Fernández se le ocurrió preguntar:

–¿Te detuviste a ver la cara de estos tipos?

–...

–Miralos bien. Tienen boinas. La barba crecida. Cagados de frío. ¿Les viste las manos? Las tienen gastadas por el laburo. ¿Te parece que esta puede ser la oligarquía?

–No. Son los empleados de la oligarquía.

–No, Néstor. Estos son chacareros, no terratenientes.

–Pobres no son.

–No. Pero laburan en el campo. Lo defienden porque es su vida. No son latifundistas. Tienen cuatrocientas hectáreas suyas o alquiladas. Le sacan el mejor provecho. Puede ser que no sean pobres ni peronistas. Pero oligarcas no son.

Kirchner estaba aplacado. No tenía ganas de pelear. Entonces Fernández aprovechó para incluir el chiste que sin duda formará parte de su anecdotario político.

–Presidente: si lo que estamos viendo ahora mismo es la puta oligarquía, debemos anunciarle al pueblo que ya la doblegamos. Que después de tantos años de lucha, el peronismo venció al capital.

Aquella noche el anfitrión rio con ganas por la ocurrencia.

Todavía confiaba en derrotar al campo y recuperar la iniciativa política y la pérdida de imagen positiva que se aceleraba cada vez más.

Alberto tampoco imaginaba que se iría del gobierno de la manera en que se fue, espantado por la ira imparable de su amigo el ex presidente.

Pero las horas dramáticas de la casi renuncia de Cristina no fueron las únicas postales del principio del fin del kirchnerismo.

Hay una, todavía no conocida, que demuestra el deterioro del *poder K*. Será contada ahora mismo.

Sucedió el 4 de agosto de 2009, entre las 20.30 y las 21.40, en el despacho presidencial de Cristina Fernández de Kirchner, en el marco del diálogo con los partidos políticos que impulsó el gobierno después del fracaso electoral.

El gobernador de Chubut, Mario Das Neves, llegó puntual, con cuatro carpetas debajo del brazo. En la carátula se podían leer los títulos: "Hidrocarburos", "Pesca", "Sector Agropecuario" y "Recursos". Cada una de ella tenía cuatro páginas con el diagnóstico y la propuesta para cada asunto. Lo esperaban Cristina, el jefe de Gabinete, Alberto Fernández, y el ministro del Interior, Florencio Randazzo.

Das Neves ni siquiera se molestó en saludar a uno por uno. Estaba enojado. Muy enojado. Hacía pocas horas que Néstor Kirchner había ido a visitar al intendente de Puerto Madryn, Carlos Eliceche, en abierto desafío a su poder territorial. El gobernador arrancó demasiado fuerte:

—Las carpetas se las dejo a tus ministros. Seguro que ellos las van a revisar. Pero yo vine a hablar de política.

La Presidente, sorprendida, quiso encauzar la conversación.

—Bueno, pero... ¿no me vas a contar cómo estás?

—Mal —respondió—. ¿Cómo querés que esté?

A partir de ese momento, y durante todo el tiempo que duró la brutal tensión del encuentro, Cristina cambió la sonrisa por un gesto adusto y devolvió cada estocada con la misma intensidad con la que recibió las de Das Neves. No fue una discusión de alta política. Fue una pelea verbal de bajo fondo.

—¿Y por qué mal? —le preguntó, en voz muy alta.

—Porque me están rompiendo las pelotas. ¿Qué mierda viene a hacer Néstor a mi provincia?

—¿Qué? ¿Acaso te tiene que pedir permiso a vos?

—No. Lo mínimo que tienen que hacer es avisar. Por educación.

—Ah: no sabía que Chubut era una estancia.

—No, Cristina. La estancia está más abajo, en Santa Cruz... donde vos acabás de perder... salvo en El Calafate. Y de paso te recuerdo que nosotros, en la estancia de Chubut, ganamos por cuarenta puntos.

Aníbal y Randazzo no lo podían creer. Ambos intentaron calmar los ánimos. Pero Cristina los frenó con la mano y contraatacó:

—Bueno. Vos no sos un ejemplo de lealtad. ¿Para qué saliste a hablar en contra del aumento de la tarifa del gas? ¿Nos querés perjudicar?

—No. Solo digo lo que pienso. ¿O también tengo que pedir permiso para decir lo que pienso?

—¿Y cómo vas a estar en contra? ¿No te das cuenta de que les estamos cobrando a los que más tienen para darles a los que menos tienen?

Hacía unas semanas que Das Neves le había llevado a De Vido una radiografía de cuatro barrios de Puerto Madryn. Los vecinos eran, en su mayoría, obreros de la construcción. Su ingreso promedio ascendía a 2.500 pesos. Pero sus facturas de gas alcanzaban un promedio de quinientos pesos.

El gobernador se lo repitió textual a Cristina. Y agregó:

—En vez de retarme tenés que empezar a preocuparte por vos. A las paritarias de precios y salarios les vas a tener que agregar las tarifas. Porque se están llevando un 25 por ciento del ingreso de cualquier trabajador.

—Vos mejor defendé a los trabajadores de tu provincia y no me digas lo que tengo que hacer.

—Es que algo vas a tener que hacer, porque esto te va a estallar en la cara. Va a ser peor que la 125. La 125 afectaba a un sector, pero esto embroma a todo el mundo. A vos te gustan los números, ¿no? Escuchá esto: mi secretario, Ariel Salerno, vive en un departamento de ochenta metros en la Capital Federal y paga solamente veintidós pesos de gas. A mi hija, que vive en Playa Unión [Chubut] y tuvo el departamento cerrado dos meses, le llegó una boleta de cuatrocientos pesos.

—Eso lo decís vos. Yo no tengo esos números —lo interrumpió ella, y dio por terminado el tema tarifazo.

Enseguida, Das Neves volvió a la carga y acusó a Rudy Ulloa de haber contratado y pegado unos afiches en los que se había acusado al gobernador de "ladrón" y "comeperros". También había otros carteles que rezaban: "Das Neves: veinte por ciento abogado, ochenta por ciento boludo".

Cristina salió a defender al ex cadete y ex chofer de su marido (véase Novena Parte: La batalla final. Capítulo 2: Gran Hermano).

Cuando parecía que todo había terminado, Das Neves se acordó de algo que tenía atragantado hacía tiempo.

No tenía que ver con las grandes decisiones políticas que se deben tomar desde un Estado. Sí con las pequeñas miserias del protocolo y la vanidad.

—Vos, en una actitud de mierda, me sacaste la carta de salutación al presidente de Portugal. Me quisiste arruinar el viaje a la tierra de mis viejos. Y conste que yo no lo pedí: me invitó tu secretario de Turismo [Enrique Meyer].

—¿Y qué esperabas que hiciera? Vos, antes de viajar, lo mandaste a tu hijo a "pegarle" a mi hijo.

Das Neves aludía a un viaje oficial a Portugal que había coincidido con declaraciones de su hijo, Pablo Das Neves, contra Máximo Kirchner. Y Cristina le echaba en cara las críticas de Pablo contra Máximo que fueron recogidas por *Perfil* dos días antes de la partida.

Después de que Cristina las leyó, llamaron al secretario de Das Neves con el siguiente mensaje:

—Dice la Presidente que el gobernador le tiene que devolver la carta de salutación, porque el presidente de Portugal lo va a recibir no en audiencia oficial sino en forma privada.

Cuando Das Neves mandó a preguntar por qué le hacían eso, Alberto Fernández le dijo la verdad:

—Es por el puterío de los chicos.

El gobernador devolvió a Presidencia la carta original, pero se guardó una copia. Cuando llegó el momento del encuentro con el jefe de Estado de Portugal, se la entregó, como si fuera la verdadera.

—¡No te voy a permitir que te metas con mi familia! —levantó Das Neves todavía más la voz en aquella reunión de conventillo que se desarrollaba en el despacho presidencial.

Aníbal Fernández intentó parar la tenida otra vez. Pero el gobernador continuó.

—¡Y encima, como no se cansan de joderme, se llevan a un tipo de mi gabinete que acabo de echar por travieso!

Hablaba de Norberto Yahuar, su ex jefe de Gabinete.

—Bueno: si es travieso hacete cargo. Porque era un hombre tuyo —le tiró la pelota Cristina.

—Justamente. Por eso lo eché. Pero, más allá de que ande haciendo cosas que no debe, el nombramiento como subsecretario de Pesca de tu gobierno está afectando a mi provincia.

—¿Qué tiene que ver una cosa con la otra?

—Tiene *mucho* que ver. Vos sabés que en el sector pesquero hay demasiada gente en negro, y mi gobierno la tiene que blanquear. Además, ahora que asumió Yahuar, todo el mundo supone que en nuestra provincia están "vendiendo" los permisos de pesca.

A Das Neves le terminó de caer la ficha respecto de Yahuar el día en que se lo encontró en el aeropuerto de Comodoro, a bordo de una enorme camioneta colorada, cuya marca no recuerda.

—Linda camioneta, ¿eh? Podrías haber comprado una más chica. Y de un color más discreto, ¿no?

Al poco tiempo, Yahuar le presentó la renuncia con la esperanza de que se la rechazara. Pero Das Neves se la aceptó.

El gobernador le tiró el fardo a Cristina.

—Si lo quieren tener como funcionario estrella, allá ustedes. Yo ya le avisé a De Vido que ese chico necesita un poco de aire.

—Si es lo que decís que es, ¿por qué lo tuviste tanto tiempo con vos?

–le preguntó otra vez la Presidente, a punto de dar por terminado el encuentro.

–Porque me di cuenta tarde. Después no digas que no te avisé –le respondió Das Neves mientras se despedía de mala manera.

La Presidente de un país a los gritos con un gobernador vecino de su provincia. La política manejada como un territorio mafioso. La manera de gobernar puesta en tela de juicio con un lenguaje impropio. Cuestiones personales mezcladas con asuntos de Estado. La sospecha de corrupción de un funcionario tirada sobre la mesa del despacho de una jefa de Estado.

Escenas de alto contenido dramático que revelan el deterioro del poder kirchnerista.

A principios de 2007, parecía que Kirchner lo tenía todo. La economía todavía mostraba signos de vitalidad. Su imagen positiva superaba el sesenta por ciento. Sus movidas parecían perfectas. Y su sueño de mantenerse en el gobierno varios años no sonaba tan descabellado ni difícil de cumplir.

Pero algo muy serio sucedió entre marzo y mayo del último año de su gestión. Algo que pareció afectarlo muy profundo, y para siempre.

Fue el conflicto docente con epicentro en la ciudad donde nació. Para decirlo en términos directos: en la puerta de su casa.

Los dirigentes que lo conocieron cuando era un adolescente suponen que, después de ese golpe en su propio territorio, Néstor jamás volvió a recuperar el olfato político que hasta entonces lo había caracterizado.

Uno de ellos, quien acaba de mudarse a Santa Fe para trabajar con Carlos Reutemann, lo interpretó así:

–Néstor enloqueció. Le echó baldazos de nafta al fuego del conflicto. Se equivocó. Mandó a hacer declaraciones a los ministros de Buenos Aires. Y enardeció a la gente como nunca antes la había enardecido.

El dirigente cree que el costo no solo fue político, sino también humano.

–Escracharon a su hermana Alicia. Llamaron por teléfono a su mamá para decirle que su hijo, el Presidente, se había olvidado de la gente. Hicieron una manifestación frente a su histórica casa de Maipú y 25 de Mayo. Le dijeron de todas las maneras posibles que no lo querían más.

Fueron 48 días seguidos de huelga. En el medio, el ex secretario de gobierno de la provincia de Santa Cruz, Daniel "Mono" Varizat, atropelló con su camioneta a veinte manifestantes y estuvo preso sólo algunos días. A pesar de todo, el Frente para la Victoria (FPV) triunfó en las elecciones de 2007.

450

–Sí. Ganamos. Pero perdimos decenas de miles de votos. Y ese resultado no fue más que el prenuncio de la derrota de junio de 2009. Lo que pasa es que *Lupo* lo leyó mal. No lo vio venir –concluyó el dirigente.

Néstor tuvo que vender la casa. Y cada vez que vuelve a Río Gallegos lo hace de manera secreta, para evitar algún escrache en la vía pública.

Dicen los que conocen mucho al matrimonio Kirchner que Cristina resolvió muy bien el desarraigo de la ciudad.

–Ella no tiene problemas: ya decretó que El Calafate es su "lugar en el mundo".

Pero también dicen que a Néstor el rechazo social en el lugar donde nació lo remitiría a sus peores recuerdos juveniles.

A la foto de aquel alumno demasiado alto, con escasa motricidad fina, de anteojos gruesos y problemas de dicción.

Al recuerdo de ese adolescente que durante el recreo lanzaba trompadas en el aire sin poder acertar contra los compañeros que lo volvían loco burlándose de él.

Así de vulnerable y desprotegido se lo notó el domingo 28 de junio de 2009, la noche en que perdió la primera elección de su vida.

–Estaba nocaut. Abatido. Como si estuviera dopado. Con la cabeza en otra parte –detalló una fuente que permaneció al lado de Kirchner durante casi toda la jornada.

Los que estuvieron en la suite 1915 del Hotel Intercontinental no lo olvidarán jamás.

El *poder K* había tomado todo el decimonoveno piso.

La habitación donde se instalaron a esperar los resultados Néstor y Cristina era la más grande de todas. Presentaba tres sectores bien diferenciados. La ubicación de dirigentes y colaboradores era directamente proporcional al poder que ostentaban.

Más cerca de la puerta de entrada, esperaban los secretarios. El de Néstor, Héctor Daniel Muñoz y los de Cristina, Isidro Bounine y Fabián Gutiérrez. Allí había solo una mesa y un televisor.

Al lado, en una habitación más amplia con sillones, se fueron ubicando, a partir de las 20 y hasta las 21, por orden de importancia, el jefe de Gabinete, Sergio Massa; el gobernador Daniel Scioli; su jefe de Gabinete, Alberto Pérez; el secretario general de la Presidencia, Oscar Parrilli; el ministro de Economía, Amado Boudou; el jefe de la SIDE, Héctor Icazuriaga; el titular de la AFIP, Ricardo Echegaray; el secretario general de la CGT, Hugo Moyano; y el diputado nacional Héctor Recalde. El más excitado y preocupado era Carlos Bacman, del Centro de Estudios de Opinión Pública (CEOP). Desde las siete y media de la tarde, Bacman intentaba explicar lo inexplicable: que había que esperar, porque los números de La Matanza podían llegar a determinar el triunfo de Kirchner sobre De Narváez.

Al final, en otra habitación más pequeña, aguantaban la presión Néstor, Cristina, Máximo Kirchner, Zannini y el ministro de Justicia, Aníbal Fernández. El ministro del Interior, Florencio Randazzo, trabajaba en su oficina de gobierno, con la difusión pública de los primeros datos que intentaban mostrar un eventual triunfo de Kirchner.

Scioli llegó al lugar casi al mismo tiempo que el matrimonio presidencial. Massa salió de Tigre antes de las 20. Tomó el helicóptero en el aeropuerto de San Fernando y mientras volaba, habló con Randazzo para dar el primer aviso de alerta.

—Flaco: estamos complicados.

—Sí, ¿no?

—Complicadísimos. Las mesas testigo nos dan mal. En las de Don Torcuato, las mismas en las que ganamos en 2007 por cien votos, estamos arriba, pero por 12. Si la tendencia se confirma, perdemos la provincia.

Massa llegó a la habitación 1915 a las 20.45. Saludó a Scioli y le comentó a Randazzo:

—Estamos complicados.

—Tengo la misma sensación.

—Salgamos a decir algo. Terminemos esto cuanto antes.

—Pará, Sergio. Esperemos un poco. Además, ¿quién va y le dice a este hombre que perdimos?

Massa ingresó al sector VIP de Néstor, Cristina, Máximo, Zannini y Aníbal, saludó y recibió la pregunta de la Presidente.

—¿Cómo estamos en la provincia?

Todos dejaron de hacer lo que estaban haciendo para escucharlo. Entonces Massa volvió a presentar su teoría sobre las mesas de Don Torcuato.

Cristina asintió y Kirchner lo miró con cierto desprecio. Fuentes no muy confiables lanzaron la versión de que fue en ese momento cuando el ex presidente le arrojó una botella de agua mineral.

No es cierto. Tampoco es verdad que hubo agresiones físicas. Ambos se aferraron a la llegada de Alberto Balestrini, "El Barón de La Matanza", quien supuestamente venía con datos nuevos que darían vuelta la elección.

Como se sabe, al final fue Scioli, ya muy tarde, quien convenció a Kirchner, con buenos modales, de que todos salieran a poner la cara frente a la derrota.

Lo que nunca se supo, hasta ahora, es cómo reaccionaron, de verdad, dos de las piezas más importantes del *planeta Néstor*.

Una es, obviamente, Cristina. Cuatro fuentes distintas que la vieron muy de cerca aquella noche coincidieron: no estaba abatida. Ni siquiera triste. Podría decirse que se mostraba preocupada. Dos de las fuentes utilizaron la palabra "aliviada". Y la más explícita abundó:

—Intacta, para mí, es la definición que más acerca al estado de ánimo de Cristina aquella noche. No lo disfrutaba, pero era evidente que se sentía reivindicada por tantas discusiones perdidas que había tenido con Néstor.

La reacción de Cristina se puso de manifiesto dos días después, el martes 30 de junio, cuando llamó, uno por uno, a los ministros y secretarios más importantes y les dijo:

—Salgan a los medios. Informen. Perdimos porque no supimos comunicar. A partir de ahora quedan en libertad para defender lo que hacen. Y si tienen alguna crítica a esta Presidente, no duden en decírmela en la cara.

El secretario de Estado que me lo contó el mismo martes no lo podía creer.

—Parecía una persona distinta. Es como si hubiera dicho: "A partir de ahora empiezo a gobernar yo".

La rebelión de Cristina no duró veinticuatro horas. Enseguida el ex presidente empezó a dar órdenes distintas a cada uno de los ministros y secretarios que habían sido arengados por la jefa de Estado el día anterior.

La otra reacción increíble fue la de los secretarios de Néstor y Cristina: los que le sostienen el celular, le hacen el nudo de la corbata él y le alcanzan el agua mineral Nestlé a ella. Fue el dato de color que no contó o ignoró la mayoría de los analistas políticos que reconstruyeron la peor noche de la vida política de Kirchner. Mientras que el ex presidente se hundía en la pesadilla de los números y recibía el abrazo contenedor de su hijo Máximo, los secretarios hablaban y reían despreocupados, como hablan y ríen los choferes de los embajadores mientras los esperan para salir de una cena protocolar.

—Es que ellos no lo aman: le temen —explicó un ex ministro que ya no siente por Kirchner ni lo uno ni lo otro.

Pero la escena más cruda de las últimas imágenes del kirchnerismo tuvo lugar en Olivos, en horas de la tarde, el lunes 29 de junio, cuando casi nadie había asimilado la victoria de De Narváez y la pérdida de votos en todo el país.

Fue inmediatamente después de que Kirchner llamara a un periodista de la agencia oficial Telam y comunicara su renuncia al Partido Justicialista (PJ), flanqueado por Scioli y Balestrini.

Néstor permanecía en la antesala de su escritorio de la zona de la jefatura de la quinta presidencial de Olivos junto al gobernador de la provincia y el diputado nacional. De repente, lo vio pasar a Massa quien se dirigía a la oficina de la Presidente, y lo chicaneó, con voz fuerte y clara:

—¡Che, Sergio! ¡Hiciste mejor elección como intendente que como diputado!

El jefe de Gabinete había dormido solo un par de horas. No podía entender cómo, en el medio de semejante situación, Kirchner le estaba echando en cara una supuesta deslealtad por no traccionar los votos suficientes hacia su candidatura. Le devolvió la ironía como se hace en el barrio.

—¿Cómo dijiste?

El ex presidente se lo repitió, en el mismo tono:

—¡Que en Tigre hiciste mejor elección como intendente que como diputado!

Entonces Massa explotó, se acercó a centímetros de la cara de Néstor y lo desafió.

Ambos miden cerca de un metro noventa. Y los que estaban allí juran que el intendente de Tigre estuvo a punto de pegarle una trompada. Lo evitó uno de los secretarios de Néstor, quien abrazó a Massa con fuerza y se lo llevó hacia el despacho de la Presidente.

La verdad es que jamás se cayeron bien.

Antes de decidir su nombramiento en reemplazo de Alberto Fernández, Néstor lo invitó a Massa a los partidos de fútbol de los viernes, en Olivos. Pretendía seducirlo para convertirlo en un incondicional. Sin embargo, nunca terminó de asimilar la imagen positiva del intendente de Tigre, siempre por encima de la suya, en la provincia y en el país. Por eso empezó a llamarlo "Massita". Y se ocupó que todo el mundo se enterara.

Eso fue hasta que Massa negoció con los canales y las radios el pago de las deudas impositivas con emisión de publicidad oficial. El ex presidente leyó detrás de esa movida la pretensión del intendente de quedar bien con Clarín. A partir de ese momento empezó a llamarlo "Rendito", diminutivo de Jorge Rendo, el director de Relaciones Institucionales del grupo (véase Novena Parte: La batalla final. Capítulo 1: Los increíbles secretos de la brutal guerra entre Kirchner y Clarín).

Una vez que se fue del gobierno, los amigos de Massa le devolvieron el favor y divulgaron un sobrenombre para el ex jefe de Estado: "Locatti". Alberto Locatti fue un cómico que en 1980 arrojó a su mujer por la ventana y pasó seis años de cárcel por eso. El periodista Alfredo Leuco reprodujo el mote por primera vez en su columna de los sábados del periódico

Perfil. A partir de ese momento, los amigos y enemigos de Kirchner lo repiten sin cesar.

Pero el apodo secreto que siempre usó Massa para nombrar a Néstor mientras formó parte del gobierno no fue Locatti. Incluso lo pronunció para aludir a Kirchner en clave cada vez que hablaba por teléfono con otros dos ministros. Uno de ellos todavía trabaja en el gabinete de Cristina.

Massa lo llama a Kirchner "Badman".

En efecto: *Badman* y no Batman, como el hombre murciélago.

Badman significa hombre malo, en inglés. Pero todos entienden que así sonaría Batman en la voz de Néstor, por su evidente dificultad para vocalizar.

Después de la derrota del 29 de junio, Badman se puso la capa y sorprendió a todos con su plan de resurrección. El programa incluyó:

* La convocatoria a un diálogo que no sirvió para el país, pero sí para dividir a sus adversarios y obtener oxígeno político con la imposición de la nueva agenda postelectoral. En efecto, mientras la mayoría de las figuras de la oposición posaban para la foto en la Casa Rosada y Elisa Carrió terminaba de pelearse con Margarita Stolbizer y Julio Cobos, Kirchner preparaba una agenda parlamentaria explosiva.

* El envío y la aprobación de proyectos de ley como la prórroga de facultades delegadas. La contundencia con la que ganó en Diputados fue mayor que la que esperaba el mismo ex presidente. Y se transformó en un impulso para apurar el proyecto de ley de medios que pega en el corazón del multimedios Clarín y aspira a limitar al periodismo del sector privado independiente.

* La apropiación del negocio del fútbol, que afectó, en una triple carambola, la facturación de Torneos y Competencias, el rating de Canal 13 y la imagen de invulnerabilidad que hasta ese momento ostentó el Grupo Clarín en la Argentina. Antes de terminar el peor año de su vida política, El Dueño de la Argentina tuvo una conducta ciclotímica.

—Un día dice que tenemos que irnos ya. Otro anuncia que hay que prepararse para 2015. Y hace una hora que acabo de hablar con él: me pidió que me quede bien cerca, porque en poco tiempo más lanzaría su candidatura para suceder a Cristina en 2011 —relató, desconcertado, el mismo secretario que lo vio abatido con la última derrota electoral y eufórico con la media sanción de la Ley de Medios, el viernes 2 de octubre de 2009.

—Néstor es *fighter* (luchador en inglés). Un enfermo terminal con mucha morfina encima —me dijo alguien que formó parte de su gabinete y que en la actualidad no lo soporta.

Tenía en la mano una encuesta con la imagen de los veinte dirigentes políticos más conocidos, incluidos la Presidente y el propio Kirchner.

Se la había encargado uno de ellos a Julio Aurelio. Alguien que necesitaba saber cómo estaba para competir por otro mandato como gobernador. El mismo que quería enterarse, además, de si su imagen le daba como para soñar con la Presidencia.

La encuesta fue secreta. Jamás se publicó. Y abarcó a toda la Argentina, incluidos los centros urbanos y las áreas rurales. Fueron contemplados todos lo niveles sociales. Respondieron 2.850 personas.

El resultado de ese trabajo es contundente. Afirma que el ex presidente tiene un 75 por ciento de imagen negativa.

—Esto quiere decir que la mayoría de la gente no quiere votarlo más —interpretó, categórico, el ex integrante del gabinete.

—A menos que la Argentina se vuelva a incendiar y sus habitantes pidan un jefe de bomberos como Duhalde, o un bombero con un hacha, como Kirchner —me atreví a plantear la hipótesis.

—No. Porque, si la Argentina se vuelve a incendiar antes de 2011, Néstor no será visto como un bombero, sino como un piromaníaco —remató.

Él, como ya la mayoría de la clase dirigente, reconoce que la capacidad de hacer daño de Kirchner sigue intacta, pero que su poder real se diluye todos los días un poco más.

Buenos Aires, octubre de 2009.

QUIÉN ES QUIÉN

Aaset, Henry Olaf "Pilo": Adversario del ex Presidente, kirchnerista y ahora aliado de Carlos "Lole" Reutemann, Aaset nació el 11 de octubre de 1959 en Río Gallegos. Casado, dos hijos, estudió en el Colegio Nacional N° 1 hasta cuarto año, cuando le tocó hacer el servicio militar. Terminó el secundario en un colegio nocturno. Se trasladó a Buenos Aires, donde estudió Derecho. Después regresó a Santa Cruz. En 1995 se unió a las filas del Frente Grande, espacio que dejó para sumarse al Frente para la Victoria santacruceño. Aaset pasó de ser enemigo político del ex jefe de Estado a su defensor personal. Asesoró a Kirchner en una querella contra el abogado Dino Zafrani, ex Presidente de la Asociación de Abogados de Río Gallegos, por calumnias e injurias. Zafrani había sugerido que Kirchner protegía al cuestionado empresario Sergio Taselli, entonces explotador de las minas de Río Turbio. Después del conflicto con el campo, Aaset se alejó de Néstor y empezó a trabajar con Reutemann.

Aburto, Héctor Fernando: Arquitecto. Justicialista. Fue intendente de Río Gallegos entre el 10 de diciembre de 1999 y el 15 de marzo de 2001. Militante del Frente para la Victoria Santacruceño (FVS), del sector de Rudy Ulloa.

Acosta, Osvaldo Antenor: Es el presidente de Electroingeniería. Nació en Córdoba el 6 de setiembre de 1950. Ingeniero electricista, está casado con Teresita Closa y tiene cuatro hijos: Eugenia, de 26 años, Santiago, de 25, Juan Carlos, de 21, y Victoria, de 19. Es dueño, junto con Gerardo Ferreyra, de las siguientes empresas: Integración Eléctrica Sur Argentina SA (INTESAR SA), constituida para la obra eléctrica Choele Choel-Puerto Madryn; Construcciones Argentina SA, constructora; Vialco, concesionaria de peajes; Yacylec SA, para la ingeniería, construcción, operación y mantenimiento de la primera interconexión de Yacyretá; Litsa SA, para la ingeniería, la construcción, la operación y el mantenimiento de la segunda interconexión Yacyretá; Soluciones Energéticas Argentinas SA, para la construcción de la Central Termoeléctrica Manuel Belgrano, en Campana, provincia de Buenos Aires; Construcciones Térmicas SA, para la construcción de la Central Termoeléctrica San Martín, en Timbúes, Santa Fe; Citelec, controlante de Transener, la prestadora del servicio del transporte de energía eléctrica en extra alta tensión en el país; Fruvex SA, para la explotación de proyectos agrícolas y frutícolas, en La Rioja; Don Oreste SA, para la explotación de 350 hectáreas de vid en San Juan; Viñas del Bermejo SA, con la que explota 33 hectáreas de vid para pasa de uva en La Rioja; Agropecuaria Los Molinos SA, Don Oreste SA, bodega. También maneja GEA (Grupo Empresario Argentino), la empresa que controla Radio del Plata.

Aguilar Torres, Luis María: Fue profesor de Kirchner en la Escuela Normal Mixta Bachiller Anexo República de Guatemala. Recuerda al ex Presidente como un adolescente del que se burlaba el resto de sus compañeros. Aguilar Torres nació en Gualeguaychú, Entre Ríos, en el año 1930. Ya recibido de abogado en la Universidad Nacional del Litoral, se trasladó a Río Gallegos a principios de los años sesenta. Realizó una importante carrera profesional y política dentro del radicalismo. Fue defensor de perseguidos políticos. Por más de tres décadas fue docente de educación media y universitaria. Sobre la conducta del ex Presidente durante la última dictadura sentenció: "Era un abogado cobrador de una financiera. Nunca presentó un recurso de amparo a favor de los presos políticos".

Albistur, Enrique Raúl: Le dicen Pepe. Es un publicista y peronista de larga militancia, que comenzó a los 16 años vinculado al sindicalismo. Fue titular de la firma de Wall Street, que explota las carteleras en la vía pública porteña, hasta que cedió sus empresas a sus hijos y su ex mujer. A este negocio accedió durante la gestión como intendente de Carlos Grosso. Es secretario de Medios de Comunicación desde 2003.

Albornoz, Ricardo Leandro: Es el escribano favorito de Lázaro Báez. Aparece como propietario del hotel Las Dunas y el restaurante La Usina, pero fuentes muy seguras afirman que el verdadero dueño es el propio Báez.

Algorry, Carlos Alberto: Figura como socio de Lázaro en Palma Construcciones SA. Nació el 10 de junio de 1957 en Río Gallegos. Es ingeniero civil y está casado.

Algorry, Jorge Pedro: También está registrado como socio de Báez en Palma Construcciones SA. Nacido en Río Gallegos el 30 de diciembre de 1958, es ingeniero electricista y electrónico.

Alpat (Alcalis de la Patagonia)**:** Es una planta de soda solvay, ubicada en San Antonio Oeste, en la provincia de Río Negro. Fue adquirida por Cristóbal López a través de South Minerals, una compañía financiera constituida para tal fin, en la que aparece como socio el contador Carlos Fabián de Sousa.

Aranda, José Antonio: Accionista del Grupo Clarín desde 1999 y vicepresidente del directorio. Contador público recibido en la Universidad Nacional de La Plata, se incorporó como gerente financiero en 1971.

Aráoz de Lamadrid, Octavio: Sobreseyó a Julio de Vido y a Guillermo Moreno en las causas que les abrieron a ambos por presunto enriquecimiento ilícito. Es el juez subrogante del Juzgado en lo Criminal y Correccional Federal N° 9 de la Capital Federal que dejó vacante Juan José Galeano al renunciar en 2006. En el primer examen que rindió para hacerse cargo del tribunal obtuvo un 10 sobre 100. Consiguió apenas el vigésimo tercer puesto en el orden de mérito. Sin embargo hace tres años que se mantiene en el cargo. En abril de 2007 fue sancionado por la Cámara de Casación. El motivo: la pérdida de 160 kilos de cocaína de una entrega vigilada que estaba a su cargo.

Arnold, Eduardo Ariel: Trabajó codo a codo con Kirchner desde 1991 hasta 2005. A partir de ese momento se transformó en uno de sus adversarios más críticos. Nació en Las Heras, Santa Cruz, el 14 de octubre de 1947. Técnico mecánico, divorciado, tres hijos, conoció a Néstor Kirchner en 1973. Fue diputado provincial en Santa Cruz desde 1983 hasta 1989. En 1994 fue elegido convencional nacional constituyente. Vicegobernador de Kirchner desde 1991 hasta 1999, senador nacional entre 1999 y 2001, interventor de Yacimientos Carboníferos Río Turbio entre 2002 y 2003, secretario de Provincias del Ministerio del Interior, desde 2005 viene amenazando con escribir un libro sobre Néstor Kirchner con el título de La venganza del boludo.

Austral Construcciones SA: Constituida el 1 de junio de 2003, su actividad principal declarada es la construcción y la reparación de edificios residenciales. La secundaria es la venta al por mayor de máquinas, equipos e implementos de uso especial no clasificados. Su domicilio fiscal es Pasaje Carabelas 241 6° piso (1009) Capital Federal. Desde el 6 de junio de 2005 está habilitada en el registro de importadores y exportadores de la Dirección General de Aduanas, siendo sus representantes: Fernando Javier Butti, Julio Enrique Mendoza y Silvia Mónica Davis. El 26 de agosto de 2005, Austral Construcciones, mediante asamblea general ordinaria y extraordinaria unánime, designó a Julio Enrique Mendoza y a Silvia Mónica Davis como directores. Es sindicada como propiedad de Lázaro Báez. Desde 2003, Austral Construcciones se asentó en Córdoba, y en los últimos años comenzó a obtener licitaciones en provincias como Chaco.

Acevedo, Sergio Edgardo: Fue aliado de Kirchner desde 1995. Durante 2009 acusó a los funcionarios kirchneristas de "robar para la corona". Nació el 1 de mayo de 1956 en Esquel, Chubut. Es abogado, está divorciado y tiene tres hijos. Fue intendente de Pico Truncado de 1983 a 1987, y desde 1991 hasta 1995. Asumió como diputado provincial en 1991. Fue diputado nacional desde 1995 hasta 1999 y desde 2001 hasta 2003. Desde 1999 hasta 2001 fue vicegobernador de Kirchner. Desde mayo hasta diciembre del mismo año fue designado jefe de la Secretaría de Inteligencia del Estado (SIDE). Enseguida asumió como gobernador de Santa Cruz. El 15 de marzo de 2006 presentó su renuncia en medio de una de las crisis más importantes que vivió la provincia.

Báez, Lázaro Antonio: Elisa Carrió lo considera uno de los testaferros de Kirchner. Nació en Corrientes, el 11 de febrero de 1956. Casado en primeras nupcias con Norma Beatriz Calismonte, tiene cuatro hijos: Martín Antonio, Leandro Antonio, Lucía y Milena. Su actividad declarada ante la Administración Federal de Ingresos Públicos (AFIP) es servicios de asesoramiento, dirección y gestión empresarial no clasificados desde el primero de julio de 2003, dos meses después de la asunción de Néstor como Presidente. Declara como domicilio fiscal Villarino 126 (9400) de Río Gallegos, provincia de Santa Cruz. Báez estuvo empleado en el Banco de la Nación Argentina y en el Banco de Santa Cruz SA. Está relacionado con Palma SA, una empresa constructora administrada por Diego Palleros (h), esposo de su hermana, Irene Beatriz Báez. Controla las empresas petroleras Misahar y Epsur, esta última presidida por su hijo Martín Antonio Báez. Otras empresas vinculadas con él son: Invernes SA, Austral Construcciones SA Diagonal Sur Comunicaciones SA, Palma SA, Austral Agro SA, Austral Atlántica SA, Difral SRL y Top Air SA. Tiene un agente de prensa, pero jamás dio una nota a periodista alguno.

Balestrini, Alberto Edgardo: Fue menemista y duhaldista, y ahora es uno de los kirchneristas más fieles. Nació el 9 de marzo de 1947 en Buenos Aires. Abogado, casado, seis hijos. Fue diputado nacional entre 1991 y 1995. Ocupó la intendencia de La Matanza desde 1999 hasta 2005, cuando asumió como diputado nacional. Fue presidente de la Cámara de Diputados de la Nación. Ahora es vicegobernador de la provincia de Buenos Aires. Fue uno de los llamados "candidatos testimoniales" en la elección del 28 de junio de 2009. Estuvo junto a Kirchner la noche de la derrota. Al otro día fue testigo de una discusión que casi termina a las manos entre el ex Presidente y el ex jefe de gabinete Sergio Massa.

Ballardini, Jorge Juan: Como integrante del Tribunal Superior de Justicia de Chubut, Ballardini siempre obedeció a Kirchner. De hecho, fue uno de los que despidió al honesto procurador Eduardo Sosa. Nació en Santa Fe, en el año 1940, y falleció en la ciudad de Río Gallegos, en 2001. Abogado recibido en la Universidad del Litoral, fue asesor general de la gobernación de Santa Cruz, fiscal de Estado y apoderado del Partido Justicialista. Proveniente del Movimiento de Integración y Desarrollo (MID), había sido captado por Kirchner en 1991. Asesoró a empresas pesqueras hasta que fue designado presidente del Tribunal Superior de Justicia de la provincia. Desde el 8 de junio de 2009, una calle de Río Gallegos lleva su nombre.

Banicevich, Jorge Esteban: Diputado provincial santacruceño, ex intendente de 28 de Noviembre, municipio vecino a Río Turbio. Recibió 1.492 metros cuadrados de tierras en El Calafate.

Baratta, Roberto: Es uno de los hombres de mayor confianza de Julio de Vido. Nació en Buenos Aires, es licenciado en Comercio Internacional y tiene 35 años. Subsecretario de Coordinación y Control de Gestión, es, además, director titular en representación del Estado argentino ante Repsol-YPF. "Baratta arribó al mundo kirchnerista por dotes más mundanas que las del universo académico: era el encargado de apostar los números de la quiniela y los billetes de lotería que le pedían, en un bar de Juncal y Uruguay, los pingüinos que recién llegaban a la Ciudad de Buenos Aires", describió el diario *Perfil*. Ante la AFIP está registrado como chofer y encuestador. Fuentes muy seguras afirmaron que ahora se encarga de presionar a Sebastián Eskenazi para que YPF explore cada vez más.

Benedicto, Ricardo Oscar: Es uno de los principales socios de Cristóbal López en el negocio de las máquinas tragamonedas. Nació en Carlos Casares, provincia de Buenos Aires, el 5 de octubre de 1954. Ingeniero civil, separado, fue gerente de la empresa de transportes Burgwardt SA. Cuando se abrió la licitación para el Casino de Comodoro Rivadavia, Benedicto convenció a López para que incursionara en el negocio del juego. Ahora es accionista de Casino Club SA, Casino de Rosario SA y Tecno-Acción SA. El ingeniero también tiene devoción por las carreras de caballos y se convirtió en especialista. Es dueño del stud de potrillos Rubio B, considerado uno de los más importantes del país. Cuenta entre sus filas con el jockey brasileño Jorge Ricardo, uno de los mejores del mundo. Tiene animales pura sangre que corren en hipódromos locales y del exterior.

Bergoglio, Jorge Mario: Kirchner lo considera su adversario político. Nació el 17 de diciembre de 1936 en Buenos Aires. Es jesuita, cardenal y máximo responsable del Arzobispado de Buenos Aires. Hijo de un matrimonio de italianos, hincha de San Lorenzo de Almagro, estudió y se recibió de técnico químico, pero terminó ingresando como aspirante a sacerdote en el seminario de Villa Devoto. En mayo de 1992 asumió como uno de los cuatro obispos auxiliares de Buenos Aires. En 1998 fue designado arzobispo. Durante 2001, el papa Juan Pablo II lo ordenó cardenal. Es un constante crítico de las condiciones de pobreza que se viven en el país.

Biancalani, Fabio Darío: Nació el 22 de setiembre de 1961 en Rosario, Santa Fe. Ingeniero en Vías de Comunicación (Universidad Nacional del Nordeste, 1986). Separado, cuatro hijos. Congresal provincial por Chaco (1995-1999); senador nacional por Chaco (2007-2013). Su empresa, Sucesores de Adelmo Biancalani, tendría vinculaciones con Lázaro Báez.

Bielsa, Rafael Antonio: Ex canciller de Kirchner, es uno de los pocos dirigentes que no se dejó avasallar por el ex Presidente. Nació en Rosario, provincia de Santa Fe, el 15 de febrero de 1953. Es abogado y escritor. Hermano del ex director técnico de la Selección Argentina de Fútbol, Marcelo, y de María Eugenia, arquitecta y ex vicegobernadora de Santa Fe, fue candidato a gobernador por esa provincia en 2007. Es padre de dos hijos y actualmente vive con su segunda esposa, Andrea D'Arza. Fue ministro de Relaciones Exteriores entre 2003 y 2005. Formó parte del Frepaso y fue síndico general de la Nación durante el gobierno de Fernando de la Rúa. Entre 1974 y 1978 fue designado auxiliar en la Fiscalía Federal N° 2 de los Tribunales Federales de Rosario. En 1977, durante la dictadura militar, fue encarcelado y torturado. En 2009, Kirchner lo tentó con una candidatura: le dijo que no.

Biolcati, Hugo Luis: Kirchner supone que Biolcati desea que Cristina no termine su mandato. Es el presidente de la Sociedad Rural Argentina. Abogado recibido en la Universidad Católica Argentina en 1966. Tiene cuatro hijos y dos nietas. Es dueño de un tambo en Carlos Casares, provincia de Buenos Aires, que produce 25.000 litros diarios de leche. Miembro de la Mesa de Enlace, reemplazó a Luciano Miguens después del conflicto con el campo.

Blondeau, Guido Santiago: Cercano a Lázaro Báez, nació en Río Gallegos el 19 de junio de 1968. Es director de Invernes SA, la empresa inversora que adquirió los derechos de cobro de Gotti Hermanos SA.

Bonasso, Miguel Luis: Es diputado nacional desde 2007, y su mandato se cumple en 2011. Es miembro de la alianza Diálogo por Buenos Aires. En diciembre de 2008 se alejó del espacio kirchnerista, junto con Humberto Tumini, del Movimiento Libres del Sur, y Jorge Ceballos, militante social vinculado al sindicalismo clásico. Nació en Buenos Aires el 17 de mayo de 1940. Es periodista, escritor y guionista de cine y televisión. Se manifestó en contra del veto a la Ley de Glaciares, el manejo del juego en la Ciudad de Buenos Aires y la forma en que se trató la Ley de Servicios Audiovisuales.

Bontempo, Juan Antonio. Es ex ministro del Gobierno de Santa Cruz durante la gestión de Sergio Acevedo. Por el Decreto 561/2008 se le creó el cargo de subcoordinador de Asuntos Técnicos en el ámbito de la Unidad Presidente. Recibió terrenos en El Calafate.

Bontempo, Luis Alberto: Es un arquitecto (UBA) que fue jefe de la Delegación Zona Norte del Instituto de Desarrollo Urbano y Vivienda (IDUV) de la provincia de Santa Cruz entre 1999 y 2003, y subsecretario de Desarrollo Urbano y Vivienda en 2004. En su gestión idearon los Planes Federales de Construcción de Viviendas I y II, de los cuales no se terminó ni el veinte por ciento de lo anunciado. Fue ministro de Economía de la provincia de Santa Cruz durante la gestión de Carlos Sancho y se desempeñó como director de Aerolíneas Argentinas en representación del Estado nacional. Desde febrero de 2006 es subsecretario de Recursos Hídricos de la Nación.

Boudou, Amado: Nació en Buenos Aires y tiene 46 años. Es licenciado en Economía (Universidad Nacional de Mar del Plata) y magister en Economía (Universidad del Centro de Estudios Macroeconómicos de la Argentina, UCEMA). Fue compañero de universidad de Ricardo Echegaray, titular de la AFIP. Trabajó como disc-jockey y relacionista público de una discoteca en Mar del Plata. En 1998 ingresó en la Administración Nacional de la Seguridad Social (ANSES), donde permaneció hasta 2002. Después volvió, y se convirtió en su director, cuando Sergio Massa dejó la entidad para ser jefe de Gabinete. Es ministro de Economía de la Nación desde julio de 2009. Vive en Puerto Madero, conduce una moto Harley-Davidson y es buen jugador de golf, con 12 de hándicap.

Bounine, Jorge Isidro Baltasar: Nacido en Río Gallegos, tiene 29 años. Secretario privado de la presidente de la Nación. Su madre, Susana Iris Alfonso, es "Maquena", quien fuera *babysitter* de Florencia Kirchner. En 2003 dio sus primeros pasos como secretario de Héctor Icazuriaga, el jefe de la SIDE. A solicitud de Cristina Fernández de Kirchner, pasó a prestar servicio para la Casa Rosada. Su patrimonio se multiplicó casi cincuenta veces en los últimos tres años, llegando a 750.000 pesos.

Bravo, Juan Leopoldo: Estuvo a cargo del gobierno de San Juan en la década en que Petersen, Thiele & Cruz realizó obras importantes en la provincia. Es el fundador de la UCR Bloquista, y fue tres veces gobernador de San Juan: en 1962-1966, 1982-1983 y 1983-1989. Nació en San Juan el 15 de marzo de 1919, y falleció en la misma ciudad el 4 de agosto de 2006.

Brufau Niubo, Antonio: Es miembro del directorio de Repsol-YPF desde 1996, y desde octubre de 2004 se desempeña como presidente de Repsol-YPF. Nació en Mollerussa, Lérida, España, en 1948. Es licenciado en Economía de la Universidad de Barcelona. Entre 1999 y 2004 ocupó el cargo de CEO de La Caixa Group. En julio de 1997 fue designado presidente del grupo Gas Natural (controlador de la prestadora local Gas Natural Ban) y es actualmente el vicepresidente del grupo. Anteriormente ocupó cargos en los directorios de Suez; Enagás; Abertis; Aguas de Barcelona; Colonial y Caixa Holding; CaixaBank France y Caixa-Bank Andorra. El Grupo Caixa es accionista de Repsol.

Bulgheroni, Carlos: Dueño del Grupo Bridas. Es abogado, tiene 62 años, y heredó la compañía de su padre, Alejandro Ángel Bulgheroni, fallecido en 1985. Bridas y British Petroleum son socios en Pan American Energy LLC (PAE). A mediados de los años noventa, el Estado presentó demandas contra las compañías del grupo Papel de Tucumán SA y Banco del Interior y Buenos Aires SA, por impuestos impagos, abuso de beneficios del régimen de promoción industrial y préstamos no cancelados con el Banco Central y el ex Banco Nacional de Desarrollo (Banade). Por su parte, la empresa respondió con un juicio a YPF en liquidación por diferencias en los pagos por la extracción de crudo, y una demanda ante la Cámara de Comercio Internacional contra el Estado por cincuenta millones de dólares. En 1996, Carlos Menem dictó un decreto para solucionar el conflicto con un laudo arbitral internacional que no se llevó adelante. En octubre de 2003, Néstor Kirchner derogó artículos del decreto y amenazó con reanudar las demandas contra el grupo. Pese a esto, Bridas sonó como uno de los postulantes para adquirir parte del paquete accionario de YPF. En 2008 obtuvieron, con Pan American Energy, la explotación de Cerro Dragón, uno de los yacimientos petrolíferos más productivos del país, por cuarenta años.

Buonomo, Luis: Es médico personal (medalla de honor, Universidad de Buenos Aires) del ex presidente Néstor Kirchner, a quien conoció en 1985. El 31 de diciembre de 2007 fue publicado en el *Boletín Oficial* el Decreto 150/7 designándolo como médico presidencial con rango y jerarquía de secretario. Como desde febrero de 2008 también se desempeñaba como jefe del Área de Cirugía del Hospital Reginal de Río Gallegos, fue denunciado por los medios de violar la Ley de Ética Pública. En junio de 2009 presentó su renuncia al cargo provincial. Nació en Río Turbio, provincia de Santa Cruz, y tiene 52 años. Entre 1992 y 1994 fue director del Hospital Regional de Río Gallegos.

Butti, Fernando Javier: Figura en varias de las nuevas sociedades creadas por Lázaro Báez. Tras recibirse de contador, ingresó a Palma SA, la constructora de Diego Palleros (quien a su vez está casado con la hermana de Báez), que es investigada por la justicia federal por evasión al fisco. Apadrinado por Lázaro, creció dentro de la empresa. Su esposa, Andrea Daniela Cantín, es la hija Raúl Cantín, ex presidente del Concejo Deliberante de la capital santacruceña, y además es apoderada de Invernes, otra empresa de Lázaro Báez. En 2003, apenas se fundó Austral Construcciones, fue la compañía que más creció en el rubro construcción en la provincia del ex Presidente. El 14 de agosto de 2003, Sergio Gotti, imputado por delito de acción pública por una evasión fiscal de quinientos millones de pesos de Gotti SA, lo ungió con un "poder administrativo" para actuar en nombre de la constructora. Butti se encargó de la operación, que derivó en un embargo de diez millones de dólares dictado por un juez de Liechtenstein por supuesto lavado de dinero de Austral Construcciones. En agosto de 2009 logró explicar el movimiento de los fondos y la justicia europea descongeló el depósito. Nació en Bolívar, provincia de Buenos Aires, el 13 de agosto de 1976.

Buzzi, Eduardo: Es el presidente de la Federación Agraria Argentina, y fue miembro de la Mesa de Enlace durante el conflicto nacional agropecuario de 2008. Nació en J. B. Molina, provincia de Santa Fe, el 1 de noviembre de 1960. Es docente y productor agropecuario.

Cafaro, Eduardo: Fue designado director del Banco Central de la República Argentina en 2003. Antes había pasado por la empresa Mercado Abierto, que asesoró a Kirchner con los Fondos de Santa Cruz en el exterior.

Calderón, Marcelo: Viajó junto al ex secretario de Transporte Ricardo Jaime en el vuelo que salió de Buenos Aires el 8 de agosto de 2006 rumbo al Brasil y regresó el día 10. Es el presidente de Trenes de Buenos Aires (TBA).

Cameron, Daniel Omar: Es secretario de Energía de la Nación desde 2003, y está siendo investigado por el caso Skanska. durante su gestión como ministro de Economía y Obras Públicas de Santa Cruz, la provincia recibió el fondo aportado por los usuarios de energía eléctrica del país para costear la conexión al sistema nacional. Los recursos comenzaron a girarse en 1989 y la obra anunció su licitación en 2007. Es ingeniero industrial por la Universidad Nacional de Sur. Además, en la provincia de Santa Cruz, fue gerente general de Explotación y director de Servicios Públicos Sociedad del Estado (SPSE, empresa prestadora de los servicios de energía eléctrica, gas y saneamiento); asesor de la Dirección Provincial de Energía; y jefe del Gabinete de Asesores del Ministerio de Economía y Obras Públicas. Era compañero del equipo de fútbol del Boxing Club, donde jugaba Néstor Kirchner.

Campillo, Juan Manuel: Para muchos es el hombre que ha venido ejecutando las ideas de Néstor Kirchner en materia económica en los últimos quince años, más allá del ministro de Economía que figure institucionalmente. Es contador público y ex ministro de Economía de Santa Cruz durante las gestiones de Acevedo y de Sancho, y refirmado por Daniel Peralta hasta el 10 de agosto de 2009. El viernes 2 de octubre de 2009 fue nombrado presidente de la Oficina Nacional de Control Comercial Agropecuario (ONCCA).

Canicoba Corral, Rodolfo Arístides: Es el juez federal que investigó a María Julia Alsogaray y a Fernando de la Rúa, y que pidió la captura internacional del ex presidente de Irán Akbar Hashemi Rafsanjani, por la causa AMIA. Fue nombrado Juez en lo Criminal y Correccional Federal N° 6 de la Capital Federal en junio de 1993, y lleva más de treinta años en la Justicia. Es abogado, nació el 29 de julio de 1945 en Buenos Aires, está casado, y tiene cuatro hijos.

Capaccioli, Héctor: Fue el superintendente de Servicios de Salud de la Nación desde 2006 hasta 2008, cargo del que se alejó tras un fuerte cruce con la ministra de Salud Graciela Ocaña. Fue el secretario general del gremio de operadores y técnicos de radio hasta 2003, cuando Alberto Fernández lo llevó como recaudador de campaña del Frente para la Victoria. Una de las víctimas del triple crimen de General Rodríguez, Sebastián Forza, había aportado doscientos mil pesos a la campaña de Cristina Kirchner. Seacamp, la empresa de la víctima, era además proveedora del Hospital Francés, en cuya intervención participó Graciela Ocaña cuando estaba al frente del PAMI. Fue secretario de Descentralización porteño en la gestión de Aníbal Ibarra. Nació el 15 de febrero de 1958 en Buenos Aires, es operador de radio, está casado y tiene tres hijos. Actualmente es el director de Gambling TV, una señal dedicada al juego, propiedad del empresario Daniel Mautone, el ex dueño del Casino Victoria.

Capatano, Raúl Francisco: Convenció al ingeniero Enrique Eskenazi de hacerse cargo del Banco de San Juan. Luego, se unió al Grupo Petersen. Es director titular del Nuevo Banco de Santa Fe SA, el Nuevo Banco de Entre Ríos SA e Inwell SA; y director suplente de ACH SA y Mercado Abierto Electrónico. Es, además, presidente de Red Link SA y de Viñedos y Olivares del Oeste SA. Se licenció en Administración en la Universidad Católica Argentina de la ciudad de Mendoza, y es vicepresidente primero del Banco de San Juan SA, vicepresidente segundo del Banco de Santa Cruz SA y vicepresidente de Coimpro SA.

Caputo, Nicolás: Es un empresario de la construcción allegado a Mauricio Macri, ex compañero del jefe de Gobierno en el colegio Cardenal Newman. En febrero de 2008 se anunció que sería designado asesor ad honorem, pero al ser denunciado por sectores de la oposición como contratista del Estado dio un paso al costado. Es accionista de la firma Caputo SA, una de las constructoras más grandes de la Argentina, fundada por su abuelo en 1932.

Carmona, Miguel Ángel: Es el director de Prensa de la Legislatura de Río Gallegos y, al mismo tiempo, una de las principales firmas de *El Periódico* y co-conductor de un programa político de Canal 2, de la capital santacruceña, llamado "El ojo del Amo". Es allegado a Rudy Ulloa.

Carrió, Elisa María Avelina: Desde 2004 realizó denuncias contra la administración Kirchner, en especial contra Julio de Vido, a quien definió como "el cajero". El 13 de noviembre de 2008 presentó una denuncia ómnibus por presunta asociación ilícita contra Néstor Kirchner, Julio de Vido, Rudy Ulloa, Lázaro Báez, Claudio Uberti, Cristóbal López y Ricardo Jaime. Nació en Resistencia, Chaco, el 26 de diciembre de 1956. Es abogada, está divorciada y tiene tres hijos. Es fundadora del ARI, y líder de la Coalición Cívica. Fue diputada nacional por Chaco entre 1995 y 1999, y entre los años 1999 y 2003. Desde 2005 hasta 2007 fue diputada nacional por la Ciudad de Buenos Aires. Entre mayo y noviembre de 2001 presidió la Comisión Especial Investigadora de Hechos Ilícitos vinculados con el Lavado de Dinero de la Cámara de Diputados de la Nación. Fue candidata presidencial en las elecciones de 2003 y 2007.

Casaretto, Jorge: Es obispo de la Diócesis de San Isidro desde 1985. Su postura contra el crecimiento de la industria del juego es conocida por toda la clase política. "Quiero hacerles llegar la preocupación de los obispos de la provincia, reiteradas veces expuesta a nuestro gobernador, sobre la difusión del juego en el territorio", expresó en una carta a los jefes de bancadas de la legislatura bonaerense, a finales de 2008, cuando se hablaba del desembarco de Cristóbal López en la provincia de Buenos Aires. Nació el 27 de diciembre de 1936 en Buenos Aires, y fue ordenado sacerdote el 5 de setiembre de 1964. Durante dos períodos fue presidente de Cáritas Nacional y es presidente de la Comisión Episcopal de Pastoral Social.

Casino Club SA: 25 de Mayo 859, Comodoro Rivadavia, provincia de Chubut. Socios: con el treinta por ciento cada uno, Cristóbal López, Ricardo Oscar Benedicto (ingeniero que provenía de una constructora) y Juan Castellanos Bonillo (empresario hotelero de Comodoro Rivadavia); y con el diez por ciento Héctor Cruz (ex militar que estuvo a cargo del Casino de Neuquén).

Castellanos Bonillo, Juan: Empresario hotelero de la misma ciudad de Cristóbal López. Accionista de Casino Club SA, Casino de Rosario SA y Tecno-Acción SA. Nacido en Comodoro Rivadavia el 17 de febrero de 1944. Casado en primeras nupcias con Ana María Gutiérrez. Junto con su esposa es dueño de la constructora Mojacar SA, con sede en Comodoro Rivadavia.

Cavallo, Domingo Felipe: Los hermanos Cirigliano, protagonistas de esta investigación, obtuvieron bajo su administración la concesión de los ramales Mitre y Sarmiento. Nació el 21 de julio de 1946 en San Francisco, Córdoba. Es contador público y doctor en Ciencias Económicas. Fue vicepresidente del Banco de Córdoba (1971/72) (1978/79), presidente del Banco Central de la República Argentina (1982), ministro de Relaciones Exteriores y Culto (1989-1991) y ministro de Economía (1991-1996). Durante su gestión en el Palacio de Hacienda se llevó adelante la llamada "Reforma de Estado": se privatizaron los servicios públicos y todos los organismos que podían llevarse adelante a través de la gestión privada. En 2001 regresó al Ministerio de Economía de la mano de Fernando de la Rúa. Intentó presentarse como diputado nacional en 2005, pero no logró respaldo.

Chevallier-Boutell, Juan Pablo: Al sacar del mercado a Lua-La Porteña (por entonces en manos del Grupo Cirigliano) por no presentar su balance en término, le fue solicitada la renuncia desde el Ministerio de Economía que comandaba Domingo Cavallo. Nació en Buenos Aires el 31 de marzo de 1942. Abogado (UCA), especialista en Derecho de Seguros. Fue superintendente de Seguros de la Nación entre abril y noviembre de 2001.

Cimadevilla, Andrés: Abogado. Radical chubutense. Lo señalan como afín a Cristóbal López. Tras su paso por el Instituto de Acción Social (IAS), organismo que administra el juego en su provincia, fue denunciado por irregularidades en su gestión. Actualmente es el vicepresidente de Lotería Nacional SE.

Cirielli, Ricardo: Denunció a Hilario Lagos, un asesor del ex secretario de Transporte Ricardo Jaime, por solicitar cincuenta mil dólares para autorizar vuelos a distintas empresas. Nació el 22 de junio de 1961 en Bue-

nos Aires. Es técnico en Electrónica. En 1981 ingresó a Aerolíneas Argentinas. Desde 1992 es secretario general de la Asociación del Personal Técnico Aeronáutico (APTA). Fue subsecretario de Transporte Aerocomercial entre 2003 y 2007.

Cirigliano, Mario Francisco: En la década de los noventa llevó adelante la dirección de Lua, la compañía de seguros del grupo, que tras su caída le generó problemas judiciales que aún no han finalizado. Nació en Buenos Aires, tiene 49 años. Empresario. Hermano de Claudio Cirigliano. Vive en Belgrano. Está casado, tiene tres hijos. Actualmente centra su actividad en Tecnología Avanzada en Transporte SA (TATSA) y Emprendimientos Ferroviarios (Emfer), las dos fábricas del grupo ubicadas en el partido de San Martín.

Cirigliano, Sergio Claudio: Nació en Buenos Aires, tiene 45 años. Empresario. Título secundario. Casado, tres hijos. Vive en Barrio Parque. Hijo de Nicola Cirigliano y María Guglielmi. Hermano de Mario Francisco Cirigliano. Empresas: Grupo Plaza, colectivos urbanos; Consorcio Metropolitano de Transporte (Cometrans SA); Tecnología Avanzada en Transporte SA (TATSA), fábrica de colectivos; Emfer, fábrica de ferrocarriles; UGOFE, control de las ex líneas ferroviarias Roca, San Martín y Belgrano Sur; Travelynx (Estados Unidos), servicio de combis; Grupo Plaza de Inversión SA; y Transvial Lima SA (Perú).

Cobos, Julio César Cleto: El 17 de julio de 2008 desempató en el Senado de la Nación la votación por el proyecto de Ley que establecía retenciones móviles a las exportaciones agropecuarias. "Que la historia me juzgue. Pido perdón si me equivoco. Mi voto no es positivo. Mi voto es en contra", dijo aquella madrugada. Nació en Godoy Cruz, Mendoza, el 30 de abril de 1955. Casado, tres hijos. Ingeniero civil (Universidad Tecnológica Nacional). Es vicepresidente de la Nación. Fue ministro de Obras Públicas de la provincia de Mendoza entre 1999 y 2000, decano de la Universidad Tecnológica Nacional, Regional Mendoza entre 2000 y 2003 y gobernador de Mendoza entre 2003 y 2007.

Colunga López, Carlos Benjamín. Español, 64 años. Es el director de la empresa Macair Jet. Declaró en tres ocasiones ante el juez Norberto Oyarbide, quien, junto al fiscal Carlos Rívolo, investiga el uso del avión Lear Jet N786YA que utilizaba el ex secretario de Transporte Ricardo Jaime.

Copetti, Raúl Horacio: Luis Juez sostuvo que fue quien lo visitó hacia 2003 para sumarlo al proyecto kirchnerista. "Pensamos quedarnos veinte años", le confesó el operador político. Es cordobés, está casado y separado de la cordobesa Silvia Esteban, ex ministra de educación de Santa Cruz. Ex apoderado del Frente para la Victoria Santacruceño y director provincial de Recursos Humanos de la Provincia de Santa Cruz. Es dueño del Hotel Imago Spa en El Calafate, en una sociedad con sus hijos, Pablo y Yanina, a nombre de YAPA SA.

Corach, Carlos Vladimiro: Reside en Highland Park, el mismo barrio privado donde habita Enrique Eskenazi, con quien mantiene una excelente relación. Nació en Buenos Aires el 24 de abril de 1935. Abogado. Fue concejal (UCRI), en 1962, subsecretario legal y técnico de la Presidencia, en 1992; ministro del Interior entre 1995 y 1999. Durante su gestión se giraron importantes volúmenes de recursos a las provincias mediante los llamados Aportes del Tesoro Nacional (ATN). El ARI fomentó, sin éxito, la creación de una comisión investigadora que analice el destino y el propósito de los fondos.

Costa, Gustavo: Presidente del Instituto Provincial de Lotería y Casinos de la provincia de Buenos Aires, en la gestión de Carlos Federico Ruckauf (diciembre de 1999-enero de 2002).

Cruz, Héctor José: Es un ex militar que dirigió el Casino de Neuquén. Desembarcó en Casino Club en 1994. "Lo llevaron porque tenía mucha experiencia en dirigir casinos", contó a *Perfil* un hombre de negocios que también se dedica a ese rubro. "También porque querían quedarse con algunos casinos provinciales que se estaban privatizando y Cruz los conocía muy bien", amplió. Nació el 19 de marzo de 1943. Casado. Es accionista de Casino Club SA, Casino de Rosario SA y Tecno-Acción SA.

De Achával, Federico Miguel: Empresario. En el año 1992, Carlos Menem le otorgó la explotación del Hipódromo de Palermo a la empresa HAPSA (Hipódromo Argentino de Palermo Sociedad Anónima). En 2002, Lotería Nacional autorizó que HAPSA instale y explote máquinas electrónicas. En marzo de 2007 se asociaron Casino Club y HAPSA, y conformaron la Compañía de Inversiones en Entretenimientos SA. En el

468

directorio de esta nueva empresa figuran, como presidente, Ricardo Benedicto (por Casino Club) y como vicepresidente Federico de Achával (por HAPSA). Mediante el decreto 1851/07 que Kirchner firmó cinco días antes de dejar la Presidencia, se extendió la concesión por quince años (hasta 2032) y se lo obligó a pasar de tres mil maquinitas a 4.500. Además, junto a Santiago J. Ardissone, poseen el 95 por ciento de la acciones del Banco Columbia. Tiene buena relación con José Torello, del Instituto del Juego de la Ciudad.

De La Sota, José Manuel: Según el senador electo Luis Juez, le habría dado el visto bueno al ingreso de Cristóbal López a su provincia. Nació el 28 de noviembre de 1949 en Córdoba. Abogado. Diputado Nacional del PJ (1985-1989); embajador en el Brasil (1990-1993); senador por Córdoba (1995-1999); gobernador de Córdoba (1999-2003; 2003-2007). En 2003 fue el candidato elegido por Eduardo Duhalde para sucederlo en la Presidencia, pero, como no crecía en las encuestas, su lugar lo ocupó Néstor Kirchner.

De Sousa, Carlos Fabián: Tiene 42 años. Contador público. Mano derecha de Cristóbal López, en una de cuyas primeras empresas (Almería Austral, vinculada al mundo del petróleo) se inició. CEO de las empresas Clear SRL, South Minerals, y OIL M&S.

De Urquiza, Javier María: Ex radical, fue eyectado de la Subsecretaría de Economía Agropecuaria y Alimentos, tras el conflicto con el campo. Fue ministro de Agricultura, durante la gestión de Néstor Kirchner en

Santa Cruz. Nació el 22 de mayo de 1949 en Río Gallegos, y se recibió como médico veterinario.

De Vido, Julio: Nació en Buenos Aires el 26 de diciembre de 1949. Arquitecto. Casado en segundas nupcias con Alessandra Minnicelli, cinco hijos: Julio, Valeria, Santiago, Juan Manuel y Facundo. Tras recibirse en 1974 y trabajar un tiempo en Buenos Aires, se trasladó a la Patagonia para trabajar en empresas privadas de construcción. En 1985 se acercó a las filas del peronismo santacruceño para formar parte de los equipos técnicos del PROSAC (Proyecto Santa Cruz), antecedente del Frente Para la Victoria Santacruceño. Con la llegada de Kirchner a la intendencia de Río Gallegos en 1987, comenzó su camino en la gestión pública. Fue designado director general de Obras Públicas del Instituto de Desarrollo Urbano y Vivienda de la Provincia de Santa Cruz (IDUV) entre 1988 y 1990, presidente de la Administración General de Vialidad Provincial entre 1990 y 1991, ministro de Economía y Obras Públicas de la provincia de Santa Cruz entre 1991 y 1999, diputado provincial electo (1997), ministro de Gobierno entre 1999 y 2003, coordinador de los equipos técnicos de la propuesta política del doctor Néstor Kirchner para las elecciones presidenciales de 2003 y ministro de Planificación Federal, Inversión Pública y Servicios entre 2003 y 2009.

Díaz Bancalari, José María: Ex duhaldista, convertido al kirchnerismo. Nació el 5 de setiembre de 1944 en San Nicolás, Buenos Aires. Abogado. Casado, seis hijos. Fue diputado nacional por la provincia de Buenos

Aires en 1987-1991, 1999-2003 y 2003-2007; senador provincial bonaerense entre 1991 y 1997, y ministro de Gobierno de la provincia de Buenos Aires en 1990.

Díaz Ferrán, Gerardo: Es vicepresidente de Viajes Marsans, compañía que en 2001 tomó el control de Aerolíneas Argentinas. Protagonizó fuertes negociaciones con el ex secretario de Transporte Ricardo Jaime. Es presidente de la Confederación Española de Organizaciones Empresariales (CEOE). Nació en Madrid, España, el 27 de diciembre de 1942. Es ingeniero técnico industrial. Heredero de una empresa familiar de transporte de pasajeros. En 1967, junto con su socio y amigo Gonzalo Pascual Arias, fundaron la empresa Trap SA, dedicada al transporte urbano en Madrid, y en 1971 constituyeron Trapsatur SA, la primera agencia de viajes mayorista del grupo.

Duhalde, Eduardo Alberto: El 25 de mayo de 2003 le entregó el bastón presidencial a su elegido, Néstor Kirchner. El patagónico mantuvo a Roberto Lavagna como señal de continuidad, pero poco a poco comenzó a alejarse del ex gobernador bonaerense, hasta enfrentarlo públicamente. Nació en Lomas de Zamora, provincia de Buenos Aires, el 5 de octubre de 1941. Abogado. Casado, cinco hijos. Fue diputado provincial bonaerense (1987-1989); vicepresidente de la Nación (1989-1991); gobernador de Buenos Aires (1991-1995/1995-1999). Candidato presidencial en 1999, junto a Ramón Ortega. Senador nacional (2001). Se hizo cargo de la presidencia, entre 2002 y 2003, tras la renuncia de Fernando de la Rúa.

Echegaray, Ricardo Daniel: Es íntimo de Rudy Ulloa Igor, quien fue su abogado y socio en la radio del barrio El Carmen. Tras su pelea con Alberto Abad, dejó la Dirección Nacional de Aduanas. Pasó por el ONCCA, y en la actualidad es el administrador de la AFIP. Nació en Puerto Belgrano, tiene 43 años. Abogado. Conoció a Néstor Kirchner durante su paso por la Dirección de Aduanas de Río Gallegos, cuando el ex Presidente gobernaba Santa Cruz.

Elsztain, Eduardo: Su nombre sonó como uno de los posibles compradores de YPF. Nació en Buenos Aires el 26 de enero de 1948. Casado, cuatro hijos. Ex alumno del Colegio Nacional Buenos Aires, estudió economía en la UBA, aunque no llegó a recibirse. Es dueño de gran parte de Puerto Madero y de selectos barrios privados. Su abuelo Isaac Elsztain fue el fundador de IRSA, en 1943, una importante inmobiliaria que, con el tiempo, se convirtió en la mayor empresa argentina de bienes raíces, gracias a la ayuda del empresario George Soros. Es considerado uno de los mayores terratenientes de la Argentina. Es dueño de los principales shoppings de Buenos Aires: Alto Palermo, Patio Bullrich, Paseo Alcorta, Design Center, Abasto y el flamante Dot Baires. Es el principal accionista del Banco Hipotecario. Tiene establecimientos ganaderos y agrícolas en todo el país; los hoteles Llao-Llao, Intercontinental y Sheraton Libertador. El empresario Marcelo Mindlin fue vicepresidente de IRSA desde 1991 hasta que, a fines de 2003, decidió apartarse del grupo para concentrarse en el desarrollo del fondo de inversiones Dolphin, con el que controla gran parte del sistema energético argentino. Es vicepresidente de Consejo Judío Mundial.

Epszteyn, Eduardo Ezequiel: Es cercano a Aníbal Ibarra. Nació el 22 de setiembre de 1955 en Buenos Aires. Licenciado en Economía. Proviene del Frente Grande. Legislador porteño por la alianza Diálogo por Buenos Aires. Fue secretario de Producción, Turismo y Desarrollo Sustentable de la Ciudad de Buenos Aires entre 2003 y 2006, secretario de Medio Ambiente de la Ciudad de Buenos Aires (2003), director Ejecutivo del Comité Nacional Matanza-Riachuelo entre 2000 y 2002, y director-vicepresidente del Ente Tripartito de Obras y Servicios Sanitarios (ETOSS) entre 1997 y 2002.

Ercolini, Julián Daniel: Investiga a Néstor Kirchner, Julio de Vido, Claudio Uberti, Rudy Ulloa Igor, Ricardo Jaime, Cristóbal López y Lázaro Báez, según un requerimiento del fiscal federal Gerardo Pollicita, basado en una denuncia por presunta asociación ilícita presentada por Elisa Carrió. Nació en Buenos Aires el 5 de noviembre de 1962. Casado, dos hijos. Abogado (UBA). Juez en lo Criminal y Correccional Federal Nº 10 de la Capital Federal, designado en octubre de 2004. Sobreseyó a Néstor y a Cristina Kirchner en una causa por presunto enriquecimiento ilícito, en 2004.

Eskenazi Storey, Esteban: Casado, licenciado en Sistemas. Empresario. Titular de Storey SA, una empresa dedicada al mercado eléctrico. No forma parte del Grupo Petersen. Es tesorero de la Cámara de Empresarios Argentinos de la Energía (CE-ADE). Donó veinte mil pesos para la campaña de Carlos Heller.

Eskenazi Storey, Ezequiel: Actor, 48 años. Vicepresidente de Agro Franca SA. Es también director suplente en el directorio de Los Boulevares SA y Petersen Inversiones SA y miembro del directorio de Petersen, Thiele & Cruz SA y de Santa Sylvia SA. Concentra su actividad en la bodega Santa Sylvia, que, en San Juan, produce un premiado vino malbec.

Eskenazi Storey, Matías: Tiene 41 años y es el hermano de más bajo perfil. CEO de Administradora San Juan SRL y co-CEO de Petersen Energía SA (España). Es presidente de Estacionamientos Buenos Aires SA y vicepresidente de Comercial Latino SA y del Banco de Santa Cruz SA. Además, es director suplente de Directorios de Mantenimientos y Servicios SA, del Banco de San Juan SA y de Red Link SA, además de miembro del directorio de Petersen Energía SA (España), Petersen Energía Pty. Ltd., Petersen Inversiones SA, Nuevo Banco de Santa Fe SA, Nuevo Banco de Entre Ríos SA y Petersen Energía SA.

Eskenazi Storey, Sebastián: Casado, 46 años. Vicepresidente ejecutivo, gerente general (CEO) y miembro del directorio de YPF desde marzo de 2008. Además es co-CEO de Marviol SRL y de Petersen Energía, y presidente de Arroyo Lindo SA y de Red Link SA, vicepresidente de Petersen Inversiones SA, Petersen Energía SA, Petersen, Thiele & Cruz SA, Mantenimientos y Servicios SA, Banco de Santa Cruz SA, Nuevo Banco de Santa Fe SA y Nuevo Banco de Entre Ríos SA. Es director suplente en el directorio del Banco de San Juan SA y miembro del directorio de Petersen Energía S.A, Petersen Energía Pty. Ltd. y Petersen Inversiones SA

Eskenazi, Enrique: Nació en Santa Fe, tiene 84 años, ingeniero químico recibido en la Universidad del Litoral. Casado con Hazel Sylvia Storey. Es vicepresidente y miembro del directorio de YPF desde 2008. Co-CEO de Marviol SRL y presidente de Petersen Inversiones SA, Napelgrind SA, Banco de San Juan SA, Banco de Santa Cruz SA, Nuevo Banco de Santa Fe SA, Nuevo Banco de Entre Ríos SA, Petersen Energía SA, Fundación Banco de Santa Cruz SA, Fundación Nuevo Banco de Santa Fe SA y Fundación Nuevo Banco de Entre Ríos SA. Además, es vicepresidente de Mantenimientos y Servicios SA y de Santa Sylvia SA, y miembro del directorio de Petersen Thiele & Cruz SA, Estacionamientos Buenos Aires SA, Petersen Energía SA, Petersen Energía Pty. Ltd. y Agro Franca SA.

Espina, Héctor: Administrador de Parques Nacionales, es un ex intendente radical de Santa Cruz que pasó a las filas del kirchnerismo. Recibió 1.390 metros cuadrados de tierras en El Calafate.

Falco, Fabián: Ex director de Comunicaciones y de Relaciones Externas de YPF (2001-2007). Anteriormente fue director de Relaciones Externas y de Marketing Societario de Aguas Argentinas SA, y director de Comunicaciones Externas y Prensa de Bridas SA. Es socio de la consultora SPE PR+ MKT.

Fellner, Eduardo Alfredo: Nació en Río Tercero, Córdoba. Tiene 54 años. Casado, tres hijos. Abogado. Hijo de rosarinos, su padre trabajaba en la fábrica militar de Río Tercero como técnico mecánico. De allí pasó a prestar servicios en Altos Hornos Zapla, en Jujuy. Gobernador de Jujuy (1999-2003/2003-2007). Diputado nacional (2007-2011). Presidente de la Cámara de Diputados de la Nación. Ocupa el tercer lugar en la línea de sucesión presidencial.

Fernández Wilhelm, Cristina Elisabet: Nació en La Plata, provincia de Buenos Aires, el 19 de febrero de 1953. Abogada. Casada, dos hijos. Es presidente de República Argentina. Fue senadora nacional por la provincia de Buenos Aires, entre 2005 y 2007; senadora nacional por la provincia de Santa Cruz, entre 2001 y 2005; convencional provincial constituyente en la provincia de Santa Cruz, en 1998; diputada nacional por la provincia de Santa Cruz, entre 1997 y 2001; senadora nacional por la provincia de Santa Cruz, entre 1995 y 1997; convencional nacional constituyente por Santa Cruz, en 1994; diputada provincial en la provincia de Santa Cruz, entre 1989 y 1993.

Fernández, Alberto Ángel: Desde 1998 fue miembro del Grupo Calafate, cercano a Néstor Kirchner. Asumió como jefe de Gabinete cuando el patagónico llegó a la Casa Rosada (2003-2007) y continuó en la gestión de Cristina Fernández de Kirchner hasta el 23 julio 2008, cuando renunció tras el prolongado conflicto con el campo. Nació en Buenos Aires el 2 de abril de 1959. Abogado. Fue superintendente de Seguros de la Nación, entre 1989 y 1991; conductor del holding Grupo Banco Provincia entre 1996 y 2000; legislador porteño por Acción por la República, el partido de Domingo Cavallo, en 2000. En 2007 fue designado director titular en representación del Estado en Papel Prensa, cargo del que fue desplazado en 2009 por una funcionaria cercana al secretario de Comercio Guillermo Moreno.

Fernández, Aníbal Domingo: Es uno de los ministros que está en funciones desde el 25 de mayo de 2003. Nació el 9 de enero de 1957 en Quilmes, provincia de Buenos Aires. Contador público y abogado. Justicialista. Fue intendente de Quilmes entre 1991 y 1995; senador provincial, en 1995; ministro de Trabajo durante la gobernación de Carlos Ruckauf, entre 1999 y 2001; secretario general de la Presidencia durante la gestión de Eduardo Duhalde en el Poder Ejecutivo nacional; ministro del Interior de la gestión Kirchner, entre 2003 y 2007. Continuó en la gestión de Cristina Fernández de Kirchner como ministro de Justicia, Seguridad y Derechos Humanos. Luego de la derrota del 28 de junio de 2009 fue designado jefe del Gabinete de ministros.

Fernández, Eduardo: Padre de Cristina Elisabet Fernández Wilhelm. Chofer de colectivos. Murió en 1982. Con la ayuda de sus padres, Pascasio y Amparo, compró la mitad de un colectivo del Expreso City Bell, y se convirtió en el chofer del interno 10.

Fernández, Giselle: Hermana de Cristina Fernández. Nació en La Plata en 1964. Médica. Reside en Brandsen, provincia de Buenos Aires.

Fernández, Nicolás Alejandro: Es uno de los mayores defensores del kirchnerismo. Nació el 16 de diciembre de 1958 en Puerto Deseado, Santa Cruz. Casado, dos hijos. Abogado. Se desempeñó como juez de Faltas en Caleta Olivia, Santa Cruz, entre 1997 y 1999; diputado nacional por Santa Cruz entre 1999 y 2001; y senador nacional por Santa Cruz entre 2001 y 2005; senador Nacional por Santa Cruz entre 2005 y 2011.

Ferreyra, Gerardo Luis: Socio minoritario de Electroingeniería. Nació en Córdoba el 1 de julio de 1950. Ingeniero electrónico. Tiene dos hijos: Federico y Sebastián. Fanático de Belgrano de Córdoba. Accionista de Intesar SA, Explotaciones Inmobiliarias SA, Yacylec SA y Construcciones Térmicas SA.

Filmus, Daniel Fernando: Fue el hombre elegido por Kirchner para obtener la Ciudad de Buenos Aires. Nació el 3 de junio de 1955 en Buenos Aires. Divorciado, dos hijos. Licenciado en Sociología (UBA, 1977). Fue miembro del Comité Ejecutivo, UNESCO entre 2007 y 2011; presidente de la Comisión del Programa de Relaciones Exteriores, entre 2007 y 2009; investigador del Conicet, entre 1997 y 2008; profesor titular de Sociología en el CBC de la UBA, entre 1985 y 2008; ministro de Educación, entre 2003 y 2007; y candidato a jefe de Gobierno porteño en 2007. Desde 2007 es senador nacional por la Ciudad de Buenos Aires.

Flores, Rafael Horacio: Compañero de Estudios y de militancia de Néstor Kirchner. En 1995 se alejó del Frente para la Victoria Santacruceño y se sumó a las filas del Frepaso (Frente País Solidario). Nació en Río Gallegos el 25 de febrero de 1951. Abogado. Casado. Fue diputado provincial, entre 1983 y 1987; diputado nacional entre 1989 y 1993, 1993 y 1997 y entre 1997 y 2001.

Forstmann, Selva Judit: Nació el 31 de julio de 1952 en Godoy Cruz, Mendoza, y murió en Gobernador Gregores, provincia de Santa Cruz, el 11 de abril de 2009. Tras finalizar su carrera de museóloga en La Plata, se radicó en 1973 en Caleta Olivia. Fue directora de Cultura de Caleta Olivia, entre 1987 y 1991; concejal entre 1991 y 1995; diputada de Santa Cruz, desde 1995 a 2007 y senadora nacional en 2007. Había recibido terrenos en El Calafate.

Galera, Andrés Enrique: Contador público. Tiene 53 años. Nació en Mar del Plata. Es miembro de la Cámara de la Vivienda y Equipamiento Urbano de la República Argentina (CAVERA). La suerte quiso que el Estudio Galera estuviera pegado al Café Bar Plaza Roma (Tucumán 149), el lugar elegido por muchos de los empresarios que más crecieron al calor de la obra pública oficial. Jorge Asís llegó a contar en su blog que en las oficinas de Galera se cerraron algunos de los contratos más importantes del primer kirchnerismo. Hincha fanático de Racing, se dijo que era el hombre que tenía en mente Kirchner para llevar adelante los destinos del club.

García Pacheco, Emilio. Docente y amigo de Néstor Kirchner. Nació en Río Gallegos el 26 de mayo de 1924. Es periodista, editorialista y figura pública desde hace más de cincuenta años. Estudió psicología social, en Buenos Aires, con Enrique Pichon-Rivière. Fue funcionario de la dictadura en Chubut, algo que confiesa como su pecado. Es director de la Casa España, que agrupa a la colec-

tividad. Condujo el programa "La semana que viene", donde Kirchner aparecía como columnista, oculto tras el alias de "El Ronco".

García, Enrique: Alias "El japonés", 70 años. Político y empresario. Intendente de Vicente López desde 1987. Fuentes de la oposición indican que fue presionado por el kirchnerismo para permitir el ingreso de Cristóbal López al distrito.

Garrido, Manuel: Fue uno de los más exhaustivos investigadores de la gestión de los Kirchner. Nació en Buenos Aires, tiene 44 años. Abogado (UBA). Docente universitario. Casado, dos hijas. Fue director de Investigaciones de la Oficina Anticorrupción (OA), un organismo creado por el gobierno de Fernando de la Rúa. En diciembre de 2003 pasó a dirigir la Fiscalía de Investigaciones Administrativas (FIA). Se alejó en 2008 denunciando los recortes a sus funciones realizados por el procurador general de la Presidencia, Esteban Righi. Investigó a Víctor Alderete, a Ricardo Jaime, a Guillermo Moreno y a Enrique Albistur.

Gatti, Daniel Osvaldo: Es autor de *El amo del feudo*, la primera biografía no autorizada de Néstor Kirchner, publicada en 2003. Nació el 15 de junio de 1956 en Basavilbaso, Entre Ríos. Fue preso político entre 1977 y 1982. En 1984 se radicó en la provincia de Santa Cruz y se dedicó al periodismo.

Gil Lavedra, Ricardo: Investigó el marco legal del juego en la Ciudad de Buenos Aires. Nació el 24 de julio de 1949 en Buenos Aires. Abogado. Divorciado, cuatro hijos. En 1985 integró el tribunal que condenó a los militares en el juicio a las juntas. Fue ministro de Justicia y Derechos Humanos de la Nación (1999 y 2000). Es diputado electo por el Acuerdo Cívico y Social, en representación de la Ciudad de Buenos Aires.

Gómez, Juan Carlos: Alias "Karateka". Funcionario en el área de Defensa Civil, ex concejal de Río Gallegos, y señalado como de uno de los responsables de la golpiza a los caceroleros en abril de 2002.

González de Duhalde, Hilda Beatriz: Es una de las voces más críticas hacia el kirchnerismo. Nació en Lomas de Zamora, provincia de Buenos Aires, el 14 de octubre de 1946. Casada, cinco hijos. Maestra normal nacional. Presidente del Instituto Argentino para el Desarrollo Integrado (IADI), entre 2003 y 2007; diputada nacional por Buenos Aires, entre 2003 y 2005 y entre 1997 y 2001; presidente honoraria del Consejo Coordinador de Políticas Sociales, entre 2002 y 2003; senadora nacional para el periodo 2005-2011.

González, Pablo Gerardo. Participó en la gestión de Sergio Acevedo, cuando la provincia repatrió 507 millones de dólares depositados en Suiza. En abril de 1993, el Estado nacional depositó a favor de Santa Cruz unos 654 millones en bonos. El entonces gobernador Kirchner compró acciones de YPF por unos 290 millones de dólares, a diecinueve dólares la acción. Seis años después, vendió cada acción a 44,78 y obtuvo unos 660 millones. Nació el 13 de junio de 1968 en Río Gallegos. Abogado. Casado. Se desempeñó como gerente de Legales de Servicios Públicos Sociedad del Estado (SPSE), fiscal de Estado y ministro de Go-

bierno. Fue apoderado del Frente para la Victoria Santacruceño. Es diputado provincial (2007-2011).

Gotti, Sergio Leonardo: Ex presidente de Austral Construcciones. Hijo de Vittorio Gotti. En agosto de 2003 fue imputado por delito de acción pública por una evasión fiscal de quinientos millones de pesos de Gotti SA. Nació en Río Gallegos el 13 de octubre de 1968.

Gouvert, Laura: Coordinadora de Protocolo y Relaciones Institucionales de la Secretaría de Transporte. Figura en la nómina de pasajeros que acompañaron a Jaime en vuelos realizados al exterior abonados por empresas privadas.

Granero, José Ramón: Alias "Bochi". Odontólogo santacruceño. Proviene del Movimiento de Integración y Desarrollo (MID) y en los primeros años fue uno de los críticos más salvajes del gobernador Kirchner, pero fue sumado y se recicló como breve interventor del PAMI. Actualmente dirige la Secretaría de Programación para la Prevención de la Drogadicción y la Lucha contra el Narcotráfico (Sedronar).

Granero, María Inés: Hija de José Ramón Granero, titular de la Sedronar. Recibió terrenos en El Calafate.

Grasso, Pablo Miguel Ángel: En 1998 fue quien contactó a Cristóbal López con Néstor Kirchner. Fue señalado como uno de los funcionarios que intentaron poner fin a un cacerolazo producido en Río Gallegos el 26 de abril de 2002. Político y transportista. Militante del Frente de la Victoria Santacruceño. Fue diputado provincial en 1995, jefe del Departamento Comisiones del Concejo Deliberante de Río Gallegos en 1999, jefe de la Casa de la Juventud de Río Gallegos en 2001, concejal y presidente de bloque del Frente de la Victoria Santacruceño desde 2007.

Grindetti, Néstor Osvaldo: Nació en Buenos Aires, tiene 54 años. Actuario. Ministro de Hacienda de la Ciudad de Buenos Aires. Ingresó a SOCMA en su juventud y llegó a presidir Sideco, la constructora del grupo. Fue presidente de la Fundación Creer y Crecer, que fue el *think tank* donde Mauricio Macri formó a sus colaboradores en la gestión pública. Fue director del Banco de la Ciudad de Buenos Aires. En 2007 se presentó como candidato por el PRO a la intendencia de Lanús.

Grippo, Pablo: Arquitecto. Llevó adelante la construcción del Hotel Los Sauces, perteneciente a la pareja presidencial, que demandó un total de diez millones de pesos. Lo hizo a través Grip SA, su empresa constructora. Es uno de los beneficiarios de la distribución de tierras fiscales en El Calafate.

Guinle, Marcelo Alejandro Horacio: Fue testigo del crecimiento de Cristóbal López. Nació en Santa Fe el 28 de setiembre de 1947. Casado, tres hijos. Abogado (UCA, 1974). Senador nacional. Fue intendente, de Comodoro Rivadavia entre 1995 y 1999; convencional constituyente nacional, en 1994; ministro de Gobierno de Chubut entre 1987 y 1989; y secretario de Gobierno de Comodoro Rivadavia en 1986.

Gutiérrez, Víctor Fabián: 36 años. Secretario adjunto de la Presidenta de la Nación. El 25 setiembre de 2009 la agencia periodística OPI Santa Cruz reveló que estaba construyendo una casa de 480 metros, valuada en un millón de dólares, con sus ingresos cercanos a los quince mil pesos mensuales. Está vinculado a la familia Kirchner desde hace quince años. Primero fue secretario de Néstor Kirchner en el Sur y más tarde lo convocó Cristina, durante sus mandatos como senadora nacional. Cuando Kirchner llegó a la Presidencia fue designado secretario adjunto, cargo que conservó con Cristina Fernández.

Heller, Carlos: En 2007, acompañó como candidato a vicejefe de Gobierno porteño a Daniel Filmus. En 2009, dentro del Encuentro Popular para la Victoria, ingresó como diputado nacional por la Ciudad de Buenos Aires. Nació en Buenos Aires, tiene 68 años, tres hijos y cinco nietos. Dirigente Social en el Movimiento Cooperativo. Desde 2005 es presidente de Banco Credicoop, entidad de la cual fue gerente general desde su fundación en 1979. Fue vicepresidente del club Boca Juniors durante diez años, y columnista económico en medios radiales y gráficos. Fundó el Partido Solidario.

Ibarra, Aníbal: Se expresó públicamente en contra del convenio del juego en la Ciudad de Buenos Aires. Nació el 1 de marzo de 1958 en Lomas de Zamora, provincia de Buenos Aires. Abogado. Divorciado. Fue concejal de la Ciudad de Buenos Aires entre 1991 y 1995; convencional constituyente porteño, en 1994, legislador de la Ciudad de Buenos Aires entre 1997 y 1999, jefe de Gobierno entre 2000 y 2003, reelecto entre 2003-2006. Fue destituido por juicio político, el 7 de marzo de 2006, tras el proceso iniciado luego del incendio que provocó la muerte de 194 personas en el boliche República

Cromañón. Tras ser sobreseído penalmente por el incendio, regresó a la política. El 7 de diciembre de 2007 asumió su banca como legislador porteño.

Icazuriaga, Héctor: Es el actual director de la Secretaría de Inteligencia del Estado (SIDE). Reemplazó a Sergio Acevedo en el organismo en el año 2003. Nació en Chivilcoy, provincia de Buenos Aires, el 9 de enero de 1955. Abogado. Casado, dos hijos Fue diputado provincial en Santa Cruz y asumió como vicegobernador, también, en reemplazo de Acevedo, cuando este último fue electo diputado nacional en 2001.

Iglesias, Roberto Raúl: Durante su gestión, Cristóbal López desembarcó con el negocio del juego en la provincia. Nació en Mendoza el 25 de febrero de 1951. Ingeniero en Construcciones por la Universidad Tecnológica Nacional (UTN). Fue intendente de la ciudad Mendoza entre 1991 y 1995 y entre 1995-1999, y gobernador de Mendoza entre 1999 y 2003. También, presidente del Comité Nacional de la Unión Cívica Radical entre 2005 y 2006.

Inverness SA: Es una inversora que adquirió los derechos de cobro de Gotti Hermanos SA. Se constituyó el 8 de junio de 1988. Su actividad declarada es: servicios de financiación y actividades financieras no clasificadas. Su domicilio fiscal se localiza en Sarmiento 760, 7º "B" (1041) de Capital Federal. En su Asamblea General Ordinaria de fecha 1 de julio de 2004 resolvió designar a Guido Santiago Blondeau y a Carlos Adrián Calvo López como directores. La apoderada es Andrea Daniela Cantín, sobrina de Lázaro Báez.

Jacobs, Martín Samuel: Contador. Hombre de Fernando Butti, CEO de las empresas de Lázaro Báez. Es un joven profesional al que Báez le tiene confianza y al que también le extendió poderes especiales. Es director suplente de Top Air SA, una empresa con sólo dos empleados y sede en el Pasaje Carabelas 241 de la Ciudad de Buenos Aires.

Jaime, Ricardo Raúl: Es uno de los funcionario con mayor cantidad de causas judiciales. Nació en 1955. Separado. Ingeniero agrimensor por la Universidad Nacional de Córdoba. Trabajó para la Dirección General de Catastro de la Provincia de Córdoba entre 1983 y 1984. Se trasladó al Sur. En Caleta Olivia fue director de Catastro entre 1984 y 1987; concejal y presidente del Honorable Concejo Deliberante entre 1984 y 1991. Luego recaló en Río Gallegos, donde fue secretario general de la Gobernación en la gestión de Kirchner entre 1991 y 1996. Desde ese año y hasta 1999 fue ministro de Educación en la provincia de Santa Cruz. Entre 2000 y 2003 fue viceministro de Educación en la provincia de Córdoba, durante la gestión de De la Sota. Manejó la Secretaría de Transporte de la Nación desde 2003 hasta 2009. Su primera esposa es la periodista Gloria Edith del Corazón de Jesús Vílchez. Y su pareja actual sería la docente Silvia Elena Reyss, que aparece en los viajes que realizó el ex secretario de Transporte al exterior.

Jassan, Elías: Nació en La Rioja, tiene 57 años. Casado, dos hijos. Abogado por la Universidad Nacional de Córdoba. Fue director de SOMISA, secretario de Asuntos Legales de la

Secretaría Legal y Técnica de la Presidencia, y director de la Escuela del Cuerpo de Abogados del Estado. Amigo de Carlos Menem por más de veinte años. Reemplazó a Rodolfo Barra en el Ministerio de Justicia. Dejó el gobierno de Menem en medio de una investigación que reveló sus contactos con Alfredo Yabrán, pese a que lo había negado públicamente. Realizó asesoramiento profesional para el Grupo Petersen.

Jayo, Agostina Soledad: Es la hija menor de la pareja actual de Ricardo Jaime. Fue pasajera de los viajes que el ex secretario de Transporte realizó al exterior, en vuelos que serían pagados por empresas del sector privado. Nacida el 28 de febrero de 1980, es soltera, kinesióloga y fisioterapeuta, con domicilio en Country Cuatro Hojas, manzana 8, lote 15, Mendiolaza, provincia de Córdoba.

Jayo, Lorena Silvia: Es la hija mayor de la pareja actual de Ricardo Jaime. Fue pasajera de los viajes que el ex secretario de Transporte realizó al exterior, en vuelos que serían pagados por empresas del sector privado. Nacida el 14 de diciembre de 1972, divorciada, profesora, con domicilio en Country Cuatro Hojas, manzana 18 lote 2, Mendiolaza, provincia de Córdoba.

Juez, Luis Alfredo: Denunció al empresario Cristóbal López por ofrecerle financiar sus campañas a cambio del ingreso de Casino Club a la ciudad de Córdoba. Nació el 13 de setiembre de 1963. Está casado y tiene tres hijos. A los 23 años se recibió de abogado. En Córdoba fue diputado provincial entre 1994 y 1995, director de Vialidad provincial en 2000, fiscal anticorrupción entre 2000 y 2002, e intendente de la ciudad mediterránea entre 2003 y 2007. Es senador nacional electo por la provincia de Córdoba.

Kirchner, Alicia Margarita Antonia: Nació en Río Gallegos, Santa Cruz, el 18 de julio de 1948. Docente, trabajadora social, licenciada en Servicio Social, doctora en Trabajo Social. Casada con Armando "Bombón" Mercado. Hijas: Natalia y Romina Mercado. Fue ministra de Asuntos Sociales de la provincia de Santa Cruz entre mayo y octubre de 1990, en 1991-1995 y en 1997-2003; senadora nacional por Santa Cruz entre 2005 y 2011 (con licencia). Actual ministra de Desarrollo Social.

Kirchner, Carlos Santiago: Primo de Néstor Kirchner. Arquitecto por la Universidad de Belgrano, en 1988. Entre 1990 y 2003 se desempeñó como vocal del Poder Ejecutivo en el Instituto de Desarrollo Urbano y Vivienda (IDUV) de Río Gallegos, del cual fue presidente entre 2003-2005. El gobernador Sergio Acevedo le pidió la renuncia. Es subsecretario de Coordinación de Obra Pública Federal desde 2005, hasta la fecha. Tiene una pinturería llamada Pinkar. Se lo vincula a la empresa Juan Felipe Gancedo, otra de las favoritas a obtener licitaciones en Santa Cruz. Vive en un lujoso piso equipado con un sistema de aislamiento acústico en Libertador y Coronel Díaz. En la declaración jurada de bienes que presentó al ingresar en el ministerio, admitió que es propietario de diez inmuebles valuados en más de diecisiete millones de pesos y depósitos bancarios por casi dos millones de pesos.

Kirchner, Claudio Ángel: Sobrino del

ex Presidente. Recibió terrenos en El Calafate.

Kirchner, Florencia: Hija de Néstor Kirchner y Cristina Fernández. Nació en La Plata, provincia de Buenos Aires, el 6 de julio de 1990. Recibió su educación secundaria en el Colegio La Salle, de Florida, provincia de Buenos Aires.

Kirchner, María Cristina: Hermana menor de Néstor Kirchner. Nació en Río Gallegos el 14 de julio de 1961. Farmacéutica. Jefe del Departamento Docencia e Investigación del Hospital Regional de Río Gallegos. Casada con Julio César Spitaleri, vocal del Poder Ejecutivo ante el Tribunal Disciplinario de la Provincia de Santa Cruz.

Kirchner, Máximo Carlos: Hijo de Néstor Kirchner y Cristina Fernández. Nació en La Plata, Buenos Aires, el 16 de febrero de 1977. Cursó el secundario en el colegio Guatemala, de Río Gallegos, incursionó en el periodismo deportivo y en la actualidad se ocupa de administrar las propiedades de sus padres. Soltero, comerciante, con domicilio en Monte Aymond 96, Barrio APAP, Río Gallegos. Fundador de La Cámpora, un movimiento juvenil afín al Frente para la Victoria.

Kirchner, Néstor Carlos (p): Padre del ex Presidente Néstor Kirchner. Nació en 1917 en Río Gallegos, Santa Cruz, y murió en 1981 en la misma ciudad. Empleado de Correos, por la noche trabajaba en un cine y disponía de un taller donde confeccionaba llaves. A través de su puesto en el telégrafo conoció a María Juana Ostoic, que cumplía la misma tarea en el correo de Punta Arenas, localidad chilena cercana a Río Gallegos.

Kirchner, Néstor Carlos: Nació en Río Gallegos el 25 de febrero de 1950. Asistió a la Escuela Primaria N° 1 Hernando de Magallanes. Cursó el bachillerato en el Colegio Nacional República de Guatemala, de Río Gallegos. Inició su militancia en la Federación Universitaria de la Revolución Nacional (FURN), grupo que en 1973 se fusionó con el Frente de Agrupaciones Eva Perón (FAEP) para dar lugar a la Juventud Universitaria Peronista (JUP). El 9 de mayo de 1975, Néstor y Cristina se casaron por Civil. Se recibió de abogado en la Universidad Nacional de La Plata, en 1976. En 1982, en Río Gallegos, fundó el Ateneo Teniente General Juan Domingo Perón; a finales de 1983 fue nombrado presidente de la Caja de Previsión Social de la ciudad. En julio de 1984, debido a una disputa sobre las políticas financieras de la entidad, fue destituido por gobernador provincial Arturo Puricelli. El 6 de setiembre de 1987 Kirchner ganó su primera elección obteniendo la intendencia de Río Gallegos (1987-1991). En las elecciones del 8 de setiembre de 1991, se consagró gobernador con una victoria con el 61,1 por ciento de los votos. Kirchner dispuso la reforma de la Constitución provincial en dos ocasiones, en 1994 y en 1998, para habilitar primero la reelección (que posibilitó su mandato 1995/1999) y luego la reelección indefinida del gobernador, que lo habilitó para su tercer mandato en 1999-2003. En la elección del 14 de mayo de 1995 obtuvo el 66,5 por ciento de los votos, y la del 23 de mayo del 1999 el 54,7 por ciento. El 15 de enero de 2003, el presidente Eduardo Duhalde anunció que su elegido para la sucesión presidencial era Néstor Kirchner. El 27 de abril obtuvo el 22 por ciento de los votos, fue superado por Carlos Menem, quien desistió de presentarse en el balotaje. Asumió la presidencia el 25 de mayo de 2003. El 28 de junio de 2009 fue elegido diputado nacional por la provincia de Buenos Aires.

Korenfeld, Beatriz Liliana: Nació en Rosario, Santa Fe, el 16 de agosto de 1953. Divorciada, cuatro hijos. Su ex esposo Alberto Lascano fue denunciado en 1995 por comprar tierras en Entre Ríos y fue desplazado de la función pública santacruceña. Fue diputada nacional entre 2007 y 2011; secretaria general de Santa Cruz, en 2005; secretaria de Turismo de El Calafate entre 2004 y 2005; interventora de la Caja de Servicios Sociales de Santa Cruz, entre 1991 y 2003; directora general de Hacienda, de Río Gallegos entre 1987-1991. Recibió terrenos en El Calafate.

Kravetz, Diego Gabriel: Respondía a línea de Alberto Fernández. Fue presidente del Partido de la Victoria de Buenos Aires entre 2005-2008. Nació el 4 de setiembre de 1971 en Buenos Aires. Abogado. Formó parte del Movimiento Nacional de Empresas Recuperadas entre 1998 y 2003. Fue denunciado por Estela Carlotto y "Tati" Almeida, de la Línea Fundadora, junto a cuatro hijos de desaparecidos, quienes aseguran que el legislador les hizo aportar a la empresa recuperada IMPA las indemnizaciones que habían cobrado del Estado.

Labolida, Eduardo: Fue interventor del Banco de Santa Cruz, durante el período previo a la privatización que ganó la familia Eskenazi. Las voces locales señalan que el poder real lo tenía Lázaro Báez, quien en los papeles era adscripto a la gerencia. Nació en Buenos Aires. Es un abogado vinculado a la CGT

Lagos, Hilario: Asesor del secretario de Transporte Ricardo Jaime que fue denunciado por Ricardo Cirielli por solicitar cincuenta mil dólares para autorizar vuelos a distintas empresas.

Lao Hernández, Manuel: Controla los barcos *Casino La Estrella de la Fortuna* y *Princess*, en sociedad con Casino Club SA. Además junto a Cristóbal López construyó el Casino de Rosario, una plaza virgen, sin otro centro de competencia a menos de cien kilómetros. Nació en Almería, España, en 1944. Presidente del Grupo Cirsa de España, un holding vinculado al juego que comenzó en 1978. En los últimos años aglutinó sus empresas en NORTIA Corporation, cuenta con 350 empresas, más de quince empleados, presencia en más de setenta países y unos ingresos de explotación de 2.200 millones de euros en 2008. Cirsa Business Corporation constituye la cabecera de todos los negocios de juego y Leisure & Gaming se centra en las actividades de diversificación al margen del juego y de los servicios, como son hostelería, inmobiliaria, agencias de viaje e incluso una compañía aérea privada. Controla 139 salones de juego, veinticuatro casinos tradicionales, veintisiete electrónicos y noventa bingos en todo el mundo.

Larcher, José Francisco: "Paco" nació en Río Gallegos, tiene 51 años. Casado, tres hijos. Conoció a Kirchner como intendente de Río Gallegos. Fue ministro de Asuntos Sociales de

Santa Cruz, representante de la Caja de Previsión Social de la provincia en la Casa de Santa Cruz en Buenos Aires. Formó parte del primer directorio del Banco de Santa Cruz, después de su privatización, como representante de las acciones del Estado. Desde la salida de Sergio Acevedo asumió informalmente la conducción de la SIDE.

Lijo, Ariel Oscar: Dictó el procesamiento de la ex directora del IPC, Graciela Bevacqua, y a su ex colaborador, Luciano Belforte, por fraude administrativo. Nació en Buenos Aires. Casado, tres hijos. Abogado (UBA). Juez en lo Criminal y Correccional Federal N° 4 de la Capital Federal, designado en octubre de 2004. Investiga a Alberto Kohan por presunto enriquecimiento ilícito; a Carlos Menem y a Carlos Corach por el contrato (luego anulado) para la provisión de nuevos documentos nacionales de identidad (DNI) a cargo de la empresa Siemens.

Llambías, Mario: Agrimensor. Productor agropecuario de General Villegas y General Belgrano, en la provincia de Buenos Aires. Presidente de Confederaciones Rurales Argentinas (CRA) desde 2003. Entre 1973 y 1999 desarrolló su accionar en la Confederación de Asociaciones Rurales de Buenos Aires y La Pampa (CARBAP). Desde 1999 es dirigente de CRA.

Long, Carlos Enrique: Hombre fuerte de Compromiso K y la Fundación Primero Argentina. Es socio de Ulloa y de la esposa, Jessica Uliarte, a nombre de quien se encuentran muchas empresas del ex chofer presidencial, en un estudio jurídico, ubicado en calle Viamonte 367, de Buenos Aires.

Nació el 8 de febrero de 1967, hijo de Enrique Pedro Long y Delia Ana María Datti y es soltero. Abogado. Socio de Rudy Ulloa Igor. Figura como director de la revista *Actitud*. Junto con Marcelo Isidro Álvarez formó Saiken SA, una empresa constructora y de bienes raíces que en la realidad sería propiedad de Rudy Ulloa. Otra de las empresas en las que figura su nombre es Patagonian Trust, con la cual se pretende realizar inversiones turísticas en El Calafate.

López, Cristóbal Manuel: Nació en Buenos Aires, tiene 53 años. Casado, dos hijos. Empresario. Sus principales compañías son: Clear SRL, dedicada a la recolección de residuos; Feadar SA, principal concesionario de Scania en la Patagonia; Casino Club, tiene 2.300 empleados y expande casinos y salas del slots de juego a nueve provincias; Tsuyoi SA, concesionario Toyota; Indalo Aceites, elaboración de aceite de oliva; Indalo SA, empresa de transporte público de pasajeros en Neuquén; Alcalis de la Patagonia, productora de carbonato de sodio, y Tecno-Acción, dedicada a la captura de apuestas online.

López, José Francisco, Es uno de los hombres de confianza de Julio de Vido. Nacido en Concepción, Tucumán. Reside en Río Gallegos, Provincia de Santa Cruz. Clase 1960. Ingeniero civil por la Universidad Nacional de Tucumán en 1986. Comenzó militando en el Peronismo Revolucionario, está cerca del ex presidente Kirchner y su nombre sonó como reemplazante de Julio de Vido. Entre 1988 y 2003 ha desarrollado una amplia actividad en la provincia de Santa Cruz: se desempeñó como director general de Obras Públicas y Urbanismo, secretario de Obras Públicas y Urbanismo, en la Municipalidad de Río Gallegos. Fue presidente del Directorio del Instituto de Desarrollo Urbano y Vivienda (IDUV) de Santa Cruz, durante las tres gestiones de Kirchner. Es secretario de Obras Públicas de la Nación. Una investigación del diario *Crítica de la Argentina* reveló que, con Andrés Galera, aportó dinero a Blanquiceleste SA, la empresa que administraba Racing, el club de los amores de Néstor Kirchner.

López, Ricardo Armando: Fue interventor del Banco Provincial de Santa Cruz en el proceso de privatización. Es un contador público santacruceño de origen radical, devenido kirchnerista en la década de los noventa. Es presidente de Lotería Nacional SE desde 2003. Por pedido de la Fiscalía de Investigaciones Administrativas (FIA), que dirige Manuel Garrido, se le inició una causa por los criterios en el reparto de la publicidad oficial del organismo descentralizado. Se trata de una torta en bruto de treinta millones de pesos que siempre ha generado una "guerra" entre agencias de publicidad.

Luaces, Emiliano: Presidente de la Asociación Diálogo por el Ambiente. Apoderado del partido Diálogo por Buenos Aires. El espacio llevó como candidatos a diputados nacionales a Miguel Bonasso y a Susana Rinaldi. Además, apoyó la candidatura presidencial de Cristina Fernández de Kirchner.

Mac Leod, Jorge Alfredo: Ex titular del Partido Justicialista de El Calafate. Recibió 10.400 metros cuadrados para chacra en la localidad cordillerana.

Macri, Mauricio: Nació en Tandil, provincia de Buenos Aires, el 8 de febrero de 1959. Divorciado. Ingeniero civil (Universidad Católica Argentina). Se inició en Sideco Americana SA, una empresa especializada en grandes obras civiles. En el año 1985 asumió como gerente general de SOCMA, la compañía símbolo del grupo. Entre 1986 y 1992 dirigió Sideco. En 1992 ocupó la vicepresidencia de la automotriz Sevel, haciéndose cargo en el año 1994 de su presidencia. En 1995 fue elegido presidente del Club Atlético Boca Juniors, reelegido en 1999, y en 2003 inició su tercer mandato. Ese mismo año se presentó como candidato a jefe de Gobierno de la Ciudad de Buenos Aires. Ganó la primera vuelta y perdió en la segunda. En 2006, fue elegido diputado nacional por la Ciudad de Buenos Aires y en 2007, jefe de Gobierno porteño.

Madaro, Fulvio Mario: Fue interventor del Ente Nacional Regulador del Gas (Enargas), cuando salió a luz el caso Skanska. Nació en Río Gallegos, tiene 53 años. Contador público. Su función en la ampliación de los gasoductos Norte y Sur era el control técnico y financiero de las obras. Transportadora Gas del Norte (TGN), gerenciador de uno de los proyectos, le advirtió por escrito acerca de sobreprecios de hasta 152 por ciento. Anteriormente se había desempeñado como interventor en la Comisión Nacional de Comunicaciones (CNC).

Maestro, Carlos: Durante su gestión en Chubut se licitaron los casinos que fueron el primer paso de Cristóbal López en el negocio del juego. Nació en Puerto San Julián, Santa

482

Cruz, el 10 de octubre de 1945. Abogado. Pertenece a la UCR. Fue gobernador de Chubut entre 1991 y 1995 y reelecto entre 1995 y 1999.

Magnetto, Héctor Horacio: Néstor Kirchner lo señaló como su principal enemigo. Nació en Chivilcoy, provincia de Buenos Aires, el 9 de julio de 1944. Contador público. Separado, dos hijos. CEO del Grupo Clarín. Se incorporó al holding como gerente en 1971 y llegó a ser gerente general en 1973. Posteriormente se convirtió en accionista de diversas sociedades que actualmente son subsidiarias. Ha sido presidente del directorio desde 1999. Bajo su dirección la empresa creció y se transformó en el principal multimedios del país. Uno de los hitos en la evolución del grupo fue que sus acciones se negociaran en la Bolsa de Londres. Desde hace tres años padece una enfermedad que lo obliga a controles frecuentes en los Estados Unidos. Es vicepresidente de la Asociación Empresaria Argentina.

Mansilla, Francisco: Alias "Batata". Mecánico. Asador oficial del Frente Para la Victoria Santacruceño, ex candidato a intendente por el Partido Justicialista en Río Gallegos. Es un hombre cercano a Rudy Ulloa. Fue designado como delegado regional zona sur del Ente Nacional Regulador del Gas (Enargas), jurisdicción que abarca las provincias de Chubut, Santa Cruz y Tierra del Fuego. Durante su gestión se licitó el Gasoducto Néstor Carlos Kirchner, que fuera denunciado por sobreprecios por el diputado nacional Esteban Bullrich.

Manzanares, Víctor Alejandro: Es el profesional que lleva adelante la contabilidad del matrimonio Kirchner. El domingo 20 de setiembre de 2009, el diario *Perfil* publicó una fotografía donde se lo veía tomando un café junto a Santiago Lozada, el juez encargado de llevar adelante todas las causas contra Néstor Kirchner. Nació en Río Gallegos el 6 de julio de 1963. Está casado. Es contador público.

Maqueda, Juan Carlos: Nació el 29 de diciembre de 1949 en Río Tercero, Córdoba. Abogado. Entre 1987 y 1991 fue diputado de la provincia de Córdoba, y entre 1991 y 1999, diputado nacional por el mismo distrito. En ese mismo año también fue ministro de Educación de su provincia, teniendo a Ricardo Jaime como vice. En 2001 fue electo senador nacional por Córdoba. Renunció en diciembre de 2002 cuando fue designado ministro de la Corte Suprema de Justicia de la Nación Argentina, durante la presidencia de Eduardo Duhalde. Continúa en su cargo hasta la fecha.

Marcó del Pont, Mercedes: Alberto Fernández la acercó como extrapartidaria del Frente para la Victoria en la lista de diputados nacionales de 2005 por la Ciudad de Buenos Aires, que encabezaba Rafael Bielsa. En enero de 2008, renunció a su banca para ser titular del Banco Nación. Nació en Buenos Aires el 28 de agosto de 1959. Casada, tres hijos. Licenciada en Economía (UBA, 1982), con máster en Economía Internacional y del Desarrollo (Centro de Crecimiento Económico de la Universidad de Yale). Proviene del Movimiento de Integración y Desarrollo (MID).

María Graciela Ocaña: Se alejó del gobierno enfrentada con Hugo Moyano por el manejo de los recursos de las obras sociales. "Me voy por los camiones", afirmó al dejar el ministerio. Nació en San Justo, provincia de Buenos Aires, el 16 de setiembre de 1960. Casada. Licenciada en Ciencias Políticas (UBA). Inició su carrera de la mano de Carlos "Chacho" Álvarez. Fue diputada nacional entre 1999-2003, reelecta entre 2003 y 2007, antes de sumarse a las filas del kirchnerismo. Asumió como Interventora del PAMI en enero de 2004, pero retuvo la banca de diputada nacional, en uso de licencia, hasta el 28 de agosto de 2006. Fue ministra de Salud desde el 10 de diciembre de 2007 al 29 de junio de 2009.

Marijuán, Guillermo: Lleva adelante la investigación por dinero hallado en el baño de la ministra de Economía Felisa Miceli, la denuncia contra la ex secretaria de Ambiente Romina Picolotti por malversación de fondos públicos y la causa por dádivas iniciada con Ricardo Jaime por el uso de aeronaves que era pagado por empresas del sector que controlaba. Nació en Buenos Aires, tiene 43 años. Separado, dos hijas. Abogado (UBA). Tiene a su cargo la Fiscalía Federal N° 9.

Marín, Rubén Hugo: En su gestión Cristóbal López inauguró uno de los centros de apuestas más grandes de su cadena. Nació en Trenel, La Pampa, el 1 de mayo de 1934. Casado, cinco hijos. Abogado. Es senador nacional. Fue gobernador de La Pampa entre 1991 y 2003, senador nacional entre 1989 y 1991, y diputado nacional entre 1987 y 1989.

Martín, Nélida: Conoció al ingeniero Enrique Eskenazi durante su gestión frente al banco provincial, y años más tarde lo convenció para que se hiciera cargo de la entidad. Nació el 23 de diciembre de 1933 en San Juan. Contadora pública. Fue presidente del Banco de San Juan entre 1982 y 1987, secretaria de Obras y Servicios Públicos entre 1987 y 1991, secretaria de Gobierno de San Juan entre 1991 y 1993, ministra de Hacienda y Finanzas entre 1995 y 1999 y senadora nacional entre 2001 y 2005.

Martínez de Giorgi, Marcelo Pedro: Investiga causas contra el ministro de Planificación, Julio De Vido, que Jorge Urso había cerrado y la Cámara ordenó luego reabrir. Nació en Buenos Aires. Abogado. Está subrogando Juzgado en lo Criminal y Correccional Federal N° 8 de la Capital Federal, que dejó vacante Urso. En marzo del 2006 dio examen en el Consejo de la Magistratura (sacó 6,5 puntos), y a pesar de haber quedado en tercer lugar sus antecedentes en el fuero lo ayudaron a la conducción del juzgado. No ha sido designado de manera definitiva.

Martínez, Alfredo Anselmo: Es una de las voces más críticas hacia el kirchnerismo en su provincia de origen. Nació en Río Gallegos, Santa Cruz, el 6 de setiembre de 1951. Casado, tres hijos. Radical. Arquitecto (Universidad Nacional de La Plata, 1979). Es senador nacional. Fue diputado nacional por Santa Cruz entre 2001 y 2005, intendente de Río Gallegos entre 1991 y 1999, y convencional provincial constituyente en la reforma de 1994.

Martínez, Valerio Alberto: Secretario privado de Néstor Kirchner hasta 2004. Su alejamiento del gobierno se dio por un supuesto "tráfico de influencias" sobre empresarios que querían obtener una audiencia con el ex Presidente. Fue reciclado como funcionario de la Comisión Nacional de Comunicaciones, en la filial de Río Gallegos. Como buen kirchnerista obtuvo su fracción de terrenos en El Calafate. Su hermano, el policía santacruceño Claudio Martínez, sería componente de la vigilancia privada de Lázaro Báez.

Massa, Sergio Tomás: Reemplazó como jefe de Gabinete a Alberto Fernández entre el 23 de julio de 2008 y el 7 julio de 2009. Nació en San Martín, provincia de Buenos Aires, el 28 de abril de 1972. Casado, dos hijos. Es intendente de Tigre y fue director ejecutivo de la Administración Nacional de la Seguridad Social (ANSES) entre 2002-2007.

Mata, Antonio: En 1996 fundó Air Comet, empresa que en mayo de 2001 tomó el control de Aerolíneas Argentinas. Tuvo duros cruces con el ex secretario de Transporte Ricardo Jaime, motivo que lo llevó a vender su paquete accionario y a alejarse de la empresa a favor de la compañía. Luego fundó Air Pampa, su propia línea, con la esperanza de prestar servicios en la Argentina, pero aún no ha sido habilitada. A principios de año adquirió parte del paquete accionario del *diario Crítica de la Argentina*. Empresario español. A los 24 años, conducía la agencia Viajes Internacionales. Trabajó para los dueños de Marsans y finalmente se asoció a ellos.

Mayeste, Miguel: Empresario, político y piloto. Vicepresidente ejecutivo de la Cámara de Comercio, Industrias y Afines de Río Gallegos. Tuvo un taller mecánico, es socio de SIMASA, la empresa de transporte de su hermano, y fue corredor de TC 2000. En 2007 intentó, sin suerte, convertirse en intendente de Río Gallegos.

Mayeste, Vicente: Fue señalado por Eduardo Arnold como el intermediario necesario para recibir un crédito en el Banco de Santa Cruz antes de su privatización. Empresario, socio de Miguel Mayeste, en SIMASA, empresa de servicios y transportes petroleros. Dueño de Lo de Vicente, parrilla donde Rudy Ulloa suele realizar encuentros de militantes del Frente de la Victoria Santacruceño.

Méndez, Néstor. Está acusado por los delitos de abuso de autoridad, violación de los deberes de funcionario público, tráfico de influencias, defraudación agravada y negocios incompatibles con el ejercicio de la función pública por la entrega de terrenos a precios irrisorios que hizo entre 2004 y 2006. Los principales beneficiarios fueron funcionarios nacionales y locales entre los que se destacan Néstor Kirchner y Cristina Fernández. Nació el 21 de noviembre de 1962. Casado. Fue diputado provincial de Santa Cruz entre 2007 y 2011, intendente de El Calafate entre 1995 y 2007, y concejal de El Calafate entre 1987 y 1991.

Menem, Carlos Saúl: Candidato a presidente en 2003. Decidió no presentarse a la segunda vuelta, hecho que convirtió a Néstor Kirchner en presidente electo. Nacido en Anillaco, La Rioja, el 2 de julio de 1930. Fue presidente de la Nación entre 1989 y 1999, gobernador de La Rioja entre 1973 y 1976 y entre 1983 y 1989.

Mercado, Armando: Alias "Bombón". Ex esposo de Alicia Kirchner. Nacido en Catamarca, se trasladó a la Patagonia buscando un futuro mejor. Al poco tiempo de trabajar ingresó al por entonces Sindicato Unidos Petroleros de Estado (SUPE), que comandaba a nivel nacional Diego Ibáñez. En Santa Cruz se dice que su relación con Néstor Kirchner mejoró cuando comenzó a acercarle ejecutivos del petróleo para que le alquilasen sus propiedades.

Mercado, Natalia: Hija de Alicia Kirchner y de Armando "Bombón" Mercado. Casada con Patricio Pereyra Arandía. Es fiscal de El Calafate, interviene en la causa contra Néstor Kirchner por la compra de terrenos a precio vil. Desde enero de 2009 su esposo es socio de Hotesur, la empresa dueña del Hotel Alto Calafate, donde comparte propiedad con Osvaldo "Bochi" Sanfelice y Roberto Saldivia, apoderado de Lázaro Báez. Recibió terrenos en El Calafate.

Mercado, Romina de Los Ángeles: Hija de Alicia Kirchner y Armando "Bombón" Mercado. Recibió terrenos en El Calafate. Desde enero de 2009 es vicepresidenta de Hotesur, la empresa dueña del Hotel Alto Calafate que dirige Osvaldo "Bochi" Sanfelice. Nacida en Río Gallegos, 33 años. Abogada. Hermana de Natalia Mercado. Trabajó para la constructora Petersen, Thiele y Cruz y el Banco de San Juan, y en la actualidad es empleada en la sucursal de Río Gallegos del Banco de la Nación Argentina. Romina es la novia del juez Santiago Lozada, quien debe investigar en varias causas al matrimonio presidencial.

Miceli, Felisa Josefina: Fue la primera mujer titular del Ministerio de Economía de la Argentina. Renunció el 16 de julio de 2007, luego de que se encontrara una bolsa con dinero en el baño de su oficina. Nació en Luján, provincia de Buenos Aires, el 26 de setiembre de 1952. Licenciada en Economía. Ministra de Economía y Producción de Argentina nombrada por el presidente Néstor Kirchner el 28 de noviembre de 2005 en reemplazo de Roberto Lavagna.

Michetti, Marta Gabriela: Es señalada como una de las opositoras al acuerdo entre la ciudad y el empresario Cristóbal López por el control del juego en la Ciudad de Buenos Aires. Nació el 28 de mayo de 1965 en Laprida, provincia de Buenos Aires. Es licenciada en Relaciones Internacionales. Fue legisladora porteña entre 2003 y 2007 y vicejefa de Gobierno de la Ciudad de Buenos Aires hasta el 20 de abril de 2009, cuando renunció para presentarse como candidata en las elecciones legislativas del 28 de junio de las que resultó electa diputada nacional para el periodo 2009-2013.

Milacci, Daniel Héctor. Hombre de confianza de Claudio Cirigliano. Fue gerente del Grupo Plaza, es el actual presidente de la Cámara Empresaria de Autotransporte de Pasajeros (CEAP) y fue elegido presidente de la Confederación General Económica (CGE), una central surgida al calor del peronismo para competir con la Unión Industrial Argentina (UIA) en la década de los cincuenta. Abogado. Una investigación del diario *Crítica de la Argentina* reveló que era la persona a la que Ricardo Jaime le exigía los colectivos para movilizar a cuadros kirchneristas para contrarrestar los cacerolazos durante el conflicto con el campo.

Mindlin, Marcelo: Su nombre sonó como uno de los posibles compradores de YPF. Empresario. Estuvo veinte años junto a Eduardo Elsztain, en IRSA, y poco a poco se abrió caminó en Pampa Holding, la empresa integrada de electricidad más grande de Argentina y cuyas subsidiarias participan en la generación, transmisión y distribución de energía eléctrica a todo el país.

Minnicelli, Claudio: Cuñado de Julio De Vido. Ex marido de la vedette Celina Rucci. Empresario. Cumplió funciones como asesor del ex secretario de Transporte Ricardo Jaime. En su momento fue dueño de Canal 2 Producciones SA, la empresa concesionaria de la señal de cable Supercanal de Santa Cruz, que finalmente le vendió a Rudy Ulloa. En 2007, cuando Celina ganó "Bailando por un sueño", inauguró D'Rucci, un exclusivo restaurante en Palermo Hollywood.

Montaña, Julio Tito: Ha sido denunciado por la compra de locomotoras con presuntos sobreprecios en la que también está imputado Ricardo Jaime. Además está implicado junto con De Vido y con Jaime en una investigación por la concesión de trece millones pesos en subsidios a los operadores ferroviarios. Es ingeniero civil y licenciado en Geofísica. Fue subsecretario de Irrigación de la provincia de San Juan entre 1990 y 1991, secretario de Estado, Obras y Servicios Públicos de la provincia de San Juan entre 1995 y 1999, administrador general de la Dirección Nacionalidad de Vialidad entre 2002 y 2003, subsecretario de Transporte Ferroviario de la Nación entre junio de 2003 y julio de 2006. En la ac-

tualidad es segundo vocal del Organismo Regulador del Sistema Nacional de Aeropuertos (ORSNA). Entre sus tareas se encuentran las renegociaciones de los contratos de las empresas explotadoras de los aeropuertos concesionados del país. Son en total 37, de los cuales 32 pertenecen a Aeropuertos 2000 SA.

Morales, Gerardo Rubén: Presentó numerosas denuncias penales contra el ex secretario de Transporte Ricardo Jaime. Nació el 18 de julio de 1959 en Jujuy. Casado, tres hijos. Contador público nacional por la Universidad Nacional de Jujuy en 1987. Fue viceministro de Desarrollo Social Nacional entre 2000 y 2001, es senador nacional y presidente del Comité Nacional de la UCR.

Morán, Juan Carlos: Realizó numerosas denuncias y presentaciones judiciales. Entre ellas: "Posibles sobreprecios en la interconexión eléctrica Puerto Madryn-Pico Truncado", "Proyecto de Tren de Alta Velocidad", "Crecimiento Patrimonial de Néstor Kirchner", "Prolongación de las concesiones viales". Nació en Bolívar, provincia de Buenos Aires, el 9 de setiembre de 1970. Abogado. Proveniente de la UCR, es diputado nacional por la Coalición Cívica. Fue diputado provincial bonaerense entre 2003 y 2007.

Moreno, Mario Guillermo: Es investigado por las supuestas irregularidades producidas en el Instituto Nacional de Estadística y Censos (INDEC) desde que controla el organismo con funcionarios afines. Nació en Buenos Aires el 15 de octubre de 1955. Licenciado en Economía (UADE). Divorciado. Durante los dos primeros años del gobierno de

Kirchner fue secretario de Comunicaciones, y a mediados de 2005 asumió como secretario de Comercio Interior. Cristina Kirchner lo mantuvo en cargo desde su asunción en diciembre de 2007. Fue militante de la JUP, se exilió en el Brasil hasta el retorno de la democracia, cuando regresó a la Argentina.

Moroni, Claudio: Abogado. Compañero de Universidad de Alberto Fernández. Fue director de la Administración Federal de Ingresos Públicos (AFIP), ex titular de la Administración Nacional de la Seguridad Social (ANSES), y de la Sindicatura General de la Nación (SIGEN). Fue consultor en materia de seguros del Banco Interamericano de Desarrollo (BID), jefe de Gabinete de Asesores de la Presidencia en el Banco de la Provincia de Buenos Aires y miembro del Directorio del Banco de Inversión y Comercio Exterior (BICE). Entre 2002 y 2004 estuvo al frente de la Superintendencia de Seguros de la Nación.

Muñoz, Héctor Daniel: "Danielito". Secretario privado de Néstor Kirchner durante su presidencia. En la gestión de Cristina Fernández fue designado asesor presidencial con rango y jerarquía de secretario. Incondicional a Kirchner, obtuvo su fracción de terrenos en El Calafate.

Napolitani, Ricardo: Es el presidente de la Comisión de Defensa de la Competencia, en reemplazo de José Sbatella. Abogado con trayectoria en Chubut y en Santa Cruz. Tiene vínculos con el ex Presidente y el secretario legal y técnico Carlos Zannini. Napolitani fue juez federal subrogante. Luego fue nombrado como magistrado en el Superior Tribunal de Justicia de Santa Cruz. Tiene, además, una fuerte amistad con el ex número uno de la SIDE y ex gobernador santacruceño Sergio Acevedo, con quién compartieron sus años en el Liceo Militar. En sus primeros años tenía una inclinación hacia el radicalismo.

Narvarte, Carlos: Juez de Primera Instancia de El Calafate. Lleva adelante la causa por presunto tráfico de influencias en la que se investiga el modo en que el ex intendente de la localidad cordillerana, Néstor Méndez, entregó tierras fiscales.

Noguera, Pablo: Inició su actividad política junto a Rudy Ulloa en la Unidad Básica Los Muchachos Peronistas. Luego se trasladó con Ulloa al Centro Comunitario El Carmen, donde ayudó a consolidar la base para el triunfo de Néstor Kirchner en la intendencia de Río Gallegos. Con Kirchner en la municipalidad, Noguera asumió como secretario de Gobierno, cargo que abandonó luego de ser denunciado por la oposición por destinar recursos publicitarios a emisoras donde tendría intereses; entre ellas, Estación del Carmen, la radio que finalmente terminó en las manos de Ulloa. Se desempeñó como presidente del Tribunal de Disciplina de la Administración Pública Provincial. El 26 de abril de 2002 fue identificado como uno de los funcionarios que intentaron poner fin a un cacerolazo producido en Río Gallegos.

Obeid, Jorge: Durante su gobernación en Santa Fe el Grupo Eskenazi obtuvo el Nuevo Banco de Santa Fe y Cristóbal López, la concesión del Casino de Rosario, el complejo de juegos más grande de Latinoamérica.

Nació en Diamante, Entre Ríos, el 24 de noviembre de 1947. Es ingeniero químico. Fue intendente interino de Santa Fe entre 1991 y 1995, diputado nacional electo para el periodo 1995-1999, pero no asumió por haber sido elegido gobernador de la provincia, diputado nacional por Santa Fe entre 1999 y 2003, gobernador de Santa Fe entre 2003 y 2007 y diputado nacional por Santa Fe para el periodo 2007-2011.

Ostoic, Juan Jerónimo: Tío del ex presidente Kirchner. Puerto Natales, Chile.

Ostoic, María Juana: Madre de Néstor Kirchner. Tiene 87 años. Nació en Puerto Natales, Chile. "Yo le enseñé a respetar la otra patria, la mía. Él salió muy argentino, pero quiere mucho a Chile", le dijo al diario *El Mercurio*, el 17 de mayo de 2003.

Oyarbide, Norberto Mario: Sobreseyó a Néstor Kirchner, a Julio De Vido, a Aníbal Fernández, a Ginés González García y al vocero Miguel Núñez en una investigación por posible aceptación de dádivas a partir del uso como vehículos oficiales de autos entregados en comodato por las empresas fabricantes. Investiga al matrimonio Kirchner y al ex secretario de Transporte Ricardo Jaime, por enriquecimiento ilícito. Nació en Concepción del Uruguay, Entre Ríos, el 22 de junio de 1951. Soltero. Abogado (UBA). Juez en lo Criminal y Correccional Federal Nº 5 de la Capital Federal, desde junio de 1994.

Oyarzún, Fabio: Ex concejal de El Calafate. Era secretario de Gobierno de la municipalidad durante la gestión de Néstor Méndez, cuando se entregaron los terrenos. Obtuvo parcelas en la localidad.

Pampuro, José Juan Bautista: Estuvo presente en los momentos decisivos, cuando Eduardo Duhalde eligió a Néstor Kirchner como su candidato para la presidencia, en 2003. Nació el 28 de diciembre de 1949 en Lanús, provincia de Buenos Aires. Casado, tres hijos. Médico Cirujano (UBA, 1974). Es senador nacional (2005-2011), fue ministro de Defensa de la Nación entre 2003 y 2005, secretario general de la presidencia de la Nación entre 2002 y 2003, diputado nacional por Buenos Aires entre 1999 y 2002.

Pantiga, Manuel: Empresario de Puerto Deseado. Según Eduardo Arnold, junto con su socio Tony Torresín, tuvo que ceder una parte del dinero para acceder a un crédito en el Banco de Santa Cruz, cuando este estaba bajo la órbita de Lázaro Báez.

Pascual Arias, Gonzalo: Es presidente de Spanair y de Viajes Marsans, grupo con el cual compró Aerolíneas Argentinas en 2001. Negoció con Ricardo Jaime y con el propio ex Presidente las condiciones para tratar de salvar la aerolínea. Nació en Madrid, España, el 18 de diciembre de 1942. En el año 1964, junto a otros socios, fundó su primera compañía mercantil dedicada a importaciones y exportaciones. Cursó estudios de ingeniero industrial y alternó trabajo y estudios hasta que hacia finales de los sesenta su actividad empresarial lo obligó a una dedicación exclusiva. Es socio y amigo de Gerardo Díaz Ferrán.

Peralta, Daniel Román: Intenta gobernar Santa Cruz pese al férreo control del kirchnerismo puro. Entre las décadas de los ochenta y noventa ocupó el cargo de secretario general de la Asociación Bancaria de Santa Cruz. Era dirigente gremial durante la privatización del Banco de Santa Cruz y fue testigo del crecimiento de Lázaro Báez. Luego fue diputado provincial y, durante la gestión del ex gobernador Del Val, ocupó diversos cargos, entre ellos el de ministro de Gobierno. El ex gremialista cosechó una relación de confianza con el ex Presidente cuando se desempeñó como subsecretario de Trabajo de la provincia mientras Kirchner era gobernador. Fue interventor de la empresa Yacimientos Carboníferos Río Turbio (YCRT). En 2007 fue electo gobernador de Santa Cruz por el voto popular. Mantiene diferencias con Kirchner, por tratar de tener un grado mayor de independencia que los anteriores gobernadores locales.

Pérez, Adrián: Realizó más de veinte denuncias penales por posibles hechos de corrupción en el Poder Ejecutivo nacional. Nació en Azul, provincia de Buenos Aires, el 7 de setiembre de 1971. Abogado. Casado. Diputado nacional por la Coalición Cívica entre 2003 y 2007, reelecto hasta 2011, asesor del ARI entre 1996 y 2003 y apoderado nacional del ARI entre 2003 y 2008.

Periotti, Nelson Guillermo: Se lo señala como un hombre cercano Lázaro Báez. Ingeniero. Administrador general de la Dirección Nacional de Vialidad. Existen denuncias sobre presuntos sobreprecios en obras licitadas por Vialidad Nacional, y adjudicadas a empresas del grupo liderado por Báez. En 2007, el diario *La Nación* informó que en medio año se habían pagado 444 millones de pesos para la construcción de rutas en la provincia de Santa Cruz, monto que representaba el treinta por ciento de lo invertido en ese rubro en todo el país.

Pichetto, Miguel Ángel: Ex menemista, es uno de los más férreos del modelo kirchnerista en el Senado nacional. Nació el 24 de octubre de 1950 en Banfield, provincia de Buenos Aires. Casado, tiene dos hijos. Abogado, por Universidad Nacional de La Plata. Radicado en la provincia de Río Negro. Fue concejal por la Ciudad de Sierra Grande entre 1983 y 1985, intendente de Sierra Grande entre 1985 y 1987, legislador provincial entre 1988 y 1991, diputado nacional entre 1993 y 2001 y senador nacional entre 2001 y 2007, reelecto hasta 2011. Desde el 30 de diciembre de 2002 es presidente del bloque justicialista de la Honorable Cámara de Senadores de la Nación. Dirigió la estrategia oficialista en el Senado la madrugada del voto "no positivo" de Julio Cobos.

Posse, Gustavo: Voces opositoras señalaron que fue presionado por el kirchnerismo para permitir el ingreso de Cristóbal López en su distrito. Nació en San Isidro, tiene 46 años. Es abogado. Actualmente lleva adelante su tercer periodo consecutivo como intendente del partido bonaerense de San Isidro.

Prol, Luis Adolfo: Vivió un altercado con Rafael Flores que se detalla en la investigación. Fue miembro de Montoneros. Murió en 1996. En los noventa ocupó cargos importantes en el gobierno de Menem: secretario de Empresas Públicas (1990), subsecretario de Energía, interventor de Catamarca (1991) y secretario de Desarrollo Social (1995).

Puerta, Federico Ramón: Durante su gestión, Cristóbal López desembarcó con el negocio del juego en su provincia. Nació en Apóstoles, Misiones, el 9 de setiembre de 1951. Ingeniero Civil. Justicialista. Gobernador de Misiones entre 1991 y 1995 y entre 1995 y 1999, diputado nacional entre 1999 y 2001, senador nacional entre 2001 y 2007 y diputado nacional electo para el periodo 2009-2013.

Puricelli, Arturo Antonio: Ex gobernador de Santa Cruz desde el retorno de la democracia y hasta 1987. Gracias a él, Néstor Kirchner dio sus primeros pasos frente de la Caja de Previsión Social de Río Gallegos, pero una disputa sobre el manejo de la entidad derivó en la salida de Kirchner en 1984. A partir de ese momento, la relación entre ambos fue oscilante. Puricelli fue además diputado y secretario de Provincias de la presidencia de Eduardo Duhalde. En setiembre de 2006 fue designado interventor de Fabricaciones Militares, área que pasó a la esfera de Julio de Vido.

Rafecas, Daniel Edgardo: Abogado (UBA). Docente universitario. Juez en lo Criminal y Correccional Federal N° 3 de la Capital Federal, designado en octubre de 2004. Investiga a Fernando de la Rúa, en la causas por supuesto soborno en la aprobación de Ley de Reforma Laboral.

Randazzo, Aníbal Florencio: Trabajó para Felipe Solá, pero actualmente es una de las mayores espadas kirchneristas. Nació en Chivilcoy, provincia de Buenos Aires, el 1 de marzo de 1964. Contador público. Es ministro del Interior desde el 10 de diciembre de 2007. Fue jefe de Gabinete de la provincia de Buenos Aires entre 2003 y 2004, y secretario para la Modernización del Estado de la provincia de Buenos Aires entre 2002 y 2003.

Relats, Juan Carlos: Es el inquilino del Hotel Los Sauces, en El Calafate, propiedad del matrimonio presidencial. Nació en Rufino, Santa Fe. Tiene 74 años, ingeniero civil, simpatizante radical. Comenzó con la empresa Relats-Clebañer Ing. Civiles SA, luego generó Necon SA y posteriormente JCR SA, todas dedicadas a la construcción. Es accionista de Agronor JC SA, dueña de la Cabaña La Alegría; fue director de Panatel SA y actualmente es presidente de JCR SA y de Rutas del Litoral SA, empresa concesionaria corredores viales por peajes; está asociado a Petróleos Sudamericanos SA para la explotación petrolera; controla Mercovia SA (la encargada del mantenimiento del Puente Santo Tomé-Sao Borja, en Corrientes) y los hoteles Panamericano Buenos Aires, Bariloche y Guaraní (en Corrientes). También administra la cadena de casinos Tresor.

Relats, Silvana: Ingeniera en Construcciones, es la presidente del directorio y la directora general de Hotel Panamericano y Panamericano Bariloche, Resort & Casino. Nació en Corrientes hace 45 años, está casada y tiene cuatro hijos. Es hija de Juan Carlos Relats, el empresario que alquila el Hotel Los Sauces, del matrimonio Kirchner.

Reutemann, Carlos Alberto: A partir del conflicto con el campo se alejó del oficialismo. Nació en Santa Fe el 12 de abril de 1942. Casado, dos hijos. Ex piloto de Fórmula 1. Productor agropecuario. Gobernador de Santa Fe entre 1991 y 1995 y entre 1999 y 2003. Senador nacional por

Santa Fe entre 1995 y 1999, 2003 y 2009 y reelecto en 2009.

Reyes, María Fernanda: Realizó numerosas denuncias sobre funcionarios kirchneristas. Nacida el 22 de julio de 1978. Licenciada en Economía. Diputada nacional por la Coalición Cívica (2007/2011). Referente en temas económicos de ese espacio.

Reyss, Silvia Elena: Pareja de Ricardo Jaime. Nació en Río Gallegos, Santa Cruz, el 14 de octubre de 1952. Es maestra. Fijó domicilio en Batalla Puerto Argentino N° 285 de Río Gallegos, provincia de Santa Cruz, para constituir ALOSI SA, una empresa destinada a tratamientos de cosmetología, donde tiene como socias a sus hijas, Agostina Soledad y Lorena Silvia Jayo. Las tres, en distintos momentos, figuran en la nómina de pasajeros que acompañaron a Ricardo Jaime en vuelos realizados al exterior y abonados por empresas privadas, en algunos casos vinculadas al área del ex secretario de Transporte.

Righi, Esteban Justo Antonio: Su estudio jurídico representó al ex presidente Néstor Kirchner cuando era investigado por presunto enriquecimiento ilícito durante su gestión en la provincia de Santa Cruz. Nació en Resistencia, Chaco, el 4 de setiembre de 1938. Tres hijos. Abogado. Procurador general de la Nación, desde 2004. Fue asesor en la Secretaría de Comercio y letrado instructor de procesos por delitos económicos entre 1964 y 1966; ministro del Interior entre el 25 de mayo de 1973 y el 13 de julio de 1973, durante el gobierno de Héctor J. Cámpora. En 1998, participó del Grupo Calafate, fundado por Eduardo Duhalde,

que sirvió a Néstor Kirchner como usina de ideas para su campaña a la presidencia. Desde la Procuración General de la Nación recortó las atribuciones de la Fiscalía de Investigaciones Administrativas.

Rovira, Carlos Eduardo: La negativa de su provincia hacia la reelección fue un hito en los primeros años del kirchnerismo. Nació el 18 de febrero de 1956 en Posadas, Misiones. Ingeniero químico. Justicialista. Fue intendente de la ciudad de Posadas entre 1995 y 1999, gobernador de Misiones entre 1999 y 2003, reelecto entre 2003 y 2007. El 29 de octubre de 2006 convocó a una consulta popular para optar por la inclusión de una clausura que permita la reelección. Fue derrotado por un frente encabezado por el obispo emérito de Puerto Iguazú, Joaquín Piña. Durante su gestión al frente de la provincia, la empresa Casino Club, de Cristóbal López, inauguró cinco salas en la capital provincial.

Sadous, Eduardo Alberto: Denunció los vínculos de Claudio Uberti con la embajada de Venezuela y las posibles irregularidades en el fideicomiso constituido con ese país. Es abogado. Fue embajador argentino en Malasia entre 1991 y 1996, director general de Promoción del Comercio Exterior entre 1996 y 1998, director nacional de Negociaciones Económicas Internacionales en 1998 y embajador en Venezuela desde octubre de 2002 a enero de 2005.

Saldivia, Roberto: Abogado de Lázaro Báez. Apoderado de la firma Gotti Hermanos y miembro del directorio de Hotesur SA, la empresa que preside Osvaldo "Bochi" Sanfelice y es controlante del hotel Alto Calafate.

Salvini, José María: Secretario privado de Néstor Kirchner. Lo conoce desde hace treinta años. Desde 2003 fue asesor en la Jefatura de Gabinete y trabajó en la Corriente Peronista Federal. En el gobierno de Cristina Fernández es coordinador de Asuntos Regionales del Ministerio del Interior. En Santa Cruz fue diputado provincial y vicepresidente de la Legislatura.

Sánchez Noya, Álvaro: Ex secretario de Planeamiento de El Calafate. Firmó muchos de los decretos de adjudicación de tierras junto con Néstor Méndez. Se otorgó terrenos a sí mismo.

Sánchez, Carlos Alberto: Es el contador del Gobernador de Chaco, Milton Capitanich. Fue nombrado como subdirector general de Operaciones Impositivas del Interior, puesto que ocupaba Jaime Mecikovsky. Además, fue asesor del ex funcionario duhaldista, cuando ocupó cargos legislativos.

Sánchez, Fernando: Realizó numerosas denuncias judiciales a funcionarios del gobierno nacional. Nació en Resistencia, Chaco, el 7 de octubre de 1973. Es licenciada en Ciencias Políticas. Diputado nacional por la Coalición Cívica hasta 2011.

Sancho, Carlos: Dio sus primeros pasos en la política junto a Rudy Ulloa en la Unidad Básica Los Muchachos Peronistas. Nació en Río Gallegos, tiene 46 años. Pertenece a una tradicional familia de comerciantes locales dedicada al negocio inmobiliario. En 1999 comenzó como concejal de Río Gallegos, en 2001 asumió como presidente del Consejo pues Juan Carlos Villafañe, otro militante del círculo kirchnerista, debió asumir como intendente tras la renuncia de Héctor Fernando Aburto. El 10 de diciembre de 2003 asumió como vicegobernador de Sergio Acevedo, y el 16 de marzo de 2006, tras la renuncia de este, lo reemplazó en el cargo. El 9 de mayo de 2007, renunció a la gobernación luego de la represión a empleados municipales, en medio de una de las crisis más grandes que vivió la provincia. Lo sucedió el diputado provincial Daniel Peralta, quien venía desempeñándose como interventor de Yacimientos Carboníferos Río Turbio. Es socio del Osvaldo "Bochi" Sanfelice en la inmobiliaria que administra las propiedades de Néstor Kirchner.

Sanfelice, Osvaldo José: Alias "Bochi". Nació en Río Gallegos, tiene 60 años. Ex director de Rentas de la provincia de Santa Cruz. Socios de inmobiliaria Sancho, Sanfelice y Asociados, que administra las propiedades de Néstor Kirchner. El 9 de abril de 2008, junto con Cristóbal López, constituyó Talares de Posadas, una sociedad comercial, industrial y de exportación e importación, que puede realizar obras civiles y de ingeniería. El capital inicial fue de doscientos mil pesos. Según los registros de la ANSES, Sanfelice, informó el diario *Perfil*, es empleado de Alcalis de la Patagonia SA, otra empresa de López. En enero de 2009, formó Hotesur SA, sociedad que adquirió el Hotel Alto Calafate, donde se desempeña como presidente.

Santilli, Diego César: Explicó que sería un escándalo público que la Ciudad de Buenos Aires aprobara una normativa que a ojos de la sociedad sea un guiño hacia Cristóbal López. Nació en Buenos Aires el 6 de abril de 1967. Contador público. Casado con la periodista Nancy Pazos. Miembro de Propuesta Republicana. Legislador porteño y vicepresidente primero de la Legislatura de la Ciudad de Buenos Aires.

Sánz, Ernesto Ricardo: Junto con Gerardo Morales realizó numerosas presentaciones judiciales contra funcionarios del gobierno nacional. Nació el 9 de diciembre de 1956 en San Rafael, Mendoza. Casado, dos hijos. Abogado. Es presidente del bloque de la UCR en el Senado nacional y miembro del Consejo de la Magistratura. Fue intendente de San Rafael, Mendoza entre 1999 y 2003 y senador provincial entre 1993 y 1995.

Schiaffino, Eduardo: Ex jefe de la Fuerza Aérea Argentina. En febrero de 2005 reemplazó a Carlos Rodhe. Asumió en medio de la investigación por el envió de cocaína a España desde el aeropuerto internacional de Ezeiza en un vuelo de Southern Winds, que derivó en el pase a retiro de quince brigadieres de la Fuerza Aérea, incluido su ex jefe, Carlos Rodhe. Fue ex combatiente de Malvinas, se desempeñó como jefe de la Región Aérea Sur y tenía a su cargo los veintitrés aeropuertos de la Patagonia. El 5 noviembre de 2006 fue relevado en su puesto por Normando Costantino.

Scioli, Daniel: Fue uno de los llamados "candidatos testimoniales" en la elección del 28 de junio de 2009. Nació en Buenos Aires el 13 de enero de 1957. Estudió en la Universidad Argentina de la Empresa (UADE) la Licenciatura en Comercialización. Fue diputado nacional entre 1997 y 2001, vicepresidente de la Nación entre 2003 y 2007. Actualmente, y hasta 2011, es gobernador de la provincia de Buenos Aires.

Sigman, Hugo Arnoldo: Se lo mencionó como uno de los posibles interesados en YFP, antes del ingreso de Grupo Petersen. Nació en Buenos Aires en el año 1944. Tiene participación accionaria en Laboratorios Elea y Biogénesis-Bagó y controla el grupo farmacéutico Chemo. Realiza producción pecuaria y forestal en distintas regiones del país, se dedica a la producción de Yacarés en Yacaré Pora y desarrolla un proyecto de aprovechamiento del guanaco en la provincia de Santa Cruz. En sociedad con Oscar Kramer tiene la productora KS Films, dedicada a la producción de cine y la editorial Capital Intelectual que edita (entre otros productos) *Le Monde Diplomatique* para América latina. En diciembre de 2008, Chemo compró el 19,6 por ciento de Gas Natural Ban, la segunda distribuidora de fluido del país, en 56 millones de dólares.

Sosa, Muriel Lucía: Esposa del empresario del juego Cristóbal López. Prima del ex gobernador de Santa Cruz Sergio Acevedo. Madre de dos varones: Cristóbal Nazareno (24 años) y Emiliano (21). Viven en Rada Tilly (Chubut), frente al mar, en una casa de dos plantas, totalmente vidriada, con grandes ambientes, seis habitaciones y una pileta de natación climatizada.

Spolszky, Sergio: En los últimos cinco años registró un crecimiento empresario importante que se observa en el número de medios que dispone. Spolszky, rabino y con formación en sociología, controla los siguientes medios gráficos: el semanario *Veinti-*

trés, las revistas *Siete Días* y *Newsweek* (edición argentina), los diarios *Buenos Aires Herald, BAE, El Argentino, Diagonales* (de La Plata), *La U* y *Miradas al Sur*. Intentó comprar Radio América al CIE, pero se cayó la operación, explota comercialmente Radio del Plata. Fue tesorero de la AMIA, ex directivo del Banco Patricios y accionista del Complejo Las Leñas, Mendoza.

Tabanelli, Antonio Ángel: Es uno de los competidores de Cristóbal López. Presidente del Grupo Boldt. Nació como una imprenta de billetes, cheques y boletas para bingo. En los últimos años dividió unidades de negocios en Boldt Gaming SA, dedicada a la captación de apuestas o transacciones que involucren dinero; Boldt SA, orientada al desarrollo tecnológico, inversión en hoteles, entretenimiento y casinos y Boldt Impresores SA, concentrada en la parte gráfica. Las dos primeras cotizan en bolsa. El grupo posee la mitad de Trilenium Casino, el Hotel Casino de Melincué (Santa Fe) y el de la ciudad de Santa Fe. Además de controlar el 72 por ciento de las apuestas online que se realizan en el país. Su mano derecha es su hijo, el ingeniero Antonio Eduardo Tabanelli. Se dedica a la actividad ganadera con la Estancia Tres T, especialista en *Angus*. La rama vinculada al juego se expandió durante la gestión de Eduardo Duhalde, al frente de la provincia.

Taiana, Jorge Enrique: Nació el 31 de mayo de 1950 en Buenos Aires. Casado, tres hijos. Sociólogo. Es ministro de Relaciones Exteriores, Comercio Internacional y Culto; secretario de Relaciones Exteriores del Ministerio de Relaciones Exteriores, Comercio Internacional y Culto en 2003, secretario de Derechos Humanos del gobierno de la provincia de Buenos Aires entre 2002 y 2003; secretario Ejecutivo de la Comisión Interamericana de Derechos Humanos de la OEA entre 1996 y 2001; embajador extraordinario y plenipotenciario de la República Argentina ante la República de Guatemala entre 1992 y 1996. Estuvo en prisión siete años, cuando el gobierno de Isabel Perón lo encarceló por su pertenencia al grupo Descamisados, cercano a Montoneros.

Telerman, Jorge: En su breve paso como jefe de Gobierno porteño estuvo a punto de enviar un proyecto de ley vinculado al juego en la ciudad, que finalmente no prosperó. Nacido en Buenos Aires el 29 de noviembre de 1955. Político y periodista. Asumió como jefe de Gobierno de la Ciudad de Buenos Aires entre 2006 y 2007, tras el juicio político que destituyó a Aníbal Ibarra, por el incendio del boliche República Cromañón. Fue vicejefe de Gobierno entre 2003 y 2006, secretario de Cultura de Buenos Aires entre 2000 y 2003 y embajador en Cuba en 1998.

Tirabassi, María Silvina: Es abogada, tiene 39 años, con dieciocho años de trayectoria en la Aduana. Fue designada al mando del organismo tras la renuncia de Ricardo Echegaray. Echegaray y Tirabassi pertenecen al núcleo kirchnerista. En 2004 fue designada al frente de la Aduana de Río Grande, Tierra del Fuego, por el propio Echegaray. Y fue también Echegaray quien la trajo poco después a Buenos Aires como su mano derecha.

Tomada, Carlos Alfonso: Nació en Buenos Aires el 4 de mayo de 1949. Abogado. Ministro de Trabajo durante la gestión de Néstor Kirchner (2003-2007) y confirmado en su cargo durante presidencia de Cristina Fernández de Kirchner.

Toninelli, Ángel Rubén: Es contador público y fue designado director de la administración de la AFIP (Administración Federal de Ingresos Públicos) en reemplazo de Horacio Castagnola, quien investigaba a empresas cercanas al kirchnerismo. Profesional de edad avanzada, según fuentes que lo conocen bien, comparte tardes de golf junto a Julio de Vido, en Los Lagartos. Se lo vinculó a la cuestionada gestión del ex presidente de Club Atlético Ferrocarril Oeste, Marcelo Corso, quien era acreedor de la entidad que presidía.

Torello, José: Nació en Buenos Aires, tiene 49 años. Apoderado de Compromiso para el Cambio, el partido fundado por Mauricio Macri. Jefe de asesores del jefe de Gobierno porteño. Está relacionado con Mauricio Macri desde el colegio Cardenal Newman.

Torres, Sergio Gabriel: Investiga al ex funcionario Luis D'Elía por la toma de la Comisaría 24ª de la Policía Federal, el 25 de junio de 2004. Nació en Buenos Aires en el año 1964. Casado, dos hijas. Abogado (UBA). Juez en lo Criminal y Correccional Federal Nº 12 de la Capital Federal, designado en octubre de 2004.

Torresín, Juan Antonio: Empresario naval. Según Eduardo Arnold, tuvo que ceder una parte del dinero para acceder a un crédito en el Banco de Santa Cruz, cuando este estaba bajo la órbita de Lázaro Báez. Dueño del astillero santacruceño Coserena, es presidente de la Federación de la Industria Naval Argentina (FINA), la entidad que reúne a las principales cámaras empresariales del sector.

Trotta, Nicolás: Fue líder de los *jóvenes K*, aunque su cercanía a Alberto Fernández lo alejó del gobierno en agosto de 2009. Tiene 32 años, es subsecretario de Tecnologías de Gestión. En sus inicios pertenecía al partido de Gustavo Béliz.

Uberti, Claudio: Apodado "Pachi" o "El señor de los peajes" por su tarea en OCCOVI. Tiene 51 años y nació en Wheelwright, Santa Fe. Bachiller con orientación pedagógica. En 1976 decidió viajar a Rosario, donde al poco tiempo comenzó a compartir su vida con una mujer que, en medio de una discusión, habría sufrido un accidente. Uberti se separó y se trasladó a Santa Cruz, donde conoció a Julio De Vido. Desde el inicio de la gestión Kirchner se desempeñó como director ejecutivo del Organismo de Control de Concesiones Viales (OCCOVI). Su nombre se volvió masivo por ser quién acompañaba al empresario venezolano Guido Alejandro Antonini Wilson, quien, tras pisar suelo argentino en un vuelo privado contratado por Enarsa, en la madrugada del 4 de agosto de 2007 pretendió ingresar al país una maleta con ochocientos mil dólares en efectivo, sin haberlos denunciado previamente. Residía en un piso de dos millones de dólares sobre Avenida del Libertador, en una zona top de Palermo, y los fines de semana, en una casona de un exclusivo barrio privado.

Uliarte, Jessica: Segunda esposa de Rudy Ulloa Igor, el hombre de confianza de Kirchner. Nació en Córdoba el 19 de febrero de 1974. Docente y abogada. A su nombre se encuentra *El Periódico Austral*, el emprendimiento gráfico de Ulloa. Uliarte, figura como proveedor N° 352 del estado santacruceño. Es sobrina de Jorge Uliarte, el argentino que es director de la Sinfónica de Berlín, y cofundador del Festival de Música Clásica de Ushuaia.

Ulloa Igor, Rudy Fernando: Es servidor de Néstor Kirchner desde hace más de treinta años. Nació el 1 de abril de 1960, en Puerto Natales, una localidad de pescadores al sur de Chile. Conoció a Kirchner a los 16 años, cuando trabajaba como canillita y el joven abogado lo sumó como cadete de su estudio. Ulloa residía en el barrio El Carmen, una zona poblada en su mayoría por inmigrantes chilenos. En la elección de 1987, en el barrio donde Rudy lideraba la junta vecinal, Kirchner sumó los votos indispensables que le permitieron su primer triunfo electoral. Esa junta vecinal editaba un semanario llamado *El Comunitario*, y luego comenzó las transmisiones en una señal de FM. En 1997, el reelecto gobernador Kirchner le otorgó una licencia a la emisora propiedad de la asociación cooperadora Centro Comunitario Nuestra Señora del Carmen. En 1998 recibió el nombre de Estación del Carmen, y la cooperadora se transformó en una sociedad de responsabilidad limitada que pasó al control de Rudy. Al mismo tiempo se hizo cargo del Canal 2. En 2001 lanzó *El Periódico Austral*, un diario gratuito, con impresión a color. En 2008, se afincó en el country Pilar del Este, provincia de Buenos Aires,

para estar más cerca de su mentor. En setiembre de 2009 volvió a instalarse en Río Gallegos.

Urquía, Roberto Daniel: Senador nacional y empresario aceitero. Durante el conflicto con el campo fue cuestionado por sus intereses en el sector. Nació en General Deheza, provincia de Córdoba, el 24 de diciembre de 1948. Casado, cuatro hijos. Contador público nacional. Legislador provincial entre 2001 y 2003, senador provincial entre 1999 y 2001, intendente de General Deheza, Córdoba, entre 1987 y 1999, concejal de General Deheza entre 1983 y 1987.

Varizat, Daniel Alberto: Acompaña a Kirchner desde la militancia universitaria en La Plata, en los setenta. Casado en primeras nupcias con Silvia Beatriz Molina. Fue senador y diputado por Santa Cruz. En 2005 asumió la Subsecretaría General de la Presidencia y en 2006, tras la renuncia de Sergio Acevedo a la gobernación provincial, fue designado ministro de Gobierno santacruceño. El 17 de agosto de 2007 atropelló con su camioneta 4x4 a veinte docentes que realizaban una manifestación por una medida de fuerza gremial. La profesora Susana Guillermaz estuvo al borde de la muerte, y salvó su vida de milagro. El ex fiscal Andrés Vivanco, tras anunciar su retiro, se presentó como abogado defensor de los docentes agredidos.

Verani, Pablo: Nació en Piacenza, Italia, el 7 de febrero de 1938. Casado, tres hijos. Es abogado (UBA, 1964). Gobernador de Río Negro entre 1995 y 1999, y entre 1999 y 2003; vicegobernador de Río Negro entre

1991 y 1995; convencional constituyente en 1994, legislador provincial de Río Negro entre 1987 y 1991 e intendente de General Roca entre 1983 y 1987.

Veschi, Elido: Secretario general de la Asociación del Personal de Dirección de Ferrocarriles Argentinos (APDFA). Desde la privatización ha presentado numerosas denuncias sobre el estado y el servicio ferroviario. Es ingeniero ferroviario.

Vicente, Oscar Aníbal: En 1998 recibió a Cristóbal López en su oficina por la gestión de Néstor Kirchner. Nació el 4 de julio de 1938 en Cañuelas, provincia de Buenos Aires. Casado con Perla Rocco, tiene dos hijos. Es ingeniero mecánico recibido en la Universidad de La Plata. Entre 1966 y 1970 trabajó en YPF en las provincias de Salta y Mendoza, en el Sector de Operaciones de Perforación, Terminación y Reparación de Pozos petrolíferos. Entre 1978 y 1982 fue gerente general de Compañía Naviera Pérez Companc, vicepresidente de Pérez Companc SA entre 1982 y 1997, y presidente de la Cámara de Empresas Productoras de Hidrocarburos. Ex CEO de Pérez Companc SA y ex director de Petrobras. Es vicepresidente ejecutivo de Petrolera Entre Lomas SA.

Vidaurre, Leandro: Abogado del ex intendente de El Calafate Néstor Méndez. Fue secretario legal de la municipalidad y recibió terrenos en la localidad cordillerana.

Villafañe, Juan Carlos: militante del Frente para la Victoria Santacruceño del sector de Rudy Ulloa. Concejal de Río Gallegos entre 1999 y 2001, intendente interino de Río Gallegos entre 2001 y 2003. Es presidente de la Administración General de Vialidad provincial. En marzo de 2006, días antes de la caída de Sergio Acevedo, se informó que la provincia debía ceder a la Dirección de Vialidad Nacional el control de las licitaciones y los contratos. En síntesis, todo el poder lo retendría entonces la delegación local de ese organismo, en manos de Villafañe, hombre que responde a Kirchner. Acevedo se alejó y Villafañe sigue administrando los recursos.

Wilhelm, Ofelia Esther: Madre de Cristina Fernández. Nació en La Plata, en 1929. En 1946 fue elegida secretaria general de la Asociación de Empleados de Rentas e Inmobiliaria de La Plata. Es simpatizante del Club Gimnasia y Esgrima y concurre al estadio con asiduidad.

Zacarías, Rubén Andrés: Alias "El Petiso". Correntino. Llegó a Santa Cruz en los años ochenta y se afincó en la administración provincial. Kirchner lo sumó a su equipo y (ya en Buenos Aires) lo nombró subdirector general de Ceremonial. Cristina heredó al funcionario, que la acompaña en sus giras. Tiene dos hermanos: Miguel, quien trabaja con Ramón Granero en la Secretaría de Programación para la Prevención de la Drogadicción y la Lucha contra el Narcotráfico, y Luis, quien todavía lo atiende a Kirchner.

Zaeta, Oscar: Escribano oficial de El Calafate. Recibió terrenos en la localidad cordillerana.

Zannini, Carlos Alberto: Alias "Chino". Es el hombre encargado de cuidar la firma de Néstor Kirchner. Nació en Villa Nueva, Partido de Gral. San Martín, una localidad cercana a Villa María, que es bañada por las aguas del río Tercero. Tiene 53 años y cuatro hijos. Es abogado y tiene su oficina un piso más abajo que el despacho presidencial. Justicialista. Fue secretario de Gobierno municipal en Río Gallegos en 1987, ministro de Gobierno santacruceño en 1991, jefe del bloque de diputados provinciales del Partido Justicialista en 1995, y presidente del Superior Tribunal de Justicia en 1999.

FUENTES

Para hacer posible *El Dueño* el autor dialogó con 158 personas. Entre ellas, dos ex Presidentes; seis ex ministros del Poder Ejecutivo Nacional; tres ex gobernadores; un gobernador; un ex vicegobernador; dos ex presidentes del Banco Central de la República Argentina; cuatro senadores nacionales; nueve diputados nacionales; doce diputados provinciales; cuatro ex altos funcionarios de la Administración Federal de Ingresos Públicos (AFIP); cuatro concejales; quince representantes sindicales de distintos rangos; un juez en lo Penal Tributario; tres fiscales federales; nueve ejecutivos de empresas vinculadas con la construcción, el transporte y la energía; siete empresarios de empresas muy grandes; un ex secretario de Transporte de la Nación; un ex superintendente de Seguros de la Nación; un ex fiscal de Investigaciones Administrativas; tres altos funcionarios de la Auditoría General de la Nación y un ex embajador argentino en un país latinoamericano.

Estas son algunas de las personas que aportaron información para este libro:

Adrián Pérez, diputado nacional; Alberto Lorenzo, diputado provincial chubutense; Alejandra Pinto, ex militante del Frente para la Victoria Santacruceño (FVS); Alfredo Martínez, senador nacional por Santa Cruz; Álvaro de Lamadrid, presidente del radicalismo de El Calafate; Ana María Pizzuto, concejal de Caleta Olivia; Antonio Mainez, diputado provincial entrerriano mandato cumplido; Antonio Mata, empresario español; Arquímedes Federico, arquitecto; Carlos Alberto Rocca, ex socio de Raúl "Cacho" Espinosa; Carlos Colunga, empresario aeronáutico; Carlos Iparraguirre, diputado nacional mandato cumplido; Carlos Pacheco, delegado de la Línea 186 del Grupo Plaza; Carlos Prades, senador nacional por Santa Cruz; Daniel Illanes, periodista sanjuanino; Diego Seguí, dirigente del ARI San Juan; Donato Lavallén, gremialista del Sindicato Unión Petroleros del Estado (SUPE) en Caleta Olivia; Eduardo Arnold, ex vicegobernador de Santa Cruz; Eduardo Vago, diputado nacional mandato cumplido; Elido Veschi, ex secretario general de Asociación del Personal de Dirección de Ferrocarriles

501

Argentinos (APDFA); Emilio García Pacheco, ex docente y amigo personal de Néstor Kirchner; Estela Kank, heredera de Kank y Costilla; Ethel Morandi, contadora de la Coalición Cívica; Federico Storani, ex ministro del Interior; Gastón Platkwoski, delegado sindical de Casino Buenos Aires; Gerardo Morales, senador nacional por Jujuy Guillermo Bonaparte, ex funcionario de la Aduana de Comodoro Rivadavia; Guillermo Roberto Schmid, ex socio de Raúl "Cacho" Espinosa; Gustavo Carmona, piloto y empresario aeronáutico; Gustavo Gago, vocero de Trenes de Buenos Aires (TBA); Héctor "Cacho" Barabino, periodista santacruceño; Héctor Luna, ex vicepresidente ejecutivo de la filial argentina de Codere; Hugo Marcucci, diputado provincial santafesino; Javier Bielle, diputado provincial santacruceño mandato cumplido; Javier Pérez Gallart, dirigente Unión Cívica Radical (UCR) Santa Cruz; Jorge Urruchua, delegado de la Línea Mitre-TBA; Jorge Vanossi, ex ministro de Justicia; José Sbatella, ex presidente de la Comisión Nacional de la Defensa de la Competencia (CNDC); Juan Carlos Morán, diputado nacional; Juan Carlos Relats, Grupo JCR; Juan Félix Marteau, abogado, ex delegado argentino ante el Grupo de Acción Financiera Internacional (GAFI); Juan José Aranguren, presidente corporativo de Shell; Juan Pablo Chevallier Boutell, ex superintendente de Seguros de la Nación; Juan Suppa, delegado de la Línea Mitre-TBA; Leandro Despouy, auditor general de la Nación; Luis Borello, ex secretario de Obras Públicas de la Municipalidad de Córdoba; Luis Juez, senador nacional electo por Córdoba; Luis María Aguilar Torres, abogado, ex docente de Néstor Kirchner; Marcelo Saá, ex concejal de Río Gallegos en Santa Cruz; Mariana Zuvic, líder de la Coalición Cívica de Santa Cruz (CCSC); Mario Das Neves, gobernador del Chubut; Mario Mansilla, secretario general del Sindicato del Petróleo y Gas Privado del Chubut; Omar Hallar, diputado provincial santacruceño; Omar Ruiz, diputado provincial cordobés; Patricia Bullrich, diputada nacional; Paula Oliveto Lago, auditora del gobierno de la Ciudad de Buenos Aires; Rafael Flores, diputado nacional mandato cumplido; Raúl Lamberto, diputado provincial santafesino; Ricardo Cirielli, secretario general de la Asociación del Personal Técnico Aeronáutico (APTA); Ricardo Gil Lavedra, ex ministro de Justicia; Ricardo Monner Sans, presidente de la Asociación Civil Anticorrupción; Roberto Luna, ex secretario general de La Bancaria de San Juan; Roberto Telechea, gremialista del SUPE de Caleta Olivia; Rubén Urbano, secretario adjunto de la Unión Obrera Metalúrgica de Córdoba; Sebastián Cinquerrui, diputado provincial bonaerense; Susana Guillermaz, docente atropellada por Daniel Varizat, y Walter Martello, diputado provincial bonaerense.

La mayoría de las conversaciones fueron grabadas. En algunos casos, se acordó no divulgar la identidad de las fuentes. En otros, aceptaron hacerlo. Cada dato está corroborado y respaldado por documentos públicos como diarios, revistas y libros; documentos oficiales como pedidos de informes, expedientes judiciales, boletines oficiales del país y las provincias de Santa Cruz, Chubut, Córdoba, San Juan, Santa Fe, Entre Ríos, Corrientes y El Chaco. Estas son las notas que corresponden a cada capítulo:

PRIMERA PARTE:
EL VERDADERO KIRCHNER

Capítulo 1:
La venganza del boludo

El diálogo entre Kirchner y Arnold fue narrado, con lujo de detalles, por el segundo. También el encuentro entre el propio Arnold y por Juan Antonio Torresín. La conversación entre los empresarios navieros y Mayeste fue contada, de nuevo, por Arnold. El patrimonio de Báez antes de ser nombrado adscripto a la gerencia del Banco de Santa Cruz lo detalló Alejandra Pinto, una dirigente del Partido Justicialista de aquellos años. La hipótesis de que Lázaro es testaferro de Kirchner figura en la denuncia de Elisa Carrió que investiga el juez Julián Ercolini. La constancia de que Dique Seco fue inaugurado aparece en *Clarín* del 3 de noviembre de 1997. Los detalles del caso Sosa fueron revelados en *Justicia era Kirchner. La construcción de un poder a medida*, cuyos autores son Pablo Abiad y Mariano Thieberger, publicado por Marea Editorial en setiembre de 2005. Hace rato que Arnold amenaza con publicar un libro con el título "La venganza del boludo". Incluso sostiene que tiene documentos que podrían comprometer seriamente al ex Presidente. Los problemas de salud de Kirchner, su desempeño escolar y las burlas de sus compañeros fueron obtenidos de fuentes diversas: *El último peronista. La cara oculta de Kirchner*, de Walter Curia, Sudamericana, 2006, es una. El relato de tres compañeros de clases distintos es otra. Es una compañera muy culta y refi-

nada la que lo comparó con Ricardo III. Luis María Aguilar Torres recordó al alumno Kirchner en una entrevista realizada en Río Gallegos. El impacto y los detalles del bochazo para ingresar al magisterio fueron confirmados por su profesor preferido, Emilio García Pacheco, mediante un reportaje para este libro. Rafael Bielsa habló de la enorme voluntad de Kirchner en su estudio del microcentro porteño. La época de militante universitario del ex jefe de Estado fue reconstruida no solo por Rafael Flores, como se indica en el texto. Sobre su paso por la Federación Universitaria de la Revolución Nacional (FURN) dio cuenta el libro *Setentistas. De La Plata a la Casa Rosada*, de los periodistas Fernando Amato y Christian Boyanovsky Bazán, Sudamericana, 2008. También se logró información por medio del testimonio de un ex ministro del gobierno de Fernando de la Rúa. La anécdota que mostró a Kirchner como un sonámbulo fue relatada por un ex kirchnerista fiel que se apartó de su lado después del conflicto con el campo. El diálogo entre Cristina y Osvaldo Bayer lo contó el propio Bayer en el mencionado libro de Curia. Y el relato de los detalles del juicio contra el "Sátiro del Pasamontañas" y la causa en la que Kirchner fue comparado con Shylock, el usurero judío de *El mercader de Venecia* fueron aportadas, de nuevo, por Flores. También el diálogo entre Cristina y Flores, a la salida de los tribunales, en Río Gallegos. Ricardo Cirielli, el ex ministro y el ex aliado hablaron en persona con el autor de esta investigación, para confirmar la presencia, en repetidas oportunidades, de Jaime en la sala de espera del despacho presidencial, con el famoso bolso en la mano. El contenido de esas conversaciones está en poder del autor y los abogados de la editorial. Los inmuebles que compró Kirchner de 1977 a 1982 figuran en su declaración jurada. Los detalles de su militancia en la derecha peronista al final de la dictadura y el principio de la restauración democrática fueron contados por Flores y completados con datos publicados por el periodista Franco Lindner en la revista *Noticias* el 12 de agosto de 2006. Su triunfo en las elecciones como intendente de Río Gallegos y sus primeros años como gobernador están bien relatados en *El amo del feudo*, de Daniel Gatti. Para esta investigación, también fueron enriquecidos por la militante Alejandra Pinto y el importante colaborador que trabajó muy cerca de él desde agosto de 1992 hasta octubre de 2002. La escena de la piña que le pegó a Francisco Larcher en el aeroparque se puede leer en el libro de Curia. Lo que pasó en la residencia del embajador argentino en España lo pueden corroborar Posse, Bielsa y los empleados que estaban ahí mismo y no salían de su asombro. Las idas y venidas de la conflictiva, rica e intensa relación de Kirchner y Bielsa es algo que el ex canciller relató a varios de sus íntimos amigos. En octubre de 2009, cuando este libro entraba en imprenta, el gobernador de Santa Cruz, Daniel Peralta, había tomado 540 millones de dólares de los famosos fondos que hasta el momento estaban en el Banco Nación. La mayoría de ese dinero lo habría utilizado para cubrir el déficit provincial. La visita de Duhalde a Río Turbio y cómo eligió candidato a presidente a Kirchner lo contó Arnold, quien le agregó a la anécdota lo que él mismo le acon-

sejó al entonces Presidente. Los hechos de los que participan el ex Presidente y el ex canciller forman parte del testimonio que gente muy cercana a Bielsa aportó para este trabajo. Los episodios que involucran a Acevedo fueron contados por el propio ex gobernador, menos el que reveló que estuvo a punto de renunciar antes de asumir. Ese lo confirmó alguien que trabajó para Kirchner hasta hace muy poco y que todavía considera a Acevedo su amigo. Las precisiones sobre el incremento patrimonial de Carlos Santiago Kirchner se publicaron en *Noticias* del 30 de marzo de 2007, y en *Perfil*, el 3 de junio del mismo año. Arnold no solo amenaza con publicar el libro. También utiliza su título ante cada ocasión que se le presenta.

Capítulo 2:
La metamorfosis

El modo de vida de Kirchner hasta su operación de hemorroides fue confirmado por cuatro personas que trabajaron para él en distintas funciones, además de Arnold. Las declaraciones de Eduardo Segal aparecieron en *Noticias*, el 14 de enero de 2006. El testimonio de su médico apareció en *La Nación* el 11 de abril de 2004. El día después de la operación de hemorroides fue contado por el ex vicegobernador en distintos encuentros para este libro. La primera versión apareció en el libro de Curia ya mencionado. Las escapadas al Casino de Caleta Olivia fueron contadas por un ex colaborador y confirmadas por Arnold. Su manera de jugar y apostar fue informada por otro ex colaborador que viajó junto con él más de una década. Los motivos del apartamiento de Valerio Martínez aparecen en varios textos de la época. Los festejos electorales en su casa fueron recordados por Arnold. El whisky que tomó mientras esperaba la firma de Luis Prol es un dato que figura en la biografía escrita por Curia. El pedido de Jaime a Gotti para irse de vacaciones es algo que escucharon Arnold y varias personas más. Los detalles que rodearon el festival de préstamos y la posterior liquidación del Banco de Santa Cruz fueron aportados, entre otras fuentes, por el arquitecto Javier Bielle, diputado provincial por la Unión Cívica Radical entre 1995 y 1999. También por el periodista Daniel Gatti, en conversación con el autor. Las circunstancias de la llamada "La Otra Noche de los Lápices" fueron recordadas por Arnold. El comportamiento de la Justicia alrededor del Banco de Santa Cruz está bien determinado en el libro de Thieberger y Abiad. La historia secreta de la gastroduodenitis del Presidente fue reconstruida a partir de cuatro testimonios clave. Entre ellos, el de la enfermera y el de alguien que conoce muy bien al médico personal de Kirchner. La metamorfosis política que sobrevino después del episodio de Semana Santa de 2004 es algo que reconocieron tres fuentes independientes que trabajaron junto a él durante aquella época.

SEGUNDA PARTE:
CRISTÓBAL

Capítulo 1:
La llamada

La orden de Kirchner a Julio de Vido para que llamara a Pérez Companc y le adjudicara la licitación a Cristóbal López fue revelada al autor por el mismo beneficiario. El reportaje fue realizado el 15 de mayo de 2009, en su casa de Rada Tilly, Comodoro Rivadavia. El ánimo con el que fue recibida esa llamada, la conversación de Oscar Vicente con López, la desesperación de López y las circunstancias que rodearon el hecho fueron aportadas por el empresario, pero también por personas que trabajaron cerca del gerente de Pérez Companc y socios de Cristóbal. El diálogo bautismal entre Kirchner y López fue narrado por el segundo. La historia de cómo amasó su fortuna Cristóbal López fue obtenida del relato del empresario, de datos oficiales de sus compañías y por dos personas que trabajan junto a él pero prefirieron no identificarse. Los pases de factura de Kirchner y sus hombres a Cristóbal fueron detallados por Fabián de Sousa, mano derecha de López, en una entrevista mantenida en Buenos Aires el 22 de abril de 2009. El ingreso de López al negocio de la basura y de los casinos fue relatado por él mismo. Los datos duros fueron tomados de un informe presentado por el bloque de diputados de la Coalición Cívica, en enero de 2008 y titulado: "Cristóbal López. Patrimonialismo corrupto en la era K". También de otra investigación realizada por los diputados provinciales bonaerenses Maricel Etchecoin Moro y Walter Martello. El trabajo fue presentado en mayo de 2008 y se llama "Toma todo: Cristóbal López y el negocio del juego en la provincia de Buenos Aires". Algunas crónicas publicadas en *La Jornada*, de Comodoro Rivadavia, entre 1991 y 2009 fueron imprescindibles para confirmar fechas y hechos relatados por

López. Dos ex concejales que ejercieron como tales durante 1991 corroboraron los datos publicados.

Capítulo 2:
El enojo

El encuentro secreto entre Kirchner e Ibarra para hablar del negocio de las máquinas tragamonedas en Palermo fue contado por el propio Ibarra a sus aliados políticos en su casa del barrio de Villa Urquiza. El diálogo entre Kravetz e Ibarra fue reconstruido por una fuente cercana al ex jefe de Gobierno de la Ciudad de Buenos Aires. El proyecto de ley que Kravetz pretendía que apoyara Ibarra circuló por casi todos los despachos de la Legislatura. Telerman jamás estuvo convencido de presentarlo. Los detalles de la conversación entre Néstor y Aníbal también fueron aportados por el segundo ante la sorpresa de sus compañeros de Diálogo por Buenos Aires. La historia de la irrupción del juego en la ciudad desde 1994 hasta ahora y la sospecha de falta de control y lavado de dinero y el aterrizaje del kirchnerismo en Lotería Nacional fueron obtenidas de diversas fuentes. La ley 538 de juegos de apuestas de la Ciudad Autónoma del 14 de diciembre de 2000 fue la base documental. El testimonio de Juan Félix Marteau, ex delegado argentino ante el Grupo de Acción Financiera Internacional (GAFI) y especialista en lavado de dinero en juegos de azar, logrado en julio de 2009, fue muy instructivo. Los sindicalistas petroleros Lavallén y Telechea siguen exigiendo que coloquen caudalímetros en la provincia de Santa Cruz. El empresario del juego que decidió investigar a Cristóbal López vive en Mendoza, pero viaja a Buenos Aires una o dos veces por mes. Macri, en realidad, no conoce en persona a Cristóbal López, pero estuvo a punto de convalidar el decreto firmado por Kirchner en diciembre de 2007, porque supuso que era la única manera de aumentar considerablemente la recaudación en la ciudad por medio del juego. La historia secreta de CIRSA, Manuel Lao y su relación con López se obtuvo de fuentes documentales y testimoniales. El diario *El País* de Madrid, el diario digital español *Cotizalia* y dos consultores argentinos que lo asesoraron ni bien aterrizó en el país fueron las más importantes. La cumbre entre Lao y López en Oviedo fue confirmada por un socio del segundo. La sospecha de López sobre quién inició lo que él considera una campaña de prensa en su contra él fue repetida una y otra vez por sus colaboradores. El supuesto pedido de Kirchner a Solá para que no se meta con el juego fue contado por el ex gobernador a Jorge Fontevecchia, en *Perfil*, el 7 de diciembre de 2008. Los demás detalles de aquel diálogo fueron revelados por el mismo Solá, en conversación con el autor. Los antecedentes de Codere, Boldt y Tabanelli fueron extraídos de sus páginas oficiales y de la investigación de Martello y Etchecoin Moro. Las tenidas entre Cristóbal y Das Neves fueron recordadas por el gobernador de Chubut, una tarde de setiembre, en la Casa del Chubut en Buenos Aires. La anécdota de cómo Kirchner se desentendió de un supuesto pedido para hacerle ganar a López un casino que había perdido por licitación fue relatada por Alberto Fernández a unos amigos para dar a entender que Kirchner no es Cristóbal.

Capítulo 3:
La propuesta

La primera versión de los dos encuentros entre Cristóbal López y Luis Juez corresponde al ex intendente de Córdoba y senador electo por esa provincia. También fue Juez quien reconstruyó sus encuentros con Zannini, Ricardo Jaime, José López y Raúl Copetti. Juez fue entrevistado por el autor el 14 de julio de 2008, en Buenos Aires. La desmentida de Cirigliano fue realizada durante un encuentro con el empresario en los talleres de reparación ferroviarias de San Martín, provincia de Buenos Aires, el viernes 17 de julio de 2009. La reproducción en detalle del diálogo entre Kirchner y Solá es producto de la memoria del ex gobernador. La réplica a Solá fue realizada por Cristóbal en el reportaje concedido para este libro. También es parte de la entrevista la versión de López sobre su encuentro con Juez. Entre las fuentes documentales consultadas se encuentran una nota sobre Zannini escrita por Julio Blanck para *Clarín*, el 13 de junio de 2004. También una biografía de Copetti aparecida en la Organización Periodística Independiente (OPI) Santa Cruz.

Capítulo 4:
Cristóbal: "Falta que me digan trolo y drogadicto"

Además de la entrevista propiamente dicha fueron consultados el *Boletín Oficial* de la provincia de Chubut, y la página del gimnasio de su esposa www.morewellness.com.ar.

TERCERA PARTE:
EL PRESIDENTE MÁS RICO

Capítulo 1:
El arreglo

Los detalles de cómo Kirchner corrigió su declaración jurada con la ayuda de altos funcionarios de la AFIP fueron aportados por fuentes muy seguras pertenecientes al organismo recaudador, quienes hicieron circular la información mediante una cadena de mails que fueron recibidos por varios empleados de la repartición. Los altos directivos de la AFIP que ingresaron en la oficina del contador del ex presidente fueron vistos por varias personas. La última declaración jurada que Néstor y Cristina presentaron a la AFIP es la base original de la investigación sobre sus bienes. Los detalles de la suite Evita del Hotel Los Sauces fueron publicados en la revista *Para Ti* el 5 de diciembre de 2008. Gabriel Sued en *La Nación*, del 14 de julio de 2009, fue el primero en afirmar que el patrimonio de los Kirchner habría crecido en veintiocho millones de pesos desde 2007 hasta 2008. La carta del ex Presidente al fiscal de la causa, en la que explica por qué creció tanto su fortuna, fue publicada por Omar Lavieri en www.politicaypelotas.com.ar, el blog que comparte con el consultor Sergio Berensztein. La contadora de la Coalición Cívica, Ethel Morandi, aceptó analizar la declaración jurada de los Kirchner en varias entrevistas mantenidas en junio de 2009. El encuentro de Kirchner con el dueño de Cencosud y los datos de la venta del terreno se difundieron en *Crítica de la Argentina* el 18 de agosto de 2008. Su título: "El pingüino es un león ha-

507

ciendo negocios". La información sobre el Hotel Alto Calafate también fue revelada por *Crítica de la Argentina* en su edición del 21 de enero de 2009. La anécdota de Sanfelice fue recordada por un militante histórico del Frente para la Victoria que representó a su provincia en el Congreso Nacional. Los pormenores de la venta de la residencia de Kirchner en Río Gallegos fueron revelados por Daniel Gatti en *Crítica de la Argentina* el 2 de marzo de 2009. La investigación de Garrido sobre la declaración jurada de los Kirchner es una de las más completas que se hicieron hasta ahora. Hasta hace poco, se podía ver en la página de la Fiscalía de Investigaciones Administrativas. El copamiento de la AFIP fue relatado por dos ex altos funcionarios. Los datos sobre la relación entre Kirchner y Conarpesa están incluidos en el "Informe sobre la financiación de la campaña presidencial 2003", presentado por el ARI de Elisa Carrió, en marzo de 2004. La mayoría de las causas que involucran a las empresas que usaron facturas truchas duermen en los despachos de los jueces federales.

Capítulo 2:
El mejor negocio del mundo

Los datos sobre la denuncia contra el ex presidente Kirchner y el ex intendente de El Calafate Néstor Méndez, figuran en la denuncia penal presentada por Álvaro de Lamadrid el 28 de febrero de 2008. Otros, inéditos, fueron aportados por De Lamadrid en una larga entrevista para este libro. Méndez reconoció la entrega de tierras en una nota publicada por *La Nación* el 30 de noviembre de 2008. La se-

gunda hizo mucho ruido y fue escrita por Jorge Lanata en el diario *Perfil*, el 17 de diciembre de 2006, bajo el título "El Calafate de remate". El desopilante reportaje de Lanata a Méndez fue realizado al otro día, en "Lanata pm", Radio del Plata. La revelación sobre la bonita casa que construyó el secretario de Cristina en El Calafate es mérito de la agencia OPI Santa Cruz. El dato de que el *Tango 01* había aterrizado en El Calafate, con plasmas y cerámicos, fue divulgado por la OPI Santa Cruz. El reportaje a De Lamadrid fue realizado en tres etapas.

Capítulo 3:
El Inquilino

La revelación de cómo se consumó el acuerdo entre Kirchner y Relats para el alquiler del Hotel Los Sauces fue aportada por el empresario en una entrevista para este libro. Se realizó el primero de setiembre de 2009. La historia de Relats fue reconstruida con el testimonio de ex empleados, y las notas aparecidas en los diarios *Río Negro* y *La Nación*. Las palabras del cura párroco que pidió que no se abriera un casino aparecieron en *La Nación* del 30 de enero de 2004. La propuesta de Relats de abonar impuestos con certificados de obra pública, rechazada por la Corte Suprema, fue parte de un comunicado de la AFIP conocido el 23 de agosto de 2007. El vínculo del Inquilino con empresas relacionadas con Lázaro Báez le llamó la atención al periodista Nicolás Wiñazki. Por eso publicó, el 21 de setiembre de 2008, en *Crítica de la Argentina*, "En el Chaco, todos los caminos conducen a Néstor". La trama de cómo los Relats se decidieron a alquilarle el hotel fue reconstruida por Silvina Relats y su padre. Las notas en las que se describe con minuciosidad las comodidades y los servicios de Los Sauces Casa Patagónica están agrupadas en un dossier que fue entregado por la hija del empresario después del encuentro. Los otros negocios que hizo el empresario bajo el gobierno de Kirchner se describieron gracias a los testimonios de un ex alto empleado y dos sindicalistas. La historia oficial del grupo JCR (Juan Carlos Relats) se puede ver en www.jcrsa.com.ar.

CUARTA PARTE:
LOS ESKENAZI

Capítulo 1:
"No somos todos lo mismo"

La entrevista con el ingeniero Enrique Eskenazi se realizó el 30 de julio de 2009 en su despacho del anterior edificio de YPF. La mayor parte de la historia de su vida fue contada por él mismo. Parte de ese encuentro fue compartido por su hijo Sebastián Eskenazi. El desarrollo original del Grupo Petersen y su traspaso fue contado por Luis García Conde, nieto de León Petersen en Buenos Aires, el 28 de abril de 2009. La radiografía del Highland se obtuvo por testimonios de vecinos y la información oficial de la página del country.

La denuncia sobre el uso y la distribución de los ATN fue elaborada por el bloque de diputados nacionales del ARI en mayo de 2002. Un asesor de comunicación de Yacimientos Petrolíferos Fiscales (YPF) fue la persona elegida por los Eskenazi para desmentir el uso de los ATN por parte del Grupo

Petersen. La constancia de que Ezequiel Eskenazi vivió en el Kavanagh hasta 2009 fue confirmada por el autor de este libro. Para comprobar cómo hicieron los Eskenazi para comprar el Banco de San Juan fueron consultados el diputado mandato cumplido Diego Seguí, el periodista Daniel Illanes, entre otras fuentes testimoniales. Sobre la privatización del Banco de Santa Fe habló el diputado nacional mandato cumplido Carlos Iparraguirre. También facilitó su pedido de informes. Lo mismo hizo el ex diputado provincial Antonio Mainez, quien investigó el proceso de privatización del Banco de Entre Ríos. El diálogo entre Néstor Kirchner y Enrique Eskenazi fue recordado por el segundo en la entrevista antes mencionada. El diputado Roberto Giubetich es la fuente consultada que le adjudica mayor responsabilidad al gobernador de Santa Cruz que al empresario en la privatización del banco de esa provincia. La reunión entre Sebastián Eskenazi y Alfonso Prat-Gay, facilitada por Alberto Fernández, en el medio de las negociaciones por el Banco de Santa Fe, fue confirmada por personas muy cercanas a los participantes. Las constancias de las denuncias por el uso de facturas apócrifas están en el juzgado que lleva la causa.

Capítulo 2:
Historia secreta de la venta de YPF

Las suspicacias sobre la compra de YPF fueron planteadas en diferentes artículos periodísticos y pedidos de informes de diputados y senadores nacionales. Estos son algunos de ellos: "Suspicacias en la venta de YPF", en *Perfil* del 29 de marzo de

2008; "Revelan nuevos detalles en Estados Unidos sobre cómo se financió la compra de YPF", en *Clarín* del 16 de marzo de 2008. Entrevista de Jorge Fontevecchia al embajador español Rafael Estrella, en *Perfil*, el 27 de enero de 2008. La mayoría de los datos técnicos figuran en el comunicado de Prensa de Repsol YPF titulado: "Repsol YPF y el Grupo Petersen firman un acuerdo para la venta de hasta el 25 por ciento de YPF". Está fechado en Madrid el 21 de diciembre de 2007. La Comisión Nacional de Valores (CNV), la Bolsa de Nueva York y el SEC (Securities and Exchange Commission, el organismo de control de los mercados financieros en los Estados Unidos) guardan los archivos con los documentos de la compra y la venta de acciones y las correspondientes autorizaciones para concretarlas. La advertencia de Kirchner a Eskenazi fue admitida por fuentes muy cercanas al segundo. Las declaraciones de Cristóbal López sobre YPF fueron realizadas en el marco de la entrevista que el empresario concedió para este libro. El contexto sociopolítico que disparó la operación fue recordado por los Eskenazi y ampliado por dos consultores que asesoraron a Repsol. El asesor internacional que aceptó analizar el traspaso de acciones trabajó muy cerca de Ricardo López Murphy cuando fue ministro del presidente Fernando de la Rúa. Sobre el dinero contante y sonante que la familia tuvo que poner para adquirir YPF, Sebastián Eskenazi prefirió evitar los detalles con el argumento de que algún loco podía utilizarlos para sacar provecho. Aun así, los datos fueron publicados, porque se considera información impres-

cindible para saber cómo fue que el Grupo Petersen adquirió parte de la empresa más poderosa de la Argentina.

QUINTA PARTE:
JAIME & UBERTI

Capítulo 1:
Jaime es Kirchner

El ejecutivo argentino que trabaja para una aerolínea española y sufrió a Ricardo Jaime afirmó que tiene agendados cada uno de los encuentros que mantuvo con él.

La entrevista con Antonio Mata se realizó en un hotel de Buenos Aires, el 12 de febrero de 2009. El primer encuentro con Cirielli tuvo lugar el 17 de julio de 2008. Después hubo varios contactos por distintas vías. Los detalles sobre la posada de la hija de Jaime fueron revelados por la revista *Noticias* el 28 de agosto de 2009. El detalle sobre las propiedades de Jaime en el country Cuatro Hojas fue aportado por Adolfo Ruiz, en una nota de *Perfil*, publicada el 12 de julio de 2009. Los datos consignados sobre cómo vivía antes Jaime y cómo lo hace ahora son información que proviene de Cirielli, de un ex ministro de Kirchner, y de la declaración jurada del propio ex secretario de Transporte ante la Oficina Anticorrupción (OA). Para completar su biografía política fue necesario hablar con el propio ex ministro, con otro hombre que acompañó a Kirchner en dos de sus tres mandatos como gobernador, y con un empresario cordobés que lo conoce desde que Jaime tenía 30 años. La hipótesis de que el ex secretario renunció para apurar los tiempos de la justicia y evitar la condena es algo que repitieron dos fiscales y un juez federal que conocen cómo funciona Comodoro Py.

Capítulo 2:
Papá Noel viaja en avión privado

La curiosa visita de Ricardo Jaime a la localidad de Sarmiento fue dada a conocer por el diario *El Litoral*, de la ciudad de Santa Fe, en su edición del 15 de marzo de 2007.

La historia de los encuentros en Pepino fue revelada por Carlos Benjamín Colunga López, en un diálogo mantenido en setiembre de 2009. La primera nota que mencionó los detalles del avión y cómo habría sido adquirido fue firmada por Francisco Olivera y Diego Cabot, en *La Nación* del 22 de mayo de 2009. El relato del traslado del avión desde la fábrica hasta Buenos Aires fue relatado por Colunga ante el fiscal Rívolo y el juez Oyarbide, y figura en el expediente. La versión menos naif y más creíble es la que dio Gustavo Carmona ante los mismos funcionarios judiciales. Carmona la contó una semana antes, en una entrevista para esta investigación, realizada en setiembre de 2009 en el Hotel Hilton de Puerto Madero. La trama secreta de la propiedad del avión fue seguida con pasión por varios periodistas. Hugo Alconada Mon, en *La Nación* del 20 y el 22 de setiembre confirmó que el comprador habría sido Vázquez. La lista incompleta de poderosos con avión propio fue suministrada por un empresario encargado de comprar y vender aeronaves. Daniel Santoro, Pablo Calvo y Pablo Dorfman publicaron en *Clarín* del 28 de agosto de 2009 que el taxi aéreo preferido de los Kirchner no tenía la habilitación correspondiente. Los detalles de la historia de la nena que murió porque el avión sanitario no llegó a tiempo para trasladarla fue publicada por la agencia OPI Santa Cruz. La foto del contador de Kirchner tomando café con el juez Lozada fue publicada por *Perfil* el domingo 20 de setiembre de 2009. Además de las publicadas, Jaime tiene otra decena de causas dispersas en los distintos juzgados del fuero federal.

Capítulo 3:
"¿Con quién hay que arreglar?"

La reconstrucción del diálogo entre Sadous y Álvarez Tufillo se obtuvo mediante una entrevista con un alto funcionario del cuerpo diplomático argentino que trabajó en Venezuela hasta enero de 2005. La información sobre la creación del fideicomiso está en el Decreto 1915 del año 2004. La carrera de Ercolini, incluido el primer sobreseimiento a Kirchner por enriquecimiento ilícito, aparece en el libro de Pablo Abiad y Mariano Thieberger ya mencionado. La denuncia completa de Carrió y otros diputados contra Kirchner, De Vido, varios funcionarios y los empresarios es un documento muy interesante. Contiene varias conjeturas y denuncias tomadas de notas, pero también hipótesis que demuestran evidentes ilícitos, como los sobreprecios de la obra pública. Lo que habría gritado Uberti el 4 de agosto de 2007 fue escuchado por el empresario Colunga y aparece en revista *Noticias* del 10 agosto de 2007. La denuncia contra Uberti por su actuación en el OCCOVI se encuentra en el expediente 21.984 de la Fiscalía de Investigaciones Administrativas. La presentación judicial contra Uberti la encabezó el diputado nacional Juan Carlos Morán. Para confirmar los exquisitos gustos de Uberti hay que leer la nota que Jesica Bossi publicó en *Noticias* el 15 de febrero de 2008. Las andanzas de Uberti por Caracas fueron narradas por el alto funcionario del cuerpo diplomático argentino que trabajó en Venezuela hasta 2005. La certeza de que Venezuela no era una embajada de la que debía responsabilizarse Bielsa fue confirmada por una fuente muy cercana al ex canciller. Los pormenores del caso Conarpesa se encuentran en la causa que se inició por la denuncia de Carrió en 2004. En *Noticias* del 13 de marzo de ese año hay una nota muy ilustrativa titulada: "Dinero manchado de sangre". La salida de los noventa millones de dólares del fideicomiso fue anticipada por Jorge Lanata, en *Perfil*, el domingo 27 de noviembre de 2005. Los detalles más sabrosos fueron contados para esta investigación por alguien muy importante que trabajó en la embajada argentina en Venezuela. Cuando Ercolini y Pollicita decidieron hacer lugar a la megadenuncia de Carrió, el ex presidente Kirchner puso el grito en el cielo. De hecho, la causa puede ser tomada como una bomba de tiempo con un complejo mecanismo de relojería que podría llegar a estallar cuando nadie lo espera. En su requerimiento al juez, el fiscal tomó, entre otras publicaciones, una nota de Nicolás Wiñazki en *Crítica de la Argentina* que habla de sobreprecios en la ruta provincial 7 y un artículo del diario *Río Negro* del 26 de diciembre de 2006, en el que se denuncian sobreprecios en un proyecto de pavimentación. Además valoró la

causa número 6140/42 "Kank y Costilla por presunto lavado de dinero". En octubre de 2009, Pollicita y Ercolini rompieron su estrategia de avanzar juntos. Es que el fiscal pretende ir a fondo y pide decenas de medidas de prueba que el juez rechaza porque su objetivo es otro: sacarse de encima varios hechos, girarlos a otros colegas y concentrarse en los más importantes para entonces imputar, indagar y condenar. Ambos saben que los hombres del ex Presidente observan con detenimiento cada uno de sus movimientos. Todavía las diferencias de criterio no se hicieron públicas. Pollicita espera que los funcionarios contesten sus pedidos de información.

SEXTA PARTE:
LOS CIRIGLIANO

Capítulo 1:
Vuelo bajo

La denuncia de la Fiscalía de Investigaciones Administrativas contra Jaime y los empresarios que le pagaron viajes en aviones privados fue presentada en febrero de 2009. La causa es investigada por el juez Claudio Bonadío. El disparador de la denuncia fue una nota publicada por Jorge Lanata en *Crítica de la Argentina*, el 16 de marzo de 2008. Los detalles extrajudiciales fueron comentados por un alto funcionario de la fiscalía que se fue del organismo cuando Manuel Garrido decidió renunciar. Los datos sobre Vázquez fueron aportados por el empresario Antonio Mata. Las aclaraciones sobre la presencia de Astrella en el country donde vivía Jaime fueron hechas por Gustavo Gago, el eficiente vocero del Grupo Cirigliano. El supuesto pedido de plata de Jaime a Gotti para irse de vacaciones lo contó Eduardo Arnold una y otra vez, en rueda de amigos.

Capítulo 2:
El hombre que sabía demasiado

En rigor, Cirigliano no es el único empresario que recibe millonarios subsidios del transporte. Aldo Roggio y Benjamín Romero, por citar solo dos ejemplos, también son beneficiarios de esta compensación. Pero a Cirigliano lo "condenan" dos circunstancias: la excelente relación que mantuvo con Jaime y su capacidad para entender y explicar el funcionamiento de los trenes y los colectivos de la Argentina. Los detalles de la primera reunión entre Ricardo Jaime y Claudio Cirigliano los brindó un ex ejecutivo del Grupo Plaza. La afirmación de que todos los subsidios recibidos por sus empresas tuvieron mecanismos transparentes la hizo Cirigliano en la entrevista concedida al autor. Alberto Fernández negó la posibilidad de que Jaime haya esperado a Kirchner en la antesala del despacho presidencial, con un bolso en la mano, en una conversación mantenida con un amigo en el departamento que alquila en Puerto Madero. El aumento incesante de los subsidios, año por año, está disponible en el sitio web de la Secretaría de Transporte de la Nación en http:/www.transporte.gov.ar/html/subsi .htm#

La historia oficial del Grupo Cirigliano se encuentra en un dossier que acaba de editar la empresa. Los datos extraoficiales fueron aportados por alguien que trabaja allí desde hace cuatro años. Los entretelones del proceso licitatorio de las líneas Sarmiento y Mitre fueron suministrados por el vocero de TBA, Gustavo Gago. El artículo de Américo Victoria, integrante de Movimiento Nacional por la Recuperación de los Ferrocarriles Argentinos (MoNaReFA), fue publicado en www.villacrespomibarrio.com.ar. Las denuncias de Veschi fueron confirmadas y ampliadas por él mismo, en una entrevista mantenida en Buenos Aires, el 15 de abril de 2009; también sus tensos diálogos con Jaime. Las presuntas irregularidades cometidas por las empresas de Cirigliano y su polémica participación en el negocio de los seguros aparecen en el informe "TBA y el Grupo Cirigliano. La quintaesencia del empresario argentino", realizado por el diputado provincial bonaerense (ARI) Sebastián Cinquerrui. Entre sus fuentes, se encuentra un trabajo de la Auditoría General de la Nación (AGN), agrupado bajo las actuaciones número 201/3, 17/03 y 14/08. La decisión de sancionar a la aseguradora de los Cirigliano por no haber presentado los estados contables que le costó la renuncia a Chevallier Boutell fue contada, con minuciosidad, por el propio ex funcionario desplazado, en un diálogo mantenido el 15 de abril de 2009. La caída de LUA fue investigada por el periodista Julio Nudler en *Página/12*. Entre sus notas se destacan tres. Dos fueron conocidas el 29 de marzo y el 18 de abril de 2002. A la tercera la escribió el 23 de octubre de 2004, pero el diario decidió no publicarla. Nudler denunció censura. Su decisión afectó a *Página/12* y fue uno de los motivos de la desaparición de Periodistas, una organización formada por prestigiosos profesionales de la prensa argentina.

SÉPTIMA PARTE:
LÁZARO

Capítulo 1:
Lázaro es Kirchner

El encuentro entre Kirchner y Lázaro en el que el segundo le ofreció información valiosa sobre los clientes del Banco de Santa Cruz fue confirmado por una ex militante del Frente para la Victoria Santacruceño (FVS). También por Javier Bielle, diputado provincial por la Unión Cívica Radical (UCR) desde 1995 hasta 1999. El diálogo con la militante fue en mayo de 2009; la entrevista con Bielle, en agosto de 2008.

La riqueza y los emprendimientos de Lázaro Báez, incluida la compra de las estancias, son parte de un informe elaborado por Mariana Zuvic, la presidenta de la Coalición Cívica de Santa Cruz (CCSC). La distribución de los algunos créditos del banco fueron narrados por Alejandra Pinto, periodista y asesora de Zuvic. También ofreció precisiones Bielle. El caso del préstamo a Torresín fue narrado por el ex vicegobernador Arnold. El copamiento de Gotti por parte de Báez se cuenta en *Entre cajas, la biografía de Lázaro Báez*. Los datos de la "competencia" entre Gotti y Austral fueron publicados por Leonardo Nicosia en *Perfil*, el domingo 19 de abril de 2009. Las constancias de esas licitaciones simuladas se encuentran en el *Boletín Oficial* de la provincia de Santa Cruz de junio de 2003, y varios meses entre los años 2004 y 2009. Los datos del supuesto copamiento de Kank y Costilla surgen de las tres horas de conversa-

ción mantenidas con una ex accionista de la constructora, Estela Kank, en Villa Carlos Paz, Córdoba, el 6 de setiembre de 2008. La causa es la número 6140 del año 2002. Su carátula: "Kank y Costilla S/psta. Inf ley 24.769". Se obtuvieron copias del informe del fiscal federal Norberto José Bellver. También, de las denuncias y cartas presentadas por la señora Kank. La irrupción de Lázaro en el negocio del petróleo fue relatada por Lanata en *Perfil*, el 6 de mayo de 2007. La compra de las estancias en el lugar donde se levantarían las represas hidroeléctricas fue informada por Mariana Zuvic. Los datos más jugosos sobre la distribución de la obra pública corresponden a un informe del ARI elaborado por la entonces diputada Fabiana Ríos. Ahora que es gobernadora de Tierra del Fuego no ha podido continuar con la investigación. Las diferencias de precio entre las casas que se construyen en Santa Cruz y las edificadas en Chubut fueron detalladas por el gobernador Mario Das Neves en el marco de la entrevista para esta investigación.

Capítulo 2:
El dueño de Santa Cruz

Los secretos más jugosos del crecimiento patrimonial de Lázaro fueron brindados por Alejandra Pinto, y corroborados por ex vecinos y compañeros de Báez en el Banco de Santa Cruz. Otros datos aparecieron en distintas publicaciones. Entre las más completas se debe citar la investigación de Franco Lindner publicada en *Noticias* el 3 de febrero de 2007, la nota de Diego Genoud en *Crítica de la Argentina*, el 7 de julio de 2008, y el artículo de Jesica Bossi del primero de diciembre de 2007, también en *Noticias*. Los testimonios de dos altas fuentes de la AFIP, de Mariana Zuvic, de Daniel Gatti y del presidente del radicalismo en El Calafate, Álvaro de Lamadrid, sirvieron para completar la radiografía de su poder. También la serie de notas que le dedicó a Lázaro la OPI Santa Cruz. Los miembros de la custodia de Báez son mencionados en la citada columna de Jorge Lanata en *Perfil* del 6 de mayo de 2007.

OCTAVA PARTE:
ELECTROINGENIERÍA

Capítulo 1:
Bajo sospecha

La información sobre quién le acercó a Marcelo Tinelli el dato para ofrecer Radio del Plata a Electroingeniería fue suministrada por el conductor y empresario televisivo. Los aspectos más sensibles y específicos de la venta fueron detallados por un importante ejecutivo de la sociedad que controlaba la radio antes de desprenderse de ella. Los datos profesionales y personales de Gerardo Ferreyra y de Osvaldo Acosta fueron aportados por ellos mismos, y comparados con otras informaciones que aparecen en los reportes bancarios y financieros que elaboran las empresas más conocidas del mercado. La entrevista con Juan Carlos Morán fue muy útil para recoger las denuncias que presentó el diputado nacional contra las empresas de Electroingeniería. Algunas de esas denuncias y estudios se pueden encontrar entre los documentos oficiales de la Auditoría General de la Nación y la

Fiscalía de Investigaciones Administrativas. La denuncia sobre la interconexión eléctrica Puerto Madryn-Pico Truncado fue presentada por el fiscal Manuel Garrido el 9 de marzo de 2009. La carta completa de Daniel Cameron fue publicada por el sitio *Día a Día*, de la provincia de Córdoba. El escándalo alrededor de la ida de Nelson Castro fue público y notorio. Los directivos de Petrobras todavía consideran irregular la manera en que les impidieron vender Transener al fondo Eaton Park, y los obligaron a hacerlo con Electroingeniería y Enarsa. Para ser justos, hay que reconocer que Vialco había sido favorecida por el Estado mucho antes de la compra de la empresa por parte de Electroingeniería.

NOVENA PARTE:
LA BATALLA FINAL

Capítulo 1: Los increíbles secretos de la brutal guerra entre Kirchner y Clarín

El diálogo entre Kirchner y Das Neves fue reconstruido por el segundo el 8 de setiembre de 2009. Los detalles de la relación entre el ex presidente y el Grupo Clarín fueron confirmados por varias fuentes. Las más destacadas: un importante ex ministro de Kirchner; dos de los más altos ejecutivos del multimedios; dos prestigiosos periodistas que todavía trabajan en Clarín; uno que ya no lo hace pero que estaba al tanto del vínculo. Las quejas directas o indirectas del ex jefe de Estado contra los medios y los periodistas que publican lo que a él no le gusta no fueron patrimonio exclusivo de

Clarín. La sufrieron muchos, incluido el autor de este libro. El vínculo de Kirchner con el campo y los medios fue explicitado por Alberto Fernández a un periodista mientras corregía su propio libro de memorias sobre los grandes momentos de los que fue testigo presencial. La historia secreta del divorcio entre la AFA y Torneos y Competencias fue reconstruida a través de encuentros mantenidos con dos presidentes de importantes clubes de fútbol que tuvieron voz y voto en la decisión. También, con entrevistas a un funcionario intermedio del gobierno que estuvo al tanto de todo, desde el principio. El espionaje a Clarín, la pinchadura de teléfonos y las amenazas de muerte a algunos de sus directivos fueron reconocidos por Jorge Rendo, en diálogo con el autor de este libro para su programa "La cornisa", en radio La Red. También se pueden leer en hipercritico.com. Los datos del crecimiento de la pauta oficial fueron seguidos con celo por la Asociación por los Derechos Civiles (ADC). El texto completo de la prórroga de las licencias de radio y televisión se puede leer en el Decreto 527 de 2005. Ciertos datos sobre la enfermedad de Magnetto fueron publicados en la biografía *El Hombre de "Clarín"*, de José Ignacio López, Sudamericana, 2008.

La entrevista con Daniel Vila para este libro fue para preguntarle a qué profesionales se estaba refiriendo cuando denunció que funcionarios del gobierno lo llamaban para pedirle que despidieran "a tal o cual periodista" bajo amenaza de levantar la pauta oficial de publicidad. La investigación de *Diario sobre Diarios* se puede encontrar en www.diariosobrediarios.com.ar.

El título del informe es "*Clarín* bajo emoción violenta". El encuentro cumbre en la casa de Magnetto fue contado al autor de este libro por dos de los presentes, con la condición de no revelar sus identidades. Los artículos consultados para esta investigación fueron la nota de tapa de *Noticias* del 28 de diciembre de 2003; la información de Susana Reinoso en *La Nación* del 21 de mayo de 2005; y los artículos firmados por José Antonio Díaz en *Noticias* y Jorge Fontevecchia en *Noticias* y *Perfil*, entre otros.

Capítulo 2:
Gran Hermano

El diálogo en el que Kirchner le habría pedido a Das Neves que le pagara a Ulloa una pauta de 7.200 pesos fue divulgado por un funcionario que todavía trabaja con el gobernador. La mayoría de los más importantes datos públicos y privados sobre Rudy Ulloa Igor se pueden encontrar en *Propaganda K*, de María O'Donnell, Planeta, 2007; *Kirchner, el amo del feudo*, de Daniel Osvaldo Gatti, El Autor, 2003. Los obtenidos para esta investigación fueron aportados por Alejandra Pinto, ex militante del Frente para la Victoria Santacruceño, en mayo de 2009; el ex concejal Marcelo Saá, contactado en Río Gallegos en junio de 2008; y un ex empleado del multimedios de Ulloa, también en Río Gallegos, para la misma época. Las notas más ilustrativas sobre Ulloa son la que Sergio Moreno publicó en *Página/12* el 27 de noviembre de 2005, y las citadas en el mismo texto del capítulo. La Asociación de Derechos Civiles (ADC) se preocupó por hacer un seguimiento constante de la pauta oficial que recibe Rudy en los distintos medios que maneja.

Capítulo 3:
Aprietes & Negocios

Los detalles del modelo de *negocios K* y del plan para nacionalizar los activos que hasta 2003 estaban en manos de multinacionales fueron revelados por un alto ejecutivo del grupo industrial más importante de la Argentina. Otros aspectos de la mencionada iniciativa fueron corroborados por otro importante ejecutivo de otro poderoso grupo cuyo negocio principal es la construcción. Datos útiles sobre el caso Skanska se pueden leer en *El club K de la obra pública. El caso Skanska,* de Pablo Abiad, Planeta, diciembre de 2007. La información sobre las facturas truchas fue enriquecida por un juez en lo Penal Tributario. El caso de Roberto Brandt aparece en *Hablen con Julio,* de Diego Cabot y Francisco Olivera, Sudamericana, noviembre de 2007. Las denuncias contra Guillermo Moreno por supuestas amenazas a directivos de Papel Prensa fueron reveladas por *Clarín* el 8 de octubre de 2009. "Papel Prensa", la columna de Fontevecchia, se pudo leer en *Perfil* el 10 de octubre del mismo año. El caso del ex director comercial de Petrobras fue revelado por el gerente de otra petrolera multinacional. Las declaraciones de Bulgheroni son parte de *Los dueños de la Argentina,* de Luis Majul, Sudamericana, abril de 1992. La historia de la resistencia de Aranguren fue reconstruida a partir de la entrevista con el presidente de Shell Argentina. Además contó con el aporte del director de Asuntos Públi-

cos de otra compañía petrolera multinacional.

EPÍLOGO:
BARRANCA ABAJO

La reconstrucción del día en que Kirchner le pidió a la Presidente que renunciara se logró gracias al testimonio de tres fuentes muy valiosas. Una es un testigo presencial de algunos de los momentos decisivos. Otra, un intendente del conurbano que recibió el mensaje con la despedida de Kirchner. La tercera es un dirigente social que también fue llamado aquel día por Néstor. La dependencia psicológica de Cristina sobre su esposo que detectó Felipe González fue comunicada por este al embajador español en la Argentina. El ex ministro que habló para esta investigación supone que esa dependencia psicológica es una de las causas de los baches de gestión de la Presidente.

Las razones por las que Acevedo, Bielsa, Das Neves y Alberto Fernández explican la decadencia del kirchnerismo son las mismas que expresan en privado cada vez que sus colegas les piden un diagnóstico. La pelea entre Cristina y Das Neves fue de una tensión insoportable. Lo que determinó que ella le quitara al gobernador la carta original de presentación ante el presidente de Portugal fueron las declaraciones de Pablo Das Neves publicadas en *Perfil* el 12 de enero de 2008: "No somos transversales como los Jóvenes K o como La Cámpora". La columna de Alfredo Leuco fue publicada el sábado 4 de setiembre de 2009 en *Perfil*, bajo el título "Los días de Locatti".

 **Planeta**

España
Av. Diagonal, 662-664
08034 Barcelona (España)
Tel.: (34) 93 492 80 00
Fax: (34) 93 492 85 65
Mail: info@planetaint.com
www.planeta.es

Paseo Recoletos, 4, 3.ª planta
28001 Madrid (España)
Tel.: (34) 91 423 03 00
Fax: (34) 91 423 03 25
Mail: info@planetaint.com
www.planeta.es

Argentina
Av. Independencia, 1668
C1100ABQ Buenos Aires
Argentina
Tel.: (5411) 4124 91 00
Fax: (5411) 4124 91 90
Mail: info@eplaneta.com.ar
www.editorialplaneta.com.ar

Brasil
Av. Francisco Matarazzo,
1500, 3.º andar, Conj. 32
Edificio New York
05001-100 São Paulo (Brasil)
Tel.: (5511) 3087 88 88
Fax: (5511) 3087 88 90
Mail: ventas@editoraplaneta.com.br
www.editoraplaneta.com.br

Chile
Av. 11 de septiembre, 2353, piso 16
Torre San Ramón, Providencia
Santiago (Chile)
Tel.: Gerencia (562) 652 29 43
Fax: (562) 652 29 12
www.planeta.cl

Colombia
Calle 73, 7-60, pisos 7 al 11
Bogotá, D.C. (Colombia)
Tel.: (571) 607 99 97
Fax: (571) 607 99 76
Mail: info@planeta.com.co
www.editorialplaneta.com.co

Ecuador
Whymper, N27166,
y Francisco de Orellana
Quito (Ecuador)
Tel.: (5932) 290 89 99
Fax: (5932) 250 72 34
Mail: planeta@acces.net.ec

México
Masarik 111, piso 2.º
Colonia Chapultepec Morales
Delegación Miguel Hidalgo 11560
México, D.F. (México)
Tel.: (52) 55 3000 62 00
Fax: (52) 55 5002 91 54
Mail: info@planeta.com.mx
www.editorialplaneta.com.mx
www.planeta.com.mx

Perú
Av. Santa Cruz, 244
San Isidro, Lima (Perú)
Tel.: (511) 440 98 98
Fax: (511) 422 46 50
Mail: rrosales@eplaneta.com.pe

Portugal
Planeta Manuscrito
Rua do Loreto, 16-1.º Frte.
1200-242 Lisboa (Portugal)
Tel.: (351) 21 370 43061
Fax: (351) 21 370 43061

Uruguay
Cuareim, 1647
11100 Montevideo (Uruguay)
Tel.: (5982) 901 40 26
Fax: (5982) 902 25 50
Mail: info@planeta.com.uy
www.editorialplaneta.com.uy

Venezuela
Final Av. Libertador con calle Alameda,
Edificio Exa, piso 3.º, of. 301
El Rosal Chacao, Caracas (Venezuela)
Tel.: (58212) 952 35 33
Fax: (58212) 953 05 29
Mail: info@planeta.com.ve
www.editorialplaneta.com.ve

Grupo Planeta   Planeta es un sello editorial del Grupo Planeta www.planeta.es